LES ŒUVRES COMPLETES DE VOLTAIRE

40

VOLTAIRE FOUNDATION
OXFORD
2009

ISBN 978 0 7294 0922 3

Voltaire Foundation Ltd
University of Oxford
99 Banbury Road
Oxford OX2 6JX

A catalogue record for this book
is available from the British Library

OCV: le sigle des *Œuvres complètes de Voltaire*

www.voltaire.ox.ac.uk

PRINTED IN ENGLAND
AT T J INTERNATIONAL LTD
PADSTOW

Direction de l'édition

1968 · THEODORE BESTERMAN · 1974
1974 · W. H. BARBER · 1993
1989 · ULLA KÖLVING · 1998
1998 · HAYDN T. MASON · 2001
2000 · NICHOLAS CRONK ·

Sous le haut patronage de

L'ACADÉMIE FRANÇAISE
L'ACADÉMIE ROYALE DE LANGUE ET DE LITTÉRATURE FRANÇAISES DE BELGIQUE
THE AMERICAN COUNCIL OF LEARNED SOCIETIES
LA BIBLIOTHÈQUE NATIONALE DE RUSSIE
THE BRITISH ACADEMY
L'INSTITUT ET MUSÉE VOLTAIRE
L'UNION ACADÉMIQUE INTERNATIONALE

Ouvrage publié avec le concours du

CENTRE NATIONAL DU LIVRE

La Voltaire Foundation remercie chaleureusement
Paul LeClerc de son don généreux
pour la publication de ce volume

Questions sur l'Encyclopédie, par des amateurs

IV

CÉSAR - ÉGALITÉ

sous la direction de

Nicholas Cronk et Christiane Mervaud

Secrétaires de l'édition

Alice Breathe, Paul Gibbard, Alison Oliver, Gillian Pink

Ont collaboré à ce tome

François Bessire, Alice Breathe, Marie-Hélène Cotoni, Nicholas Cronk, Olivier Ferret, Graham Gargett, Paul Gibbard, Russell Goulbourne, Dominique Lussier, Laurence Macé, Christiane Mervaud, Michel Mervaud, Paul H. Meyer, Jeanne R. Monty, François Moureau, Alison Oliver, Christophe Paillard, Gillian Pink, John Renwick, Maria Susana Seguin, Gerhardt Stenger, Jeroom Vercruysse, Marc Waddicor

TABLE DES MATIÈRES

Liste des illustrations xiii
Liste des abréviations xv
L'apparat critique xix
Remerciements xxi
Avant-propos xxiii

QUESTIONS SUR L'ENCYCLOPÉDIE, PAR DES AMATEURS[1]

César 1
Chaîne des êtres créés 6
Chaîne, ou génération des événements 9
Changements arrivés dans le globe 13
Chant, musique, mélopée, gesticulation, saltation 19
Charité 26
Charlatan 36
Charles IX 43
Chemins 46
Chien 54
De la Chine 59
Christianisme 73
Chronologie 88
Ciel matériel 93
Le ciel des anciens 101
Cicéron 105
Cirus 112
Clerc 120
Climat 128

[1] Nous maintenons l'ordre des articles dans le texte de base, ordre qui n'est pas strictement alphabétique.

Clou 137
Cohérence, cohésion, adhésion 142
Colimaçons 144
Concile 150
Confession 162
Confiance en soi-même 179
Confiscation 185
Conscience 190
Conseiller ou juge 199
Conséquence 202
Conspirations contre les peuples, ou proscriptions 206
Contradiction 231
Contraste 251
Convulsions 253
Des coquilles 256
Corps 277
Coutume 282
Des crimes ou délits 284
Criminaliste 292
Criminel 293
Critique 304
Croire 316
Cromwell 320
Cul 323
Cuissage ou culage 326
Le curé de campagne 331
Curiosité 342
David 348
Défloration 354
Déjection 356
Déluge universel 360
Démocratie 367
Démoniaques 376
De saint Denis l'Aréopagite 381
Dénombrement 388

Destin 400
Dévot 406
Dictionnaire 409
Dieu, dieux 421
Amour de Dieu 458
De Diodore de Sicile, et d'Hérodote 463
Directeur 476
Dispute 480
De la distance 489
Divorce 500
Dogmes 505
Donations 509
Les sept dormants 524
Droit 528
Droit canonique 538
Du droit de la guerre 572
Druides 585
Economie 589
Economie de paroles 608
Ecrouelles 617
Education 620
Egalité 626

Liste des ouvrages cités 633
Index 641

ILLUSTRATIONS

1. Mosaïque de Bacchus et Ariane. Dessin aquarellé par David Fornerod (1752). Bern, Burgerbibliothek, Mss.h.h.XXIa.94 — 25

2. Figure illustrant 'Ciel matériel' (w75G, t.27, p.61) — 94

3. Figure illustrant 'Ciel matériel' (w75G, t.27, p.67) — 99

ABRÉVIATIONS

Antiquités judaïques	Flavius Josèphe, *Histoire des Juifs écrite par Flavius Joseph sous le titre de Antiquitez judaïques*, trad. R. Arnaud d'Andilly, nouv. éd., 5 vol. (Paris, 1735-1736)
Arsenal	Bibliothèque de l'Arsenal, Paris
Bengesco	Georges Bengesco, *Voltaire: bibliographie de ses œuvres*, 4 vol. (Paris, 1882-1890)
BnC	*Catalogue général des livres imprimés de la Bibliothèque nationale: auteurs, tome 214, Voltaire*, éd. H. Frémont et autres, 2 vol. (Paris, 1978)
BnF	Bibliothèque nationale de France, Paris
Bodley	Bodleian Library, Oxford
BV	M. P. Alekseev et T. N. Kopreeva, *Bibliothèque de Voltaire: catalogue des livres* (Moscou, 1961)
'Catalogue des écrivains'	Voltaire, 'Catalogue de la plupart des écrivains français qui ont paru dans le siècle de Louis XIV, pour servir à l'histoire littéraire de ce temps', *Le Siècle de Louis XIV*, *OH*, p.1133-1214
CN	*Corpus des notes marginales de Voltaire* (Berlin et Oxford, 1979-)
Commentaire littéral	Augustin Calmet, *Commentaire littéral sur tous les livres de l'Ancien et du Nouveau Testament*

Correspondance littéraire	F. M. Grimm, *Correspondance littéraire, philosophique et critique, par Grimm, Diderot, Raynal, Meister, etc.*, éd. Maurice Tourneux, 16 vol. (Paris, 1877-1882)
D	Voltaire, *Correspondence and related documents*, éd. Th. Besterman, *Œuvres complètes de Voltaire*, t.85-135 (Oxford, 1968-1977)
Dictionnaire de la Bible	Augustin Calmet, *Dictionnaire historique, critique, chronologique, géographique et littéral de la Bible*, 4 vol. (Paris, 1730)
Dictionnaire de l'Académie	*Dictionnaire de l'Académie française*
Dictionnaire de Trévoux	*Dictionnaire universel françois et latin, vulgairement appelé Dictionnaire de Trévoux*
Dictionnaire historique et critique	Pierre Bayle, *Dictionnaire historique et critique. Par Monsieur* [*Pierre*] *Bayle*
DP	Voltaire, *Dictionnaire philosophique*
Encyclopédie	*Encyclopédie, ou dictionnaire raisonné des sciences, des arts et des métiers, par une société de gens de lettres*, éd. J. Le Rond D'Alembert et D. Diderot, 35 vol. (Paris, 1751-1780)
Essai sur les mœurs	Voltaire, *Essai sur les mœurs et l'esprit des nations et sur les principaux faits de l'histoire depuis Charlemagne jusqu'à Louis XIII*, éd. R. Pomeau, 2 vol. (Paris, 1990)
Ferney catalogue	George R. Havens et N. L. Torrey, *Voltaire's catalogue of his library at Ferney*, *SVEC* 9 (1959).

Glossarium	Charles Du Fresne, sieur Du Cange, *Glossarium ad scriptores mediae et infimae latinitatis*, 6 vol. (Paris, 1733-1736)
Le Grand Dictionnaire historique	Louis Moreri, *Le Grand Dictionnaire historique, ou le mélange curieux de l'histoire sacrée et profane*, 7 vol. (Amsterdam, 1740)
ImV	Institut et musée Voltaire, Genève
Kehl	*Œuvres complètes de Voltaire*, éd. J. A. N. de Caritat, marquis de Condorcet, J. J. M. Decroix et Nicolas Ruault, 70 vol. (Kehl, 1784-1789)
Lettres philosophiques	Voltaire, *Lettres philosophiques*, éd. G. Lanson, rév. André M. Rousseau, 2 vol. (Paris, 1964)
M	*Œuvres complètes de Voltaire*, éd. Louis Moland, 52 vol. (Paris, 1877-1885)
ms.fr.	manuscrits français (BnF)
n.a.fr.	nouvelles acquisitions françaises (BnF)
OCV	*Œuvres complètes de Voltaire* (Oxford, 1968-) [la présente édition]
OH	Voltaire, *Œuvres historiques*, éd. R. Pomeau (Paris, 1957)
Patrologia graeca	*Patrologiae cursus completus, series graeca*, éd. J.-P. Migne, 161 vol. (Paris, 1857-1866)
Patrologia latina	*Patrologiae cursus completus, series latina*, éd. J.-P. Migne, 221 vol. (Paris, 1844-1864)
QE	Voltaire, *Questions sur l'Encyclopédie*

SVEC	*Studies on Voltaire and the eighteenth century*
Taylor	Taylor Institution, Oxford
Trapnell	William H. Trapnell, 'Survey and analysis of Voltaire's collective editions', *SVEC* 77 (1970), p.103-99
VF	Voltaire Foundation, Oxford
VST	René Pomeau, René Vaillot, Christiane Mervaud et autres, *Voltaire en son temps*, 2e éd., 2 vol. (Oxford, 1995)

L'APPARAT CRITIQUE

L'apparat critique placé au bas des pages fournit les diverses leçons ou variantes offertes par les états manuscrits ou imprimés du texte.

Chaque note critique est composée du tout ou partie des indications suivantes:

– Le ou les numéro(s) de la ou des ligne(s) auxquelle(s) elle se rapporte.
– Les sigles désignant les états du texte, ou les sources, repris dans la variante. Des chiffres arabes, isolés ou accompagnés de lettres, désignent en général des éditions séparées de l'œuvre dont il est question; les lettres suivies de chiffres sont réservées aux recueils, W pour les éditions complètes, et T pour les œuvres dramatiques; après le sigle, l'astérisque signale un exemplaire particulier, qui d'ordinaire contient des corrections manuscrites.
– Les deux points (:) marquant le début de la variante proprement dite, dont le texte, s'il en est besoin, est encadré par un ou plusieurs mots du texte de base. A l'intérieur de la variante, toute remarque de l'éditeur est placée entre crochets.

Les signes typographiques conventionnels suivants sont employés:

– Les mots supprimés sont placés entre crochets obliques (< >).
– La lettre grecque bêta (β) désigne le texte de base.
– Le signe de paragraphe (¶) marque l'alinéa.
– Deux traits obliques (//) indiquent la fin d'un chapitre ou d'une partie du texte.
– La flèche horizontale (→) signifie 'adopté par'.
– Les mots ajoutés à la main par Voltaire ou Wagnière sont précédés, dans l'interligne supérieur, de la lettre ^{V} ou ^{W}.
– La flèche verticale dirigée vers le haut (↑) ou vers le bas (↓)

indique que l'addition est inscrite au-dessus ou au-dessous de la ligne.

– Le signe + marque la fin de l'addition, s'il y a lieu.

LES DESCRIPTIONS BIBLIOGRAPHIQUES

Dans les descriptions bibliographiques les signes conventionnels suivants sont employés:

– Pi (π) désigne des cahiers non signés supplémentaires à l'enchaînement régulier des pages préliminaires.
– Chi (χ) désigne des cahiers non signés supplémentaires à l'enchaînement régulier du texte.
– Le signe du dollar ($) signifie 'un cahier typique'.
– Le signe plus ou moins ($\pm$) indique l'existence d'un carton.

REMERCIEMENTS

La préparation des *Œuvres complètes de Voltaire* dépend de la compétence et de la patience du personnel de nombreuses bibliothèques de recherche partout dans le monde. Nous les remercions vivement de leur aide généreuse et dévouée. Parmi eux, certains ont assumé une tâche plus lourde que d'autres, dont en particulier le personnel de la Bibliothèque nationale de France et de la Bibliothèque de l'Arsenal, Paris; de l'Institut et musée Voltaire, Genève; de la Taylor Institution Library, Oxford; et de la Bibliothèque nationale de Russie, Saint-Pétersbourg.

Nous remercions pour leur aide Sophie Delbarre, Cornelia Jahns, Christophe Paillard, Gilles Plante, Véronique Rey-Vodoz, Vladimir Somov et Catherine Volpilhac-Auger.

Que Michel Mervaud trouve ici l'expression de notre gratitude pour sa relecture de l'ensemble du volume.

AVANT-PROPOS

Cette édition des *Questions sur l'Encyclopédie* paraît en 7 volumes (*OCV*, tomes 37-43). Le tome 37 contient l'introduction, la description complète des éditions et l'index général; les tomes 38 à 43 contiennent le texte des *Questions sur l'Encyclopédie*, les variantes et les notes sur le texte. Le présent tome ne contient donc qu'une liste abrégée des éditions à partir desquelles nous présentons les variantes.

Les 'œuvres alphabétiques' paraissent dans les *Œuvres complètes de Voltaire* comme suit:

Tome 33: *Œuvres alphabétiques*, I
Articles pour l'*Encyclopédie* et pour le *Dictionnaire de l'Académie* (sous la direction de J. Vercruysse, paru en 1987)

Tome 34: *Œuvres alphabétiques*, II
Articles du fonds de Kehl

Tomes 35-36: *Dictionnaire philosophique*
(sous la direction de C. Mervaud, parus en 1994)

Tomes 37-43: *Questions sur l'Encyclopédie*
37: Introduction, description des éditions, index général
38-43: Articles 'A' - 'Zoroastre'

Ont travaillé sur le projet initial des *Questions sur l'Encyclopédie*: Marcus Allen, Jacqueline Fennetaux, Basil Guy, Hervé Hasquin, G. Norman Laidlaw, Jacques Marx, Paul H. Meyer, Hélène Monod-Cassidy, Jeanne R. Monty, Jean A. Perkins, Bertram E. Schwarzbach et Jeroom Vercruysse.

La responsabilité de l'annotation des articles du présent tome a été répartie comme suit:

François Bessire et Christophe Paillard: Chien; Cirus; Confession; David; Druides; Economie de paroles.

Marie-Hélène Cotoni: De la Chine; Dieu, dieux; Amour de Dieu.

Nicholas Cronk: Chant, musique, mélopée, gesticulation, saltation; Confiance en soi-même; Confiscation; Cul; Curiosité; Dispute.

Olivier Ferret: Clerc; Climat; Concile; Conspirations contre les peuples, ou proscriptions; Dénombrement; Ecrouelles.

Graham Gargett: Clou; Des crimes ou délits; Criminaliste; Criminel; Droit canonique.

Paul Gibbard: Croire; Dévot; Directeur; Les sept dormants.

Russell Goulbourne: Charlatan; Contradiction; Contraste; Cromwell (avec la collaboration de M. Waddicor).

Laurence Macé: Christianisme; De saint Denis l'Aréopagite; De Diodore de Sicile, et d'Hérodote.

Christiane Mervaud: Chaîne des êtres créés; Chaîne, ou génération des événements; Charles IX; Le ciel des anciens; Contraste (avec la collaboration de R. Goulbourne); Convulsions; Corps; Déjection; Dictionnaire; Divorce; Egalité.

Michel Mervaud: Charité; Chemins; Conséquence; Coutume; Démoniaques; Dogmes.

François Moureau: Critique; Cuissage ou culage; Défloration; Du droit de la guerre.

Christophe Paillard: Chien (avec la collaboration de F. Bessire); Cirus (avec la collaboration de F. Bessire); Confession (avec la collaboration de F. Bessire); Conscience; Conseiller ou juge; Le curé de campagne; David (avec la collaboration de F. Bessire); Démocratie; Destin; Druides (avec la collaboration de F. Bessire); Economie de paroles (avec la collaboration de F. Bessire); Education.

John Renwick: César; Cicéron; Donations; Droit; Economie.

Gerhardt STENGER: Chronologie; Ciel matériel; Cohérence; De la distance.

Maria SUSANA SEGUIN: Changements arrivés dans le globe; Colimaçons; Des coquilles; Déluge universel.

Marc WADDICOR et Russell GOULBOURNE: Cromwell.

Dominique Lussier a établi le texte et les variantes du présent volume.

Principes de cette édition

L'édition choisie comme texte de base est W75G* – l'édition encadrée, corrigée par Voltaire. Les variantes figurant dans l'apparat critique du présent tome proviennent des sources suivantes: MS1, MS4, 70, 71N, 71A, W68 (1774), W75G, K84 et K12.

Nous maintenons l'ordre des articles dans le texte de base, ordre qui n'est pas strictement alphabétique.

Il existe des rapports entre certains articles figurant dans les *Questions sur l'Encyclopédie* et les articles publiés pour la première fois dans l'édition de Kehl, d'après des manuscrits dits du 'fonds de Kehl'. Ceux-ci seront étudiés dans le tome 34 de la présente édition.[1]

Manuscrits

MS1

Quatrain pour être mis au bas du portrait de Confucius.

Variante des vers cités dans 'De la Chine', de la collection de Henri Rieu.

[1] Voir aussi à ce sujet Jeanne R. Monty, 'Voltaire's debt to the *Encyclopédie* in the *Opinion en alphabet*', *Literature and history in the age of ideas: essays on the French Enlightenment presented to George R. Havens*, éd. Charles G. S. Williams (Columbus, 1975), p.152-67, et Bertram E. Schwarzbach, 'The problem of the Kehl additions to the *Dictionnaire philosophique*: sources, dating and authenticity', *SVEC* 201 (1982), p.7-66.

Fernand Caussy, *Inventaire des manuscrits de la bibliothèque de Voltaire* (Paris, 1913), p.42. Sergeï Karp, *Quand Catherine II achetait la bibliothèque de Voltaire* (Ferney-Voltaire, 1999), p.59.

Saint-Pétersbourg, Bibliothèque nationale de Russie: bibliothèque de Voltaire, 5-240 (t.9, f.65*v*).

MS2

Ancienne copie des vers pour le portrait de Confucius dans 'De la Chine'.

Darmstadt, Hessisches Staatsarchiv: H.A.IV.558.4.

MS3

Copie contemporaine par Wagnière de notes pour 'Dénombrement'.

F. Caussy, *Inventaire des manuscrits de la bibliothèque de Voltaire*, p.40.

Saint-Pétersbourg, Bibliothèque nationale de Russie: bibliothèque de Voltaire, 5-240 (t.8, f.269-69*v*).

MS4

Brouillon autographe de l'article 'Directeur', feuillet double, 3 pages non numérotées.

Jeroom Vercruysse, *Voltaire: exposition organisée à l'occasion du bicentenaire de sa mort (catalogue)* (Bruxelles, 1978), p.156-58. J. Vercruysse, *Inventaire raisonné des manuscrits voltairiens de la bibliothèque royale*, dans *Bibliologia* 2 (Turnhout, 1983), p.78. Ces deux publications reproduisent la première page du manuscrit.

Bruxelles, Bibliothèque royale: Collection Launoit, 316.

MS5

Fragment autographe de l'article 'Distance' au verso de l'adresse de D20594.

Autografen, Tweede serie, n°452.

La Haye, Koninklijke Huisarchief.

Editions

70

Questions sur l'Encyclopédie, par des amateurs. [Genève, Cramer] 1770-1772. 9 vol. 8°.

Edition originale.

Bengesco 1408, BnC 3597, BV3737.

Edimbourg, National Library of Scotland: BCL.B7183-7189. Londres, British Library: 1158 K10-14. Neuchâtel, Bibliothèque publique et universitaire: NUM 150.7.1. Oxford, Taylor: V8 D6 1770, V1 1770 G/1 (38-43); VF. Paris, Arsenal: 8° B 34128; BnF: Z 24726-24734. Saint-Pétersbourg, Bibliothèque nationale de Russie: bibliothèque de Voltaire, 10-19, 11-95, 11-96, 9-31, 11-36.

71N

Questions sur l'Encyclopédie, par des amateurs. Nouvelle édition, soigneusement revue, corrigée et augmentée. [Neuchâtel, Société typographique] 1771-1772. 9 vol. 8°.

Bengesco 1409, BnC 3603, BV3738.

Londres, University of London Library: G.L. 1771. Neuchâtel, Bibliothèque publique et universitaire: QPZ 127. Paris, BnF: Rés. Z Bengesco 225. Saint-Pétersbourg, Bibliothèque nationale de Russie: bibliothèque de Voltaire, 10-10.

71A

Questions sur l'Encyclopédie, distribuées en forme de dictionnaire. Par des amateurs. Londres [Amsterdam, Rey], 1771-1772. 9 vol. 8°.

Bengesco 1410, BnC 3604.

Genève, ImV: D Questions 5/1771/3. Oxford, Taylor: V1 1770 G/1 (35-37); VF. Paris, BnF: Rés. Z Beuchot 731.

w68 (1774)

*Collection complette des œuvres de Mr. de ****. Genève [Cramer; Paris, Panckoucke], 1768-1777. 30 vol. 4°.

Tomes 21-24: *Questions sur l'Encyclopédie, par des amateurs* (tomes 1-4). Genève, 1774.

Bengesco 2137, Trapnell 68, BnC 141-44.

Genève, ImV: A 1768/1. Oxford, Taylor: VF. Paris, BnF: Z4961; Rés. M Z587.

w75G

La Henriade, divers autres poèmes et toutes les pièces relatives à l'épopée. Genève [Cramer et Bardin], 1775. 37 [ou 40] vol. 8°.

Tomes 25-30: *Questions sur l'Encyclopédie, par des amateurs* (tomes 1-6). L'édition *encadrée*.

Bengesco 2141, Trapnell 75G, BnC 158-61.

Genève, ImV: A 1775/2. Oxford, Taylor: V1 1775; VF. Paris, BnF: Z24822-24868, Z Beuchot 32.

w75G* (1777-1778)

Ce sigle désigne les exemplaires de w75G, corrigés par Voltaire, qui se trouvent dans la Bibliothèque de Voltaire à Saint-Pétersbourg. Sur ces exemplaires, voir Samuel Taylor, 'The definitive text of Voltaire's works: the Leningrad *encadrée*', *SVEC* 124 (1974), p.7-132.

Dans l'exemplaire 'C' (ou 'Ferney'), les tomes 2, 3 et 5 des *Questions sur l'Encyclopédie* (les tomes 26, 27 et 29 de l'édition) portent des corrections de la main de Voltaire.

Cette édition corrigée constitue le texte de base de notre édition.

BV3472 'C' ('Ferney').

Saint-Pétersbourg, Bibliothèque nationale de Russie: bibliothèque de Voltaire, 11-8.

K84

Œuvres complètes de Voltaire. [Kehl] Société littéraire-typographique, 1784-1789. 70 vol. 8°.

Tomes 37-43: *Dictionnaire philosophique* (tomes 1-7).

Bengesco 2142, Trapnell K, BnC 164-69.

Genève, ImV: A 1784/1. Oxford, Taylor: VF. Paris, BnF: Rés. P Z 2209.

K12

Œuvres complètes de Voltaire. [Kehl] Société littéraire-typographique, 1785-1789. 92 vol. 12°.

Tomes 47-55: *Dictionnaire philosophique* (tomes 1-9).

Bengesco 2142, Trapnell K, BnC 189.

Genève, ImV: A 1785/4. Oxford, VF. Paris, BnF: Z 24990-25116.

QUESTIONS SUR L'ENCYCLOPÉDIE,

PAR DES AMATEURS

IV

CÉSAR - ÉGALITÉ

CÉSAR

On n'envisage point ici dans César le mari de tant de femmes et la femme de tant d'hommes,[1] le vainqueur de Pompée et des Scipions, l'écrivain satirique qui tourne Caton en ridicule, le voleur du trésor public qui se servit de l'argent des Romains pour asservir les Romains, le triomphateur clément qui pardonnait aux vaincus, le savant qui réforma le calendrier, le tyran et le père de sa patrie, assassiné par ses amis et par son bâtard. Ce n'est qu'en qualité de descendant des pauvres barbares, subjugués par lui, que je considère cet homme unique.

Vous ne passez pas par une seule ville de France ou d'Espagne ou des bords du Rhin, ou du rivage d'Angleterre vers Calais, que

10 K84, K12: passez point par

* César figure dans l'Avant-propos du *Siècle de Louis XIV* (*OH*, p.616) avec Auguste, comme l'égal des plus grands hommes (Philippe, Alexandre, Louis XIV) qui jouent un rôle déterminant dans l'histoire de leur pays. Législateur, poète, historien, orateur, grand capitaine, sa réputation divisait les historiens français: modèle des bons princes pour Perrot d'Ablancourt, intrigant ambitieux pour Fénelon. Pour Voltaire, César est un composé de vertus et de vices (*La Mort de César*, *Rome sauvée*, *Le Triumvirat*). Il peut se montrer soit admiratif (*Essai sur les mœurs*, t.1, p.199, *Les Lois de Minos*, *OCV*, t.73, p.174, *Un chrétien contre six Juifs*, *M*, t.29, p.530), soit critique (*Diatribe à l'auteur des Ephémérides*, *M*, t.29, p.360) envers le rôle de Jules César en Gaule. S'agit-il ici d'un Voltaire purement ludique? On sait que la conquête de la Gaule peut parfois lui servir d'arme contre l'orgueil des Français (*Discours aux Welches*, *M*, t.25, p.229). Ou s'agit-il d'un Voltaire provocateur qui, en mettant aux prises l'antiquaire italien et les savants de Vannes, cherche à faire voir que la compréhension de l'histoire est souvent irrationnelle, une question d'humeur? Cet article paraît en novembre/décembre 1770 (70, t.3).

[1] Traduction littérale du jugement de Gaius Scribonius Curio: 'omnium mulierum virum et omnium virorum mulierem' (Suétone, *Vie de Jules César*, section 52). Voltaire a déjà fait allusion dans les *QE* à l'homosexualité de César, dans les articles 'Amour nommé socratique', 'Athéisme' et 'Auguste Octave' (*OCV*, t.38, p.265, n.*e*, t.39, p.155 et 214). Il reviendra plus loin sur son hétérosexualité, dans les articles 'Cuissage ou culage' et 'Femme' (ci-dessous, p.326, et *M*, t.19, p.100).

vous ne trouviez de bonnes gens qui se vantent d'avoir eu César chez eux. Des bourgeois de Douvre sont persuadés que César a bâti leur château, et des bourgeois de Paris croient que le grand Châtelet est un de ses beaux ouvrages. Plus d'un seigneur de paroisse en France montre une vieille tour qui lui sert de colombier, et dit que c'est César qui a pourvu au logement de ses pigeons. Chaque province dispute à sa voisine l'honneur d'être la première en date à qui César donna les étrivières; c'est par ce chemin, non c'est par cet autre qu'il passa pour venir nous égorger, et pour caresser nos femmes et nos filles, pour nous imposer des lois par interprètes, et pour nous prendre le très peu d'argent que nous avions.[2]

Les Indiens sont plus sages; nous avons vu qu'ils savent confusément qu'un grand brigand nommé Alexandre passa chez eux après d'autres brigands: et ils n'en parlent presque jamais.[3]

Un antiquaire italien, en passant il y a quelques années par Vannes en Bretagne, fut tout émerveillé d'entendre les savants de Vannes s'enorgueillir du séjour de César dans leur ville. Vous avez sans doute, leur dit-il, quelques monuments de ce grand homme? Oui, répondit le plus notable; nous vous montrerons l'endroit où ce héros fit pendre tout le sénat de notre province au nombre de six cents.[4]

Des ignorants qui trouvèrent dans le chenal de Kerantrait une centaine de poutres en 1755, avancèrent dans les journaux que c'étaient des restes d'un pont de César;[5] mais je leur ai prouvé dans

[2] Même dérision dans la préface du *Triumvirat* (*M*, t.6, p.177).

[3] Cette phrase, quelque peu ambiguë, est à rapprocher de l'article 'Alexandre' des *QE*: 'M. Holwell qui a demeuré trente ans chez les brames [...] nous assure que leurs annales attestent l'invasion d'Alexandre, qu'ils appellent *Mahadukoit Kounha*, grand brigand, grand meurtrier' (*OCV*, t.38, p.182).

[4] En 56 avant J.-C., César vainquit les Vénètes au cours de la bataille du Morbihan. Il fit mourir les sénateurs pour apprendre à toutes les tribus insoumises que l'on ne prenait pas impunément en otage les émissaires de Rome (César, *Commentarii de bello gallico*, livre 3, section 8-16). Voltaire possède la traduction par Nicolas Perrot d'Ablancourt, *Les Commentaires de César*, 2 vol. (Paris, 1714, BV605).

[5] Sa source est ici le *Recueil d'antiquités dans les Gaules* (Paris, 1770, BV1935) de

ma dissertation de 1756, que c'étaient les potences où ce héros avait fait attacher notre parlement. Où sont les villes en Gaule qui puissent en dire autant? Nous avons le témoignage du grand César lui-même; il dit dans ses *Commentaires*, que *nous sommes inconstants, et que nous préférons la liberté à la servitude.*[6] Il nous accuse (*a*) d'avoir été assez insolents pour prendre des otages des Romains à qui nous en avions donné, et de n'avoir pas voulu les rendre à moins qu'on ne nous remît les nôtres. Il nous apprit à vivre.

Il fit fort bien, répliqua le virtuose, son droit était incontestable. On le lui disputait pourtant. Car lorsqu'il eut vaincu les Suisses émigrants, au nombre de trois cent soixante et huit mille, et qu'il n'en resta plus que cent dix mille,[7] vous savez qu'il eut une conférence en Alsace avec Arioviste roi germain ou allemand, et que cet Arioviste lui dit: Je viens piller les Gaules, et je ne souffrirai pas qu'un autre que moi les pille.[8] Après quoi ces bons Germains

(*a*) *De bello gallico*, livre 3.

Félix François d'Artezet de La Sauvagère, dont Voltaire accuse réception le 23 septembre 1770 (D16662). Il a mis une corne à la page 264 du chapitre 'Recherches sur les antiquités des environs de Vannes, à la côte sud de la Bretagne; ou description historique des pierres extraordinaires et de quelques camps des anciens Romains' (*CN*, t.5, p.220). Il résume ici les pages 274 à 276 de ce chapitre.

[6] Traduction succincte du *De bello gallico*, livre 3, section 10, que Perrot d'Ablancourt rend ainsi: '[César] appréhendait principalement une révolte générale, s'il négligeait celle-ci, à cause que les Gaulois prennent les armes à la moindre occasion, et sont naturellement portés au changement; outre que tous les peuples sont jaloux de leur liberté, et ennemis de la servitude' (*Les Commentaires de César*, t.1, p.80).

[7] Voltaire calcule le nombre de Suisses émigrants à partir des données contenues dans *De bello gallico*, livre 1, section 29, ou plutôt dans son exemplaire des *Commentaires de César*, t.1, p.23-24, où figure un signet: '368 m[ille] suisses – en lettres grecques' (*CN*, t.2, p.19).

[8] En fait, Arioviste envoya ce message à César avant leur entrevue. On lit dans la version de Perrot d'Ablancourt: '[Arioviste] dit, qu'il avait passé le Rhin à la prière des Gaulois, et n'avait pas quitté son pays sur de petites espérances: Que les terres qu'il occupait, lui avoient été accordées, et les otages donnés volontairement: Que les impôts qu'il levait, étaient le fruit de sa victoire' (*Les Commentaires de César*, t.1,

qui étaient venus pour dévaster le pays, mirent entre les mains de leurs sorcières deux chevaliers romains ambassadeurs de César; et ces sorcières allaient les brûler et les sacrifier à leurs dieux, lorsque César vint les délivrer par une victoire.[9] Avouons que le droit était égal des deux côtés; et Tacite a bien raison de donner tant d'éloges aux mœurs des anciens Allemands.[10]

Cette conversation fit naître une dispute assez vive entre les savants de Vannes et l'antiquaire. Plusieurs Bretons ne concevaient pas quelle était la vertu des Romains d'avoir trompé toutes les nations des Gaules l'une après l'autre, de s'être servi d'elles tour à tour pour leur propre ruine, d'en avoir massacré un quart et d'avoir réduit les trois autres quarts en servitude.

Ah! rien n'est plus beau, répliqua l'antiquaire; j'ai dans ma poche une médaille à fleur de coin qui représente le triomphe de César au Capitole. C'est une des mieux conservées; il montra sa médaille. Un Breton un peu brusque la prit et la jeta dans la rivière. Que ne puis-je, dit-il, y noyer tous ceux qui se servent de leur puissance et de leur adresse pour opprimer les autres hommes? Rome autrefois nous trompa, nous désunit, nous massacra, nous enchaîna. Et Rome aujourd'hui dispose encore de plusieurs de nos bénéfices. Est-il possible que nous ayons été si longtemps et en tant de façons pays d'obédience?[11]

Je n'ajouterai qu'un mot à la conversation de l'antiquaire italien

---

p.39). La traduction que Voltaire fait subir à ce passage s'explique sans doute par la note du signet qu'il laissa à cet endroit: 'César et Arioviste disputent à qui doit voter [il faut sûrement lire: voler] les Gaulois' (*CN*, t.2, p.20).

[9] *De bello gallico*, livre 1, ch.47, 50 et 53. Encore une fois Voltaire puise dans *Les Commentaires de César*, t.1, p.44-47, marqués par un signet: 'deux Romains près d'être brulés en sacrifice par l'ordre des femmes allemandes' (*CN*, t.2, p.20).

[10] Dès l'époque de l'*Essai sur les mœurs* (t.2, p.200), Voltaire se montre sceptique sur les éloges que Tacite décerne aux Germains dans *De origine et situ Germanorum*, que l'on connaît aussi sous le titre de *Germania*. Voir également le *Traité sur la tolérance* (*OCV*, t.56C, p.202), *La Philosophie de l'histoire* (*OCV*, t.59, p.138) et l'article 'Chant' des *QE* (ci-dessous, p.22).

[11] Pays dans lequel le pape nomme aux bénéfices qui viennent à vaquer, et plus généralement, un pays où les bulles du pape sont souveraines.

et du Breton; c'est que Perrot d'Ablancourt, le traducteur des *Commentaires de César*, dans son épître dédicatoire au Grand Condé, lui dit ces propres mots; *Ne vous semble-t-il pas, monseigneur, que vous lisiez la vie d'un philosophe chrétien?*[12] Quel philosophe chrétien que César! je m'étonne qu'on n'en ait pas fait un saint. Les faiseurs d'épîtres dédicatoires disent de belles choses, et fort à propos.[13]

[12] Citation plus ou moins fidèle (*Les Commentaires de César*, f.Eiij*r*). Voltaire est incrédule devant cette 'récupération' de César qu'il avait déjà présenté comme un athée impénitent dans l'article 'Athée, athéisme' du *DP* (*OCV*, t.35, p.387).

[13] Cf. l'article 'Puissance, les deux puissances' des *QE*: 'Jules César était [...] en tout le premier des hommes; et à qui nul moderne n'a pu être comparé, excepté dans une épître dédicatoire' (*M*, t.20, p.301). Voltaire fustige, comme le comble de l'indécence, la manie des parallèles disproportionnés dans les épîtres dédicatoires (voir par exemple *La Défense de mon oncle*, *OCV*, t.64, p.243).

CHAÎNE DES ÊTRES CRÉÉS

Cette gradation d'êtres qui s'élèvent depuis le plus léger atome jusqu'à l'Etre suprême; cette échelle de l'infini frappe d'admiration. Mais quand on la regarde attentivement, ce grand fantôme s'évanouit, comme autrefois toutes les apparitions s'enfuyaient le matin au chant du coq.

L'imagination se complaît d'abord à voir le passage imperceptible de la matière brute à la matière organisée, des plantes aux zoophytes, de ces zoophytes aux animaux, de ceux-ci à l'homme, de l'homme aux génies, de ces génies revêtus d'un petit corps aérien à des substances immatérielles; et enfin mille ordres différents de ces substances, qui de beautés en perfections s'élèvent jusqu'à Dieu même. Cette hiérarchie plaît beaucoup aux bonnes gens, qui croient voir le pape et ses cardinaux suivis des archevêques, des évêques; après quoi viennent les curés, les vicaires, les simples prêtres, les diacres, les sous-diacres, puis paraissent les moines, et la marche est fermée par les capucins.

12-13 K84, K12: aux jeunes gens

* Cet article est repris, quasi textuellement, du *DP* où il parut en 1764. Le premier paragraphe était alors écrit à la première personne. Dans les *QE*, l'auteur ne se met plus en scène; un jugement général se substitue à une expérience individuelle. Voltaire procède aussi à quelques retouches stylistiques qui nuancent ses affirmations précédentes. Il supprime un hommage final à la philosophie anglaise considérée comme supérieure à celle de Platon. Dans le *DP*, Newton représentait les progrès de la philosophie moderne sur les rêveries antiques. Dans les *QE*, ses réserves à l'égard de Platon s'expriment fortement, sans doute parce que, de son temps, on lit dans sa philosophie l'annonce de la théologie chrétienne. Pourtant, comme maintes œuvres de vieillesse, les *QE* témoignent d'un intérêt renouvelé porté à Platon (voir les articles 'Aristote', 'Sophiste', 'Trinité'). Sur Voltaire et Platon, voir Jean Dagen, 'Voltaire lecteur de Platon', *Revue Voltaire* 7 (2007), p.207-17. Cet article 'Chaîne des êtres créés' trouve donc naturellement place dans les *QE*, où il paraît en novembre/décembre 1770 (70, t.3). Pour l'annotation de ce texte, on se reportera à *OCV*, t.35, p.513-21.

Mais il y a peut-être[1] un peu plus de distance entre Dieu et ses plus parfaites créatures, qu'entre le Saint-Père et le doyen du sacré collège: ce doyen peut devenir pape, mais le plus parfait des génies créés par l'Etre suprême, peut-il devenir Dieu?[2] n'y a-t-il pas l'infini entre Dieu et lui?

Cette chaîne, cette gradation prétendue n'existe pas plus dans les végétaux et dans les animaux; la preuve en est qu'il y a des espèces de plantes et d'animaux qui sont détruites. Nous n'avons plus de murex. Il était défendu aux Juifs de manger du griffon et de l'ixion; ces deux espèces ont probablement disparu de ce monde, quoi qu'en dise Bochart: où donc est la chaîne?

Quand même nous n'aurions pas perdu quelques espèces, il est visible qu'on en peut détruire. Les lions, les rhinocéros commencent à devenir fort rares. Si le reste du monde avait imité les Anglais, il n'y aurait plus de loups sur la terre.[3]

Il est probable[4] qu'il y a eu des races d'hommes qu'on ne retrouve plus; mais je veux qu'elles aient toutes subsisté, ainsi que les blancs, les nègres, les Cafres à qui la nature a donné un tablier de leur peau, pendant du ventre à la moitié des cuisses, et les Samoyèdes dont les femmes ont un mamelon d'un bel ébène, etc.[5]

N'y a-t-il pas visiblement un vide entre le singe et l'homme? n'est-il pas aisé d'imaginer un animal à deux pieds sans plumes, qui serait intelligent sans avoir ni l'usage de la parole, ni notre figure, que nous pourrions apprivoiser, qui répondrait à nos signes et qui nous servirait? et entre cette nouvelle espèce et celle de l'homme, n'en pourrait-on pas imaginer d'autres?

[1] Ajout de 'peut-être' dans la phrase affirmative du *DP*.

[2] Dans le *DP*, la phrase était négative; Voltaire préfère dans les *QE* une interrogation.

[3] Ajout de cet exemple dans les *QE*, sans que l'on sache si Voltaire approuve ou non les Anglais. La bête du Gévaudan, un gigantesque loup qui fut tué en 1767, a défrayé la chronique en France depuis 1764. Voltaire y a fait allusion dans les *Questions sur les miracles* (*M*, t.25, p.378).

[4] Dans le *DP*, 'il est très probable'.

[5] Sur la source des connaissances de Voltaire relatives aux Samoyèdes, voir *OCV*, t.46, p.463, n.166-67.

Par-delà l'homme, vous logez dans le ciel, divin Platon, une file de substances célestes; nous croyons nous autres à quelques-unes de ces substances, parce que la foi nous l'enseigne. Mais vous, quelle raison avez-vous d'y croire? vous n'avez pas parlé apparemment au génie de Socrate; et le bon homme Heres qui ressuscita exprès pour vous apprendre les secrets de l'autre monde, ne vous a rien appris de ces substances.

La prétendue chaîne n'est pas moins interrompue dans l'univers sensible.

Quelle gradation, je vous prie, entre vos planètes! la lune est quarante fois plus petite que notre globe. Quand vous avez voyagé de la lune dans le vide, vous trouvez Vénus; elle est environ aussi grosse que la terre. De là vous allez chez Mercure, il tourne dans une ellipse qui est fort différente du cercle que parcourt Vénus; il est vingt-sept fois plus petit que nous, le soleil un million de fois plus gros, Mars cinq fois plus petit; celui-là fait son tour en deux ans, Jupiter son voisin en douze, Saturne en trente; et encore Saturne, le plus éloigné de tous, n'est pas si gros que Jupiter. Où est la gradation prétendue?

Et puis, comment voulez-vous que dans de grands espaces vides il y ait une chaîne qui lie tout? s'il y en a une, c'est certainement celle que Newton a découverte; c'est elle qui fait graviter tous les globes du monde planétaire les uns vers les autres dans ce vide immense.

O Platon tant admiré! j'ai peur que vous ne nous ayez conté que des fables, et que vous n'ayez jamais parlé qu'en sophismes. O Platon! vous avez fait bien plus de mal que vous ne croyez. Comment cela? me demandera-t-on; je ne le dirai pas.[6]

68 K84, K12: qu'en sophiste. O

[6] Alors qu'il supprime l'allusion du *DP* à une écrasante supériorité anglaise, Voltaire développe l'idée que Platon a enseigné des fables. Il laisse deviner sa méfiance fondamentale à l'égard de Platon, liée sans doute à la christianisation de son œuvre. Il est étonnant, comme le remarque Jean Dagen ('Voltaire lecteur de Platon', p.210) que Voltaire se soit laissé prendre à cette interprétation de l'œuvre du philosophe païen.

CHAÎNE, OU GÉNÉRATION DES ÉVÉNEMENTS

Le présent accouche, dit-on, de l'avenir.[1] Les événements sont enchaînés les uns aux autres, par une fatalité invincible; c'est le destin qui, dans Homère, est supérieur à Jupiter même. Ce maître des dieux et des hommes, déclare net, qu'il ne peut empêcher Sarpédon son fils de mourir dans le temps marqué. Sarpédon était né dans le moment qu'il fallait qu'il naquît, et ne pouvait pas naître dans un autre; il ne pouvait mourir ailleurs que devant Troye; il ne pouvait être enterré ailleurs qu'en Lycie; son corps devait dans le temps marqué produire des légumes qui devaient se changer dans la substance de quelques Lyciens; ses héritiers devaient établir un nouvel ordre dans ses Etats; ce nouvel ordre devait influer sur les royaumes voisins; il en résultait un nouvel arrangement de guerre et de paix avec les voisins des voisins de la Lycie: ainsi de proche en proche la destinée de toute la terre a dépendu de la mort de Sarpédon, laquelle dépendait de l'enlèvement d'Hélène: et cet enlèvement était nécessairement lié au mariage d'Hécube, qui en remontant à d'autres événements était lié à l'origine des choses.[2]

* L'article 'Chaîne des événements' est paru dans le *DP* en 1764. Il est repris dans les *QE* avec un nouveau titre et quelques variantes. Voltaire actualise son texte en faisant allusion aux événements récents de la guerre russo-turque, ce qui lui permet de faire l'éloge de Catherine II. En effet, à cette époque, Voltaire s'est fait le thuriféraire de la tsarine, car il espère que la Grèce sera libérée du joug turc (voir D16071). Il a célébré la victoire russe de Choczim du 1-2 juillet 1769 dans des *Stances à l'impératrice de Russie, Catherine II* (*M*, t.8, p.533), et par une *Ode sur la guerre des Russes contre les Turcs* (*M*, t.8, p.489-90). Il a envoyé ces poèmes à Saint-Pétersbourg; Catherine l'en remercie (D16122, 19 [30 n.s.] janvier 1770; voir aussi la lettre d'Andréi Chouvalov, D16126). L'allusion aux événements de Moldavie et de Valachie permet de dater la mise au point de cet article après janvier 1770. Il paraît en novembre/décembre 1770 (70, t.3). Pour l'annotation de ce texte, voir *OCV*, t.35, p.522-28.

[1] Ajout de cette phrase dans les *QE*.

[2] Ajout d'un exemple précis remplaçant la version du *DP* qui évoquait, sans aucun détail, 'la mort de Sarpédon, laquelle dépendait d'un autre événement, lequel était lié par d'autres à l'origine des choses'.

Si un seul de ces faits avait été arrangé différemment, il en aurait résulté un autre univers: or il n'était pas possible que l'univers actuel n'existât pas: donc il n'était pas possible à Jupiter de sauver la vie à son fils, tout Jupiter qu'il était.

Ce système de la nécessité et de la fatalité, a été inventé de nos jours par Leibnitz, à ce qu'on dit, sous le nom de *raison suffisante*; il est pourtant fort ancien; ce n'est pas d'aujourd'hui qu'il n'y a point d'effet sans cause, et que souvent la plus petite cause produit les plus grands effets.

Milord Bolingbroke avoue que les petites querelles de Mme Marlborough, et de Mme Masham, lui firent naître l'occasion de faire le traité particulier de la reine Anne avec Louis XIV: ce traité amena la paix d'Utrecht; cette paix d'Utrecht affermit Philippe V sur le trône d'Espagne. Philippe V prit Naples et la Sicile sur la maison d'Autriche; le prince espagnol qui est aujourd'hui roi de Naples, doit évidemment son royaume à milady Masham: et il ne l'aurait pas eu, il ne serait peut-être même pas né, si la duchesse de Marlborough avait été plus complaisante envers la reine d'Angleterre. Son existence à Naples dépendait d'une sottise de plus ou de moins à la cour de Londres.

Examinez les situations de tous les peuples de l'univers, elles sont ainsi établies sur une suite de faits qui paraissent ne tenir à rien, et qui tiennent à tout. Tout est rouage, poulie, corde, ressort dans cette immense machine.

Il en est de même dans l'ordre physique. Un vent qui souffle du fond de l'Afrique et des mers australes, amène une partie de l'atmosphère africaine,[3] qui retombe en pluie dans les vallées des Alpes; ces pluies fécondent nos terres; notre vent du nord à son tour envoie nos vapeurs chez les nègres; nous faisons du bien à la Guinée, et la Guinée nous en fait. La chaîne s'étend d'un bout de l'univers à l'autre.

39 w68: une petite suite

[3] Dans le *DP*, 'atmosphère africain'; le mot, longtemps masculin, devient féminin au cours du dix-huitième siècle.

Mais il me semble qu'on abuse étrangement de la vérité de ce principe. On en conclut qu'il n'y a si petit atome dont le mouvement n'ait influé dans l'arrangement actuel du monde entier; qu'il n'y a si petit accident, soit parmi les hommes, soit parmi les animaux, qui ne soit un chaînon essentiel de la grande chaîne du destin.

Entendons-nous: tout effet a évidemment sa cause, à remonter de cause en cause dans l'abîme de l'éternité; mais toute cause n'a pas son effet, à descendre jusqu'à la fin des siècles. Tous les événements sont produits les uns par les autres, je l'avoue; si le passé est accouché du présent, le présent accouche du futur; tout a des pères, mais tout n'a pas toujours des enfants. Il en est ici précisément comme d'un arbre généalogique; chaque maison remonte, comme on sait, à Adam; mais dans la famille il y a bien des gens qui sont morts sans laisser de postérité.

Il y a un arbre généalogique des événements de ce monde. Il est incontestable que les habitants des Gaules et de l'Espagne descendent de Gomer; et les Russes de Magog son frère cadet: on trouve cette généalogie dans tant de gros livres! sur ce pied-là, on ne peut nier que le Grand Turc qui descend aussi de Magog, ne lui ait l'obligation d'avoir été bien battu en 1769 par l'impératrice de Russie Catherine II.[4] Cette aventure tient évidemment à d'autres grandes aventures;[5] mais que Magog ait craché à droite ou à gauche, auprès du mont Caucase, et qu'il ait fait deux ronds dans un puits ou trois, qu'il ait dormi sur le côté gauche ou sur le côté droit; je ne vois pas que cela ait influé beaucoup sur les affaires présentes.[6]

[4] Voltaire actualise son texte qui, en 1764, évoquait les Russes en armes près de la Poméranie et les Français vers Francfort. Le 14 [25 n.s.] juillet 1769, Catherine II annonce, dans le post-scriptum de sa lettre, la bataille de Choczim qui avait eu lieu les 1-2 juillet (D15775).

[5] Ajout de cette phrase dans les *QE*.

[6] La fin du paragraphe est réécrite. Voltaire supprime l'allusion de 1764 à l'impératrice Elisabeth envoyant une armée au secours de Marie-Thérèse d'Autriche et l'exemple savoureux de l'absence de rapport entre les rêves de son chien et le Grand Mogol.

Il faut songer que tout n'est pas plein dans la nature comme Newton l'a démontré, et que tout mouvement ne se communique pas de proche en proche, jusqu'à faire le tour du monde comme il l'a démontré encore.[7] Jetez dans l'eau un corps de pareille densité, vous calculez aisément qu'au bout de quelque temps le mouvement de ce corps, et celui qu'il a communiqué à l'eau, sont anéantis; le mouvement se perd et se répare; donc le mouvement que put produire Magog en crachant dans un puits, ne peut avoir influé sur ce qui se passe aujourd'hui en Moldavie et en Valachie.[8] Donc, les événements présents ne sont pas les enfants de tous les événements passés; ils ont leurs lignes directes; mais mille petites lignes collatérales ne leur servent à rien. Encore une fois, tout être a son père, mais tout être n'a pas des enfants. Voyez 'Destin'.[9]

[7] L'autorité de Newton n'était pas invoquée dans le *DP*.

[8] Dans le *DP*, il était question de ce qui se passait alors 'en Russie et en Prusse'. Cet article fait référence aux derniers événements de la guerre russo-turque. Catherine II, dans sa lettre du 13 [24 n.s.] décembre 1769, a annoncé à Voltaire que le prince de Moldavie, Gregory Ghika et que le prince de Valachie, Nicolas Mavrocordato ont été faits prisonniers (D16057). Voir sur ces dernières victoires russes, déjà célébrées dans les *QE*, l'article 'Arot et Marot' (*OCV*, t.39, p.38, n.39).

[9] Le renvoi à l'article 'Destin' des *QE* remplace une phrase du *DP* promettant d'en dire davantage lorsque sera abordée la question de la destinée.

CHANGEMENTS ARRIVÉS DANS LE GLOBE

Quand on a vu de ses yeux une montagne s'avancer dans une plaine, c'est-à-dire un immense rocher de cette montagne se détacher et couvrir des champs, un château tout entier enfoncé dans la terre, un fleuve englouti qui sort ensuite de son abîme, des marques indubitables qu'un vaste amas d'eaux inondait autrefois un pays habité aujourd'hui, et cent vestiges d'autres révolutions,[1] on est alors plus disposé à croire les grands changements qui ont altéré la face du monde, que ne l'est une dame de Paris qui sait seulement que la place où est bâtie sa maison était autrefois un champ labourable. Mais une dame de Naples, qui a vu sous terre les

* Article composé vraisemblablement à partir de l'été de 1770, compte tenu de la mention du tremblement de terre de Saint-Domingue, survenu le 3 juin (voir D16553, D16565, D16575). L'article est écrit dans la continuité thématique de la *Dissertation sur les changements arrivés dans notre globe*, composée en italien dès 1745 (voir *OCV*, t.30C, p.3-6). Voltaire infléchit cependant le traitement du sujet. Dans la *Dissertation*, il s'attaquait essentiellement aux 'beaux systèmes' qui faisaient du déluge universel le moment clé dans la formation du relief terrestre à travers une critique virulente des 'diluvianistes' anglais Thomas Burnet, John Woodward et William Whiston, reléguant toutes ces explications au rang des fictions et mettant en cause l'existence même des grandes transformations géologiques. L'article des *QE* s'adresse désormais à ceux qui, tout en contestant le récit biblique, inscrivent les grandes catastrophes primitives dans une perspective scientifique favorisant le matérialisme: Buffon, dans la *Théorie de la terre*, d'Holbach dans l'*Encyclopédie* (articles 'Montagnes', 'Tremblements de terre', 'Volcans'). Voltaire retrouve ici les arguments du premier chapitre de *La Philosophie de l'histoire*, et adopte celle qui sera sa position définitive en la matière: il est possible que différentes catastrophes plus ou moins étendues aient façonné le relief terrestre, mais il est inutile de chercher la cause de phénomènes inscrits dans une temporalité très ancienne, dont les mécanismes échappent à l'entendement humain et qui risquent de le faire tomber dans l'esprit de système. Voir Maria Susana Seguin, *Science et religion dans la pensée française du dix-huitième siècle: le mythe du déluge universel* (Paris, 2001) et 'Voltaire et les sciences de la terre', *Revue Voltaire* 8 (2008), p.239-49. L'article paraît en novembre/décembre 1770 (70, t.3).

[1] Terme désignant, dans la littérature scientifique de l'époque, l'ensemble de phénomènes naturels ayant marqué la surface de la terre.

ruines d'Herculaneum,[2] est encore moins asservie au préjugé qui nous fait croire que tout a toujours été comme il est aujourd'hui.

Y a-t-il eu un grand embrasement du temps d'un Phaëton?[3] Rien n'est plus vraisemblable; mais ce ne fut ni l'ambition de Phaëton, ni la colère de Jupiter foudroyant, qui causèrent cette catastrophe; de même qu'en 1755 ce ne furent point les feux allumés si souvent dans Lisbonne par l'Inquisition qui ont attiré la vengeance divine; qui ont allumé les feux souterrains et qui ont détruit la moitié de la ville.[4] Car Mequinès, Tétuan et des hordes considérables d'Arabes furent encore plus maltraitées que Lisbonne;[5] et il n'y avait point d'Inquisition dans ces contrées.

L'île de Saint-Domingue, toute bouleversée depuis peu,[6] n'avait pas déplu au Grand Etre plus que l'île de Corse. Tout est soumis aux lois physiques éternelles.

Le soufre, le bitume, le nitre, le fer renfermés dans la terre,[7] ont par leurs mélanges et par leurs explosions renversé mille cités,

23 70, 71N, 71A: pas plus déplu au Grand Etre que

[2] Comme Pompéi, la ville d'Herculanum, près de Naples, fut ensevelie lors de l'éruption du Vésuve, le 24 août 79 après J.-C. Les travaux d'excavation avaient commencé en 1738.

[3] Fils d'Hélios et de Clyméné, il obtient l'autorisation de conduire le char de son père, mais perd le contrôle de l'attelage. Le feu embrasa l'univers, menaçant le monde de destruction. Il fut arrêté par Zeus, qui le foudroya.

[4] Le tremblement de terre de Lisbonne, survenu le 1er novembre 1755. Les 'feux souterrains' sont l'explication la plus largement répandue de l'activité sismique et volcanique. Voir Buffon, *Preuves de la Théorie de la terre*, article 16, et l'*Encyclopédie*, articles 'Tremblements de terre' et 'Volcans' (d'Holbach). Sur ce désastre qui fit date dans l'histoire intellectuelle du dix-huitième siècle, voir *The Lisbon earthquake of 1755*, *SVEC* 2005:02.

[5] Le séisme qui frappa Lisbonne détruisit également les villes du nord du Maroc, dont Meknès et Tétouan. Voir l'*Encyclopédie*, article 'Tremblements de terre'. Voltaire en parle encore dans la préface au *Poème sur le désastre de Lisbonne* (*OCV*, t.45A, p.323, 327).

[6] Le tremblement de terre du 3 juin 1770 qui fit de très nombreuses victimes.

[7] Explication des volcans et des tremblements de terre présente chez Buffon, *Preuves de la Théorie de la terre*, article 16, et reprise par d'Holbach dans l'*Encyclopédie*, articles 'Tremblements de terre' et 'Volcans'.

ouvert et fermé mille gouffres, et nous sommes menacés tous les jours de ces accidents attachés à la manière dont ce monde est fabriqué, comme nous sommes menacés dans plusieurs contrées des loups et des tigres affamés pendant l'hiver.

Si le feu que Démocrite croyait le principe de tout, a bouleversé une partie de la terre, le premier principe de Thalès, l'eau a causé d'aussi grands changements.[8]

La moitié de l'Amérique est encore inondée par les anciens débordements du Maragnon,[9] de Rio de la Plata, du fleuve Saint-Laurent, du Mississipi et de toutes les rivières perpétuellement augmentées par les neiges éternelles des montagnes les plus hautes de la terre, qui traversent ce continent d'un bout à l'autre. Ces déluges accumulés ont produit presque partout de vastes marais. Les terres voisines sont devenues inhabitables; et la terre, que les mains des hommes auraient dû fertiliser, a produit des poisons.

La même chose était arrivée à la Chine et à l'Egypte; il fallut une multitude de siècles pour creuser des canaux et pour dessécher les terres. Joignez à ces longs désastres les irruptions de la mer, les terrains qu'elle a envahis, et qu'elle a désertés, les îles qu'elle a détachées du continent, vous trouverez qu'elle a dévasté plus de quatre-vingt mille lieues carrées d'orient en occident depuis le Japon jusqu'au mont Atlas.

L'engloutissement de l'île Atlantide par l'océan, peut être regardé avec autant de raison comme un point d'histoire, que

31 K84, K12: feu, qu'Héraclite croyait

49 K12: l'île Atlantique par

[8] S'il est vrai que le philosophe grec Thalès (sixième siècle av. J.-C.) fait de l'eau le principe originel de toute chose, c'est Héraclite (sixième-cinquième siècle av. J.-C.) et non Démocrite, philosophe atomiste, qui attribue ce rôle au feu. De manière plus large, Voltaire semble faire allusion ici à la tradition de la grande année cosmique (Platon, *Timée*, 39d-40d) selon laquelle le monde est alternativement détruit par l'eau et par le feu, et qu'il associe aux deux grands courants géologiques de l'époque, le neptunisme (Buffon, Maillet) et le vulcanisme (d'Holbach).

[9] L'une des sources de l'Amazone.

comme une fable. Le peu de profondeur de la mer Atlantide jusqu'aux Canaries, pourrait être une preuve de ce grand événement; et les îles Canaries pourraient bien être des restes de l'Atlantide.[10]

Platon prétend dans son *Timée*, que les prêtres d'Egypte, chez lesquels il a voyagé, conservaient d'anciens registres qui faisaient foi de la destruction de cette île abîmée dans la mer. Cette catastrophe, dit Platon, arriva neuf mille ans avant lui. Personne ne croira cette chronologie sur la foi seule de Platon; mais aussi personne ne peut apporter contre elle aucune preuve physique, ni même aucun témoignage historique tiré des écrivains profanes.

Pline, dans son livre III, dit, que de tout temps les peuples des côtes espagnoles méridionales ont cru que la mer s'était fait un passage entre Calpé et Abila: *Indigenae columnas Herculis vocant, creduntque perfossas exclusa anteà admisisse maria et rerum naturae mutasse faciem.*[11]

Un voyageur attentif peut se convaincre par ses yeux que les Ciclades, les Sporades faisaient autrefois une partie du continent de la Grèce, et surtout que la Sicile était jointe à l'Appulie.[12] Les deux volcans de l'Etna et du Vésuve qui ont les mêmes fondements sous

51-52 K12: mer Atlantique jusqu'aux

[10] Platon, *Timée* (25a-26b). Voltaire suit ici l'article 'Tremblements de terre' de l'*Encyclopédie*. Ailleurs, il identifie l'île légendaire à Madère (voir *La Philosophie de l'histoire*, *OCV*, t.59, p.91), après s'être posé la question dans les *Carnets* (*OCV*, t.82, p.492).

[11] Pline l'Ancien, *Histoire naturelle*, livre 3, ch.5: 'Les habitants les nomment colonnes de ce dieu [Hercule], et pensent que percées elles laissèrent pénétrer des mers contenues jusqu'alors, et qu'ainsi fut changée la face de la nature' (trad. Emile Littré, 2 vol., Paris, 1848, t.1, p.153). Calpé et Abila étaient les noms des deux colonnes d'Hercule, séparées par le détroit de Gibraltar. Après l'invasion des Maures, Calpé prit le nom de Gibraltar. Cf. *Dissertation sur les changements arrivés dans notre globe*, *OCV*, t.30C, p.45.

[12] *Encyclopédie*, article 'Tremblements de terre'. Voir les *Carnets*, *OCV*, t.82, p.492. La source de Voltaire, selon R. Pomeau (*Essai sur les mœurs*, t.1, p.4), serait Diodore de Sicile, *Histoire universelle*, livre 4, ch.85, que Voltaire possédait dans la traduction de l'abbé Terrasson (Paris, 1758, BV1041; *CN*, t.3, p.143-45).

la mer, le petit gouffre de Caribde, seul endroit profond de cette mer;[13] la parfaite ressemblance des deux terrains, sont des témoignages non récusables: les déluges de Deucalion[14] et d'Ogigès[15] sont assez connus; et les fables inventées d'après cette vérité sont encore l'entretien de tout l'Occident.

Les anciens ont fait mention de plusieurs autres déluges en Asie. Celui dont parle Bérose arriva, selon lui, en Caldée environ quatre mille trois ou quatre cents ans avant notre ère vulgaire;[16] et l'Asie fut inondée de fables au sujet de ce déluge, autant qu'elle le fut des débordements du Tigre et de l'Euphrate, et de tous les fleuves qui tombent dans le Pont-Euxin. Voyez 'Déluge'.

Il est vrai que ces débordements ne peuvent couvrir les campagnes que de quelques pieds d'eau; mais la stérilité qu'ils apportent, la destruction des maisons et des ponts, la mort des bestiaux, sont des pertes qui demandent près d'un siècle pour être réparées. On sait ce qu'il en a coûté à la Hollande; elle a perdu plus de la moitié d'elle-même depuis l'an 1050. Il faut encore qu'elle combatte tous les jours contre la mer qui la menace; et elle n'a jamais employé tant de soldats pour résister à ses ennemis, qu'elle

87 w68: depuis 1050.

[13] Cf. l'*Encyclopédie*, article 'Volcans'.

[14] La légende thessalienne de Deucalion est rapportée par Aristote dans les *Météorologiques*, livre 1, ch.14. Fils de Prométhée, il fabrique un coffre dans lequel il se réfugie avec sa femme Pyrrha. Après neuf jours et neuf nuits, le coffre se pose sur le Parnasse et Zeus ordonne au couple de repeupler la terre. Voir également Pindare, *Olympiques* 9, vers 43.

[15] Fils d'Inachos, le plus ancien roi de la Béotie. Ogygos et ses compagnons échappent à l'inondation grâce à un vaisseau. Platon, *Timée*, 2e.

[16] Eusèbe, évêque de Césarée, rapporte dans ses *Chroniques* le récit du déluge de Xisuthre, dont le souvenir avait été conservé par le prêtre chaldéen Bérose (troisième siècle av. J.-C.). Ayant été instruit en songe par le dieu Cronos que le genre humain allait périr par un déluge, il construisit un grand navire, y fit entrer sa famille, ses oiseaux, des animaux de chaque espèce. Quand les eaux baissèrent, il débarqua sur une montagne et fut enlevé au ciel. Ce déluge aurait été provoqué par le débordement du Pont-Euxin, autrement dit la mer Noire.

emploie de travailleurs à se défendre continuellement des assauts d'une mer toujours prête à l'engloutir.

Le chemin par terre d'Egypte en Phénicie, en côtoyant le lac Sirbon, était autrefois très praticable;[17] il ne l'est plus depuis très longtemps. Ce n'est plus qu'un sable mouvant abreuvé d'une eau croupissante. En un mot, une grande partie de la terre ne serait qu'un vaste marais empoisonné et habité par des monstres, sans le travail assidu de la race humaine.

On ne parlera point ici du déluge universel de Noé.[18] Il suffit de lire la sainte Ecriture avec soumission. Le déluge de Noé est un miracle incompréhensible, opéré surnaturellement par la justice et la bonté d'une Providence ineffable, qui voulait détruire tout le genre humain coupable, et former un nouveau genre humain innocent. Si la race humaine nouvelle fut plus méchante que la première, et si elle devint plus criminelle de siècle en siècle, et de réforme en réforme, c'est encore un effet de cette Providence, dont il est impossible de sonder les profondeurs, et dont nous adorons, comme nous le devons, les inconcevables mystères transmis aux peuples d'Occident depuis quelques siècles, par la traduction latine des Septante.[19] Nous n'entrons jamais dans ces sanctuaires redoutables; nous n'examinons dans nos questions que la simple nature.

111 K84: nature. [*avec note*: Voyez la dissertation sur le même sujet, dans le volume de *Physique*.] //

K12: nature. [*avec note*: Voyez la dissertation sur le même sujet, dans le second volume de *Physique*.] //

[17] Diodore de Sicile, *Bibliothèque historique*, livre 1, section 2, ch.12.

[18] Voir l'article 'Déluge universel' ci-dessous. Voltaire sépare désormais la question de l'origine géologique de la terre de celle du déluge universel.

[19] Il s'agit en réalité de la traduction grecque de la Bible. Voir l'article 'Aristée', *OCV*, t.38, p.603-607.

CHANT, MUSIQUE, MÉLOPÉE, GESTICULATION, SALTATION

Questions sur ces objets

Un Turc pourra-t-il concevoir que nous ayons une espèce de chant pour le premier de nos mystères, quand nous le célébrons en musique; une autre espèce que nous appelons *des motets* dans le même temple, une troisième espèce à l'Opéra, une quatrième à l'Opéra-Comique? [1]

De même pouvons-nous imaginer comment les anciens soufflaient dans leurs flûtes, récitaient sur leurs théâtres la tête couverte d'un énorme masque, et comment leur déclamation était notée? [2]

On promulguait les lois dans Athènes à peu près comme on

* Les articles 'Musique' et 'Mélopée' dans l'*Encyclopédie* sont signés par Jean-Jacques Rousseau, l'article 'Chant' par Rousseau et Cahusac, et l'article 'Gesticulation' par l'abbé Mallet; il n'y a pas d'article 'Saltation'. Voltaire ne se réfère pas aux articles de l'*Encyclopédie*; il répond ici à l'abbé Du Bos et plus précisément, à la troisième partie des *Réflexions critiques sur la poésie et sur la peinture* (1719; BV1111: 3 vol., Paris, 1740), qui s'intitule 'Dissertation sur les représentations théâtrales des anciens' qui contient des marques de lecture (*CN*, t.3, p.195). Dans l'Avant-propos de cette partie, Du Bos explique qu'il va traiter de la musique des anciens: 'En premier lieu je donnerai une idée générale de la musique spéculative et des arts musicaux [...] Je ferai voir en second lieu que les anciens composaient et qu'ils écrivaient en notes leur déclamation théâtrale [...] Je montrerai en troisième lieu, que les anciens avaient si bien réduit l'art du geste ou la *saltation* [...] que dans l'exécution de plusieurs scènes ils pouvaient partager [...] la déclamation théâtrale entre deux acteurs, dont le premier récitait, tandis que le second faisait des gestes convenables au sens des vers récités' (t.3, p.4-5). C'est ce dernier point que Voltaire va contester. Ce ne sont pas ici des 'questions' sur l'*Encyclopédie* mais sur la troisième partie des *Réflexions* de Du Bos, commentaire assaisonné de réminiscences personnelles. L'article paraît en novembre/décembre 1770 (70, t.3).

[1] Entre ces quatre exemples, ce qui change est moins le type de chant en soi que le rapport spécifique entre chant et parole.

[2] Ces questions sont toutes abordées par Du Bos dans la troisième partie de ses *Réflexions*: voir, sur les instruments à vent, la section 8; sur l'usage des masques, la section 12; et sur la déclamation notée, les sections 9 et 10.

chante dans Paris un air du Pont-neuf. Le crieur public chantait un édit en se faisant accompagner d'une lyre.[3]

C'est ainsi qu'on crie dans Paris, *la rose et le bouton* sur un ton, *vieux passements d'argent à vendre* sur un autre; mais dans les rues de Paris on se passe de lyre.

Après la victoire de Chéronée, Philippe père d'Alexandre, se mit à chanter le décret par lequel Démosthène lui avait fait déclarer la guerre, et battit du pied la mesure.[4] Nous sommes fort loin de chanter dans nos carrefours nos édits sur les finances et sur les deux sous pour livre.[5]

Il est très vraisemblable que la *mélopée*, regardée par Aristote dans sa *Poétique* comme une partie essentielle de la tragédie, était un chant uni et simple comme celui de ce qu'on nomme la *préface à la messe*, qui est, à mon avis, le chant grégorien, et non l'ambrosien, mais qui est une vraie mélopée.[6]

Quand les Italiens firent revivre la tragédie au seizième siècle, le récit était une mélopée, mais qu'on ne pouvait noter; car qui peut noter des inflexions de voix qui sont des huitièmes, des seizièmes de ton?[7] on les apprenait par cœur. Cet usage fut reçu en France

[3] Cf. '[Le] crieur public chargé de promulguer les lois [...], l'officier qui publiait les lois, était accompagné par un joueur de lyre' (Du Bos, *Réflexions*, t.3, p.64-65).

[4] Plutarque, *Vie de Démosthène*, ch.20, section 3. Voltaire possède les *Vies* de Plutarque en plusieurs versions: dans la traduction de Jacques Amyot, dans celle d'André Dacier, aussi bien que dans une version anglaise (BV2772-74; *CN*, t.7, p.119-22).

[5] Sur le droit de deux sous pour livre, voir *L'Homme aux quarante écus*, *OCV*, t.66, p.367, n.6.

[6] Aristote, dans le chapitre 6 de sa *Poétique* (1450a7-14), parle de la *melopoiia* comme étant l'un des six éléments qui constituent la tragédie. Du Bos cite et commente ce passage, et suggère que certains commentateurs, dont Dacier et Gravina, se sont trompés sur le sens qu'Aristote donne du mot 'mélopée' (section 5, p.84-97).

[7] Voltaire contredit Du Bos, qui écrit: 'J'ai demandé à plusieurs musiciens, s'il serait bien difficile d'inventer des caractères avec lesquels on pût écrire en notes la déclamation en usage sur notre théâtre [...] Ces musiciens m'ont répondu que la chose était possible, et même qu'on pouvait écrire la déclamation en notes, en se servant de la gamme de notre musique, pourvu qu'on ne donna aux notes que la moitié de l'intonation ordinaire' (*Réflexions*, t.3, p.150).

quand les Français commencèrent à former un théâtre plus d'un siècle après les Italiens. La *Sophonisbe* de Mairet se chantait comme celle du Trissin,[8] mais plus grossièrement; car on avait alors le gosier un peu rude à Paris, ainsi que l'esprit. Tous les rôles des acteurs, mais surtout des actrices, étaient notés de mémoire par tradition. Mlle Bauval actrice du temps de Corneille, de Racine et de Molière, me récita il y a quelque soixante ans et plus, le commencement du rôle d'Emilie dans *Cinna*, tel qu'il avait été débité dans les premières représentations par la Beaupré.[9]

Cette mélopée ressemblait à la déclamation d'aujourd'hui, beaucoup moins que notre récit moderne ne ressemble à la manière dont on lit la gazette.

Je ne puis mieux comparer cette espèce de chant, cette mélopée, qu'à l'admirable récitatif de Lulli, critiqué par les adorateurs des doubles croches, qui n'ont aucune connaissance du génie de notre langue, et qui veulent ignorer combien cette mélodie fournit de secours à un acteur ingénieux et sensible.[10]

La mélopée théâtrale périt avec la comédienne Duclos, qui n'ayant pour tout mérite qu'une belle voix, sans esprit et sans âme, rendit enfin ridicule ce qui avait été admiré dans la des Œuillets et dans la Champmêlé.[11]

[8] Voltaire a réédité la *Sophonisbe* de Mairet et évoque Trissino (*OCV*, t.71B, p.46).

[9] Jeanne Olivier de Beauval, née en Hollande vers 1643 et morte à Paris en 1720, fut admise, ainsi que son mari, par Molière dans la troupe des comédiens du roi en 1670. Après la mort de Molière, ils jouèrent sur la scène de l'Hôtel de Bourgogne. Mme de Beauval eut de grands succès dans les rôles de reines et de soubrettes. Elle quitta la scène en 1704; Voltaire adolescent a donc pu la connaître après sa retraite. Nous avons ici un rare exemple d'un souvenir vraiment personnel.

[10] Du Bos est grand admirateur des 'récits' de Lully (voir, par exemple, *Réflexions*, t.3, p.154). Du Bos va plus loin que Voltaire en suggérant que ces récits avaient beaucoup d'expression à l'époque où Lully les enseignait lui-même aux acteurs: 'Ceux qui ont vu représenter les opéras de Lulli qui sont devenus le plaisir des nations, lorsque Lulli vivait encore, et quand il enseignait de vive voix à des acteurs dociles ces choses qui ne sauraient s'écrire en notes, disent qu'ils y trouvaient une expression qu'ils n'y trouvent presque plus aujourd'hui' (p.318).

[11] Mlle Des Œillets et la Champmeslé étaient toutes deux de célèbres interprètes

Aujourd'hui on joue la tragédie sèchement; si on ne la réchauffait pas par le pathétique du spectacle et de l'action, elle serait très insipide. Notre siècle recommandable par d'autres endroits, est le siècle de la sécheresse.[12]

Est-il vrai que chez les Romains un acteur récitait, et un autre faisait les gestes?[13]

Ce n'est pas par méprise que l'abbé Dubos imagina cette plaisante façon de déclamer. Tite-Live qui ne néglige jamais de nous instruire des mœurs et des usages des Romains, et qui en cela est plus utile que l'ingénieux et satirique Tacite;[14] (*a*) Tite-Live, dis-je, nous apprend qu'Andronicus s'étant enroué en chantant dans les intermèdes, obtint qu'un autre chantât pour lui tandis qu'il exécuterait la danse, et que de là vint la coutume de partager les intermèdes entre les danseurs et les chanteurs. *Dicitur cantum egisse magis vigente motu cum nihil vocis usus impediebat*. Il exprima le chant par la danse. *Cantum egisse magis vigente motu* avec des mouvements plus vigoureux.[15]

Mais on ne partagea point le récit de la pièce entre un acteur qui

(*a*) Livre 7.

51 K84, K12: réchauffait point par

des rôles de Racine. Mlle Duclos maintint au dix-huitième siècle le style emphatique de ses prédécesseurs, devenu démodé: voir *A Mademoiselle Duclos*, *OCV*, t.1B, p.24-28.

[12] Voltaire ne cesse de déclamer contre le goût des Welches. Du Bos, par contre, incarne pour Voltaire le penseur imprégné des valeurs esthétiques du Grand Siècle.

[13] Comme le prétend Du Bos, *Réflexions*, troisième partie, section 11 (t.3, p.173-83). Voir ci-dessus, p.19, n.*.

[14] Cf. '[Tacite] m'amuse, et Tite-Live m'instruit' (Voltaire à Mme Du Deffand, 30 juillet 1768, D15163).

[15] '[Livius Andronicus] obtint satisfaction et, dit-on, put jouer les parties chantées avec beaucoup plus de force dans le geste, libéré qu'il était de l'usage de la voix' (Tite-Live, *Histoire romaine*, livre 7, ch.2, section 9, trad. Raymond Bloch, Paris, 1968). Ce passage de Tite-Live est cité et commenté par Du Bos, *Réflexions*, t.3, p.174-76.

n'eût fait que gesticuler, et un autre qui n'eût que déclamé. La chose aurait été aussi ridicule qu'impraticable.[16]

L'art des pantomimes qui jouent sans parler, est tout différent, et nous en avons vu des exemples très frappants; mais cet art ne peut plaire que lorsqu'on représente une action marquée, un événement théâtral qui se dessine aisément dans l'imagination du spectateur. On peut représenter Orosmane tuant Zaïre, et se tuant lui-même; Sémiramis se traînant blessée sur les marches du tombeau de Ninus, et tendant les bras à son fils.[17] On n'a pas besoin de vers pour exprimer ces situations par des gestes, aux sons d'une symphonie lugubre et terrible. Mais comment deux pantomimes peindront-ils la dissertation de Maxime et de Cinna sur les gouvernements monarchiques et populaires?[18]

A propos de l'exécution théâtrale chez les Romains, l'abbé Dubos dit, que les danseurs dans les intermèdes étaient toujours en robe.[19] La danse exige un habit plus leste. On conserve précieusement dans le pays de Vaud, une grande salle de bains bâtie par les Romains, dont le pavé est en mosaïque. Cette mosaïque qui n'est point dégradée, représente des danseurs vêtus précisément comme les danseurs de l'Opéra.[20] On ne fait pas ces observations pour

[16] Voltaire passe sous silence le fait que Du Bos fournit d'autres sources classiques, dont Lucien, pour appuyer sa thèse (p.178-82).

[17] *Zaïre*, acte 5, scènes 9 et 10; *Sémiramis*, acte 5, scène 2.

[18] Corneille, *Cinna*, acte 2, scène 1. Cf.: 'Cette scène est un traité du droit des gens. La différence que Corneille établit entre l'usurpation et la tyrannie était une chose toute nouvelle; et jamais écrivain n'avait étalé des idées politiques en prose aussi fortement que Corneille les approfondit en vers' (*Commentaires sur Corneille*, *OCV*, t.54, p.125-26).

[19] 'Rien ne convient moins qu'un habillement long à un homme qui danse à notre manière. Or nous voyons que les *saltatores* des anciens étaient souvent vêtus de long' (Du Bos, *Réflexions*, t.3, p.217).

[20] Du Bos cite en témoignage un bas-relief antique pour appuyer un de ses arguments que les récits des acteurs étaient accompagnés d'instruments (*Réflexions*, t.3, p.126). Par cette réminiscence personnelle, Voltaire rivalise avec Du Bos en érudition. La mosaïque dite de Bacchus et Ariane se trouvait dans la ville romaine d'Aventicum (Avenches); le pavement est aujourd'hui complètement détruit. Elle a été découverte en 1704 (ou 1708), puis redégagée en 1751. Il s'agit d'un des plus

relever des erreurs dans Dubos; il n'y a nul mérite dans le hasard d'avoir vu ce monument antique qu'il n'avait point vu; et on peut d'ailleurs être un esprit très solide et très juste, en se trompant sur un passage de Tite-Live.

---

grands pavements mis au jour au nord des Alpes, et il a dû attirer des visiteurs. On peut imaginer que Voltaire s'y rendit entre 1755 et 1757, à l'époque où il résidait à Lausanne. Le pavement, mal conservé, se mit vite à se désintégrer. Goethe l'a vu le 20 octobre 1779, et ce jour-là il écrit dans une lettre à Charlotte von Stein que le pavement est en très mauvais état. La découverte a heureusement été bien illustrée à l'époque; l'image vraisemblablement la plus fidèle se trouve à la Burgerbibliothek de Berne (voir l'illustration p.25). Voir Victorine von Gonzenbach, *Die römischen Mosaiken der Schweiz* (Bâle, 1961), n° 5.3, t.1, p.41-43, et Daniel Castella, 'Le Palais de Derrière la Tour: splendeurs et misères d'une grande demeure avenchoise', *Archäologie der Schweiz* 31:3 (2008), p.22-29.

1. Mosaïque de Bacchus et Ariane. Dessin aquarellé par David Fornerod (1752). (Bern, Burgerbibliothek, Mss.h.h.XXIa.94)

CHARITÉ

Maisons de charité, de bienfaisance, hôpitaux, hôtels-dieu, etc.

Cicéron parle en plusieurs endroits de la charité universelle; *charitas humani generis*;[1] mais on ne voit point que la police et la bienfaisance des Romains aient établi de ces maisons de charité où les pauvres et les malades fussent soulagés aux dépens du public. Il y avait une maison pour les étrangers au port d'Ostia, qu'on appelait *Xenodokium*. Saint Jérôme rend aux Romains cette justice.[2] Les hôpitaux pour les pauvres semblent avoir été inconnus dans l'ancienne Rome. Elle avait un usage plus noble, celui de

* Voltaire semble avoir lu de près l'article 'Hôpital' de l'*Encyclopédie*, signé de l'astérisque qui désignerait Diderot, et qui loue la charité, témoignage de la 'commisération naturelle' de l'homme, mais en voit les limites, en distinguant les vrais pauvres des fainéants, vagabonds et mendiants qui profitent indûment de la générosité humaine au lieu de travailler. Voltaire partage ces vues en faisant l'éloge de la charité, tout en dénonçant ses effets pervers. Il y ajoute des aperçus historiques sur les maisons de charité, dont l'*Encyclopédie* s'est abstenue volontairement à l'article 'Hôpital', mais qui figurent à l'article 'Charité (écoles de)', de l'abbé Mallet. Il n'a pas utilisé un passage de Chardin sur les hôpitaux persans, qu'il a annoté (*CN*, t.2, p.503). L'article de Voltaire paraît en novembre/décembre 1770 (70, t.3).

[1] Beuchot écrit fort justement que Cicéron n'emploie nulle part cette expression. On sait d'ailleurs que *caritas* ne signifie pas 'charité', mais 'amour' (de la patrie, des enfants, etc.). On trouve par exemple *patriae caritas* dans *Pro Sestio*, ch.24, section 53 (*Discours*, Paris, 1965, t.14, p.157) ou *caritas liberorum* dans une lettre à Brutus (*Correspondance*, Paris, 1996, t.11, p.155).

[2] Dans une lettre à son ami le sénateur romain Pammaque, saint Jérôme écrit: 'On m'a dit que vous aviez fait bâtir un hôpital à Porto' (*Lettres de saint Jerosme*, trad. Guillaume Roussel, 4 vol., Paris, 1743, t.2, lettre 42, 'A Pammaque, sur la mort de Pauline, sa femme', p.231, BV1636). Ce 'centre d'accueil' pour étrangers (*xenodochium* dans le texte latin) fut fondé en 380 par Pammaque et sainte Fabiola, qui a consacré son patrimoine à des œuvres de charité. C'était le premier hôpital d'Italie. Saint Jérôme y fait allusion également dans sa *Vie de sainte Fabiola*. Porto remplaçait pour les gros navires Ostie, presque ensablée.

fournir des blés au peuple. Trois cent vingt-sept greniers immenses étaient établis à Rome.[3] Avec cette libéralité continuelle, on n'avait pas besoin d'hôpital; il n'y avait point de nécessiteux.

On ne pouvait fonder des maisons de charité pour les enfants trouvés; personne n'exposait ses enfants; les maîtres prenaient soin de ceux de leurs esclaves. Ce n'était point une honte à une fille du peuple d'accoucher. Les plus pauvres familles, nourries par la république, et ensuite par les empereurs, voyaient la subsistance de leurs enfants assurée.

Le mot de *maison de charité* suppose, chez nos nations modernes, une indigence que la forme de nos gouvernements n'a pu prévenir.[4]

Le mot d'*hôpital* qui rappelle celui d'*hospitalité*,[5] fait souvenir d'une vertu célèbre chez les Grecs qui n'existe plus; mais aussi il exprime une vertu bien supérieure. La différence est grande entre loger, nourrir, guérir tous les malheureux qui se présentent, et recevoir chez vous deux ou trois voyageurs chez qui vous aviez aussi le droit d'être reçu. L'hospitalité, après tout n'était qu'un échange. Les hôpitaux sont des monuments de bienfaisance.

Il est vrai que les Grecs connaissaient les hôpitaux sous le nom de *Xenodokia* pour les étrangers, *Nozocomeia* pour les malades, et de *Ptokia* pour les pauvres. On lit dans Diogène de Laërce

[3] *Le Grand Dictionnaire* de Bruzen de La Martinière, qui donne un descriptif détaillé des quatorze quartiers de l'ancienne Rome, ne mentionne pas d'hôpitaux pour les pauvres. En revanche, il indique pour chaque quartier le nombre de 'greniers publics': en les additionnant, on arrive à un total de 295, chiffre voisin des 327 donné par Voltaire.

[4] Comparer à l'article 'Hôpital' de l'*Encyclopédie*: 'Il serait beaucoup plus important de travailler à prévenir la misère qu'à multiplier des asiles pour les misérables' (t.8, p.294).

[5] *Hôpital* vient de l'adjectif bas-latin *hospitalis*, dans *hospitalis domus* (maison hospitalière). L'*Encyclopédie* rappelle que ce mot 'ne signifiait autrefois qu'hôtellerie' (t.8, p.293). Le mot hôpital apparaît dès le douzième siècle; il s'employait d'abord pour un établissement religieux recevant des indigents. Quant au mot *hospitalité*, il a été emprunté au latin *hospitalitas* (dérivé de *hospitalis*) au début du treizième siècle.

concernant Bion[6] ce passage; *Il souffrit beaucoup par l'indigence de ceux qui étaient chargés du soin des malades.*[7]

L'hospitalité entre particuliers s'appelait *Idioxenia*, et entre les étrangers *Proxenia*. De là on appelait *Proxenos* celui qui recevait et entretenait chez lui les étrangers au nom de toute la ville;[8] mais cette institution paraît avoir été fort rare.

Il n'est guère aujourd'hui de ville en Europe sans hôpitaux. Les Turcs en ont, et même pour les bêtes,[9] ce qui semble outrer la charité. Il vaudrait mieux oublier les bêtes et songer davantage aux hommes.

Cette prodigieuse multitude de maisons de charité prouve évidemment une vérité à laquelle on ne fait pas assez d'attention; c'est que l'homme n'est pas si méchant qu'on le dit, et que malgré toutes ses fausses opinions, malgré les horreurs de la guerre qui le changent en bête féroce, on peut croire que cet animal est bon, et

44 70, 71N, 71A: ses opinions

[6] Bion de Borysthène, philosophe cynique du troisième siècle avant J.-C. Il étudia sous Théophraste et sous Théodore l'Athée.

[7] La citation (exacte) de Voltaire se trouve dans *Les Vies des plus illustres philosophes de l'antiquité* de Diogène de Laërce, trad. J.-G. Chauffepié ou J.-H. Schneider, 3 vol. (Amsterdam, 1761, BV1042), t.1, p.281. Bion était tombé malade à Chalcis: 'Il souffrit beaucoup [...] jusqu'à ce qu'Antigonus lui envoya deux domestiques pour le servir'.

[8] Les définitions des termes grecs, dont Voltaire ne donne pas la source, sont approximatives. Selon Bailly, *xenodokia* signifie l'action de recevoir des hôtes, des étrangers (*Dictionnaire grec-français*, Paris, 1985, p.1341); *nosokomia*, soins qu'on donne à un malade (p.1333); *ptokia* n'existe pas; *idioxenia*, hospitalité privée (p.957), comme l'écrit Voltaire; *proxenos*, citoyen s'occupant des intérêts ou des nationaux d'une autre cité (p.1647), et non des étrangers de sa propre ville; *proxenia* est l'hospitalité ou la fonction de proxenos (p.1647).

[9] Bruzen de La Martinière rapporte que les Turcs avaient cent hôpitaux pour les pauvres (*Le Grand Dictionnaire*, article 'Turquie', t.8, p.786), information reprise par l'*Encyclopédie* (t.16, p.758), mais il ne dit pas qu'ils avaient des hôpitaux pour les animaux. Montaigne y fait allusion dans les *Essais*, livre 2, ch.11: 'Les Turcs ont des aumônes et des hôpitaux pour les bêtes' (*Œuvres complètes*, Paris, 1962, p.414).

qu'il n'est méchant que quand il est effarouché, ainsi que les autres animaux: le mal est qu'on l'agace trop souvent.

Rome moderne a presque autant de maisons de charité que Rome antique avait d'arcs de triomphe[10] et d'autres monuments de conquête. La plus considérable de ces maisons est une banque qui prête sur gages à deux pour cent, et qui vend les effets, si l'emprunteur ne les retire pas dans le temps marqué. On appelle cette maison l'*archihospedale*, l'archihôpital.[11] Il est dit, qu'il y a presque toujours deux mille malades,[12] ce qui ferait la cinquantième partie des habitants de Rome pour cette seule maison, sans compter les enfants qu'on y élève, et les pèlerins qu'on y héberge. De quels calculs ne faut-il pas rabattre!

N'a-t-on pas imprimé dans Rome que l'hôpital de la Trinité avait couché et nourri pendant trois jours quatre cent quarante mille cinq cents pèlerins, et vingt-cinq mille cinq cents pèlerines au jubilé de l'an 1600?[13] Misson lui-même, n'a-t-il pas dit que

47-48 70, 71N, 71A: animaux. ¶Rome

[10] Selon Bruzen de La Martinière, il y avait trente-six arcs de triomphe en marbre dans l'ancienne Rome (*Le Grand Dictionnaire*, article 'Rome', t.7, p.158). Voltaire précise plus loin que la Rome moderne avait cinquante maisons de charité.

[11] L'abbé Jérôme Richard, dans sa *Description historique et critique de l'Italie* (6 vol., Paris, 1766, BV2974), ne dit pas que cette maison de charité était une banque qui prêtait sur gages à deux pour cent. Bruzen de La Martinière rapporte qu'elle possédait plusieurs millions, mais ne mentionne pas non plus qu'elle prêtait de l'argent (*Le Grand Dictionnaire*, article 'Rome', t.7, p.165). Selon l'*Encyclopédie*, 'c'est une espèce de mont de piété, où l'on porte son argent en dépôt' (article 'Rome', t.14, p.349). Jaucourt ne précise pas le taux de l'intérêt.

[12] C'est grâce à ses immenses revenus que l'archiospedale pouvait entretenir plus de deux mille malades (J. Richard, *Description historique et critique*, t.5, p.217-18). L'archiospedale avait été fondé par Innocent III en 1198. Il s'appelait di San Spirito in Sassia (t.5, p.217). Cet Hôpital du Saint-Esprit, où l'on élevait les enfants exposés, était l'un des plus beaux d'Europe, et disposait de mille lits (Bruzen de La Martinière, *Le Grand Dictionnaire*, article 'Rome', t.7, p.165).

[13] Chiffres donnés par François Maximilien Misson (*Nouveau Voyage d'Italie*, 3 vol., La Haye, van Bulderen, 1691-1698, t.2, p.253, BV2471). En haut d'un signet, Voltaire a écrit 'hôpital Saint-Esprit' (*CN*, t.5, p.654).

l'hôpital de l'Annonciade à Naples possède deux de nos millions de rente?[14]

Peut-être enfin qu'une maison de charité fondée pour recevoir des pèlerins qui sont d'ordinaire des vagabonds, est plutôt un encouragement à la fainéantise qu'un acte d'humanité.[15] Mais ce qui est véritablement humain, c'est qu'il y a dans Rome cinquante maisons de charité de toutes les espèces.[16] Ces maisons de charité, de bienfaisance, sont aussi utiles et aussi respectables que les richesses de quelques monastères et de quelques chapelles sont inutiles et ridicules.

Il est beau de donner du pain, des vêtements, des remèdes, des secours en tout genre à ses frères; mais quel besoin un saint a-t-il d'or et de diamants? quel bien revient-il aux hommes que Notre-Dame de Lorette ait un plus beau trésor que le sultan des Turcs?[17] Lorette est une maison de vanité et non de charité.

Londres, en comptant les écoles de charité, a autant de maisons de bienfaisance que Rome.[18]

[14] Le revenu de l'Annonciade se montait à plus de deux cent mille ducats d'or (Misson, *Nouveau Voyage d'Italie*, t.2, p.30). En haut d'un signet, Voltaire a écrit 'hôpital à Naple' (*CN*, t.5, p.654). Misson (mort en 1722), conseiller au parlement de Paris, perdit son poste par la Révocation de l'édit de Nantes. Sur l'Annunziata, le principal hôpital de Naples, voir aussi Richard, *Description historique et critique*, t.4, p.181-83.

[15] C'est ce que suggère l'*Encyclopédie* à l'article 'Hôpital'. Dans le *Fragment des instructions pour le prince royal de* ***, Voltaire écrivait: 'Les hôpitaux de Rome sont riches, mais ils ne semblent destinés que pour recevoir des pèlerins étrangers. C'est un charlatanisme qui attire des gueux d'Espagne, de Bavière, d'Autriche, et qui ne sert qu'à encourager le nombre prodigieux des mendiants d'Italie' (*OCV*, t.63B, p.257-58).

[16] Selon Richard, il y a des hôpitaux dans toutes les principales villes d'Italie, et surtout à Rome, 'où ils sont extrêmement multipliés' (*Description historique et critique*, t.5, p.217). En haut d'un signet, Voltaire a écrit 'hôpitaux'. Il a mis des signets à différentes pages de l'ouvrage (*CN*, t.7, p.344).

[17] La chambre du trésor de Lorette renfermait dix-sept armoires. 'On prétend que ces armoires, écrit Jaucourt, sont remplies des plus riches offrandes en or pur, en vases, et en pierres précieuses; mais bien des gens doutent de l'existence actuelle de toutes ces richesses' (*Encyclopédie*, article 'Lorette', t.9, p.692).

[18] Selon l'abbé Mallet (article 'Charité' de l'*Encyclopédie*), Londres avait même plus de maisons de charité que Rome: quatre-vingt-huit en 1710.

Le plus beau monument de bienfaisance qu'on ait jamais élevé, est l'Hôtel des invalides fondé par Louis XIV.[19]

De tous les hôpitaux, celui où l'on reçoit journellement le plus de pauvres malades, est l'Hôtel-Dieu de Paris.[20] Il y en a eu souvent entre quatre à cinq mille à la fois. Dans ces cas, la multitude nuit à la charité même. C'est en même temps le réceptacle de toutes les horribles misères humaines, et le temple de la vraie vertu qui consiste à les secourir.

Il faudrait avoir souvent dans l'esprit le contraste d'une fête de Versailles, d'un opéra de Paris, où tous les plaisirs et toutes les magnificences sont réunis avec tant d'art, et d'un Hôtel-Dieu où toutes les douleurs, tous les dégoûts et la mort sont entassés avec tant d'horreur. C'est ainsi que sont composées les grandes villes.

Par une police admirable, les voluptés mêmes et le luxe servent la misère et la douleur. Les spectacles de Paris ont payé année commune un tribut de plus de cent mille écus à l'hôpital.

Dans ces établissements de charité, les inconvénients ont souvent surpassé les avantages. Une preuve des abus attachés à ces maisons, c'est que les malheureux qu'on y transporte craignent d'y être.[21]

L'Hôtel-Dieu, par exemple, était très bien placé autrefois dans le milieu de la ville auprès de l'évêché. Il l'est très mal quand la ville est trop grande, quand quatre ou cinq malades sont entassés dans chaque lit,[22] quand un malheureux donne le scorbut à son

[19] L'Hôtel des Invalides fut commencé en novembre 1670 sur les plans de Libéral Bruant et terminé par Jules Hardouin-Mansart, neveu de François (le dôme, commencé en 1675, ne fut achevé qu'en 1735). Sur J. Hardouin-Mansart, voir le *Siècle de Louis XIV* (*OH*, p.1219-20).

[20] L'Hôtel-Dieu, d'abord couvent de femmes, puis refuge hospitalier, fut nommé la Maison-Dieu à partir du douzième siècle. Au dix-huitième siècle, il était devenu le plus grand hôpital de France (Chamousset, *Vues d'un citoyen*, 2 vol., Paris, 1757, première partie, p.29, BV2722).

[21] 'Il ne faut pas que les hôpitaux soient des lieux redoutables aux malheureux, mais que le gouvernement soit redoutable aux fainéants' (*Encyclopédie*, article 'Hôpital', t.8, p.294).

[22] Selon Chamousset, on mettait souvent trois, quatre, cinq et six malades dans un

voisin[23] dont il reçoit la vérole, et qu'une atmosphère empestée répand les maladies incurables et la mort,[24] non seulement dans cet hospice destiné pour rendre les hommes à la vie, mais dans une grande partie de la ville à la ronde.[25]

L'inutilité, le danger même de la médecine en ce cas, sont démontrés. S'il est si difficile qu'un médecin connaisse et guérisse une maladie d'un citoyen bien soigné dans sa maison, que sera-ce de cette multitude de maux compliqués, accumulés les uns sur les autres dans un lieu pestiféré?[26]

En tout genre souvent plus le nombre est grand, plus mal on est.

M. de Chamousset,[27] l'un des meilleurs citoyens et des plus attentifs au bien public, a calculé par des relevés fidèles, qu'il meurt

106 71N: ville tout à

---

même lit (*Vues d'un citoyen*, première partie, p.177). Pour l'*Encyclopédie*, qui reprend ces chiffres, l'Hôtel-Dieu était 'le plus étendu', mais aussi 'le plus effrayant' de tous les hôpitaux de France (t.8, p.319). Voltaire le qualifie d''hôtel de la mort' (article 'Air' des *QE*, *OCV*, t.38, p.159).

[23] Le scorbut était considéré comme contagieux (*Encyclopédie*, article 'Scorbut', t.14, p.803).

[24] 'L'air infecté des exhalaisons qui sortent de ces corps malsains et qui portent avec elles le germe de plusieurs maladies, enveniment les maux dont on cherche la guérison et en procurent souvent de nouveaux' (Chamousset, *Vues d'un citoyen*, première partie, p.177).

[25] 'Si une pareille maison est funeste à ceux qui vont y chercher des secours, elle doit l'être encore aux habitants de Paris' (Chamousset, *Vues d'un citoyen*, première partie, p.179). L'Hôtel-Dieu 'infecte le bras de la rivière sur lequel il est situé' (article 'Air' des *QE*, *OCV*, t.38, p.159).

[26] '[Les médecins] peuvent-ils répondre de ne pas se méprendre en distribuant différents remèdes à divers malades qui se trouvent réunis dans un même lit? Les idées des médecins se croisent et se confondent perpétuellement par cette diversité de maladies qui toutes exigent dans le même moment des vues différentes' (Chamousset, *Vues d'un citoyen*, première partie, p.182).

[27] Claude Humbert Piarron de Chamousset, philanthrope, médecin bénévole, est nommé en 1761 intendant général des hôpitaux militaires. Il avait fondé un hôpital dans sa propre maison. Il avait conçu une 'maison d'association', sorte d'hôpital mutualiste avant la lettre, mais ce projet d'établissement, très critiqué, ne fut pas réalisé. Voltaire avait de l'estime pour ce chrétien libéral: 'Je voudrais qu'on le fît prévôt des marchands', écrivait-il à Darget le 10 décembre 1757 (D7506).

un quart des malades à l'Hôtel-Dieu, un huitième à l'hôpital de la Charité, un neuvième dans les hôpitaux de Londres,[28] un trentième dans ceux de Versailles.[29]

Dans le grand et célèbre hôpital de Lyon, qui a été longtemps un des mieux administrés de l'Europe, il ne mourait qu'un quinzième des malades, année commune.[30]

On a proposé souvent de partager l'Hôtel-Dieu de Paris en plusieurs hospices mieux situés, plus aérés, plus salutaires;[31] l'argent a manqué pour cette entreprise.

Curtae nescio quid semper abest rei.[32]

On en trouve toujours quand il s'agit d'aller faire tuer des hommes sur la frontière; il n'y en a plus quand il faut les sauver. Cependant l'Hôtel-Dieu de Paris possède plus d'un million de

[28] C'est le chevalier Petit qui, en 1678, a donné ces chiffres. Ils ont été actualisés par Chamousset d'après des relevés de 1748 qui, pour les douze années précédentes, 'établissent à peu près la même proportion' (*Vues d'un citoyen*, première partie, p.185-86). Dans l'*Encyclopédie*, ces chiffres sont cités d'après Chamousset, mais avec des variantes (article 'Hôpital', t.8, p.294).

[29] Voltaire simplifie. Selon Chamousset, à l'hôpital de Versailles, il meurt moins d'un trentième des malades dans les salles où l'on reçoit les palefreniers, postillons, cochers et autres domestiques du roi, et un trente-septième dans les salles destinées aux gardes du roi; en revanche, dans celles des pauvres de Versailles et des environs, il en meurt à peu près le neuvième (*Vues d'un citoyen*, première partie, p.187-88).

[30] En réalité, un quatorzième (*Vues d'un citoyen*, première partie, p.190-91). Les hôpitaux de Lyon et d'Amsterdam sont pour Voltaire des 'modèles', alors que ceux de Paris sont 'indignement administrés' (*Fragment des instructions pour le prince royal de* ***, *OCV*, t.63B, p.257).

[31] Chamousset préconisait, pour diminuer le nombre de malades à l'Hôtel-Dieu, de les faire passer à l'instant de leur convalescence dans une maison où le bon air, le régime, et une promenade, leur rendraient des forces, par exemple à l'hôpital Saint-Louis. Il proposait aussi de construire à la Salpétrière, alors située hors de la ville et 'en bon air', des salles pour les malades de différents hôpitaux ('Exécution du plan proposé pour les malades de l'Hôtel-Dieu', *Vues d'un citoyen*, première partie, p.220-24).

[32] 'Toujours, à son avoir, il manque je ne sais quoi pour être complet' (Horace, *Odes et épodes*, livre 3, Ode 24, trad. F. Villeneuve, Paris, 1927, p.137).

revenu[33] qui augmente chaque année; et les Parisiens l'ont doté à l'envi.

On ne peut s'empêcher de remarquer ici que Germain Brice, dans sa *Description de Paris*,[34] en parlant de quelques legs faits par le premier président de Bellièvre[35] à la salle de l'Hôtel-Dieu, nommée Saint-Charles, dit, 'qu'il faut lire cette belle inscription gravée en lettres d'or dans une grande table de marbre de la composition d'Olivier Patru de l'Académie française,[36] un des plus beaux esprits de son temps, dont on a des plaidoyers fort estimés'.

Qui que tu sois qui entres dans ce saint lieu, tu n'y verras presque partout que des fruits de la charité du grand Pomponne; les brocards d'or et d'argent, et les beaux meubles qui paraient autrefois sa chambre, par une heureuse métamorphose, servent maintenant aux nécessités des malades. Cet homme divin qui fut l'ornement et les délices de son siècle, dans le combat même de la mort, a pensé au soulagement des affligés. Le sang de Bellièvre s'est montré dans toutes les actions de sa vie. La gloire de ses ambassades n'est que trop connue, etc.[37]

L'utile Chamousset fit mieux que Germain Brice et Olivier Patru l'un des plus beaux esprits du temps; voici le plan dont il proposa de se charger à ses frais, avec une compagnie solvable.

Les administrateurs de l'Hôtel-Dieu portaient en compte la valeur de cinquante livres pour chaque malade, ou mort, ou guéri. M. de Chamousset et sa compagnie offraient de gérer pour

[33] C'était 'le plus riche' des hôpitaux français (*Encyclopédie*, t.8, p.319).

[34] Germain Brice, *Nouvelle Description de la ville de Paris, et de tout ce qu'elle contient de plus remarquable*, 8e éd., 4 vol. (Paris, 1725, BV543; *CN*, t.1, p.512-13).

[35] Pompone de Bellièvre, seigneur de Grignon, diplomate et magistrat. Ambassadeur en Suisse et en Angleterre, surintendant des finances, président du parlement de Paris, il fut élevé à la charge de chancelier en 1599.

[36] Olivier Patru, avocat, membre de l'Académie française (1640), un des principaux rédacteurs du *Dictionnaire* de Richelet (1680). Auteur d'*Œuvres diverses* (2 vol., Paris, 1732, BV2664). Dans le *Siècle de Louis XIV*, Voltaire le loue d'avoir contribué, après Vaugelas, à épurer le langage (*OH*, p.1004).

[37] Voltaire a un peu modifié le texte de Brice (*Nouvelle Description de la ville de Paris*, t.4, p.259). En haut d'un signet placé entre les pages 260 et 261, il a écrit 'hôpital' (*CN*, t.1, p.513).

cinquante livres seulement par guérison. Les morts allaient par-dessus le marché, et étaient à sa charge.[38]

La proposition était si belle, qu'elle ne fut point acceptée. On craignit qu'il ne pût la remplir. Tout abus qu'on veut réformer est le patrimoine de ceux qui ont plus de crédit que les réformateurs.

Une chose non moins singulière, est que l'Hôtel-Dieu a seul le privilège de vendre la chair en carême à son profit;[39] et il y perd. M. de Chamousset offrit de faire un marché où l'Hôtel-Dieu gagnerait; on le refusa, et on chassa le boucher qu'on soupçonna de lui avoir donné l'avis.[40]

Ainsi chez les humains, par un abus fatal,
Le bien le plus parfait est la source du mal.[41]

160-61 K84, K12: l'avis. [*avec note*: En 1775, sous l'administration de M. Turgot, ce privilège ridicule de l'Hôtel-Dieu fut détruit et remplacé par un impôt sur l'entrée de la viande. Le peuple de Paris était réduit auparavant à n'avoir pendant tout le carême qu'une nourriture malsaine et très chère. Cependant quelques hommes ont osé regretter cet ancien usage, non qu'ils le crussent utile, mais parce qu'il était un monument du pouvoir que le clergé avait eu trop longtemps sur l'ordre public, et que sa destruction avançait la décadence de ce pouvoir. En 1629 on tuait six bœufs à l'Hôtel-Dieu pendant le carême, deux cents en 1665, cinq cents en 1708, quinze cents en 1750, on en consomme aujourd'hui près de neuf mille.] ¶Ainsi

[38] Chamousset, *Vues d'un citoyen*, première partie, p.198-99 et 215-16. Les pages 198-99 sont marquées d'un signet et d'un double trait marginal par Voltaire (*CN*, t.6, p.328). Dans l'*Histoire du parlement de Paris*, Voltaire avait stigmatisé 'les administrateurs mercenaires de l'Hôtel-Dieu', qui 's'enrichissaient par la mort des misérables' (*OCV*, t.68, p.510).

[39] Le débit de la viande pendant le carême a été fixé dans un seul lieu de Paris, l'Hôtel-Dieu, par un arrêt du parlement du 2 mars 1575 (article 'Carême' des *QE*, *OCV*, t.39, p.502, n.1).

[40] Voir le 'Plan général pour l'administration des hôpitaux du royaume, et pour le bannissement de la mendicité' (Chamousset, *Vues d'un citoyen*, deuxième partie, p.262-72). Les pages 262-63 sont marquées d'un signet par Voltaire (*CN*, t.6, p.328). Ces propositions furent transmises à un ministre qui les renvoya à l'administration. Celle-ci répondit que les marchés étaient faits pour l'année. Le mémoire de Chamousset n'aboutit qu'à 'faire changer celui qui était à la tête de la boucherie': on croyait que c'était par lui que Chamousset avait eu des détails, alors qu'il ne lui avait jamais parlé, et même ne l'avait jamais vu (p.264).

[41] *La Henriade*, chant 5, vers 43-44.

CHARLATAN

L'article 'Charlatan' du *Dictionnaire encyclopédique*, est rempli de vérités utiles, agréablement énoncées. M. le chevalier de Jaucour y a développé le charlatanisme de la médecine.

On prendra ici la liberté d'y ajouter quelques réflexions. Le séjour des médecins est dans les grandes villes; il n'y en a presque point dans les campagnes. C'est dans les grandes villes que sont les riches malades; la débauche, les excès de table, les passions causent leurs maladies. Dumoulin, non pas le jurisconsulte,[1] mais le médecin,[2] qui était aussi bon praticien que l'autre, a dit en mourant, qu'il laissait deux grands médecins après lui, la diète et l'eau de la rivière.

En 1728, du temps de Lass le plus fameux des charlatans de la première espèce;[3] un autre, nommé Villars, confia à quelques amis

* Voltaire se réfère explicitement à l'article 'Charlatan' de Jaucourt dans l'*Encyclopédie*, article axé sur la médecine. Il adopte cette perspective au début de son article, avant de passer à la politique et à la religion, la transition étant structurée autour des figures de Scipion et de Numa. La fin de l'article est consacrée à 'la charlatanerie des sciences et de la littérature'. Dans l'*Encyclopédie* l'article de Jaucourt est suivi de l'article 'Charlatanerie' de Diderot, dans lequel il définit la charlatanerie comme 'le vice de celui qui travaille à se faire valoir, ou lui-même, ou les choses qui lui appartiennent, par des qualités simulées', avant de faire cette distinction entre le charlatan et le pédant: 'La différence qu'il y a entre le pédant et le charlatan, c'est que le charlatan connaît le peu de valeur de ce qu'il surfait, au lieu que le pédant surfait des bagatelles qu'il prend sincèrement pour des choses admirables' (t.3, p.210). Cet article paraît en novembre/décembre 1770 (70, t.3).

[1] Charles Dumoulin (1500-1566), l'un des 'trois célèbres jurisconsultes' auxquels Voltaire avait fait allusion dans l'article 'Annates' des *QE* (*OCV*, t.38, p.394) et dans une lettre aux d'Argental du 13 février 1763 (D10999).

[2] Jacques Molin ou Dumoulin, médecin de Louis XIV, qui préconisait une stricte hygiène de vie et vantait les pouvoirs des eaux minérales. On a pensé que c'est lui que Lesage désigne sous le nom de docteur Sangrado, car il prescrivait des saignées. Voir aussi D18061.

[3] Il s'agit plutôt de 1718 que de 1728. John Law quitta la France fin 1720, après la crise que provoqua son système financier.

que son oncle qui avait vécu près de cent ans, et qui n'était mort que par accident, lui avait laissé le secret d'une eau qui pouvait aisément prolonger la vie jusqu'à cent cinquante années, pourvu qu'on fût sobre.[4] Lorsqu'il voyait passer un enterrement, il levait les épaules de pitié; Si le défunt, disait-il, avait bu de mon eau, il ne serait pas où il est. Ses amis, auxquels il en donna généreusement, et qui observèrent un peu le régime prescrit, s'en trouvèrent bien, et le prônèrent. Alors il vendit la bouteille six francs; le débit en fut prodigieux. C'était de l'eau de Seine avec un peu de nitre. Ceux qui en prirent et qui s'astreignirent à un peu de régime, surtout qui étaient nés avec un bon tempérament, recouvrèrent en peu de jours une santé parfaite. Il disait aux autres, C'est votre faute si vous n'êtes pas entièrement guéris. Vous avez été intempérants et incontinents: corrigez-vous de ces deux vices, et vous vivrez cent cinquante ans pour le moins. Quelques-uns se corrigèrent; la fortune de ce bon charlatan s'augmenta comme sa réputation. L'abbé de Pons l'enthousiaste, le mettait fort au-dessus du maréchal de Villars:[5] Il fait tuer des hommes, lui dit-il, et vous les faites vivre.

On sut enfin que l'eau de Villars n'était que de l'eau de rivière; on n'en voulut plus: et on alla à d'autres charlatans.

Il est certain qu'il avait fait du bien, et qu'on ne pouvait lui reprocher que d'avoir vendu l'eau de la Seine un peu trop cher. Il portait les hommes à la tempérance, et par là il était supérieur à l'apothicaire Arnoud qui a farci l'Europe de ses sachets contre l'apoplexie, sans recommander aucune vertu.[6]

20-21 w68: bien. Alors

[4] Villars ou Vyl? Voir D13376: 'Mon cher et ancien ami, j'aurais plus de foi à votre régime qu'à l'eau de M. Vyl. La véritable eau de santé est de l'eau fraîche'.

[5] Jean-François de Pons, chanoine de Chaumont qui prit part à la querelle des Anciens et des Modernes. Le duc de Villars (1653-1734) fut maréchal de France.

[6] Voltaire fait allusion à Arnoud, apothicaire à la mode et vendeur de spécifiques contre l'apoplexie, dans les articles 'Catéchisme chinois' du *DP* (*OCV*, t.35, p.467) et 'Almanach' et 'Poste' des *QE*, ainsi qu'au chapitre 2 de *Zadig* (*OCV*, t.30B, p.125).

J'ai connu un médecin de Londres nommé Broun, qui pratiquait aux Barbades. Il avait une sucrerie et des nègres; on lui vola une somme considérable; il assemble ses nègres: Mes amis, leur dit-il, le grand serpent m'a apparu dans la nuit, il m'a dit que le voleur aurait dans ce moment une plume de perroquet sur le bout du nez. Le coupable, sur-le-champ porte la main à son nez. C'est toi qui m'as volé, dit le maître; le grand serpent vient de m'en instruire; et il reprit son argent.[7] On ne peut guère condamner une telle charlatanerie; mais il fallait avoir à faire à des nègres.

Scipion le premier Africain, ce grand Scipion fort différent d'ailleurs du médecin Broun, faisait croire volontiers à ses soldats qu'il était inspiré par les dieux. Cette grande charlatanerie était en usage dès longtemps. Peut-on blâmer Scipion de s'en être servi? il fut peut-être l'homme qui fit le plus d'honneur à la république romaine; mais pourquoi les dieux lui inspirèrent-ils de ne point rendre ses comptes?[8]

Numa fit mieux; il fallait policer des brigands et un sénat qui était la portion de ces brigands la plus difficile à gouverner. S'il avait proposé ses lois aux tribus assemblées, les assassins de son prédécesseur lui auraient fait mille difficultés. Il s'adresse à la déesse Egérie qui lui donne des pandectes de la part de Jupiter; il est obéi sans contradiction, et il règne heureux.[9] Ses instructions sont

---

Dans une lettre qu'il écrit à Thiriot vers le 15 septembre 1768, il prétend que 'tout le monde est charlatan. Les écoles, les académies, les compagnies les plus graves, ressemblent à l'apothicaire Arnoud' (D15212). Il se compare lui-même à Arnoud, dont on contrefait les sachets, lorsqu'on lui attribue des ouvrages scandaleux (voir D12442, D15212, D15726, D17653). La fin de l'article 'Sachet' de l'*Encyclopédie* parle de l'effet nuisible de ces sachets: 'Quelques personnes n'en blâment pas l'usage, parce qu'il est certain, dit-on, qu'il ne fait aucun mal; mais n'en est-ce pas un très grand que de mettre toute sa confiance à une pratique inutile' (t.14, p.473).

[7] S'agit-il d'une anecdote réelle? On remarque qu'un stratagème dévoile la vérité, comme dans *Zadig* la pierre qui porte témoignage (*OCV*, t.30B, p.164-65).

[8] Voltaire s'inspire ici de Tite-Live, *Histoire romaine*, 26.19; 38.54. Pour d'autres allusions aux dieux de Publius Cornelius Scipion, voir *Rome sauvée*, IV.ii, *Don Pèdre*, IV.i, et *Sophonisbe*, III.iv, IV.iv et V.iii.

[9] Voir Tite-Live, *Histoire romaine*, 1.19. Sur Numa Pompilius, deuxième roi de

bonnes, son charlatanisme fait du bien; mais si quelque ennemi secret avait découvert la fourberie, si on avait dit, Exterminons un fourbe qui prostitue le nom des dieux pour tromper les hommes, il courait risque d'être envoyé au ciel avec Romulus.

Il est probable que Numa prit très bien ses mesures, et qu'il trompa les Romains pour leur profit avec une habileté convenable au temps, aux lieux, à l'esprit des premiers Romains.

Mahomet fut vingt fois sur le point d'échouer; mais enfin il réussit avec les Arabes de Médine, et on le crut intime ami de l'ange Gabriel.[10] Si quelqu'un venait aujourd'hui annoncer dans Constantinople qu'il est le favori de l'ange Raphaël très supérieur à Gabriel en dignité, et que c'est à lui seul qu'il faut croire, il serait empalé en place publique. C'est aux charlatans à bien prendre leur temps.

N'y avait-il pas un peu de charlatanisme dans Socrate avec son démon familier, et la déclaration précise d'Apollon qui le proclama le plus sage de tous les hommes?[11] Comment Rollin, dans son *Histoire*, peut-il raisonner d'après cet oracle?[12] comment ne fait-il pas connaître à la jeunesse que c'était une pure charlatanerie? Socrate prit mal son temps. Peut-être cent ans plus tôt il aurait gouverné Athènes.

Tout chef de secte en philosophie a été un peu charlatan; mais les plus grands de tous ont été ceux qui ont aspiré à la domination. Cromwell fut le plus terrible de tous nos charlatans. Il parut

---

Rome, et ses prétendues conversations avec Egérie, voir aussi les articles 'Blasphème', 'Miracles', 'Puissance, les deux puissances' et 'Sammonocodom' des *QE*.

[10] Voir Coran 2:97, où Gabriel 'fait descendre le message [le Coran] sur ton cœur', 40:15 et 42:52, où 'l'esprit' est identifié avec cet ange. Comme au temps de *Mahomet*, Voltaire assimile le prophète à un imposteur.

[11] Platon, *Apologia*, 21-23; Cicéron, *De divinatio*, 1, 123-24; Plutarque, *De genio Socrates*, 588-90. Sur Socrate charlatan, voir aussi la treizième des *Lettres philosophiques* (t.1, p.167).

[12] Charles Rollin, *Histoire ancienne*, 13 vol. (Paris, 1731-1738), t.4, p.359-67. Voltaire possédait deux éditions de ce livre (BV3008-3009).

précisément dans le seul temps où il pouvait réussir: sous Elizabeth il aurait été pendu: sous Charles II il n'eût été que ridicule. Il vint heureusement dans le temps où l'on était dégoûté des rois; et son fils, dans le temps où l'on était las d'un protecteur.[13]

De la charlatanerie des sciences et de la littérature

Les sciences ne pouvaient guère être sans charlatanerie. On veut faire recevoir ses opinions; le docteur subtil veut éclipser le docteur angélique; le docteur profond veut régner seul.[14] Chacun bâtit son système de physique, de métaphysique, de théologie scolastique; c'est à qui fera valoir sa marchandise. Vous avez des courtiers qui la vantent, des sots qui vous croient, des protecteurs qui vous appuient.

Y a-t-il une charlatanerie plus grande que de mettre les mots à la place des choses, et de vouloir que les autres croient ce que vous ne croyez pas vous-mêmes?[15]

L'un établit des tourbillons de matière subtile rameuse, globuleuse, striée, cannelée;[16] l'autre des éléments de matière qui ne sont point matière, et une harmonie préétablie qui fait que l'horloge du corps sonne l'heure quand l'horloge de l'âme la montre par son aiguille.[17] Ces chimères trouvent des partisans pendant quelques

[13] Sur la bonne fortune d'Oliver Cromwell, voir la septième des *Lettres philosophiques* (t.1, p.81), *De Cromwell* (*OCV*, t.30C, p.73-86), les chapitres 180-81 de l'*Essai sur les mœurs* et l'article 'Cromwell' des *QE*, où il est question également de Richard, fils d'Oliver (voir p.320-22 ci-dessous).

[14] Selon les notes de Voltaire dans la treizième des *Lettres philosophiques*, c'est John Duns Scot qui fut surnommé le docteur subtil, et saint Thomas d'Aquin le docteur angélique (t.1, p.167). Le docteur profond est peut-être Thomas Bradwardine, archevêque de Cantorbéry au quatorzième siècle.

[15] Voltaire reproche aux philosophes grecs de s'être 'plus occupés des mots que des choses' (*Dialogues d'Evhémère*, *OCV*, t.80C, p.191), en particulier l'école platonicienne (*Les Adorateurs*, *M*, t.28, p.320). Voir aussi l'article 'Prophéties' des *QE*.

[16] Allusion à Descartes.

[17] Allusion à Leibniz.

années. Quand ces drogues sont passées de mode, de nouveaux énergumènes montent sur le théâtre ambulant; ils bannissent les germes du monde, ils disent que la mer a produit les montagnes, et que les hommes ont été autrefois poissons.[18]

Combien a-t-on mis de charlatanerie dans l'histoire, soit en étonnant le lecteur par des prodiges, soit en chatouillant la malignité humaine par des satires, soit en flattant des familles de tyrans par d'infâmes éloges?

La malheureuse espèce qui écrit pour vivre, est charlatane d'une autre manière.[19] Un pauvre homme qui n'a point de métier, qui a eu le malheur d'aller au collège et qui croit savoir écrire, va faire sa cour à un marchand libraire, et lui demande à travailler. Le marchand libraire sait que la plupart des gens domiciliés veulent avoir de petites bibliothèques, qu'il leur faut des abrégés et des titres nouveaux; il ordonne à l'écrivain un abrégé de l'*Histoire de Rapin Toiras*,[20] un abrégé de l'*Histoire de l'Eglise*,[21] un *Recueil de bons mots* tiré de *Ménagiana*,[22] un *Dictionnaire des grands hommes*, où l'on place un pédant inconnu à côté de Cicéron, et un *sonnettiero* d'Italie auprès de Virgile.[23]

123 71A: d'Italie de

[18] Allusion à Buffon mais aussi au *Telliamed* de Benoît de Maillet. Voir à cet égard l'article 'Antiquité' des *QE* (*OCV*, t.38, p.402-403).

[19] Voltaire présente Fréron comme quelqu'un qui écrit pour vivre dans l'article 'Ana' des *QE* (*OCV*, t.38, p.314) et les *Anecdotes sur Fréron* (*OCV*, t.50, p.496-97). Voir N. Cronk, 'Voltaire au pays des folliculaires: une carrière littéraire entre deux siècles', *Le Pauvre Diable*, éd. H. Duranton (Saint-Etienne, 2006), p.25-38.

[20] Paul de Rapin-Thoyras, *Histoire de l'Angleterre* (La Haye, 1724-1727). Voltaire possédait un exemplaire de l'édition de 1749 de l'ouvrage de Rapin-Thoyras (BV2871), ainsi qu'un *Abrégé de l'Histoire d'Angleterre* fait par Falaiseau (La Haye, 1730, BV2872).

[21] L'*Histoire ecclésiastique* de Claude Fleury (Paris, 1691-1734; BV1350: Paris, 1720-1738; *CN*, t.3, p.479-610) fut abrégée au moins deux fois: par Philippe Macquer en 1751 (BV2247) et par Frédéric II en 1766 (BV1388; *CN*, t.5, p.474-75).

[22] *Menagiana, ou les bons mots et remarques critiques, historiques, morales et d'érudition de Monsieur de Ménage, recueillies par ses amis* (Paris, 1727, BV2417).

[23] Voltaire possédait un exemplaire du *Nouveau dictionnaire historique-portatif, ou*

Un autre marchand libraire commande des romans, ou des traductions de romans. Si vous n'avez pas d'imagination, dit-il à son ouvrier, vous prendrez quelques aventures dans *Cyrus*,[24] dans *Gusman d'Alfarache*,[25] dans les *Mémoires secrets* d'un homme de qualité[26] ou d'une femme de qualité;[27] et du total vous ferez un volume de quatre cents pages à vingt sous la feuille.

Un autre marchand libraire donne les gazettes et les almanachs de dix années à un homme de génie. Vous me ferez un extrait de tout cela, et vous me le rapporterez dans trois mois sous le nom d'*Histoire fidèle du temps*, par M. le chevalier de trois étoiles lieutenant de vaisseau, employé dans les affaires étrangères.

De ces sortes de livres il y en a environ cinquante mille en Europe, et tout cela passe comme le secret de blanchir la peau, de noircir les cheveux et la panacée universelle.

---

histoire abrégée de tous les hommes qui se sont fait un nom par des talents, des vertus, des forfaits, des erreurs [...] *depuis le commencement du monde jusqu'à nos jours* du bénédictin Louis Mayeul Chaudon et autres (Amsterdam [Avignon], 1766, BV730; *CN*, t.2, p.610-11). Voltaire fait remarquer dans une lettre à d'Argental du 15 juillet 1767 qu'il vient d'acheter cet ouvrage et qu'il y a déjà trouvé des fautes (D14277; voir aussi D14283, D14296 et D14339). L'entrée précédant 'Cicéron' est consacrée à Paul César de Cicéri, un abbé commandataire, prédicateur à la Cour (t.3, p.407-408), celle précédant 'Virgile' à Pierre Viret, un ministre calviniste, mais ce dernier article suivait celui de Jean Antoine Viperanzi, un poète italien auquel Voltaire fait allusion (Lyon, 1804, t.12, p.395).

[24] Madeleine de Scudéry, *Artamène ou le Grand Cyrus* (Paris, 1649-1653).

[25] Allusion au roman picaresque espagnol de Mateo Alemán, *Guzman d'Alfarache* (1600), auquel Voltaire se réfère dans sa correspondance dès 1769 (voir D15454, D16563, D17837); traduit en français pour la première fois par Gabriel Chappuys en 1600, ce roman sera notamment à l'origine du roman de Lesage, *Histoire de Guzman d'Alfarache* (1732).

[26] Allusion aux célèbres *Mémoires et aventures d'un homme de qualité* (Paris, 1728) de Prévost.

[27] *Mémoires et aventures d'une dame de qualité qui s'est retirée du monde* (La Haye, 1739) par l'abbé Claude-François Lambert.

CHARLES IX

Charles IX roi de France, était, dit-on, un bon poète. Il est sûr que ses vers étaient admirables de son vivant. Brantôme ne dit pas à la vérité que ce roi fût le meilleur poète de l'Europe, mais il assure qu'*il faisait surtout fort gentiment des quatrains impromptu sans songer, (comme il en a vu plusieurs) et quand il faisait mauvais temps ou pluie, ou d'un extrême chaud, il envoyait quérir messieurs les poètes en son cabinet, et là passait son temps avec eux.* [1]

S'il avait toujours passé son temps ainsi, et surtout s'il avait fait de bons vers, nous n'aurions pas eu la Saint-Barthélemi; il n'aurait pas tiré de sa fenêtre avec une carabine sur ses propres sujets comme sur des perdreaux. [2] Ne croyez-vous pas qu'il est impossible qu'un bon poète soit un barbare? pour moi j'en suis persuadé. [3]

* De l'*Essay on the civil wars of France* (*OCV*, t.3B, p.60) à *La Henriade* (*OCV*, t.2, p.396-99), de l'*Essai sur les mœurs* (t.2, p.494-95) à l'*Histoire du parlement de Paris* (*OCV*, t.68, p.291), au nom de Charles IX est associée une tache indélébile, la responsabilité de la journée de la Saint-Barthélemy, symbole pour Voltaire du fanatisme religieux (voir O. R. Taylor, 'Voltaire et la Saint-Barthélemy', *Revue d'histoire littéraire de la France*, 1973, p.829-38). Dans cet article, il médite sur une assertion de Brantôme lui attribuant la mention de bon poète qui lui paraît incompatible avec sa barbarie. Cette réflexion sur les rois qui se piquent de poésie n'a rien à voir avec l'*Encyclopédie*, preuve une fois de plus que Voltaire s'accorde toute liberté dans ces 'questions'. Le non-dit concerne Frédéric II à une époque où s'esquisse la réconciliation de Voltaire et du roi de Prusse (voir C. Mervaud, *Voltaire et Frédéric II: une dramaturgie des Lumières*, *SVEC* 234, 1985, p.391-446). L'article paraît en novembre/décembre 1770 (70, t.3).

[1] *Œuvres du seigneur de Brantôme* [par J. Le Duchat, A. Lancelot et P. Marchand], 15 vol. (La Haye [Rouen], 1740, BV588; *CN*, t.1, p.512), t.9, p.453. Citation juste, mais avec quelques suppressions.

[2] *Œuvres du seigneur de Brantôme*, t.9, p.427. Ce texte est cité dans les 'Autres notes tirées de l'édition de M. l'abbé Lenglet et de quelques éditions précédentes' sur *La Henriade* (*OCV*, t.2, p.623), et exploité dans le chant 2 de *La Henriade* (p.406), dans les notes de l'édition 23a de ce poème (p.281), dans l'*Essai sur les mœurs* (t.2, p.495).

[3] Postulat déjà affirmé dans *Zadig*: 'Il y a toujours de la ressource avec les princes

On lui attribue ces vers, faits en son nom pour Ronsard.

> Ta lyre qui ravit par de si doux accords,
> Te soumet les esprits dont je n'ai que les corps;
> Le maître elle t'en rend, et te sait introduire
> Où le plus fier tyran ne peut avoir d'empire. [4]

Ces vers sont bons, mais sont-ils de lui? ne sont-ils pas de son précepteur? en voici de son imagination royale qui sont un peu différents.

> Il faut suivre ton roi qui t'aime par sus tous,
> Pour les vers qui de toi coulent braves et doux;
> Et crois, si tu ne viens me trouver à Pontoise,
> Qu'entre nous adviendra une très grande noise. [5]

L'auteur de la Saint-Barthélemi pourrait bien avoir fait ceux-là. Les vers de César sur Térence sont écrits avec un peu plus d'esprit et de goût. Ils respirent l'urbanité romaine. [6] Ceux de François Ier et de Charles IX se ressentent de la grossièreté welche. [7] Plût à Dieu

26-30 70, 71N, 71A: ceux-là. Une

---

qui aiment les vers' (*OCV*, t.30C, p.136). Il pense sans doute à Frédéric II auquel il a dédié l'article 'Arts, beaux-arts' des *QE* (*OCV*, t.39, p.107) et qu'il a comparé jadis à Charles IX (D1255, vers le 15 janvier 1737).

[4] En 1775, Voltaire attribue ces vers à Jacques Amyot (D19812), ce qui a fait l'objet de débats. On les trouve pour la première fois dans l'*Histoire de France depuis Pharamond jusqu'à Louis XIII* (Paris, 1652) de Jean Le Royer, p.548, d'après *L'Esprit de l'histoire* par E. Fournier (Paris, 1860), p.165.

[5] Dans les *Œuvres de P. de Ronsard* (Paris, 1609, BV3014), on lit 'Amboise' au lieu de 'Pontoise' et au dernier vers 'une bien grande noise' (p.657).

[6] Suétone dans sa *Vie de Térence* cite ces vers de César que Voltaire reproduit dans ses *Carnets* (*OCV*, t.81, p.190, t.82, p.516) et cite dans *Les Honnêtetés littéraires* (*OCV*, t.63B, p.71, voir n.3).

[7] Voltaire, qui félicite François Ier d'avoir transplanté en France les beaux-arts (*Essai sur les mœurs*, t.2, p.134), dispose de l'ouvrage de Gabriel Henri Gaillard, *Histoire de François Ier, roi de France, dit le Grand Roi et le Père des Lettres* (7 vol., Paris, 1766-1769, BV1419; *CN*, t.4, p.23-39). Il a cité des vers de François Ier sous un portrait d'Agnès Sorel (*Essai sur les mœurs*, t.2, p.202).

que Charles IX eût fait plus de vers même mauvais! Une application constante aux arts aimables adoucit les mœurs.

Emollit mores nec sinit esse feros.[8]

Au reste, la langue française ne commença à se dérouiller un peu, que longtemps après Charles IX.[9] Voyez les lettres qu'on nous a conservées de François Ier. *Tout est perdu fors l'honneur*,[10] est d'un digne chevalier; mais en voici une qui n'est ni de Cicéron, ni de César.

Tout a steure ynsi que je me volois mettre o lit est arrivé Laval qui m'a aporté la serteneté du lèvement du siège.[11]

Nous avons quelques lettres de la main de Louis XIII, qui ne sont pas mieux écrites.[12] On n'exige pas qu'un roi écrive des lettres comme Pline, ni qu'il fasse des vers comme Virgile; mais personne n'est dispensé de bien parler sa langue. Tout prince qui écrit comme une femme de chambre, a été fort mal élevé.[13]

33 K84, K12: se débrouiller un

35-36 K84, K12: est digne d'un chevalier

[8] Ovide, *De Ponto*, livre 2, poème 9, vers 48: 'adoucit les mœurs et en réprime la rudesse'. Vers cité dans D9492, à propos du rôle civilisateur du théâtre.

[9] Voltaire se montrait moins sévère pour le français du seizième siècle dans l'*Essai sur les mœurs* où il déclare que 'la langue prenait un tour moins gothique' (t.2, p.202).

[10] Gaillard cite ce billet 'terrible et sublime' (*Histoire de François Ier*, t.3, p.252). Dans le tome 1, il avait déclaré que l'honneur était, sous François Ier, 'le ressort des Français' (p.178). 'Le véritable texte', du 10 novembre 1525, est reproduit par Moland: 'Pour vous advertir comment se porte le ressort de mon infortune, de toutes choses *ne m'est demouré que l'honneur et la vie qui est sauve*, et sera que, en notre adversité, cette nouvelle vous fera quelque peu de réconfort' (*M*, t.18, p.143, n.1).

[11] Gabriel Daniel, *Histoire de France, depuis l'établissement de la monarchie française dans les Gaules*, 9 vol. (Paris, 1729, BV938), t.7, p.444, où Voltaire a laissé un signet (*CN*, t.3, p.41). Texte déjà cité dans l'*Essai sur les mœurs*, t.2, p.202. Voltaire ne respecte pas exactement l'orthographe.

[12] Voltaire a consacré une notice sévère à Michel Levassor dans le 'Catalogue des écrivains' du *Siècle de Louis XIV*, mais il reconnaît que son *Histoire de Louis XIII* contient des 'faits singuliers' (*OH*, p.1182). Il possède les dix tomes de l'édition d'Amsterdam (1712-1720, BV2107; *CN*, t.5, p.354). C'est sa source sur Louis XIII.

[13] Voir D1243, à Frédéric prince royal de Prusse (vers le 1 janvier 1737), où il félicite le prince de son excellent français et critique l'orthographe de Louis XIV.

CHEMINS

Il n'y a pas longtemps que les nouvelles nations de l'Europe ont commencé à rendre les chemins praticables, et à leur donner quelque beauté. C'est un des grands soins des empereurs mogols et de ceux de la Chine. Mais ces princes n'ont pas approché des Romains. La voie Appienne, l'Aurélienne, la Flaminienne, l'Emilienne, la Trajane subsistent encore. Les seuls Romains pouvaient faire de tels chemins, et seuls pouvaient les réparer.

Bergier, qui d'ailleurs a fait un livre utile,[1] insiste beaucoup sur ce que Salomon employa trente mille Juifs pour couper du bois sur le Liban, quatre-vingt mille pour maçonner son temple, soixante et dix mille pour les charrois; et trois mille six cents pour présider aux travaux.[2] Soit: mais il ne s'agissait pas là de grands chemins.

Pline dit, qu'on employa trois cent mille hommes pendant vingt ans pour bâtir une pyramide en Egypte:[3] je le veux croire; mais voilà trois cent mille hommes bien mal employés. Ceux qui travaillèrent aux canaux de l'Egypte, à la grande muraille, aux canaux et aux chemins de la Chine; ceux qui construisirent les voies de l'empire romain, furent plus avantageusement occupés que les trois cent mille misérables qui bâtirent des tombeaux en pointe pour faire reposer le cadavre d'un superstitieux Egyptien.

* Dans l'*Encyclopédie*, l'article anonyme 'Chemin, route, voie' serait de Diderot et le long article 'Voie romaine' est de Jaucourt. Voltaire fait un historique dans lequel il célèbre les voies romaines en s'appuyant sur l'*Histoire des grands chemins de l'empire romain* (1622) de Bergier. Il affirme que ces grands chemins disparurent à la chute de l'empire romain et ne reparurent en France qu'à partir de Louis XIV. Cette perspective cavalière lui permet de faire l'éloge du siècle du grand roi. Voltaire, qui vante la qualité du chemin de Lyon à Genève (D12214), s'intéresse aux voies de communication qui facilitent le commerce des hommes au double sens du terme, économique et humain. Cet article paraît en novembre/décembre 1770 (70, t.3).

[1] Nicolas Bergier, *Histoire des grands chemins de l'empire romain* (2 vol., Bruxelles, Jean Léonard, 1728, BV358; *CN*, t.1, p.289-92).

[2] Bergier, *Histoire des grands chemins*, t.1, p.28-29.

[3] Bergier, *Histoire des grands chemins*, t.1, p.29.

On connaît assez les prodigieux ouvrages des Romains; les lacs creusés ou détournés, les collines aplanies; la montagne percée par Vespasien dans la voie Flaminienne[4] l'espace de mille pieds de longueur, et dont l'inscription subsiste encore. Le Pausilipe n'en approche pas.[5]

Il s'en faut beaucoup que les fondations de la plupart de nos maisons soient aussi solides que l'étaient les grands chemins dans le voisinage de Rome; et ces voies publiques s'étendirent dans tout l'empire, mais non pas avec la même solidité.[6] Ni l'argent, ni les hommes n'auraient pu y suffire.

Presque toutes les chaussées d'Italie étaient relevées sur quatre pieds de fondation.[7] Lorsqu'on trouvait un marais sur le chemin, on le comblait. Si on rencontrait un endroit montagneux, on le joignait au chemin par une pente douce. On soutenait en plusieurs lieux ces chemins par des murailles.[8]

[4] 'Mais entre autres est remarquable la percée qu'il [Vespasien] fit à coups de ciseaux à travers certaine montagne en Italie pour raccourcir le passage de la voie Flaminienne, d'où elle eut le nom de Roche-percée' (Bergier, *Histoire des grands chemins*, t.1, p.53). Note 'pertusa petra', en haut d'un signet (*CN*, t.1, p.291).

[5] 'Le plus singulier de cette montagne, c'est qu'elle est percée par une grotte longue d'un mille, haute de quarante ou cinquante pieds, et large d'environ quatre toises, ce qui fait que deux carrosses y peuvent passer de front; cette grotte creusée en forme de chemin, abrège la route de Naples à Pouzzols' (*Encyclopédie*, article 'Pausilype', t.12, p.208).

[6] Les matières des grands chemins 'sont plus fortes et mieux fournies' que pour les autres, car elles ont à porter plus de poids. 'Le nombre de couches et l'ordre suivant lequel elles sont mises n'est pas de même partout' (Bergier, *Histoire des grands chemins*, t.1, p.180).

[7] Voltaire semble avoir confondu les pieds et les couches (comme Diderot, selon qui les fondations des grandes voies romaines étaient de trois pieds à trois pieds et demi, *Encyclopédie*, t.3, p.276). En général, d'après les fouilles de Bergier, les chaussées romaines comportaient quatre couches de matériaux: trois couches et un revêtement de pavé (*Histoire des grands chemins*, t.1, p.181-87). Jaucourt décrit ces quatre couches d'après Bergier (*Encyclopédie*, article 'Voie romaine', t.17, p.420).

[8] 'Si la pente était par trop raide après y avoir tranché et aplani un siège propre pour y asseoir le pavé, ils tiraient du bas de la colline jusques à la hauteur dudit siège une forte muraille de pierres équarries pour s'opposer au fardeau des matières desdits chemins' (Bergier, *Histoire des grands chemins*, t.1, p.178).

Sur les quatre pieds de maçonnerie étaient posées de larges pierres de taille, des marbres épais de près d'un pied, et souvent larges de dix; ils étaient piqués au ciseau, afin que les chevaux ne glissassent pas. On ne savait ce qu'on devait admirer davantage ou l'utilité ou la magnificence.

Presque toutes ces étonnantes constructions se firent aux dépens du trésor public. César répara et prolongea la voie Appienne de son propre argent;[9] mais son argent n'était que celui de la république.

Quels hommes employait-on à ces travaux? les esclaves, les peuples domptés, les provinciaux qui n'étaient point citoyens romains. On travaillait par corvées, comme on fait en France et ailleurs, mais on leur donnait une petite rétribution.

Auguste fut le premier qui joignit les légions au peuple pour travailler aux grands chemins dans les Gaules, en Espagne, en Asie.[10] Il perça les Alpes à la vallée qui porta son nom, et que les Piémontais et les Français appellent par corruption la *vallée d'Aoste*.[11] Il fallut d'abord soumettre tous les sauvages qui habitaient ces cantons.[12] On voit encore entre le grand et le petit

[9] Plutarque dit que César 'fut fait curateur de la voie Appienne, et que, outre les deniers publics qu'il y employa, il y fit encore une très grande dépense de ses propres deniers' (Bergier, *Histoire des grands chemins*, t.1, p.14). Selon Bergier, parmi les citoyens extrêmement riches de Rome, on ne connaît personne d'autre que Jules César 'qui ait employé de ses propres deniers aux ouvrages des grands chemins' (t.1, p.44). Voltaire a écrit en note 'argent du trésor public pour les grands chemins' en haut d'un signet, p.42-43 (*CN*, t.1, p.290).

[10] Bergier, *Histoire des grands chemins*, t.1, p.31. Les soldats romains qui travaillaient avec la population à ces durs travaux étaient si fatigués 'qu'ils en ont fait de grandes plaintes, et quelquefois en sont entrés en des séditions et rébellions ouvertes contre ceux qui les commandaient' (t.1, p.31). Voltaire a noté 'plaintes des soldats et des peuples qu'on faisait travailler aux grands chemins' en haut d'un signet, p.30-31 (*CN*, t.1, p.290).

[11] Aoste vient en effet d'*Augusta Salassorum*. Après la victoire d'Auguste sur le peuple des Salasses, la ville d'Aoste (*Augusta Praetoria*) fut fondée en 23 avant J.-C.

[12] Auguste fit percer les Alpes avec l'aide des légions, malgré la farouche résistance des populations locales, qui craignaient d'être asservies (Bergier, *Histoire des grands chemins*, t.1, p.105-107). Ce grand chemin fut divisé en deux parties, qui se rejoignaient à Lyon: l'un, plus large et plus long, à travers la Tarentaise, l'autre, plus court, mais plus étroit, à travers les Apennins (p.107). Voltaire a noté

Saint-Bernard l'arc de triomphe que le sénat lui érigea après cette expédition. Il perça encore les Alpes par un autre côté qui conduit à Lyon, et de là dans toute la Gaule. Les vaincus n'ont jamais fait pour eux-mêmes ce que firent les vainqueurs.

La chute de l'empire romain fut celle de tous les ouvrages publics, comme de toute police, de tout art, de toute industrie. Les grands chemins disparurent dans les Gaules,[13] excepté quelques chaussées que la malheureuse reine Brunehaut fit réparer pour un peu de temps.[14] A peine pouvait-on aller à cheval sur les anciennes voies qui n'étaient plus que des abîmes de bourbe entremêlée de pierres. Il fallait passer par les champs labourables; les charrettes faisaient à peine en un mois le chemin qu'elles font aujourd'hui dans une semaine. Le peu de commerce qui subsista fut borné à quelques draps, quelques toiles, un peu de mauvaise quincaillerie qu'on portait à dos de mulet dans des prisons à créneaux et à mâchicoulis, qu'on appelait *châteaux*, situés dans des marais, ou sur la cime des montagnes couvertes de neige.

Pour peu qu'on voyageât pendant les mauvaises saisons si longues et si rebutantes dans les climats septentrionaux, il fallait ou enfoncer dans la fange, ou gravir sur des rocs. Telles furent l'Allemagne et la France entière jusqu'au milieu du dix-septième

---

'Auguste grands chemins dans les Alpes à Lyon etc.' en haut d'un signet, p.106-107 (*CN*, t.1, p.291).

[13] Voltaire simplifie pour exalter l'œuvre de Louis XIV. L'*Encyclopédie* souligne l'effort de Charlemagne, qui releva les voies militaires des Romains, mais accorde que l'esprit qui l'animait 's'affaiblit beaucoup dans ses successeurs, les villes restèrent dépavées, les ponts et les grands chemins furent abandonnés jusque sous Philippe Auguste, qui fit paver la capitale pour la première fois en 1184' (t.3, p.276-77).

[14] Bergier objecte que 'saint Grégoire de Tours, qui vivait au temps de Brunehault, Aimon le Moine, Sigebert, ni aucuns des historiens français ne lui attribuent l'invention de tels ouvrages, quoi qu'ils n'aient pas oublié à remarquer qu'elle aimait à bâtir. En tout cas, la chronique de Saint-Bertin ne lui donne qu'une bien petite partie de ces grands chemins' (*Histoire des grands chemins*, t.1, p.104). Les 'chaussées de Brunehaut' sont des routes romaines dont les Germains attribuaient la construction à leur déesse Brunhild, fille de Wotan.

siècle.[15] Tout le monde était en bottes: on allait dans les rues sur des échasses dans plusieurs villes d'Allemagne.[16]

Enfin sous Louis XIV, on commença les grands chemins que les autres nations ont imités. On en a fixé la largeur à soixante pieds en 1720.[17] Ils sont bordés d'arbres en plusieurs endroits jusqu'à trente lieues de la capitale; cet aspect forme un coup d'œil admirable.[18] Les voies militaires romaines n'étaient larges que de seize pieds; mais elles étaient infiniment plus solides. On n'était pas obligé de les réparer tous les ans comme les nôtres. Elles étaient embellies de monuments, de colonnes milliaires, et même de tombeaux superbes. Car ni en Grèce ni en Italie il n'était permis de faire servir les villes de sépultures; encore moins les temples: c'eût été un sacrilège. Il n'en était pas comme dans nos églises, où une vanité de barbares fait ensevelir à prix d'argent des bourgeois riches qui infectent le lieu même où l'on vient adorer Dieu, et où l'encens ne semble brûler que pour déguiser les odeurs des cadavres, tandis que les pauvres pourrissent dans le cimetière attenant, et que les uns et les autres répandent les maladies contagieuses parmi les vivants.

Les empereurs furent presque les seuls dont les cendres reposèrent dans des monuments érigés à Rome.

Les grands chemins de soixante pieds de large occupent trop de terrain. C'est environ quarante pieds de trop. La France a près de

[15] A l'avènement de Louis XIII, 'les grands chemins étaient presque impraticables' (*Le Siècle de Louis XIV*, *OH*, p.618). A l'époque de Richelieu, ils n'étaient 'ni réparés, ni gardés' (*OH*, p.633).

[16] Voir les *Mémoires pour servir à l'histoire de la maison de Brandebourg* de Frédéric II, 2 vol. (Berlin et La Haye, 1751, BV1401): 'on pava les rues, et on plaça de distance en distance des lanternes pour les éclairer: cette police était d'une nécessité indispensable; car les courtisans étaient obligés d'aller en échasses au château de Potzdam lorsque la cour s'y tenait, à cause des boues qu'il fallait traverser dans les rues' (t.1, p.314).

[17] Arrêt du Conseil du 3 mai 1720 (*Encyclopédie*, article 'Chemin royal', t.3, p.279). Cette largeur de soixante pieds était aussi celle des grands chemins élevés sur terrasses de l'empire romain (Bergier, *Histoire des grands chemins*, t.1, p.602).

[18] Voltaire répète ici un passage du *Siècle de Louis XIV*, où les grands chemins, selon lui, allaient même jusqu'à cinquante ou soixante lieues de Paris (*OH*, p.964).

deux cents lieues ou environ de l'embouchure du Rhône au fond de la Bretagne, autant de Perpignan à Dunkerke, en comptant la lieue à deux mille cinq cents toises. Cela fait cent vingt millions de pieds carrés pour deux seuls grands chemins, perdus pour l'agriculture. Cette perte est très considérable dans un pays où les récoltes ne sont pas toujours abondantes.

On essaya de paver le grand chemin d'Orléans qui n'était pas de cette largeur; mais on s'aperçut depuis que rien n'était plus mal imaginé pour une route couverte continuellement de gros charrois. De ces pavés posés tout simplement sur la terre, les uns se baissent, les autres s'élèvent; le chemin devient raboteux, et bientôt impraticable; il a fallu y renoncer.

Les chemins recouverts de gravier et de sable exigent un nouveau travail toutes les années. Ce travail nuit à la culture des terres, et ruine l'agriculteur.

M. Turgot, fils du prévôt des marchands, dont le nom est en bénédiction à Paris, et l'un des plus éclairés magistrats du royaume et des plus zélés pour le bien public, et le bienfaisant M. de Fontète[19] ont remédié autant qu'ils ont pu à ce fatal inconvénient dans les provinces du Limousin et de la Normandie.

115-18 70, 71N, 71A: public, a remédié autant qu'il a pu à ce fatal inconvénient dans la généralité de Limoges, et a été imité. ¶On

117-18 K84, K12: Normandie. [*avec note*: M. Turgot étant contrôleur général, obtint de la justice et de la bonté du roi un édit qui abolissait la corvée et la remplaçait par un impôt général sur les terres. Mais on l'obligea d'exempter les biens du clergé de cet impôt, et d'en établir une partie sur les tailles. Malgré cela c'était encore un des plus grands biens qu'on pût faire à la nation. Cet édit enregistré au lit de justice n'a

[19] François Jean Orceau de Fontette, intendant de la généralité de Caen de 1752 à 1775. Excellent administrateur, fort influencé par les idées philosophiques, il devança Turgot en permettant de racheter la corvée royale par une modique contribution en argent, et changea la taille payée par le seul tiers état en un impôt foncier affectant tous les ordres. A Caen, il remplaça une partie des fortifications par une esplanade, s'occupa également de la voirie à Vire, et, dans le reste de la généralité, fit construire de nouvelles routes. A la suite de malversations, il fut destitué par Turgot et nommé conseiller d'Etat. Arrêté comme suspect en 1793, il mourut en prison (Roman d'Amat, *Dictionnaire de biographie française*, 1979, t.14, colonnes 371-72).

On a prétendu qu'on devait, à l'exemple d'Auguste et de Trajan, employer les troupes à la confection des chemins;[20] mais alors il faudrait augmenter la paie du soldat; et un royaume qui n'était qu'une province de l'empire romain, et qui est souvent obéré, peut rarement entreprendre ce que l'empire romain faisait sans peine.

C'est une coutume assez sage dans les Pays-Bas d'exiger de toutes les voitures un péage modique pour l'entretien des voies publiques. Ce fardeau n'est point pesant. Le paysan est à l'abri des vexations. Les chemins y sont une promenade continue très agréable.[21]

Les canaux sont beaucoup plus utiles. Les Chinois surpassent tous les peuples par ces monuments qui exigent un entretien continuel.[22] Louis XIV, Colbert et Riquet[23] se sont immortalisés par le canal qui joint les deux mers; on ne les a pas encore imités. Il n'est pas difficile de traverser une grande partie de la France par des

---

subsisté que trois mois. Mais huit ou neuf généralités ont suivi l'exemple de celle de Limoges. On doit aussi à M. Turgot d'avoir restreint la largeur des routes dans les limites convenables. Les chemins qu'il a fait exécuter en Limousin sont des chefs-d'œuvre de construction, et sont formés sur les mêmes principes que les voies romaines dont on retrouve encore quelques restes dans les Gaules; tandis que les chemins faits par corvées, et nécessairement alors très mal construits, exigent d'éternelles réparations qui sont une nouvelle charge pour le peuple.][24] ¶On

127-36 70, 71N, 71A: agréable. //

[20] Voltaire, dans le *Fragment des instructions pour le prince royal de **** (*OCV*, t.63B, p.255).

[21] Ici se termine l'article de 1770. L'alinéa qui suit a été ajouté en 1774.

[22] Dans le *Fragment sur l'histoire générale* (1773), Voltaire écrivait que les canaux de la Chine étaient 'un exemple qu'aucune nation n'a pu encore imiter' (*M*, t.29, p.230).

[23] Pierre Paul de Riquet (1604-1680), constructeur du canal du Languedoc, 'le monument le plus glorieux par son utilité, par sa grandeur, et par ses difficultés' (*Le Siècle de Louis XIV*, *OH*, p.971). Voltaire a lu en 1770 l'ouvrage de Simon Nicolas Henri Linguet, *Canaux navigables* (Paris, 1769, BV2121; *CN*, t.5, p.376-79). Voir D15501, D16274.

[24] Une note de Kehl attribue à Turgot une mesure introduite par Fontette.

canaux.[25] Rien n'est plus aisé en Allemagne que de joindre le Rhin au Danube;[26] mais on a mieux aimé s'égorger et se ruiner pour la possession de quelques villages que de contribuer au bonheur du monde.

[25] Voir l'article 'Canal artificiel' de l'*Encyclopédie*.

[26] Ce n'est qu'après 1815 que fut construit le canal du Danube au Main.

CHIEN

Il semble que la nature ait donné le chien à l'homme pour sa défense et pour son plaisir. C'est de tous les animaux le plus fidèle: c'est le meilleur ami que puisse avoir l'homme.

Il paraît qu'il y en a plusieurs espèces absolument différentes. Comment imaginer qu'un lévrier vienne originairement d'un barbet? il n'en a ni le poil, ni les jambes, ni le corsage,[1] ni la tête, ni les oreilles, ni la voix, ni l'odorat, ni l'instinct. Un homme qui n'aurait vu en fait de chiens que des barbets ou des épagneuls, et qui verrait un lévrier pour la première fois, le prendrait plutôt pour un petit cheval nain que pour un animal de la race épagneule. Il est bien vraisemblable que chaque race fut toujours ce qu'elle est, sauf le mélange de quelques-unes en petit nombre.[2]

* Cet article n'est pas sans rapport avec l'entrée 'Chien' de l'*Encyclopédie* qui s'ouvre sur un article dû à Louis Jean Marie Daubenton, suivi de subdivisions, telles 'Economie rustique' (signée de l'astérisque qui désignerait Diderot) et 'Astronomie', œuvre de D'Alembert. Collaborateur de Buffon, Daubenton est l'auteur de la 'Description du chien et de ses variétés' (Buffon, *Histoire naturelle*, 15 vol., Paris, 1749-1767, t.5, BV572), dans laquelle Voltaire avait placé un ruban (*CN*, t.1, p.612). Voltaire avait également lu l''Histoire naturelle du chien' de Buffon, parue dans le même tome et citée dans l'article 'Bled ou blé' des *QE* (*OCV*, t.39, p.404). Il s'oppose explicitement à la thèse de Daubenton, partagée par Buffon, selon laquelle 'toutes les différentes races de chiens appartiennent à une seule et même espèce, et se perpétuent dans leurs différents mélanges. Elles se mêlent ensemble de façon, qu'il en résulte des variétés presque à l'infini' (*Encyclopédie*, t.3, p.328). Cette querelle redouble celle qu'il eut avec Buffon sur l'unité ou la diversité de l'espèce humaine, Voltaire défendant cette dernière thèse (voir *La Défense de mon oncle*, *OCV*, t.64, p.234). Les développements suivants, notamment sur la valeur injurieuse du mot 'chien', ne doivent guère à l'*Encyclopédie*, plus pratique et plus descriptive. L'article paraît en novembre/décembre 1770 (70, t.3).

[1] 'La taille du corps humain, depuis les épaules jusqu'aux hanches. [...] Il se dit aussi des chevaux' (*Dictionnaire de l'Académie*, 1762).

[2] Affirmant l'irréductible diversité des espèces canines, Voltaire s'inscrit en faux contre Buffon et Daubenton. Dans sa 'Description du chien et de ses variétés', Daubenton constatait qu''en comparant un petit danois à un dogue de forte race, un

Il est étonnant que le chien ait été déclaré immonde dans la loi juive, comme l'ixion, le griffon, le lièvre, le porc, l'anguille; il faut qu'il y ait quelque raison physique ou morale que nous n'ayons pu encore découvrir.[3]

Ce qu'on raconte de la sagacité, de l'obéissance, de l'amitié, du courage des chiens est prodigieux, et est vrai. Le philosophe militaire Ulloa, nous assure (*a*)[4] que dans le Pérou les chiens espagnols reconnaissent les hommes de race indienne, les poursuivent et les déchirent; que les chiens péruviens en font autant des Espagnols. Ce fait semble prouver que l'une et l'autre espèce de chiens retient encore la haine qui lui fut inspirée du temps de la découverte; et que chaque race combat toujours pour ses maîtres avec le même attachement et la même valeur.

Pourquoi donc le mot de *chien* est-il devenu une injure?[5] On dit

(*a*) *Voyage d'Ulloa au Pérou*, livre 6.

---

basset à jambes torses à un lévrier, un grand barbet à un chien turc, etc on serait porté à croire que ces animaux seraient d'espèces différentes'. Mais l'interfécondité de ces races prouve que 'ni les variétés singulières qui s'y rencontrent, ni les différences marquées qui s'y perpétuent, ne doivent pas nous empêcher de rapporter tous les chiens à une seule et même espèce' (*Histoire naturelle*, t.5, p.230).

[3] Le chien n'est pas impur dans l'Ancien Testament au même titre que les autres animaux cités par Voltaire, qui sont l'objet d'un tabou alimentaire (selon les listes de Lévitique 11 et de Deutéronome 14); c'est un animal méprisable, auquel on peut jeter de la viande impure (Exode 22:30), symbole de l'abjection.

[4] Jorge Juan y Santacilia, *Voyage historique de l'Amérique méridionale fait par ordre du roi d'Espagne par don George Juan* [...] *et par don Antoine de Ulloa* [...] *Ouvrage* [...] *qui contient une histoire des Incas du Pérou, et les observations astronomiques et physiques, faites pour déterminer la figure et la grandeur de la terre*, trad. Eléazar de Mauvillon (Amsterdam et Leipzig, Arkstée et Merkus, 1752, BV1758), t.1, p.341. Cette page est signalée par une corne dans l'exemplaire de Voltaire (*CN*, t.4, p.630).

[5] Voltaire recourt fréquemment à cette injure, surtout quand il s'agit de 'Jean-Jacques', 'bâtard du chien de Diogène' (*Sur Jean-Jacques Rousseau*, *M*, t.10, p.582, repris dans *Les Honnêtetés littéraires*, *OCV*, t.63B, p.100; cf. D8286, D10515, D16026). Dans les années 1770, Voltaire nommait 'Fréron' le chien de Wagnière (C. Paillard, *Jean-Louis Wagnière, secrétaire de Voltaire: lettres et documents*, *SVEC* 2008:12, p.38, n.248).

par tendresse, *mon moineau*, *ma colombe*, *ma poule*; on dit même *mon chat*; quoique cet animal soit traître. Et quand on est fâché, on appelle les gens *chiens*! Les Turcs mêmes, sans être en colère, disent par une horreur mêlée au mépris, les *chiens de chrétiens*.[6] La populace anglaise, en voyant passer un homme qui par son maintien, son habit et sa perruque, a l'air d'être né vers les bords de la Seine ou de la Loire, l'appelle communément *French dog*, chien de Français.[7] Cette figure de rhétorique n'est pas polie et paraît injuste.

Le délicat Homère introduit d'abord le divin Achille disant au divin Agamemnon, qu'*il est impudent comme un chien*.[8] Cela pourrait justifier la populace anglaise.

Les plus zélés partisans du chien doivent confesser que cet animal a de l'audace dans les yeux, que plusieurs sont hargneux, qu'ils mordent quelquefois des inconnus en les prenant pour des ennemis de leurs maîtres; comme des sentinelles tirent sur les passants qui approchent trop de la contrescarpe. Ce sont là probablement les raisons qui ont rendu l'épithète de *chien* une injure; mais nous n'osons décider.

Pourquoi le chien a-t-il été adoré ou révéré (comme on voudra) chez les Egyptiens? C'est, dit-on, que le chien avertit l'homme.[9]

[6] Même remarque dans une note du *Poème sur la loi naturelle*: 'Les Turcs appellent indifféremment les chrétiens *infidèles* et *chiens*' (*OCV*, t.32B, p.72, n.*c*). Voir les *Carnets*: 'Chien et chrétien également en horreur' (*OCV*, t.81, p.166).

[7] Cette injure aurait été adressée à Voltaire par la populace londonienne (C. B. Chase, *The Young Voltaire*, Londres, 1926, p.134; voir Sébastien Longchamp et Jean-Louis Wagnière, *Mémoires sur Voltaire et sur ses ouvrages*, 2 vol., Paris, 1826, t.1, p.23). Il s'est décrit lui-même comme un 'Popish dog' (D3418) et aurait dit à un très jeune lord anglais venu lui rendre visite à Ferney: 'Vous serez quelque jour un Marlboroug; pour moi je ne suis qu'un chien de Français' (D20780, Moultou à Meister, 1er septembre [1777]). Wagnière nie la réalité de cette anecdote (*Mémoires sur Voltaire et sur ses ouvrages*, t.1, p.421).

[8] Voltaire traduit littéralement l'adjectif du vers 159 du chant 1 de l'*Iliade* (κυνωπα), contrairement à toutes les versions figurant dans sa bibliothèque (par Mme Dacier, Houdar de La Motte, Dubois de Rochefort et Bitaubé). Il avait déjà cité cette injure dans *An Essay on epic poetry* (*OCV*, t.3B, p.367).

[9] L'expression 'adorer et révérer' – mais non la raison de ce culte avancée par

Plutarque nous apprend (*b*) qu'après que Cambyse eut tué leur bœuf Apis et l'eut fait mettre à la broche, aucun animal n'osa manger les restes des convives, tant était profond le respect pour Apis; mais le chien ne fut pas si scrupuleux, il avala du dieu. Les Egyptiens furent scandalisés comme on le peut croire, et Anubis perdit beaucoup de son crédit.[10]

Le chien conserva pourtant l'honneur d'être toujours dans le ciel sous le nom du *grand* et du *petit chien.*[11] Nous eûmes constamment les jours caniculaires.[12]

Mais de tous les chiens, Cerbère fut celui qui eut le plus de réputation; il avait trois gueules. Nous avons remarqué que tout allait par trois. Isis, Osiris et Orus les trois premières divinités égyptiaques; les trois frères dieux du monde grec, Jupiter, Neptune et Pluton; les trois Parques; les trois Furies; les trois juges d'enfer; les trois gueules du chien de là-bas.[13]

(*b*) Plutarque, ch. d'Isis et d'Osiris.

Voltaire – se trouve dans sa traduction du *De Isis et d'Osiris* de Plutarque par Jacques Amyot: 'Il y a donc quelque secret qui fait que quelques-uns encore adorent et révèrent le chien, car il fut un temps qu'il avait plus d'honneur en Egypte que nul autre animal' (*Les Œuvres morales et mêlées*, Paris, Vascosan, 1575, f.327*v*, BV2771). Il avait annoté et souligné plusieurs passages de ce traité (*CN*, t.7, p.108-12).

[10] 'Depuis que Cambyse eut tué Apis, et jeté par pièce çà et là, nul autre animal n'en approcha ni n'en voulut tâter, sinon le chien, il perdit cette prérogative d'être le premier, et plus honoré que nul autre des animaux' (*Les Œuvres morales et mêlées*, f.327*v*). L'article 'Chien' de l'*Encyclopédie* fait une brève allusion à cet épisode (t.3, p.331). Voltaire se moque parfois du culte rendu par les Egyptiens au 'chien Anubis' (article 'Idole' du *DP*, *OCV*, t.36, p.222).

[11] D'Alembert fournit les articles d'astronomie 'Chien (le grand)' et 'Chien (le petit)' de l'*Encyclopédie*.

[12] L'*Encyclopédie* traite de 'chimères' l'opinion des auteurs anciens sur les jours caniculaires: 'La canicule et les autres étoiles sont trop éloignés de nous, pour produire sur nos corps ni sur notre système planétaire aucun effet sensible' (t.2, p.597).

[13] Voltaire l'affirmera dans les articles 'Enfer' et 'Samothrace' des *QE* (*M*, t.18, p.540, t.20, p.395), puis dans *Le Songe creux*: ' Je vis d'abord notre portier Cerbère, / De trois gosiers aboyant à la fois; / Il me fallut traverser trois rivières; / On me montra les trois sœurs filandières, / Qui font le sort des peuples et des rois. / Je fus

Nous nous apercevons ici avec douleur que nous avons omis l'article des *chats*; mais nous nous consolons en renvoyant à leur histoire.[14] Nous remarquerons seulement qu'il n'y a point de chats dans les cieux, comme il y a des chèvres, des écrevisses, des taureaux, des béliers, des aigles, des lions, des poissons, des lièvres et des chiens. Mais en récompense, le chat fut consacré ou révéré, ou adoré du culte de dulie[15] dans quelques villes, et peut-être de latrie[16] par quelques femmes.

65 K84, K12: histoire. [*avec note*: Par Moncrif de l'Académie française.] Nous

---

conduit vers trois juges sournois, / Qu'accompagnaient trois gaupes effroyables, / Filles d'enfer et geôlières des diables; / Car, Dieu merci, tout se faisait par trois' (*M*, t.10, p.71-72).

[14] L'ouvrage historique, philosophique et fantaisiste de François Augustin Paradis de Moncrif, intitulé dans sa première version *Les Chats* (Paris, 1727). Cet Académicien est surtout connu pour sa *Dissertation sur la prééminence des chats, dans la société sur les autres animaux d'Egypte* (Paris, 1741), rééditée en 1748 sous le titre *Lettres philosophiques sur les chats*. Voir C. Mervaud, *Bestiaires de Voltaire*, *SVEC* 2006:06, p.185-88.

[15] 'Le culte qu'on rend aux saints' (*Dictionnaire de l'Académie*, 1762).

[16] 'Le culte que l'on rend à Dieu seul' (*Dictionnaire de l'Académie*, 1762).

DE LA CHINE

Nous avons assez remarqué ailleurs combien il est téméraire et maladroit de disputer à une nation telle que la chinoise ses titres authentiques. Nous n'avons aucune maison en Europe dont l'antiquité soit aussi bien prouvée que celle de l'empire de la Chine.[1] Figurons-nous un savant maronite du mont Athos qui contesterait la noblesse des Morozini, des Tiepolo et des autres anciennes maisons de Venise, des princes d'Allemagne, des

a K84, K12: De la Chine / Section 1

* Voltaire avait longuement évoqué la Chine dans l'*Essai sur les mœurs* (ch.1, 2, 155, 195), dans l'article 'De la Chine' (1764) du *DP*, dans le chapitre 18 de *La Philosophie de l'histoire*; il avait relaté la querelle des rites et l'expulsion des missionnaires jésuites dans le chapitre 39 du *Siècle de Louis XIV*. Ce regain d'intérêt en 1770 est probablement lié à la publication du poème de Kien Long, *Eloge de la ville de Moukden et de ses environs* (Paris, 1770, BV1783), traduit par le père Amiot, que Voltaire a lu (D16549) et annoté (*CN*, t.4, p.644-46). Il écrit, à la suite, son *Epître au roi de la Chine* à laquelle il ajoute des notes rappelant l'antiquité de la nation chinoise, la fausse légende de la colonisation égyptienne, la fausse réputation d'athéisme du gouvernement chinois. Sur tous ces sujets il réutilise ici, en les condensant, les informations tirées de la *Description géographique, historique, chronologique, politique et physique de l'empire de la Chine et de la Tartarie chinoise* (Paris, 1735; BV1132: La Haye, 1736) de Du Halde qu'il a longuement annotée (voir *CN*, t.3, p.256-90) et des *Lettres édifiantes et curieuses* (Paris, 1707-1776, BV2104; *CN*, t.5, p.335-51). Dans l'*Encyclopédie*, un bref article 'Chine', anonyme, bien qu'élogieux traitait d'idolâtres les peuples de ce pays. Diderot, dans le long article 'Chinois (Philosophie des)', limitait leur antiquité et jugeait que la secte de Foe avait entraîné en Chine idolâtrie, athéisme et superstitions de toutes sortes, mais louait la morale de Confucius; il liait à l'ambiguïté des mots chinois les interprétations divergentes de la religion des lettrés. Voltaire revient ici sur ces questions. Il y ajoute un long développement sur l'expulsion des missionnaires, où sa position est nettement durcie à l'égard des jésuites. L'article paraît en novembre/décembre 1770 (70, t.3).

[1] Même insistance dès le début du chapitre 1 de l'*Essai sur les mœurs*, où Voltaire estime que le premier roi, Fohi, régna plus de vingt-cinq siècles avant notre ère, et dans l'article 'De la Chine' du *DP* (*OCV*, t.35, p.534 et n.18-19), dans le chapitre 18 de *La Philosophie de l'histoire* et le chapitre 12 de *La Défense de mon oncle*.

Montmorency, des Châtillons, des Talerandes de France, sous prétexte qu'il n'en est parlé ni dans saint Thomas, ni dans saint Bonaventure. Ce maronite passerait-il pour un homme de bon sens ou de bonne foi? [2]

Je ne sais quels lettrés de nos climats se sont effrayés de l'antiquité de la nation chinoise. Mais ce n'est point ici une affaire de scolastique. [3] Laissez tous les lettrés chinois, tous les mandarins, tous les empereurs reconnaître Fo-hi pour un des premiers qui donnèrent des lois à la Chine environ deux mille cinq ou six cents ans avant notre ère vulgaire. [4] Convenez qu'il faut qu'il y ait des peuples avant qu'il y ait des rois. Convenez qu'il faut un temps prodigieux avant qu'un peuple nombreux, ayant inventé les arts nécessaires, se soit réuni pour se choisir un maître. [5] Si vous n'en convenez pas, il ne nous importe. Nous croirons toujours sans vous que deux et deux font quatre.

Dans une province d'Occident nommée autrefois la Celtique, on a poussé le goût de la singularité et du paradoxe jusqu'à dire que

14 70, 71N, 71A: lettrés, tous les mandarins

[2] L'article 'De la Chine' du *DP* offre deux transpositions comparables (*OCV*, t.35, p.530, 535. Sur Thomas et Bonaventure, voir p.544, n.47). Les familles Morosini et Tiepolo avaient compté plusieurs doges dès le douzième siècle. La maison de Montmorency remonte à Hugues Capet. La famille de Châtillon était déjà illustre au onzième siècle. Le nom de Talleyrand aurait été porté pour la première fois au douzième siècle.

[3] Sans retenir ses doutes, Voltaire s'est intéressé aux discussions, sur cette chronologie, du savant Fréret: voir le signet marquant le passage de l'article 'Dieu' de l'*Encyclopédie* qui les rapportait (*CN*, t.3, p.386). Sur la mise en question de la chronologie biblique par la chronologie chinoise et la constante défense, par Voltaire, de la certitude des annales chinoises, voir l'article 'De la Chine' du *DP* (*OCV*, t.35, p.534, n.19) et *La Défense de mon oncle* (*OCV*, t.64, p.327-29, n.12-13, 18-20).

[4] Sur Fo-hi et les sources de Voltaire, qui affirme que la période historique commence avec lui (*OCV*, t.81, p.135), voir l'article du *DP* (*OCV*, t.35, p.536, n.21).

[5] Même conviction exprimée dans le premier chapitre de l'*Essai sur les mœurs* et dans l'article du *DP* (voir *OCV*, t.35, p.536 et n.22-24, pour d'autres références dans *La Philosophie de l'histoire* et les *Carnets*).

les Chinois n'étaient qu'une colonie d'Egypte, ou bien, si l'on veut, de Phénicie. On a cru prouver, comme on prouve tant d'autres choses, qu'un roi d'Egypte appelé Ménès par les Grecs, était le roi de la Chine Yu, et qu'Atoès était Ki, en changeant seulement quelques lettres; et voici de plus comme on a raisonné.

Les Egyptiens allumaient des flambeaux quelquefois pendant la nuit, les Chinois allument des lanternes; donc les Chinois sont évidemment une colonie d'Egypte. Le jésuite Parennin qui avait déjà vécu vingt-cinq ans à la Chine, et qui possédait également la langue et les sciences des Chinois, a réfuté toutes ces imaginations avec autant de politesse que de mépris. Tous les missionnaires, tous les Chinois à qui l'on conta qu'au bout de l'Occident on faisait la réforme de l'empire de la Chine, ne firent qu'en rire. Le père Parennin répondit un peu plus sérieusement.[6] Vos Egyptiens, disait-il, passèrent apparemment par l'Inde pour aller peupler la Chine. L'Inde alors était-elle peuplée ou non? si elle l'était, aurait-elle laissé passer une armée étrangère? si elle ne l'était pas, les Egyptiens ne seraient-ils pas restés dans l'Inde? auraient-ils pénétré par des déserts et des montagnes impraticables jusqu'à la Chine, pour y aller fonder des colonies, tandis qu'ils pouvaient si aisément en établir sur les rivages fertiles de l'Inde et du Gange.[7]

Les compilateurs d'une histoire universelle imprimée en Angleterre, ont voulu aussi dépouiller les Chinois de leur antiquité,[8] parce que les jésuites étaient les premiers qui avaient bien fait

[6] Sur cette hypothèse d'une colonisation égyptienne, voir l'*Histoire de l'empire de Russie sous Pierre le Grand*, *OCV*, t.46, p.391-92 et *La Défense de mon oncle*, *OCV*, t.64, p.195, 218 et n.4, 5, 7, p.273-74, ainsi que n.11, p.326-27. Sur le père Parrenin, voir p.326, n.10.

[7] Sur l'intérêt de Voltaire pour l'Inde voir le chapitre 3 de l'*Essai sur les mœurs*.

[8] *An universal history, from the earliest account of time to the present* (Londres, 1736-1765) niait l'antiquité de la civilisation chinoise parce qu'elle jugeait erroné de situer la fondation des empires, accompagnée de l'invention des arts et des sciences, trop près du déluge et de la dispersion des hommes. Les premiers rois n'étaient, selon ses auteurs, que des chefs de peuplades limitées. Voir Virgile Pinot, *La Chine et la formation de l'esprit philosophique en France (1640-1740)* (Paris, 1932, réimpr. Genève, 1971), p.276, n.174.

connaître la Chine.[9] C'est là sans doute une bonne raison pour dire à toute une nation: *vous en avez menti*.

Il y a, ce me semble, une réflexion bien importante à faire sur les témoignages que Confutzé, nommé parmi nous Confucius, rend à l'antiquité de sa nation; c'est que Confutzé n'avait nul intérêt de mentir; il ne faisait point le prophète, il ne se disait point inspiré, il n'enseignait point une religion nouvelle, il ne recourait point aux prestiges;[10] il ne flatte point l'empereur sous lequel il vivait, il n'en parle seulement pas. C'est enfin le seul des instituteurs du monde qui ne se doit point faire suivre par des femmes.

J'ai connu un philosophe qui n'avait que le portrait de Confucius dans son arrière-cabinet; il mit au bas ces quatre vers:

> De la seule raison salutaire interprète,
> Sans éblouir le monde éclairant les esprits,

58 70, 71N, 71A, W68, K84, K12: se soit point fait suivre

61-64 MS1:

> De la simple vertu, salutaire interprète;
> Qui n'adorât qu'un Dieu, qui fit aimer sa loi:
> Toi, qui parlas en sage, et jamais en prophète.
> S'il est un sage encore il pense comme toi.

[9] La Mission des jésuites en Chine débuta avec le père Ricci, qui y séjourna de 1582 à 1610; elle s'est caractérisée par une volonté d'adaptation aux mœurs chinoises et par un haut niveau scientifique. La Mission française s'établit à Pékin vers la fin du dix-septième siècle (1688) et laissa sur la Chine, outre les *Lettres édifiantes et curieuses*, quantité d'ouvrages savants.

[10] Sur l'image que Voltaire donne de Confucius, dont il élargit la portée en universalisant son message, voir le début du chapitre 2 de l'*Essai sur les mœurs*. Il s'est informé dans la *Description* de Du Halde (t.1, p.350-54, et t.2, p.319-23), mais aussi dans l'ouvrage de Louis Cousin et Jean de La Brune, *La Morale de Confucius, philosophe de la Chine* (Amsterdam [Paris], 1688, BV892), qu'il annote (*CN*, t.2, p.780), et dans la publication, due principalement au père Couplet, *Confucius sinarum philosophus, sive scientia sinensis* (Paris, 1687, BV845; *CN*, t.2, p.712-13). Sur l'insistance à le distinguer d'un prophète tel qu'on en trouve dans l'Ancien et le Nouveau Testament, voir l'article 'Philosophe' du *DP* (*OCV*, t.36, p.435 et n.5). Sur les principaux textes qui le mentionnent, voir l'article 'Catéchisme chinois' du *DP* (*OCV*, t.35, p.438, n.2).

Il ne parla qu'en sage, et jamais en prophète;
Cependant on le crut, et même en son pays.[11]

J'ai lu ses livres avec attention, j'en ai fait des extraits; je n'y ai trouvé que la morale la plus pure, sans aucune teinture de charlatanisme.[12] Il vivait six cents ans avant notre ère vulgaire. Ses ouvrages furent commentés par les plus savants hommes de la nation.[13] S'il avait menti, s'il avait fait une fausse chronologie, s'il avait parlé d'empereurs qui n'eussent point existé, ne se serait-il trouvé personne dans une nation savante qui eût réformé la chronologie de Confutzé? Un seul Chinois a voulu le contredire, et il a été universellement bafoué.[14]

Ce n'est pas ici la peine d'opposer le monument de la grande muraille de la Chine aux monuments des autres nations qui n'en ont jamais approché, ni de redire que les pyramides d'Egypte ne sont que des masses inutiles et puériles en comparaison de ce grand ouvrage,[15] ni de parler de trente-deux éclipses calculées dans

[11] Ce philosophe est Voltaire lui-même. Il existe deux manuscrits de ces vers: voir ci-dessus, p.xxv-xxvi.

[12] Quelques sentences sont reproduites dans le début du chapitre 2 de l'*Essai sur les mœurs*. Voir surtout les libres adaptations du 'Catéchisme chinois' (*OCV*, t.35, p.447, 468-72) et les citations de l'article 'Philosophe' (*OCV*, t.36, p.435-37) du *DP*. Voltaire loue aussi 'la religion des lettrés' dans l'article 'De la Chine' (*OCV*, t.35, p.543).

[13] Sur les ouvrages les plus célèbres de Confucius, particulièrement cités par Du Halde et annotés par Voltaire, voir *Description*, t.2, p.325-65, t.3, p.15, et *CN*, t.3, p.267, pour le rôle donné à Confucius.

[14] Le père Jean-François Fouquet, figuriste, traduisit une table chinoise établie par le chronologiste Niau (*Tabula chronologica historiae sinicae*), selon laquelle l'histoire authentique de la Chine ne pouvait remonter plus haut que le cinquième siècle avant J.-C. D'après le père Parrenin, le chronologiste Niau n'était même pas bachelier et ne pouvait représenter l'opinion des lettrés de son pays. Cette *Table* et son *Explication* (1730) eurent une diffusion très restreinte. Voir V. Pinot, *La Chine et la formation*, p.252.

[15] Sur la grande muraille et la comparaison avec les pyramides, où Voltaire suit l'opinion du père Parrenin, et sur son mépris pour l'Egypte ancienne, voir le chapitre 1 de l'*Essai sur les mœurs*, le *Traité sur la tolérance* (*OCV*, t.56C, p.173-74, n.*f*), l'article 'Apis' du *DP* (*OCV*, t.35, p.360), *La Philosophie de l'histoire* (*OCV*, t.59, p.165-66) et la 'troisième diatribe de l'abbé Bazin' (*OCV*, t.64, p.254).

l'ancienne chronique de la Chine, dont vingt-huit ont été vérifiées par les mathématiciens d'Europe,[16] ni de faire voir combien le respect des Chinois pour leurs ancêtres assure l'existence de ces mêmes ancêtres,[17] ni de répéter au long combien ce même respect a nui chez eux au progrès de la physique, de la géométrie et de l'astronomie.[18]

On sait assez qu'ils sont encore aujourd'hui ce que nous étions tous il y a environ trois cents ans, des raisonneurs très ignorants. Le plus savant Chinois ressemble à un de nos savants du quinzième siècle qui possédait son Aristote.[19] Mais on peut être un fort mauvais physicien et un excellent moraliste. Aussi c'est dans la morale et dans l'économie politique, dans l'agriculture, dans les arts nécessaires que les Chinois se sont perfectionnés. Nous leur avons enseigné tout le reste; mais dans cette partie nous devions être leurs disciples.[20]

[16] Voir le début du chapitre 1 de l'*Essai sur les mœurs*. Voltaire ne connaissait sans doute que par Du Halde le *Traité de l'astronomie chinoise* du père Gaubil qui figure au tome 3 des *Observations mathématiques, astronomiques* du père Souciet (Paris, 1729-1732). On y trouvait les tables des éclipses, dont la première date en effet de 2155 avant J.-C., date sur laquelle Du Halde revient plusieurs fois (*Description*, t.1, p.264, t.2, p.2, et t.3, p.271).

[17] Voir le chapitre 1 de l'*Essai sur les mœurs*. Voltaire a pu trouver de nombreux exemples dans la *Description* de Du Halde (t.2, p.271, 367, 369).

[18] Même idée dans le chapitre 1 de l'*Essai sur les mœurs* et chez Du Halde (*Description*, t.2, p.347; voir *CN*, t.3, p.267).

[19] Leur retard est de 'deux cents ans' d'après l'article 'De la Chine' du *DP* (*OCV*, t.35, p.541). Voir aussi le chapitre 1 de l'*Essai sur les mœurs*. Du Halde signale que la pure spéculation et l'application aux sciences sont bien moins récompensées que l'étude des lois, de l'histoire et de la morale (*Description*, t.3, p.264).

[20] Cf. le chapitre 1 de l'*Essai sur les mœurs*: 'Ce qu'ils ont le plus connu, le plus cultivé, le plus perfectionné, c'est la morale et les lois' (t.1, p.216). Voltaire mentionne l'existence de lois qui récompensent la vertu, dont il fait état également dans l'article du *DP* (*OCV*, t.35, p.540), les richesses agricoles, les honneurs accordés aux paysans qui se distinguent par la morale ou réussissent le mieux dans l'agriculture, en suivant là-dessus les *Lettres édifiantes* (*CN*, t.5, p.349).

De l'expulsion des missionnaires de la Chine

Humainement parlant, et indépendamment des services que les jésuites pouvaient rendre à la religion chrétienne, n'étaient-ils pas bien malheureux d'être venus de si loin porter la discorde et le trouble dans le plus vaste royaume et le mieux policé de la terre?[21] Et n'était-ce pas abuser horriblement de l'indulgence et de la bonté des peuples orientaux, surtout après les torrents de sang versés à leur occasion au Japon? scène affreuse dont cet empire n'a cru pouvoir prévenir les suites qu'en fermant ses ports à tous les étrangers.[22]

Ils avaient obtenu de l'empereur de la Chine Cam-hi la permission d'enseigner le catholicisme;[23] ils s'en servirent pour faire croire à la petite portion du peuple dirigé par eux, qu'on ne pouvait servir d'autre maître que celui qui tenait la place de Dieu sur la terre, et qui résidait en Italie sur le bord d'une petite rivière nommée *le Tibre*; que toute autre opinion religieuse, tout autre culte était abominable aux yeux de Dieu, et qu'il punirait éternellement quiconque ne croirait pas aux jésuites; que l'empereur Cam-hi leur bienfaiteur, qui ne pouvait pas prononcer Christ parce que les Chinois n'ont point la lettre R, serait damné à tout jamais; que l'empereur Yontchin son fils le serait sans miséricorde; que tous les ancêtres des Chinois et des Tartares l'étaient, que leurs descendants le seraient ainsi que tout le reste de la terre; et que les

102-103 K84, K12: étrangers. ¶Les jésuites avaient

[21] Formule comparable dans le chapitre 39 du *Siècle de Louis XIV* (*OH*, p.1109).

[22] Dans le chapitre 196 de l'*Essai sur les mœurs* Voltaire relate les circonstances de 'l'extinction de la religion chrétienne' au Japon, où seuls, désormais, les Hollandais sont reçus, sous condition, et évoque le sort horrible des Japonais convertis au christianisme. La *Relation du bannissement des jésuites de la Chine* (1768) insère dans le discours que l'empereur de Chine tient aux jésuites un rappel des maux qu'ils ont apportés au Japon (*OCV*, t.67, p.119-22).

[23] L'édit de tolérance en faveur du christianisme fut promulgué en 1692.

révérends pères jésuites avaient une compassion vraiment paternelle de la damnation de tant d'âmes.[24]

Ils vinrent à bout de persuader trois princes du sang tartare.[25] Cependant l'empereur Cam-hi mourut à la fin de 1722. Il laissa l'empire à son quatrième fils Yontchin, qui a été si célèbre dans le monde entier par la justice et par la sagesse de son gouvernement, par l'amour de ses sujets et par l'expulsion des jésuites.[26]

Ils commencèrent par baptiser les trois princes et plusieurs personnes de leur maison: ces néophytes eurent le malheur de désobéir à l'empereur en quelques points qui ne regardaient que le service militaire.[27] Pendant ce temps-là même l'indignation de tout l'empire éclata contre les missionnaires; tous les gouverneurs des provinces, tous les colaos présentèrent contre eux des mémoires.[28] Les accusations furent portées si loin qu'on mit aux fers les trois princes disciples des jésuites.[29]

[24] Cette diatribe contre les jésuites se substitue, en 1770, aux circonstances habituellement évoquées par Voltaire pour expliquer leur expulsion: jalousie des autres missionnaires, désaccords, condamnation des rites chinois par Rome (bulle *Ex illa die*, 1715), alors que les jésuites les toléraient. Voir le chapitre 39 du *Siècle de Louis XIV* et le chapitre 195 de l'*Essai sur les mœurs*. Cette présentation caricaturale rappelle la *Relation du bannissement des jésuites de Chine*.

[25] Un des fils de la famille Sourniama avait été baptisé en 1719; un deuxième en 1721. Un troisième suivit, ainsi que leurs femmes et leurs enfants. Pendant une douzaine d'années, le père Parrenin, dans ses lettres, relata les conversions successives de ces grands seigneurs mandchous, celle de leurs familles, et les malheurs qui en découlèrent.

[26] Cf. *Le Siècle de Louis XIV*: 'Le nouvel empereur Yong Tching surpassa son père dans l'amour des lois et du bien public' (*OH*, p.1107).

[27] Dans les récits du père Parrenin, les premiers baptêmes étaient antérieurs au règne de Yong Tching. La chronologie des conversions, baptêmes et disgrâces des uns et des autres est beaucoup plus complexe que dans le raccourci voltairien.

[28] La persécution partit, en juillet 1723, de la province de Fo-Kien, où la chrétienté était gouvernée par deux dominicains espagnols. Des chrétiens mécontents des missionnaires présentèrent une requête au mandarin du lieu. Elle suivit la voie hiérarchique jusqu'à l'empereur, qui convoqua le Tribunal des rites. Ce dernier présenta sa délibération à l'empereur le 10 janvier.

[29] Toute la famille, y compris le père, très âgé, qui n'embrassa jamais le christianisme, fut condamnée à l'exil, puis assignée à résidence dans un hameau

Il est évident que ce n'était pas pour avoir été baptisés qu'on les traita si durement, puisque les jésuites eux-mêmes avouent dans leurs lettres, que pour eux ils n'essuyèrent aucune violence, et que même ils furent admis à une audience de l'empereur qui les honora de quelques présents.[30] Il est donc prouvé que l'empereur Yontchin n'était nullement persécuteur. Et si les princes furent renfermés dans une prison vers la Tartarie, tandis qu'on traitait si bien leurs convertisseurs, c'est une preuve indubitable qu'ils étaient prisonniers d'Etat et non pas martyrs.[31]

L'empereur céda bientôt après aux cris de la Chine entière; on demandait le renvoi des jésuites, comme depuis en France et dans d'autres pays on a demandé leur abolition.[32] Tous les tribunaux de la Chine voulaient qu'on les fît partir sur-le-champ pour Macao qui est regardé comme une place séparée de l'empire, et dont on a laissé toujours la possession aux Portugais avec garnison chinoise.[33]

Yontchin eut la bonté de consulter les tribunaux et les

---

désertique et misérable. Ensuite deux des fils, Louis et Joseph, furent chargés de chaînes et conduits à Pékin, emprisonnés, dégradés, mis au cachot et menacés de mort. On ne précisa jamais de quoi ils devaient se 'corriger'. Mais c'était le terme qu'utilisait le Tribunal des rites quand il s'adressait à ceux qui avaient embrassé le christianisme.

[30] Détail rapporté dans la lettre du père de Mailla du 16 octobre 1724, relatant l'entrevue accordée par l'empereur à trois jésuites, en janvier 1724. Voltaire donne la référence de cette lettre (*Lettres édifiantes*, recueil 17, p.168), dans une note des *Entretiens chinois* (*M*, t.27, p.25), où il fait également des citations du discours de l'empereur, comme dans *Le Siècle de Louis XIV* (*OH*, p.1108-109) et dans le chapitre 195 de l'*Essai sur les mœurs*. Voir aussi la *Relation du bannissement des jésuites de la Chine* (*OCV*, t.67, p.119-22), et la paraphrase qu'il donne du discours dans *La Princesse de Babylone* (*OCV*, t.66, p.130-31).

[31] Jugement opposé à celui de Montesquieu qui évoque 'un plan de tyrannie constamment suivi, et des injures faites à la nature humaine avec règle, c'est-à-dire de sang-froid' (*De l'esprit des lois*, livre 8, ch.21).

[32] Les jésuites ont été bannis du Portugal en 1759, expulsés d'Espagne et de Naples en 1767, après que la Compagnie eut été supprimée en France en 1764.

[33] C'est l'avis donné par le Tribunal des rites, confirmé par l'arrêt de l'empereur du 10 janvier 1724. Les pères Parrenin, Bouvet et Kegler multiplient les démarches pour que les jésuites soient envoyés à Canton et non à Macao; et ils finissent par être reçus par l'empereur.

gouverneurs, pour savoir s'il y aurait quelque danger à faire conduire tous les jésuites dans la province de Kanton. En attendant la réponse il fit venir trois jésuites en sa présence, et leur dit ces propres paroles que le père Parennin rapporte avec beaucoup de bonne foi:[34] 'Vos Européens dans la province de Fo-Kien voulaient anéantir nos lois (*a*)[35] et troublaient nos peuples; les tribunaux me les ont déférés; j'ai dû pourvoir à ces désordres, il y va de l'intérêt de l'empire... Que diriez-vous si j'envoyais dans votre pays une troupe de bonzes et de lamas prêcher leur loi? comment les recevriez-vous?... Si vous avez su tromper mon père, n'espérez pas me tromper de même... Vous voulez que les Chinois se fassent chrétiens, votre loi le demande, je le sais bien; mais alors que deviendrons-nous? les sujets de vos rois! Les chrétiens ne croient que vous; dans un temps de trouble ils n'écouteraient d'autre voix que la vôtre. Je sais bien qu'actuellement il n'y a rien à craindre; mais quand les vaisseaux viendront par mille et dix mille, alors il pourrait y avoir du désordre.

'La Chine au nord touche le royaume des Russes qui n'est pas méprisable; elle a au sud les Européens et leurs royaumes qui sont encore plus considérables; et à l'ouest les princes de Tartarie qui nous font la guerre depuis huit ans... Laurent Lange compagnon du prince Ismaelof ambassadeur du tsar, demandait qu'on accordât aux Russes la permission d'avoir dans toutes les provinces une factorerie; on ne le leur permit qu'à Pékin et sur les limites de

(*a*) Le pape y avait déjà nommé un évêque.[36]

166 K84, K12: considérables; [*avec note*: Yontchin entend par là les établissements des Européens dans l'Inde.] et

[34] Même s'il y a tenu un rôle important, cette entrevue n'est pas rapportée par le père Parrenin, mais par le père de Mailla.

[35] Voltaire copie ici, en effectuant quelques coupures, au début et à la fin, le discours prononcé par l'empereur devant les trois jésuites, tel qu'il est rapporté dans la lettre du père de Mailla. Voir ci-dessus, p.67, n.30.

[36] Depuis 1690, le pape avait créé trois évêchés en Chine, confiés à des vicaires apostoliques. Mgr Maigrot avait été le vicaire apostolique de Fo-Kien.

Kalkas. Je vous permets de demeurer de même ici et à Kanton, tant que vous ne donnerez aucun sujet de plainte; et si vous en donnez, je ne vous laisserai ni ici ni à Kanton.'

On abattit leurs maisons et leurs églises dans toutes les autres provinces. Enfin les plaintes contre eux redoublèrent. Ce qu'on leur reprochait le plus, c'était d'affaiblir dans les enfants le respect pour leurs pères en ne rendant point les honneurs dus aux ancêtres, d'assembler indécemment les jeunes gens et les filles dans les lieux écartés qu'ils appelaient *églises*, de faire agenouiller les filles entre leurs jambes et de leur parler bas en cette posture.[37] Rien ne paraissait plus monstrueux à la délicatesse chinoise. L'empereur Yontchin daigna même en avertir les jésuites, après quoi il renvoya la plupart des missionnaires à Macao, mais avec des politesses et des attentions dont les seuls Chinois peut-être sont capables.[38]

Il retint à Pékin quelques jésuites mathématiciens,[39] et entre autres ce même Parennin dont nous avons déjà parlé, et qui possédant parfaitement le chinois et le tartare, avait souvent servi d'interprète. Plusieurs jésuites se cachèrent dans des provinces éloignées, d'autres dans Kanton même; et on ferma les yeux.

Enfin, l'empereur Yontchin étant mort, son fils et son successeur Kun-long acheva de contenter la nation en faisant partir pour Macao tous les missionnaires déguisés qu'on put trouver dans l'empire. Un édit solennel leur en interdit à jamais l'entrée.[40] S'il en vient quelques-uns, on les prie civilement d'aller exercer leurs

[37] Les assemblées où les deux sexes sont mêlés, l'absence d'honneurs rendus aux ancêtres, la volonté d'anéantir les coutumes sont les comportements qui suscitaient le plus de reproches d'après la lettre du père de Mailla.

[38] Il les fit accompagner par un mandarin chargé de prendre soin d'eux et de les garantir de toute insulte, selon le père de Mailla, comme le rapporte Voltaire dans le chapitre 39 du *Siècle de Louis XIV*.

[39] Le Tribunal des rites proposait déjà de laisser à la cour les jésuites qui y étaient utiles. Le père Parrenin fut du nombre et mourut à Pékin, comme le père de Mailla, cartographe et historien. Voir Etiemble, *Les Jésuites en Chine* (Paris, 1966).

[40] Dès 1732, les missionnaires regroupés à Canton reçurent l'ordre de rejoindre Macao, d'où il leur serait impossible de rentrer en Chine sous un déguisement. L'édit de 1736 fut suivi d'une grande persécution dans les provinces.

talents ailleurs. Point de traitement dur, point de persécution.[41] On m'a assuré qu'en 1760 un jésuite de Rome étant allé à Kanton, et ayant été déféré par un facteur des Hollandais, le colao gouverneur de Kanton le renvoya avec un présent d'une pièce de soie, des provisions et de l'argent.

Du prétendu athéisme de la Chine

On a examiné plusieurs fois cette accusation d'athéisme, intentée par nos théologaux d'Occident contre le gouvernement chinois (*b*) à l'autre bout du monde, c'est assurément le dernier excès de nos folies et de nos contradictions pédantesques. Tantôt on prétendait dans une de nos facultés que les tribunaux ou parlements de la Chine étaient idolâtres, tantôt qu'ils ne reconnaissaient point de divinité; et ces raisonneurs poussaient quelquefois leur fureur de raisonner jusqu'à soutenir que les Chinois étaient à la fois athées et idolâtres.[42]

(*b*) Voyez le *Siècle de Louis XIV*, dans l'*Essai sur l'esprit et les mœurs des nations*, et ailleurs.

n.*b*, 1 K84, K12: Voyez dans le
n.*b*, 1-2 K84, K12: *sur les mœurs et l'esprit des*

[41] Les persécutions se multiplièrent, sauf à Pékin, de 1745 à 1748. Voir dans les *Lettres édifiantes* la relation de la persécution de 1746 par le père Jean Gaspard Chanseaume, qui évoque les destructions d'églises ou leur utilisation à usages profanes sous Yong Tching, puis l'aggravation de la situation sous Kien Long: cinq missionnaires condamnés à mort avec un de leurs catéchistes (recueil 27, p.280-84). Voltaire y a placé un signet 'persécution prétendue sous Kien-Long' (*CN*, t.5, p.353). Même signet, 'persécution prétendue' dans le recueil 28, quand y est rapportée l'extension de cette persécution (*CN*, t.5, p.354). Pourtant, le chapitre 39 du *Siècle de Louis XIV* indiquait que les jésuites revenus secrètement dans les provinces furent condamnés à mort pour avoir violé les lois de l'empire.

[42] Mgr Maigrot jugeait les rites chinois idolâtres et simultanément qualifiait les lettrés d'athées. L'accusation d'idolâtrie était liée au culte des ancêtres et de Confucius. Voir l'*Essai sur les mœurs*, ch.2, *Le Siècle de Louis XIV* (*OH*, p.1102-104) où Voltaire

Au mois d'octobre 1700, la Sorbonne déclara hérétiques toutes les propositions qui soutenaient que l'empereur et les colaos croyaient en Dieu. On faisait de gros livres dans lesquels on démontrait, selon la façon théologique de démontrer, que les Chinois n'adoraient que le ciel matériel.[43]

Nil praeter nubes et caeli numen adorant.[44]

Mais s'ils adoraient ce ciel matériel, c'était donc là leur dieu.[45] Ils ressemblaient aux Perses qu'on dit avoir adoré le soleil; ils ressemblaient aux anciens Arabes qui adoraient les étoiles: ils n'étaient donc ni fabricateurs d'idoles, ni athées. Mais un docteur n'y regarde pas de si près, quand il s'agit dans son tripot de déclarer une proposition hérétique et malsonnante.

Ces pauvres gens qui faisaient tant de fracas en 1700 sur le ciel matériel des Chinois, ne savaient pas qu'en 1689 les Chinois ayant

---

détaille les cérémonies mal interprétées par les Européens et l'article 'De la Chine' du *DP* (*OCV*, t.35, p.530 et n.6 pour sa source). Sur l'athéisme, que Voltaire réfute, voir le chapitre 2 de l'*Essai sur les mœurs*, le chapitre 18 de *La Philosophie de l'histoire*, *Dieu et les hommes* (*OCV*, t.69, p.287-88) et la troisième des *Lettres chinoises, indiennes et tartares*. Voir aussi les signets placés par Voltaire dans les textes (de Parrenin, de Kien Long) confortant sa position (*CN*, t.4, p.645, t.5, p.347). Mais outre les 'théologaux', Bayle, dans la deuxième édition de son *Dictionnaire historique et critique* (article 'Cesalpin', remarque B; 'Maldonat', remarque L; 'Spinoza', remarque X) et dans la *Continuation des pensées diverses* (§11 et 145), de même que Fréret, dans ses *Mémoires académiques* (Paris, 1996, p.68), jugeaient les Chinois athées. Voir aussi 'De la Chine' du *DP* (*OCV*, t.35, p.533, n.15).

[43] Sur la condamnation, le 18 octobre 1700, à l'initiative de l'abbé Boileau et des pères des Missions étrangères, des *Nouveaux Mémoires sur l'état présent de la Chine*, du père Le Comte, affirmant que les Chinois ont connu le vrai Dieu, voir le chapitre 39 du *Siècle de Louis XIV*. Voltaire ne reprend pas ici l'historique concernant la position de Rome et le rôle de Mgr Tournon et Mgr Maigrot.

[44] 'Ils n'adorent que les nuages et la divinité des cieux' (Juvénal, Satire 14, vers 97).

[45] La discussion concernant le sens des mots Tien et Chang-ti, est évoquée aussi dans le 'Catéchisme chinois' (*OCV*, t.35, p.439 et n.5). Le père Couplet (*Confucius sinarum*) en avait donné une interprétation spiritualiste, qui fut contestée par l'envoyé de Clément XI en Chine et devint un élément-clé de la querelle des rites. Du Halde suit l'interprétation de Couplet (*Description*, t.3, p.2-3, 5-13, 33), tout en admettant l'athéisme des néo-confucéens (t.3, p.42-52 et *CN*, t.3, p.279).

fait la paix avec les Russes à Niptchou qui est la limite des deux empires, ils érigèrent la même année, le 8 septembre, un monument de marbre, sur lequel on grava en langue chinoise et en latin ces paroles mémorables.

Si quelqu'un a jamais la pensée de rallumer le feu de la guerre, nous prions le Seigneur souverain de toutes choses, qui connaît les cœurs, de punir ces perfides, etc.[46](*c*)

Il suffisait de savoir un peu de l'histoire moderne pour mettre fin à ces disputes ridicules; mais les gens qui croient que le devoir de l'homme consiste à commenter saint Thomas et Scot,[47] ne s'abaissent pas à s'informer de ce qui se passe entre les plus grands empires de la terre.

(*c*) Voyez dans l'*Histoire de la Russie*, écrite sur les mémoires envoyés par l'impératrice Elizabeth.

225 70, 71N, 71A: lequel l'on

234 K84, K12: terre. [*ajoutent, sous la rubrique 'Section 2', le texte de l'article 'De la Chine' du DP*]

n.*c*, 1 K84, K12: *Russie sous Pierre I*, écrite

[46] Voir *Histoire de l'empire de Russie sous Pierre le Grand* (*OCV*, t.46, p.569 et n.28). La citation donnée ici est écourtée par rapport à l'ouvrage historique ('punir ces traîtres par une mort précipitée'). Voltaire y insistait sur le rôle positif de deux jésuites, Pereira et Gerbillon, lors de l'établissement du traité, rôle sur lequel il reste ici muet.

[47] Voltaire rapproche souvent, avec ironie, ces deux théologiens: voir les articles 'Ange' du *DP* (*OCV*, t.35, p.341) et 'Catéchisme chinois', où il est conseillé de ressembler à Cu-su et à Kou, plutôt qu'à Thomas d'Aquin et à Scot 'dont les âmes étaient fort ténébreuses' (*OCV*, t.35, p.458).

CHRISTIANISME

Etablissement du christianisme, dans son état civil et politique

Dieu nous garde d'oser mêler ici le divin au profane, nous ne sondons point les voies de la Providence. Hommes, nous ne parlons qu'à des hommes.[1]

Lorsque Antoine et ensuite Auguste eurent donné la Judée à l'Arabe Hérode leur créature et leur tributaire, ce prince, étranger chez les Juifs, devint le plus puissant de tous leurs rois.[2] Il eut des

a-b K84, K12: Christianisme / Section 1 / *Etablissement*

2-3 K12: ne parlerons qu'à

* Sans lien réel avec l'article 'Christianisme' de l'*Encyclopédie*, l'article ne présente presque aucun rapport avec celui que Voltaire avait rédigé sous ce titre pour le *DP*. Il présente en revanche des parentés très fortes avec des textes plus ou moins anciens comme *Des Juifs* ou l'*Essai sur les mœurs* dans lequel sa réflexion sur l'établissement du christianisme avait pris forme, notamment dans les chapitres 8 et 10. Contre la tradition, Voltaire ne se place pas ici sur le plan des preuves de la vérité de la religion chrétienne mais sur celui de l'histoire, sa source principale étant, avec le *Dictionnaire de la Bible* de Calmet, les *Antiquités judaïques* de Flavius Josèphe qu'il relit vraisemblablement pour l'occasion. Loin de se satisfaire de redites, Voltaire s'écarte du style polémique du *DP* et renoue avec la stratégie de textes se donnant comme historiques, annonçant l'*Histoire de l'établissement du christianisme* et *La Bible enfin expliquée*. L'article paraît en février/mars 1772 (70, t.9, 'Supplément').

[1] Ouverture antiphrastique typique de la fin des années 1760 démarquant la profession de foi exigée de la censure romaine.

[2] Idée principale de l'article 'D'Hérode' de *La Bible enfin expliquée* ('Hérode ne fut que roi tributaire, et dépendant des Romains; mais il fut maître absolu chez lui', *M*, t.30, p.288), déjà présente chez Eusèbe, *Histoire de l'Eglise* (trad. Louis Cousin, Paris, 1675, BV1250, livre 1, ch.6, t.1, p.22). Cf. aussi Flavius Josèphe, *Antiquités judaïques* (5 vol., Paris, 1735-1736), livre 14, ch.26 (t.2, p.491-92) et livre 16, ch.8 (t.3, p.103; *CN*, t.4, p.595-96). A la suite de Flavius Josèphe (livre 14, ch.2, t.2, p.428-29; *CN*, t.4, p.594: ruban), le *Dictionnaire de la Bible* (4 vol., Paris, 1730, BV615, article 'Hérode', t.2, p.220-29), repris dans *La Bible enfin expliquée* (*M*, t.30, p.286), avait présenté Hérode comme 'Iduméen', donc de province arabe, d'où l'antipathie des Juifs à son endroit. Dans *Des Juifs* déjà Voltaire l'avait donné comme 'l'un des plus

ports sur la Méditerranée, Ptolomaïde, Ascalon.[3] Il bâtit des villes,[4] il éleva un temple au dieu Apollon dans Rhodes;[5] un temple à Auguste dans Césarée.[6] Il bâtit de fond en comble celui de Jérusalem, et il en fit une très forte citadelle.[7] La Palestine, sous son règne, jouit d'une profonde paix.[8] Enfin, il fut regardé comme un messie, tout barbare qu'il était dans sa famille, et tout tyran de son peuple dont il dévorait la substance pour subvenir à ses grandes entreprises.[9] Il n'adorait que César, et il fut presque

---

puissants rois parmi les petits rois de l'Arabie', indiquant que 'c'était précisément sa qualité d'étranger qui l'avait fait choisir' (*M*, t.19, p.517).

[3] Appelée ensuite Saint-Jean-d'Acre, Ptolémaïde était une ville phénicienne de la pentapole d'Egypte, célèbre pour son port, située au pied du Mont Carmel. L'article 'Ascalon' du *Dictionnaire de la Bible* de Calmet ne mentionne pas le port mais Voltaire se souvient peut-être des gravures illustrant les articles 'Carmel' (t.1, article 'Carmel' hors planche) et 'Ptolémaïde' (t.3, p.308).

[4] D'après Flavius Josèphe, *Antiquités judaïques*, livre 15, ch.12: 'Car il bâtit en leur honneur [des Romains] des villes, et même des temples; mais non pas dans la Judée parce que notre nation ne l'aurait jamais souffert à cause que c'est une chose abominable parmi nous de révérer des images et des statues' (t.3, p.61; *CN*, t.4, p.595, signet 'temple à Auguste'). L'activité urbanistique d'Hérode est encore détaillée par Flavius Josèphe au livre 16, ch.9 (t.3, p.105 et suivantes; *CN*, t.4, p.596).

[5] D'après Flavius Josèphe, *Antiquités judaïques*, livre 16, ch.9: 'Entre ces libéralités toutes royales les plus remarquables sont le temple d'Apollon Pythien à Rodes, qu'il fit rebâtir à ses dépens' (t.3, p.107, avec signet: 'fait re-[bâtir] le temple d'Appollon à Rodes! O Juifs', *CN*, t.4, p.596).

[6] D'après Calmet, Césarée, 'nommée auparavant la Tour de Strabon, et bâtie par Hérode le Grand en l'honneur d'Auguste, était située sur la côte orientale de la Méditerranée, et avait un fort beau port' (*Dictionnaire de la Bible*, article 'Césarée', t.1, p.401). Le temple dédié par Hérode à Auguste est mentionné par Flavius Josèphe à propos de Sébaste, bâtie sur les ruines de Samarie et Césarée (*Antiquités judaïques*, livre 15, ch.13, t.3, p.64).

[7] Flavius Josèphe, *Antiquités judaïques*, livre 14, ch.16 (t.2, p.457; *CN*, t.4, p.594, signets muets) et livre 15, ch.14 (t.3, p.71-78). Dans *Des Juifs*, Voltaire avait précisé que la citadelle n'avait pas été achevée par manque d'argent.

[8] Paix également mentionnée dans le chapitre 4 de l'*Histoire de l'établissement du christianisme* (*M*, t.31, p.51).

[9] Portrait plus sévère que dans *Des Juifs* où Hérode était presque apparu comme une victime du peuple juif (*M*, t.19, p.517-18). Mais Flavius Josèphe livre un portrait plus dur encore d'Hérode, libéral avec les étrangers, injuste et cruel avec ses propres sujets. Le chapitre que lui consacre *La Bible enfin expliquée* développera cette barbarie (*M*, t.30, p.286-90).

adoré des hérodiens.[10]

La secte des Juifs était répandue depuis longtemps dans l'Europe et dans l'Asie; mais ses dogmes étaient entièrement ignorés.[11] Personne ne connaissait les livres juifs, quoique plusieurs fussent, dit-on, déjà traduits en grec dans Alexandrie.[12] On ne savait des Juifs que ce que les Turcs et les Persans savent aujourd'hui des Arméniens, qu'ils sont des courtiers de commerce, des agents de change. Du reste un Turc ne s'informe jamais si un Arménien est eutichéen, ou jacobite, ou chrétien de saint Jean, ou arien.[13]

Le théisme de la Chine et les respectables livres de Confutzé, qui vécut environ six cents ans avant Hérode,[14] étaient encore plus ignorés des nations occidentales que les rites juifs.

[10] Notamment Perse, Satire 5, vers 180-81, que Voltaire cite dans l'article 'Eglise' des *QE* (*M*, t.18, p.479), puis dans le chapitre 4 de l'*Histoire de l'établissement du christianisme* qui développe ce motif. Voltaire s'est inspiré de Calmet qui présente les hérodiens comme 'une des quatre sectes qui étaient parmi les Juifs du temps de notre Seigneur', évoque des attentes messianiques, donne le fils d'Antipater comme 'un prince puissant, vaillant et belliqueux' et revient sur la thèse du père Hardouin selon laquelle les hérodiens étaient 'des platoniciens qu'Hérode avait mis en crédit dans la Judée à l'image des platoniciens d'Athènes' (*Dictionnaire de la Bible*, article 'Hérodiens', t.2, p.230).

[11] Sur les sectes juives, Voltaire tire son information de Flavius Josèphe et de la 'Dissertation sur les différentes sectes des Juifs; savoir les pharisiens, les saducéens, les hérodiens et les esséniens' de Calmet (*Nouvelles Dissertations*, Paris, 1720, t.1, p.711-43, BV617; *CN*, t.2, p.346-58). Cf. sur ce même sujet *L'Examen important de Milord Bolingbroke* (*OCV*, t.62, p.211 et n.*a*) et l'article 'Messie' du *DP* (*OCV*, t.36, p.353 et n.9): on notera que le passage, ajouté en 1765 dans ce dernier mais absent de l'article 'Messie' des *QE*, vient ici nourrir l'article 'Christianisme'.

[12] Cf. *Des Juifs*: 'Il faut s'en rapporter à Philon: il avoue qu'avant la traduction des Septante, les étrangers n'avaient aucune connaissance des livres de sa nation' (*M*, t.19, p.521).

[13] Même comparaison entre Juifs et Arméniens dans l'*Histoire de l'empire de Russie* (*OCV*, t.47, p.877), reprise dans les *Fragments sur l'Inde* (*OCV*, t.75B, p.153), dans *Un chrétien contre six Juifs* (*M*, t.29, p.519) et dans *Il faut prendre un parti* (*OCV*, t.74B, p.63), tous textes tardifs dans lesquels Voltaire semble cependant donner ces prédicats comme exclusifs l'un de l'autre. La notion de commerce, absente du texte *Des Juifs*, est reprise dès le chapitre 1 de l'*Histoire de l'établissement du christianisme* (*M*, t.31, p.44-45).

[14] A partir de la fin des années 1760, Voltaire semble plus que jamais fidèle, malgré le déclin du mythe, à l'idée de l'antériorité et de la supériorité des Chinois. Cf. l'ajout

Les Arabes qui fournissaient les denrées précieuses de l'Inde aux Romains, n'avaient pas plus d'idée de la théologie des brahmanes que nos matelots qui vont à Pondichéri ou à Madrass. Les femmes indiennes étaient en possession de se brûler sur le corps de leurs maris de temps immémorial;[15] et ces sacrifices étonnants qui sont encore en usage, étaient aussi ignorés des Juifs que les coutumes de l'Amérique. Leurs livres qui parlent de Gog et de Magog,[16] ne parlent jamais de l'Inde.

L'ancienne religion de Zoroastre était célèbre et n'en était pas plus connue dans l'empire romain. On savait seulement en général que les mages admettaient une résurrection, un paradis, un enfer; et il fallait bien que cette doctrine eût percé chez les Juifs voisins de la Chaldée, puisque la Palestine était partagée du temps d'Hérode entre les pharisiens qui commençaient à croire le dogme de la résurrection, et les saducéens qui ne regardaient cette doctrine qu'avec mépris.[17]

---

contemporain, en ouverture du chapitre 2 de l'*Essai sur les mœurs*, où il réaffirme que Confucius 'vivait il y a deux mille trois cent ans, un peu avant Pythagore' (t.1, p.219).

[15] *Topos* des récits de voyage évoqué dès *La Philosophie de l'histoire* comme un exemple du 'fanatisme' et des 'contradictions' présentées comme 'l'apanage de la nature humaine' (*OCV*, t.59, p.148). Cf. aussi l'*Essai sur les mœurs* (t.1, ch.3, p.234-35), la *Lettre civile et honnête* (*M*, t.24, p.148) et l'article 'Brahmanes, brames' des *QE* (*OCV*, t.39, p.472-75).

[16] Personnages bibliques cités ensemble dans Ezéchiel 38:2-3 et 39:1-2 que Calmet propose de lire allégoriquement comme des 'princes ennemis des saints et de l'Eglise' (*Dictionnaire de la Bible*, article 'Gog et Magog', t.2, p.177-78). Dans les textes tardifs de Voltaire (cf. *Un chrétien contre six Juifs*, *M*, t.29, p.579, *Fragments sur l'Inde*, *OCV*, t.75B, p.200, et *Lettres chinoises, indiennes et tartares*, *M*, t.29, lettre 2, p.457-58), ils désignent des peuples symboles de barbarie.

[17] Sur la position des saducéens qui niaient l'immortalité de l'âme, voir l'*Essai sur les mœurs* (t.1, ch.2, p.221) et le *DP*, article 'Ame' (*OCV*, t.35, p.315-16 et n.43). La tolérance des Juifs sur cette question avait été soulignée dès le texte *Sur l'âme* (*M*, t.17, p.160). Voltaire tient son information de Calmet pour qui les saducéens 'ne niaient pas que nous n'eussions une âme raisonnable; mais ils soutenaient qu'elle n'était pas immortelle, et par une conséquence naturelle, ils niaient les peines et les récompenses de l'autre vie. Ils prétendaient aussi que ce qu'on dit de l'existence des anges, et de la résurrection future, ne sont que des chimères' (*Dictionnaire de la Bible*, article 'Saducéens', t.3, p.421).

Alexandrie, la ville la plus commerçante du monde entier, était peuplée d'Egyptiens qui adoraient Sérapis, et qui consacraient des chats; de Grecs qui philosophaient, de Romains qui dominaient, de Juifs qui s'enrichissaient. Tous ces peuples s'acharnaient à gagner de l'argent, à se plonger dans les plaisirs ou dans le fanatisme; à faire ou à défaire des sectes de religion, surtout dans l'oisiveté qu'ils goûtèrent dès qu'Auguste eut fermé le temple de Janus. [18]

Les Juifs étaient divisés en trois factions principales; [19] celle des Samaritains se disait la plus ancienne, parce que Samarie (alors Sebaste) avait subsisté pendant que Jérusalem fut détruite avec son temple sous les rois de Babilone; mais ces Samaritains étaient un mélange de Persans et de Palestins. [20]

La seconde faction et la plus puissante, était celle des Jérosolimites. Ces Juifs proprement dits, détestaient ces Samaritains, et en étaient détestés. Leurs intérêts étaient tout opposés. [21] Ils voulaient qu'on ne sacrifiât que dans le temple de Jérusalem. Une telle contrainte eût attiré beaucoup d'argent dans cette ville. C'était par cette raison-là même que les Samaritains ne voulaient sacrifier que chez eux. Un petit peuple, dans une petite ville, peut n'avoir qu'un

[18] Les causes du déclin d'Alexandrie, attribué à des raisons économiques dans l'article 'Alexandrie' des *QE* (*OCV*, t.38, p.188-90) qui polémiquait contre l'explication religieuse de Calmet (*Dictionnaire de la Bible*, t.3, p.33), apparaissent plus complexes ici.

[19] Divisions déjà soulignées dans l'article 'Tolérance' du *DP* (*OCV*, t.36, p.561), puis dans le *Traité sur la tolérance* (*OCV*, t.56c, p.213-18), pour mieux souligner celle des chrétiens qui en dériverait. L'approche de Voltaire est géopolitique, à la différence de celle de Flavius Josèphe (*Guerre des Juifs*, ch.12, t.4, p.182) et de Calmet qui distinguent quatre sectes religieuses (*CN*, t.4, p.596: signet 'esséniens').

[20] D'après Flavius Josèphe si l'on en croit *La Bible enfin expliquée* (*M*, t.30, p.281). Sébaste est le nom donné par Hérode à Samarie après la prise de la ville selon Calmet qui s'attarde sur la subsistance de Samarie pendant l'exil mais insiste aussi sur les faux dieux des Samaritains, les considérant moins hérétiques que schismatiques à l'égard des Juifs (*Dictionnaire de la Bible*, article 'Samaritains', t.3, p.447-53). Voir aussi l'article 'Sama, samarie' (*Dictionnaire de la Bible*, t.3, p.442-43; *CN*, t.2, p.323: signet). Mais la dernière phrase est une extrapolation: la réflexion n'est pas ethnique mais historique chez Calmet.

[21] Opposition donnée comme un exemple des guerres civiles dans l'article 'Théocratie' des *QE* (*M*, t.20, p.510).

temple; mais dès que ce peuple s'est étendu dans soixante et dix lieues de pays en long, et dans vingt-trois en large, comme fit le peuple juif; dès que son territoire est presque aussi grand et aussi peuplé que le Languedoc ou la Normandie, il est absurde de n'avoir qu'une église. Où en seraient les habitants de Montpellier s'ils ne pouvaient entendre la messe qu'à Toulouse?

La troisième faction était des Juifs hellénistes, composée principalement de ceux qui commerçaient, et qui exerçaient des métiers en Egypte et en Grèce. Ceux-là avaient le même intérêt que les Samaritains. Onias fils d'un grand-prêtre juif, et qui voulait être grand-prêtre aussi, obtint du roi d'Egypte Ptolomée Philometor, et surtout de Cléopâtre sa femme, la permission de bâtir un temple juif auprès de Bubaste.[22] Il assura la reine Cléopâtre qu'Isaïe avait prédit qu'un jour le Seigneur aurait un temple dans cet endroit-là.[23] Cléopâtre, à qui il fit un beau présent, lui manda que puisque Isaïe l'avait dit, il fallait l'en croire. Ce temple fut nommé l'*Onion*.[24] Et si Onias ne fut pas grand sacrificateur, il fut capitaine d'une troupe de milices. Ce temple fut construit cent soixante ans avant notre ère vulgaire. Les Juifs de Jérusalem eurent toujours cet Onion en horreur, aussi bien que la traduction dite des Septante. Ils instituèrent même une fête d'expiation pour ces deux prétendus sacrilèges.[25]

[22] Voir Calmet, *Dictionnaire de la Bible*, article 'Onias IV' qui mentionne Cléopâtre et Ptolémée, de même que le fameux temple (t.3, p.85-86).

[23] Isaïe 19:18-19.

[24] D'après Flavius Josèphe, *Antiquités judaïques*, livre 13, ch.6, t.2, p.354-57, 364 et suivantes (Voltaire a annoté les pages 344-45, 348-49 et 362: voir *CN*, t.4, p.593) et l'article 'Onion' du *Dictionnaire de la Bible* de Calmet (t.3, p.87-88). Voltaire décalque Flavius Josèphe (repris par Calmet) dont le récit souligne au discours direct la distance de Cléopâtre et de Ptolémée étonnés du choix de ce lieu impur mais s'y pliant 'puisque vous nous assurez que le prophète Isaïe a prédit il y a longtemps que cela doit arriver' (*Antiquités judaïques*, livre 13, ch.6, t.2, p.356).

[25] Calmet précise que 'les Juifs et les prêtres de Jérusalem ne virent ce temple qu'avec peine, et [qu']il y eut toujours quelque sujet de division sur ce sujet entre les Juifs d'Egypte et ceux de la Palestine' (*Dictionnaire de la Bible*, article 'Onion', t.3, p.88) sans faire le parallèle avec la traduction des Septante ni faire mention d'aucune fête d'expiation.

Les rabbins de l'Onion mêlés avec les Grecs, devinrent plus savants (à leur mode) que les rabbins de Jérusalem et de Samarie; et ces trois factions commencèrent à disputer entre elles sur des questions de controverse qui rendent nécessairement l'esprit subtil, faux et insociable.

Les Juifs égyptiens, pour égaler l'austérité des Esséniens et des judaïtes de la Palestine, établirent quelque temps avant le christianisme la secte des thérapeutes, qui se vouèrent comme eux à une espèce de vie monastique et à des mortifications.[26]

Ces différentes sociétés étaient des imitations[27] des anciens mystères égyptiens, persans, thraciens, grecs, qui avaient inondé la terre depuis l'Euphrate et le Nil jusqu'au Tibre.

Dans les commencements les initiés admis à ces confréries étaient en petit nombre, et regardés comme des hommes privilégiés séparés de la multitude[28] mais du temps d'Auguste leur nombre fut très considérable; de sorte qu'on ne parlait que de religion du fond de la Syrie au mont Atlas, et à l'Océan germanique.

Parmi tant de sectes et de cultes s'était établie l'école de Platon, non seulement dans la Grèce, mais à Rome, et surtout dans l'Egypte. Platon avait passé pour avoir puisé sa doctrine chez les Egyptiens, et ceux-ci croyaient revendiquer leur propre bien en faisant valoir les idées archétypes platoniques, son verbe, et l'espèce de trinité qu'on débrouille dans quelques ouvrages de Platon.[29]

[26] Dans l'article 'Christianisme' du *DP*, Voltaire distingue clairement les thérapeutes, qu'il connaît par les *Œuvres de Philon Juif* (BV2717), des esséniens célèbres déjà pour leur rigueur (*OCV*, t.35, p.552). Sur la filiation entre thérapeutes, moines égyptiens puis abbés, voir l'article 'Abbé, abbaye' des *QE* (*OCV*, t.38, p.32-33).

[27] Nouveau degré dans la démonstration voltairienne: dans *Des Juifs*, Voltaire s'était contenté d'affirmer que les Juifs n'étaient pas à l'origine de tout comme ils le soutenaient (*M*, t.19, p.521).

[28] Même réflexion sur le lien entre le besoin d'association et de distinction et l'apparition de mystères dans l'article 'Initiation' des *QE*, contemporain (*M*, t.19, p.466).

[29] Critique identique, y compris sur l'origine égyptienne de la doctrine platonicienne, dans *Dieu et les hommes*: 'Outre ces Trinités, Platon avait son monde

Il paraît que cet esprit philosophique répandu alors sur tout l'Occident connu, laissa du moins échapper quelques étincelles d'esprit raisonneur vers la Palestine.

Il est certain que du temps d'Hérode on disputait sur les attributs de la Divinité, sur l'immortalité de l'esprit humain, sur la résurrection des corps. Les Juifs racontent que la reine Cléopâtre leur demanda si on ressusciterait nu ou habillé.[30]

Les Juifs raisonnaient donc à leur manière. L'exagérateur Joseph était très savant pour un militaire. Il y avait d'autres savants dans l'état civil, puisqu'un homme de guerre l'était. Philon son contemporain aurait eu de la réputation parmi les Grecs.[31] Gamaliel le maître de saint Paul, était un grand controversiste.[32] Les auteurs de la *Mishna* furent des polymathes.[33]

La populace s'entretenait de religion chez les Juifs, comme nous voyons aujourd'hui en Suisse, à Genève, en Allemagne, en Angleterre, et surtout dans les Cévennes, les moindres habitants agiter la controverse. Il y a plus; des gens de la lie du peuple ont fondé des sectes; Fox en Angleterre, Muncer en Allemagne, les

---

intelligible. Celui-ci était composé d'idées archétypes qui demeuraient toujours au fond du cerveau, et qu'on ne voyait jamais' (*OCV*, t.69, p.459).

[30] D'après le Talmud, Sanhedrin 11, 90b: 'La reine Cléopâtre a posé une question à Robbi Méir. Elle lui a dit: je sais que les morts reviendront à la vie, puisqu'il y a le texte: et ils refleuriront la cité [de Jérusalem] comme l'herbe des champs (Psaume 72:16). Mais lorsqu'ils se relèveront, se relèveront-ils nus ou bien se relèveront-ils avec leurs vêtements? Il lui a répondu: tu n'as qu'à faire un raisonnement *a fortiori* à partir d'un grain de blé qui a été mis en terre tout nu en ressort revêtu de tant de vêtements, les justes qui ont été enterrés avec leurs vêtements à plus forte raison' (*La Guemara*, trad. Israël Salzer, Paris, 1974, t.8, p.446).

[31] Flavius Josèphe présente Philon comme 'un homme de très grand mérite et grand philosophe' (*Antiquités judaïques*, livre 18, ch.10, t.3, p.272).

[32] Personnage mentionné dans Actes 22:3 et présenté comme 'docteur de la Loi, de la secte des Pharisiens, maître de saint Paul' par Calmet (*Dictionnaire de la Bible*, article 'Gamaliel', t.2, p.152).

[33] Voltaire possède la *Mischna sive totius hebraeorum juris, rituum antiquitatem ac legum oralium systema* (Amsterdam, 1698-1703, BV1140; *CN*, t.5, p.653) qui contient l'enseignement des Juifs.

premiers réformés en France. Enfin, en faisant abstraction du grand courage de Mahomet, il n'était qu'un marchand de chameaux.[34]

Ajoutons à tous ces préliminaires, que du temps d'Hérode on s'imagina que le monde était près de sa fin, comme nous l'avons déjà remarqué. (Voyez 'Fin du monde'.)[35]

Ce fut dans ces temps préparés par la divine Providence, qu'il plut au Père éternel d'envoyer son Fils sur la terre; mystère adorable et incompréhensible auquel nous ne touchons pas.

Nous disons seulement que dans ces circonstances, si Jésus prêcha une morale pure, s'il annonça un prochain royaume des cieux pour la récompense des justes,[36] s'il eut des disciples attachés à sa personne et à ses vertus, si ces vertus mêmes lui attirèrent les persécutions des prêtres; si la calomnie le fit mourir d'une mort infâme; sa doctrine constamment annoncée par ses disciples dut faire un très grand effet dans le monde. Je ne parle encore une fois qu'humainement: je laisse à part la foule des miracles et des prophéties. Je soutiens que le christianisme dut plus réussir par sa mort que s'il n'avait pas été persécuté. On s'étonne que ses disciples aient fait de nouveaux disciples; je m'étonnerais bien davantage s'ils n'avaient pas attiré beaucoup de monde dans leur parti. Soixante et dix personnes convaincues de l'innocence de leur chef, de la pureté de ses mœurs et de la barbarie de ses juges, doivent soulever bien des cœurs sensibles.[37]

[34] Le goût de la 'populace' pour la controverse avait été exprimé dès la troisième des *Lettres philosophiques* qui rapportait l'histoire d''un nommé Georges Fox, du comté de Leicester, fils d'un ouvrier en soie, [qui] s'avisa de prêcher en vrai apôtre', fondant ainsi la secte des quakers en 1649 (t.1, p.32-34). Chef des anabaptistes d'Allemagne opposé à la fois au pape et à Luther, Thomas Münzer qui prétendait rétablir le royaume de Jésus-Christ par l'épée, était mort en 1525 la tête tranchée pour avoir incité les paysans à se révolter contre leurs princes. Pour la réduction de Mahomet à un marchand de chameaux, voir les péritextes du *Fanatisme, ou Mahomet le prophète* ('A Sa Majesté le roi de Prusse' et 'De l'Alcoran et de Mahomet', *OCV*, t.20B, p.154 et 340).

[35] *M*, t.19, p.141-45: Voltaire n'y évoque pas explicitement Hérode mais le règne de Titus, s'appuyant notamment sur le récit des évangélistes.

[36] Par exemple Matthieu 4:17, 10:7.

[37] Sur l'idée que 'les persécutions ne servent presque jamais qu'à faire des prosélytes', voir déjà la troisième des *Lettres philosophiques* (t.1, p.34).

Le seul Saul Paul, devenu l'ennemi de Gamaliel son maître, (quelle qu'en ait été la raison)[38] devait humainement parlant, attirer mille hommages à Jésus, quand même Jésus n'aurait été qu'un homme de bien opprimé. Saint Paul était savant, éloquent, véhément, infatigable, instruit dans la langue grecque, secondé de zélateurs bien plus intéressés que lui à défendre la réputation de leur maître. Saint Luc était un Grec d'Alexandrie, (*a*) homme de lettres puisqu'il était médecin.[39]

Le premier chapitre de saint Jean est d'une sublimité platonicienne qui dut plaire aux platoniciens d'Alexandrie.[40] Et en effet, il se forma bientôt dans cette ville une école fondée par Luc, ou par Marc (soit l'évangéliste, soit un autre) perpétuée par Athénagore,

(*a*) Le titre de l'Evangile syriaque de saint Luc porte, *Evangile de Luc l'Evangéliste, qui évangélisa en grec dans Alexandrie la grande*. On trouve encore ces mots dans les Constitutions apostoliques, *Le second évêque d'Alexandrie fut Avilius institué par Luc*.

[38] D'après l'Avant-propos de la *Collection d'anciens évangiles*, Paul s'était fait circoncire 'dans l'espérance d'épouser la fille du pontife; mais [...] n'ayant pas eu cette vierge, ou bien ne l'ayant pas eue vierge' il avait été 'si irrité qu'il écrivit contre la circoncision, contre le sabbat et contre toute la loi' (*OCV*, t.69, p.245; cf. aussi l'article 'Apôtres' des *QE*, *OCV*, t.38, p.518; d'après Grabe, *Spicilegium SS. Patrum*, p.38; *CN*, t.4, p.166). Une autre version est inspirée des *Actes des ébionites* (Fabricius, *Codex apocryphus Novi Testamenti*, Hambourg, 1719-1743, t.2, p.764, BV1284) selon laquelle Gamaliel lui aurait refusé sa fille, pour sa laideur notamment, dans les articles 'Christianisme' et 'Paul' du *DP* (*OCV*, t.35, p.553, t.36, p.417), dans *L'Examen important de Milord Bolingbroke* (*OCV*, t.62, p.228), dans le *Dialogue du douteur et de l'adorateur* (*M*, t.25, p.132).

[39] *Constitutions apostoliques*, livre 7, ch.46, dans Cotelier, *SS. Patrum, qui temporibus apostolicis floruerunt, Barnabae, Clementis, Hermae, Ignatii, Polycarpi opera, vera, et suppositicia* (Amsterdam, 1724, t.1, p.383, BV877) qui mentionne l'origine alexandrine de Luc mais pas son état de médecin. Voltaire emprunte cette information à Calmet qui donne au contraire Luc comme 'syrien' et 'natif d'Antioche' (*Dictionnaire de la Bible*, article 'Luc', t.2, p.566-67).

[40] Sublimité qualifiée de galimatias dans *L'Examen important de Milord Bolingbroke* (*OCV*, t.62, p.279-80) et surtout dans *Dieu et les hommes* (*OCV*, t.69, p.462).

Panthène, Origène, Clément, tous savants, tous éloquents.[41] Cette école une fois établie, il était impossible que le christianisme ne fît pas des progrès rapides.

La Grèce, la Syrie, l'Egypte, étaient les théâtres de ces célèbres anciens mystères qui enchantaient les peuples. Les chrétiens eurent leurs mystères comme eux.[42] On dut s'empresser à s'y faire initier, ne fût-ce d'abord que par curiosité et bientôt cette curiosité devint persuasion. L'idée de la fin du monde prochaine devait surtout engager les nouveaux disciples à mépriser les biens passagers de la terre qui allaient périr avec eux. L'exemple des thérapeutes invitait à une vie solitaire et mortifiée: tout concourait donc puissamment à l'établissement de la religion chrétienne.

Les divers troupeaux de cette grande société naissante ne pouvaient, à la vérité, s'accorder entre eux. Cinquante-quatre sociétés eurent cinquante-quatre évangiles différents, tous secrets comme leurs mystères, tous inconnus aux gentils, qui ne virent nos quatre Evangiles canoniques qu'au bout de deux cent cinquante années.[43] Ces différents troupeaux, quoique divisés, reconnaissaient le même pasteur. Ebionites opposés à saint Paul, nazaréens, disciples d'Himeneos, d'Alexandros, d'Hermogènes, carpocratiens, basilidiens, valentiniens, marcionites, sabelliens, gnostiques, montanistes,[44] cent sectes élevées les unes contre les autres; toutes

[41] 'Grande école de chrétiens dans Alexandrie' déjà évoquée, avec les mêmes noms, dans *Dieu et les hommes* où Origène succède cependant à Clément (*OCV*, t.69, p.462).

[42] Les mystères d'Isis et de Cérès-Eleusine sont évoqués positivement comme voués 'à inspirer la vertu aux hommes' dans le chapitre 37 de *La Philosophie de l'histoire* (à la suite de Warburton?) mais repris de manière polémique dans l'article 'Initiation' des *QE*, qui les qualifie de 'simagrées religieuses' (*M*, t.19, p.466). Sur la comparaison entre mystères anciens et chrétiens, voir par exemple l'article 'Baptême' du *DP* (*OCV*, t.35, p.401).

[43] Même nombre d'évangiles apocryphes dans *Dieu et les hommes* (*OCV*, t.69, p.432 et 440) et dans les articles 'Apôtres' (*OCV*, t.38, p.516) et 'Livres' (*M*, t.19, p.594) des *QE*. Le chiffre, fixé par Fabricius, avait déjà été implicitement rapporté aux 'sectes de chrétiens' dans une note au *Discours de l'empereur Julien contre les chrétiens* (*OCV*, t.71B, p.308, n.38).

[44] Sur les ébionites, les carpocratiens et les sabelliens, cf. l'article 'Tolérance' du

en se faisant des reproches mutuels, étaient cependant toutes unies en Jésus, invoquaient Jésus, voyaient en Jésus l'objet de leurs pensées et le prix de leurs travaux.

L'empire romain, dans lequel se formèrent toutes ces sociétés, n'y fit pas d'abord attention. On ne les connut à Rome que sous le nom général de Juifs, auxquels le gouvernement ne prenait pas garde. Les Juifs avaient acquis par leur argent le droit de commercer. On en chassa de Rome quatre mille sous Tibère. Le peuple les accusa de l'incendie de Rome sous Néron; eux et les nouveaux Juifs demi-chrétiens.[45]

On les chassa encore sous Claude; mais leur argent les fit toujours revenir.[46] Ils furent méprisés et tranquilles. Les chrétiens de Rome furent moins nombreux que ceux de Grèce, d'Alexandrie et de Syrie. Les Romains n'eurent ni Pères de l'Eglise, ni héré-

193 K84, K12: les avait chassés encore

DP (*OCV*, t.36, p.562 et n.34). Selon Calmet, la principale erreur des nazaréens consistait à défendre la nécessité ou l'utilité des œuvres de la Loi et à s'attacher 'opiniâtre[ment] aux pratiques cérémonielles des Juifs' (*Dictionnaire de la Bible*, article 'Nazaréens', t.3, p.20). D'après 1 Timothée 20 et 2 Timothée 2:17, Hyménée 'était apparemment un bourgeois d'Ephèse, qui s'étant converti aux premières prédications de saint Paul, tomba ensuite dans l'hérésie de ceux qui niaient la résurrection de la chair et qui disaient qu'elle était déjà faite' (*Dictionnaire de la Bible*, article 'Hyménée', t.2, p.259). Alexandros désigne ou bien un 'Juif d'Ephèse, qui se présenta à la populace mutinée contre saint Paul, pour essayer de l'apaiser' (Actes 19:33) ou bien un 'ouvrier en cuivre, dont parle saint Paul à Timothée' (1 Timothée 1:19-20) que Paul 'excommunia avec Hyménée, parce qu'ils avaient blasphémé contre la vérité' (*Dictionnaire de la Bible*, article 'Alexandre XV et XVI', t.1, p.110); dans 2 Timothée 1:15, Hermogènes est présenté comme 'un magicien qui fut converti par saint Jacques le Majeur avec Phygelle', devenu ensuite hérétique en niant principalement la résurrection des morts, soutenant qu'elle était déjà faite (*Dictionnaire de la Bible*, article 'Hermogènes', t.2, p.218).

[45] Reprise des principaux motifs du chapitre 8 du *Traité sur la tolérance* dans lequel Voltaire, en note, commente ses sources, Philon (*De virtutibus et legatione ad Caium*) et surtout Tacite (*Annales*, livre 2, ch.85) auquel il emprunte le chiffre des 'Juifs ou Egyptiens' exilés en Sardaigne sous Tibère (*OCV*, t.53C, p.166-67, n.*f*).

[46] Cf. *Traité sur la tolérance*, ch.8, d'après Suétone, *Vie de Claude*, ch.25.

siarques dans les premiers siècles.[47] Plus ils étaient éloignés du berceau du christianisme, moins on vit chez eux de docteurs et d'écrivains. L'Eglise était grecque, et tellement grecque qu'il n'y eut pas un seul mystère, un seul rite, un seul dogme qui ne fût exprimé en cette langue.

Tous les chrétiens, soit grecs, soit syriens, soit romains, soit égyptiens, étaient partout regardés comme des demi-Juifs. C'était encore une raison de plus pour ne pas communiquer leurs livres aux gentils, pour rester unis entre eux et impénétrables. Leur secret était plus inviolablement gardé que celui des mystères d'Isis et de Cérès.[48] Ils faisaient une république à part, un Etat dans l'Etat.[49] Point de temples,[50] point d'autels, nul sacrifice, aucune cérémonie publique. Ils élisaient leurs supérieurs secrets à la pluralité des voix.[51] Ces supérieurs, sous le nom d'anciens, de prêtres, d'évêques, de diacres ménageaient la bourse commune, avaient soin des malades, pacifiaient leurs querelles. C'était une honte, un crime parmi eux de plaider devant les tribunaux, de s'enrôler dans la milice; et pendant cent ans il n'y eut pas un chrétien dans les armées de l'empire.

Ainsi retirés au milieu du monde, et inconnus même en se montrant, ils échappaient à la tyrannie des proconsuls et des préteurs, et vivaient libres dans le public esclavage.[52]

[47] Affirmation déjà présente dans l'*Essai sur les mœurs* (t.1, ch.14, p.320).

[48] Dans l'*Histoire de l'établissement du christianisme*, ce secret apparaît comme résultant davantage du désintérêt des Romains pour les dogmes juifs que des pratiques secrètes des premiers chrétiens (*M*, t.31, p.43-44).

[49] D'après le chapitre 13 de l'*Histoire de l'établissement du christianisme*, le 'prodigieux parti' ainsi construit pendant trois cents ans au sein même de l'empire romain obligea finalement Constantin, à 'se mettre à la tête de cette religion' pour régner (*M*, t.31, p.80).

[50] Par opposition à ce qui adviendra à partir du règne de Dioclétien et dont l'église de Nicomédie, plus élevée que le palais du prince et mentionnée dès le texte 'De Dioclétien' (1756), constitue le symbole, repris dans le chapitre 14 de l'*Histoire de l'établissement du christianisme*.

[51] Voir *QE*, article 'Abbé', où cette modalité d'élection s'applique cependant aux moines égyptiens et non aux premiers chrétiens (*OCV*, t.38, p.33 et n.6).

[52] Description peut-être extrapolée aux sociétés de premiers chrétiens à partir

On ignore l'auteur du fameux livre intitulé, *Ton apostolon Didakai*, les Constitutions apostoliques; de même qu'on ignore les auteurs des Cinquante évangiles non reçus, et des Actes de saint Pierre, et du Testament des douze patriarches, et de tant d'autres écrits des premiers chrétiens.[53] Mais il est vraisemblable que ces constitutions sont du second siècle.[54] Quoiqu'elles soient faussement attribuées aux apôtres, elles sont très précieuses. On y voit quels étaient les devoirs d'un évêque élu par les chrétiens; quel respect ils devaient avoir pour lui, quels tributs ils devaient lui payer.[55]

L'évêque ne pouvait avoir qu'une épouse qui eût bien soin de sa maison, (*b*) *Mias andra gegenimenon gunaikos monogamou kalos tou idiou oikou proestota*.[56]

On exhortait les chrétiens riches à adopter les enfants des pauvres. On faisait des collectes pour les veuves et les orphelins; mais on ne recevait point l'argent des pécheurs;[57] et nommément il n'était pas permis à un cabaretier de donner son offrande. Il est dit (*c*) qu'on les regardait comme des fripons.[58] C'est pourquoi très

(*b*) Livre 4, ch.1.

(*c*) Ch.6.

---

des remarques de l'article 'Abbé' des *QE* consacrées aux anciens moines d'Egypte: 'On cherchait à rentrer dans la liberté primitive de la nature humaine, en échappant par piété au tumulte et à l'esclavage inséparables des grands empires' (*OCV*, t.38, p.33). Dans l'*Histoire de l'établissement du christianisme* (ch.13), Voltaire désignera au contraire le rapide enrichissement des 'évêques secrets' par le biais du négoce comme l'une des causes du succès de la religion nouvelle (*M*, t.31, p.81).

[53] Cf. *QE*, article 'Apocryphe' (*OCV*, t.38, p.449-86) et *Collection d'anciens évangiles* (*OCV*, t.69, p.1-245).

[54] On donne aujourd'hui le texte, d'abord attribué à Clément, comme une compilation de textes datant des troisième et quatrième siècles.

[55] *Constitutions apostoliques*, livre 2, respectivement ch.1-20 et 25, dans Cotelier, *SS. Patrum, qui temporibus apostolicis floruerunt* (t.1, p.213-27, 227-29 et 236-38).

[56] *Constitutions apostoliques*, livre 2, ch.2, t.1, p.214.

[57] *Constitutions apostoliques*, livre 4, ch.1, 2 et 6, t.1, p.292 et 294-95.

[58] Les *Constitutions apostoliques* évoquent en fait d'après Isaïe le cas particulier des cabaretiers qui vendent du vin coupé d'eau (livre 4, ch.6, t.1, p.294).

peu de cabaretiers étaient chrétiens. Cela même empêchait les chrétiens de fréquenter les tavernes, et les éloignait de toute société avec les gentils.

Les femmes pouvant parvenir à la dignité de diaconesses, en étaient plus attachées à la confraternité chrétienne. On les consacrait; l'évêque les oignait d'huile au front comme on avait huilé autrefois les rois juifs. Que de raisons pour lier ensemble les chrétiens par des nœuds indissolubles![59]

Les persécutions, qui ne furent jamais que passagères, ne pouvaient servir qu'à redoubler le zèle et à enflammer la ferveur; de sorte que sous Dioclétien un tiers de l'empire se trouva chrétien.

Voilà une petite partie des causes humaines qui contribuèrent au progrès du christianisme. Joignez-y les causes divines qui sont à elles comme l'infini est à l'unité, et vous ne pourrez être surpris que d'une seule chose, c'est que cette religion si vraie ne se soit pas étendue tout d'un coup dans les deux hémisphères, sans en excepter l'île la plus sauvage.

Dieu lui-même étant descendu du ciel, étant mort pour racheter tous les hommes, pour extirper à jamais le péché sur la face de la terre, a cependant laissé la plus grande partie du genre humain en proie à l'erreur, au crime et au diable.[60] Cela paraît une fatale contradiction à nos faibles esprits; mais ce n'est pas à nous d'interroger la Providence; nous ne devons que nous anéantir devant elle.

255 w68: la surface de

260 K84, K12: elle. [*ajoutent, sous la rubrique 'Section 2 / Recherches historiques sur le christianisme', le texte de l'article 'Christianisme' du DP*]

[59] Sur ces pratiques, Voltaire s'inspire des *Constitutions apostoliques* (livre 8, ch.19-20, t.1, p.407-408) qui ne parlent cependant pas d'onction mais d'imposition des mains. Le même texte évoque plus loin dans un passage la possibilité pour les femmes d'accéder à la fonction de diaconesse (p.410; *CN*, t.2, p.771) mais le commentaire sur l'attachement majeur qui les lierait de ce fait à la communauté est de Voltaire.

[60] Même chute que dans l'article 'Christianisme' du *DP* qui avait attribué à 'la sainte Eglise romaine catholique universelle' soixante des seize cents millions d'habitants de la terre, 'ce qui fait plus de la vingt-sixième partie des habitants du monde connu' (*OCV*, t.35, p.588).

CHRONOLOGIE

On dispute depuis longtemps sur l'ancienne chronologie, mais y en a-t-il une?[1]

Il faudrait que chaque peuplade considérable eût possédé et conservé des registres authentiques bien attestés. Mais combien peu de peuplades savaient écrire? et dans le petit nombre d'hommes qui cultivèrent cet art si rare, s'en est-il trouvé qui prissent la peine de marquer deux dates avec exactitude?[2]

Nous avons à la vérité dans des temps très récents les observations célestes des Chinois et des Chaldéens. Elles ne remontent qu'environ deux mille ans plus ou moins avant notre ère vulgaire.[3] Mais quand les premières annales se bornent à nous

* Si la deuxième partie de l'article se réfère à l'article 'Chronologie sacrée' de l'*Encyclopédie* rédigé par Diderot, l'intérêt de Voltaire pour la chronologie ancienne remonte à la dix-septième des *Lettres philosophiques*; l'antiquité de la Chine fixe son intérêt à partir des années 1740 (voir *Remarques sur l'histoire*, *OCV*, t.28B, p.155-56). Les problèmes traités ici sont longuement évoqués au chapitre 1 de l'*Essai sur les mœurs*, aux chapitres 10 et 18 de *La Philosophie de l'histoire* et au chapitre 12 de *La Défense de mon oncle* car l'enjeu d'une réflexion sur la chronologie n'est pas seulement historique, mais également religieux. Voltaire n'a de cesse de contester la chronologie biblique et de jeter des doutes sur des systèmes basés sur des spéculations. Cet article paraît en novembre/décembre 1770 (70, t.3).

[1] Même constat d'incertitude dans l'article 'Abraham' des *QE* (*OCV*, t.38, p.50) ainsi que dans l'article 'Chronologie' de l'*Encyclopédie* que Voltaire a remarqué (*CN*, t.3, p.382).

[2] Ces questions sont longuement discutées au début du chapitre 52 de *La Philosophie de l'histoire* (*OCV*, t.59, p.269-70).

[3] L'article 'Histoire' de l'*Encyclopédie*, repris dans l'article 'De l'histoire' des *QE*, précise qu'il s'agit du 'recueil des observations astronomiques faites pendant dix-neuf cents ans de suite à Babylone, envoyées par Alexandre en Grèce, et employées dans l'Almageste de Ptolomée [...] qui remonte à deux mille deux cent trente-quatre ans avant notre ère vulgaire' et de 'l'éclipse centrale du soleil, calculée à la Chine deux mille cent cinquante-cinq ans, avant notre ère vulgaire, et reconnue véritable par tous nos astronomes' (*OCV*, t.33, p.166).

instruire qu'il y eut une éclipse sous un tel prince, c'est nous apprendre que ce prince existait, et non pas ce qu'il a fait.

De plus, les Chinois comptent l'année de la mort d'un empereur tout entière, fût-il mort le premier jour de l'an; et son successeur date l'année suivante du nom de son prédécesseur.[4] On ne peut montrer plus de respect pour ses ancêtres; mais on ne peut supputer les temps d'une manière plus fautive en comparaison de nos nations modernes.

Ajoutez que les Chinois ne commencent leur cycle sexagénaire, dans lequel ils ont mis de l'ordre, qu'à l'empereur Iao,[5] deux mille trois cent cinquante-sept ans avant notre ère vulgaire. Tout le temps qui précède cette époque est d'une obscurité profonde.[6]

Les hommes se sont toujours contentés de l'à-peu-près en tout genre. Par exemple, avant les horloges on ne savait qu'à peu près les heures du jour et de la nuit. Si on bâtissait, les pierres n'étaient qu'à peu près taillées, les bois à peu près équarris, les membres des statues à peu près dégrossis, on ne connaissait qu'à peu près ses plus proches voisins; et malgré la perfection où nous avons tout porté, c'est ainsi qu'on en use encore dans la plus grande partie de la terre.

[4] Voltaire a trouvé cette information dans la *Description de l'empire de la Chine*, 4 vol. (La Haye, 1736, BV1132; *CN*, t.3, p.256-90) du père Jean-Baptiste Du Halde, qui explique que 'l'année de la mort de chaque empereur, en quelque mois qu'elle arrive, est comptée tout entière parmi celles de son règne, et quoique son successeur soit déjà reconnu, on fait l'honneur au défunt prince d'expédier toutes les affaires sous son nom. Le nouvel empereur ne donne presque jamais le sien qu'à l'année suivante' (t.1, p.265).

[5] 'L'incertitude où l'on est de la durée des sept premiers règnes, m'a engagé de ne commencer l'ordre des cycles sexagénaires qu'au règne d'Yao, quoiqu'on attribue communément à Hoang ti l'invention des cycles, qui est, comme on sait, une période de soixante ans, de même que nous donnons le nom de siècle à une révolution de cent années' (Du Halde, *Description*, t.1, p.265).

[6] La date 2357 avant J.-C. désignant la première année du premier cycle provient probablement de Du Halde (*Description*, t.1, p.279); on la retrouve dans les *Carnets* (*OCV*, t.81, p.134). Dans l'*Essai sur les mœurs*, Voltaire fixe le règne de l'empereur Hiao à 'plus de deux mille quatre cents ans avant notre ère' (t.1, p.208). Il y affirme aussi que la durée du règne des six prédécesseurs de l'empereur Hiao est incertaine, tout en l'évaluant à environ cent trente ans (t.1, p.206-207). L'article 'De la Chine' du *DP* est plus vague (voir *OCV*, t.35, p.534-36).

Ne nous étonnons donc pas s'il n'y a nulle part de vraie chronologie ancienne. Ce que nous avons des Chinois est beaucoup, si vous le comparez aux autres nations.

Nous n'avons rien des Indiens ni des Perses, presque rien des anciens Egyptiens. Tous nos systèmes inventés sur l'histoire de ces peuples, se contredisent autant que nos systèmes métaphysiques.

Les olympiades des Grecs ne commencent que sept cent vingt-huit ans avant notre manière de compter.[7] On voit seulement vers ce temps-là quelques flambeaux dans la nuit, comme l'ère de Nabonassar,[8] la guerre de Lacédémone et de Messène;[9] encore dispute-t-on sur ces époques.

Tite-Live n'a garde de dire en quelle année Romulus commença son prétendu règne. Les Romains, qui savaient combien cette époque est incertaine, se seraient moqués de lui s'il eût voulu la fixer.

Il est prouvé que les deux cent quarante ans qu'on attribue aux sept premiers rois de Rome, sont le calcul le plus faux.[10]

Les quatre premiers siècles de Rome sont absolument dénués de chronologie.[11]

Si quatre siècles de l'empire le plus mémorable de la terre, ne forment qu'un amas indigeste d'événements mêlés de fables, sans presque aucune date, que sera-ce des petites nations resserrées dans un coin de terre, qui n'ont jamais fait aucune figure dans le monde,

[7] En fait, la première olympiade eut lieu en 776 avant J.-C.

[8] Sur le roi d'Assyrie Nabonassar, voir le chapitre 10 de *La Philosophie de l'histoire* (*OCV*, t.59, p.122-23). Il n'est célèbre que pour avoir donné son nom à une ère dont le point de départ est le 26 février 747.

[9] Allusion probable à la première guerre entre la région de Messénie, dans le sud-ouest du Péloponnèse, et la cité de Sparte au huitième siècle avant J.-C.

[10] Voir l'*Histoire romaine* de Tite-Live, livre 1, ch.60, §3. Voltaire se sert de la 'règle de Newton' pour démentir ce chiffre dans l'*Essai sur les mœurs*: en prenant une moyenne de vingt-deux ans par règne, il arrive à un résultat de 130 ans, 'bien plus conforme à l'ordre de la nature que les deux cent quarante ans qu'on donne [...] aux sept rois de Rome' (t.1, p.207). Voir ci-dessous l'article 'Dénombrement', p.393 et n.21.

[11] Voir par exemple Louis de Beaufort (*Dissertation sur l'incertitude des cinq premiers siècles de l'histoire romaine*, Utrecht, 1738, BV298). L'article 'Histoire' de l'*Encyclopédie* (*OCV*, t.33, p.165) étend l'incertitude à cinq cents ans.

malgré tous leurs efforts pour remplacer en charlataneries et en prodiges, ce qui leur manquait en puissance et en culture des arts? [12]

De la vanité des systèmes, surtout en chronologie

M. l'abbé de Condillac rendit un très grand service à l'esprit humain, quand il fit voir le faux de tous les systèmes. [13] Si on peut espérer de rencontrer un jour un chemin vers la vérité, ce n'est qu'après avoir bien reconnu tous ceux qui mènent à l'erreur. C'est du moins une consolation d'être tranquille, et de ne plus chercher, quand on voit que tant de savants ont cherché en vain.

La chronologie est un amas de vessies remplies de vent. Tous ceux qui ont cru y marcher sur un terrain solide, sont tombés. Nous avons aujourd'hui quatre-vingts systèmes, dont il n'y en a pas un de vrai. [14]

Les Babyloniens disaient, Nous comptons quatre cent soixante et treize mille années d'observations célestes. [15] Vient un Parisien qui leur dit, [16] Votre compte est juste; vos années étaient d'un jour solaire; elles reviennent à douze cent quatre-vingt-dix-sept des nôtres, depuis Atlas roi d'Afrique grand astronome, [17] jusqu'à l'arrivée d'Alexandre à Babilone.

59 K84, K12: tranquille, de

[12] Voltaire fait allusion aux Juifs.

[13] Allusion au *Traité des systèmes* (La Haye, 1749, BV837), que Voltaire a annoté (voir *CN*, t.2, p.703-10).

[14] Dans l'article 'Abraham' des *QE*, Voltaire fait état de soixante-quinze systèmes (*OCV*, t.38, p.50); ailleurs, il s'en tient le plus souvent à soixante (voir par exemple *Dieu et les hommes*, *OCV*, t.69, p.306). En 1738, A. de Vignoles comptait plus de deux cents systèmes chronologiques différents (*Chronologie de l'histoire sainte et des histoires étrangères qui la concernent*).

[15] Dans *La Philosophie de l'histoire*, Voltaire avance le chiffre de quatre cent soixante et dix mille ans (*OCV*, t.59, p.121).

[16] Joseph Balthasar Gibert. La *Lettre de Monsieur Gibert à Monsieur *** sur la chronologie* (Amsterdam, 1743) est citée dans l'article 'Chronologie sacrée' de l'*Encyclopédie* (t.3, p.393). Voir *Dieu et les hommes*, ch.7 (*OCV*, t.69, p.306 et n.4).

[17] Voltaire semble considérer ce roi légendaire de Mauritanie comme un personnage historique dans l'article 'Augustin' des *QE* (*OCV*, t.39, p.225).

Mais jamais, quoi qu'en dise notre Parisien, aucun peuple n'a pris un jour pour un an; et le peuple de Babilone encore moins que personne. Il fallait seulement que ce nouveau venu de Paris dît aux Chaldéens, Vous êtes des exagérateurs, et nos ancêtres des ignorants; les nations sont sujettes à trop de révolutions pour conserver des quatre mille sept cent trente-six siècles de calculs astronomiques. Et quant au roi des Maures Atlas, personne ne sait en quel temps il a vécu. Pythagore avait autant de raison de prétendre avoir été coq,[18] que vous de vous vanter de tant d'observations.

Le grand ridicule de toutes ces chronologies fantastiques, est d'arranger toutes les époques de la vie d'un homme, sans savoir si cet homme a existé.

Langlet répète après quelques autres, dans sa *Compilation chronologique de l'histoire universelle*, que précisément dans le temps d'Abraham, six ans après la mort de Sara, très peu connue des Grecs, Jupiter âgé de soixante et deux ans commença à régner en Thessalie, que son règne fut de soixante ans, qu'il épousa sa sœur Junon, qu'il fut obligé de céder les côtes maritimes à son frère Neptune, que les titans lui firent la guerre.[19] Mais y a-t-il eu un Jupiter? C'était par là qu'il fallait commencer.

74 w68: et vos ancêtres

79-80 K84, K12: d'observations. [*avec note*: Plusieurs savants ont imaginé que ces prétendues époques chronologiques n'étaient que des périodes astronomiques imaginées pour comparer entre elles les révolutions des planètes et celles des fixes. Ces périodes, dont les prêtres astronomes et philosophes avaient seuls le secret, étant venues à la connaissance du peuple et des étrangers, on les prit pour des époques réelles, et on y arrangea des événements miraculeux, des dynasties de rois qui régnaient chacun des milliers d'années etc. etc.; cette opinion assez probable est la seule idée raisonnable qu'on ait eue sur cette question.] ¶Le

84 w68: *chronologique sur l'histoire*

[18] Voir aussi l'article 'Religion' des *QE*. Voltaire a pu trouver la légende de Pythagore réincarné sous la forme d'un coq dans *Le Coq* de Lucien dans la traduction de Perrot d'Ablancourt (BV2222; *CN*, t.5, p.451-52).

[19] Allusion aux *Tablettes chronologiques de l'histoire universelle* (La Haye, 1745, BV2042) de Nicolas Lenglet Du Fresnoy, annotées par Voltaire (voir *CN*, t.5, p.309 et n.302). Le début du règne de Jupiter est daté par Lenglet en 1842 avant J.-C.

CIEL MATÉRIEL

Les lois de l'optique fondées sur la nature des choses, ont ordonné que de notre petit globe nous verrons toujours le ciel matériel, comme si nous en étions le centre, quoique nous soyons bien loin d'être centre.

Que nous le verrons toujours comme une voûte surbaissée, quoiqu'il n'y ait d'autre voûte que celle de notre atmosphère, laquelle n'est point surbaissée.[1]

Que nous verrons toujours les astres roulant sur cette voûte, et comme dans un même cercle, quoiqu'il n'y ait que cinq planètes principales et dix lunes, et un anneau, qui marchent ainsi que nous dans l'espace.[2]

Que notre soleil et notre lune nous paraîtront toujours d'un tiers plus grands à l'horizon qu'au zénith, quoiqu'ils soient plus près de l'observateur au zénith qu'à l'horizon; et que les étoiles nous paraîtront toujours plus rapprochées à l'horizon qu'au zénith. Voici l'effet que font nécessairement les astres sur nos yeux.[3]

14-16 K84, K12: l'horizon. ¶Voici

* La première partie de l'article (lignes 1-69) résume le chapitre 8 de la deuxième partie des *Eléments de la philosophie de Newton* (*OCV*, t.15, p.326-32 et 620-27) dans lequel Voltaire présente l'explication géométrique des phénomènes en question donnée par Robert Smith dans *A compleat system of opticks* (Cambridge, 1738, BV3187), livre 1, ch.5, articles 161-65 (t.1, p.62-65), et livre 2, ch.12, articles 615-16 (t.1, p.243-44). La suite (lignes 70-142) s'inspire, parfois textuellement, de la deuxième partie de l'article 'Le ciel des anciens' du *DP* (*OCV*, t.35, p.596-99). Le présent article paraît en novembre/décembre 1770 (70, t.3).

[1] L'expression 'voûte surbaissée', notent les éditeurs des *Eléments*, provient du *Newtonianismo per le dame* d'Algarotti (*OCV*, t.15, p.328, n.6).

[2] Les cinq planètes sont Mercure, Vénus, Mars, Jupiter et Saturne. Quatre lunes tournent autour de Jupiter, cinq lunes autour de Saturne entouré de son anneau (voir *Eléments de la philosophie de Newton*, *OCV*, t.15, p.518-20, et l'article 'Anneau de Saturne' des *QE*, *OCV*, t.38, p.397-99), sans oublier notre Lune.

[3] L'illustration ci-après s'inspire d'une figure de Smith que les *Eléments* (*OCV*, t.15, p.330 et 331) ont séparée en deux figures distinctes.

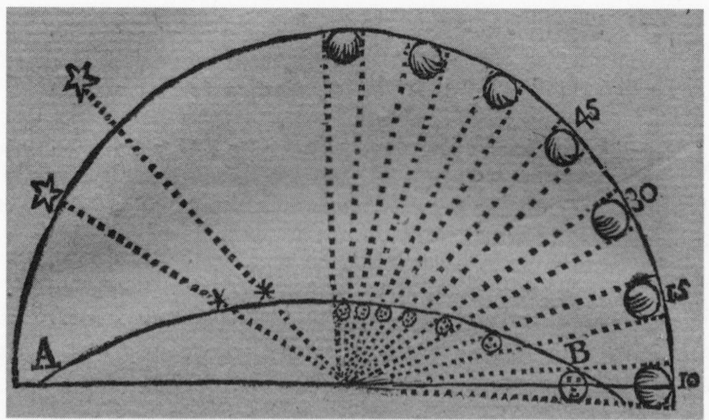

Cette figure représente à peu près en quelle proportion le soleil et la lune doivent être aperçus dans la courbe A B, et comment les astres doivent paraître plus rapprochés les uns des autres dans la même courbe.

1°. Telles sont les lois de l'optique, telle est la nature de vos yeux, que premièrement le ciel matériel, les nuages, la lune, le soleil qui est si loin de vous, les planètes qui dans leur apogée en sont encore plus loin, tous les astres placés à des distances encore plus immenses, comètes, météores, tout doit vous paraître dans cette voûte surbaissée composée de votre atmosphère.

2°. Pour moins compliquer cette vérité, observons seulement ici le soleil qui semble parcourir le cercle A B.

Il doit vous paraître au zénith plus petit qu'à quinze degrés au-dessous, à trente degrés encore plus gros, et enfin à l'horizon encore davantage; tellement que ses dimensions dans le ciel inférieur décroissent en raison de ses hauteurs dans la progression suivante;

A l'horizon -	100.
A quinze degrés - - - - - - - - - - - - - - - - - - -	68.
A trente degrés - - - - - - - - - - - - - - - - - - -	50.
A quarante-cinq degrés - - - - - - - - - - - - - - -	40.[4]

[4] Dans les *Eléments*, la dernière ligne du tableau porte la grandeur 30 pour 90°. La grandeur 40 pour 45° provient également du livre de Smith (*A compleat system*, p.64), que Voltaire a apparemment sous les yeux.

Ses grandeurs apparentes dans la voûte surbaissée, sont comme ses hauteurs apparentes; et il en est de même de la lune et d'une comète. (Voyez Robert Shmith.)

3°. Ce n'est point l'habitude, ce n'est point l'interposition des terres, ce n'est point la réfraction de l'atmosphère qui causent cet effet.[5] Mallebranche et Regis ont disputé l'un contre l'autre; mais Robert Shmith a calculé.

4°. Observez les deux étoiles qui étant à une prodigieuse distance l'une de l'autre, et à des profondeurs très différentes dans l'immensité de l'espace, sont considérées ici comme placées dans le cercle que le soleil semble parcourir. Vous les voyez distantes l'une de l'autre dans le grand cercle; se rapprochant dans le petit par les mêmes lois.

C'est ainsi que vous voyez le ciel matériel. C'est par ces règles invariables de l'optique que vous voyez les planètes tantôt rétrogrades, tantôt stationnaires; elles ne sont rien de tout cela.[6] Si vous étiez dans le soleil, vous verriez toutes les planètes et les comètes rouler régulièrement autour de lui dans les ellipses que Dieu leur assigne. Mais vous êtes sur la planète de la terre, dans un coin où vous ne pouvez jouir de tout le spectacle.

N'accusons donc point les erreurs de nos sens avec Mallebranche; des lois constantes de la nature, émanées de la volonté

38 K84, K12: Voyez l'*Optique* de Robert Shmith.

42-43 K84, K12: calculé. [*avec note*: L'opinion de Shmith est au fond la même que celle de Mallebranche. Puisque les astres au zénith et à l'horizon sont vus sous un angle à peu près égal, la différence apparente de grandeur ne peut venir que de la même cause qui nous fait juger un corps de cent pouces vu à cent pieds plus grand qu'un corps d'un pouce vu à un pied, et cette cause ne peut être qu'un jugement de l'âme devenu habituel, et dont par cette raison nous avons cessé d'avoir une conscience distincte.] ¶4°

[5] Allusion aux théories concurrentes de John Wallis, suivi par Malebranche, et de Pierre Sylvain Régis (voir *OCV*, t.15, p.326-27 et n.2-4).

[6] Copernic expliqua cette prétendue irrégularité en montrant que dans le système héliocentrique, les planètes décrivent des orbites parfaitement régulières autour du Soleil; l'impression de mouvement rétrograde vient du fait que nous observons les planètes d'une plate-forme elle-même en mouvement.

immuable du Tout-puissant, et proportionnées à la constitution de nos organes, ne peuvent être des erreurs.

Nous ne pouvons voir que les apparences des choses, et non les choses mêmes. Nous ne sommes pas plus trompés quand le soleil, ouvrage de Dieu, cet astre un million de fois aussi gros que notre terre,[7] nous paraît plat et large de deux pieds, que lorsque dans un miroir convexe, ouvrage de nos mains, nous voyons un homme sous la dimension de quelques pouces.

Si les mages chaldéens furent les premiers qui se servirent de l'intelligence que Dieu leur donna pour mesurer et mettre à leur place les globes célestes,[8] d'autres peuples plus grossiers ne les imitèrent pas.

Ces peuples enfants et sauvages imaginèrent la terre plate, soutenue dans l'air je ne sais comment par son propre poids; le soleil, la lune et les étoiles marchant continuellement sur un cintre solide qu'on appela *plaque firmament*;[9] ce cintre portant des eaux et ayant des portes d'espace en espace, les eaux sortant par ces portes pour humecter la terre.

Mais comment le soleil, la lune et tous les astres reparaissaient-ils après s'être couchés? on n'en savait rien. Le ciel touchait à la terre plate; il n'y avait pas moyen que le soleil, la lune et les étoiles tournassent sous la terre et allassent se lever à l'orient après s'être

[7] Même rapport dans les *Eléments*, où le volume du Soleil est déduit à partir de son diamètre, 'égal à cent diamètres de la Terre' (*OCV*, t.15, p.455). Voltaire explique son calcul dans une lettre à Maupertuis de 1738 (D1622). On sait aujourd'hui que le diamètre moyen du Soleil est de 1 392 000 kilomètres, soit 110 fois le diamètre de la Terre. Pour ce qui est du volume, le Soleil est 1 300 000 fois plus gros que la Terre.

[8] Voir aussi ci-dessous l'article 'Le ciel des anciens', p.103. Cette conviction, encore fortement exprimée dans *La Philosophie de l'histoire* (voir *OCV*, t.59, p.120), sera abandonnée dans l'article 'Système' des *QE*.

[9] Si le mot firmament renvoie expressément à la Genèse (1:6-8, 14-17), Voltaire décrit plus généralement ici la vision cosmologique des anciens peuples. Dans les *Eléments*, Voltaire note que les Hébreux 'se figuraient le ciel comme un demi-ceintre couvrant la Terre' (*OCV*, t.15, p.464) et rapporte que l'idée d'une Terre étroite et plate prévalut parmi les docteurs chrétiens jusqu'au quinzième siècle. Voir aussi la note 23 de l'article 'Le ciel des anciens' dans le *DP* (*OCV*, t.35, p.596).

couchés à l'occident. Il est vrai que ces ignorants avaient raison par hasard, en ne concevant pas que le soleil et les étoiles fixes tournassent autour de la terre. Mais ils étaient bien loin de soupçonner le soleil immobile, et la terre avec son satellite tournant autour de lui dans l'espace avec les autres planètes. Il y avait plus loin de leurs fables au vrai système du monde que des ténèbres à la lumière.

Ils croyaient que le soleil et les étoiles revenaient par des chemins inconnus, après s'être délassés de leur course dans la mer Méditerranée, on ne sait pas précisément dans quel endroit. Il n'y avait pas d'autre astronomie du temps même d'Homère qui est si nouveau. Car les Chaldéens tenaient leur science secrète pour se faire plus respecter des peuples. Homère dit plus d'une fois, que le soleil se plonge dans l'océan;[10] (et encore cet océan c'est le Nil)[11] c'est là qu'il répare par la fraîcheur des eaux, pendant la nuit, l'épuisement du jour; après quoi il va se rendre au lieu de son lever par des routes inconnues aux mortels. On a comparé cette idée à celle du baron de Feneste, qui dit, que si on ne voit pas le soleil quand il revient, *c'est qu'il revient de nuit.*[12]

Comme alors la plupart des peuples de Syrie et les Grecs, connaissaient un peu l'Asie et une petite partie de l'Europe, et qu'ils n'avaient aucune notion de tout ce qui est au nord du Pont-Euxin et au midi du Nil, ils établirent d'abord que la terre était plus longue que large d'un grand tiers;[13] par conséquent le ciel qui touchait à la

80 70, 71N, 71A: vrai qu'ils avaient

95 K84, K12: mortels. Cette idée ressemble beaucoup à

[10] Voir par exemple l'*Iliade*, chant 8, vers 485.

[11] Dans l'*Iliade*, chant 23, vers 205-206, Iris dit: 'Je repars et m'en vais aux bords de l'Océan dans le pays des Ethiopiens' (trad. P. Mazon, Paris, 1963, t.4, p.106). Selon Diodore de Sicile, ce furent les Egyptiens qui donnaient au Nil le nom d'Océan (*Bibliothèque historique*, livre 1, ch.96).

[12] Voir Agrippa d'Aubigné, *Les Aventures du baron de Faeneste*, livre 3, ch.8, et l'article 'Le ciel des anciens' du *DP* (*OCV*, t.35, p.597 et n.25).

[13] Selon la conception d'Anaximandre, reprise par Leucippe et Démocrite, la forme de la Terre est celle d'une colonne, dont la hauteur est à la largeur comme 1 est à 3. Dans l'article 'Figure' des *QE*, Voltaire rapporte l'opinion des Hébreux: 'On avait trouvé dans le psaume 103 que Dieu a étendu le ciel sur la terre comme une

terre et qui l'embrassait, était aussi plus long que large. De là nous vinrent les degrés de longitude et de latitude, dont nous avons toujours conservé les noms, quoique nous ayons réformé la chose.[14]

Le livre de Job, composé par un ancien Arabe, qui avait quelque connaissance de l'astronomie puisqu'il parle des constellations, s'exprime pourtant ainsi. 'Où étiez-vous quand je jetais les fondements de la terre? qui en a pris les dimensions? sur quoi ses bases portent-elles? qui a posé sa pierre angulaire?'[15]

Le moindre écolier lui répondrait aujourd'hui, La terre n'a ni pierre angulaire, ni base, ni fondement; et à l'égard de ses dimensions nous les connaissons très bien, puisque depuis Magellan jusqu'à M. de Bougainville, plus d'un navigateur en a fait le tour.

Le même écolier fermerait la bouche au déclamateur Lactance et à tous ceux qui ont dit avant et après lui que la terre est fondée sur l'eau,[16] et que le ciel ne peut être au-dessous de la terre; et que par conséquent il est ridicule et impie de soupçonner qu'il y ait des antipodes.[17]

C'est une chose curieuse de voir avec quel dédain, avec quelle pitié Lactance regarde tous les philosophes qui depuis quatre cents ans commençaient à connaître le cours apparent du soleil et des planètes,[18] la rondeur de la terre, la liquidité, la non-résistance des

---

peau; et de ce qu'une peau a d'ordinaire plus de longueur que de largeur, on en avait conclu autant pour la terre' (*M*, t.19, p.126).

[14] Sur l'étymologie des deux mots, voir l'article 'Le ciel des anciens' dans le *DP* (*OCV*, t.35, p.597, n.26).

[15] Voir Job 38:4-6.

[16] Ce fut notamment l'opinion de Thalès de Milet.

[17] Lactance taxe l'idée de la sphéricité de la Terre et des antipodes d'"opinion monstrueuse' (*Institutions divines*, livre 3, ch.24). Voltaire a mis un signet dans son exemplaire des *Œuvres* de Lactance pour signaler ce chapitre (BV1836; *CN*, t.5, p.116).

[18] Apparent et non véritable, car la plupart des anciens prônaient une cosmologie géocentrique. Au chapitre 47 de *La Philosophie de l'histoire*, Voltaire a dénoncé les préjugés astronomiques des Juifs (*OCV*, t.59, p.249).

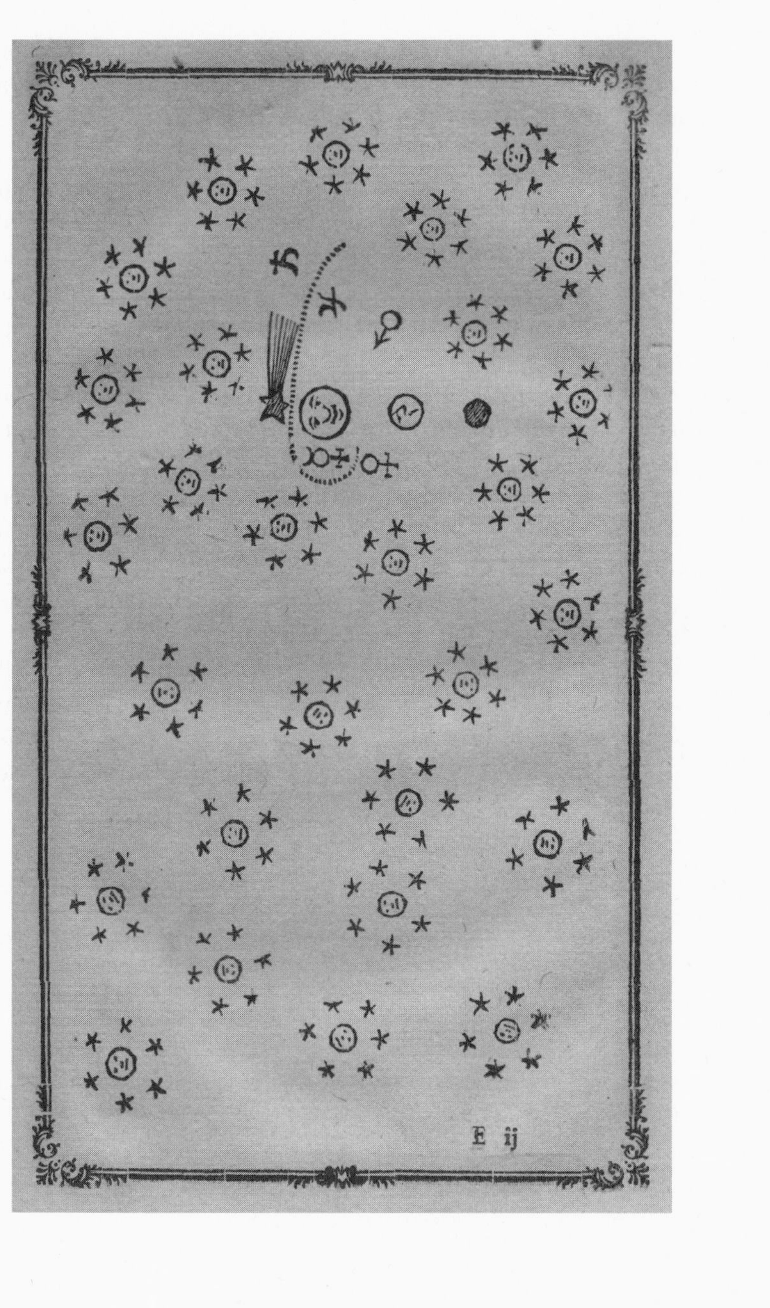

cieux, à travers desquels les planètes couraient dans leurs orbites etc. Il recherche (*a*) *par quels degrés les philosophes sont parvenus à cet excès de folie de faire de la terre une boule, et d'entourer cette boule du ciel.*[19]

Ces raisonnements sont dignes de tous ceux qu'il fait sur les sibylles.[20]

Notre écolier dirait à tous ces docteurs; Apprenez qu'il n'y a point de cieux solides placés les uns sur les autres, comme on vous l'a dit; qu'il n'y a point de cercles réels dans lesquels les astres courent sur une prétendue plaque.

Que le soleil est le centre de notre monde planétaire.

Que la terre et les planètes roulent autour de lui, dans l'espace, non pas en traçant des cercles, mais des ellipses.

Apprenez qu'il n'y a ni dessus ni dessous; mais que les planètes, les comètes tendent toutes vers le soleil, leur centre, et que le soleil tend vers elles, par une gravitation éternelle.

Lactance et les autres babillards seraient bien étonnés en voyant le système du monde tel qu'il est.

Cette petite planche[21] *représente, quoique imparfaitement, comment notre soleil, notre monde planétaire, nos comètes sont perdus dans l'immensité de l'espace peuplé de tant d'autres univers, et à quel point cette expression commune* le ciel et la terre *est impropre, quoique nécessaire à notre faiblesse.*

(*a*) Lactance livre 3, ch.24.

125 K12: cieux, au travers
140-41 71N: vers elles, [*erreur*] ¶Lactance
142-47 71N, K84, K12: est. //
n.*a* 71A: [*note absente*]
K84, K12: ch.24; et le clergé de France assemblé solennellement en 1770, dans le dix-huitième siècle, citait sérieusement comme un Père de l'Eglise, ce Lactance dont les élèves de l'école d'Alexandrie se seraient moqués de son temps, s'ils avaient daigné jeter les yeux sur ses rapsodies.

[19] Traduction libre de Voltaire du début du chapitre.
[20] Voir *Institutions divines*, livre 4, ch.15.
[21] Voir p.99 ci-dessus.

LE CIEL DES ANCIENS

Si un ver à soie donnait le nom de *ciel* au petit duvet qui entoure sa coque, il raisonnerait aussi bien que firent tous les anciens, en donnant le nom de *ciel* à l'atmosphère, qui est, comme dit très bien M. de Fontenelle dans ses *Mondes*, le duvet de notre coque.

Les vapeurs qui sortent de nos mers et de notre terre, et qui forment les nuages, les météores et les tonnerres, furent pris d'abord pour la demeure des dieux. Les dieux descendent toujours dans des nuages d'or chez Homère; c'est de là que les peintres les peignent encore aujourd'hui assis sur une nuée. Comment est-on assis sur l'eau? Il était bien juste que le maître des dieux fût plus à son aise que les autres: on lui donna un aigle pour le porter, parce que l'aigle vole plus haut que les autres oiseaux.

Les anciens Grecs voyant que les maîtres des villes demeuraient dans des citadelles, au haut de quelque montagne, jugèrent que les dieux pouvaient avoir une citadelle aussi, et la placèrent en Thessalie sur le mont Olympe, dont le sommet est quelquefois

* Reprise de l'article 'Le ciel des anciens' du *DP*, paru en 1764, auquel est ajouté une 'belle infidèle', la traduction de la citation des *Métamorphoses* d'Ovide suivie de plusieurs paragraphes. Voltaire supprime toute la fin de l'article du *DP* qui, à partir d'une ironie sur Pluche faisant de Moïse un grand physicien, attaquait le système astronomique des Hébreux, puis se gaussait des absurdités de saint Augustin et de Lactance sur les antipodes et d'une idée saugrenue de saint Chrysostome. L'article des *QE* a donc perdu une partie de la charge polémique de celui du *DP* dont l'information avait été largement empruntée à la 'Dissertation sur le système du monde des anciens Hébreux' de Calmet. Cet article des *QE* touche à maintes questions, les unes relatives à l'astronomie, d'autres à la théologie et il dit un mot des beaux-arts alors que l'*Encyclopédie* consacrait plusieurs articles distincts confiés à des spécialistes différents: 'Ciel (phys.)' et 'Ciel de l'astronomie ancienne' par D'Alembert, 'Ciel (théol.)' par l'abbé Mallet, 'Ciel (décor., théâtre)' par Louis de Cahusac. 'Le ciel des anciens' paraît en novembre/décembre 1770 (70, t.3) à la suite de l'article 'Ciel matériel', alors que, dans le *DP*, il n'entretenait point de lien avec l'article le précédant ('Christianisme') ni avec l'article le suivant ('Circoncision'). Pour l'annotation de cet article, voir *OCV*, t.35, p.589-94.

caché dans les nues; de sorte que leur palais était de plain-pied à leur ciel.

Les étoiles et les planètes qui semblent attachées à la voûte bleue de notre atmosphère, devinrent ensuite les demeures des dieux; sept d'entre eux eurent chacun leur planète, les autres logèrent où ils purent; le conseil général des dieux se tenait dans une grande salle, à laquelle on allait par la voie lactée; car il fallait bien que les dieux eussent une salle en l'air, puisque les hommes avaient des hôtels de ville sur la terre.

Quand les Titans, espèce d'animaux entre les dieux et les hommes, déclarèrent une guerre assez juste à ces dieux-là, pour réclamer une partie de leur héritage du côté paternel, étant fils du ciel et de la terre, ils ne mirent que deux ou trois montagnes les unes sur les autres, comptant que c'en était bien assez pour se rendre maître du ciel, et du château de l'Olympe.

Neve foret terris securior arduus aether;
Affectasse ferunt regnum coeleste gigantes,
Altaque congestos struxisse ad sidera montes.

On attaqua le ciel aussi bien que la terre;
Les géants, chez les dieux osant porter la guerre,
Entassèrent des monts jusqu'aux astres des nuits. [1]

Il y a pourtant des six cent millions de lieues de ces astres-là, et beaucoup plus loin encore de plusieurs étoiles au mont Olympe.

Virgile ne fait point de difficulté de dire

Sub pedibusque videt nubis et sydera Daphnis.

Daphnis voit sous ses pieds les astres et les nues. [2]

42 w68: et les nuits.

[1] Ajout des *QE* qui commence avec cette traduction des *Métamorphoses* d'Ovide, livre 1, vers 151-53. La traduction de Voltaire est à comparer avec celle citée dans *OCV*, t.35, p.591, n.9.

[2] Virgile, Eglogue 5, vers 57, traduction de Voltaire.

Mais où donc était Daphnis?

A l'opéra et dans des ouvrages plus sérieux on fait descendre des dieux au milieu des vents, des nuages et du tonnerre, c'est-à-dire qu'on promène Dieu dans les vapeurs de notre petit globe. Ces idées sont si proportionnées à notre faiblesse, qu'elles nous paraissent grandes.[3]

Cette physique d'enfants et de vieilles, était prodigieusement ancienne; cependant on croit que les Chaldéens avaient des idées presque[4] aussi saines que nous de ce qu'on appelle *le ciel*; ils plaçaient le soleil au centre de notre monde planétaire, à peu près à la distance de notre globe que nous avons reconnue; ils faisaient tourner la terre, et quelques planètes[5] autour de cet astre; c'est ce que nous apprend Aristarque de Samos: c'est à peu près[6] le système du monde que Copernic a perfectionné depuis; mais les philosophes gardaient le secret pour eux, afin d'être plus respectés des rois et du peuple, ou plutôt pour n'être pas persécutés.

Le langage de l'erreur est si familier aux hommes, que nous appelons encore nos vapeurs, et l'espace de la terre à la lune, du nom de *ciel*; nous disons, monter au ciel, comme nous disons que le soleil tourne, quoiqu'on sache bien qu'il ne tourne pas. Nous sommes probablement le ciel pour les habitants de la lune, et chaque planète place son ciel dans la planète voisine.

Si on avait demandé à Homère dans quel ciel était allée l'âme de Sarpédon, et où était celle d'Hercule, Homère eût été bien embarrassé; il eût répondu par des vers harmonieux.

Quelle sûreté avait-on que l'âme aérienne d'Hercule se fût trouvée plus à son aise dans Vénus, dans Saturne, que sur notre globe? Aurait-elle été dans le soleil? la place ne paraît pas tenable

43-49 70, 71, 71A: Daphnis? ¶Cette

[3] Fin de l'ajout des *QE*.

[4] Ajout de 'presque' dans les *QE*.

[5] Dans le *DP*, 'toutes les planètes'.

[6] Ajout de 'à peu près' dans les *QE*. Voltaire est beaucoup moins affirmatif que dans le *DP* (voir ci-dessus n.4).

dans cette fournaise. Enfin, qu'entendaient les anciens par le ciel? ils n'en savaient rien, ils criaient toujours *le ciel et la terre*; c'est comme si on criait l'infini et un atome. Il n'y a point, à proprement parler, de ciel, il y a une quantité prodigieuse de globes qui roulent dans l'espace vide; et notre globe roule comme les autres.

Les anciens croyaient qu'aller dans les cieux c'était monter; mais on ne monte point d'un globe à un autre; les globes célestes sont tantôt au-dessus de notre horizon, tantôt au-dessous. Ainsi, supposons que Vénus étant venue à Paphos, retournât dans sa planète quand cette planète était couchée, la déesse Vénus ne montait point alors par rapport à notre horizon; elle descendait, et on devait dire en ce cas *descendre au ciel.* Mais les anciens n'y entendaient pas tant de finesse; ils avaient des notions vagues, incertaines, contradictoires sur tout ce qui tenait à la physique. On a fait des volumes immenses pour savoir ce qu'ils pensaient sur bien des questions de cette sorte. Quatre mots auraient suffi; *ils ne pensaient pas.*[7]

87 K84, K12: *pas.* [*ajoutent les lignes 74-126 de l'article 'Le ciel des anciens' du DP*]

[7] Voir la partie supprimée du *DP* dans *OCV*, t.35, p.594-99.

CICÉRON

C'est dans le temps de la décadence des beaux-arts en France, c'est dans le siècle des paradoxes, et dans l'avilissement de la littérature et de la philosophie persécutées, qu'on veut flétrir Cicéron; et quel est l'homme qui essaie de déshonorer sa mémoire? c'est un de ses disciples, c'est un homme qui prête, comme lui, son ministère à la défense des accusés; c'est un avocat qui a étudié l'éloquence chez ce

* Le 4 mars 1769 Voltaire dit faire 'grand cas' de Simon Nicolas Henri Linguet: 'Il pense et il exprime' (D15501). Mais la lecture de ses *Canaux navigables* (Amsterdam et Paris, 1769, BV2121) atteint Voltaire dans ses convictions les plus intimes, même s'il sait que Cicéron n'est pas exempt de vices et de travers (voir les *Articles extraits de la 'Gazette littéraire de l'Europe'*, *M*, t.5, p.208n): 'Cet homme est intrépide, il traite Cicéron comme le dernier des hommes, et n'est en rien de l'avis de personne' (24 octobre 1770, D16724). Linguet s'en prenait au défenseur de la République lors de la conspiration de Catilina, ce que l'auteur de *Rome sauvée* ne pouvait accepter. En effet, Longchamp, Condorcet et Lekain ne crurent-ils pas que Voltaire, jouant le rôle de Cicéron dans cette pièce, était devenu Cicéron lui-même? (voir R. S. Ridgway, *Voltaire and sensibility*, Montréal et Londres, 1973, p.25-26, 115, et D4160, D4162). Dans l'éloge de Cicéron qui va suivre, Voltaire semble tirer ses arguments de la *Vie de Cicéron*, de Conyers Middleton, traduite par l'abbé Prévost (*Ferney catalogue* n° 2067), livre que Voltaire appréciait (voir D2970, D3993, D12183, D12192, *Rome sauvée*, *OCV*, t.31A, p.46-54, *Le Triumvirat*, *M*, t.5, p.210n). On y trouve par exemple les mêmes conclusions sur le danger représenté par la conjuration (*Œuvres choisies de Prévost*, 39 vol., Paris, 1810-1816, t.36, p.313-14) et sur la défense de Milon (t.37, p.427-34); le même éloge de la conduite de Cicéron en Cilicie (t.38, p.19-46), et spécialement de son équité, de son désintéressement et de sa générosité (t.38, p.48-69). L'article est vraisemblablement composé dès octobre 1770, peu après la lecture des *Canaux navigables*. En décembre 1770, il est déjà sous presse, et Voltaire fait une correction aux épreuves (D16831) qui figure dans l'errata. Dans une lettre du 28 juin 1771 à Galiani, Mme d'Epinay cite ou résume très fidèlement cet article qu'elle trouve remarquable. Galiani, qui veut tempérer son enthousiasme, lui répond le 20 juillet en lui adressant une dissertation sur Cicéron (Ferdinando Galiani et Louise d'Epinay, *Correspondance*, éd. Georges Dulac et Daniel Maggetti, 5 vol., Paris, 1992-1997, t.2, p.134-37 et 147-49). L'article avait paru en mars/avril 1771 (70, t.4).

grand maître; c'est un citoyen qui paraît animé comme Cicéron même de l'amour du bien public.[1]

Dans un livre intitulé *Canaux navigables*, livre rempli de vues patriotiques et grandes plus que praticables, on est bien étonné de lire cette philippique contre Cicéron qui n'a jamais fait creuser de canaux:[2]

'Le trait le plus glorieux de l'histoire de Cicéron, c'est la ruine de la conjuration de Catilina; mais à le bien prendre, elle ne fit du bruit à Rome qu'autant qu'il affecta d'y mettre de l'importance. Le danger existait dans ses discours bien plus que dans la chose. C'était une entreprise d'hommes ivres qu'il était facile de déconcerter. Ni le chef, ni les complices n'avaient pris la moindre mesure pour assurer le succès de leur crime. Il n'y eut d'étonnant dans cette étrange affaire que l'appareil dont le consul chargea toutes ses démarches, et la facilité avec laquelle on lui laissa sacrifier à son amour-propre tant de rejetons des plus illustres familles.

'D'ailleurs, la vie de Cicéron est pleine de traits honteux; son éloquence était vénale autant que son âme était pusillanime. Si ce n'était pas l'intérêt qui dirigeait sa langue, c'était la frayeur ou

8-9 K84, K12: public. [*avec note*: M. Linguet. Cette satire de Cicéron est l'effet de ce secret penchant qui porte un grand nombre d'écrivains à combattre non les préjugés populaires, mais les opinions des hommes éclairés. Ils semblent dire comme César: J'aimerais mieux être le premier dans une bicoque que le second dans Rome. Pour acquérir quelque gloire en suivant les traces des hommes éclairés, il faut ajouter des vérités nouvelles à celles qu'ils ont établies; il faut saisir ce qui leur est échappé, voir mieux et plus loin qu'eux. Il faut être né avec du génie, le cultiver par des études assidues, se livrer à des travaux opiniâtres, et savoir enfin attendre la réputation. Au contraire, en combattant leurs opinions, on est sûr d'acquérir à meilleur marché une gloire plus prompte et plus brillante; et si on aime mieux compter les suffrages que de les peser, il n'y a point à balancer entre ces deux partis.] ¶Dans

20 70: le conseil chargea

[1] Linguet était connu pour avoir défendu avec énergie le chevalier de La Barre en 1766.

[2] La citation est tirée de l''Avertissement sur les lettres de Pline qui suivent' des *Canaux navigables* (p.348-50), que Voltaire a marqué d'un signet: 'contre Cicéron' (*CN*, t.5, p.379).

l'espérance; le désir de se faire des appuis le portait à la tribune pour y défendre sans pudeur des hommes plus déshonorés, plus dangereux cent fois que Catilina. Parmi ses clients, on ne voit presque que des scélérats: et par un trait singulier de la justice divine, il reçut enfin la mort des mains d'un de ces misérables que son art avait dérobés aux rigueurs de la justice humaine.'[3]

A le bien prendre, la conjuration de Catilina fit à Rome plus que *du bruit*; elle la plongea dans le plus grand trouble, et dans le plus grand danger. Elle ne fut terminée que par une bataille si sanglante qu'il n'est aucun exemple d'un pareil carnage, et peu d'un courage aussi intrépide. Tous les soldats de Catilina après avoir tué la moitié de l'armée de Petreius furent tués jusqu'au dernier; Catilina périt percé de coups sur un monceau de morts, et tous furent trouvés le visage tourné contre l'ennemi.[4] Ce n'était pas là une entreprise si facile à déconcerter; César la favorisait, et elle apprit à César à conspirer un jour plus heureusement contre sa patrie.

Cicéron défendait sans pudeur des hommes plus déshonorés, plus dangereux cent fois que Catilina.

Est-ce quand il défendait dans la tribune la Sicile contre Verrès, et la république romaine contre Antoine? est-ce quand il réveillait la clémence de César en faveur de Ligarius et du roi Déjotare? ou lorsqu'il obtenait le droit de cité pour le poète Archias; ou lorsque dans sa belle oraison pour la loi Manilia il emportait tous les suffrages des Romains en faveur du grand Pompée?[5]

40 K84, K12: favorisait, elle
45-46 W68: il réveilla la

[3] Pour Plutarque, les assassins de Cicéron sont Popilius et Herennius (*Vie de Cicéron*, ch.47-49; *Vie d'Antoine*, ch.20), mais quand on arrive à Appien, Popilius est le seul à être incriminé (*Les Guerres civiles*, livre 4, ch.19-20). Cicéron avait, paraît-il, défendu son meurtrier présumé quand celui-ci avait été accusé de parricide. Voir p.108, les lignes 55-63.

[4] La bataille de Pistoia, où Catilina périt, eut lieu le 5 janvier 62 avant J.-C. La source de Voltaire est sans doute la fin de la *Conjuration de Catilina* de Salluste (BV3079).

[5] Cet alinéa, et le début du suivant, rappellent les plus célèbres discours et

Il plaida pour Milon meurtrier de Clodius; mais Clodius avait mérité sa fin tragique par ses fureurs. Clodius avait trempé dans la conjuration de Catilina, Clodius était son plus mortel ennemi, il avait soulevé Rome contre lui, et l'avait puni d'avoir sauvé Rome;[6] Milon était son ami.

Quoi! c'est de nos jours qu'on ose dire que Dieu punit Cicéron d'avoir plaidé pour un tribun militaire nommé Popilius Léna, et que la vengeance céleste le fit assassiner par ce Popilius Léna même! Personne ne sait si Popilius Léna était coupable ou non du crime dont Cicéron le justifia quand il le défendit; mais tous les hommes savent que ce monstre fut coupable de la plus horrible ingratitude, de la plus infâme avarice, et de la plus détestable barbarie, en assassinant son bienfaiteur pour gagner l'argent de trois monstres comme lui.[7] Il était réservé à notre siècle de vouloir faire regarder l'assassinat de Cicéron comme un acte de la justice divine. Les triumvirs ne l'auraient pas osé. Tous les siècles jusqu'ici ont détesté et pleuré sa mort.

On reproche à Cicéron de s'être vanté trop souvent d'avoir sauvé Rome, et d'avoir trop aimé la gloire. Mais ses ennemis voulaient flétrir cette gloire. Une faction tyrannique[8] le condamnait à l'exil, et abattait sa maison, parce qu'il avait préservé toutes les maisons de Rome de l'incendie que Catilina leur préparait. Il vous est permis (c'est même un devoir) de vanter vos services quand on les méconnaît, et surtout quand on vous en fait un crime.

---

plaidoyers de Cicéron: *In Q. Caecilium*, les *Verrines*, *De re publica*, *Pro Ligario*, *Pro rege Deiotaro*, *Pro Archia poeta*, *Pro lege Manilia*, *Pro Milone*. Voltaire possédait une édition en 9 tomes des *Œuvres de Cicéron* (Genève, 1758, BV771).

[6] En déposant contre Publius Clodius Pulcher, accusé de s'être déguisé en femme et d'avoir profané les mystères de la Bonne déesse, Cicéron se fit un ennemi redoutable (décembre 61 av. J.-C.). Elu tribun en 59, Clodius réussit à faire voter une loi contre quiconque aurait mis à mort des citoyens sans jugement. C'était viser Cicéron qui avait fait exécuter les complices de Catilina.

[7] Les triumvirs Octave, Antoine et Lépide.

[8] Celle de Publius Clodius Pulcher.

On admire encore Scipion de n'avoir répondu à ses accusateurs que par ces mots: *C'est à pareil jour que j'ai vaincu Annibal, allons rendre grâce aux dieux.*[9] Il fut suivi par tout le peuple au Capitole, et nos cœurs l'y suivent encore en lisant ce trait d'histoire; quoique après tout il eût mieux valu rendre ses comptes que se tirer d'affaire par un bon mot.

Cicéron fut admiré de même par le peuple romain le jour qu'à l'expiration de son consulat, étant obligé de faire les serments ordinaires, et se préparant à haranguer le peuple selon la coutume, il en fut empêché par le tribun Metellus qui voulait l'outrager.[10] Cicéron avait commencé par ces mots, *Je jure*; le tribun l'interrompit, et déclara qu'il ne lui permettrait pas de haranguer. Il s'éleva un grand murmure. Cicéron s'arrêta un moment, et renforçant sa voix noble et sonore, il dit pour toute harangue, *Je jure que j'ai sauvé la patrie.*[11] L'assemblée enchantée s'écria, *Nous jurons qu'il a dit la vérité.*[12] Ce moment fut le plus beau de sa vie. Voilà comme il faut aimer la gloire.

Je ne sais où j'ai lu autrefois ces vers ignorés.

> Romains, j'aime la gloire et ne veux point m'en taire;
> Des travaux des humains c'est le digne salaire:
> Ce n'est qu'en vous servant qu'il la faut acheter.
> Qui n'ose la vouloir n'ose la mériter.[13]

77-80 70, 71N, 71A: d'histoire. ¶Cicéron

[9] Tite-Live, *Histoire romaine*, livre 38, ch.51. Voir aussi les *Carnets*, *OCV*, t.82, p.518.

[10] C'est sans doute à l'instigation de César que Quintus Metellus Nepos adressa son veto au discours d'adieu de Cicéron, prétextant l'illégalité de l'exécution des complices de Catilina, acte qui rendit Cicéron indigne de s'adresser au peuple romain.

[11] Voltaire dramatise l'épisode raconté par Cicéron dans *In Pisonem* (section 3), qui se trouve aussi dans la *Vie de Cicéron* de Middleton (t.36, p.324). Dans les *Carnets*, cette citation est régulièrement jointe à celle de Scipion donnée plus haut (*OCV*, t.81, p.366, t.82, p.518, 701).

[12] C'est Plutarque, dans sa *Vie de Cicéron* (ch.23, section 3), qui prétend que le peuple acclama le consul de la sorte. Voltaire omet d'ajouter que Caton loua Cicéron de telle façon que le peuple lui conféra le titre de *pater patriae* (ch.23, section 6).

[13] *Rome sauvée*, V.ii.61-64, avec variante à la ligne 63 (*OCV*, t.31A, p.254 et n.7).

Peut-on mépriser Cicéron si on considère sa conduite dans son gouvernement de la Cilicie, qui était alors une des plus importantes provinces de l'empire romain, en ce qu'elle confinait à la Syrie, et à l'empire des Parthes. Laodicée, l'une des plus belles villes d'Orient, en était la capitale: cette province était aussi florissante qu'elle est dégradée aujourd'hui sous le gouvernement des Turcs, qui n'ont jamais eu de Cicéron.

Il commence par protéger le roi de Cappadoce Ariobarzane, et il refuse les présents que ce roi veut lui faire. [14] Les Parthes viennent attaquer en pleine paix Antioche; Cicéron y vole, il atteint les Parthes après des marches forcées par le mont Taurus, il les fait fuir, il les poursuit dans leur retraite, Orzace [15] leur général est tué avec une partie de son armée.

De là il court à Pendenissum capitale d'un pays allié des Parthes, il la prend; cette province est soumise. Il tourne aussitôt contre les peuples appelés Tiburaniens, il les défait; ses troupes lui défèrent le titre d'*empereur* qu'il garda toute sa vie. [16] Il aurait obtenu à Rome les honneurs du triomphe sans Caton qui s'y opposa, et qui obligea le sénat à ne décerner que des réjouissances publiques et des remerciements aux dieux, lorsque c'était à Cicéron qu'on devait en faire. [17]

Si on se représente l'équité, le désintéressement de Cicéron dans son gouvernement, son activité, son affabilité, deux vertus si

101-103 70, 71N, 71A: Turcs. ¶Il
111 K84, K12: défait; et ses
115-17 70, 71N, 71A: dieux. ¶Si on

[14] Ariobarzane III, humble protégé de Rome, régna de 52 à 42 avant J.-C.

[15] Ou Osaces (*Lettres à Atticus*, livre 5, lettre 20) ou Orsaces (Middleton, *Vie de Cicéron*, t.38, p.35).

[16] C'est la petite guerre contre les brigands du mont Amanus qui lui valut le titre d'*imperator* (*Lettres à Atticus*, livre 5, lettre 20).

[17] Caton avait peut-être raison de s'opposer aux honneurs d'un triomphe, car c'est Cicéron lui-même, dans ses diverses dépêches, qui avait fait le récit de ses propres exploits en Cilicie. Voltaire n'ignorait pas à quel point Cicéron était porté à se prodiguer des louanges (voir l'article 'Orgueil' du *DP*, *OCV*, t.36, p.405).

rarement compatibles, les bienfaits dont il combla les peuples dont il était le souverain absolu, il faudra être bien difficile pour ne pas accorder son estime à un tel homme.

Si vous faites réflexion que c'est là ce même Romain qui le premier introduisit la philosophie dans Rome, que ses *Tusculanes* et son livre de la *Nature des dieux* sont les deux plus beaux ouvrages qu'ait jamais écrits la sagesse qui n'est qu'humaine, et que son traité des *Offices* est le plus utile que nous ayons en morale, il sera encore plus malaisé de mépriser Cicéron. Plaignons ceux qui ne le lisent pas, plaignons encore plus ceux qui ne lui rendent pas justice.

Opposons au détracteur français les vers de l'Espagnol Martial dans son épigramme contre Antoine:

Quid prosunt sacrae pretiosa silentia linguae?
Incipient omnes pro Cicerone loqui.[18]

Ta prodigue fureur acheta son silence,
Mais l'univers entier parle à jamais pour lui.

Voyez surtout ce que dit Juvénal, *Roma patrem patriae Ciceronem libera dixit.*[19]

134-37 70, 71N, 71A: lui. //

[18] Livre 5, Epigramme 69, vers 7-8.

[19] 'Rome, même libre, déclare que Cicéron est père de la patrie' (Satire 8, vers 244).

CIRUS

Plusieurs doctes, et Rollin après eux, dans un siècle où l'on cultive sa raison, nous ont assuré que Javan, qu'on suppose être le père des Grecs, était petit-fils de Noé.[1] Je le crois, comme je crois que Persée était le fondateur du royaume de Perse,[2] et Niger de la

a-113 70, 71N, 71A: [*absent*]

* Cet article, parfaitement voltairien par sa liberté d'allure et de ton, prend le contre-pied de l'article 'Cyrus' du *Dictionnaire de la Bible* de Calmet, qui constatait les carences historiographiques des Grecs pour faire valoir, par contraste, l'apport décisif de l'Ancien Testament à l'histoire du fondateur de l'empire perse. Si Voltaire reprend à son compte la première partie de cette affirmation, il conteste la seconde en déniant au récit biblique toute historicité, en le comparant au mauvais roman d'Andrew Michael Ramsay, *Les Voyages de Cyrus, avec un discours sur la mythologie*. Il démystifie aussi une histoire fabuleuse et met en cause des historiens grecs. L'empereur perse est ainsi prétexte à une leçon ironique de pyrrhonisme historique et à une digression littéraire. Absent des premières éditions, l'article ne paraît qu'en 1774 (w68, t.22).

[1] Conformément à la Genèse 10:31-32, la théorie noachide attribue le peuplement de la terre aux fils de Noé. La raison pour laquelle Javan, fils de Japhet (Genèse 10:2), était considéré comme le père des Grecs tient au fait que son nom désigne également en hébreu l'Ionie (voir Daniel 8:21). Charles Rollin défend cette thèse (*Histoire ancienne*, 12 vol., Paris, Veuve Estienne, 1731-1737, t.2, p.491, BV3008), de même que Calmet (*Dictionnaire de la Bible*, 2 vol., Paris, Emery, 1722, article 'Javan', t.1, p.371; BV615 pour une réédition de 1730) ou A.-Y. Goguet et A.-C. Conrad (*De l'origine des lois, des arts, et des sciences*, 3 vol., Paris, 1758, t.1, p.57-58, BV1481; *CN*, t.4, p.154-55). Voltaire consacre un paragraphe à réfuter ce 'conte' au chapitre 24 de *La Philosophie de l'histoire* (*OCV*, t.59, p.171-72).

[2] L'affirmation, qui se trouve dans l'ouvrage d'Urbain Chevreau intitulé *Histoire du monde* (Paris, Martin et Boudot, 1686, p.95-96, BV749), est déjà discutée par Bayle dans l'article 'Achemenes', note A, de son *Dictionnaire historique et critique*. Bayle prétend qu'Hérodote 'ne dit pas, comme le suppose M. Chevreau, que les rois de Perse tirassent leur extraction de Persée' (t.1, p.52). Mais en réalité, telle était bien la thèse d'Hérodote: les Perses seraient issus de Persès, fils de Persée (*Enquête*, livre 1, ch.125; livre 6, ch.53-54; livre 7, ch.61 – passage souligné par Voltaire: *CN*, t.4, p.384 – et ch.150).

Nigritie. C'est seulement un de mes chagrins que les Grecs n'aient jamais connu ce Noé le véritable auteur de leur race. J'ai marqué ailleurs mon étonnement et ma douleur qu'Adam notre père à tous ait été absolument ignoré de tous,[3] depuis le Japon jusqu'au détroit de Lemaire,[4] excepté d'un petit peuple, qui n'a lui-même été connu que très tard. La science des généalogies est sans doute très certaine; mais bien difficile.

Ce n'est ni sur Javan, ni sur Noé, ni sur Adam que tombent aujourd'hui mes doutes; c'est sur Cirus; et je ne recherche pas laquelle des fables débitées sur Cirus est préférable, celle d'Hérodote ou de Ctésias, ou celle de Xénophon, ou de Diodore, ou de Justin,[5] qui toutes se contredisent.[6] Je ne demande point pourquoi

13 K12: ne cherche pas

[3] Notamment dans le 'Dix-septième entretien sur des choses curieuses' de *L'A.B.C.* (*M*, t.27, p.394) et dans l'article 'Adam' des *QE* (*OCV*, t.38, p.79-87).

[4] Du nom de Jacob Le Maire, explorateur hollandais qui découvrit en janvier 1616 un passage entre la Terre de Feu et l'île des Etats.

[5] A comparer à l'article 'Cyrus' de Calmet: 'Xénophon nous a donné une autre histoire de Cyrus, fort différente de celle que nous venons de voir; celle de Xénophon, au jugement de plusieurs critiques, n'est pas plus certaine que celles d'Hérodote, de Ctésias et de Trogus' (*Dictionnaire de la Bible*, t.1, p.226). Calmet cite également Diodore et Justin. Voltaire possède tous ces auteurs dans sa bibliothèque, à l'exception des *Persika* de Ctésias connus par des fragments de Plutarque, Diodore de Sicile, Photius ou Athénée de Naucrate: *Les Histoires d'Hérodote* (BV1631); la *Cyropaedie* (BV3853) et la *Retraite des dix mille* de Xénophon (BV3855), l'*Histoire universelle* de Diodore de Sicile (BV1041); et *S. P. N. Justini philosophi et martyris opera quae exstant omnia* (BV1768). Sa bibliothèque comportait également les *Vies des hommes illustres* de Plutarque (BV2774), l'*Histoire de Cyrus le jeune* de Pagi (BV2633), écrite 'par un fat' (*CN*, t.6, p.210-11), la tragédie *Cyrus* de Métastase (BV2436) et celle d'Antoine Danchet (*Ferney catalogue* n° 791). Voltaire aurait également pu connaître *Le Repos de Cyrus* de Jacques Pernetti (voir D545).

[6] 'L'histoire de Cyrus est toute défigurée par des traditions fabuleuses', écrit Voltaire dès l'article 'Histoire' de l'*Encyclopédie* (*OCV*, t.33, p.170). Dans *La Philosophie de l'histoire*, il mentionne les 'deux fables principales sur Cyrus' que sont l'*Histoire* d'Hérodote et la *Cyropédie* de Xénophon, 'que mille écrivains ont copiées indifféremment'. La première est 'une histoire de Gargantua écrite sérieusement', la seconde 'un roman moral, à peu près semblable à notre Télémaque' (*OCV*, t.59, p.126).

on s'est obstiné à donner ce nom de Cirus à un barbare qui s'appelait Kosrou,[7] et ceux de Ciropolis, de Persépolis, à des villes qui ne se nommèrent jamais ainsi.[8]

Je laisse là tout ce qu'on a dit du grand Cirus, et jusqu'au roman de ce nom,[9] et jusqu'aux *Voyages* que l'Ecossais Ramsay lui a fait entreprendre.[10] Je demande seulement quelques instructions aux Juifs sur ce Cirus dont ils ont parlé.[11]

Je remarque d'abord qu'aucun historien n'a dit un mot des Juifs dans l'histoire de Cirus, et que les Juifs sont les seuls qui osent faire mention d'eux-mêmes en parlant de ce prince.

Ils ressemblent en quelque sorte à certaines gens qui disaient d'un ordre de citoyens supérieur à eux: *Nous connaissons messieurs, mais messieurs ne nous connaissent pas*. Il en est de même d'Alexandre par rapport aux Juifs. Aucun historien d'Alexandre n'a mêlé le nom d'Alexandre avec celui des Juifs; mais Joseph ne manque pas de dire qu'Alexandre vint rendre ses respects à Jérusalem; qu'il adora je ne sais quel pontife juif nommé Jaddus, lequel lui avait

[7] 'Kiro' dans l'article 'Histoire' de l'*Encyclopédie* (*OCV*, t.33, p.170), 'Kiro ou Kosrou' dans *Le Pyrrhonisme de l'histoire* (*OCV*, t.67, p.370), 'Koresh' ou 'Coresh' dans *La Philosophie de l'histoire* (*OCV*, t.59, p.126 et 175), 'Kir, ou Koresh, ou Kosroès' dans le *Traité sur la tolérance* (*OCV*, t.56C, p.208)...

[8] L'affirmation que le nom de Cyropolis est une invention grecque se trouve déjà dans l'*Histoire de l'empire de Russie* (*OCV*, t.47, p.917). Sur Persépolis, voir *CN*, t.2, p.503, et t.4, p.579.

[9] *Artamène, ou le grand Cyrus* (1656) de Madeleine de Scudéry, 'plus connue aujourd'hui par quelques vers agréables qui restent d'elle, que par les énormes romans de la *Clélie* et du *Cyrus*' ('Catalogue des écrivains' du *Siècle de Louis XIV*, *OH*, p.1208).

[10] *Les Voyages de Cyrus, avec un discours sur la mythologie* (1727; BV2870: Paris, Quilliau et Babuty, 1763; *CN*, t.7, p.208-209) d'Andrew Michael Ramsay.

[11] Ce qui suit s'oppose à l'article 'Cyrus' de Calmet: 'il est aisé de conclure que l'on ne sait que très imparfaitement l'histoire de ce grand prince, fondateur de l'empire des Perses, et destructeur de celui des Chaldéens. L'Ecriture nous en apprend moins de particularités, mais qui sont bien plus certaines que celles que nous venons de voir' (*Dictionnaire de la Bible*, t.1, p.227).

autrefois prédit en songe la conquête de la Perse.[12] Tous les petits se rengorgent; les grands songent moins à leur grandeur.

Quand Tarif vient conquérir l'Espagne, les vaincus lui disent qu'ils l'ont prédit.[13] On en dit autant à Gengiskan, à Tamerlan, à Mahomet II.

A Dieu ne plaise que je veuille comparer les prophéties juives à tous les diseurs de bonne aventure qui font leur cour aux victorieux, et qui leur prédisent ce qui leur est arrivé. Je remarque seulement que les Juifs produisent des témoignages de leur nation sur Cirus, environ cent soixante ans avant qu'il fût au monde.[14]

On trouve dans Isaïe: (chap. XLV) *Voici ce que dit le Seigneur à Cirus qui est mon Christ;*[15] *que j'ai pris par la main pour lui assujettir les nations, pour mettre en fuite les rois, pour ouvrir devant lui les portes. Je marcherai devant vous; j'humilierai les grands; je romprai les coffres; je vous donnerai l'argent caché, afin que vous sachiez que je suis le Seigneur, etc.*[16]

Quelques savants ont peine à digérer que le Seigneur gratifie du nom de son Christ un profane de la religion de Zoroastre. Ils osent

[12] Voir Flavius Josèphe, *Antiquités judaïques*, livre 11, ch.8: à Jérusalem, Alexandre salua avec révérence le prêtre Jaddus, rendant hommage au Dieu des Juifs qui lui aurait prédit la conquête de l'Asie. L'épisode est exposé dans *La Philosophie de l'histoire* ('D'un mensonge de Flavien Josèphe concernant Alexandre et les Juifs', *OCV*, t.59, p.247-48) et dans l'article 'Alexandre' des *QE* (*OCV*, t.38, p.181).

[13] Le 'général Tarik, qui gagna, en 714, cette célèbre bataille dans les plaines de Xérès, où Rodrigue perdit la vie' (*Essai sur les mœurs*, t.1, ch.27, p.396). L'anecdote de la prédiction se trouve dans l'ouvrage de Denis Dominique Cardonne, *Histoire de l'Afrique et de l'Espagne sous la domination des Arabes*, 3 vol. (Paris, Saillant, 1765, BV637), t.1, p.73-74.

[14] Voir l'article 'Cyrus' de Calmet, renvoyant à Isaïe 44:28: 'Les prophètes ont souvent annoncé la venue de Cyrus, et Isaïe a prédit jusqu'à son nom, plus d'un siècle avant qu'il fût né' (*Dictionnaire de la Bible*, t.1, p.227-28).

[15] Le terme hébreu que traduit le grec 'Christ' désigne 'celui qui est oint', expression s'appliquant notamment aux rois (2 Samuel 5:3).

[16] Citation abrégée d'Isaïe 45:1-3 dans la traduction de Lemaître de Sacy. Le même passage est invoqué à l'appui d'un raisonnement similaire dans *L'Examen important de Milord Bolingbroke* (*OCV*, t.62, p.211) et l'article 'Messie' du *DP* (*OCV*, t.36, p.351).

dire que les Juifs firent comme tous les faibles qui flattent les puissants, qu'ils supposèrent des prédictions en faveur de Cirus.[17]

Ces savants ne respectent pas plus Daniel qu'Isaïe. Ils traitent toutes les prophéties attribuées à Daniel avec le même mépris que saint Jérôme montre pour l'aventure de Suzanne, pour celle du dragon de Bélus, et pour les trois enfants de la fournaise.[18]

Ces savants ne paraissent pas assez pénétrés d'estime pour les prophètes. Plusieurs même d'entre eux prétendent qu'il est métaphysiquement impossible de voir clairement l'avenir; qu'il y a une contradiction formelle à voir ce qui n'est point; que le futur n'existe pas, et par conséquent ne peut être vu; que les fraudes en ce genre sont innombrables chez toutes les nations; qu'il faut enfin se défier de tout dans l'histoire ancienne.

Ils ajoutent que s'il y a jamais eu une prédiction formelle, c'est celle de la découverte de l'Amérique dans Sénèque le Tragique.

... Venient annis
Saecula seris quibus oceanus
Vincula rerum laxet, et ingens
Pateat tellus, etc.[19]

Les quatre étoiles du pôle antarctique sont annoncées encore plus clairement dans le Dante. Cependant personne ne s'est avisé de prendre Sénèque et Aligeri Dante pour des devins.[20]

[17] Même idée sous une forme plus vive dans *L'Examen important de Milord Bolingbroke* (*OCV*, t.62, p.211).

[18] Allusion simplificatrice et dépréciative aux controverses sur la canonicité des parties du livre de Daniel rédigées en grec (ch.3: trois compagnons de Daniel, qui ont refusé d'adorer une statue, sont jetés dans une fournaise qui les épargne; ch.13: histoire de Suzanne; et ch.14: imposture des prêtres de Bel et mort du dragon). Les positions de saint Jérôme et la polémique qui l'oppose à Rufin sont exposées dans la 'Préface sur le livre de Daniel' du *Commentaire littéral* de Calmet.

[19] 'Viendront plus tard, avec les années, des temps où l'océan relâchera les barrières des choses, où la terre s'ouvrira immense' (*Médée*, vers 374-77). 'Nulle prédiction si claire' commente Voltaire dans ses *Carnets* (*OCV*, t.81, p.184).

[20] Voltaire rapproche dès l'*Essai sur les mœurs* (t.2, ch.141, p.307-308) le *Purgatoire* de Dante (chant 1, vers 22-24), qu'il cite, de la *Médée* de Sénèque, occasion d'une réflexion sur les prétendues prophéties. Les deux exemples sont repris dans le

Nous sommes bien loin d'être du sentiment de ces savants, nous nous bornons à être extrêmement circonspects sur les prophètes de nos jours.

Quant à l'histoire de Cirus, il est vraiment fort difficile de savoir s'il mourut de sa belle mort, ou si Thomiris lui fit couper la tête.[21] Mais je souhaite, je l'avoue, que les savants qui font couper le cou à Cirus, aient raison. Il n'est pas mal que ces illustres voleurs de grand chemin, qui vont pillant, et ensanglantant la terre, soient un peu châtiés quelquefois.[22]

Cirus a toujours été destiné à devenir le sujet d'un roman. Xénophon a commencé, et malheureusement Ramsay a fini. Enfin, pour faire voir quel triste sort attend les héros, Danchet a fait une tragédie de Cirus.[23]

Cette tragédie est entièrement ignorée. La *Ciropédie* de Xénophon est plus connue; parce qu'elle est d'un Grec. Les *Voyages de Cirus* le sont beaucoup moins, quoiqu'ils aient été imprimés en anglais et en français,[24] et qu'on y ait prodigué l'érudition.

Le plaisant du roman intitulé *Voyages de Cirus* consiste à trouver

---

commentaire sur la *Médée* de Corneille (*Commentaires sur Corneille*, *OCV*, t.54, p.36-37) et dans les *Carnets* (*OCV*, t.81, p.184).

[21] Voir l'article 'Cyrus' de Calmet: 'Les auteurs sont fort différents entre eux sur le genre de sa mort. Hérodote, Justin, et Valère Maxime racontent qu'il mourut dans la guerre contre les Scythes, et que la reine Thomiris l'ayant fait tomber dans les embûches qu'elle lui avait dressées, lui fit couper la tête', version reprise dans le roman de Madeleine de Scudéry. Diodore évoque la 'potence', Ctésias une blessure 'à la cuisse', et Xénophon une mort dans son lit – la 'belle mort' ici mentionnée (*Dictionnaire de la Bible*, t.1, p.227).

[22] Le chapitre 11 de *La Philosophie de l'histoire* comprend une appréciation semblable sur le 'grand conquérant, par conséquent un fléau de la terre' (*OCV*, t.59, p.126).

[23] Voir ci-dessus, p.113, n.5. Voltaire ironise souvent sur le talent de Danchet, présenté dans le 'Catalogue des écrivains' du *Siècle de Louis XV* comme l'auteur qui 'a réussi à l'aide du musicien dans quelques opéras qui sont moins mauvais que ses tragédies' (*OH*, p.1153).

[24] Dès 1727 Ramsay fit paraître son ouvrage dans une édition bilingue (*A new Cyropaedia; or the travels of Cyrus* [...] *La nouvelle Cyropédie; ou les voyages de Cyrus*, Londres, Wilcox, 1727), qui fut rééditée.

un Messie partout, à Memphis, à Babilone, à Ecbatane, à Tyr comme à Jérusalem, et chez Platon comme dans l'Evangile.[25] L'auteur ayant été quaker, anabaptiste, anglican, presbytérien, était venu se faire *féneloniste* à Cambrai sous l'illustre auteur du *Télémaque*.[26] Etant devenu depuis précepteur de l'enfant d'un grand seigneur,[27] il se crut fait pour instruire l'univers, et pour le gouverner; il donne en conséquence des leçons à Cirus pour devenir le meilleur roi de l'univers, et le théologien le plus orthodoxe.

Ces deux rares qualités paraissent assez incompatibles.

Il le mène à l'école de Zoroastre, et ensuite à celle du jeune Juif Daniel le plus grand philosophe qui ait jamais été. Car non seulement il expliquait tous les songes; (ce qui est le fin de la science humaine) mais il devinait tous ceux qu'on avait faits; et c'est à quoi nul autre que lui n'est encore parvenu. On s'attendait que Daniel présenterait la belle Suzanne[28] au prince: c'était la marche naturelle d'un roman; mais il n'en fit rien.

108 K84, K12: naturelle du roman

[25] Dans le roman de Ramsay, Cyrus ne rencontre pas de 'Messie' (hormis lui-même: voir ci-dessus, p.115, n.15). Amené à la cour d'Ecbatane dans sa jeunesse (livre 1), il rencontre Zoroastre dans le Golfe persique (livre 2), le pharaon Amenophis avant de se rendre à Memphis (livre 3). Il retrouve Amenophis à Tyr (livre 7) et est reçu par Nabuchodonosor à Babylone (livre 8). Cyrus ne se rend pas à Jérusalem mais il rencontre le prophète Daniel (livre 8); *a contrario*, il ne rencontre pas Platon mais se rend à Athènes pour y voir Solon (livre 5)... Voltaire ne pouvait apprécier la philosophie d'un roman prétendant que 'toutes les lumières de Zoroastre, d'Hermès, d'Orphée, Pythagore' ne sont 'que des traces imparfaites, et des rayons échappés de la tradition des Hébreux' (livre 8, p.398).

[26] Ramsay est présenté dans des termes très voisins dans le 'Catalogue des écrivains' du *Siècle de Louis XIV*, à l'article 'Racine, Louis' (*OH*, p.1197), ainsi que dans l'article 'Plagiat' des *QE* qui attaque les *Voyages de Cyrus* sous ce chef.

[27] En 1724, Ramsay est pour quelques mois précepteur de Charles Edouard Stuart, fils aîné du prince Jacques François Stuart, prétendant aux trônes d'Angleterre et d'Ecosse. Après la parution des *Voyages de Cyrus*, il deviendra 'précepteur d'un duc de Bouillon' (*Un chrétien contre six Juifs*, *M*, t.29, p.551).

[28] Voir Daniel 13.

Cirus en récompense a de longues conversations avec le grand roi Nabucodonosor, dans le temps qu'il était bœuf;[29] et Ramsay fait ruminer Nabucodonosor en théologien très profond.

Et puis, étonnez-vous que le prince, pour qui cet ouvrage fut composé, aimât mieux aller à la chasse, ou à l'opéra que de le lire.

112 K84, K12: prince, [*avec note*: Le prince de Turenne.] pour

[29] Voir Daniel 4:29-30 et l'article 'Nabuchodonosor' de Calmet: 'Nabuchodonosor tomba dans une maladie, qui lui altéra tellement l'imagination, qu'il crut être métamorphosé en bœuf' (*Dictionnaire de la Bible*, t.2, p.95). Voltaire écrit *Le Taureau blanc* (*OCV*, t.74A, p.13).

CLERC

Il y aurait peut-être encore quelque chose à dire sur ce mot, même après le dictionnaire de Du Cange,[1] et celui de l'*Encyclopédie*. Nous pouvons, par exemple, observer qu'on était si savant vers le dixième et onzième siècle, qu'il s'introduisit une coutume ayant force de loi en France, en Allemagne, en Angleterre, de faire grâce de la corde à tout criminel condamné qui savait lire;[2] tant un homme de cette érudition était nécessaire à l'Etat.

Guillaume le Bâtard, conquérant de l'Angleterre, y porta cette coutume. Cela s'appelait bénéfice de clergie, *beneficium clericorum aut clergicorum*.[3]

3-4 K12: vers les dixième et onzième siècles, qu'il

* Boucher d'Argis est l'auteur des deux articles 'Clerc' de l'*Encyclopédie* qui traitent de jurisprudence: le premier évoque 'tous ceux qui par état sont consacrés au service divin'; le second, par 'abus', 'plusieurs offices, commissions, et fonctions qui ont rapport à l'administration de la justice et police' (t.3, p.523). Explicitement présenté comme un complément à ces articles, le présent article exploite et étoffe la sous-entrée 'Clercs du secret' (t.3, p.526). Il permet surtout à Voltaire d'inclure un développement sur le célibat des clercs, que n'évoque pas Boucher d'Argis, mais qui entre en résonance avec l'article 'Célibat' de Diderot, que Voltaire a repéré dans son exemplaire par un signet annoté: 'célibat abstinence' (*CN*, t.3, p.381). Dans le paragraphe qui considère le célibat 'eu égard à la société chrétienne', Diderot mentionne les épîtres de Paul et les débats du concile de Nicée (les agapètes, l''histoire de Paphenuce') avant d'évoquer, à partir des ouvrages politiques de l'abbé de Saint-Pierre, les 'avantages du mariage des prêtres' (t.2, p.804-806). Dans son texte, Voltaire suit cependant les analyses que Du Moulin, dans la *Nouveauté du papisme* (Genève, P. Chouët, 1633, BV1148), consacre à la 'Quatrième controverse, du célibat des clercs et moines'. L'article paraît en mars/avril 1771 (70, t.4).

[1] Voir Du Cange, *Glossarium* (BV1115), article 'Clerici' (t.2, colonnes 685-90), auquel renvoie la sous-entrée 'Clercs du roi' de l'*Encyclopédie* (t.3, p.526).

[2] Voir aussi l'*Essai sur les mœurs*, ch.73 (t.1, p.697).

[3] Dans l'article 'Beneficium', Du Cange signale l'expression '*clericorum habentium beneficium*' (*Glossarium*, t.1, colonnes 1120-21).

Nous avons remarqué en plus d'un endroit que de vieux usages perdus ailleurs se retrouvent en Angleterre,[4] comme on retrouva dans l'île de Samothrace les anciens mystères d'Orphée.[5] Aujourd'hui même encore ce bénéfice de clergie subsiste chez les Anglais dans toute sa force pour un meurtre commis sans dessein, et pour un premier vol qui ne passe pas cinq cents livres sterling. Le criminel qui sait lire, demande le bénéfice de clergie; on ne peut le lui refuser. Le juge qui était réputé par l'ancienne loi ne savoir pas lire lui-même, s'en rapporte encore au chapelain de la prison, qui présente un livre au condamné. Ensuite il demande au chapelain, *Legit? Lit-il?* Le chapelain répond, *Legit ut clericus*, *Il lit comme un clerc*. Et alors on se contente de faire marquer d'un fer chaud le criminel à la paume de la main. On a eu soin de l'enduire de graisse; le fer fume et produit un sifflement sans faire aucun mal au patient réputé clerc.[6]

Du célibat des clercs

On demande si dans les premiers siècles de l'Eglise le mariage fut permis aux clercs, et dans quel temps il fut défendu?

Il est avéré que les clercs, loin d'être engagés au célibat dans la religion juive, étaient tous au contraire excités au mariage, non

24 70, 71N, 71A: fume et fait beaucoup de bruit sans

[4] Voir, par exemple, l'opuscule sur les poètes paru en 1765 dans les *Nouveaux Mélanges* (*M*, t.20, p.231) et surtout, à propos des 'clercs de cuisine', l'*Histoire du parlement de Paris* (*OCV*, t.68, p.165).

[5] Voir les 'Remarques à l'occasion d'*Olympie*' (*M*, t.6, p.98, n.2).

[6] A l'exception du détail donné dans la dernière phrase, les éléments contenus dans l'ensemble du paragraphe proviennent d'Edward Chamberlayne, *L'Etat présent de la Grande-Bretagne et de l'Irlande sous le règne de George II*, 3 vol. (La Haye, H. Scheurleer, 1728), troisième partie, ch.18, t.2, p.181. Voltaire possède un *Extrait du livre intitulé: Angliae notitia, ou l'Etat présent de l'Angleterre* (Londres, 1748, BV699).

seulement par l'exemple de leurs patriarches, mais par la honte attachée à vivre sans postérité.[7]

Toutefois, dans les temps qui précédèrent les derniers malheurs des Juifs, il s'éleva des sectes de rigoristes, esséniens, judaïtes, thérapeutes, hérodiens; et dans quelques-unes comme celles des esséniens et des thérapeutes, les plus dévots ne se mariaient pas.[8] Cette continence était une imitation de la chasteté des vestales établies par Numa Pompilius,[9] de la fille de Pythagore qui institua un couvent, des prêtresses de Diane, de la pythie de Delphe, et plus anciennement de Cassandre et de Chrysis prêtresses d'Apollon, et même des prêtresses de Bacchus.[10]

Les prêtres de Cybèle, non seulement faisaient vœu de chasteté, mais de peur de violer leurs vœux ils se rendaient eunuques.[11]

Plutarque, dans sa huitième question des propos de table, dit qu'il y a des collèges de prêtres en Egypte qui renoncent au mariage.[12]

Les premiers chrétiens, quoique faisant profession d'une vie aussi pure que celle des esséniens et des thérapeutes, ne firent point

[7] Voir par exemple, à propos de Jephté, le *Commentaire littéral* de Calmet, t.7, p.190-91 (passage marqué par un papillon dans l'exemplaire de Voltaire, *CN*, t.2, p.59). Idée reprise dans l'*Histoire de Jenni*, ch.3 (*Romans et contes*, éd. F. Deloffre et J. Van den Heuvel, Paris, 1979, p.609).

[8] Voir l'article 'Lois', section seconde, du *DP* (*OCV*, t.36, p.307 et n.23). Voir aussi l'*Histoire de l'établissement du christianisme*, ch.4.

[9] Voir l''Histoire des vestales' par l'abbé Nadal, notamment la première dissertation 'sur l'établissement de l'ordre des vestales' (23 janvier 1711), dans les *Mémoires de littérature, tirés des registres de l'Académie royale des inscriptions et belles-lettres*, t.4 (Paris, 1746), p.161-78 (p.162-63).

[10] Voir les *Carnets*, *OCV*, t.82, p.589. Dans son exemplaire de l'*Encyclopédie*, à l'article 'Bacchantes', Voltaire a placé un signet annoté: 'Baccus bacchan[tes] prêtresse[s] vierges' (*CN*, t.3, p.379).

[11] Idée déjà exprimée dans *La Philosophie de l'histoire* (ch.12 et 22, *OCV*, t.59, p.131 et 169). Voir aussi la note 80 de Voltaire sur le *Discours de l'empereur Julien* (*OCV*, t.71B, p.356 et n.336) et l'article 'Austérités' des *QE* (*OCV*, t.39, p.234).

[12] Voir Plutarque, *Propos de table*, livre 8, question 8, dans *Œuvres morales*, 2 vol. (Paris, M. de Vascosan, 1572; BV2771: Paris, 1575), t.2, p.428 (passage marqué par un signet dans l'exemplaire de Voltaire, *CN*, t.7, p.117): les 'sages d'Egypte' s''abstiennent' de manger du poisson, 'et vivant chastement sans être mariés, ils refu[s]ent aussi l'usage du sel de la mer'.

une vertu du célibat. Nous avons vu que presque tous les apôtres et les disciples étaient mariés.[13] Saint Paul écrit à Tite, (*a*) *Choisissez pour prêtre celui qui n'aura qu'une femme ayant des enfants fidèles, et non accusés de luxure.*[14]

Il dit la même chose à Timothée; (*b*) *que le surveillant soit mari d'une seule femme.*[15]

Il semble faire si grand cas du mariage, que dans la même lettre à Timothée, il dit, (*c*) *la femme ayant prévariqué se sauvera en faisant des enfants.*

Ce qui arriva dans le fameux concile de Nicée au sujet des prêtres mariés, mérite une grande attention.[16] Quelques évêques, au rapport de Sozomène et de Socrate, (*d*) proposèrent une loi qui défendit aux évêques et aux prêtres de toucher dorénavant à leurs femmes; mais saint Paphnuce le martyr, évêque de Thèbes en Egypte, s'y opposa fortement, disant, *que coucher avec sa femme c'est chasteté*;[17] et son avis fut suivi par le concile.

Suidas, Gelase Cisicène, Cassiodore et Nicéphore Caliste, rapportent précisément la même chose.

(*a*) Epître à Tite ch.1.
(*b*) 1 à Timoth. ch.3, verset 2.
(*c*) Ch.2, verset 15.
(*d*) Sozom. livre 1. Socrate livre 1.

[13] Voir en particulier l'article 'Apôtres' des *QE* ('Les apôtres étaient-ils mariés?'), *OCV*, t.38, p.503-505 et les notes qui s'y rapportent. L'idée est récurrente: voir aussi, par exemple, l'*Essai sur les mœurs*, ch.128 (t.2, p.220).

[14] Tite 1:6.

[15] 1 Timothée 3:2. Ce passage, ainsi que le précédent, est analysé par Du Moulin, *Nouveauté du papisme*, livre 7, ch.4, p.580 (passage marqué par une corne en haut de page dans l'exemplaire de Voltaire, *CN*, t.3, p.299).

[16] Les informations qui suivent proviennent de Du Moulin, *Nouveauté du papisme*, Quatrième controverse, livre 7, ch.7, p.589-90 (passage marqué par une corne en haut de page dans l'exemplaire de Voltaire, *CN*, t.3, p.299). Voltaire francise certains des noms mentionnés par Du Moulin: Paphnutius, Gelasius Cizicenus.

[17] La citation de Sozomène donnée par Du Moulin porte: 'l'habitation avec sa propre femme était chasteté' (*Nouveauté du papisme*, p.589).

Le concile seulement défendit aux ecclésiastiques d'avoir chez eux des agapètes, des associées, autres que leurs propres femmes, excepté leurs mères, leurs sœurs, leurs tantes et des vieilles hors de tout soupçon.[18]

Depuis ce temps, le célibat fut recommandé sans être ordonné. Saint Jérôme voué à la solitude, fut celui de tous les Pères qui fit les plus grands éloges du célibat des prêtres; cependant, il prend hautement le parti de Cartérius évêque d'Espagne qui s'était remarié deux fois. *Si je voulais nommer*, dit-il, *tous les évêques qui ont passé à de secondes noces, j'en trouverais plus qu'il n'y eut d'évêques au concile de Rimini*; (*e*) *Tantus numerus congregabitur ut Riminensis synodus superetur.*[19]

Les exemples des clercs mariés, et vivant avec leurs femmes, sont innombrables.[20] Sydonius évêque de Clermont en Auvergne au cinquième siècle, épousa Papianilla fille de l'empereur Avitus; et la maison de Polignac a prétendu en descendre.[21] Simplicius évêque de Bourges eut deux enfants de sa femme Palladia.

Saint Grégoire de Nazianze était fils d'un autre Grégoire évêque de Nazianze, et de Nonna, dont cet évêque eut trois enfants, savoir Cesarius, Gorgonia et le Saint.

(*e*) Lettre 67 à Oceanus.

[18] La citation du Canon donnée par Du Moulin porte: 'les personnes qui seules sont hors de soupçon' (*Nouveauté du papisme*, p.590).

[19] Cité par Du Moulin, qui précise qu'il y avait 'plus de six cents évêques' à ce concile (*Nouveauté du papisme*, p.595).

[20] Du Moulin (livre 7, ch.8) fournit de nombreux 'exemples des clercs mariés, tant anciens que modernes', parmi lesquels Voltaire relève, ci-dessous, ceux de Sidoine, de Simplicius, de Grégoire de Nazianze et de Joconde: voir *Nouveauté du papisme*, p.600 (passage marqué par un signet dans l'exemplaire de Voltaire, *CN*, t.3, p.299).

[21] D'après le *Dictionnaire généalogique, héraldique, chronologique et historique* (Paris, Duchesne, 1757), 'Sidoine Apollinaire parle du château de Polignac, comme de sa maison paternelle'. François Alexandre Aubert de La Chenaye Des Bois ajoute que 'les vicomtes du pays de Velai ou de Polignac, qui subsistent encore aujourd'hui, descendent, à ce que l'on prétend, d'un Apollinaire, vicomte de Velai' (article 'Polignac', t.3, p.47).

On trouve dans le décret romain, au canon Osius, une liste très longue d'évêques enfants de prêtres. Le pape Osius lui-même était fils du sous-diacre Etienne, et le pape Boniface Ier fils du prêtre Joconde. Le pape Felix III fut fils du prêtre Felix, et devint lui-même un des aïeux de Grégoire le Grand. Jean II eut pour père le prêtre Projectus, Agapet le prêtre Gordien. Le pape Sylvestre était fils du pape Hormisdas. Théodore Ier naquit du mariage de Théodore patriarche de Jérusalem, ce qui devait réconcilier les deux Eglises.[22]

Enfin, après plus d'un concile tenu inutilement sur le célibat qui devait toujours accompagner le sacerdoce, le pape Grégoire VII excommunia tous les prêtres mariés,[23] soit pour rendre l'Eglise plus respectable par une discipline plus rigoureuse, soit pour attacher plus étroitement à la cour de Rome les évêques et les prêtres des autres pays qui n'auraient d'autre famille que l'Eglise.

Cette loi ne s'établit pas sans de grandes contradictions.

C'est une chose très remarquable que le concile de Bâle ayant déposé, du moins en paroles, le pape Eugène IV, et élu Amédée de Savoie, plusieurs évêques ayant objecté que ce prince avait été marié, Enéas Silvius, depuis pape sous le nom de Pie II, soutint l'élection d'Amédée, par ces propres paroles; *Non solum qui uxorem habuit, sed uxorem habens potest assumi. – Non seulement celui qui a été marié, mais celui qui l'est peut être pape.*[24]

Ce Pie II était conséquent. Lisez ses lettres à sa maîtresse dans le

86 w68: enfants des prêtres
96-97 w68: l'Eglise respectable

[22] Les ascendants de ces papes sont mentionnés par Bruys dans son *Histoire des papes*, 5 vol. (La Haye, H. Scheurleer, 1732-1734, BV563): Grégoire le Grand 'descendait en ligne directe du pape Félix IV' (t.1, p.350), passage marqué, dans l'exemplaire de Voltaire, par un signet ('saint Grégoire descendant du pape Félix IV', *CN*, t.1, p.550). Voir aussi t.1, p.303 (Jean II), p.306 (Agapet), p.314 (Silvère, 'fils du pape Hormisdas') et p.437 (Théodore Ier).

[23] Du Moulin évoque les 'troubles et scandales' suscités par cette excommunication (*Nouveauté du papisme*, livre 7, ch.8, p.601).

[24] D'après Du Moulin, *Nouveauté du papisme*, livre 7, ch.9, p.601.

recueil de ses œuvres.[25] Il était persuadé qu'il y a de la démence à vouloir frauder la nature, qu'il faut la guider, et non chercher à l'anéantir. (*f*)

Quoi qu'il en soit, depuis le concile de Trente il n'y a plus de dispute sur le célibat des clercs dans l'Eglise catholique romaine;[26] il n'y a plus que des désirs.

Toutes les communions protestantes se sont séparées de Rome sur cet article.

Dans l'Eglise grecque qui s'étend aujourd'hui des frontières de la Chine au cap Matapan, les prêtres se marient une fois.[27] Partout les usages varient, la discipline change selon les temps et selon les lieux. Nous ne faisons ici que raconter, et nous ne controversons jamais.

Des clercs du secret, devenus depuis secrétaires d'Etat et ministres

Les clercs du secret, clercs du roi, qui sont devenus depuis secrétaires d'Etat en France et en Angleterre, étaient originairement notaires du roi; ensuite on les nomma *secrétaires des commandements.*[28] C'est le savant et laborieux Pasquier qui nous

(*f*) Voyez 'Onanisme'.

121-42 70, 71N, 71A: jamais. //

[25] Voltaire fait peut-être référence aux *Opera quae extant omnia* (Bâle, H. Petri, 1551). Les *Epistole de dui amanti composte dal papa Pio, tradutte in vulgare* [*da Alessandro Braccio*] (Venise, M. Pagan, 1554) sont une adaptation du roman de Pie II.

[26] Voir, par exemple, Fra Paolo Sarpi, *Histoire du concile de Trente* (Bâle, J. Brandmuller, 1738; BV3091: Genève, P. Chouët, 1635), livre 8, ch.88 (t.2, p.769-70).

[27] Idée récurrente: voir, par exemple, l'article 'Catéchisme du curé' du *DP* (*OCV*, t.35, p.477), repris dans l'article 'Le curé de campagne' des *QE* (ci-dessous, p.338).

[28] D'après l'article 'Clerc' ('Clercs du secret') de l'*Encyclopédie* (t.3, p.526), qui ne mentionne cependant pas cette dernière expression. L'article 'Secrétaire d'Etat' (t.14, p.864), indiqué comme renvoi, comporte la référence à Etienne Pasquier, dont Voltaire possède les *Œuvres* (BV2657).

l'apprend. Il était bien instruit, puisqu'il avait sous ses yeux les registres de la chambre des comptes qui de nos jours ont été consumés par un incendie.

A la malheureuse paix du Catau-Cambresis en 1558, un clerc de Philippe II ayant pris le titre de *secrétaire d'Etat*, l'Aubépine qui était clerc secrétaire des commandements du roi de France, et son notaire, prit aussi le titre de *secrétaire d'Etat* afin que les dignités fussent égales, si les avantages de la paix ne l'étaient pas.[29]

En Angleterre avant Henri VIII, il n'y avait qu'un secrétaire du roi, qui présentait debout les mémoires et requêtes au conseil. Henri VIII en créa deux, et leur donna les mêmes titres et les mêmes prérogatives qu'en Espagne.[30] Les grands seigneurs alors n'acceptaient pas ces places; mais avec le temps elles sont devenues si considérables, que les pairs du royaume et les généraux des armées en ont été revêtus. Ainsi tout change. Il ne reste rien en France du gouvernement de Hugues surnommé *Capet*, ni en Angleterre de l'administration de Guillaume surnommé *le Bâtard*.[31]

[29] D'après l'article 'Secrétaire d'Etat' de l'*Encyclopédie*, qui donne toutefois la date de 1559 (t.14, p.865-66).

[30] Voir Edward Chamberlayne, *L'Etat présent de la Grande-Bretagne et de l'Irlande sous le règne de George II*, troisième partie, ch.15, t.2, p.132.

[31] La même idée est exprimée dans l'Avant-propos de l'*Histoire du parlement de Paris* (*OCV*, t.68, p.145).

CLIMAT

Hic segetes, illic veniunt felicius uvae:
Arborei foetus alibi, atque injussa virescunt
Gramina; nonne vides, croceos ut Tmolus odores,
India mittit ebur, molles sua thura Sabaei?
Ut chalybes nudi ferrum, virosaque Pontus
Castorea, Eliadum palmas Epirus equarum?[1]

Il faut ici se servir de la traduction de M. l'abbé de L'Isle, dont l'élégance en tant d'endroits est égale au mérite de la difficulté surmontée.[2]

* Dans l'*Encyclopédie*, deux articles sont consacrés au climat. L'un, rédigé par D'Alembert, traite de géographie; dans l'autre, Venel aborde la question sous l'angle de la médecine. Tous deux comportent toutefois des références élogieuses à 'l'illustre auteur de *L'Esprit des lois*' (t.3, p.534). C'est en effet avec Montesquieu que Voltaire entre ici en dialogue: tout en réaffirmant l'importance du 'gouvernement' et de la 'religion' parallèlement à la 'puissance' du 'climat', Voltaire ne tombe cependant pas dans le travers d'écrivains qui, selon D'Alembert, ont reproché à Montesquieu de faire 'dépendre tout du climat', alors qu'il n'a fait qu''exposer la multitude presque infinie des causes qui influent sur les lois et sur le caractère des peuples' (t.3, p.534). Quoiqu'il mentionne explicitement le livre 14 de *L'Esprit des lois*, Voltaire, en opposant les 'usages' et les 'dogmes' de la religion, fait peut-être aussi référence aux livres 24 et 25, qui traitent de ses 'pratiques' et de son 'établissement' dans chaque pays. Le désaccord, qui s'exprime à partir de la notion d''influence', distincte de celle de système élaboré, rejoint la critique formulée ailleurs des 'principes' que Montesquieu infère de l'observation des institutions humaines: là où Montesquieu recherche des constantes, Voltaire s'en tient à l'expression de la diversité et de la variation ('tout change'; influence de l''opinion', 'reine inconstante'). La mention, au début, de la nouvelle traduction de Virgile par l'abbé Delille permet de dater la rédaction, sinon de l'ensemble de l'article du moins de son entrée en matière, du printemps 1770 (voir ci-dessous, n.2). L'article paraît en mars/avril 1771 (70, t.4).

[1] Virgile, *Géorgiques*, livre 1, vers 54-59.

[2] Voltaire écrit à D'Alembert, le 19 mars 1770: 'Je dis anathème [...] à quiconque ne sera pas charmé de voir Virgile traduit mot à mot avec élégance' (D16241). Voir Jacques Delille, *Les Géorgiques de Virgile, traduction nouvelle en vers français* (Paris, Bleuet, 1770, BV3420), p.71, pour les vers cités ci-dessous.

Ici sont des vergers qu'enrichit la culture,
Là règne un vert gazon qu'entretient la nature;
Le Tmole est parfumé d'un safran précieux;
Dans les champs de Saba l'encens croît pour les dieux;
L'Euxin voit le castor se jouer dans ses ondes,
Le Pont s'enorgueillit de ses mines profondes;[3]
L'Inde produit l'ivoire; et dans ses champs guerriers
L'Epire pour l'Elide exerce ses coursiers.

Il est certain que le sol et l'atmosphère signalent leur empire sur toutes les productions de la nature, à commencer par l'homme, et à finir par les champignons.

Dans le grand siècle de Louis XIV, l'ingénieux Fontenelle a dit:

'On pourrait croire que la zone torride et les deux glaciales, ne sont pas fort propres pour les sciences. Jusqu'à présent elles n'ont point passé l'Egypte et la Mauritanie d'un côté, et de l'autre la Suède. Peut-être n'a-ce pas été par hasard qu'elles se sont tenues entre le mont Atlas et la mer Baltique. On ne sait si ce ne sont point là les bornes que la nature leur a posées; et si l'on peut espérer de voir jamais de grands auteurs lapons ou nègres.'[4]

Chardin, l'un de ces voyageurs qui raisonnent, et qui approfondissent, va encore plus loin que Fontenelle en parlant de la Perse. (*a*) 'La température des climats chauds (dit-il) énerve l'esprit comme le corps, et dissipe ce feu nécessaire à l'imagination pour l'invention. On n'est pas capable dans ces climats-là de

(*a*) Chardin, ch.7.

21 71A: nature a

[3] La traduction de Delille donne: 'ses mines fécondes' (*Les Géorgiques de Virgile*, p.71).

[4] Fontenelle, 'Digression sur les Anciens et les Modernes' (1688), dans *Œuvres*, 8 vol. (Paris, M. Brunet, 1742, BV1362), t.4, p.174-75: le texte porte 'des bornes' (ligne 21).

longues veilles, et de cette forte application qui enfantent les ouvrages des arts libéraux et des arts mécaniques, etc.'[5]

Chardin ne songeait pas que Sadi et Lokman étaient Persans.[6] Il ne faisait pas attention qu'Archimède était de Sicile,[7] où la chaleur est plus grande que dans les trois quarts de la Perse. Il oubliait que Pythagore apprit autrefois la géométrie chez les brahmanes.[8]

L'abbé Dubos soutint, et développa autant qu'il le put ce sentiment de Chardin.[9]

Cent cinquante ans avant eux Bodin en avait fait la base de son système, dans sa *République* et dans sa *Méthode de l'histoire*; il dit que l'influence du climat est le principe du gouvernement des peuples et de leur religion.[10]

Diodore de Sicile fut de ce sentiment longtemps avant Bodin.[11]

L'auteur de l'*Esprit des lois*, sans citer personne, poussa cette idée encore plus loin que Dubos, Chardin et Bodin.[12] Une certaine

[5] Chardin, *Voyages* [...] *en Perse et autres lieux de l'Orient*, 10 vol. (Amsterdam, J.-L. de Lormes, 1711; BV712, édition in-4°, 3 vol.), t.4 (contenant une 'Description générale de la Perse'), ch.17, 'Des arts mécaniques et métiers', p.214. Outre quelques modifications insignifiantes, Voltaire omet, après 'ce feu d'imagination nécessaire pour l'invention': 'ou pour la perfection des arts'.

[6] Chardin donne pourtant une 'Traduction des vers, qui sont au commencement des Œuvres de Cheic Sadhy' (*Voyages*, t.5, ch.14, 'De la poésie', p.263 et suivantes), et Voltaire a relevé, peu avant (p.262-63), le passage qui évoque 'les plus fameux poètes persans [...] Afez et Sahdy' (signet annoté: 'le grand poète Sahdi vivait au treizième siècle', *CN*, t.2, p.498). Chardin évoque aussi Lokman et résume certaines de ses fables, rapprochées de celles d'Esope (t.5, ch.12, 'De la morale', p.190 et suivantes), dans un passage exploité pour rédiger notamment le chapitre 5 de l'*Essai sur les mœurs* (t.1, p.247).

[7] Idée reprise dans l'article 'De Diodore de Sicile' des *QE* (ci-dessous, p.474).

[8] Idée récurrente: voir, par exemple, l'*Essai sur les mœurs*, ch.3 (t.1, p.227-28), ou encore, en 1766, le conte intitulé *Aventure indienne*.

[9] Allusion aux *Réflexions critiques sur la poésie et la peinture* (1719; Paris, 1740, BV1111) dans lesquelles Du Bos affirme la primauté de l'influence du sol et de l'atmosphère sur les arts.

[10] Allusion aux *Six Livres de la République* (1579), et à l'ouvrage intitulé *Methodus ad facilem historiarum cognitionem* (1566; ch.5 en particulier).

[11] Allusion à l'*Histoire universelle* de Diodore, évoqué en note par Montesquieu dans *L'Esprit des lois*, livre 14, ch.15.

[12] Voir Montesquieu, *De l'esprit des lois*, livre 14.

partie de la nation l'en crut l'inventeur, et lui en fit un crime. [13] C'est ainsi que cette partie de la nation est faite. Il y a partout des gens qui ont plus d'enthousiasme que d'esprit.

On pourrait demander à ceux qui soutiennent que l'atmosphère fait tout, pourquoi l'empereur Julien dit dans son *Misopogon* que ce qui lui plaisait dans les Parisiens c'était la gravité de leurs caractères, et la sévérité de leurs mœurs; [14] et pourquoi ces Parisiens, sans que le climat ait changé, sont aujourd'hui des enfants badins à qui le gouvernement donne le fouet en riant, et qui eux-mêmes rient le moment d'après, et chansonnent leurs précepteurs?

Pourquoi les Egyptiens qu'on nous peint encore plus graves que les Parisiens, [15] sont aujourd'hui le peuple le plus mou, le plus frivole et le plus lâche, après avoir, dit-on, conquis autrefois toute la terre pour leur plaisir, sous un roi nommé Sésostris? [16]

44-46 70, 71N, 71A: partout de sots enthousiastes. ¶On

[13] Allusion à la critique publiée dans les *Nouvelles ecclésiastiques* le 9 octobre 1749: voir C. Volpilhac-Auger, *Montesquieu. Mémoire de la critique* (Paris, 2003), p.141.

[14] C'est au contraire Julien qui, pendant son 'séjour dans les Gaules', dit imiter 'le fâcheux Ménandre': 'Cette conduite trouvait de l'indulgence chez une nation grossière, chez des Gaulois. Mais quelle injustice de vouloir qu'elle ne révolte pas une ville florissante comme la vôtre, une ville si peuplée, le centre de la richesse et de l'oisiveté, le rendez-vous des baladins et des joueurs de flûte, une ville où l'on compte plus de farceurs que de citoyens, enfin une ville accoutumée à traiter ses princes avec le dernier mépris!' (*Le Misopogon de l'empereur Julien*, dans La Bléterie, *Histoire de l'empereur Jovien*, 2 vol., Paris, Prault fils, 1748, t.2, p.13, BV1797). Voir aussi l'article 'Français' de l'*Encyclopédie* (*OCV*, t.33, p.97) et l'article 'Franc' des *QE* (*M*, t.19, p.180).

[15] Voltaire conteste ici encore la prétendue sagesse des Egyptiens, défendue notamment par Bossuet: voir, par exemple, dans le *DP*, les articles 'Apis' (*OCV*, t.35, p.359 et n.5) et 'Anthropophages' (p.345 et n.5). Dans l'article 'Egyptiens (Philosophie des)' (1755) de l'*Encyclopédie*, l'abbé Mallet mettait déjà en question une telle réputation.

[16] Voltaire présente constamment comme légendaires les conquêtes de Sésostris: voir *DP*, article 'Apis', p.359 et n.6. Idée répétée dans l'*Essai sur les mœurs* (ch.159): 'On nous dit que' la nation égyptienne 'était sérieuse et grave, et aujourd'hui on la voit, légère et gaie, danser et chanter dans la pauvreté et dans l'esclavage'; d'où Voltaire conclut que 'si le climat influe sur le caractère des hommes, le gouvernement a bien plus d'influence encore que le climat' (t.2, p.416).

Pourquoi dans Athènes n'y a-t-il plus d'Anacréons ni d'Aristotes, ni de Zeuxis?

D'où vient que Rome a pour ses Cicérons, ses Catons et ses Tite-Lives, des citoyens qui n'osent parler, et une populace de gueux abrutis, dont le suprême bonheur est d'avoir quelquefois de l'huile à bon marché, et de voir défiler des processions?

Cicéron plaisante beaucoup sur les Anglais dans ses lettres. Il prie Quintus son frère, lieutenant de César, de lui mander s'il a trouvé de grands philosophes parmi eux dans l'expédition d'Angleterre.[17] Il ne se doutait pas qu'un jour ce pays pût produire des mathématiciens qu'il n'aurait jamais pu entendre.[18] Cependant le climat n'a point changé; et le ciel de Londres est tout aussi nébuleux qu'il l'était alors.

Tout change dans les corps et dans les esprits avec le temps. Peut-être un jour les Américains viendront enseigner les arts aux peuples de l'Europe.

Le climat a quelque puissance, le gouvernement cent fois plus; la religion jointe au gouvernement encore davantage.[19]

Influence du climat

Le climat influe sur la religion en fait de cérémonies et d'usages. Un législateur n'aura pas eu de peine à faire baigner des Indiens dans le

64 71N, K84, K12: lui demander s'il

64-65 K12: s'il avait trouvé

[17] Voir 'Epistolarum ad Quintum fratrem', livre 2, dans Cicéron, *Opera*, 9 vol. (Genève, 1758, BV771), t.9, p.66-71.

[18] On songe bien entendu à Newton; dans les *Eléments de la philosophie de Newton*, Voltaire mentionne aussi Halley ou encore Norwood. Dans l'*Essai sur les mœurs* (ch.182, 'De l'Angleterre sous Charles II'), Voltaire écrit que 'la science des mathématiques fut portée bientôt à un point que les Archimède n'auraient pu même deviner' (t.2, p.688).

[19] Affirmation récurrente: voir, par exemple, l'*Essai sur les mœurs*, ch.197 (t.2, p.806; voir aussi ci-dessus, p.131, n.16) et le *Commentaire sur l'Esprit des lois*, *OCV*, t.80B, p.434.

Gange à certains temps de la lune; c'est un grand plaisir pour eux. On l'aurait lapidé s'il eût proposé le même bain aux peuples qui habitent les bords de la Duina vers Arcangel.[20] Défendez le porc à un Arabe qui aurait la lèpre s'il mangeait de cette chair très mauvaise et très dégoûtante dans son pays,[21] il vous obéira avec joie. Faites la même défense à un Vestphalien, il sera tenté de vous battre.

L'abstinence du vin est un bon précepte de religion dans l'Arabie, où les eaux d'orange, de citron, de limon[22] sont nécessaires à la santé.[23] Mahomet n'aurait pas peut-être défendu le vin en Suisse, surtout avant d'aller au combat.

Il y a des usages de pure fantaisie. Pourquoi les prêtres d'Egypte imaginèrent-ils la circoncision? ce n'est pas pour la santé. Cambyse qui les traita comme ils le méritaient, eux et leur bœuf Apis,[24] les courtisans de Cambyse, les soldats de Cambyse, n'avaient point fait rogner leurs prépuces et se portaient fort bien. La raison du climat ne fait rien aux parties génitales d'un prêtre. On offrait son prépuce à Isis probablement, comme on présenta partout les prémices des fruits de la terre.[25] C'était offrir les prémices du fruit de la vie.

Les religions ont toujours roulé sur deux pivots; observance et croyance; l'observance tient en grande partie au climat; la croyance

91-92 w68: fait couper leurs

[20] Idée similaire dans les *Pensées sur le gouvernement*, 30 (*M*, t.23, p.533). Voir aussi Montesquieu, *De l'esprit des lois*, livre 24, ch.26.

[21] Idée similaire dans l'*Essai sur les mœurs*, ch.7 (t.1, p.274). Voir Montesquieu (*De l'esprit des lois*, livre 24, ch.25) qui évoque, à la suite de Boulainvilliers, le risque de contracter des 'maladies de la peau'.

[22] 'Sorte de citron qui a beaucoup de jus' (*Dictionnaire de l'Académie*, 1762).

[23] Montesquieu parle d'une 'loi du climat' (*De l'esprit des lois*, livre 14, ch.10; passage marqué par un signet annoté 'prohi[bi]tion du vin. loi de climat' dans l'exemplaire de Voltaire, *CN*, t.5, p.747), ce que conteste Voltaire dans les *Pensées sur le gouvernement*, 31 (*M*, t.23, p.533). Voir aussi l'article 'Arot et Marot' des *QE* (*OCV*, t.39, p.28-29 et n.5).

[24] Voir l'article 'Apis' du *DP* (*OCV*, t.35, p.358 et n.3).

[25] Dans *La Philosophie de l'histoire* (ch.22), Voltaire présentait déjà la circoncision non comme un 'principe de santé', mais comme une offrande aux dieux (*OCV*, t.59,

n'en dépend point. On fera tout aussi bien recevoir un dogme sous l'équateur et sous le cercle polaire.[26] Il sera ensuite également rejeté à Batavia et aux Orcades, tandis qu'il sera soutenu *unguibus et rostro*[27] à Salamanque. Cela ne dépend point du sol et de l'atmosphère, mais uniquement de l'opinion, cette reine inconstante du monde.

Certaines libations de vin seront de précepte dans un pays de vignoble, et il ne tombera point dans l'esprit d'un législateur d'instituer en Norvège des mystères sacrés qui ne pourraient s'opérer sans vin.

Il sera expressément ordonné de brûler de l'encens dans le parvis d'un temple où l'on égorge des bêtes à l'honneur de la Divinité et pour le souper des prêtres. Cette boucherie appelée *temple*, serait un lieu d'infection abominable, si on ne le purifiait pas continuellement: et sans le secours des aromates, la religion des anciens aurait apporté la peste. On ornait même l'intérieur des temples de festons de fleurs pour rendre l'air plus doux.

On ne sacrifiera point de vache dans le pays brûlant de la presqu'île des Indes; parce que cet animal qui nous fournit un lait nécessaire est très rare dans une campagne aride, que sa chair y est sèche, coriace, très peu nourrissante, et que les brahmanes feraient très mauvaise chère. Au contraire, la vache deviendra sacrée, attendu sa rareté et son utilité.[28]

On n'entrera que pieds nus dans le temple de Jupiter-Ammon,

---

p.169). Dans l'article 'Circoncision' du *DP*, il déclarait, d'après Clément d'Alexandrie, que Pythagore avait dû se faire circoncire 'pour être admis' aux 'mystères' des Egyptiens (*OCV*, t.35, p.603-604), sans plus de précision.

[26] Même affirmation de l'indépendance des dogmes par rapport au climat dans l'article 'Etats, gouvernements' du *DP* (*OCV*, t.36, p.77 et n.37).

[27] Littéralement: 'des ongles et du bec'.

[28] Cf. les articles 'Ange' (*OCV*, t.38, p.369) et 'Brahmanes' (*OCV*, t.39, p.470 et n.25) des *QE*: Voltaire est ici plus proche de ce qu'écrit Holwell (*Interesting historical events*, Londres, 1765-1771, BV1666) de l'utilité des vaches pour la culture des champs. Voir aussi Montesquieu, *De l'esprit des lois*, livre 24, ch.24.

où la chaleur est excessive:[29] il faudra être bien chaussé pour faire ses dévotions à Copenhague.

Il n'en est pas ainsi du dogme. On a cru au polythéisme dans tous les climats; et il est aussi aisé à un Tartare de Crimée qu'à un habitant de la Mecque de reconnaître un Dieu unique, incommunicable, non-engendré et non-engendreur. C'est par le dogme encore plus que par les rites qu'une religion s'étend d'un climat à un autre. Le dogme de l'unité de Dieu passa bientôt de Médine au mont Caucase;[30] alors le climat cède à l'opinion.

Les Arabes dirent aux Turcs: 'Nous nous faisions circoncire en Arabie sans savoir trop pourquoi; c'était une ancienne mode des prêtres d'Egypte d'offrir à Oshiret ou Osiris une petite partie de ce qu'ils avaient de plus précieux: Nous avions adopté cette coutume trois mille ans avant d'être mahométans. Vous serez circoncis comme nous; vous serez obligés comme nous de coucher avec une de vos femmes tous les vendredis, et de donner par an deux et demi pour cent de votre revenu aux pauvres. Nous ne buvons que de l'eau et du sorbet; toute liqueur enivrante nous est défendue; elles sont pernicieuses en Arabie. Vous embrasserez ce régime, quoique vous aimiez le vin passionnément; et que même il vous soit souvent nécessaire sur les bords du Phaze et de l'Araxe. Enfin, si vous voulez aller au ciel et y être bien placés, vous prendrez le chemin de la Mecque.'[31]

Les habitants du nord du Caucase se soumettent à ces lois, et embrassent dans toute son étendue une religion qui n'était pas faite pour eux.

En Egypte le culte emblématique des animaux succéda aux dogmes de Thaut. Les dieux des Romains partagèrent ensuite l'Egypte avec les chiens, les chats et les crocodiles.[32] A la religion

[29] Même exemple dans le *Commentaire sur l'Esprit des lois* (*OCV*, t.80B, p.410).

[30] Dans l'*Essai sur les mœurs* (ch.6), Voltaire fait du dogme de 'l'unité d'un Dieu' l'un des fondements de l'islam (t.1, p.256-57), et l'une des principales raisons de son succès (t.1, ch.7, p.275).

[31] Voir l'article 'Arot et Marot' des *QE* (*OCV*, t.39, p.34 et n.24).

[32] Sur le dieu Thot, voir *La Défense de mon oncle* (*OCV*, t.64, n.23, p.407-408);

romaine succéda le christianisme: il fut entièrement chassé par le mahométisme,[33] qui cédera peut-être la place à une religion nouvelle.

Dans toutes ces vicissitudes le climat n'est entré pour rien: le gouvernement a tout fait. Nous ne considérons ici que les causes secondes, sans lever des yeux profanes vers la Providence qui les dirige. La religion chrétienne, née dans la Syrie, ayant reçu ses principaux accroissements dans Alexandrie, habite aujourd'hui les pays où Teutate, Irminsul, Frida, Odin étaient adorés.[34]

Il y a des peuples dont ni le climat, ni le gouvernement n'ont fait la religion. Quelle cause a détaché le nord de l'Allemagne, le Dannemarck, les trois quarts de la Suisse, la Hollande, l'Angleterre, l'Ecosse, l'Irlande de la communion romaine?... la pauvreté. On vendait trop cher les indulgences et la délivrance du purgatoire à des âmes dont les corps avaient alors très peu d'argent.[35] Les prélats, les moines engloutissaient tout le revenu d'une province. On prit une religion à meilleur marché. Enfin, après vingt guerres civiles on a cru que la religion du pape était fort bonne pour les grands seigneurs, et la réformée pour les citoyens. Le temps fera voir qui doit l'emporter vers la mer Egée et le Pont-Euxin de la religion grecque ou de la religion turque.[36]

---

sur le culte des animaux chez les Egyptiens, voir, entre autres, *La Défense de mon oncle* (*OCV*, t.64, p.256 et n.23, p.419) et l'article 'Idole', d'abord paru en 1764 dans le *DP* (*OCV*, t.36, p.222) puis, en 1765, dans l'*Encyclopédie* (*OCV*, t.33, p.199). Sur le chien (Anubis) et les chats, voir en particulier les articles 'Chien' (ci-dessus, p.56-57) et 'De Diodore de Sicile' (ci-dessous, p.463-64) des *QE*.

[33] Idée récurrente: voir notamment l'*Essai sur les mœurs*, ch.6.

[34] Teutatès, dieu des Gaulois; Irminsul, dieu des Saxons; Frîja, épouse d'Odin dans la mythologie scandinave.

[35] Sur la contestation, par la Réforme, des indulgences, source d'enrichissement du clergé catholique, voir, entre autres, l'*Essai sur les mœurs*, ch.127 et 128 (t.2, p.215-18). Voir aussi l'article 'Apropos' des *QE* (*OCV*, t.38, p.538).

[36] Allusion à la guerre russo-turque entamée en octobre 1768: dans sa correspondance et dans son œuvre, Voltaire rêve que Catherine II va libérer la Grèce du joug turc.

CLOU

Nous ne nous arrêterons pas à remarquer la barbarie agreste qui fit clou de *clavus*, et cloud de *clodoaldus*, et clou de girofle, quoique le girofle ressemble fort mal à un clou; et *clou*, maladie de l'œil; et *clou*, tumeur de la peau, etc. [1] Ces expressions viennent de la négligence et de la stérilité de l'imagination; c'est la honte d'un langage.

Nous demandons seulement ici aux réviseurs de livres la permission de transcrire ce que le missionnaire Labat dominicain, provéditeur du Saint Office, a écrit sur les clous de la croix, à laquelle il est plus que probable que jamais aucun clou ne fut attaché. [2]

* L'*Encyclopédie* contient plusieurs articles consacrés à 'Clou'. Le premier ('Art méch.'), signé de l'astérisque qui désignerait Diderot, fournit une longue description technique de différents types de clous employés surtout dans l'agriculture. Suit un article de deux paragraphes par l'abbé Mallet sur l'histoire ancienne. Finalement vient une très courte contribution médicale par le chevalier de Jaucourt. Ce qui semble énerver Voltaire, c'est l'absence totale de références aux clous de la Croix, occasion ainsi manquée d'ironiser sur le culte des reliques, ce qu'il fait dans cet article en citant plus ou moins fidèlement l'abbé Labat. Il souligne le paradoxe d'une situation où un philosophe risquerait de se voir embastiller (ou pire) s'il osait publier des propos semblables à ceux que Labat avait proférés sans créer le moindre scandale. Mme d'Epinay envoie le texte complet, ainsi que celui de l'article 'Curiosité', à l'abbé Galiani le 9 août 1771, avec le commentaire: 'Je vous envoie un morceau de Voltaire, cela remplira cet ordinaire et vaudra bien ma prose' (Ferdinando Galiani et Louise d'Epinay, *Correspondance*, éd. Georges Dulac et Daniel Maggetti, 5 vol., Paris, 1992-1997, t.2, p.158). 'Clou' avait paru en mars/avril 1771 (70, t.4).

[1] L'article de Diderot finit par un renvoi à deux articles par Jaucourt: 'Girofle', dont le fruit est 'en forme de clou' (*Encyclopédie*, t.7, p.670), et 'Clou (Méd.)'. Ce dernier est consacré à la maladie de l'œil évoquée par Voltaire. La 'tumeur de la peau' est décrite dans les articles 'Furoncule, ou clou' par Antoine Louis et 'Furoncle, clou, anthrax, charbon' par Jaucourt.

[2] Jean-Baptiste Labat fut ordonné prêtre dominicain, à Paris, en 1685. Missionnaire en Martinique en 1693, il y joua aussi un rôle important dans le développement de l'industrie sucrière. Retourné en Europe en 1706, il séjourna en

'(*a*) Le religieux italien qui nous conduisait, eut assez de crédit pour nous faire voir entre autres un des clous dont notre Seigneur fut attaché à la croix. Il me parut bien différent de celui que les bénédictins font voir à Saint-Denis. Peut-être que celui de Saint-Denis avait servi pour les pieds, et qu'il devait être plus grand que celui des mains. Il fallait pourtant que ceux des mains fussent assez grands, et assez forts pour soutenir tout le poids du corps. Mais il faut que les Juifs aient employé plus de quatre clous, ou que quelques-uns de ceux qu'on expose à la vénération des fidèles ne soient pas bien authentiques. Car l'histoire rapporte que sainte Hélène en jeta un dans la mer pour apaiser une tempête furieuse qui agitait son vaisseau. Constantin se servit d'un autre pour faire le mors de la bride de son cheval. On en montre un tout entier à Saint-Denis en France, un autre aussi tout entier à Sainte-Croix-de-Jérusalem à Rome. Un auteur romain de notre siècle, très célèbre, assure que la couronne de fer dont on couronne les empereurs en Italie, est faite d'un de ces clous. On voit à Rome et à Carpentras deux mors de bride aussi faits de ces clous, et on en fait voir encore en d'autres endroits. Il est vrai qu'on a la discrétion de dire de quelques-uns, tantôt que c'est la pointe, et tantôt que c'est la tête.'[3]

(*a*) *Voyage du jacobin Labat*, t.8, p.34 et 35.

Italie et visita d'autres pays européens. Voltaire possédait les *Voyages du père Labat de l'ordre des frères prêcheurs, en Espagne et en Italie* (8 vol., Paris, 1730, BV1790; *CN*, t.5, p.21-24).

[3] Voltaire reproduit ici assez fidèlement le texte de Labat qu'il a marqué d'un signet: 'clou' (*CN*, t.5, p.23-24). Il omet la réflexion apparemment pieuse: 'Nous révérâmes entre autres un des clous, dont notre Seigneur fut attaché à la Croix' (*Voyages du père Labat*, t.8, p.34). Il ne signale pas non plus que Labat a vu celui de l'Eglise de Sainte-Croix de Jérusalem. Le reste de ce long paragraphe est cité presque textuellement, à l'exception de deux réflexions sarcastiques de l'abbé: 'voilà bien des clous' (après 'deux mors de bride aussi faits de ces clous') et, à la fin du paragraphe: 'tantôt [...] c'est la pointe, et tantôt [...] c'est une partie; mais j'en viens de rapporter quatre bien entiers, d'où sont venus les autres?' (t.8, p.35).

Le missionnaire parle sur le même ton de toutes les reliques. Il dit au même endroit que lorsqu'on apporta de Jérusalem à Rome le corps du premier diacre saint Etienne, et qu'on le mit dans le tombeau du diacre saint Laurent, en 557, *saint Laurent se retira de lui-même pour donner la droite à son hôte; action qui lui acquit le surnom de civil Espagnol.*[4] (*b*)

(*b*) Ce même missionnaire Labat, frère prêcheur, provéditeur du Saint Office, qui ne manque pas une occasion de tomber rudement sur les reliques et sur les miracles des autres moines, ne parle qu'avec une noble assurance de tous les prodiges et de toutes les prééminences de l'ordre de saint Dominique. Nul écrivain monastique n'a jamais poussé si loin la vigueur de l'amour-propre conventuel. Il faut voir comme il traite les bénédictins et le père Martène.[5] (*) *Ingrats bénédictins!... ah père Martène! – noire ingratitude, que toute l'eau du déluge ne peut effacer! – vous enchérissez sur les lettres provinciales, et vous retenez le bien des jacobins! tremblez, révérends bénédictins de la congrégation de saint Vannes. – Si père Martène n'est pas content, il n'a qu'à parler.*[6]

(*) *Voyages de Labat* t.5, depuis la page 303 jusqu'à la page 113.

n.* 70, 71N, 71A, W68: page 303 jusqu'à la page 313.
K84, K12: page 33 jusqu'à la page 113.

[4] Selon la légende rapportée par Labat, quiconque regarde la dépouille de saint Laurent meurt dans les dix jours: 'Cette punition rendit plus retenus ceux qui ouvrirent son tombeau, lorsqu'on y mit en [5]57 le corps de saint Etienne premier diacre, et premier martyr. On assure qu'il n'arriva rien de fâcheux à ceux qui s'acquittèrent de ce devoir de piété, et que le corps de saint Laurent se retira de lui-même pour donner la droite à son hôte, qui était plus ancien diacre et martyr que lui. Action de politesse qui lui a acquis le surnom de civil Espagnol' (*Voyages du père Labat*, t.8, p.32-33).

[5] Le bénédictin Edmond Martène (1654-1739) était une autorité sur l'histoire et le rituel ecclésiastiques. Voltaire aurait consulté en 1754 son *De antiquis ecclesiae ritibus* (D5850).

[6] Ici Voltaire sélectionne et réorganise des extraits mémorables de deux passages des *Voyages du père Labat*, procédé bien différent de celui employé dans les citations ci-dessus (voir n.3 et 4). Chez Labat, la phrase 'Oh! noire ingratitude que toute l'eau d'un déluge ne saurait effacer' précède une apostrophe à l'intention de Martène ('Est-ce là père Martene le fruit de la réforme que vous vantez si fort[?]'), ainsi que

Ne faisons sur ces passages qu'une réflexion, c'est que si quelque philosophe s'était expliqué dans l'*Encyclopédie* comme le missionnaire dominicain Labat, une foule de Patouillets[7] et de

---

C'est bien pis quand il punit le très judicieux et très plaisant voyageur Misson, de n'avoir pas excepté les jacobins de tous les moines auxquels il accorde beaucoup de ridicule. Labat traite Misson de *bouffon ignorant qui ne peut être lu que par la canaille anglaise.*[8] Et ce qu'il y a de mieux, c'est que ce moine fait tous ses efforts pour être plus hardi et plus drôle que Misson. Au surplus, c'était un des plus effrontés convertisseurs que nous eussions; mais en qualité de voyageur il ressemble à tous les autres qui croient que tout l'univers a les yeux ouverts sur tous les cabarets où ils ont couché, et sur leurs querelles avec les commis de la douane.

---

l'expression 'ingrats bénédictins' (*Voyages du père Labat*, t.5, p.304). Ce n'est que plusieurs pages plus loin que l'on trouve la phrase suivante: 'on dit que vous enchérissez sur les *Lettres provinciales*, et vous retenez le bien d'autrui, et pour justifier votre iniquité, vous appelez le mensonge, et la calomnie à votre secours. Tremblez mes révérends pères bénédictins réformés de Saint-Vannes' (t.5, p.311-12). La dernière partie de la citation de Voltaire est à nouveau presque textuelle: 'Le révérend père Don Martene voit [...] que j'ai lu son ouvrage avec soin. S'il n'est pas content il n'a qu'à parler' (t.5, p.312).

[7] Louis Patouillet fut de 1749 à 1776 éditeur des *Lettres édifiantes et curieuses*. Voltaire en voulait particulièrement à Patouillet de sa prétendue collaboration à une *Instruction pastorale* (23 janvier 1764) de l'archevêque d'Auch en faveur des jésuites (voir D10901, D11808, D11950, D13024, D13234).

[8] Paraphrase du jugement de Labat: 'ce qu'on peut dire pour l'excuser [Misson], c'est que dans la triste situation où se trouve un réfugié dans un pays étranger, il a cru devoir se ménager l'esprit de la populace, ne pouvant pas espérer l'approbation des honnêtes gens' (*Voyages du père Labat*, t.2, p.226). Le protestant François Maximilien Misson, conseiller au parlement de Paris, s'exila en Angleterre après la Révocation de l'Edit de Nantes. Précepteur du jeune comte d'Arran, il visite l'Italie. Dans la bibliothèque de Voltaire figurent son *Nouveau Voyage d'Italie* (BV2471) et une traduction en anglais du *Théâtre sacré des Cévennes* (*A cry from the desert, or testimonials of the miraculous things lately come to pass in the Cevennes*, BV2470), récit dont le sujet expliquerait facilement l'hostilité de Labat.

Nonottes,[9] de Chiniacs,[10] de Chaumeix[11] et d'autres polissons auraient crié au déiste, à l'athée, au géomètre.

Selon ce que l'on peut être
Les choses changent de nom.

Amphitrion[12]

[9] Claude François Nonnotte se fit connaître du grand public par ses *Erreurs de Voltaire* (1762; BV1203: 1766). Il collabora aussi au *Dictionnaire anti-philosophique* de Louis Mayeul Chaudon (1767) et publia en 1772 un *Dictionnaire philosophique de la religion*.

[10] Le 6 mai 1768, Voltaire demande à d'Argental de s'informer 'du personnage qui a pris le nom de Chiniac La Bastide Duclaux, avocat au parlement, et qui est auteur des commentaires sur le discours des libertés gallicanes de l'abbé de Fleuri [...] C'est un énergumène qui établit le presbytérianisme tout cru' (D15003). L'ouvrage en question est le *Nouveau Commentaire sur le Discours de Monsieur l'abbé Fleury, touchant les libertés de l'Eglise gallicane* (Paris, 1767, BV758; *CN*, t.2, p.619-20). L'auteur ne semble pas être le même que le 'courtier en livres interdits' (voir *VST*, t.2, p.193 et D15288, D15386). Voir également ci-dessous, p.314 et n.26-27.

[11] Abraham Chaumeix encourut l'ire du parti philosophique par ses *Préjugés légitimes contre l'Encyclopédie* (1758).

[12] Ce couplet se trouve bien dans l'*Amphitryon* de Molière (Prologue, vers 130-31), dans la bouche de Mercure, lorsque Jupiter se substitue au mari d'Amphitryon en devenant son sosie. Le léger changement par rapport au texte original ('Et suivant ce qu'on peut être') signifie peut-être que Voltaire cite de mémoire.

COHÉRENCE, COHÉSION, ADHÉSION

Force par laquelle les parties des corps tiennent ensemble.[1] C'est le phénomène le plus commun et le plus inconnu. Newton se moque des atomes crochus par lesquels on a voulu expliquer la *cohérence*; car il resterait à savoir pourquoi ils sont crochus, et pourquoi ils cohèrent.

Il ne traite pas mieux ceux qui ont expliqué la cohésion par le repos; *C'est*, dit-il, *une qualité occulte*. Il a recours à une attraction;[2] mais cette attraction qui peut exister, et qui n'est point du tout démontrée, n'est-elle pas une qualité occulte? La grande attraction

* Voltaire a déjà abordé le problème de la cohérence ou plutôt cohésion des corps dans le dernier chapitre des *Eléments de la philosophie de Newton* (*OCV*, t.15, p.530-36) où l'explication de ce phénomène par l'attraction est encore présentée comme une quasi-certitude. Le credo newtonien est une fois de plus affirmé avec force: 'Il faut qu'il y ait une force donnée de Dieu à la matière qui en lie ainsi les parties, et c'est cette force que je nomme *attraction*' (p.532). Plus loin, Voltaire répète après Newton que 'l'attraction est un principe qui n'est point mécanique' (p.535). Voltaire s'inspire de près de l'article 'Cohésion' de l'*Encyclopédie* par D'Alembert. Le présent article paraît en mars/avril 1771 (70, t.4).

[1] A comparer avec cette définition proposée par D'Alembert dans l'article 'Cohésion' de l'*Encyclopédie*: 'force par laquelle les particules primitives qui constituent tous les corps sont attachées les unes aux autres, pour former les parties sensibles de ces corps, et par laquelle aussi ces parties sensibles sont unies et composent le corps entier' (t.3, p.605-606).

[2] La critique de Newton exprimée dans le livre 3 du *Traité d'optique* (Paris, 1722, p.470-71) est presque littéralement rapportée dans l'article 'Cohésion' de l'*Encyclopédie*: 'Les parties de tous les corps durs homogènes qui se touchent pleinement, tiennent fortement ensemble. Pour expliquer la cause de cette *cohésion,* quelques-uns ont inventé des atomes crochus; mais c'est supposer ce qui est en question: d'autres nous disent que les particules des corps sont jointes ensemble par le repos, c'est-à-dire par une qualité occulte, ou plutôt par un pur néant; et d'autres, qu'elles sont jointes ensemble par des mouvements conspirants, c'est-à-dire par un repos relatif entre eux. Pour moi j'aime mieux conclure de la *cohésion* des corps, que leurs particules s'attirent mutuellement par une force qui dans le contact immédiat est extrêmement puissante, qui à de petites distances est encore sensible, mais qui à de fort grandes distances ne se fait plus apercevoir' (t.3, p.606).

des globes célestes est démontrée et calculée. Celle des corps adhérents est incalculable. Or, comment admettre une force immesurable[3] qui serait de la même nature que celle qu'on mesure?

Néanmoins, il est démontré que la force d'attraction agit sur toutes les planètes et sur tous les corps graves, proportionnellement à leur solidité; donc elle agit sur toutes les particules de la matière; donc il est très vraisemblable qu'en résidant dans chaque partie par rapport au tout, elle réside aussi dans chaque partie par rapport à la continuité; donc la cohérence peut être l'effet de l'attraction.[4]

Cette opinion paraît admissible jusqu'à ce qu'on trouve mieux; et le mieux n'est pas facile à rencontrer.

15 w68: les parties de

[3] L'adjectif 'immesurable' figure dans le *Vocabulaire de nouveaux privatifs français* de Pougens (Paris, 1794), article 'mesurable'.

[4] Résumé d'un passage de l'article 'Cohésion' de l'*Encyclopédie*: 'Les plus petites particules de matière peuvent être unies ensemble par les plus fortes attractions, et composer de plus grosses particules dont la vertu attractive soit moins forte; et plusieurs de ces dernières peuvent tenir ensemble et composer des particules encore plus grosses, dont la vertu attractive soit encore moins forte, et ainsi de suite, jusqu'à ce que la progression finisse par les plus grosses particules, d'où dépendent les opérations chimiques, les couleurs des corps naturels, et qui jointes ensemble composent des corps d'une grandeur sensible' (t.3, p.606).

COLIMAÇONS

Petit ouvrage écrit en 1768

Section première

Il y a quelque temps qu'on ne parlait que des jésuites,[1] et à présent on ne s'entretient que des escargots. Chaque chose a son temps; mais il est certain que les colimaçons dureront plus que tous nos ordres religieux: car il est clair que si on avait coupé la tête à tous les capucins et à tous les carmes, ils ne pourraient plus recevoir de

* A quelques éléments près, la première section de cet article correspond à la première lettre des *Colimaçons du révérend père L'Escarbotier* (1768): Voltaire supprime les références culinaires, les paragraphes faisant allusion au Révérend Père, ainsi qu'une mention du *Spectacle de la nature* de Pluche. La seconde section est formée par un fragment de la 'Dissertation du physicien de Saint-Flour', faisant partie de la troisième lettre, et d'un fragment de la 'Réflexion de l'éditeur', qui clôt les *Colimaçons du révérend père L'Escarbotier*. Le texte a sans doute été remanié vers août 1770, comme le montre la lettre écrite à Frédéric II dans laquelle on reconnaît aisément le sujet de l'article des *QE* (D16602). Voltaire s'en prend au prêtre catholique anglais John Turberville Needham, dont les expériences et les observations microscopiques soutenaient la théorie de la génération spontanée, que Buffon, Maupertuis et la plupart des encyclopédistes avaient immédiatement adoptée (voir les articles 'Anguille' et 'Limaçon' de l'*Encyclopédie* et D15210). Convaincu qu'une telle théorie ne peut que favoriser le matérialisme athée, Voltaire défend ici celle de la préexistence des germes, plus compatible avec son déisme fixiste, en se servant à cette occasion des travaux du naturaliste italien Lazzaro Spallanzani. La même thématique se retrouve dans plusieurs textes de la même époque tels que *Des singularités de la nature* et *La Défense de mon oncle*. Voir René Pomeau, *La Religion de Voltaire* (Paris, 1956); Jacques Roger, *Les Sciences de la vie dans la pensée française au dix-huitième siècle* (Paris, 1963); José-Michel Moureaux, 'Needham vu par lui-même et par ses pairs' dans *Voltaire et ses combats*, éd. Ulla Kölving et Christiane Mervaud, 2 vol. (Oxford, 1994), t.2, p.923-38. En 1775, Voltaire publiera une 'Rétractation nécessaire' (*M*, t.20, p.621-22) de cet article paru en mars/avril 1771 (70, t.4).

[1] Allusion probable au livre de D'Alembert, *Sur la destruction des jésuites en France, par un auteur désintéressé* (s.l., 1767, BV37). Voltaire en parle à D'Alembert dans sa lettre du 12 septembre 1768 (D15210), où il lui demande son avis à propos des *Colimaçons du révérend père L'Escarbotier*.

novices; au lieu qu'une limace à qui l'on a coupé le cou reprend une nouvelle tête au bout d'un mois.

Plusieurs naturalistes ont fait cette expérience, et ce qui n'arrive que trop souvent, ils ne sont pas du même avis. Les uns disent que ce sont les limaces simples que j'appelle *incoques*[2] qui reprennent une tête; les autres disent que ce sont les escargots, les limaçons à coquilles. *Experientia fallax*, l'expérience même est trompeuse.[3] (*a*) Il est très vraisemblable que le succès de cette tentative dépend de l'endroit dans lequel l'on fait l'amputation et de l'âge du patient.

Je me suis donné souvent le plaisir innocent de couper des têtes de colimaçons escargots à coquilles, et de limaces nues incoques. Je vais vous exposer fidèlement ce qui m'est arrivé. Je serais fâché d'en imposer au monde.[4]

Le vingt-sept de mai 1768 par les neuf heures du matin,[5] le temps

(*a*) Dans un programme des *reproductions animales* imprimé, il est dit page 6, dans l'avis du traducteur, que la tête et les autres parties se reproduisirent dans l'escargot terrestre, et que les cornes se reproduisirent dans le limaçon sans coquille;[6] c'est communément tout le contraire. Et d'ailleurs les limaces nues incoques, et le colimaçon à coquille sont également terrestres.

11 71N: sont des escargots
19 71N: 1768, vers les

[2] Le terme est inventé par Voltaire.

[3] Hippocrate, *Aphorismes*, section 1, §1.

[4] Ce paragraphe n'apparaît pas dans les *Colimaçons du révérend père L'Escarbotier*.

[5] Voltaire a lui-même réalisé ces expériences, même si la date ne peut être corroborée. Il en parle dans plusieurs lettres entre le 23 et le 30 juillet 1768, à Mme Denis (D15154), à d'Argental (D15157), à François Louis Allamand (D15156), et à Mme Du Deffand (D15163). Il s'en souvient encore en 1776, alors qu'il correspond avec Spallanzani (D20133), qui répond en confirmant le résultat obtenu par Voltaire (D20148).

[6] *Programme ou précis d'un ouvrage sur les reproductions animales par M. l'abbé Spallanzani. Traduit de l'italien par M. B*** de La Sabionne* (Genève, C. Philibert, 1768, BV3200). La page vi de l'Avis du traducteur renvoie en chapitre 6, 'De la reproduction de la tête, et des autres parties dans l'escargot terrestre, et des cornes dans le limaçon sans coquille'.

étant serein, je coupai la tête entière avec ses quatre antennes à vingt limaces nues incoques de couleur mordoré brun, et à douze escargots à coquilles. Je coupai aussi la tête à huit autres escargots, mais entre les antennes. Au bout de quinze jours deux de mes limaces ont montré une tête naissante, elles mangeaient déjà, et leurs quatre antennes commençaient à poindre. Les autres se portent bien, elles mangent sous le capuchon qui les couvre sans allonger encore le cou. Il ne m'est mort que la moitié de mes escargots, tous les autres sont en vie. Ils marchent, ils grimpent à un mur, ils allongent le cou; mais il n'y a nulle apparence de tête, excepté à un seul. On lui avait coupé le cou entièrement, sa tête est revenue; mais il ne mange pas encore. *Unus est ne desperes; sed unus est ne confidas.*[7] (*b*)

Ceux à qui l'on n'a fait l'opération qu'entre les quatre antennes, ont déjà repris leur museau. Dès qu'ils seront en état de manger et de faire l'amour, j'en rendrai compte. Voilà deux prodiges bien avérés: des animaux qui vivent sans tête; des animaux qui reproduisent une tête.

J'ose espérer que mes escargots, mes colimaçons reprendront des têtes entières comme les limaces; mais enfin je n'en ai encore vu qu'un à qui cela soit arrivé; et je crains même de m'être trompé.

Si la tête revient difficilement aux escargots, ils ont en récompense des privilèges bien plus considérables. Les colimaçons ont le bonheur d'être à la fois mâles et femelles, comme ce beau

(*b*) On est obligé de dire qu'on doute encore si cet escargot auquel il revient une tête, et dont une corne commence à paraître, n'est pas du nombre de ceux à qui l'on n'a coupé que la tête et deux antennes. Il est déjà revenu un museau à ceux-ci au bout de quinze jours. Ces expériences sont incontestables.

[7] 'Il y en a un pour que tu ne perdes pas espoir; mais il n'y en a qu'un pour que tu n'en tires pas présomption': propos attribués par Bayle à saint Augustin, *Dictionnaire historique et critique*, article 'Usson', note G. Voltaire suit ici l'expérience faite par Spallanzani et décrite dans le chapitre 6 du *Programme ou précis d'un ouvrage sur les reproductions animales*.

garçon fils de Vénus et de Mercure, dont la nymphe Salmacis fut amoureuse.[8]

Les colimaçons sont assurément l'espèce la plus favorisée de la nature. Ils ont de doubles organes de plaisir.[9] Chacun d'eux est pourvu d'une espèce de carquois blanc, dont il tire une flèche amoureuse longue de trois à quatre lignes. Ils donnent et reçoivent tour à tour; leurs voluptés sont non seulement le double des nôtres, mais elles sont beaucoup plus durables. On sait, jeunes gens, dans quel court espace de temps s'évanouit votre jouissance. Un moment la voit naître et mourir. Cela passe comme un éclair, et ne revient pas si souvent qu'on le dit dans les chansons. Les colimaçons se pâment trois, quatre heures entières. C'est peu par rapport à l'éternité; mais c'est beaucoup par rapport à nous. Vous voyez évidemment que Louis Racine a tort d'appeler le colimaçon *solitaire odieux*,[10] il n'y a rien de plus sociable. J'ose interpeller ici l'amant le plus tendre et le plus vigoureux; s'il était quatre heures entières dans la même attitude avec l'objet de ses chastes amours, je pense qu'il serait bien ennuyé et qu'il désirerait d'être quelque temps à lui-même; mais les colimaçons ne s'ennuient point. C'est un charme de les voir s'approcher et s'unir ensemble par cette longue fraise qui leur sert à la fois de jambes et de manteau. J'ai vingt fois été témoin de leurs tendres caresses.

Si les limaces incoques n'ont ni deux sexes ni ces longs ravissements, la nature en récompense les fait renaître. Lequel vaut mieux?

Les escargots nous surpassent autant dans la faculté de la vue que

[8] Les dieux ont exaucé le vœu de Salmacis de ne faire qu'un seul corps avec Hermaphrodite.

[9] Pour la description de la reproduction des escargots, Voltaire suit l'article 'Limaçon' de l'*Encyclopédie* (voir également Pluche, *Le Spectacle de la nature*, tome 1, entretien 9). Il a marqué d'un signet l'article 301, 'Les animaux hermaphrodites. Le ver de terre. La limace. Quelques espèces de coquillages. Découvertes de M. Adanson' des *Considérations sur les corps organisés, où l'on traite de leur origine, de leur développement, de leur reproduction* de Charles Bonnet (Amsterdam, 1762, BV465; *CN*, t.1, p.393).

[10] *La Religion* (Paris, 1742), chant 1, p.10. Ce qui est odieux, c'est la thèse des animaux-machines.

dans celle de l'amour. Ils ont une double paire d'yeux comme un double instrument de tendresse. Quatre yeux pour un colimaçon! Oh nature! nature![11] Il y a un grain noir au bout de leurs quatre antennes supérieures. Ce point noir descend dans le creux de ces quatre trompes quand on y touche, à travers une espèce d'humeur vitrée, et remonte ensuite avec célérité; leurs yeux sont mobiles, ils sont enfermés dans une gaine; ces yeux sont à la fois des cornes, des trompes, avec lesquelles l'escargot et la limace cherchent leur nourriture. Coupez les yeux et les trompes à l'escargot et à la limace incoque, ces yeux se reproduisent dans la limace incoque. Peut-être qu'ils ressusciteront aussi dans l'escargot.

Je crois l'une et l'autre espèce sourde: car quelque bruit que l'on fasse autour d'eux, rien ne les alarme. Si elles ont des oreilles je me rétracterai; cela ne coûte rien à un galant homme.

Qu'ils soient sourds ou non, il est certain que les têtes des limaces ressuscitent; et que les colimaçons vivent sans tête. *O altitudo divitiarum!*[12]

Section seconde[13]

Cet animal à qui je viens de couper la tête est-il encore animé? Oui sans doute, puisque l'escargot décapité remue et montre son cou, puisqu'il vit, puisque la tête revient en moins d'un mois à des limaces incoques.

Cet animal a-t-il des sensations avant que sa tête soit revenue? Je dois le soupçonner, puisqu'il remue le cou, qu'il l'étend, et que dès qu'on y touche, il le resserre.

Peut-on avoir des sensations sans avoir au moins quelque idée

[11] Voltaire supprime ici une allusion moqueuse au *Spectacle de la nature*, tome 1, entretien 9, présente dans les *Colimaçons du révérend père L'Escarbotier*, au sujet des 'yeux' qu'auraient les colimaçons dans les antennes. Il lui préfère la description proposée par l'*Encyclopédie*, article 'Limaçon'.

[12] 'O profondeur des trésors de la sagesse et de la science de Dieu!' (Epître aux Romains 11:33).

[13] Ici commence le passage extrait de la 'Dissertation du physicien de Saint-Flour' des *Colimaçons du révérend père L'Escarbotier* avec quelques variantes stylistiques.

confuse? Je ne le crois pas: car toute sensation est plaisir ou douleur, et on a la perception de cette douleur et de ce plaisir. Autrement ce serait ne pas sentir.

Qui donne cette sensation, cette idée commencée? Celui qui a fait le limaçon, le soleil et les astres. Il est impossible qu'un animal se donne des sensations à lui-même. Le sceau de la Divinité est dans les aperceptions d'un ciron, comme dans le cerveau de Virgile.[14]

On cherche à expliquer comme on sent, comment on pense. Je m'en tiens au poète Aratus que saint Paul a cité.

In Deo vivimus, movemur et sumus.[15]

Qui[16] me dira comment une âme, un principe de sensation et d'idées réside entre quatre cornes, et comment l'âme restera dans l'animal quand les quatre cornes et la tête sont coupées? On ne peut guère dire d'une limace: *Igneus est illis vigor et caelestis origo*;[17] il serait difficile de prouver que l'âme d'un colimaçon qui n'est qu'une glaire en vie soit un feu céleste. Enfin ce prodige d'une tête renaissante inconnu depuis le commencement des choses jusqu'à nous, est plus inexplicable que la direction de l'aimant. Cet étonnant objet de notre curiosité confondue tient à la nature des choses, aux premiers principes, qui ne sont pas plus à notre portée que la nature des habitants de Sirius et de Canope. Pour peu qu'on creuse on trouve un abîme infini. Il faut admirer et se taire.[18]

[14] Dans les *Colimaçons du révérend père L'Escarbotier*, Voltaire parle du 'cerveau de Newton'.

[15] 'Car c'est en lui que nous avons la vie, le mouvement et l'être' (Actes des Apôtres 17:28). Saint Paul cite les *Phénomènes*, 5, par le poète grec Aratos (troisième siècle av. J.-C.).

[16] Ici commence la reprise de la 'Réflexion de l'éditeur' des *Colimaçons du révérend père L'Escarbotier*.

[17] 'Leur vigueur est ardente et leur naissance céleste' (Virgile, *Enéide*, chant 6, vers 730).

[18] Dans la ligne du *Traité de métaphysique* et des *Eléments de la philosophie de Newton*, Voltaire inscrit son article dans le débat sur l'âme des bêtes. Voir l'*Encyclopédie*, article 'Ame des bêtes' qu'il a annoté (*CN*, t.3, p.365), le *DP*, article 'Bêtes' (*OCV*, t.35, p.411-15) et C. Mervaud, 'Bestiaires de Voltaire', *SVEC* 2006:06, p.19-31.

CONCILE

Assemblée, conseil d'Etat, parlement, états généraux, c'était autrefois la même chose parmi nous. On n'écrivait ni en celte, ni en germain, ni en espagnol dans nos premiers siècles. Le peu qu'on écrivait était conçu en langue latine par quelques clercs; ils exprimaient toute assemblée de leudes, de heerren, ou de ricos-ombres, ou de quelques prélats par le mot de *concilium*.[1] De là vient

a-1 K84, K12: [*ajoutent, sous la rubrique 'Section 1', le texte de l'article 'Conciles' du fonds de Kehl*] / Section 2 / *Notices des conciles généraux* / Assemblée

* Dans l'exemplaire de l'*Encyclopédie* conservé dans la bibliothèque de Voltaire se trouve un signet annoté indiquant: 'lisez cet article des conciles' (*CN*, t.3, p.382). Outre le court article d'histoire ancienne rédigé par Diderot, on trouve en effet un long article d'histoire ecclésiastique et de jurisprudence, signé par 'M. Bouchaud, docteur agrégé de la Faculté de droit' (t.3, p.819). Si certains des conciles mentionnés ici par Voltaire sont également évoqués par Bouchaud, Voltaire ne retient pourtant rien de ses développements savants. Le présent article constitue plutôt le prolongement de l'article 'Conciles' (1767) du *DP*, dont il reprend la forme et le contenu tout en incluant les corrections manuscrites apportées sur 69* (voir *OCV*, t.35, p.253 et variantes p.614-31) qui en préparent la rédaction. Ici encore, Voltaire procède par liste et consacre aux conciles retenus, classés dans l'ordre chronologique, des 'notices' d'inégale longueur, selon l'expression employée dans l'édition de Kehl (voir la variante des lignes a-1). Si le contenu des conciles déjà évoqués dans le *DP* est fréquemment condensé, l'information est souvent complétée par des ajouts ponctuels, mais aussi par l'évocation d'autres conciles, certains figurant également dans l'article du fonds de Kehl (*M*, t.18, p.205-13). Quoique de nombreux éléments puissent provenir aussi du *Dictionnaire portatif des conciles* de Pons Augustin Alletz ou de l'*Histoire des conciles* de Jean Hermant, certains détails ne se trouvent que dans l'*Histoire ecclésiastique* de Fleury qui constitue la source principale. Cet article paraît en mars/avril 1771 (70, t.4).

[1] Voir Du Cange, *Glossarium* (BV1115), article 'Concilium': '*coetus, corpus et universitas hominum simul et una convenientium*' (t.2, colonne 914). Du Cange signale aussi le sens spécialisé: '*Episcoporem consessus de rebus ecclesiasticis deliberantium*'. Selon Diderot, dans l'article 'Concile (Hist. anc.)' de l'*Encyclopédie*, le mot désigne une 'assemblée publique chez les Romains, où il ne se trouvait aucun patricien' (t.3, p.806). Sur les 'possesseurs de grandes terres', les '*Herren* en Allemagne', les

qu'on trouve dans le sixième, septième et huitième siècle, tant de conciles qui n'étaient précisément que des conseils d'Etat.

Nous ne parlerons ici que des grands conciles appelés *généraux* soit par l'Eglise grecque, soit par l'Eglise latine:[2] on les nomma *synodes* à Rome comme en Orient dans les premiers siècles; car les Latins empruntèrent des Grecs les noms et les choses.

En 325 grand concile dans la ville de Nicée, convoqué par Constantin.[3] La formule de la décision est; *Nous croyons Jésus consubstantiel au Père, Dieu de Dieu, lumière de lumière, engendré et non fait. Nous croyons aussi au Saint-Esprit.*[4] (Voyez 'Arianisme'.)[5]

Il est dit dans le supplément appelé *appendix*, que les Pères du concile voulant distinguer les livres canoniques des apocryphes, les mirent tous sur l'autel, et que les apocryphes tombèrent par terre d'eux-mêmes.[6]

7 K12: dans les sixième, septième et huitième siècles, tant

'*ricos hombres* en Espagne', auxquels s'ajoutent ici les leudes, voir l'*Essai sur les mœurs*, ch.96 (t.2, p.17).

[2] Dans l'article 'Concile (Hist. ecclés.)' de l'*Encyclopédie*, Bouchaud distingue les conciles 'particuliers' – 'nationaux', 'provinciaux' ou 'diocésains', ces derniers appelés 'proprement *synodes*, suivant l'usage moderne' – d'une part (t.3, p.817-19), et d'autre part les conciles 'généraux ou œcuméniques', qui 'sont ceux où l'on appelle les évêques de toute la chrétienté' (t.3, p.808). Parmi les vingt-sept conciles évoqués ci-dessous, treize sont considérés comme 'généraux': voir *OCV*, t.35, p.615 et n.6.

[3] L'évocation de ce concile est ici très rapide par rapport à ce que l'on trouve dans le *DP*: voir *OCV*, t.35, p.615-18, et, sur les mentions récurrentes de ce concile, n.7.

[4] Formule présente notamment dans Fleury, *Histoire ecclésiastique*, 36 vol. (Paris, 1719-1738, BV1350) livre 11, ch.13, t.3, p.133. Sur le traitement réservé au texte du symbole de Nicée, que donnent les *Sacrosancta concilia* de Labbe, voir *OCV*, t.35, p.618 et n.11.

[5] Ajout manuscrit sur 69*. Cet article des *QE* (*OCV*, t.38, p.591-602), qui reprend et allonge l'article 'Arius' du *DP*, donne des détails sur la condamnation d'Arius et fournit des perspectives sur le développement ultérieur de l'arianisme.

[6] Episode déjà mentionné dans l'article du *DP*, également présent dans celui du fonds de Kehl qui fait référence aux *Sacrosancta concilia* de Labbe: voir *OCV*, t.35, p.618 et n.12. La mention de l'appendix est propre au présent article.

Nicéphore assure (*a*) que deux évêques, Chrisante et Misonius, morts pendant les premières sessions, ressuscitèrent pour signer la condamnation d'Arius, et remoururent incontinent après.[7]

Baronius soutient le fait, (*b*) mais Fleuri n'en parle pas.

En 359 l'empereur Constance assemble le grand concile de Rimini et de Séleucie, au nombre de six cents évêques, et d'un nombre prodigieux de prêtres. Ces deux conciles correspondant ensemble, défont tout ce que le concile de Nicée a fait, et proscrivent la consubstantiabilité. Aussi fut-il regardé depuis comme faux concile.[8]

En 381, par les ordres de l'empereur Théodose, grand concile à Constantinople, de cent cinquante évêques, qui anathématisent le concile de Rimini. Saint Grégoire de Nazianze y préside;[9] (*c*)

(*a*) Livre 8, ch.23.

(*b*) T.4, n° 82.

(*c*) Voyez la lettre de saint Grégoire de Nazianze à Procope; il dit, 'Je crains les conciles, je n'en ai jamais vu qui n'aient fait plus de mal que de bien, et qui aient eu une bonne fin; l'esprit de dispute, la vanité, l'ambition y dominent; celui qui veut y réformer les méchants, s'expose à être accusé sans les corriger.'[10]

Ce saint savait que les pères des conciles sont hommes.[11]

[7] Ajout manuscrit sur 69*, également présent dans l'article du fonds de Kehl qui ajoute une référence à Aurelius Peruginus [Perusinus] (*M*, t.18, p.210-11), ainsi que dans *L'Examen important de Milord Bolingbroke* (*OCV*, t.62, p.318) et dans l'Avant-propos de la *Collection d'anciens évangiles* (*OCV*, t.69, p.56 et n.25-28).

[8] Voltaire accentue encore le raccourci effectué dans l'article du *DP*, corrigé dans 69*: voir *OCV*, t.35, p.619 et n.13 et 15. La qualification de 'faux concile', absente de l'article du *DP* et de celui du fonds de Kehl, se rapporte à ce que Voltaire présente plus haut comme un seul et même 'grand concile de Rimini et de Séleucie'.

[9] Concile non mentionné dans l'article du *DP*, mais évoqué dans celui du fonds de Kehl sans la citation (*M*, t.18, p.211). Voltaire condense le récit de Fleury, *Histoire ecclésiastique*, livre 18, ch.1-3 (t.4, p.390-94).

[10] Voir *OCV*, t.35, p.615 et n.4. Une autre version des paroles de Grégoire de Nazianze figure dans l'article du fonds de Kehl (*M*, t.18, p.213), où Voltaire précise qu'il s'agit de la lettre 55.

[11] Reprise atténuée de la formule qui ouvrait l'article 'Conciles' du *DP* (*OCV*, t.35, p.614).

l'évêque de Rome y envoie des députés. On ajoute au symbole de Nicée, *Jésus-Christ s'est incarné par le Saint-Esprit et de la vierge Marie – il a été crucifié pour nous sous Ponce Pilate – il a été enseveli, et il est ressuscité le troisième jour, suivant les Ecritures. – Il est assis à la droite du Père – nous croyons aussi au Saint-Esprit, Seigneur vivifiant qui procède du Père.*[12]

En 431 grand concile d'Ephèse convoqué par l'empereur Théodose. Nestorius évêque de Constantinople ayant persécuté violemment tous ceux qui n'étaient pas de son opinion sur des points de théologie, essuya des persécutions à son tour pour avoir soutenu que la sainte vierge Marie mère de Jésus-Christ n'était point mère de Dieu, parce que, disait-il, Jésus-Christ étant le verbe fils de Dieu, Marie ne pouvait pas être à la fois la mère de Dieu le père et de Dieu le fils.[13] Saint Cyrille s'éleva hautement contre lui. Nestorius demanda un concile œcuménique; il l'obtint. Nestorius fut condamné, mais Cyrille fut déposé par un comité du concile.[14] L'empereur cassa tout ce qui s'était fait dans ce concile; ensuite permit qu'on se rassemblât. Les députés de Rome arrivèrent fort tard. Les troubles augmentant, l'empereur fit arrêter Nestorius et Cyrille. Enfin, il ordonna à tous les évêques de s'en retourner chacun dans son église, et il n'y eut point de conclusion.[15] Tel fut le fameux concile d'Ephèse.

En 449 grand concile encore à Ephèse, surnommé depuis *le*

40-41 K84, K12: l'empereur Théodose II. Nestorius

42-43 K12: sur les points

46 K84, K12: Dieu consubstantiel à son père, Marie

[12] Extraits donnés par Fleury, *Histoire ecclésiastique*, livre 18, ch.6 (t.4, p.403).

[13] Reformulation qui synthétise la thèse de Nestorius. Cf. Fleury, *Histoire ecclésiastique*, livre 25, ch.2: 'Nestorius soutient [...] que l'on ne doit point dire simplement Dieu est né de Marie; mais Dieu le Verbe du Père était joint à celui qui est né de Marie' (t.6, p.6).

[14] Voir *OCV*, t.35, p.620-21 et n.20 (et n.16, sur l'ensemble du concile d'Ephèse).

[15] Fleury évoque une lettre de l'empereur qui approuve la 'déposition' de Nestorius et de Cyrille (*Histoire ecclésiastique*, livre 26, ch.1, t.6, p.132). Voir aussi l'évocation de la fin du concile d'Ephèse, livre 26, ch.10.

brigandage.[16] Les évêques furent au nombre de cent trente. Dioscore évêque d'Alexandrie y présida. Il y eut deux députés de l'Eglise de Rome, et plusieurs abbés de moines. Il s'agissait de savoir si Jésus-Christ avait deux natures. Les évêques et tous les moines d'Egypte s'écrièrent qu'*il fallait déchirer en deux tous ceux qui diviseraient en deux Jésus-Christ.*[17] Les deux natures furent anathématisées. On se battit en plein concile, ainsi qu'on s'était battu au petit concile de Cirthe en 355, et au petit concile de Carthage.[18]

En 451 grand concile de Calcédoine convoqué par Pulchérie, qui épousa Martien, à condition qu'il ne serait que son premier sujet.[19] Saint Léon évêque de Rome qui avait un très grand crédit, profitant des troubles que la querelle des deux natures excitait dans l'empire, présida au concile par ses légats; c'est le premier exemple que nous en ayons. Mais les Pères du concile craignant que l'Eglise d'Occident ne prétendît par cet exemple la supériorité sur celle d'Orient, décidèrent par le vingt-huitième canon que le siège de Constantinople et celui de Rome auraient également les mêmes avantages et les mêmes privilèges.[20] Ce fut l'origine de la longue inimitié qui régna et qui règne encore entre les deux Eglises.

76 w68: qui régna et règne

[16] Terme employé par Fleury, *Histoire ecclésiastique*, livre 27, ch.41 (t.6, p.354).

[17] Cf. Fleury, *Histoire ecclésiastique*, livre 27, ch.40: 'Otez, brûlez Eusèbe [qui défend la thèse des deux natures]. Qu'il soit brûlé vif: qu'il soit mis en deux; comme il a divisé, qu'on le divise' (t.6, p.348). Cf. aussi, au concile de Calcédoine (livre 28, ch.4), la plainte proférée contre Dioscore: 'ils s'écrièrent: Coupez en deux ceux qui parlent des deux natures; divisez ceux qui divisent, ôtez, chassez' (t.6, p.385).

[18] Voir *OCV*, t.35, p.622 et n.24; voir aussi la note 25 pour les rapprochements problématiques qu'effectue ici encore Voltaire.

[19] Cf. Fleury, *Histoire ecclésiastique*, livre 27, ch.47: 'Pulquerie épousa Marcien, pour lui donner plus d'autorité, et pour régner avec lui; mais à condition de demeurer vierge' (t.6, p.367).

[20] D'après Pierre Du Moulin, *Nouveauté du papisme* (Genève, P. Chouët, 1633, BV1148), livre 6, ch.26, p.446-47: passage marqué par un signet annoté 'évêques de Constantinople, et de Rome égaux' dans l'exemplaire de Voltaire (*CN*, t.3, p.298-99). Voir aussi Fleury, *Histoire ecclésiastique*, livre 28, ch.30 (t.6, p.456-57). Concile également mentionné dans l'article du fonds de Kehl (*M*, t.18, p.212).

Ce concile de Calcédoine établit les deux natures et une seule personne.

En 553 grand concile à Constantinople, convoqué par Justinien qui se mêlait de théologie. Il s'agissait de trois petits écrits différents qu'on ne connaît plus aujourd'hui. On les appela *les trois chapitres*. On disputait aussi sur quelques passages d'Origène.[21]

L'évêque de Rome Vigile, voulut y aller en personne, mais Justinien le fit mettre en prison. Le patriarche de Constantinople présida. Il n'y eut personne de l'Eglise latine, parce qu'alors le grec n'était plus entendu dans l'Occident devenu tout à fait barbare.[22]

En 680 encore un concile général à Constantinople, convoqué par l'empereur Constantin le Barbu. C'est le premier concile appelé par les Latins *in trullo*, parce qu'il fut tenu dans un salon du palais impérial.[23] L'empereur y présida lui-même. A sa droite étaient les patriarches de Constantinople et d'Antioche; à sa gauche les députés de Rome et de Jérusalem. On y décida que Jésus-Christ

78-79 K84, K12: personne. ¶Nicéphore rapporte [*avec note*: Livre 15, ch.5.] qu'à ce même concile, les évêques, après une longue dispute au sujet des images, mirent chacun leur opinion par écrit dans le tombeau de sainte Euphémie, et passèrent la nuit en prière. Le lendemain les billets orthodoxes furent trouvés en la main de la sainte, et les autres à ses pieds.[24] ¶En

[21] Fleury évoque la sentence rendue contre les 'trois chapitres', c'est-à-dire 'Theodore de Mopsueste et ses écrits', les 'écrits impies de Theodoret' et 'la détestable lettre que l'on dit avoir été écrite par Ibas à Maris Persan' (*Histoire ecclésiastique*, livre 33, ch.50, t.7, p.502). Sur la condamnation d'Origène, voir livre 33, ch.51. Concile également évoqué dans l'article du fonds de Kehl (*M*, t.18, p.212).

[22] Fleury écrit que le pape refuse de se rendre au concile 'parce qu'il y a ici beaucoup d'évêques orientaux, et peu des siens' (*Histoire ecclésiastique*, livre 33, ch.44, t.7, p.481), et mentionne les pressions que l'empereur exerce sur lui. Ni Fleury ni le *Dictionnaire portatif des conciles* (BV53) d'Alletz ni l'*Histoire des conciles* (BV1629) d'Hermant n'évoquent l'emprisonnement de Vigile.

[23] Voir Fleury, *Histoire ecclésiastique*, livre 40, ch.11: 'Le lieu de la séance fut un palais nommé en latin *Trullus*, c'est-à-dire, le dôme' (t.9, p.25). Sur ce concile, voir *OCV*, t.35, p.623 et n.26.

[24] D'après Le Nain de Tillemont, *Mémoires pour servir à l'histoire ecclésiastique des six premiers siècles*, 16 vol. (Paris, C. Robustel, 1701-1712), t.5, p.409.

avait deux volontés.[25] On y condamna le pape Honorius Ier comme monothélite, c'est-à-dire, qui voulait que Jésus-Christ n'eût eu qu'une volonté.[26]

En 787 second concile de Nicée, convoqué par Irène sous le nom de l'empereur Constantin son fils, auquel elle fit crever les yeux. Son mari Léon avait aboli le culte des images, comme contraire à la simplicité des premiers siècles; et favorisant l'idolâtrie, Irène le rétablit;[27] elle parla elle-même dans le concile.[28] C'est le seul qui ait été tenu par une femme. Deux légats du pape Adrien IV y assistèrent et ne parlèrent point, parce qu'ils n'entendaient pas le grec; ce fut le patriarche Tarèze qui fit tout.[29]

Sept ans après, les Francs ayant entendu dire qu'un concile à Constantinople avait ordonné l'adoration des images, assemblèrent par l'ordre de Charles fils de Pépin, nommé depuis Charlemagne, un concile assez nombreux à Francfort. On y traita le second concile de Nicée de *synode impertinent et arrogant, tenu en Grèce pour adorer des peintures.*[30]

En 842 grand concile à Constantinople, convoqué par l'impératrice Théodora. Culte des images solennellement établi. Les Grecs ont encore une fête en l'honneur de ce grand concile, qu'on appelle l'*orthodoxie*.[31] Théodora n'y présida pas.

En 861 grand concile à Constantinople, composé de trois cent

97 70: auquel il fit
102 K84, K12: n'entendaient point le

[25] Voir *OCV*, t.35, p.623-24 et n.29-30.

[26] D'après Fleury, *Histoire ecclésiastique*, livre 40, ch.22 (t.9, p.49).

[27] Voir *OCV*, t.35, p.624-25 et n.33-34.

[28] Voir Fleury, *Histoire ecclésiastique*, livre 44, ch.39: la dernière session du concile se déroule devant Constantin et Irène, qui y 'parlèrent eux-mêmes' (t.9, p.560).

[29] Voir Fleury, *Histoire ecclésiastique*, livre 44, ch.29. Fleury signale cependant que les légats du pape Adrien Ier prennent part aux débats: voir, par exemple, livre 44, ch.31 (t.9, p.535).

[30] Sur ce concile, voir *OCV*, t.35, p.625-26 et n.36. La citation ne se trouve ni dans l'*Histoire ecclésiastique* de Fleury (année 794), ni dans le *Dictionnaire portatif des conciles* d'Alletz, ni dans l'*Histoire des conciles* d'Hermant.

[31] Voir Fleury, *Histoire ecclésiastique*, livre 48, ch.5-6 (t.10, p.401-404).

dix-huit évêques, convoqué par l'empereur Michel. On y dépose saint Ignace patriarche de Constantinople, et on élut Photius.[32]

En 866 autre grand concile à Constantinople, où le pape Nicolas Ier est déposé par contumace et excommunié.[33]

En 869 autre grand concile à Constantinople, où Photius est excommunié et déposé à son tour, et saint Ignace rétabli.[34]

En 879 autre grand concile à Constantinople, où Photius déjà rétabli est reconnu pour vrai patriarche par les légats du pape Jean VIII.[35] On y traite de *conciliabule* le grand concile œcuménique où Photius avait été déposé.[36]

Le pape Jean VIII déclare *Judas*, tous ceux qui disent que le Saint-Esprit procède du Père et du Fils.[37]

En 1122 et 23 grand concile à Rome, tenu dans l'église de Saint Jean de Latran par le pape Calixte II. C'est le premier concile général que les papes convoquèrent.[38] Les empereurs d'Occident n'avaient presque plus d'autorité, et les empereurs d'Orient pressés par les mahométans et par les croisés, ne tenaient plus que de chétifs petits conciles.

Au reste, on ne sait pas trop ce que c'est que Latran. Quelques

115-16 K12: y déposa saint
116 71N: on élit Photius
127 W68: En 1123 et 24 grand

[32] Voir Fleury, *Histoire ecclésiastique*, livre 50, ch.12.

[33] Voir Fleury, *Histoire ecclésiastique*, livre 50, ch.55.

[34] Voir Fleury, *Histoire ecclésiastique*, livre 51, ch.38.

[35] Voir Fleury, *Histoire ecclésiastique*, livre 53, ch.3.

[36] Cf. Fleury, *Histoire ecclésiastique*, livre 53, ch.8: le pape Jean veut 'que les conciles tenus contre Photius [...] soient dès à présent déclarés nuls; et ne soient point comptés avec les autres conciles' (t.11, p.456).

[37] D'après Fleury, *Histoire ecclésiastique*, livre 53, ch.24: dans une 'lettre [...] sur le *filioque*', le pape range 'avec Judas' ceux qui modifient le symbole de Nicée. Fleury précise que le pape 'n'approuvait pas cette addition qui était reçue en France: quoiqu'il ne doutât pas de la vérité qu'elle exprime, savoir que le Saint-Esprit procède du Père et du Fils' (t.11, p.494).

[38] Dans l'article du *DP*, Voltaire écrit que ce premier concile fut celui de Latran en 1139, évoqué plus loin: *OCV*, t.35, p.626, lignes 101-102.

petits conciles avaient été déjà convoqués dans Latran.[39] Les uns disent que c'était une maison bâtie par un nommé Latranus du temps de Néron, les autres que c'est l'église de saint Jean même bâtie par l'évêque Sylvestre.[40]

Les évêques dans ce concile se plaignirent fortement des moines; *Ils possèdent*, disent-ils, *les églises*, *les terres*, *les châteaux*, *les dîmes*, *les offrandes des vivants et des morts*, *il ne leur reste plus qu'à nous ôter la crosse et l'anneau.*[41] Les moines restèrent en possession.

En 1139 autre grand concile de Latran par le pape Innocent II; il y avait, dit-on, mille évêques. C'est beaucoup. On y déclara les dîmes ecclésiastiques de *droit divin*, et on excommunia les laïques qui en possédaient.[42]

En 1179 autre grand concile de Latran par le pape Alexandre III; il y eut trois cent deux évêques latins et un abbé grec.[43] Les décrets furent tous de discipline.[44] La pluralité des bénéfices y fut défendue.

En 1215 dernier concile général de Latran par Innocent III, quatre cent douze évêques, huit cents abbés. Dès ce temps, qui était celui des croisades, les papes avaient établi un patriarche latin à Jérusalem et un à Constantinople. Ces patriarches vinrent au concile.[45] Ce grand concile dit, *que Dieu ayant donné aux*

[39] Alletz mentionne par exemple ceux qui se tiennent en 649, en 1112 et en 1116: voir le *Dictionnaire portatif des conciles* (Paris, Veuve Didot, 1758, BV53), p.265-69.

[40] Voir l'*Encyclopédie*, article 'Latran' (t.9, p.305): le consul est nommé Plautius Lateranus.

[41] D'après Fleury, *Histoire ecclésiastique*, livre 67, ch.31 (t.14, p.329).

[42] Fleury (*Histoire ecclésiastique*, livre 68, ch.14, t.14, p.528-29) n'emploie pas l'expression 'droit divin'.

[43] Fleury signale, parmi les 161 prélats d'Italie, 'deux Grecs de la province de Reggio' (*Histoire ecclésiastique*, livre 73, ch.20, t.15, p.463). Sur les bénéfices, évoqués ci-dessous, voir livre 73, ch.21.

[44] Dans l'article 'Concile (Hist. ecclés.)' de l'*Encyclopédie*, Bouchaud rappelle que 'les décisions ecclésiastiques ont deux objets principaux, la foi et la discipline': la foi, 'une, et immuable', est en particulier 'contenue dans les dogmes qui la proposent'; 'ce qui appartient à la discipline a coutume d'être expliqué dans les canons', c'est-à-dire des règles qui peuvent varier 'suivant la différence des nations et des lieux' (t.3, p.812).

[45] Voir Fleury, *Histoire ecclésiastique*, livre 77, ch.40.

hommes la doctrine salutaire par Moïse, fit naître enfin son fils d'une vierge pour montrer le chemin plus clairement; que personne ne peut être sauvé hors de l'Eglise catholique.[46]

Le mot de *transsubstantiation* ne fut connu qu'après ce concile.[47] Il y fut défendu d'établir de nouveaux ordres religieux.[48] Mais depuis ce temps on en a formé quatre-vingts.

Ce fut dans ce concile qu'on dépouilla Raimond comte de Toulouse de toutes ses terres.[49]

En 1245 grand concile à Lyon ville impériale. Innocent IV y mène l'empereur de Constantinople Jean Paléologue qu'il fait asseoir à côté de lui. Il y dépose l'empereur Frédéric II comme *félon*;[50] il donne un chapeau rouge aux cardinaux, signe de guerre contre Frédéric. Ce fut la source de trente ans de guerres civiles.[51]

En 1274 autre concile général à Lyon. Cinq cents évêques, soixante et dix gros abbés et mille petits. L'empereur grec Michel Paléologue, pour avoir la protection du pape, envoie son patriarche grec Théophane, et un évêque de Nicée pour se réunir en son nom à l'Eglise latine.[52] Mais ces évêques sont désavoués par l'Eglise grecque.

En 1311 le pape Clément V indique un concile général dans la petite ville de Vienne en Dauphiné. Il y abolit l'ordre des templiers. On ordonne de brûler les bégares, béguins et béguines, espèce d'hérétiques auxquels on imputait tout ce qu'on avait imputé autrefois aux premiers chrétiens.[53]

[46] Voir Fleury, *Histoire ecclésiastique*, livre 77, ch.45 (t.16, p.385).

[47] Voir *OCV*, t.35, p.627 et n.44.

[48] Voir Fleury, *Histoire ecclésiastique*, livre 77, ch.53.

[49] Voir *OCV*, t.35, p.627 et n.43.

[50] D'après Fleury, l'empereur est accusé de 'parjure, sacrilège, hérésie, et félonie' (*Histoire ecclésiastique*, livre 82, ch.29, t.17, p.330).

[51] Voir *OCV*, t.35, p.627-28 et n.45-47.

[52] D'après Fleury (*Histoire ecclésiastique*, livre 86, ch.36 et 39), qui écrit cependant que les ambassadeurs sont 'Germain ancien patriarche de Constantinople' et 'Theophane métropolitain de Nicée' (t.18, p.217). Il évoque aussi les résistances de l'Eglise grecque (ch.40).

[53] Voir Fleury, *Histoire ecclésiastique*, livre 91, ch.58: en Allemagne, les 'begards,

En 1414 grand concile de Constance, convoqué enfin par un empereur qui rentre dans ses droits; c'est Sigismond. On y dépose le pape Jean XXIII convaincu de plusieurs crimes. On y brûle Jean Hus et Jérôme de Prague convaincus d'opiniâtreté.[54]

En 1431 grand concile de Bâle, où l'on dépose en vain le pape Eugène IV qui fut plus habile que le concile.[55]

En 1438 grand concile à Ferrare, transféré à Florence, où le pape excommunié excommunie le concile, et le déclare criminel de lèse-majesté.[56] On y fit une réunion feinte avec l'Eglise grecque,[57] écrasée par les synodes turcs qui se tenaient le sabre à la main.

Il ne tint pas au pape Jules II que son concile de Latran en 1512, ne passât pour un concile œcuménique. Ce pape y excommunia solennellement le roi de France Louis XII, mit la France en interdit, cita tout le parlement de Provence à comparaître devant lui; il excommunia tous les philosophes, parce que la plupart avaient pris le parti de Louis XII.[58] Cependant, ce concile n'a point le titre de *brigandage* comme celui d'Ephèse.[59]

---

beguins ou fratricelles' sont des laïques partisans de la doctrine de Pierre-Jean d'Olive, une secte condamnée par l'orthodoxie catholique (t.19, p.217). Sur ce concile, voir *OCV*, t.35, p.628 et n.48.

54 Voir *OCV*, t.35, p.628-29 et n.49-50.

55 Fleury évoque le 'décret de citation contre le pape Eugène' (*Histoire ecclésiastique*, livre 106, ch.66), décret qui est cassé peu après (ch.70). Sur ce concile, voir *OCV*, t.35, p.629 et n.51.

56 Fleury relate le transfert du concile de Ferrare à Florence (*Histoire ecclésiastique*, livre 108, ch.1) et la déposition du pape Eugène (ch.73) qui, par un nouveau décret, condamne le concile de Bâle (ch.83), qualifié d''assemblée de brigandage' (t.22, p.290).

57 Selon Fleury, le 9 avril 1438 a lieu la 'première séance des Latins avec les Grecs', 'expression captieuse dont on se servit pour faire entendre à tout le monde que les deux Eglises d'Orient et d'Occident étaient assemblées à Ferrare dans un concile légitime' (*Histoire ecclésiastique*, livre 107, ch.87, t.22, p.188). Fleury indique toutefois que la réunion des deux Eglises se fait d'un commun consentement (livre 108, ch.25).

58 Voir *OCV*, t.35, p.629 et n.52: un monitoire est lancé contre ceux qui défendent la Pragmatique Sanction dont le concile demande la révocation.

59 Voir ci-dessus, p.153-54 et n.16.

En 1537 concile de Trente, convoqué d'abord par le pape Paul III à Mantoue, et ensuite à Trente en 1543, terminé en décembre 1563 sous Pie IV. Les princes catholiques le reçurent quant au dogme, et deux ou trois quant à la discipline.[60]

On croit qu'il n'y aura désormais pas plus de conciles généraux qu'il n'y aura d'états généraux en France et en Espagne.

Il y a dans le Vatican un beau tableau qui contient la liste des conciles généraux. On n'y a inscrit que ceux qui sont approuvés par la cour de Rome:[61] chacun met ce qu'il veut dans ses archives.

203 K84, K12: archives. [*ajoutent, sous la rubrique 'Section 3', le texte de l'article 'Conciles' du DP*]

[60] Voir *OCV*, t.35, p.630 et n.53. Sur les décrets 'de discipline', voir ci-dessus, p.158, n.44.

[61] Le détail provient peut-être de Jérôme de La Lande, qui évoque une série de tableaux représentant 'les huit premiers conciles œcuméniques': *Voyage d'un Français en Italie, fait dans les années 1765 et 1766*, 8 vol. (Yverdon, 1769-1770, BV1880), t.3, ch.11 ('De la bibliothèque du Vatican'), p.198-99.

CONFESSION

Le repentir de ses fautes peut seul tenir lieu d'innocence. Pour paraître s'en repentir, il faut commencer par les avouer. La confession est donc presque aussi ancienne que la société civile.

On se confessait dans tous les mystères d'Egypte, de Grèce, de Samothrace.[1] Il est dit dans la vie de Marc-Aurèle, que lorsqu'il daigna s'associer aux mystères d'Eleusine, il se confessa à l'hiérophante, quoiqu'il fût l'homme du monde qui eût le moins besoin de confession.[2]

8-15 70, 71N, 71A: confession. ¶Il est difficile

* Ce long article ne doit rien au bref et orthodoxe article 'Confession' de l'*Encyclopédie*. Il amplifie l'article homonyme du *DP* et recycle certaines pages du *Commentaire sur le livre Des délits et des peines* et des *Eclaircissements historiques à l'occasion d'un libelle calomnieux contre l'Essai sur les mœurs et l'esprit des nations*. Si le *DP* traitait exclusivement des implications politiques de la confession, l'ambition de Voltaire est ici plus générale: il traite également des aspects théologiques et historiques de ce sacrement. Comme il le remarque ici, le problème de la confession auriculaire constituait une pierre d'achoppement entre les catholiques et les protestants; Voltaire épouse certaines positions des seconds tant en affirmant le caractère tardif de cette pratique dans la tradition chrétienne, qu'en rappelant que la confession était, en son origine, publique et qu'elle n'était pas monopolisée par les prêtres. Si Voltaire prend soin d'affirmer, contre le matérialisme athée, la légitimité morale et l'utilité sociale de la confession, il dénonce sa monopolisation par l'Eglise catholique et l'immense pouvoir que celle-ci en retirait. Voltaire parle en connaissance de cause: en 1770, il souffrait du refus de Mgr Biord, évêque d'Annecy, de l'autoriser à communier sans avoir préalablement donné au curé Hugonet une rétractation écrite de ses opinions jugées hérétiques (voir D16263 et D.app.323.II). Cet article paraît en mars/avril 1771 (70, t.4).

[1] L'argument, qui se trouve dans l'article 'Confession' du *DP* (*OCV*, t.35, p.632) et dans la 'Douzième sottise de Nonotte, Sur la confession' des *Eclaircissements historiques à l'occasion d'un libelle calomnieux contre l'Essai sur les mœurs et l'esprit des nations* (*M*, t.24, p.491), est déjà présent au chapitre 21 de l'*Essai sur les mœurs* (t.1, p.362).

[2] Dans 'La vie de Marc Antonin', placée en tête des *Réflexions morales de l'empereur Marc-Antonin, avec des remarques de M. et de Mme Dacier* (2 vol., Amsterdam, 1691;

Cette cérémonie pouvait être très salutaire. Elle pouvait aussi être très dangereuse: c'est le sort de toutes les institutions humaines. On sait la réponse de ce Spartiate à qui un hiérophante voulait persuader de se confesser: A qui dois-je avouer mes fautes? est-ce à Dieu ou à toi? c'est à Dieu, dit le prêtre. – Retire-toi donc, homme. (Plutarque, *Dits notables des Lacédémoniens.*)[3]

Il est difficile de dire en quel temps cette pratique s'établit chez les Juifs, qui prirent beaucoup de rites de leurs voisins. La *Mishna* qui est le recueil des lois juives, (*a*) dit que souvent on se confessait en mettant la main sur un veau appartenant au prêtre, ce qui s'appelait *la confession des veaux.*[4]

Il est dit dans la même *Mishna* (*b*) que tout accusé qui avait été condamné à la mort, s'allait confesser devant témoins dans un lieu écarté, quelques moments avant son supplice. S'il se sentait coupable, il devait dire, *que ma mort expie tous mes péchés.* S'il se sentait innocent, il prononçait, *que ma mort expie mes péchés, hors celui dont on m'accuse.*[5]

Le jour de la fête que l'on appelait chez les Juifs l'*expiation*

(*a*) *Mishna* t.2, p.394.
(*b*) *Mishna* t.4, p.134.

BV2312: Paris, Barbin, 1691; *CN*, t.5, p.516-17, signet dans 'La Vie de Marc-Aurèle'), il est écrit que Marc Aurèle fut initié à Athènes aux 'grands mystères de Cérès': 'pour y être admis, il fallait avoir toujours mené une vie très innocente, et n'avoir pas le moindre crime à se reprocher. C'était même la coutume de s'y préparer par un examen général devant un prêtre commis pour juger de l'état de ceux qui se présentaient' (t.1, p.100). Il ne s'agit pas à proprement parler de 'se confesser' comme le remarquait l'abbé Bergier dans sa critique de l'article 'Confession' du *DP*: 'reconnaître en général que l'on a des crimes à expier, ce n'est pas se confesser' (*Apologie de la religion chrétienne*, 2e éd., Paris, 1770, t.1, p.438).

[3] Voltaire suit de près le texte des *Œuvres morales et mêlées* de Plutarque traduites par Jacques Amyot (Paris, Vascosan, 1575, BV2771; *CN*, t.7, p.103-19), f.225*v*.

[4] Facétie voltairienne: il ne s'agit pas d'un veau mais d'un bouc sur lequel on impose les deux mains pour lui transférer tous ses péchés (Lévitique 16:21).

[5] Citation exacte de la Mishna, Sanhedrin 6:2. Voltaire possède la *Mischna, sive totius Hebraeorum juris, rituum, antiquitatum ac legum oralium systema* (Amsterdam, Borstius, 1698-1703, BV2469).

solennelle,[6] (*c*) les Juifs dévots se confessaient les uns les autres en spécifiant leurs péchés. Le confesseur récitait trois fois treize mots du psaume LXXVII,[7] ce qui fait trente-neuf; et pendant ce temps il donnait trente-neuf coups de fouet au confessé, lequel les lui rendait à son tour;[8] après quoi ils s'en retournaient quitte à quitte.[9] On dit que cette cérémonie subsiste encore.[10]

On venait en foule se confesser à saint Jean pour la réputation de sa sainteté, comme on venait se faire baptiser par lui du baptême de justice, selon l'ancien usage;[11] mais il n'est point dit que saint Jean donnât trente-neuf coups de fouet à ses pénitents.

La confession alors n'était point un sacrement. Il y en a plusieurs raisons. La première est que le mot de *sacrement* était alors inconnu: cette raison dispense de déduire les autres. Les chrétiens prirent la confession dans les rites juifs et non pas dans les mystères d'Isis et de Cérès.[12] Les Juifs se confessaient à leurs camarades et les chrétiens aussi. Il parut dans la suite plus convenable que ce droit

(*c*) *Synagogue judaïque*, ch.35.

36-49 70, 71N, 71A: pénitents. ¶Dans l'ancienne Eglise chrétienne, on confessa d'abord ses fautes publiques publiquement. Au

[6] Voir l'article homonyme du *Dictionnaire de la Bible*, 4 vol. (Paris, 1730, BV615) de Calmet (t.1, p.294-95). Il s'agit de Yom Kippour, 'le jour du Grand Pardon'.

[7] Le verset 42 dans la version de Lemaître de Sacy. La source pourrait être l'article 'Expiation (fête de l'expiation solennelle)' de Calmet, qui donne cependant la référence Psaume 87:38 (*Dictionnaire de la Bible*, t.1, p.294).

[8] Nouvelle facétie voltairienne. Dans ce rituel, le confessé n'a pas à rendre au prêtre les coups reçus... Voir l'article 'Expiation' de Calmet.

[9] 'On dit dans le jeu, dans les affaires, dans les comptes que l'on se rend les uns aux autres, qu'*on est quitte à quitte*, pour dire, qu'on ne se doit plus rien de part ni d'autre' (*Dictionnaire de l'Académie*, 1762, p.517).

[10] Les mêmes faits ont déjà été relatés, plus brièvement, dans les *Eclaircissements historiques* ('Trente-quatrième sottise de Nonotte, Sur les confessions auriculaires').

[11] Voir Matthieu 3:6, Marc 1:4-5, Luc 3:3.

[12] Contrairement à ce que laisse penser le raccourci de l'article 'Confession' du *DP* (*OCV*, t.35, p.632, n.3). Voltaire a-t-il tenu compte des critiques de Bergier dans son *Apologie de la religion chrétienne*? Bergier y affirme qu''il n'est pas vrai' que la confession 'soit empruntée des rites de l'antiquité' (t.1, p.438).

appartînt aux prêtres. Nul rite, nulle cérémonie ne s'établit qu'avec le temps. Il n'était guère possible qu'il ne restât quelque trace de l'ancien usage des laïques de se confesser les uns aux autres.

Voyez le paragraphe ci-dessous, *Si les laïques etc.*, pag. 117.[13]

Du temps de Constantin, on confessa d'abord publiquement ses fautes publiques.

Au cinquième siècle après le schisme de Novatus et de Novatien, on établit les pénitenciers pour absoudre ceux qui étaient tombés dans l'idolâtrie.[14] Cette confession aux prêtres pénitenciers fut abolie sous l'empereur Théodose. (*d*) Une femme s'étant accusée tout haut au pénitencier de Constantinople d'avoir couché avec le diacre, cette indiscrétion causa tant de scandale et de trouble dans toute la ville (*e*), que Nectarius permit à tous les fidèles de s'approcher de la sainte table sans confession, et de n'écouter que leur conscience pour communier.[15] C'est pourquoi saint Jean Chrysostome qui succéda à Nectarius, dit au peuple dans sa cinquième homélie: 'Confessez-vous continuellement à Dieu; je ne vous produis point sur un théâtre avec vos compagnons de service pour leur découvrir vos fautes. Montrez à Dieu vos

(*d*) Socrate livre 5. Sozomène livre 7.

(*e*) En effet, comment cette indiscrétion aurait-elle causé un scandale public si elle avait été secrète?

60 K84, K12: produis pas sur

[13] Renvoi interne à l'avant-dernière partie de l'article ci-dessous (p.173, ligne 204a).

[14] Novatus et Novatien prétendaient 'qu'on ne devait point admettre à la communion ceux qui étaient tombés dans le crime d'idolâtrie' (abbé Pluquet, *Dictionnaire des hérésies*, 2 vol., Paris, 1764, t.2, p.430, BV2770). Dans la 'Douzième sottise de Nonotte', Voltaire date, de façon plus exacte, l'avènement des pénitenciers de 'vers l'an 250 de notre ère' (*M*, t.24, p.492).

[15] Voir Socrate, *Histoire ecclésiastique*, livre 5, ch.19, et Sozomène, *Histoire ecclésiatique*, livre 7, ch.16. L'anecdote circonstanciée, avec une référence à Sozomène, se trouve déjà dans les *Eclaircissements historiques* (*M*, t.24, p.492). Elle est rapidement évoquée dans l'article 'Confession' du *DP*: voir *OCV*, t.35, p.633, n.5.

blessures, et demandez-lui les remèdes; avouez vos péchés à celui qui ne les reproche point devant les hommes. Vous les céleriez en vain à celui qui connaît toutes choses, etc.'[16]

On prétend que la confession auriculaire ne commença en Occident que vers le septième siècle, et qu'elle fut instituée par les abbés,[17] qui exigèrent[18] que leurs moines vinssent deux fois par an leur avouer toutes leurs fautes. Ce furent ces abbés qui inventèrent cette formule, *Je t'absous autant que je peux et que tu en as besoin*. Il semble qu'il eût été plus respectueux pour l'Etre suprême, et plus juste, de dire, *puisse-t-il pardonner à tes fautes et aux miennes!*

Le bien que la confession a fait, est d'avoir obtenu quelquefois des restitutions de petits voleurs. Le mal est d'avoir quelquefois dans les troubles des Etats, forcé les pénitents à être rebelles et sanguinaires en conscience. Les prêtres guelfes refusaient l'absolution aux gibelins; et les prêtres gibelins se gardaient bien d'absoudre les guelfes.

Le conseiller d'Etat Lénet rapporte dans ses mémoires, que tout ce qu'il put obtenir en Bourgogne pour faire soulever les peuples en faveur du prince de Condé détenu à Vincennes par le Mazarin, *fut de lâcher des prêtres dans les confessionnaux*.[19] C'est en parler comme

82-85 70, 71N, 71A: *confessionnaux*. ¶Au

[16] Une citation comparable de la cinquième homélie ('De l'incompréhensibilité de la nature de Dieu') se trouve déjà dans la 'Douzième sottise' (*M*, t.24, p.492).

[17] Affirmation semblable en des termes légèrement différents dans l'article 'Confession' du *DP*: voir *OCV*, t.35, p.633, n.6.

[18] A partir de ce mot et jusqu'à 'absoudre les guelfes' (ligne 78), le texte est le même que celui du *DP*. Pour l'annotation, voir *OCV*, t.35, p.634, n.8-9.

[19] Cette formule ne se trouve pas dans les *Mémoires de Monsieur L***, conseiller d'Etat; contenant l'histoire des guerres civiles des années 1649 et suivantes* de Pierre Lenet (BV2036; *CN*, t.5, p.304-306), dont le livre 1 rapporte néanmoins que Baillet, 'doyen de la Sainte-Chapelle' à Dijon, s'était proposé d'user de son influence spirituelle pour obtenir la libération du prince de Condé: 'à la moindre apparence qu'il verrait dans les esprits séculiers d'agir en sa faveur avec quelque vigueur, il ferait parler les prédicateurs et agir les confesseurs' (*Collection des Mémoires relatifs à l'histoire de France*, t.53, Paris, 1826, p.81). Voltaire rapportait plus fidèlement l'anecdote dans le chapitre 4 du *Siècle de Louis XIV* (*OH*, p.656).

de chiens enragés qui pouvaient souffler la rage de la guerre civile dans le secret du confessionnal.

Au siège de Barcelone, les moines refusèrent l'absolution à tous ceux qui restaient fidèles à Philippe V.[20]

Dans la dernière révolution de Gènes, on avertissait toutes les consciences, qu'il n'y avait point de salut pour quiconque ne prendrait pas les armes contre les Autrichiens.[21]

Ce remède salutaire se tourna de tout temps en poison.[22] Les assassins des Sforces, des Médicis, des princes d'Orange, des rois de France, se préparèrent aux parricides par le sacrement de la confession.

Louix XI, la Brinvilliers se confessaient dès qu'ils avaient commis un grand crime; et se confessaient souvent, comme les gourmands prennent médecine pour avoir plus d'appétit.

De la révélation par la confession[23]

Jaurigny et Baltazar Gérard, assassins du prince d'Orange Guillaume Ier, le dominicain Jacques Clément, Jean Châtel, le

96a K84, K12: révélation de la

[20] Voltaire décrit le fanatisme des ecclésiastiques lors de la reprise de Barcelone par Philippe V en 1714 dans le *Siècle de Louis XIV*, ch.23 (*OH*, p.883-85).

[21] Allusion à la défense de Gènes contre les Autrichiens par le duc de Boufflers en 1747. Voltaire évoque le rôle des religieux dans le chapitre 21 du *Précis du siècle de Louis XV*: 'Les Autrichiens avaient quelques moines dans leur parti; on leur opposa les mêmes armes avec plus de force; on engagea les confesseurs à refuser l'absolution à quiconque balançait entre la patrie et les ennemis' (*OH*, p.1416).

[22] La formule est déjà présente, en des termes très voisins, dans le chapitre 21 de l'*Essai sur les mœurs* (t.1, p.363). Les deux phrases suivantes proviennent du *DP*, où elles sont placées à la suite de la précédente citation du même texte (voir ci-dessus, p.166, n.18). Voir *OCV*, t.35, p.634-35, n.10-12.

[23] Ce passage, jusqu'à 'pas encore tirées' (p.171, ligne 162), est constitué du chapitre 16 du *Commentaire sur le livre Des délits et des peines*, diminué de ses deux derniers paragraphes. L'ouvrage de Beccaria, point de départ du *Commentaire* de Voltaire, ne comprend pas de chapitre sur le sujet traité ici.

feuillant Ravaillac[24] et tous les autres parricides de ce temps-là se confessèrent avant de commettre leurs crimes. Le fanatisme dans ces siècles déplorables était parvenu à un tel excès, que la confession n'était qu'un engagement de plus à consommer leur scélératesse: elle devenait sacrée, par cette raison que la confession est un sacrement.

Strada dit lui-même, que Jaurigny *non ante facinus aggredi sustinuit quam expiatam noxis animam apud dominicanum sacerdotem caelesti pane firmaverit. Jaurigny n'osa entreprendre cette action sans avoir fortifié par le pain céleste son âme purgée par la confession aux pieds d'un dominicain.*[25]

On voit dans l'interrogatoire de Ravaillac que ce malheureux sortant des feuillants et voulant entrer chez les jésuites, s'était adressé au jésuite d'Aubigni; qu'après lui avoir parlé de plusieurs apparitions qu'il avait eues, il montra à ce jésuite un couteau, sur la lame duquel un cœur et une croix étaient gravés, et qu'il dit ces propres mots au jésuite: *Ce cœur indique que le cœur du roi doit être porté à faire la guerre aux huguenots.*[26]

[24] Liste de régicides fanatiques, fréquente chez Voltaire; on la trouve par exemple à la fin des *Lettres à Son Altesse Monseigneur le prince de* ***: voir *OCV*, t.63B, p.488-89, n.19. Seules variantes par rapport au *Commentaire sur le livre Des délits et des peines* dans l'édition Moland: les noms de Châtel et de Ravaillac n'y sont précédés ni du prénom du premier, ni du nom de l'ordre du second.

[25] Jaurigny, ou plutôt Jaureguy (Joannellus Jaurengius), est l'auteur de la tentative d'attentat commise le 18 mars 1582 contre le prince Guillaume d'Orange 'le Taciturne'. Extraite du *De bello belgico decas secunda, ab initio praefecturae Alexandri Farnesii* [...] *an. 1578 usque ad an. 1590* (Rome, Corbelletti, 1647, p.250) de Famiano Strada, cette citation est assez fidèle. Voltaire l'avait déjà évoquée dans une lettre à Frédéric II de décembre 1740 (D2386), dans le *Commentaire sur le livre Des délits et des peines* et, en traduction, dans le chapitre 164 de l'*Essai sur les mœurs* (t.2, p.447).

[26] Citation fidèle de l'interrogatoire de Ravaillac le 17 mai 1610 (*Procès du très méchant et détestable parricide frère Ravaillac, natif d'Angoulesme*, Paris, 1858, p.36). Selon le procès-verbal de son interrogatoire, Ravaillac est allé parler à d'Aubigny mais il n'est pas dit qu'il s'est confessé. Interrogé, d'Aubigny nia avoir rencontré Ravaillac. Le procès de Ravaillac fut publié de manière incomplète dans le *Mercure français* de 1611 (25 vol., Paris, 1611-1643, t.1, f.450-57) et exhaustivement dans le tome 6 des *Mémoires* de Louis I de Bourbon, prince de Condé (Londres, 1743-1754,

Peut-être si ce d'Aubigni avait eu assez de zèle et de prudence pour faire instruire le roi de ces paroles, peut-être s'il avait dépeint l'homme qui les avait prononcées, le meilleur des rois n'aurait pas été assassiné.

Le vingtième auguste, ou août, l'année 1610, trois mois après la mort de Henri IV, dont les blessures saignaient dans le cœur de tous les Français, l'avocat général Servin, dont la mémoire est encore illustre, requit qu'on fît signer aux jésuites les quatre articles suivants:

1°. Que le concile est au-dessus du pape.

2°. Que le pape ne peut priver le roi d'aucun de ses droits par l'excommunication.

3°. Que les ecclésiastiques sont entièrement soumis au roi comme les autres.

4°. Qu'un prêtre qui sait par la confession une conspiration contre le roi et l'Etat, doit la révéler aux magistrats.

Le 22 le parlement rendit un arrêt, par lequel il défendait aux jésuites d'enseigner la jeunesse avant d'avoir signé ces quatre articles. Mais la cour de Rome était alors si puissante, et celle de France si faible, que cet arrêt fut inutile.[27]

Un fait qui mérite d'être observé, c'est que cette même cour de Rome, qui ne voulait pas qu'on révélât la confession, quand il s'agirait de la vie des souverains, obligeait les confesseurs à dénoncer aux inquisiteurs ceux que leurs pénitentes accusaient en confession de les avoir séduites et d'avoir abusé d'elles. Paul IV,

---

BV834; *CN*, t.2, p.703), auquel Voltaire renvoie dès 1745 dans sa *Dissertation sur la mort de Henri IV* (*OCV*, t.2, p.341-42). Il venait de citer le 'second interrogatoire' de Ravaillac dans le chapitre 44 de l'*Histoire du parlement de Paris* (*OCV*, t.68, p.383).

[27] Après l'assassinat d'Henri IV, les jésuites furent soupçonnés d'avoir encouragé Ravaillac. En résultèrent de vives controverses entre le parti gallican et l'ultramontanisme. Les 'quatre articles' susmentionnés furent effectivement défendus par Servin non pas le 20 août 1610 mais en février 1612. 'Le cardinal Du Perron attaqua le troisième article comme hérétique et destructif de toute la religion; il le dénonça en conséquence au roi. Servin fut mandé à la Cour et il exposa que, par cet article, on n'obligeait point à nommer les personnes, ni, par conséquent, à violer le secret de la confession' (abbé Guettée, *Histoire de l'Eglise de France*, Paris, 1855, t.10, p.24).

Pie IV, Clément VIII, Grégoire XV ordonnèrent ces révélations. (*f*)[28] C'était un piège bien embarrassant pour les confesseurs et pour les pénitentes. C'était faire d'un sacrement un greffe de délations et même de sacrilèges. Car par les anciens canons, et surtout par le concile de Latran tenu sous Innocent III, tout prêtre qui révèle une confession de quelque nature que ce puisse être, doit être interdit et condamné à une prison perpétuelle.[29]

Mais il y a bien pis; voilà quatre papes aux seizième et dix-septième siècles qui ordonnent la révélation d'un péché d'impureté, et qui ne permettent pas celle d'un parricide. Une femme avoue ou suppose dans le sacrement devant un carme qu'un cordelier l'a séduite; le carme doit dénoncer le cordelier. Un assassin fanatique croyant servir Dieu en tuant son prince, vient

(*f*) La constitution de Grégoire XV est du 30 auguste 1622. Voyez les *Mémoires ecclésiastiques* du jésuite d'Avrigni, si mieux n'aimez consulter le Bullaire.

n.*f* W68: du 20 auguste 1622.
K84: du 30 août 1622.

[28] Ces informations proviennent des *Mémoires chronologiques et dogmatiques pour servir à l'histoire ecclésiastique depuis 1600, jusqu'en 1716* ([Paris, Guérin,] 1720, BV2997) de Hyacinthe Robillard d'Avrigny, t.1, p.324-26. Voir *CN*, t.7, p.406, n.427. Dans le *Dictionnaire de cas de conscience, ou décisions des plus considérables difficultés touchant la morale et la discipline ecclésiastique* (3 vol., Paris, Josse, 1734, BV2791; *CN*, t.7, p.128-29), Jean Pontas remarque qu''une bulle de Grégoire XV du 30 août 1622' fait obligation au confesseur d'une pécheresse séduite au confessionnal par un autre confesseur de lui rappeler 'l'obligation' qu'elle a de le dénoncer auprès de l'évêque. Contrairement à ce que prétend Voltaire, le confesseur ne doit donc en aucun cas lever le secret de la confession ou procéder à cette dénonciation. Pontas note en outre que cette bulle n'ayant pas été reçue en France 'n'oblige pas en conscience le confesseur' (t.1, p.841-42). L'abbé Bergier avait dénoncé la confusion volontaire de Voltaire déjà présente dans l'article 'Confession' du *DP* (*Apologie de la religion chrétienne*, t.1, p.444-45).

[29] Peine mentionnée dans l'article 'Confesseurs (sur les)' du *Dictionnaire portatif des conciles* de Pons Augustin Alletz (Paris, Didot, 1758, BV53), qui renvoie cependant aux conciles de Pennafiel et de Mayence (p.608). Son article 'Latran' indique que ce concile produisit 'le premier Canon connu, qui ordonne la confession sacramentelle' (p.274).

consulter un confesseur sur ce cas de conscience; le confesseur devient sacrilège s'il sauve la vie à son souverain.[30]

Cette contradiction absurde et horrible est une suite malheureuse de l'opposition continuelle qui règne depuis tant de siècles entre les lois ecclésiastiques et les lois civiles.[31] Le citoyen se trouve pressé dans cent occasions entre le sacrilège et le crime de haute trahison; et les règles du bien et du mal sont ensevelies dans un chaos dont on ne les a pas encore tirées.[32]

La réponse du jésuite Coton à Henri IV durera plus que l'ordre des jésuites. Révéleriez-vous la confession d'un homme résolu de m'assassiner? *Non; mais je me mettrais entre vous et lui.*[33]

On n'a pas toujours suivi la maxime du père Coton. Il y a dans quelques pays des mystères d'Etat inconnus au public, dans lesquels les révélations des confessions entrent pour beaucoup.[34] On sait par le moyen des confesseurs attitrés les secrets des prisonniers. Quelques confesseurs, pour accorder leur intérêt avec le sacrilège, usent d'un singulier artifice. Ils rendent compte, non pas précisément de ce que le prisonnier leur a dit,

158 71A: qui régna depuis

[30] Développement de ce qui tient en trois lignes dans l'article 'Confession' du *DP* (*OCV*, t.35, p.635-36 et n.13). L'argument de Voltaire ébranla presque l'abbé Bergier: 'S'il y avait un cas imaginable, où le sceau de la confession pût être violé, ce serait certainement celui-là [le régicide]: dans ce cas-là même il est inviolable' (*Apologie de la religion chrétienne*, t.1, p.445).

[31] L'abbé Bergier affirme que 'le philosophe a confondu malicieusement la révélation faite par une pénitente avec la révélation faite par un confesseur, afin d'avoir occasion de dire qu'il y a *une contradiction absurde et horrible* entre cette décision des papes et celle du concile de Latran et une opposition formelle entre nos lois ecclésiastiques et nos lois civiles' (*Dictionnaire de théologie dogmatique*, *Encyclopédie théologique de l'abbé Migne*, Paris, 1850, t.33, colonne 1044).

[32] C'est la thèse principale du *Commentaire sur le livre Des délits et des peines*; on la retrouve par exemple dans l'article 'Des délits locaux' du *DP*.

[33] Ce paragraphe est extrait du *DP*, où il occupe les dernières lignes de l'article 'Confession' (*OCV*, t.35, p.636). Nous ignorons l'origine de cette anecdote.

[34] L'histoire de l'homme au masque de fer répond parfaitement à cette définition. Voltaire vient de la reprendre, après son chapitre 25 du *Siècle de Louis XIV*, dans l'article 'Ana, Anecdotes' des *QE* (*OCV*, t.38, p.298-301).

mais de ce qu'il ne leur a pas dit. S'ils sont chargés, par exemple, de savoir si un accusé a pour complice un Français ou un Italien, ils disent à l'homme qui les emploie, Le prisonnier m'a juré qu'aucun Italien n'a été informé de ses desseins. De là on juge que c'est le Français soupçonné qui est coupable.

L'auteur de cet article a été presque témoin lui-même d'une révélation encore plus forte et plus singulière.

On connaît la trahison que fit Daubenton jésuite, à Philippe V roi d'Espagne, dont il était confesseur. Il crut par une politique très mal entendue, devoir rendre compte des secrets de son pénitent au duc d'Orléans régent du royaume, et eut l'imprudence de lui écrire ce qu'il n'aurait dû confier à personne de vive voix. Le duc d'Orléans envoya sa lettre au roi d'Espagne; le jésuite fut chassé, et mourut quelque temps après. C'est un fait avéré.[35] (*g*)

On ne laisse pas d'être fort en peine pour décider formellement dans quels cas il faut révéler la confession; car si on décide que c'est pour crime de lèse-majesté humaine, il est aisé d'étendre bien loin ce crime de lèse-majesté, et de le porter jusqu'à la contrebande du sel et des mousselines, attendu que ce délit offense précisément les majestés. A plus forte raison faudra-t-il révéler les crimes de lèse-

(*g*) Voyez le *Précis du siècle de Louis XV* in-4°, t.2, p.61.

177-78 K84, K12: coupable. ¶Bodin s'exprime ainsi dans son livre *De la république*. [*avec note*: Livre 4, ch.7.] 'Aussi ne faut-il pas dissimuler si le coupable est découvert avoir conjuré contre la vie du souverain, ou même l'avoir voulu. Comme il advint à un gentilhomme de Normandie de confesser à un religieux qu'il avait voulu tuer le roi François Ier, le religieux avertit le roi qui envoya le gentilhomme à la cour de parlement, où il fut condamné à la mort, comme je l'ai appris de M. Canaye avocat en parlement.' ¶L'auteur

n.*g* K84: *Louis XV*, p.12.
K12: *Louis XV*, p.16.

[35] L'anecdote est présente, comme la note de Voltaire l'indique, dans le chapitre 1 du *Précis du siècle de Louis XV* (*OH*, p.1304-305). Il y cite en note l'*Historia civil de España* de Nicolás de Jesús Belando et 'plus d'un grand d'Espagne' (identifiés dans D15589). Il reviendra sur ce thème en 1777 dans un article du *Journal de politique et de littérature* consacré aux *Mémoires d'Adrien Maurice de Noailles* (*OCV*, t.80C, p.69-70).

majesté divine; et cela peut aller jusqu'aux moindres fautes, comme d'avoir manqué vêpres et le salut.

Il serait donc très important de bien convenir des confessions qu'on doit révéler, et de celles qu'on doit taire; mais une telle décision serait encore très dangereuse. Que de choses il ne faut pas approfondir!

Pontas qui décide en trois volumes *in-folio* de tous les cas possibles de la conscience des Français, et qui est ignoré dans le reste de la terre, dit qu'en aucune occasion on ne doit révéler la confession.[36] Les parlements ont décidé le contraire. A qui croire de Pontas ou des gardiens des lois du royaume, qui veillent sur la vie des rois et sur le salut de l'Etat? (*h*)

Si les laïques et les femmes ont été confesseurs et confesseuses?[37]

De même que dans l'ancienne loi les laïques se confessaient les uns aux autres; les laïques dans la nouvelle loi eurent longtemps ce droit par l'usage. Il suffit pour le prouver de citer le célèbre Joinville qui dit expressément, *que le connétable de Chypre se confessa à lui, et qu'il lui donna l'absolution selon le droit qu'il en avait.*[38]

(*h*) Voyez Pontas à l'article 'Confesseur'.

[36] Dans son *Dictionnaire de cas de conscience*, Pontas défendait de manière orthodoxe le secret de la confession. Il était cependant moins rigoriste que ne le prétendait Voltaire puisqu'il admettait qu'un ecclésiastique de rang supérieur pouvait faire usage de ce qu'il avait appris dans le confessionnal pour destituer un de ses inférieurs.

[37] Les citations figurant dans les six paragraphes qui suivent ce sous-titre sont déjà présentes dans la 'Vingt-deuxième sottise de Nonotte, Sur le droit des séculiers de confesser' et dans la 'Trente-quatrième [...], Sur les confessions auriculaires'. Voltaire y répond au jésuite Claude François Nonnotte, qui, dans ses *Erreurs de Voltaire* (Amsterdam, 1766, t.1, ch.11, BV2579), met en doute l'affirmation du chapitre 21 de l'*Essai sur les mœurs*, selon laquelle 'il était permis de se confesser à un laïque, et même à une femme' (t.1, p.361), et somme l'auteur de citer ses sources.

[38] Termes très voisins de ceux de l'*Essai sur les mœurs* (t.1, p.362). L'anecdote est

Saint Thomas s'exprime ainsi dans sa *Somme*; (*i*) *Confessio ex defectu sacerdotis laico facta sacramentalis est quodam modò. La confession faite à un laïque au défaut d'un prêtre est sacramentale en quelque façon.*[39]

(*i*) 3e partie, p.255, édition de Lyon 1738.

n.*i* 71N: p.295

213-20 K84, K12: *façon.* On voit dans la vie de saint Burgundofare [*avec note*: Mabil. ch.8 et 13.] et dans la règle d'un inconnu, que les religieuses se confessaient à leur abbesse des péchés les plus graves. La règle de saint Donat [*avec note*: Ch.23.] ordonne que les religieuses découvriront trois fois chaque jour leurs fautes à la supérieure. Les capitulaires de nos rois [*avec note*: Livre 1, ch.76.] disent qu'il faut interdire aux abbesses le droit qu'elles se sont arrogé contre la coutume de la sainte Eglise, de donner des bénédictions et d'imposer les mains, ce qui paraît signifier donner l'absolution, et suppose la confession des péchés. Marc patriarche d'Alexandrie demande à Balzamon célèbre canoniste grec de son temps si on doit accorder aux abbesses la permission d'entendre les confessions? à quoi Balzamon répond négativement. Nous avons dans le droit canonique un décret du pape Innocent III qui enjoint aux évêques de Valence et de Burgos en Espagne, d'empêcher certaines abbesses de bénir leurs religieuses, de les confesser, et de prêcher publiquement. 'Quoique, dit-il, [*avec note*: *C. Nova X. Extra de poenit. Et remiss.*] la bienheureuse Vierge Marie ait été supérieure à tous les apôtres en dignité et en mérite, ce n'est pas néanmoins à elle, mais aux apôtres que le Seigneur a confié les clefs du royaume des cieux.' ¶Ce

---

tirée des *Mémoires* de Jean de Joinville. Prisonniers des Sarrazins, lui et Gui de Belin crurent leur dernière heure venue: 'Auprès de moi tout à côté s'agenouilla messire Gui de Belin connétable de Chypre, et se confessa à moi, et je lui donnai l'absolution, selon ma puissance' (*L'Histoire et chronique du très chrétien roi saint Louis, IX du nom, et quarantième roi de France*, Poitiers, Enquilbert de Marnef, 1561, ch.45, f.LXXXII*v*). Voltaire revient sur cette anecdote dans ses *Carnets* en la rattachant au *Supplément* à la *Somme théologique* qu'il évoque dans la suite de cet article (*OCV*, t.81, p.67 et p.132).

[39] Comparer aux *Carnets*: 'Confession d'un laïque en cas de nécessité est comme sacrement, non pas tout à fait sacrement' (*OCV*, t.81, p.132). Le passage est traduit plus librement dans l'*Essai sur les mœurs* (t.1, p.362). Dans la 'Vingt-deuxième sottise' (*M*, t.24, p.504), Voltaire donne le texte latin et la même référence à son exemplaire de la *Summa theologica* (Lyon, 1738, BV3292). La 'Trente-quatrième sottise' réplique à la 'Réponse aux éclaircissements historiques de M. de Voltaire' publiée en 1766 à la suite des *Erreurs*: l'apologiste jésuite y argue de l'inauthenticité du passage de la *Somme théologique* cité par Voltaire.

Fleuri, dans son *Histoire ecclésiastique*, dit, (*j*) qu'en Espagne, au treizième siècle, les abbesses donnaient la bénédiction à leurs religieuses, entendaient leurs confessions, et prêchaient publiquement.

Innocent III n'attaque point cet usage dans sa lettre du 10 décembre 1210.[40]

Ce droit était si ancien qu'on le trouve établi dans les règles de saint Basile.[41] (*k*) Il permet aux abbesses de confesser leurs religieuses conjointement avec un prêtre.

Le père Martène, dans ses *Rites de l'Eglise*, (*l*) convient que les abbesses confessèrent longtemps leurs nonnes; mais il ajoute qu'elles étaient si curieuses, qu'on fut obligé de leur ôter ce droit.[42]

L'ex-jésuite nommé Nonotte doit se confesser, et faire pénitence, non pas d'avoir été un des plus grands ignorants qui aient jamais barbouillé du papier, car ce n'est pas un péché; non pas d'avoir appelé du nom d'*erreurs* des vérités qu'il ne connaissait pas; mais d'avoir calomnié avec la plus stupide insolence l'auteur de cet article, et d'avoir appelé son frère Raca, en niant tous ces faits et beaucoup d'autres dont il ne savait pas un mot. Il s'est rendu coupable de *la géhenne du feu*;[43] il faut espérer qu'il demandera

(*j*) Livre 76, t.16, p.246.
(*k*) t.2, p.453.
(*l*) t.2, p.39.

215 w68: donnaient l'absolution à

[40] Le passage de l'*Histoire ecclésiastique* mentionné ici est cité dans la 'Vingt-deuxième sottise' (*M*, t.24, p.504). Voir *CN*, t.3, p.542, n.615.

[41] Dans la 'Vingt-deuxième sottise' (*M*, t.24, p.504), le titre fourni est celui de *Règles abrégées*.

[42] Voltaire a lu le *De antiquis ecclesiae ritibus libri quatuor* d'Edmond Martène à l'abbaye de Senones en 1754 (voir D5850). Il s'en souvient encore en 1773 dans le chapitre 8 du *Fragment sur l'histoire générale* (*M*, t.29, p.251).

[43] Allusion à un passage du sermon sur la montagne (Matthieu 5:22). '*Raka*' transcrit l'injure talmudique '*reikah*', 'insensé' ou 'imbécile'. Voir également la *Relation de la maladie, de la confession, de la mort, et de l'apparition du jésuite Berthier*, *OCV*, t.49B, p.389, n.28, et *Le Dîner du comte de Boulainvilliers*, *OCV*, t.63A, p.347, n.7.

pardon à Dieu de ses énormes sottises: nous ne demandons point la mort du pécheur, mais sa conversion.

On a longtemps agité pourquoi trois hommes assez fameux dans cette petite partie du monde où la confession est en usage, sont morts sans ce sacrement. Ce sont le pape Léon X, Pélisson et le cardinal Dubois.

Ce cardinal se fit ouvrir le périnée par le bistouri de La Peironie, mais il pouvait se confesser et communier avant l'opération.[44]

Pélisson protestant jusqu'à l'âge de quarante ans, s'était converti pour être maître des requêtes et pour avoir des bénéfices.[45]

A l'égard du pape Léon X, il était si occupé des affaires temporelles, quand il fut surpris par la mort, qu'il n'eut pas le temps de songer aux spirituelles.

Des billets de confession

Dans les pays protestants on se confesse à Dieu, et dans les pays catholiques aux hommes. Les protestants disent qu'on ne peut tromper Dieu; au lieu qu'on ne dit aux hommes que ce qu'on veut. Comme nous ne traitons jamais la controverse, nous n'entrons point dans cette ancienne dispute. Notre société littéraire est composée de catholiques et de protestants réunis par l'amour des lettres.[46] Il ne faut pas que les querelles ecclésiastiques y sèment la zizanie.

254-58 70, 71N, 71A: zizanie. ¶En

[44] Le célèbre cardinal Guillaume Dubois, mort le 10 août 1723 (D152), s'était confessé brièvement auprès du père Germain mais refusa qu'on lui administre l'extrême-onction, arguant qu'un simple récollet ne seyait pas à sa dignité ecclésiastique et sollicitant le ministère du cardinal Bissy. Il mourut avant l'arrivée de celui-ci.

[45] Paul Pellisson-Fontanier, dit Paul Pellisson, mort en 1693 en ayant refusé de se confesser, ce qui fit couler beaucoup d'encre étant donné que ce protestant s'était converti au catholicisme. Voir le *Dictionnaire historique et critique* de Pierre Bayle, article 'Pellisson, Paul', note F.

[46] Fiction récurrente sous la plume de Voltaire qui, dès l'Introduction des *QE*,

Contentons-nous de la belle réponse de ce Grec qu'un prêtre voulait confesser aux mystères de Cérès: Est-ce à Dieu ou à toi que je dois parler? – C'est à Dieu. – Retire-toi donc, ô homme.[47]

En Italie, et dans les pays d'obédience, il faut que tout le monde sans distinction se confesse et communie. Si vous avez par-devers vous des péchés énormes, vous avez aussi les grands pénitenciers pour vous absoudre. Si votre confession ne vaut rien, tant pis pour vous. On vous donne à bon compte un reçu imprimé, moyennant quoi vous communiez, et on jette tous les reçus dans un ciboire; c'est la règle.

On ne connaissait point à Paris ces billets au porteur, lorsque vers l'an 1750 un archevêque de Paris imagina d'introduire une espèce de banque spirituelle[48] pour extirper le jansénisme et pour faire triompher la bulle *Unigenitus*.[49] Il voulut qu'on refusât l'extrême-onction et le viatique à tout malade qui ne remettait pas un billet de confession, signé d'un prêtre constitutionnaire.

C'était refuser les sacrements aux neuf dixièmes de Paris. On lui disait en vain, Songez à ce que vous faites; ou ces sacrements sont nécessaires pour n'être point damné, ou l'on peut être sauvé sans eux avec la foi, l'espérance, la charité, les bonnes œuvres et les mérites de notre Sauveur. Si l'on peut être sauvé sans ce viatique, vos billets sont inutiles. Si les sacrements sont absolument nécessaires, vous damnez tous ceux que vous en privez; vous

255 K84, K12: Grec dont nous avons déjà parlé, et qu'un

---

affirme le caractère collectif de cette œuvre (*OCV*, t.38, p.3). A certains égards, l'anecdote pourrait être vraie en ce sens que l'entourage de Voltaire à Ferney était partagé entre catholiques et protestants.

[47] Passage déjà cité au début du présent article (voir ci-dessus, p.163, n.3).

[48] Dans les *Mémoires pour servir à la vie de Monsieur de Voltaire, écrits par lui-même*, il est question de 'billets de banque pour l'autre monde' (éd. Jacqueline Hellegouarch, Paris, 1998, p.161).

[49] On sait que l'archevêque de Paris, Christophe de Beaumont, exigea en 1751 des 'billets de confession' signés par un prêtre non suspect de jansénisme. Voltaire a raconté plus au long ces événements dans le chapitre 36 du *Précis du siècle de Louis XV* et y fait régulièrement allusion dans ses œuvres polémiques. Voir le chapitre 16 du *Traité sur la tolérance*, *OCV*, t.56C, p.229-31.

faites brûler pendant toute l'éternité six à sept cent mille âmes, supposé que vous viviez assez longtemps pour les enterrer; cela est violent; calmez-vous; et laissez mourir chacun comme il peut.

Il ne répondit point à ce dilemme; mais il persista. C'est une chose horrible d'employer pour tourmenter les hommes la religion qui les doit consoler. Le parlement qui a la grande police, et qui vit la société troublée, opposa, selon la coutume, des arrêts aux mandements. La discipline ecclésiastique ne voulut point céder à l'autorité légale. Il fallut que la magistrature employât la force, et qu'on envoyât des archers pour faire confesser, communier, et enterrer les Parisiens à leur gré.

Dans cet excès de ridicule dont il n'y avait point encore d'exemple, les esprits s'aigrirent; on cabala à la cour, comme s'il s'était agi d'une place de fermier-général, ou de faire disgracier un ministre. Le royaume fut troublé d'un bout à l'autre. Il entre toujours dans une cause des incidents qui ne sont pas du fond: il s'en mêla tant que tous les membres du parlement furent exilés, et que l'archevêque le fut à son tour.

Ces billets de confession auraient fait naître une guerre civile dans les temps précédents; mais dans le nôtre ils ne produisirent heureusement que des tracasseries civiles. [50] L'esprit philosophique qui n'est autre chose que la raison, est devenu chez tous les honnêtes gens le seul antidote dans ces maladies épidémiques.

[50] Même opposition dans les *Mémoires pour servir à la vie de Monsieur de Voltaire*, p.161.

CONFIANCE EN SOI-MÊME

Nous tromper dans nos entreprises,
C'est à quoi nous sommes sujets;
Le matin je fais des projets,
Et le long du jour des sottises.

Ces petits vers conviennent assez à un grand nombre de raisonneurs; et c'est une chose assez plaisante de voir un grave directeur d'âmes finir par un procès criminel, conjointement avec un banqueroutier.[1] A ce propos nous réimprimons ici ce petit conte qui est ailleurs, car il est bon qu'il soit partout.[2]

Memnon conçut un jour le projet insensé d'être parfaitement sage. Il n'y a guère d'hommes à qui cette folie n'ait quelquefois passé par la tête. Memnon se dit à lui-même; Pour être très sage, et par conséquent très heureux, il n'y a qu'à être sans passions; et rien n'est plus aisé, comme on sait. Premièrement je n'aimerai jamais de femme; car en voyant une beauté parfaite, je me dirai à moi-même, Ces joues-là se rideront un jour, ces beaux yeux seront bordés de

* L'*Encyclopédie* contient un court article de grammaire 'Confiance', signé d'un astérisque. Voltaire répond à Diderot, si réponse il y a, par un conte. Cet article reprend en entier le texte de *Memnon, ou la sagesse humaine*, publié pour la première fois en 1749, préfacé ici par quatre vers et deux phrases. Le conte traite du 'projet insensé' de Memnon d'être parfaitement sage. Le choix du titre de l'article retient l'attention – Voltaire aurait pu appeler son article 'Sagesse humaine' – et influence peut-être notre (re)lecture du conte. Cet article paraît en mars/avril 1771 (70, t.4).

[1] Voltaire fait allusion à l'abbé Joseph Grisel et à François Pierre Billard, personnages évoqués dans un poème qu'il envoie à Bernard Joseph Saurin en mars 1770 (D16248) et dans *Le Père Nicodème et Jeannot* (*M*, t.10, p.163). Billard, caissier général des postes, connu comme homme dévot, fit en 1769 une banqueroute frauduleuse de plusieurs millions; l'abbé Grisel, directeur de dévotes illustres, était son confident. Le cas de ces deux fraudeurs hypocrites est très différent de celui du naïf Memnon, et on se demande si Voltaire cherche à réorienter son conte.

[2] Souvent dans les *QE*, le réemploi est à moitié caché; ici, Voltaire l'annonce sans ambages. Suit le texte de *Memnon*: pour l'annotation, voir *OCV*, t.30B, p.259-67.

rouge, cette gorge ronde deviendra plate et pendante, cette belle tête deviendra chauve. Or je n'ai qu'à la voir à présent des mêmes yeux dont je la verrai alors; et assurément cette tête ne fera pas tourner la mienne.

En second lieu je serai toujours sobre: j'aurai beau être tenté par la bonne chère, par des vins délicieux, par la séduction de la société; je n'aurai qu'à me représenter les suites des excès, une tête pesante, un estomac embarrassé, la perte de la raison, de la santé, et du temps: je ne mangerai alors que pour le besoin; ma santé sera toujours égale, mes idées toujours pures et lumineuses. Tout cela est si facile, qu'il n'y a aucun mérite à y parvenir.

Ensuite, disait Memnon, il faut penser un peu à ma fortune; mes désirs sont modérés, mon bien est solidement placé sur le receveur général des finances de Ninive; j'ai de quoi vivre dans l'indépendance; c'est là le plus grand des biens. Je ne serai jamais dans la cruelle nécessité de faire ma cour: je n'envierai personne, et personne ne m'enviera. Voilà qui est encore très aisé. J'ai des amis, continuait-il, je les conserverai, puisqu'ils n'auront rien à me disputer. Je n'aurai jamais d'humeur avec eux, ni eux avec moi. Cela est sans difficulté.

Ayant fait ainsi son petit plan de sagesse dans sa chambre, Memnon mit la tête à la fenêtre. Il vit deux femmes qui se promenaient sous des platanes auprès de sa maison. L'une était vieille et paraissait ne songer à rien. L'autre était jeune, jolie, et semblait fort occupée. Elle soupirait, elle pleurait, et n'en avait que plus de grâces. Notre sage fut touché, non pas de la beauté de la dame, (il était bien sûr de ne pas sentir une telle faiblesse) mais de l'affliction où il la voyait. Il descendit, il aborda la jeune Ninivienne, dans le dessein de la consoler avec sagesse. Cette belle personne lui conta de l'air le plus naïf et le plus touchant tout le mal que lui faisait un oncle qu'elle n'avait point; avec quels artifices il lui avait enlevé un bien qu'elle n'avait jamais possédé, et tout ce qu'elle avait à craindre de sa violence. Vous me paraissez un homme de si bon conseil, lui dit-elle, que si vous aviez la condescendance de venir jusque chez moi, et d'examiner mes affaires, je suis sûre que vous me tireriez du cruel embarras où je suis. Memnon n'hésita pas à la suivre, pour examiner sagement ses affaires, et pour lui donner un bon conseil.

La dame affligée le mena dans une chambre parfumée, et le fit asseoir avec elle poliment sur un large sofa, où ils se tenaient tous deux les jambes croisées vis-à-vis l'un de l'autre. La dame parla en baissant les yeux, dont il échappait quelquefois des larmes, et qui en se relevant rencontraient toujours les regards du sage Memnon. Ses discours étaient pleins d'un attendrissement qui redoublait toutes les fois qu'ils se regardaient. Memnon prenait ses affaires extrêmement à cœur, et se sentait de moment en moment la plus grande envie d'obliger une personne si honnête et si malheureuse. Ils cessèrent insensiblement, dans la chaleur de la conversation, d'être vis-à-vis l'un de l'autre. Leurs jambes ne furent plus croisées. Memnon la conseilla de si près, et lui donna des avis si tendres, qu'ils ne pouvaient ni l'un ni l'autre parler d'affaires, et qu'ils ne savaient plus où ils en étaient.

Comme ils en étaient là, arrive l'oncle, ainsi qu'on peut bien le penser: Il était armé de la tête aux pieds; et la première chose qu'il dit, fut qu'il allait tuer, comme de raison, le sage Memnon et sa nièce; la dernière qui lui échappa fut qu'il pouvait pardonner pour beaucoup d'argent. Memnon fut obligé de donner tout ce qu'il avait. On était heureux dans ce temps-là d'en être quitte à si bon marché; l'Amérique n'était pas encore découverte; et les dames affligées n'étaient pas à beaucoup près si dangereuses qu'elles le sont aujourd'hui.

Memnon honteux et désespéré rentra chez lui: il y trouva un billet qui l'invitait à dîner avec quelques-uns de ses intimes amis. Si je reste seul chez moi, dit-il, j'aurai l'esprit occupé de ma triste aventure, je ne mangerai point, je tomberai malade. Il vaut mieux aller faire avec mes amis intimes un repas frugal. J'oublierai dans la douceur de leur société la sottise que j'ai faite ce matin. Il va au rendez-vous; on le trouve un peu chagrin. On le fait boire pour

76 w68: l'esprit trop occupé

dissiper sa tristesse. Un peu de vin pris modérément est un remède pour l'âme et pour le corps. C'est ainsi que pense le sage Memnon; et il s'enivre. On lui propose de jouer après le repas. Un jeu réglé avec des amis est un passe-temps honnête. Il joue; on lui gagne tout ce qu'il a dans sa bourse, et quatre fois autant sur sa parole. Une dispute s'élève sur le jeu, on s'échauffe: l'un de ses amis intimes lui jette à la tête un cornet, et lui crève un œil. On rapporte chez lui le sage Memnon, ivre, sans argent, et ayant un œil de moins.

Il cuve un peu son vin; et dès qu'il a la tête plus libre, il envoie son valet chercher de l'argent chez le receveur général des finances de Ninive, pour payer ses intimes amis: on lui dit que son débiteur a fait le matin une banqueroute frauduleuse qui met en alarme cent familles. Memnon outré va à la cour avec un emplâtre sur l'oeil et un placet à la main, pour demander justice au roi contre le banqueroutier. Il rencontra dans un salon plusieurs dames qui portaient toutes d'un air aisé des cerceaux de vingt-quatre pieds de circonférence. L'une d'elles qui le connaissait un peu, dit en le regardant de côté: Ah l'horreur! Une autre qui le connaissait davantage lui dit, Bonsoir, Monsieur Memnon; mais vraiment, Monsieur Memnon, je suis fort aise de vous voir; à propos, Monsieur Memnon, pourquoi avez-vous perdu un œil? Et elle passa sans attendre sa réponse. Memnon se cacha dans un coin, et attendit le moment où il pût se jeter aux pieds du monarque. Ce moment arriva. Il baisa trois fois la terre, et présenta son placet. Sa gracieuse majesté le reçut très favorablement, et donna le mémoire à un de ses satrapes pour lui en rendre compte. Le satrape tire Memnon à part, et lui dit d'un air de hauteur en ricanant amèrement; Je vous trouve un plaisant borgne, de vous adresser au roi plutôt qu'à moi; et encore plus plaisant d'oser demander justice contre un honnête banqueroutier, que j'honore de ma protection, et qui est le neveu d'une femme de chambre de ma

92 71N: fait ce matin

94-95 71N: contre son banqueroutier.

97-99 71A: connaissait davantage

109 w68: d'oser me demander

maîtresse. Abandonnez cette affaire-là, mon ami, si vous voulez conserver l'œil qui vous reste.

Memnon ayant ainsi renoncé le matin aux femmes, aux excès de table, au jeu, à toute querelle, et surtout à la cour, avait été avant la nuit trompé et volé par une belle dame, s'était enivré, avait joué, avait eu une querelle, s'était fait crever un œil, et avait été à la cour où l'on s'était moqué de lui.

Pétrifié d'étonnement, et navré de douleur, il s'en retourne la mort dans le cœur. Il veut rentrer chez lui; il y trouve des huissiers qui démeublaient sa maison de la part de ses créanciers. Il reste presque évanoui sous un platane; il y rencontre la belle dame du matin qui se promenait avec son cher oncle, et qui éclata de rire en voyant Memnon avec son emplâtre. La nuit vint; Memnon se coucha sur de la paille auprès des murs de sa maison. La fièvre le saisit; il s'endormit dans l'accès; et un esprit céleste lui apparut en songe.

Il était tout resplendissant de lumière. Il avait six belles ailes, mais ni pieds, ni tête, ni queue, et ne ressemblait à rien. Qui es-tu? lui dit Memnon; Ton bon génie, lui répondit l'autre. Rends-moi donc mon œil, ma santé, mon bien, ma sagesse, lui dit Memnon. Ensuite il lui conta comment il avait perdu tout cela en un jour. Voilà des aventures qui ne nous arrivent jamais dans le monde que nous habitons, dit l'esprit. Et quel monde habitez-vous? dit l'homme affligé. Ma patrie, répondit-il, est à cinq cent millions de lieues du soleil, dans une petite étoile auprès de Sirius, que tu vois d'ici. Le beau pays! dit Memnon: quoi! vous n'avez point chez vous de coquines qui trompent un pauvre homme, point d'amis intimes qui lui gagnent son argent et qui lui crèvent un œil, point de banqueroutiers, point de satrapes qui se moquent de vous en vous refusant justice? Non, dit l'habitant de l'étoile, rien de tout cela. Nous ne sommes jamais trompés par les femmes, parce que nous n'en avons point; nous ne faisons point d'excès de table, parce que nous ne mangeons point; nous n'avons point de banqueroutiers, parce qu'il n'y a chez nous ni or ni argent; on ne peut pas nous crever les yeux, parce que nous n'avons point de corps à la façon des vôtres; et les satrapes ne nous font jamais d'injustice, parce que dans notre petite étoile tout le monde est égal.

Memnon lui dit alors, Monseigneur sans femme et sans dîner, à quoi passez-vous votre temps? A veiller, dit le génie, sur les autres globes qui nous sont confiés: et je viens pour te consoler. Hélas! reprit Memnon, que ne veniez-vous la nuit passée, pour m'empêcher de faire tant de folies? J'étais auprès d'Assan ton frère aîné, dit l'être céleste. Il est plus à plaindre que toi. Sa gracieuse majesté le roi des Indes, à la cour duquel il a l'honneur d'être, lui a fait crever les deux yeux pour une petite indiscrétion, et il est actuellement dans un cachot les fers aux pieds et aux mains. C'est bien la peine, dit Memnon, d'avoir un bon génie dans une famille, pour que de deux frères l'un soit borgne, l'autre aveugle, l'un couché sur la paille, l'autre en prison. Ton sort changera, reprit l'animal de l'étoile. Il est vrai que tu seras toujours borgne; mais, à cela près, tu seras assez heureux, pourvu que tu ne fasses jamais le sot projet d'être parfaitement sage. C'est donc une chose à laquelle il est impossible de parvenir? s'écria Memnon en soupirant. Aussi impossible, lui répliqua l'autre, que d'être parfaitement habile, parfaitement fort, parfaitement puissant, parfaitement heureux. Nous-mêmes, nous en sommes bien loin. Il y a un globe où tout cela se trouve; mais dans les cent mille millions de mondes qui sont dispersés dans l'étendue, tout se suit par degrés. On a moins de sagesse et de plaisirs dans le second que dans le premier, moins dans le troisième que dans le second. Ainsi du reste jusqu'au dernier, où tout le monde est complètement fou. J'ai bien peur, dit Memnon, que notre petit globe terraqué ne soit précisément les petites-maisons de l'univers dont vous me faites l'honneur de me parler. Pas tout à fait, dit l'esprit; mais il en approche: il faut que tout soit en sa place. Eh mais, dit Memnon, certains poètes, certains philosophes, ont donc grand tort de dire, *Que tout est bien.* Ils ont grande raison, dit le philosophe de là-haut, en considérant l'arrangement de l'univers entier. Ah! je ne croirai cela, répliqua le pauvre Memnon, que quand je ne serai plus borgne.

176 w68: mais, certains poètes

CONFISCATION

On a très bien remarqué dans le *Dictionnaire encyclopédique*, à l'article 'Confiscation', que le fisc soit public, soit royal, soit seigneurial, soit impérial, soit déloyal, était un petit panier de jonc ou d'osier, dans lequel on mettait autrefois le peu d'argent qu'on avait pu recevoir ou extorquer.[1] Nous nous servons aujourd'hui de sacs; le fisc royal est le sac royal.

C'est une maxime reçue dans plusieurs pays de l'Europe, que qui confisque le corps, confisque les biens. Cet usage est surtout établi dans les pays où la coutume tient lieu de loi; et une famille entière est punie dans tous les cas pour la faute d'un seul homme.

Confisquer le corps n'est pas mettre le corps d'un homme dans le panier de son seigneur suzerain; c'est dans le langage barbare du barreau, se rendre maître du corps d'un citoyen, soit pour lui ôter la vie, soit pour le condamner à des peines aussi longues que sa vie: on

* L''Avertissement des éditeurs' du tome 3 de l'*Encyclopédie*, dans lequel Voltaire a mis un signet (*CN*, t.3, p.381), annonce la collaboration de Boucher d'Argis pour les articles de jurisprudence. L'article 'Confiscation' de l'*Encyclopédie*, signé par cet avocat, donne un historique de la question et montre qu'en France les pratiques juridiques dans ce domaine sont très variables. Voltaire s'appuie déjà sur cet article lorsqu'il commente le chapitre 17, 'Du bannissement et de la confiscation des biens', du *Traité des délits et des peines* de Beccaria (trad. Morellet, 1766, BV315) dans son chapitre 21, 'De la confiscation attachée à tous les délits dont on a parlé', du *Commentaire sur le livre Des délits et des peines* (1766; *M*, t.25, p.570-72). Il n'est pas exclu que le jeune avocat de Saint-Claude, Charles Gabriel Frédéric Christin, ait collaboré à ce chapitre, réemployé dans le *Précis du siècle de Louis XV* (ch.42, 'Des lois', *OH*, p.1558-60), puis dans le présent article. Voir N. Cronk, 'Voltaire et Christin: "Amis intimes de l'humanité" ', dans *Voltaire, la tolérance et la justice*, ed. J. Renwick (Louvain, 2009), p.375-88. Muyart de Vouglans, dans sa *Réfutation* de Beccaria (1767), attaque la proposition de bannir la peine de confiscation. Voltaire connaissait ce texte (BV2543; *CN*, t.5, p.809). Peut-être a-t-il voulu lui répondre. Cet article paraît en mars/avril 1771 (70, t.4). Plusieurs corrections sont apportées dans w75G*.

[1] Cette observation se trouve, non dans l'article 'Confiscation' de l'*Encyclopédie*, mais dans les articles 'Fisc, trésor public' de Jaucourt et 'Fisc' de Boucher d'Argis (t.6, p.819).

s'empare de ses biens si on le fait périr, ou s'il évite la mort par la fuite.

Ainsi, ce n'est pas assez de faire mourir un homme pour ses fautes, il faut encore faire mourir de faim ses enfants. [2]

La rigueur de la coutume confisque dans plus d'un pays les biens d'un homme qui s'est arraché volontairement aux misères de cette vie; et ses enfants sont réduits à la mendicité parce que leur père est mort.

Dans quelques provinces catholiques romaines on condamne aux galères perpétuelles, par une sentence arbitraire, un père de famille, soit pour avoir donné retraite chez soi à un prédicant, soit pour avoir écouté son sermon dans quelques cavernes, ou dans quelque désert: alors la femme et les enfants sont réduits à mendier leur pain.

(*a*) Cette jurisprudence qui consiste à ravir la nourriture aux

(*a*) Voyez l'édit de 1724, 14 mai, publié à la sollicitation du cardinal de Fleuri, et revu par lui. [3]

18-19 70, 71N, 71A, W68, W75G: ses héritiers. ¶La

25 70, 71N, 71A, W68, W75G, K84, K12: famille [*avec appel pour la note a*], soit

[2] Même argument dans le *Fragment des instructions pour le prince royal de ****: 'Ces confiscations ne sont, après tout, qu'un vol fait aux enfants d'un coupable. Si vous n'arrachez pas la vie à ces enfants innocents, pourquoi leur arrachez-vous leur patrimoine?' (*OCV*, t.63B, p.252). Voir aussi D15924. Boucher d'Argis explique le problème de façon plus neutre: 'Cette peine s'étend sur les héritiers du criminel qui sont privés de ses biens; ce que l'on a ainsi établi pour contenir d'autant plus les hommes dans le devoir, par la crainte de laisser leur famille dans l'indigence' (*Encyclopédie*, t.3, p.853).

[3] Le premier article de cet édit défend 'à tous nos sujets' de s'assembler pour exercer une religion autre que le catholicisme; le deuxième défend aux sujets de 'donner retraite, secours et assistance' aux ministres protestants. La peine dans les deux cas est 'contre les hommes, des galères perpétuelles, et contre les femmes, d'être rasées et enfermées pour toujours [...] avec confiscation des biens des uns et des autres' (*Déclaration du roi, concernant la religion, donnée à Versailles le 14 mai 1724*, Paris, Imprimerie royale, 1724, p.3-4). L'édit ne semble pas se trouver dans la bibliothèque de Ferney, même si on y trouve d'autres datant de ce règne (voir BV2177-211). On soupçonne la main de Christin, mais ce serait plutôt Voltaire qui implique Fleury, lequel ne dirigeait pas encore le gouvernement en 1724, mais aurait pu peser sur la décision.

orphelins fut inconnue dans tout le temps de la république romaine. Sylla l'introduisit dans ses proscriptions. Il faut avouer qu'une rapine inventée par Sylla n'était pas un exemple à suivre. Aussi cette loi qui semblait n'être dictée que par l'inhumanité et l'avarice, ne fut suivie ni par César, ni par le bon empereur Trajan, ni par les Antonins, dont toutes les nations prononcent encore le nom avec respect et avec amour. Enfin, sous Justinien, la confiscation n'eut lieu que pour le crime de lèse-majesté.[4]

Comme ceux qui en étaient accusés étaient pour la plupart de grands seigneurs, il semble que Justinien ne pardonna la confiscation que par avarice. Il semble aussi que dans les temps de l'anarchie féodale, les princes et les seigneurs des terres étant très peu riches, cherchassent à augmenter leur trésor par les condamnations de leurs sujets, et qu'on voulut leur faire un revenu du crime. Les lois chez eux étant arbitraires, et la jurisprudence romaine ignorée, les coutumes ou bizarres ou cruelles prévalurent. Mais aujourd'hui que la puissance des souverains est fondée sur des richesses immenses et assurées, leur trésor n'a pas besoin de s'enfler des faibles débris d'une famille malheureuse. Ils sont abandonnés pour l'ordinaire au premier qui les demande. Mais est-ce à un citoyen à s'engraisser des restes du sang d'un autre citoyen?

La confiscation n'est point admise dans les pays où le droit romain est établi, excepté le ressort du parlement de Toulouse. Elle ne l'est point dans quelques pays coutumiers, comme le Bourbonnais, le Berri, le Maine, le Poitou, la Bretagne, où au moins elle respecte les immeubles. Elle était établie autrefois à Calais, et les

30 70, 71N, 71A, W68, W75G: orphelins, et à donner à un homme le bien d'autrui, fut

37-38 K84, K12: lèse-majesté. Comme

37-40 70, 71N, 71A, W68, W75G: lèse-majesté. ¶Il semble que

39 K84, K12: Justinien n'ordonna la

45 71A: coutumes bizarres

[4] Ce paragraphe suit l'article 'Confiscation' en l'élaguant (*Encyclopédie*, t.3, p.853).

Anglais l'abolirent lorsqu'ils en furent les maîtres. Il est assez étrange que les habitants de la capitale vivent sous une loi plus rigoureuse que ceux de ces petites villes: tant il est vrai que la jurisprudence a été souvent établie au hasard, sans régularité, sans uniformité, comme on bâtit des chaumières dans un village.[5]

Voici comment l'avocat général Omer Talon parla en plein parlement dans le plus beau siècle de la France, en 1673, au sujet des biens d'une demoiselle de Canillac qui avaient été confisqués. Lecteur, faites attention à ce discours; il n'est pas dans le style des oraisons de Cicéron; mais il est curieux (*b*).

Extrait du plaidoyer de l'avocat général Talon sur des biens confisqués

Au chap. XIII du Deutéronome, Dieu dit, 'Si tu te rencontres dans une ville, et dans un lieu où règne l'idolâtrie, mets tout au fil de l'épée, sans exception d'âge, de sexe ni de condition. Rassemble dans les places publiques toutes les dépouilles de la ville, brûle-la tout entière avec ses dépouilles, et qu'il ne reste qu'un monceau de cendres de ce lieu d'abomination. En un mot, fais-en un sacrifice au Seigneur, et qu'il ne demeure rien en tes mains des biens de cet anathème.

'Ainsi, dans le crime de lèse-majesté le roi était maître des biens, et les enfants en étaient privés. Le procès ayant été fait à Naboth *quia maledixerat regi*, le roi Achab se mit en possession de son héritage. David étant averti que Miphibozeth s'était engagé dans la

(*b*) *Journal du palais*, t.1, p.444.

58 w68: vivent sur une

61-67 70, 71N, 71A: village. ¶Qui croirait que l'an 1673, dans le plus beau siècle de la France, l'avocat général Omer Talon ait parlé ainsi en plein parlement au sujet d'une demoiselle de Canillac? ¶Au

[5] Ce paragraphe suit de nouveau l'article 'Confiscation' (*Encyclopédie*, t.3, p.854).

rébellion, donna tous ses biens à Siba qui lui en apporta la nouvelle: *tua sint omnia quae fuerunt Miphibozeth.*'[6]

Il s'agit de savoir qui héritera des biens de Mlle de Canillac, biens autrefois confisqués sur son père, abandonnés par le roi à un garde du trésor royal, et donnés ensuite par le garde du trésor royal à la testatrice. Et c'est sur ce procès d'une fille d'Auvergne qu'un avocat général s'en rapporte à Achab roitelet d'une partie de la Palestine, qui confisqua la vigne de Naboth après avoir assassiné le propriétaire par le poignard de la justice juive; action abominable qui passa en proverbe chez les Juifs mêmes pour inspirer aux hommes l'horreur de l'usurpation. Assurément la vigne de Naboth n'avait aucun rapport avec l'héritage de Mlle de Canillac. Le meurtre et la confiscation des biens de Miphibozeth, petit-fils du roi Saul, et fils de Jonathas ami et protecteur de David, n'ont pas une plus grande affinité avec le testament de cette demoiselle.

C'est avec cette pédanterie, avec cette démence de citations étrangères au sujet, avec cette ignorance des premiers principes de la nature humaine, avec ces préjugés mal conçus et mal appliqués, que la jurisprudence a été traitée par des hommes qui ont eu de la réputation dans leur sphère.

88 70, 71N, 71A, W68, W75G, K84, K12: qui est passée en proverbe, pour

98 70, 71N, 71A, W68, W75G: sphère. On laisse aux lecteurs à se dire ce qu'il est superflu qu'on leur dise. //

[6] Passage cité fidèlement (hormis la suppression de la traduction latine de la Bible qui suivait 'cet anathème' et celle de la référence biblique pour Mephibocheth en fin de citation: 2 Rois 16:4), du *Journal du palais, ou recueil des principales décisions de tous les parlements et cours souveraines de France sur les questions les plus importantes de droit civil, de coutume, de matières criminelles et bénéficiales, et de droit public*, de Claude Blondeau et Gabriel Guéret, 4e éd., 2 vol. (Paris, Le Gras, 1755), t.1, p.444. Ce volume, un in-folio de quelque mille pages, possède une table des matières très développée: la rubrique 'Confiscation' renvoie tout de suite au passage cité. Il n'est guère surprenant que le volume ne se trouve pas dans la bibliothèque de Voltaire. Encore une fois, on peut imaginer une contribution de Christin.

CONSCIENCE

Section première

De la conscience du bien et du mal

Locke a démontré, (s'il est permis de se servir de ce terme en morale et en métaphysique) que nous n'avons ni idées innées, ni principes innés; et il a été obligé de le démontrer trop au long, parce qu'alors cette erreur était universelle. [1]

De là il suit évidemment que nous avons le plus grand besoin qu'on nous mette de bonnes idées et de bons principes dans la tête, dès que nous pouvons faire usage de la faculté de l'entendement.

Locke apporte l'exemple des sauvages qui tuent et qui mangent leur prochain sans aucun remords de conscience; et des soldats chrétiens bien élevés qui dans une ville prise d'assaut pillent, égorgent, violent non seulement sans remords, mais avec un plaisir charmant, avec honneur et gloire, avec les applaudissements de tous leurs camarades. [2]

* L'article 'Conscience' de l'*Encyclopédie* (t.3, p.902-904), œuvre du chevalier de Jaucourt, distingue entre un sens 'Phil. Log. Métaph.', plus ou moins synonyme de *perception* ('L'opinion ou le sentiment intérieur que nous avons nous-mêmes de ce que nous faisons'), et un sens 'Droit nat. Mor.' ('Acte de l'entendement, qui indique ce qui est bon ou mauvais dans les actions morales'). Voltaire ne suit pas ce schéma. La première section de l'article des *QE* établit que la conscience n'est pas un principe inné et la troisième qu'elle est souvent fautive. Voltaire s'oppose ainsi à l'*Emile* de Rousseau qui faisait de l'innéité de la conscience, 'instinct divin, immortelle et céleste voix', le fondement de toute morale. La deuxième section prend cependant soin de tempérer cette critique en faisant valoir, contre Thomas d'Aquin, que sauf à donner dans un formalisme inhumain, la justice doit prêter attention à la voix de la conscience. Comme l'article de l'*Encyclopédie*, celui des *QE* s'achève sur la 'Liberté de conscience', mais Voltaire reprend un texte, *De la liberté de conscience*, paru en 1767. Le présent article paraît en mars/avril 1771 (70, t.4).

[1] John Locke, *An essay concerning human understanding* (BV2149 et BV2150 pour la traduction française de Pierre Coste; *CN*, t.5, p.427-31), livre 1.

[2] Pour réfuter l'innéité de la conscience et des principes moraux, Locke donne des

Il est très sûr que dans les massacres de la Saint-Barthélemi, et dans les *autodafés*, dans les saints actes de foi de l'Inquisition, nulle conscience de meurtrier ne se reprocha jamais d'avoir massacré hommes, femmes, enfants, d'avoir fait crier, évanouir, mourir dans les tortures des malheureux qui n'avaient d'autres crimes que de faire la pâque différemment des inquisiteurs.

Il résulte de tout cela que nous n'avons point d'autre conscience que celle qui nous est inspirée par le temps, par l'exemple, par notre tempérament, par nos réflexions. [3]

L'homme n'est né avec aucun principe, mais avec la faculté de les recevoir tous. Son tempérament le rendra plus enclin à la cruauté ou à la douceur; son entendement lui fera comprendre un jour que le carré de douze est cent quarante-quatre, qu'il ne faut pas faire aux autres ce qu'il ne voudrait pas qu'on lui fît; mais il ne comprendra pas de lui-même ces vérités dans son enfance: il n'entendra pas la première, et il ne sentira pas la seconde.

Un petit sauvage qui aura faim, et à qui son père aura donné un morceau d'un autre sauvage à manger, en demandera autant le lendemain, sans imaginer qu'il ne faut pas traiter son prochain autrement qu'on ne voudrait être traité soi-même. Il fait machinalement, invinciblement tout le contraire de ce que cette éternelle vérité enseigne.

La nature a pourvu à cette horreur; elle a donné à l'homme la disposition à la pitié et le pouvoir de comprendre la vérité. [4] Ces

---

'Instances of enormities practised without remorse' (*An essay concerning human understanding*, livre I, ch.3, §9). Dans le chapitre 35 du *Philosophe ignorant*, Voltaire critique la pertinence de ces exemples (*OCV*, t.62, p.83-86).

[3] Voltaire s'oppose à Rousseau qui admettait, avec la conscience, 'un principe inné de justice et de vertu' (*Emile*, *Œuvres complètes*, 5 vol., Paris, 1959-1995, t.4, p.598).

[4] Voltaire n'a pas attendu Rousseau pour ériger la pitié en fondement de la morale. Voir ses *Carnets*: 'la pitié est dans tous les cœurs' (*OCV*, t.82, p.536 et 613). Dès le *Traité de métaphysique*, il affirme que l'homme connaît naturellement un 'sentiment de pitié et de bienveillance' (*OCV*, t.14, p.469-70) qui procure une sorte de 'contrepoison contre l'héroïsme carnassier' de l'égoïsme (article 'Du droit de la guerre' ci-dessous, p.575).

deux présents de Dieu sont le fondement de la société civile. C'est ce qui fait qu'il y a toujours eu peu d'anthropophages; c'est ce qui rend la vie un peu tolérable chez les nations civilisées. Les pères et les mères donnent à leurs enfants une éducation qui les rend bientôt sociables; et cette éducation leur donne une conscience.

Une religion pure, une morale pure, inspirées de bonne heure, façonnent tellement la nature humaine, que depuis environ sept ans jusqu'à seize ou dix-sept, on ne fait pas une mauvaise action sans que la conscience en fasse un reproche. Ensuite viennent les violentes passions qui combattent la conscience et qui l'étouffent quelquefois.[5] Pendant le conflit les hommes tourmentés par cet orage, consultent en quelques occasions d'autres hommes, comme dans leurs maladies ils consultent ceux qui ont l'air de se bien porter.

C'est ce qui a produit des casuistes, c'est-à-dire, des gens qui décident des cas de conscience. Un des plus sages casuistes a été Cicéron dans son livre des *Offices*, c'est-à-dire, des devoirs de l'homme.[6] Il examine les points les plus délicats; mais longtemps avant lui Zoroastre avait paru régler la conscience par le plus beau des préceptes: *Dans le doute si une action est bonne ou mauvaise, abstiens-toi*. Porte XXX. Nous en parlons ailleurs.[7]

58-58a 70, 71N, 71A: XXX. ¶Section

[5] Voltaire s'oppose à Rousseau qui affirmait l'universalité des remords: 'Hélas! qui de nous n'entendit jamais cette importune voix!' (*Emile*, *Œuvres complètes*, t.4, p.597).

[6] Même admiration pour les *Offices* dans les articles 'Cicéron' (ci-dessus, p.111) et 'Fin du monde' (*M*, t.19, p.142).

[7] Voir les articles 'Beau', 'Religion' et 'Zoroastre' des *QE*. La source de Voltaire est Thomas Hyde, *Veterum Persarum et Parthorum et Medorum religionis historia* (Oxford, 1760, BV1705), p.467. Il a longuement cité le Sadder dans l'*Essai sur les mœurs*, t.1, p.249-51.

Section seconde

Conscience. Si un juge doit juger selon la conscience ou selon les preuves

Thomas d'Aquin, vous êtes un grand saint, un grand théologien; et il n'y a point de dominicain qui ait pour vous plus de vénération que moi. Mais vous avez décidé dans votre *Somme*, qu'un juge doit donner sa voix selon les allégations et les prétendues preuves contre un accusé, dont l'innocence lui est parfaitement connue.[8] Vous prétendez que les dépositions des témoins qui ne peuvent être que fausses, les preuves résultantes du procès qui sont impertinentes, doivent l'emporter sur le témoignage de ses yeux mêmes. Il a vu commettre le crime par un autre; et, selon vous, il doit en conscience condamner l'accusé quand sa conscience lui dit que cet accusé est innocent.

Il faudrait donc, selon vous, que si le juge lui-même avait commis le crime dont il s'agit, sa conscience l'obligeât de condamner l'homme faussement accusé de ce même crime.

En conscience, grand saint, je crois que vous vous êtes trompé de la manière la plus absurde et la plus horrible: c'est dommage qu'en possédant si bien le droit canon, vous ayez si mal connu le droit naturel. Le premier devoir d'un magistrat est d'être juste avant d'être formaliste:[9] si en vertu des preuves qui ne sont jamais

[8] A la question 'Est-il permis au juge de juger contre la vérité qu'il connaît, à cause de faits qui lui sont présentés?', Thomas d'Aquin répond négativement: le jugement appartenant au juge en tant qu'il exerce un office public, il 'doit former son opinion non selon ce qu'il sait en tant que personne privée, mais d'après ce qui est porté à sa connaissance en tant que personnage public' (*Somme théologique*, 4 vol., Paris, 1984-1986, partie 2, 2, question 67, article 2). Concédant que le juge peut utiliser sa connaissance privée pour discuter avec plus de rigueur les fausses preuves qui lui sont présentées, Thomas d'Aquin conclut qu'il doit les admettre quand il ne peut les infirmer.

[9] L'article 'Formalistes' de l'*Encyclopédie*, qui avait été proposé à Voltaire (D6655), condamne cette attitude. Dans le *Prix de la justice et de l'humanité*, Voltaire affirme qu''on serait tenté de souhaiter que toute loi fût abolie, et qu'il n'y en eût

que des probabilités, je condamnais un homme dont l'innocence me serait démontrée, je me croirais un sot et un assassin.

Heureusement tous les tribunaux de l'univers pensent autrement que vous. Je ne sais pas si Farinacius et Grillandus sont de votre avis.[10] Quoi qu'il en soit, si vous rencontrez jamais Cicéron, Ulpien, Tribonien, Dumoulin, le chancelier de L'Hôpital, le chancelier d'Aguesseau, demandez-leur bien pardon de l'erreur où vous êtes tombé.[11]

Section troisième

De la conscience trompeuse

Ce qu'on a peut-être jamais dit de mieux sur cette question importante, se trouve dans le livre comique de *Tristam Shandy*, écrit par un curé nommé Sterne,[12] le second Rabelais d'Angleterre; il ressemble à ces petits satyres de l'antiquité qui renfermaient des essences précieuses.[13]

82 w68: rencontrez Cicéron

---

d'autres que la conscience et le bon sens des magistrats' (*OCV*, t.80B, p.176) mais, fidèle aux orientations du présent article, il ajoute que la 'conscience' peut s'égarer.

[10] Prospero Farinacci (1554-1618), pénaliste italien, auteur d'un *Praxis et theorica criminalis* (1608), célèbre pour son rigorisme. Dom Paolo Grillando (né vers 1490), auteur du *Tractatus de hereticis et sortilegiis*, fut 'un des grands promoteurs' (article 'Bouc', *OCV*, t.39, p.440), sinon le 'prototype de l'Inquisition' (*Histoire de Jenni*, *M*, t.21, p.530). L'article 'Aranda' ironise sur son patronyme, 'beau nom pour un Inquisiteur' (*OCV*, t.38, p.559).

[11] Ulpien, juriste romain, mort en 228; Tribonien (vers 500-547), juriste byzantin ayant contribué à l'élaboration du Code de Justinien; Charles Dumoulin et Michel de L'Hospital, juristes français du seizième siècle; Henri François d'Aguesseau (1668-1751), dont Voltaire possède une édition des *Œuvres* en 10 volumes (BV21).

[12] Voltaire possède *The Life and opinions of Tristram Shandy* (6 vol., Londres, 1760-1762, BV3211) de Laurence Sterne. Il fera le compte rendu de la traduction française du roman dans le *Journal de politique et de littérature* du 25 avril 1777 (*M*, t.30, p.379-82).

[13] Pour Voltaire, le premier Rabelais de l'Angleterre est Swift (*Lettres à Son*

Deux vieux capitaines à demi-paie, assistés du docteur Slop, font les questions les plus ridicules. Dans ces questions, les théologiens de France ne sont pas épargnés. On insiste particulièrement sur un mémoire présenté à la Sorbonne par un chirurgien qui demande la permission de baptiser les enfants dans le ventre de leurs mères, au moyen d'une canule qu'il introduira proprement dans l'utérus, sans blesser la mère ni l'enfant.[14]

Enfin, ils se font lire par un caporal un ancien sermon sur la conscience, composé par ce même curé Sterne.[15]

Parmi plusieurs peintures, supérieures à celles de Rimbran et aux crayons de Calot,[16] il peint un honnête homme du monde passant ses jours dans les plaisirs de la table, du jeu et de la débauche, ne faisant rien que la bonne compagnie puisse lui reprocher, et par conséquent ne se reprochant rien. Sa conscience et son honneur l'accompagnent aux spectacles, au jeu, et surtout lorsqu'il paie libéralement la fille qu'il entretient. Il punit sévèrement quand il est en charge les petits larcins du commun peuple; il vit gaiement, et meurt sans le moindre remords.

Le docteur Slop interrompt le lecteur pour dire que cela est impossible dans l'Eglise anglicane, et ne peut arriver que chez des papistes.

Enfin, le curé Sterne cite l'exemple de David qui a, dit-il, tantôt

---

*Altesse Monseigneur le prince de ****, *OCV*, t.63B, p.422-25). Il reprend l'image du silène du prologue de *Gargantua*.

[14] 'Mémoire présenté à Messieurs les docteurs de Sorbonne par un chirurgien accoucheur' (*Tristram Shandy*, t.1, ch.20, p.134). Suivent la réponse des docteurs de Sorbonne et les extrapolations de Tristram Shandy (p.135-40).

[15] *Tristram Shandy*, t.2, ch.15-17, p.92-156, en particulier p.107-49 pour le sermon sur le verset 'Car nous croyons avoir une bonne conscience' (Hébreux 13:18), dans lequel Sterne nie l'infaillibilité de la conscience. Voltaire rend compte de ce sermon comme 'un des meilleurs dont l'éloquence anglaise puisse se faire honneur' (*Articles extraits du Journal de politique*, *OCV*, t.80C, p.37).

[16] Lire Rembrandt et Jacques Callot, peintre et graveur lorrain du dix-septième siècle, dont 'les figures [...] ne doivent paraître que dans des grotesques' (*Conseils à un journaliste*, *OCV*, t.20A, p.498).

une conscience délicate et éclairée, tantôt une conscience très dure et très ténébreuse.

Lorsqu'il peut tuer son roi dans une caverne, il se contente de lui couper un pan de sa robe:[17] voilà une conscience délicate. Il passe une année entière sans avoir le moindre remords de son adultère avec Betzabée et du meurtre d'Urie:[18] voilà la même conscience endurcie, et privée de lumière.

Tels sont, dit-il, la plupart des hommes. Nous avouons à ce curé que les grands du monde sont très souvent dans ce cas; le torrent des plaisirs et des affaires les entraîne; ils n'ont pas le temps d'avoir de la conscience, cela est bon pour le peuple; encore n'en a-t-il guère quand il s'agit de gagner de l'argent. Il est donc très bon de réveiller souvent la conscience des couturières et des rois par une morale qui puisse faire impression sur eux; mais pour faire cette impression, il faut mieux parler qu'on ne parle aujourd'hui.

Section quatrième

Conscience: Liberté de conscience

traduit de l'allemand

(Nous n'adoptons pas tout ce paragraphe; mais comme il y a quelques vérités, nous n'avons pas cru devoir l'omettre, et nous ne nous chargeons pas de justifier ce qui peut s'y trouver de peu mesuré et de trop dur.)[19]

L'aumônier du prince de ... lequel prince est catholique romain, menaçait un anabaptiste de le chasser des petits Etats du prince; il

127-86 K12: aujourd'hui. [*avec note*: Voyez l'article 'Liberté de conscience'.] //

[17] 1 Samuel 24:1-12.

[18] Voir 2 Samuel 11-12. Voltaire lui-même cite souvent cet épisode pour rappeler que de cet adultère homicide est issu le Messie (voir *Saül*, *OCV*, t.56A, p.510, n.15).

[19] Ce qui suit reprend, avec quelques modifications, *De la liberté de conscience* paru en 1767. On se reportera à l'édition de ce texte pour l'annotation et les variantes (*OCV*, t.63B, p.285-301). 'Il est assez singulier que cette note ait été mise à celle des deux versions de l'article qui est la plus mesurée', remarque Beuchot (*M*, t.18, p.238, n.2). Voltaire a supprimé maintes railleries sur l'eucharistie.

lui disait qu'il n'y a que trois sectes autorisées dans l'empire;[20] que pour lui anabaptiste qui était d'une quatrième, il n'était pas digne de vivre dans les terres de monseigneur: et enfin, la conversation s'échauffant, l'aumônier menaça l'anabaptiste de le faire pendre. Tant pis pour son altesse, répondit l'anabaptiste; je suis un gros manufacturier; j'emploie deux cents ouvriers, je fais entrer deux cent mille écus par an dans ses Etats; ma famille ira s'établir ailleurs; monseigneur y perdra.

Et si monseigneur fait pendre tes deux cents ouvriers et ta famille? reprit l'aumônier; et s'il donne ta manufacture à de bons catholiques?

Je l'en défie, dit le vieillard; on ne donne pas une manufacture comme une métairie, parce qu'on ne donne pas l'industrie: cela serait beaucoup plus fou que s'il faisait tuer tous ses chevaux, parce que l'un d'eux t'aura jeté par terre, et que tu es un mauvais écuyer.

L'intérêt de monseigneur n'est pas que je mange du pain sans levain ou levé. Il est que je procure à ses sujets de quoi manger, et que j'augmente ses revenus par mon travail. Je suis honnête homme; et quand j'aurais le malheur de n'être pas né tel, ma profession me forcerait à le devenir; car dans les entreprises de négoce, ce n'est pas comme dans celles de cour et dans les tiennes: point de succès sans probité. Que t'importe que j'aie été baptisé dans l'âge qu'on appelle de raison, tandis que tu l'as été sans le savoir? que t'importe que j'adore Dieu à la manière de mes pères? Si tu suivais tes belles maximes, et si tu avais la force en main, tu irais donc d'un bout de l'univers à l'autre, faisant pendre à ton plaisir le Grec qui ne croit pas que l'Esprit procède du Père et du Fils; tous les Anglais, tous les Hollandais, Danois, Suédois, Islandais, Prussiens, Hanovriens, Saxons, Holstenois, Hessois, Virtembergeois, Bernois, Hambourgeois, Cosaques, Valaques, Grecs, Russes, qui ne croient pas le pape infaillible; tous les

[20] Les allusions, supprimées ici, du *De la liberté de conscience* à la Cène, à la consubstantiation et à la transsubstantiation laissent comprendre qu'il s'agit respectivement du calvinisme, du luthéranisme et du catholicisme romain.

musulmans qui croient un seul Dieu; et les Indiens dont la religion est plus ancienne que la juive; et les lettrés chinois qui depuis quatre mille ans servent un Dieu unique sans superstition, et sans fanatisme! Voilà donc ce que tu ferais si tu étais le maître! Assurément, dit le moine; car je suis dévoré du zèle de la maison du Seigneur. *Zelus domus suae comedit me.*[21]

Ça, dis-moi un peu, cher aumônier, repartit l'anabaptiste, es-tu dominicain ou jésuite, ou diable? Je suis jésuite, dit l'autre. Eh mon ami, si tu n'es pas diable, pourquoi dis-tu des choses si diaboliques?

C'est que le révérend père recteur m'a ordonné de les dire.

Et qui a ordonné cette abomination au révérend père recteur?

C'est le provincial.

De qui le provincial a-t-il reçu cet ordre?

De notre général; et le tout pour plaire à un plus grand seigneur que lui.

Dieux de la terre qui avec trois doigts avez trouvé le secret de vous rendre maîtres d'une grande partie du genre humain;[22] si dans le fond du cœur vous avouez que vos richesses et votre puissance ne sont point essentielles à votre salut et au nôtre, jouissez-en avec modération. Nous ne voulons pas vous démîtrer, vous détiarer: mais ne nous écrasez pas. Jouissez et laissez-nous paisibles; démêlez vos intérêts avec les rois; et laissez-nous nos manufactures.

[21] Ici suppression d'un paragraphe polémique.

[22] Il s'agit du pouvoir de donner l'absolution.

CONSEILLER OU JUGE

BARTOLOMÉ

Quoi! il n'y a que deux ans que vous étiez au collège, et vous voilà déjà conseiller de la cour de Naples?

GERONIMO

Oui, c'est un arrangement de famille; il m'en a peu coûté.

BARTOLOMÉ

Vous êtes donc devenu bien savant depuis que je ne vous ai vu?

GERONIMO

Je me suis quelquefois fait inscrire dans l'école de droit, où l'on m'apprenait que le droit naturel est commun aux hommes et aux bêtes, et que le droit des gens n'est que pour les gens.[1] On me parlait de l'édit du préteur, et il n'y a plus de préteur; des fonctions

6 w68: le naturel

* Cet article revêtant la forme d'un dialogue doit être lu en parallèle avec l'article 'Education', également dialogué, qui en reprend un passage (voir p.200, n.2). Sur l'importance des dialogues philosophiques pour les *QE*, voir C. Mervaud, 'Les dialogues philosophiques des *Questions sur l'Encyclopédie*', *Revue Voltaire* 5 (2005), p.113-29. Voltaire, qui ne suit ni l'article 'Conseiller' ni le long article 'Juge' de l'*Encyclopédie*, déplore la carence du cursus universitaire des hauts fonctionnaires, trop imprégnés de droit romain pour être en mesure de répondre aux exigences de la modernité. Le conseiller, au siècle des Lumières, désigne un magistrat. Cet article paraît en mars/avril 1771 (70, t.4).

[1] Le *droit naturel* s'applique aux êtres doués de raison et ne convient donc pas aux animaux; le *jus gentium* désigne ce qu'on nomme aujourd'hui le 'droit international'. Voir les articles 'Droit naturel' et 'Droit des gens' de l'*Encyclopédie*. Le conseiller de l'article 'Education' dénonçe l'inadaptation de l'éducation secondaire qu'il avait reçue au collège Louis-le-Grand (ci-dessous, p.620-25). Celui du présent article critique l'enseignement universitaire du droit, inadapté aux impératifs politiques et économiques de la modernité.

des édiles, et il n'y a plus d'édiles; du pouvoir des maîtres sur les esclaves, et il n'y a plus d'esclaves.[2] Je ne sais presque rien des lois de Naples, et me voilà juge.

BARTOLOMÉ

Ne tremblez-vous pas d'être chargé de décider du sort des familles, et ne rougissez-vous pas d'être si ignorant?

GERONIMO

Si j'étais savant, je rougirais peut-être davantage. J'entends dire aux savants que presque toutes les lois se contredisent, que ce qui est juste à Gayette est injuste à Otrante,[3] que dans la même juridiction on perd à la seconde chambre le même procès qu'on gagne à la troisième. J'ai toujours dans l'esprit ce beau discours d'un avocat vénitien, *Illustrissimi signori, l'anno passato avete judicao cosi; e questo anno nella medesima lite avete judicao tutto il contrario; e sempre ben!*[4]

Le peu que j'ai lu de nos lois m'a paru souvent très embrouillé. Je crois que si je les étudiais pendant quarante ans, je serais embarrassé pendant quarante ans: cependant je les étudie; mais je pense qu'avec du bon sens et de l'équité, on peut être un très bon magistrat, sans être profondément savant. Je ne connais point de meilleur juge que Sancho Pança: cependant il ne savait pas un mot du code de l'île Balataria.[5] Je ne chercherai point à accorder

[2] Ce paragraphe sera repris avec quelques modifications dans l'article 'Education' (ci-dessous, p.623-24).

[3] Gaète est une ville côtière à mi-chemin entre Rome et Naples. Otrante se trouve à l'extrémité sud-est de l'Italie.

[4] Voltaire avait traduit ainsi une formule équivalente dans une lettre de 1765 qui sert de préface à *Adélaïde Du Guesclin*: 'Vos Excellences, le mois passé, jugèrent de cette façon, et ce mois-ci, dans la même cause, elles ont jugé tout le contraire, et toujours à merveille' (D12909; *OCV*, t.10, p.124).

[5] Voir Cervantès, *Don Quichotte*, deuxième partie, ch.41, où Sancho Pança rend des jugements dignes de celui de Salomon. Des signets de Wagnière témoignent que Voltaire a consulté l'*Histoire de l'admirable Don Quichotte de La Manche*, t.1-3, 5-6 (Lyon, 1723, BV328; *CN*, t.2, p.483 et 868, n.293).

ensemble Cujas et Camille Descurtis,[6] ils ne sont point mes législateurs. Je ne connais de lois que celles qui ont la sanction du souverain. Quand elles seront claires, je les suivrai à la lettre; quand elles seront obscures, je suivrai les lumières de ma raison, qui sont celles de ma conscience.[7]

BARTOLOMÉ

Vous me donnez envie d'être ignorant, tant vous raisonnez bien. Mais comment vous tirerez-vous des affaires d'Etat, de finance, et de commerce?

GERONIMO

Dieu merci, nous ne nous en mêlons guère à Naples. Une fois le marquis de Carpi notre vice-roi voulut nous consulter sur les monnaies; nous parlâmes de l'*aes grave* des Romains,[8] et les banquiers se moquèrent de nous. On nous assembla dans un temps de disette pour régler le prix du blé; nous fûmes assemblés six semaines, et on mourait de faim. On consulta enfin deux forts laboureurs, et deux bons marchands de blé; et il y eut dès le lendemain plus de pain au marché qu'on n'en voulait.[9]

Chacun doit se mêler de son métier; le mien est de juger les contestations, et non pas d'en faire naître; mon fardeau est assez grand.

35-36 K84, K12: finance, de

[6] Jacques Cujas et Camillo De Curtis, jurisconsultes français et italien du seizième siècle.

[7] Voir l'article 'Conscience', section seconde (ci-dessus, p.193-94), où Voltaire, contre Thomas d'Aquin, fait devoir au juge de rester attentif à la voix de sa conscience.

[8] L'*aes grave* désigne l'as, monnaie de bronze.

[9] L'article 'Bled ou blé' des *QE* fait allusion aux disettes de Naples (*OCV*, t.39, p.419). On connaît l'engagement de Voltaire en faveur de la libéralisation du commerce du blé: voir son *Petit Ecrit sur l'arrêt du conseil* (*M*, t.29, p.343-47).

CONSÉQUENCE

Quelle est donc notre nature, et qu'est-ce que notre chétif esprit?[1] Quoi! l'on peut tirer les conséquences les plus justes, les plus lumineuses, et n'avoir pas le sens commun? Cela n'est que trop vrai. Le fou d'Athènes qui croyait que tous les vaisseaux qui abordaient au Pirée lui appartenaient, pouvait calculer merveilleusement combien valait le chargement de ces vaisseaux, et en combien de jours ils pouvaient arriver de Smyrne au Pirée.[2]

Nous avons vu des imbéciles qui ont fait des calculs et des raisonnements bien plus étonnants. Ils n'étaient donc pas imbé-

* L'article 'Conséquence' de l'*Encyclopédie*, pourvu d'un astérisque et classé sous la rubrique 'Logique', s'ouvre sur cette définition: 'c'est dans un raisonnement la liaison d'une proposition avec les prémisses dont on l'a déduit: ainsi il est indifférent que les prémisses soient vraies ou fausses pour que la liaison soit bonne, et pour que la conséquence soit accordée ou niée' (t.4, p.33). Voltaire, qu'il ait lu ou non cet article, ne s'intéresse au fonctionnement logique d'un raisonnement que dans la mesure où il peut signaler l'absurdité de conséquences correctement déduites de prémisses fausses. Ce sont donc, à ses yeux, les prémisses qui importent, d'où ses renvois à 'Esprit faux' et 'Fanatisme' alors que l'*Encyclopédie* renvoyait à 'Conséquent', lequel texte renvoyait à 'Prémisses', 'Syllogisme', 'Raisonnement'. Les corrélats de l'un et l'autre article indiquent leur ligne directrice. L'article paraît en mars/avril 1771 (70, t.4).

[1] L'article s'inscrit dans la lignée du *Philosophe ignorant*.

[2] Dans ses *Maximes* (n°92), La Rochefoucauld écrit: 'Détromper un homme préoccupé de son mérite est lui rendre un aussi mauvais office que celui que l'on rendit à ce fou d'Athènes, qui croyait que tous les vaisseaux qui arrivaient dans le port étaient à lui' (*Moralistes du dix-septième siècle*, éd. Jean Lafond, Paris, 1992, p.143). L'anecdote est rapportée au troisième siècle de notre ère par Athénée (*Le Banquet des sophistes*, 12, 81) et par Elien de Préneste (*Histoires variées*, 4, 25). Ce fou nommé Thrasyllos fut soigné par un médecin; guéri, il regretta le temps de sa folie (note de J. Truchet dans l'édition des *Maximes* de La Rochefoucauld, Paris, 1967, Maxime 92). Selon l'abbé Pestre, ce fou d'Athènes 'goûtait le bonheur des richesses sans les posséder', et peut-être que ceux à qui les vaisseaux appartenaient 'les possédaient sans en avoir de plaisir' (*Encyclopédie*, article 'Bonheur', t.2, p.322). La tradition, dans cette anecdote, met l'accent sur l'illusion du bonheur. Voltaire lui donne un sens différent: on peut raisonner juste à partir de prémisses fausses.

ciles? me dites-vous. Je vous demande pardon, ils l'étaient. Ils posaient tout leur édifice sur un principe absurde; ils enfilaient régulièrement des chimères. Un homme peut marcher très bien et s'égarer, et alors mieux il marche et plus il s'égare.

Le Fo des Indiens[3] eut pour père un éléphant qui daigna faire un enfant à une princesse indienne, laquelle accoucha du dieu Fo par le côté gauche. Cette princesse était la propre sœur d'un empereur des Indes:[4] donc Fo était le neveu de l'empereur; et les petits-fils de l'éléphant et du monarque étaient cousins issus de germain; donc selon les lois de l'Etat la race de l'empereur étant éteinte, ce sont les descendants de l'éléphant qui doivent succéder. Le principe reçu, on ne peut mieux conclure.

Il est dit que l'éléphant divin était haut de neuf pieds de roi. Tu présumes avec raison que la porte de son écurie devait avoir plus de neuf pieds, afin qu'il pût y entrer à son aise. Il mangeait cinquante livres de riz par jour, vingt-cinq livres de sucre, et buvait vingt-cinq livres d'eau. Tu trouves par ton arithmétique qu'il avalait trente-six mille cinq cents livres pesant par année; on ne peut

27 w68: cent pesant

[3] Fô est le nom du Bouddha en Chine. Voltaire ne semble pas le soupçonner (voir l'article 'Foi' du *DP*, *OCV*, t.36, p.125, n.20). Voir aussi l'*Essai sur les moeurs*, t.1, p.223. Il n'y a pas d'article 'Fô' dans l'*Encyclopédie*, mais un article 'Siaka (religion de)', c'est-à-dire Çâkyamuni, le nom du Bouddha historique.

[4] A maintes reprises, Voltaire répète que Fo a pour père un éléphant blanc (voir par exemple, l'article 'Catéchisme chinois' du *DP*, *OCV*, t.35, p.460). En fait, d'après le *Lalitavistara*, la reine Mâyâ ayant vu en songe un éléphant blanc, les brahmanes interprétèrent le songe comme l'annonce de la naissance du futur Bouddha. Or Voltaire, qui a eu accès à cette légende grâce à Du Halde, s'obstine à la simplifier et à la travestir dans un sens grotesque. Selon Du Halde, on raconte que Fo eut pour père le roi d'une contrée de l'Inde, que sa mère le mit au monde *par le côté droit*, que, lorsqu'elle l'avait conçu, elle avait rêvé pendant son sommeil qu'elle avalait un éléphant, et que c'est là la source des honneurs que les rois des Indes rendent aux éléphants blancs (*Description* [...] *de l'empire de la Chine*, 4 vol., La Haye, 1736, t.3, p.23). En haut d'un signet, Voltaire a écrit: 'Foé né d'un éléphant blanc par le côté gauche' (*CN*, t.3, p.279). On voit que, d'après Du Halde, la mère de Fo n'est pas la sœur, mais l'épouse d'un roi des Indes et que l'éléphant intervient seulement en rêve.

compter mieux. Mais ton éléphant a-t-il existé? était-il beau-frère de l'empereur? sa femme a-t-elle fait un enfant par le côté gauche? C'est-là ce qu'il fallait examiner; vingt auteurs qui vivaient à la Cochinchine l'ont écrit l'un après l'autre; tu devais confronter ces vingt auteurs, peser leurs témoignages, consulter les anciennes archives, voir s'il est question de cet éléphant dans les registres; examiner si ce n'est point une fable que des imposteurs ont eu intérêt d'accréditer. Tu es parti d'un principe extravagant pour en tirer des conclusions justes.

C'est moins la logique qui manque aux hommes que la source de la logique. Il ne s'agit pas de dire, Six vaisseaux qui m'appartiennent sont chacun de deux cents tonneaux, le tonneau est de deux mille livres pesant; donc j'ai douze cent mille livres de marchandises au port du Pirée.[5] Le grand point est de savoir si ces vaisseaux sont à toi. Voilà le principe dont ta fortune dépend; tu compteras après. Voyez 'Principe'.[6]

Un ignorant, fanatique et conséquent, est souvent un homme à étouffer. Il aura lu que Phinée transporté d'un saint zèle, ayant trouvé un Juif couché avec une Madianite, les tua tous deux, et fut imité par les lévites qui massacrèrent tous les ménages moitié madianites, moitié juifs.[7] Il sait que son voisin catholique couche avec sa voisine huguenote; il les tuera tous deux sans difficulté: on ne peut agir plus conséquemment. Quel est le remède à cette maladie horrible de l'âme? C'est d'accoutumer de bonne heure les

[5] Erreur de calcul: 2 400 000 livres (et non 1 200 000).

[6] Il n'y a pas d'article 'Principe' dans les *QE*. Voltaire avait-il l'intention de l'écrire? Il n'a pas corrigé cette erreur dans les rééditions des *QE* y compris dans ses derpières notes manuscrites sur W75G* reproduites par Samuel Taylor, 'The definitive texte of Voltaire's works: the Leningrad *encadrée*', *SVEC* 124 (1974), p.7-132 (p.118-22).

[7] Ce meurtre fut suivi de vingt-quatre mille autres (Nombres 25:6-15). Voltaire avait rapporté succinctement l'acte de Phinée et le massacre qui s'ensuivit dans l'article 'Moïse' du *DP* (*OCV*, t.36, p.392-93). Il y reviendra plus en détail en 1776 dans *Un chrétien contre six Juifs* (*M*, t.29, p.512 et 558) et dans *La Bible enfin expliquée* (*M*, t.30, p.111, avec une longue note).

enfants à ne rien admettre qui choque la raison, à ne leur conter jamais d'histoires de revenants, de fantômes, de sorciers, de possédés, de prodiges ridicules. Une fille d'une imagination tendre et sensible, entend parler de possessions; elle tombe dans une maladie de nerfs, elle a des convulsions, elle se croit possédée. J'en ai vu mourir une de la révolution que ces abominables histoires avaient faite dans ses organes.[8] Voyez 'Esprit faux',[9] et 'Fanatique'.[10]

52 K84, K12: raison, de ne

[8] Dans une lettre que Besterman date de fin juin 1770, Voltaire demande à Cramer le nom de 'la dame qui raconte elle-même son histoire dans le second volume de M. Ponce [...] qui se croyait possédée du diable, qui fut longtemps à Genève' (D16469).

[9] Un texte intitulé 'Esprit faux' est inséré dans la troisième section de l'article 'Esprit' des *QE*. Ce texte renvoie d'ailleurs à 'Conséquences' (le pluriel n'a pas été corrigé). Il existe également un article 'Esprit faux' dans le *DP* (*OCV*, t.36, p.61-64).

[10] Voltaire envisageait peut-être d'écrire un article 'Fanatique'. Dans les *QE*, il écrit longuement sur 'Fanatisme'.

CONSPIRATIONS CONTRE LES PEUPLES, OU PROSCRIPTIONS

Il y a des choses qu'il faut sans cesse mettre sous les yeux des hommes. Ayant retrouvé ce morceau qui intéresse l'humanité entière,[1] nous avons cru que c'était ici sa place, d'autant plus qu'il y a quelques additions.

a-492 K84, K12: [*absent*]

* Quoique l'*Encyclopédie* comporte un court article 'Conspiration, conjuration', rédigé par D'Alembert, et un article 'Proscription', dans lequel Jaucourt traite de la proscription définie comme 'publication faite par le gouvernement, ou par un chef de parti, par laquelle on décerne une peine contre ceux qui y sont désignés' (t.13, p.493), Voltaire donne ici au mot 'proscription' une acception plus large, conforme à celle consignée dans le *Dictionnaire de l'Académie* (1762): 'condamnation à mort, soit par autorité légitime, soit par autorité usurpée, mais sans forme judiciaire, et qui peut être mise à exécution par quelque particulier que ce soit' (p.488). Comme l'indiquent les premières lignes, le présent article est une reprise, avec quelques 'additions', de l'opuscule intitulé *Des conspirations contre les peuples* imprimé à la fin de 1766 dans une édition d'*Octave et le jeune Pompée, ou le Triumvirat* (Amsterdam et Paris, Lacombe, 1767): on a signalé en note les différences avec le présent article, parmi lesquelles certaines des 'corrections nécessaires' indiquées par Voltaire à Jacques Lacombe, le 2 janvier 1767, en vue d'une seconde édition; il en va de même des titres que Voltaire souhaite ajouter à chacun des développements (D13788). Voir l'édition de ce texte procurée par Ulla Kölving, *Cahiers Voltaire* 1 (2002), p.129-45. Compte tenu de la provenance du texte, on ne s'étonnera pas de retrouver mention de plusieurs épisodes, déjà relatés dans l'*Essai sur les mœurs*, de 'ce triste catalogue' (p.226, ligne 397) dans les notes du *Triumvirat* (*M*, t.6, p.181-243): ils entrent toutefois aussi en résonance avec l'*Essai historique sur les dissensions des Eglises de Pologne* (*OCV*, t.63B, p.279), le *Fragment sur l'histoire générale* (article 4, *M*, t.29, p.235) et l'article 'Hérésie' du fonds de Kehl (*M*, t.19, p.339). Le présent article paraît en mars/avril 1771 (70, t.4).

[1] Voir *Des conspirations contre les peuples* (*M*, t.26, p.1-15). L'ensemble de ce paragraphe est ajouté dans les *QE*.

Conspirations ou proscriptions juives[2]

L'histoire est pleine de conspirations contre les tyrans; mais nous ne parlerons ici que des conspirations des tyrans contre les peuples.[3] Si l'on remonte à la plus haute antiquité parmi nous, si l'on ose chercher les premiers exemples des proscriptions dans l'histoire des Juifs; si nous séparons ce qui peut appartenir aux passions humaines, de ce que nous devons révérer dans les décrets éternels; si nous ne considérons que l'effet terrible d'une cause divine, nous trouverons d'abord une proscription de vingt-trois mille Juifs après l'idolâtrie d'un veau d'or;[4] une de vingt-quatre mille pour punir l'Israélite qu'on avait surpris dans les bras d'une Madianite;[5] une de quarante-deux mille hommes de la tribu d'Ephraïm, égorgés à un gué du Jourdain. C'était une vraie proscription; car ceux de Galaad qui exerçaient la vengeance de Jephté contre les Ephraïmites, voulaient connaître et démêler leurs victimes en leur faisant prononcer l'un après l'autre le mot *schibolet* au passage de la rivière; et ceux qui disaient *sibolet*, selon la prononciation éphraïmite, étaient reconnus et tués sur-le-champ.[6]

7 70, 71N, 71A, w68: antiquité reçue parmi

[2] Sous-titres absents de la première version et qui ont paru dans les *Nouveaux Mélanges* (1767). Voir D13788, D13806.

[3] Phrase ajoutée dans les *QE*.

[4] Exode 32:28. Voir l'article 'Moïse' du *DP* (*OCV*, t.36, p.392 et n.24). Cet épisode, comme le suivant, est très fréquemment invoqué par Voltaire: voir, par exemple, les articles 'Contradiction' et 'Religion' des *QE* (ci-dessous, p.238 et n.18; *M*, t.20, p.343) et l'article 'Athée' du fonds de Kehl (*M*, t.17, p.456). Voltaire maintient ce chiffre quoique l'abbé Guénée ait relevé que le texte hébreu porte le chiffre de 3000: *Lettres de quelques Juifs portugais et allemands à Monsieur de Voltaire*, 2 vol. (Paris, L. Prault, 1769, BV1566), première partie, lettre 5 (t.1, p.120-21).

[5] Nombres 25:8-9. Voir l'article 'Moïse' du *DP* (*OCV*, t.36, p.392 et n.25). Dans *Un chrétien contre six Juifs* (article 11), Voltaire maintient contre Guénée (*Lettres de quelques Juifs*, première partie, lettre 8, t.1, p.164-65) la traduction: 'et on en tua ce jour-là vingt-quatre mille' (*M*, t.29, p.511).

[6] Juges 12:5-6. Episode également récurrent: voir, entre autres, *La Philosophie de l'histoire* (*OCV*, t.59, p.227), *Les Questions de Zapata* (*OCV*, t.62, p.390), *La Bible enfin expliquée* (*M*, t.30, p.143), *Un chrétien contre six Juifs* (article 4, *M*, t.29, p.505).

Mais il faut considérer que cette tribu d'Ephraïm ayant osé s'opposer à Jephté, choisi par Dieu même pour être le chef de son peuple, méritait sans doute un tel châtiment.

C'est pour cette raison que nous ne regardons point comme une injustice l'extermination entière des peuples du Canaan;[7] ils s'étaient, sans doute, attiré cette punition par leurs crimes; ce fut le Dieu vengeur des crimes qui les proscrivit; les Juifs n'étaient que les bourreaux.[8]

Celle de Mithridate

De telles proscriptions commandées par la Divinité même, ne doivent pas sans doute être imitées par les hommes; aussi le genre humain ne vit point de pareils massacres jusqu'à Mithridate. Rome ne lui avait pas encore déclaré la guerre, lorsqu'il ordonna qu'on assassinât tous les Romains qui se trouvaient dans l'Asie Mineure. Plutarque fait monter le nombre des victimes à cent cinquante mille, Appien le réduit à quatre-vingt mille.[9]

Plutarque n'est guère croyable, et Appien probablement exagère.[10] Il n'est pas vraisemblable que tant de citoyens romains demeurassent dans l'Asie Mineure, où ils avaient alors très peu d'établissements. Mais quand ce nombre serait réduit à la moitié, Mithridate n'en serait pas moins abominable. Tous les historiens conviennent que le massacre fut général, et que ni les femmes, ni les enfants ne furent épargnés.

[7] Nombres 21:3. Voir aussi l'article 'Lois' des *QE* (*M*, t.19, p.617) et *Dieu et les hommes* (*OCV*, t.69, p.374).

[8] La phrase 'les Juifs n'étaient que les bourreaux' ainsi que l'adverbe 'sans doute' (ligne 27) sont ajoutés dans les *QE*.

[9] Charles Rollin, dont les sources sont Appien et Plutarque, écrit que, au cours de ce massacre (88 av. J.-C.), 'il y eut quatre-vingt mille Romains ou Italiens égorgés dans cette boucherie. Quelques-uns même en font monter le nombre à près d'une fois autant' (*Histoire ancienne*, Paris, Veuve Estienne, 12 vol., 1731-1737, t.10, 1736, livre 21, article 1, §1, p.17, BV3008). Il ne précise cependant pas quels auteurs fournissent ces chiffres.

[10] L'édition de 1766 donne: 'Appien même exagère'.

Celles de Sylla, de Marius et des triumvirs

Mais environ dans ce temps-là même,[11] Sylla et Marius exercèrent sur leurs compatriotes la même fureur qu'ils éprouvaient en Asie. Marius commença les proscriptions, et Sylla les surpassa. La raison humaine est confondue quand elle veut juger des Romains. On ne conçoit pas comment un peuple chez qui tout était à l'enchère, et dont la moitié égorgeait l'autre, pût être dans ce temps-là même le vainqueur de tous les rois. Il y eut une horrible anarchie depuis les proscriptions de Sylla jusqu'à la bataille d'Actium, et ce fut pourtant alors que Rome conquit les Gaules, l'Espagne, l'Egypte, la Syrie, toute l'Asie Mineure et la Grèce.

Comment expliquerons-nous ce nombre prodigieux de déclamations qui nous restent sur la décadence de Rome, dans ces temps sanguinaires et illustres? Tout est perdu, disent vingt auteurs latins, *Rome tombe par ses propres forces*[12] *le luxe a vengé l'univers.*[13] Tout cela ne veut dire autre chose, sinon que la liberté publique n'existait plus: mais la puissance subsistait; elle était entre les mains de cinq ou six généraux d'armée, et le citoyen romain qui avait jusque-là vaincu pour lui-même, ne combattait plus que pour quelques usurpateurs.

La dernière proscription fut celle d'Antoine, d'Octave et de Lépide;[14] elle ne fut pas plus sanguinaire que celle de Sylla.

Quelque horrible que fût le règne de Caligula[15] et des Nérons, on ne voit point de proscriptions sous leur empire; il n'y en eut point dans les guerres des Galba, des Othons, des Vitellius.

65 70, 71N, 71A, W68: règne des Caligula

[11] En 87 avant J.-C.

[12] Horace, Epode 16, vers 2.

[13] Juvénal, Satire 6, vers 292-93.

[14] En 44 avant J.-C.

[15] L'édition de 1766 donne: 'des Caligula'.

Celle des Juifs sous Trajan

Les Juifs seuls renouvelèrent ce crime sous Trajan. Ce prince humain les traitait avec bonté. Il y en avait un très grand nombre dans l'Egypte et dans la province de Cyrène. La moitié de l'île de Chypre était peuplée de Juifs. Un nommé André qui se donna pour un messie, pour un libérateur des Juifs, ranima leur exécrable enthousiasme qui paraissait assoupi. Il leur persuada qu'ils seraient agréables au Seigneur, et qu'ils rentreraient enfin victorieux dans Jérusalem, s'ils exterminaient tous les infidèles dans les lieux où ils avaient le plus de synagogues. Les Juifs séduits par cet homme massacrèrent, dit-on, plus de deux cent vingt mille personnes dans la Cyrénaïque et dans Chypre. Dion et Eusèbe disent que non contents de les tuer, ils mangeaient leur chair, se faisaient une ceinture de leurs intestins, et se frottaient le visage de leur sang.[16] Si cela est ainsi, ce fut, de toutes les conspirations contre le genre humain dans notre continent, la plus inhumaine et la plus épouvantable, et elle dut l'être, puisque la superstition en était le principe. Ils furent punis,[17] mais moins qu'ils ne le méritaient, puisqu'ils subsistent encore.

69 71N: les traita avec

[16] Tous les détails relatifs à cette 'guerre des Juifs' (année 115) sont donnés par Fleury, qui prend appui sur Dion Cassius et Eusèbe: voir *Histoire ecclésiastique*, 36 vol. (Paris, 1719-1738, BV1350), livre 3, ch.16 (t.1, p.378-79), mais ce premier tome ne se trouve pas dans BV. Ils peuvent aussi provenir de l'*Histoire romaine* de Laurence Echard, 6 vol. (Paris, 1728, BV1200), livre 5, ch.1 (t.5, p.203-204), passage en marge duquel Voltaire écrit dans son exemplaire: 'détestable cruauté des Juifs sous Trajan' (*CN*, t.3, p.340). L'épisode est rapidement mentionné dans *La Philosophie de l'histoire* (*OCV*, t.59, p.234) et dans le chapitre 7 de l'*Histoire de Jenni* (*Romans et contes*, éd. F. Deloffre et J. Van den Heuvel, Paris, 1979, p.627).

[17] Fleury écrit qu'une loi défend 'à aucun Juif d'aborder en Chypre, sous peine de la vie' et précise que 'ceux mêmes qui y allaient innocemment, sans savoir la loi, ou qui y étaient jetés par la tempête, étaient punis de mort' (*Histoire ecclésiastique*, t.1, p.379). Echard ajoute qu'auparavant Trajan 'courut à la vengeance' et que 'ce peuple barbare [...] éprouva à son tour tous les différents genres de peines qu'il avait lui-même inventés' (*Histoire romaine*, livre 5, ch.1, t.5, p.204).

Celle de Théodose, etc.

Je ne vois aucune conspiration pareille dans l'histoire du monde, jusqu'au temps de Théodose, qui proscrivit les habitants de Thessalonique, non pas dans un mouvement de colère, comme des menteurs mercenaires l'écrivent si souvent,[18] mais après six mois des plus mûres réflexions.[19] Il mit dans cette fureur méditée un artifice et une lâcheté qui la rendaient encore plus horrible. Les jeux publics furent annoncés par son ordre, les habitants invités; les courses commencèrent au milieu de ces réjouissances, ses soldats égorgèrent sept à huit mille habitants: quelques auteurs disent quinze mille.[20] Cette proscription fut incomparablement plus sanguinaire et plus inhumaine que celle des triumvirs; ils n'avaient compris que leurs ennemis dans leurs listes, mais Théodose ordonna que tout pérît sans distinction. Les triumvirs se contentèrent de taxer les veuves et les filles des proscrits, Théodose fit

[18] L'édition de 1766 donne: 'comme on l'écrit si indignement'. Comme l'indiquent ses *Carnets* (*OCV*, t.81, p.153), Voltaire vise ici le 'panégyrique historique' de Fléchier: voir son *Histoire de Théodose le Grand* (Paris, S. Mabre-Cramoisy, 1679), livre 4, ch.1-7, qui évoque en effet à plusieurs reprises la 'colère' de Théodose (ch.2, p.418-21), présentée comme un trait de son 'tempérament' (ch.3). Fléchier précise toutefois (ch.4) que l'ordre de massacrer la population est le fruit d'une 'résolution' prise 'tout d'une voix' par le Conseil (p.422).

[19] Le 'massacre' (année 390) est évoqué par Fleury qui, après avoir mentionné la 'furieuse colère' de Théodose, explique aussi qu''il fut aigri de nouveau par les principaux officiers de sa cour' qui 'lui firent résoudre une sanglante punition contre la ville de Thessalonique' (*Histoire ecclésiastique*, livre 19, ch.20, t.4, p.575-76).

[20] Le 'massacre de Thessalonique' est évoqué par Charles Le Beau: 'sept mille hommes y périrent; quelques auteurs en font monter le nombre jusqu'à quinze mille' (*Histoire du Bas-Empire*, 20 vol., Paris, 1757-1776, livre 24, ch.34, t.5, p.382, BV1960), passage marqué, dans l'exemplaire de Voltaire, par un signet ('15 m[ille] à Thessalonique', *CN*, t.5, p.235). Fleury (*Histoire ecclésiastique*, livre 19, ch.20, t.4, p.576) et Fléchier (*Histoire de Théodose le Grand*, livre 4, ch.4, p.424) écrivent que le massacre fit périr 'environ sept mille personnes'. Dans l'*Essai sur les mœurs* (t.1, ch.23, p.376), le *Discours de l'empereur Julien* (*OCV*, t.71B, p.254-55), comme dans l'article 'Théodose' des *QE*, Voltaire avance le chiffre de quinze mille contre les 'sept ou huit mille' de 'ses panégyristes' (*M*, t.20, p.512).

massacrer les femmes et les enfants, et cela dans la plus profonde paix, et lorsqu'il était au comble de sa puissance. Il est vrai qu'il expia ce crime; il fut quelque temps sans aller à la messe.[21]

Celle de l'impératrice Théodora

Une conspiration beaucoup plus sanglante encore que toutes les précédentes, fut celle d'une impératrice Théodora, au milieu du neuvième siècle. Cette femme superstitieuse et cruelle, veuve du cruel Théophile, et tutrice de l'infâme Michel, gouverna quelques années Constantinople. Elle donna ordre qu'on tuât tous les manichéens dans ses Etats. Fleury, dans son *Histoire ecclésiastique*, avoue qu'il en périt environ cent mille. Il s'en sauva quarante mille qui se réfugièrent dans les Etats du calife, et qui devenus les plus implacables comme les plus justes ennemis de l'empire grec, contribuèrent à sa ruine.[22] Rien ne fut plus semblable à notre

[21] Phrase ajoutée dans les *QE*. Fleury rapporte que, saint Ambroise l'ayant invité à 'imiter' la 'pénitence' de David, Théodose 's'abstint d'entrer dans l'église pendant huit mois' (*Histoire ecclésiastique*, livre 19, ch.21, t.4, p.579). Voir aussi, sur un mode plus pathétique, Fléchier, *Histoire de Théodose le Grand*, livre 4, ch.7: 'Il se retira dans son palais les larmes aux yeux, et demeura huit mois entiers éloigné des sacrés mystères, vivant comme un pénitent, et ne s'apercevant presque pas qu'il fût empereur' (p.431). Voir aussi *L'Examen important de Milord Bolingbroke* (*OCV*, t.62, p.335 et n.*a*).

[22] Voir Fleury, *Histoire ecclésiastique*, livre 48, ch.25 (t.10, p.437): dans l'exemplaire de Voltaire, passage marqué d'un signet ('Théodora manichéens') portant la date du 20 mai 1741 (*CN*, t.3, p.511 et n.580). Episode également mentionné dans l'*Essai sur les mœurs* (t.1, ch.29, p.406-407), *L'Examen important de Milord Bolingbroke* (*OCV*, t.62, p.343), *Dieu et les hommes* (*OCV*, t.69, p.481). Voir aussi l'article 'Bulgares' des *QE* (*OCV*, t.39, p.478), qui signale une autre source possible: Echard indique aussi le nombre des 'quarante mille' réfugiés (*Histoire romaine*, livre 10, ch.1, t.11, p.243-44; passage marqué par un papillon, *CN*, t.3, p.357), alors que Fleury ne mentionne que le cas d''un officier nommé Carbeas de cette secte des Pauliciens, qui [...] s'enfuit avec cinq de la même secte, à Melitine' et signale avec imprécision que, après être allés 'trouver le calife', 'ils marchèrent avec les musulmans contre les Romains, pleins de grandes espérances, parce que leur nombre était fort accru' (t.10, p.372-73). Cf. l'article 'Hérésie' du fonds de Kehl,

Saint-Barthélemi, dans laquelle on voulut détruire les protestants, et qui les rendit furieux.

Celle des croisés contre les Juifs

Cette rage des conspirations contre un peuple entier sembla s'assoupir jusqu'au temps des croisades. Une horde de croisés dans la première expédition de Pierre l'Hermite, ayant pris son chemin par l'Allemagne, fit vœu d'égorger tous les Juifs qu'ils rencontreraient sur leur route. Ils allèrent à Spire, à Vorms, à Cologne, à Mayence, à Francfort; ils fendirent le ventre aux hommes, aux femmes, aux enfants de la nation juive qui tombèrent entre leurs mains, et cherchèrent dans leurs entrailles l'or qu'on supposait que ces malheureux avaient avalé.[23]

Cette action des croisés ressemblait parfaitement à celle des Juifs de Chypre et de Cyrène,[24] et fut peut-être encore plus affreuse, parce que l'avarice se joignait au fanatisme. Les Juifs alors furent traités comme ils se vantent d'avoir traité autrefois des nations entières: mais selon la remarque de Suarez, *ils avaient égorgé leurs voisins par une piété bien entendue, et les croisés les massacrèrent par une piété mal entendue.*[25] Il y a au moins de la piété dans ces meurtres, et cela est bien consolant.[26]

---

où Voltaire réduit à 'quatre mille' le nombre de ceux qui 'se sauvèrent chez les Sarrasins' (*M*, t.19, p.339).

[23] Fleury mentionne ces massacres tout en faisant plutôt état des suicides des Juifs à l'approche des croisés (*Histoire ecclésiastique*, livre 64, ch.40-41; année 1096): dans l'exemplaire de Voltaire, passage marqué d'un signet ('Juifs massacrés par les croisés', *CN*, t.3, p.526). Louis Maimbourg relate comment, à Cologne et à Mayence, les croisés 'massacrèrent inhumainement' les Juifs et 'n'épargnèrent pas même ni les femmes, ni les petits enfants': il s'agit d'une 'horrible barbarie, que la seule avarice leur inspirait, pour avoir l'argent de ces Juifs' (*Histoire des croisades*, 2 vol., Paris, Mabre-Cramoisy, 1686, livre 1, t.1, p.50; BV2262: Paris, Mabre-Cramoisy, 1684-1685). Episode relaté sans ces détails dans l'*Essai sur les mœurs* (t.1, ch.54, p.560-61).

[24] Voir ci-dessus, p.210.

[25] Nous n'avons pas pu identifier la source de cette citation.

[26] Phrase ajoutée dans les *Nouveaux Mélanges*: correction indiquée dans la lettre à Lacombe (D13788).

Celle des croisades contre les Albigeois

La conspiration contre les Albigeois fut de la même espèce, et eut une atrocité de plus; c'est qu'elle fut contre des compatriotes, et qu'elle dura plus longtemps. Suarez aurait dû regarder cette proscription comme la plus édifiante de toutes, puisque de saints inquisiteurs condamnèrent aux flammes tous les habitants de Bésiers, de Carcassonne, de Lavaur, et de cent bourgs considérables; presque tous les citoyens furent brûlés en effet, ou pendus, ou égorgés.[27]

Les vêpres siciliennes

S'il est quelque nuance entre les grands crimes, peut-être la journée des vêpres siciliennes est la moins exécrable de toutes, quoiqu'elle le soit excessivement. L'opinion la plus probable, est que ce massacre ne fut point prémédité.[28] Il est vrai que Jean de Procida, émissaire du roi d'Arragon, préparait dès lors une révolution à Naples et en Sicile; mais il paraît que ce fut un mouvement subit dans le peuple animé contre les Provençaux, qui le déchaîna tout d'un coup, et qui fit couler tant de sang. Le roi Charles d'Anjou frère de saint Louis s'était rendu odieux[29] par le meurtre de Conradin et du duc d'Autriche, deux jeunes héros et deux grands princes dignes de son estime, qu'il fit condamner à mort comme des voleurs.[30] Les Provençaux qui vexaient la Sicile étaient

[27] Voir Fleury, *Histoire ecclésiastique*, livre 76, ch.45 (année 1209): dans l'exemplaire de Voltaire, passage marqué d'un signet ('croisade contre les Albigeois', *CN*, t.3, p.542). Voltaire résume ce qu'il a développé dans l'*Essai sur les mœurs* (t.1, ch.62, p.626-28). Il possède aussi l'*Histoire des Albigeois* de Jean Chassanion ([Genève,] 1595, BV720).

[28] Cf. les *Annales de l'empire* (année 1282; *M*, t.13, p.371) et l'*Essai sur les mœurs* (t.1, ch.61, p.623), où Voltaire évoque une 'conspiration'.

[29] L'édition de 1766 donne: 'Le roi Charles s'était rendu odieux'.

[30] D'après Pietro Giannone, *Histoire civile du royaume de Naples*, 4 vol. (La Haye, 1742, BV1464), livre 19, ch.4 (t.2, p.703-705): dans l'exemplaire de Voltaire, un signet est placé à la page suivante (*CN*, t.4, p.102).

détestés. L'un d'eux fit violence à une femme le lendemain de Pâques; on s'attroupa, on s'émut, on sonna le tocsin, on cria *meurent les tyrans*; tout ce qu'on rencontra de Provençaux fut massacré; les innocents périrent avec les coupables.[31]

Les templiers

Je mets sans difficulté au rang des conjurations[32] contre une société entière le supplice des templiers. Cette barbarie fut d'autant plus atroce qu'elle fut commise avec l'appareil de la justice. Ce n'était point une de ces fureurs que la vengeance soudaine ou la nécessité de se défendre semble justifier: c'était un projet réfléchi d'exterminer tout un ordre trop fier et trop riche. Je pense bien que dans cet ordre il y avait de jeunes débauchés qui méritaient quelque correction; mais je ne croirai jamais qu'un grand-maître, et tant de chevaliers parmi lesquels on comptait des princes,[33] tous vénérables par leur âge et par leurs services, fussent coupables des bassesses absurdes et inutiles dont on les accusait.[34] Je ne croirai jamais qu'un ordre entier de religieux ait renoncé en Europe à la religion chrétienne, pour laquelle il combattait en Asie, en Afrique; et pour laquelle même encore plusieurs d'entre eux gémissaient dans les fers des Turcs et des Arabes, aimant mieux mourir dans les cachots que de renier leur religion.[35]

[31] Voir P. Giannone, *Histoire civile du royaume de Naples*, livre 20, ch.5.

[32] L'édition de 1766 donne: 'au rang des proscriptions'.

[33] Dans l'*Essai sur les mœurs*, Voltaire nomme 'le grand-maître Jacques de Molai, et Gui, frère du dauphin d'Auvergne' (t.1, ch.66, p.660). Sur le supplice des templiers au début du quatorzième siècle, voir aussi l'*Histoire du parlement de Paris*, ch.4, et *Le Pyrrhonisme de l'histoire*, ch.34.

[34] Les accusations, mentionnées dans l'*Essai sur les mœurs* (t.1, p.659), sont détaillées, d'après les interrogatoires, par Pierre Dupuy (*Histoire de la condamnation des templiers*, 2 vol., Bruxelles, 1713, t.1, p.16-24, BV1177): dans l'exemplaire de Voltaire, les bornes de ce passage sont marquées par deux signets (*CN*, t.3, p.321).

[35] Argument tiré de la défense des templiers: voir Dupuy, *Histoire de la condamnation des templiers*, t.1, p.54.

Enfin, je crois sans difficulté à plus de quatre-vingts chevaliers qui, en mourant, prennent Dieu à témoin de leur innocence.[36] N'hésitons point à mettre leur proscription au rang des funestes effets d'un temps d'ignorance et de barbarie.

Massacre dans le Nouveau Monde

Dans ce recensement de tant d'horreurs, mettons surtout les douze millions d'hommes détruits dans le vaste continent du Nouveau Monde. Cette proscription est à l'égard de toutes les autres ce que serait l'incendie de la moitié de la terre à celui de quelques villages.

Jamais ce malheureux globe n'éprouva une dévastation plus horrible et plus générale, et jamais crime ne fut mieux prouvé. Las Casas évêque de Chiapa dans la Nouvelle-Espagne, ayant parcouru pendant plus de trente années les îles et la terre ferme découvertes, avant qu'il fût évêque; et depuis qu'il eut cette dignité, témoin oculaire de ces trente années de destruction, vint enfin en Espagne dans sa vieillesse, se jeter aux pieds de Charles-Quint et du prince Philippe son fils, et fit entendre ses plaintes qu'on n'avait pas écoutées jusqu'alors. Il présenta sa requête au nom d'un hémisphère entier: elle fut imprimée à Valladolid.[37] La cause de plus de cinquante nations proscrites dont il ne subsistait que de faibles restes, fut solennellement plaidée devant l'empereur. Las Casas dit que ces peuples détruits étaient d'une espèce douce, faible et innocente, incapable de nuire et de résister, et que la plupart ne connaissaient pas plus les vêtements et les armes que nos animaux

[36] Dupuy mentionne cinquante-neuf chevaliers brûlés à Paris (*Histoire de la condamnation des templiers*, t.1, p.51): dans l'exemplaire de Voltaire, la page suivante porte une corne en haut de page (*CN*, t.3, p.322).

[37] Voir Bartolomé de Las Casas, *Histoire admirable des horribles insolences, cruautés et tyrannies exercées par les Espagnols ès Indes occidentales*, trad. J. de Miggrode (s.l., 1582, BV646). Ces massacres sont aussi évoqués dans l'*Essai sur les mœurs* (t.2, ch.145, p.338-39), dans l'article 'Massacres' des *QE* (passage repris de *Dieu et les hommes*, *OCV*, t.69, p.484) et dans l'article 'Xavier' du fonds de Kehl (*M*, t.20, p.597-98).

domestiques.[38] J'ai parcouru, dit-il, toutes les petites îles Lucaies, et je n'y ai trouvé que onze habitants, reste de plus de cinq cent mille.[39]

Il compte ensuite plus de deux millions d'hommes détruits dans Cuba et dans Hispaniola, et enfin plus de dix millions dans le continent.[40] Il ne dit pas, J'ai ouï dire qu'on a exercé ces énormités incroyables, il dit: *Je les ai vues: j'ai vu cinq caciques brûlés pour s'être enfuis avec leurs sujets; j'ai vu ces créatures innocentes massacrées par milliers; enfin, de mon temps, on a détruit plus de douze millions d'hommes dans l'Amérique.*[41]

On ne lui contesta pas cette étrange dépopulation, quelque incroyable qu'elle paraisse. Le docteur Sepulvéda qui plaidait contre lui, s'attacha seulement à prouver que tous ces Indiens méritaient la mort, parce qu'ils étaient coupables du péché contre nature, et qu'ils étaient anthropophages.[42]

Je prends Dieu à témoin, répond le digne évêque Las Casas, que vous calomniez ces innocents après les avoir égorgés. Non, ce n'était pas parmi eux que régnait la pédérastie, et que l'horreur de manger de la chair humaine s'était introduite; il se peut que dans quelques contrées de l'Amérique que je ne connais pas, comme au Brésil ou dans quelques îles, on ait pratiqué ces abominations de l'Europe; mais ni à Cuba, ni à la Jamaïque, ni dans l'Hispaniola, ni dans aucune île que j'ai parcourue, ni au Pérou, ni au Mexique où est mon évêché, je n'ai entendu jamais parler de ces crimes; et j'en ai fait les enquêtes les plus exactes. C'est vous qui êtes plus cruels que les anthropophages; car je vous ai vus dresser des chiens

[38] Voir Las Casas, *Histoire admirable*, p.2-4.

[39] Voir Las Casas, *Histoire admirable*, p.5.

[40] Voir Las Casas, *Histoire admirable*, p.181: dans l'exemplaire de Voltaire, passage marqué d'un signet ('12 m[illi]ons égorgés', *CN*, t.2, p.378).

[41] Voltaire recompose la citation à partir de passages prélevés dans le texte de Las Casas: voir *Histoire admirable*, p.6 et 11.

[42] Voir l'article 'Anthropophages' des *QE* (*OCV*, t.38, p.428 et n.9). Sur l'accusation, que réfute Las Casas, d'avoir commis 'le péché tant abominable contre nature', voir *Histoire admirable*, p.182-83: dans l'exemplaire de Voltaire, passage marqué d'un signet 'Américains non bougres' (*CN*, t.2, p.378).

énormes pour aller à la chasse des hommes, comme on va à celle des bêtes fauves. Je vous ai vus donner vos semblables à dévorer à vos chiens. J'ai entendu des Espagnols dire à leurs camarades, prête-moi une longe d'Indien pour le déjeuner de mes dogues, je t'en rendrai demain un quartier. C'est enfin chez vous seuls que j'ai vu de la chair humaine étalée dans vos boucheries, soit pour vos dogues, soit pour vous-mêmes. Tout cela, continue-t-il, est prouvé au procès, et je jure par le grand Dieu qui m'écoute, que rien n'est plus véritable.[43]

Enfin, Las Casas obtint de Charles-Quint des lois qui arrêtèrent le carnage réputé jusqu'alors légitime,[44] attendu que c'était des chrétiens qui massacraient des infidèles.

Conspiration contre Mérindol

La proscription juridique des habitants de Mérindol et de Cabrière, sous François Ier, en 1546, n'est à la vérité qu'une étincelle en comparaison de cet incendie universel de la moitié de l'Amérique.[45] Il périt dans ce petit pays environ cinq à six mille personnes des deux sexes et de tout âge.[46] Mais cinq mille citoyens surpassent en proportion dans un canton si petit, le nombre de douze millions dans la vaste étendue des îles de l'Amérique, dans le Mexique, et dans le Pérou. Ajoutez surtout que les désastres de notre patrie nous touchent plus que ceux d'un autre hémisphère.

Ce fut la seule proscription revêtue des formes de la justice

[43] Voltaire recompose le discours de Las Casas à partir de l'une de ses anecdotes: voir *Histoire admirable*, p.147-48, passage marqué d'un signet: 'tiennent boucherie de chair humaine' (*CN*, t.2, p.377).

[44] Lois et ordonnances de 1542: voir Las Casas, *Histoire admirable*, p.152.

[45] Sur les mentions récurrentes de la condamnation des Vaudois dans ces deux villages, voir l'article 'Martyr' du *DP* (*OCV*, t.36, p.337 et n.12). Episode mentionné, entre autres, dans l'article 'Massacres' des *QE*.

[46] Le lieutenant civil Jacques Aubery (*Histoire de l'exécution de Cabrières et de Mérindol*, Paris, Mabre-Cramoisy, 1645, BV211; *CN*, t.1, p.168-70) mentionne 'plus de trois mille' victimes (p.[26]). Chiffre repris plus loin (p.180).

ordinaire;[47] car les templiers furent condamnés par des commissaires que le pape avait nommés, et c'est en cela que le massacre de Mérindol porte un caractère plus affreux que les autres. Le crime est plus grand quand il est commis par ceux qui sont établis pour réprimer les crimes et pour protéger l'innocence.

Un avocat général du parlement d'Aix nommé Guérin, fut le premier auteur de cette boucherie. *C'était*, dit l'historien César Nostradamus, *un homme noir ainsi de corps que d'âme, autant froid orateur que persécuteur ardent et calomniateur effronté.*[48] Il commença par dénoncer en 1540 dix-neuf personnes au hasard comme hérétiques. Il y avait alors un violent parti dans le parlement d'Aix, qu'on appelait les *brûleurs*. Le président d'Oppède était à la tête de ce parti. Les dix-neuf accusés furent condamnés à la mort sans être entendus; et dans ce nombre il se trouva quatre femmes et cinq enfants qui s'enfuirent dans des cavernes.[49]

Il y avait alors, à la honte de la nation, un inquisiteur de la foi en Provence; il se nommait frère Jean de Rome. Ce malheureux accompagné de satellites allait souvent dans Mérindol et dans les villages d'alentour; il entrait inopinément et de nuit dans les maisons où il était averti qu'il y avait un peu d'argent; il déclarait le père, la mère et les enfants hérétiques, leur donnait la question, prenait l'argent, et violait les filles. Vous trouverez une partie des

[47] Voltaire demande à Lacombe d'ajouter le mot 'ordinaire' (D13521). 'On appelle *juges ordinaires*, les juges à qui appartient naturellement la connaissance des affaires civiles ou criminelles: et on les appelle ainsi à la différence des juges de privilège, ou de ceux qui sont établis par commission' (*Dictionnaire de l'Académie*, 1762, p.259).

[48] Cette citation ne figure pas dans l'extrait de l'*Histoire de Provence* de Nostradamus effectué par Aubery (*Histoire de l'exécution de Cabrières et de Mérindol*, p.[26-27]).

[49] Aubery évoque la condamnation par contumace de 'dix-neuf personnes nommément' à 'être brûlées comme hérétiques' (*Histoire de l'exécution de Cabrières et de Mérindol*, p.36). Voltaire les confond ici avec les 'quatorze hommes et quatre ou cinq femmes, qui sont en tout dix-neuf personnes, mais pas un des condamnés', mentionnés le 4 avril 1542 dans des procès-verbaux (p.49-50).

crimes de ce scélérat dans le fameux plaidoyer d'Aubri, et vous remarquerez qu'il ne fut puni que par la prison.[50]

Ce fut cet inquisiteur qui, n'ayant pu entrer chez les dix-neuf accusés, les avait fait dénoncer au parlement par l'avocat général Guérin, quoiqu'il prétendît être le seul juge du crime d'hérésie. Guérin et lui soutinrent que dix-huit villages étaient infectés de cette peste. Les dix-neuf citoyens échappés devaient, selon eux, faire révolter tout le canton. Le président d'Oppède, trompé par une information frauduleuse de Guérin, demanda au roi des troupes pour appuyer la recherche et la punition des dix-neuf prétendus coupables.[51] François Ier, trompé à son tour,[52] accorda enfin les troupes. Le vice-légat d'Avignon y joignit quelques soldats.[53] Enfin en 1544 d'Oppède et Guérin à leur tête mirent le feu à tous les villages; tout fut tué, et Aubri rapporte dans son plaidoyer, que plusieurs soldats assouvirent leur brutalité sur les femmes et sur les filles expirantes qui palpitaient encore.[54] C'est ainsi qu'on servait la religion.

Quiconque a lu l'histoire, sait assez qu'on fit justice; que le parlement de Paris fit pendre l'avocat général, et que le président d'Oppède échappa au supplice qu'il avait mérité. Cette grande cause fut plaidée pendant cinquante audiences.[55] On a encore les

269 71A: juge de crime

[50] Après avoir énuméré ses exactions, Aubery précise que 'Frère Jean de Roma [...] mourut en prison misérablement en Avignon' (*Histoire de l'exécution de Cabrières et de Mérindol*, p.45-46).

[51] Voir J. Aubery, *Histoire de l'exécution de Cabrières et de Mérindol*, p.87-88.

[52] Aubery entend disculper François Ier, dont il cherche à 'purger' la 'mémoire' de 'l'imposture' de ses 'détracteurs' (*Histoire de l'exécution de Cabrières et de Mérindol*, p.12): l'idée, reprise plus loin, concerne aussi Henri II (p.136).

[53] Voir J. Aubery, *Histoire de l'exécution de Cabrières et de Mérindol*, p.59-60.

[54] Aubery rapporte cette anecdote, qui fait suite à l'évocation de nombreuses scènes de massacre et de viol: voir l'*Histoire de l'exécution de Cabrières et de Mérindol*, p.140; passage marqué par un signet dans l'exemplaire de Voltaire (*CN*, t.1, p.169).

[55] D'après l'*Histoire de Provence* de Nostradamus, qui précise qu'il s'agit d'une 'chose inouïe et prodigieuse' (cité par J. Aubery, *Histoire de l'exécution de Cabrières et de Mérindol*, p.[27]).

plaidoyers, ils sont curieux. D'Oppède et Guérin alléguaient pour leur justification tous les passages de l'Ecriture, où il est dit:

Frappez les habitants par le glaive, détruisez tout jusqu'aux animaux.[56] (*a*)

Tuez le vieillard, l'homme, la femme, et l'enfant à la mamelle.[57] (*b*)

Tuez l'homme, la femme, l'enfant sevré, l'enfant qui tète, le bœuf, la brebis, le chameau et l'âne.[58] (*c*)

Ils alléguaient encore les ordres et les exemples donnés par l'Eglise contre les hérétiques.[59] Ces exemples et ces ordres n'empêchèrent pas que Guérin ne fût pendu. C'est la seule proscription de cette espèce qui ait été punie par les lois, après avoir été faite à l'abri de ces lois mêmes.

Conspiration de la Saint-Barthélemi

Il n'y eut que vingt-huit ans d'intervalle entre les massacres de Mérindol et la journée de la Saint-Barthélemi. Cette journée fait encore dresser les cheveux à la tête de tous les Français, excepté ceux d'un abbé qui a osé imprimer en 1758 une espèce d'apologie de cet événement exécrable.[60] C'est ainsi que quelques esprits bizarres

(*a*) Deut., ch.13.
(*b*) Josué, ch.16.
(*c*) Premier livre des Rois, ch.15.

[56] Deutéronome 13:15.

[57] Josué 6:21.

[58] 1 Samuel 15:3. Ces trois citations de la Bible sont mentionnées, parmi d'autres, par Aubery (*Histoire de l'exécution de Cabrières et de Mérindol*, p.127 et 129).

[59] Voir J. Aubery, *Histoire de l'exécution de Cabrières et de Mérindol*, p.132 et suivantes.

[60] Voir Samuel Taylor, 'The definitive text of Voltaire's works: the Leningrad *encadrée*', *SVEC* 124 (1974), p.47, pour l'identification de Jean Novi de Caveirac, auteur de l'*Apologie de Louis XIV, et de son conseil, sur la révocation de l'édit de Nantes* [...] *Avec une dissertation sur la journée de la Saint-Barthélemy* (s.l., 1758, BV2593). Ouvrage plusieurs fois mentionné par Voltaire, qui l'a annoté (*CN*, t.6,

ont eu le caprice de faire l'apologie du diable. *Ce ne fut*, dit-il, *qu'une affaire de proscription.*[61] Voilà une étrange excuse! Il semble qu'une affaire de proscription soit une chose d'usage comme on dit, une affaire de barreau, une affaire d'intérêt, une affaire de calcul, une affaire d'Eglise.

Il faut que l'esprit humain soit bien susceptible de tous les travers, pour qu'il se trouve au bout de près de deux cents ans un homme qui de sang-froid entreprend de justifier ce que l'Europe entière abhorre. L'archevêque Péréfixe prétend qu'il périt cent mille Français dans cette conspiration religieuse. Le duc de Sulli n'en compte que soixante et dix mille. M. l'abbé abuse du martyrologe des calvinistes, lequel n'a pu tout compter, pour affirmer qu'il n'y eut que quinze mille victimes.[62] Eh! Monsieur l'abbé! ne serait-ce rien que quinze mille personnes égorgées, en pleine paix, par leurs concitoyens!

Le nombre des morts ajoute, sans doute, beaucoup à la calamité d'une nation, mais rien à l'atrocité du crime. Vous prétendez, homme charitable, que la religion n'eut aucune part à ce petit mouvement populaire. Oubliez-vous le tableau que le pape Grégoire XIII fit placer dans le Vatican, et au bas duquel était écrit, *Pontifex Colignii necem probat.*[63] Oubliez-vous sa procession

p.146-57) et qui rédige notamment, en 1772, une *Réponse à Monsieur l'abbé de Caveirac* (*M*, t.28, p.556-58).

[61] Le deuxième point de la *Dissertation* de Caveirac consiste à établir que 'la journée de la Saint-Barthélemy fut une affaire de proscription' (p.vi-xiii); le troisième, que 'la proscription n'a jamais regardé que Paris' (p.xiii-xxxvi).

[62] Chiffres donnés par Caveirac, qui signale aussi que Papire Masson dénombre 'près de dix mille' victimes, ce qui lui paraît l'opinion 'la plus vraisemblable' (*Dissertation*, p.xxxvi): 'Le martyrographe des protestants, la Popeliniere auteur calviniste, [...] Sully attaché à leurs erreurs [des huguenots], Péréfixe précepteur d'un roi à qui il voulait inspirer des sentiments humains, voulaient faire détester les acteurs de cette tragédie; ils devaient donc en exagérer les effets, et c'est une raison pour faire suspecter leur récit' (p.xxxvii). Voltaire possède les *Mémoires du duc de Sully* (BV3223).

[63] Mentionné dès *An essay on the civil wars of France* (*OCV*, t.3B, p.62 et n.25), ce que Voltaire traduit: 'le pape approuve la mort de Coligni' (p.93). Voir aussi les *Carnets* (*OCV*, t.81, p.247) et l'*Histoire du parlement de Paris* (*OCV*, t.68, p.294-95 et n.23).

solennelle de l'église Saint-Pierre à l'église Saint-Louis, le *Te Deum* qu'il fit chanter, les médailles qu'il fit frapper pour perpétuer la mémoire de l'heureux carnage de la Saint-Barthélemi.[64] Vous n'avez peut-être pas vu ces médailles; j'en ai vu entre les mains de M. l'abbé de Rothelin.[65] Le pape Grégoire y est représenté d'un côté, et de l'autre c'est un ange qui tient une croix dans la main gauche et une épée dans la droite. En voilà-t-il assez, je ne dis pas pour vous convaincre, mais pour vous confondre?

Conspiration d'Irlande

La conjuration des Irlandais catholiques, contre les protestants, sous Charles Ier, en 1641, est une fidèle imitation de la Saint-Barthélemi. Des historiens anglais contemporains, tels que le chancelier Clarendon et un chevalier Jean Temple, assurent qu'il y eut cent cinquante mille hommes de massacrés.[66] Le parlement d'Angleterre dans sa déclaration du 25 juillet 1643, en compte quatre-vingt mille:[67] mais M. Brooke qui paraît très instruit, crie à

[64] Procession et médaille évoquées par Caveirac, qui précise toutefois que 'toutes ces démonstrations de reconnaissance, plutôt que de satisfaction, eurent pour véritable et unique principe, non le massacre des huguenots, mais la découverte de la conspiration qu'ils avaient tramée, ou du moins dont le roi eut grand soin de les accuser dans toutes les cours de la chrétienté' (*Dissertation*, p.iii).

[65] Charles d'Orléans, abbé de Rothelin (1691-1744), littérateur et numismate, membre de l'Académie française et de l'Académie des inscriptions et belles-lettres.

[66] Henry Brooke, évoqué ci-dessous, indique le nombre de morts ('more than one hundred and fifty thousand') donné par 'Sir John Temple and others', mais, lorsqu'il cite Lord Clarendon, il écrit: 'there were forty or fifty thousand Protestants murdered before they suspected themselves in any danger, or could provide for their defence' (*The Trial of the Roman catholics of Ireland*, Dublin, 1762, p.16-17; BV545: Londres, 1764). John Temple (1600-1677) est l'auteur de *The Irish rebellion* (Dublin, 1724, BV3254).

[67] L'édition de 1766 donne 'cent cinquante mille': correction indiquée dans la lettre à Lacombe (D13788). Dans une lettre au marquis d'Argence du 31 août 1768, Voltaire écrit encore que 'le parlement d'Angleterre spécifia expressément le massacre de cent cinquante mille personnes', mais il précise qu''il pouvait avoir été trompé par les plaintes indiscrètes des parents des massacrés': prenant le 'juste milieu', il suppose 'qu'il n'y eut qu'environ quatre-vingt-dix mille' morts (D15195).

l'injustice dans un petit livre que j'ai entre les mains. Il dit qu'on se plaint à tort; et il semble prouver assez bien qu'il n'y eut que quarante mille citoyens d'immolés à la religion,[68] en y comprenant les femmes et les enfants.

Conspiration dans les vallées du Piémont

J'omets ici un grand nombre de proscriptions particulières. Les petits désastres ne se comptent point dans les calamités générales; mais je ne dois point passer sous silence la proscription des habitants des vallées du Piémont en 1655.

C'est une chose assez remarquable dans l'histoire, que ces hommes presque inconnus au reste du monde, aient persévéré constamment de temps immémorial dans des usages qui avaient changé partout ailleurs. Il en est de ces usages comme de la langue: une infinité de termes antiques se conservent dans des cantons éloignés, tandis que les capitales et les grandes villes varient dans leur langage de siècle en siècle.

Voilà pourquoi l'ancien roman que l'on parlait du temps de Charlemagne, subsiste encore dans le patois[69] du pays de Vaud, qui a conservé le nom de *pays roman*. On retrouve des vestiges de ce langage dans toutes les vallées des Alpes et des Pyrénées. Les peuples voisins de Turin qui habitaient les cavernes vaudoises, gardèrent l'habillement, la langue, et presque tous les rites du temps de Charlemagne.

On sait assez que dans le huitième et dans le neuvième siècle, la

356 70, 71N, 71A: le jargon du

[68] Brooke, qui cherche à réduire le chiffre avancé par les auteurs qu'il cite (voir ci-dessus, p.223, n.66), estime que le bilan s'élèverait plutôt à quatre mille morts (*The Trial of the Roman catholics of Ireland*, p.85). Voltaire donne toujours un chiffre significativement plus élevé: 'plus de quarante mille' (*Essai sur les mœurs*, t.2, ch.180, p.661), 'quatre-vingt-dix mille' (D15195), voire 'plus de cent cinquante mille' (article 'Hérésie' du fonds de Kehl, *M*, t.19, p.339).

[69] L'édition de 1766 donne: 'dans le jargon'.

partie septentrionale de l'Occident ne connaissait point le culte des images; et une bonne raison, c'est qu'il n'y avait ni peintre ni sculpteur:[70] rien même n'était décidé encore sur certaines questions délicates, que l'ignorance ne permettait pas d'approfondir. Quand ces points de controverse furent arrêtés et réglés ailleurs, les habitants des vallées l'ignorèrent; et étant ignorés eux-mêmes des autres hommes, ils restèrent dans leur ancienne croyance; mais enfin, ils furent mis au rang des hérétiques et poursuivis comme tels.[71]

Dès l'année 1487, le pape Innocent VIII envoya dans le Piémont un légat nommé Albertus de Capitoneis, archidiacre de Crémone, prêcher une croisade contre eux. La teneur de la bulle du pape est singulière. Il recommande aux inquisiteurs, à tous les ecclésiastiques, et à tous les moines, 'de prendre unanimement les armes contre les Vaudois, de les écraser comme des aspics, et de les exterminer saintement'. *In haereticos armis insurgant, eosque velut aspides venenosos conculcent, et ad tam sanctam exterminationem adhibeant omnes conatus.*[72]

La même bulle octroie à chaque fidèle le droit de 's'emparer de tous les meubles et immeubles des hérétiques, sans forme de procès'. *Bona quaecumque mobilia, et immobilia quibuscumque licitè occupandi, etc.*

Et par la même autorité elle déclara que tous les magistrats qui ne prêteront pas main-forte seront privés de leurs dignités: *Seculares honoribus, titulis, feudis, privilegiis privandi.*[73]

381-82 w68: s'emparer des meubles
385 71A: elle déclare que

[70] Idée reprise dans le *Fragment sur l'histoire générale* (article 8, *M*, t.29, p.250).

[71] Analyses comparables dans *Le Siècle de Louis XIV*, ch.36 (*OH*, p.1042-43).

[72] Passages extraits du texte de la bulle, reproduit par Jean Léger dans son *Histoire générale des Eglises évangéliques des vallées de Piémont ou vaudoises* (Leyde, J. Le Charpentier, 1669, BV2009), livre 2, ch.2 (t.2, p.11; passage marqué par un papillon dans l'exemplaire de Voltaire, *CN*, t.5, p.293).

[73] Voir J. Léger, *Histoire générale*, t.2, p.13 (passage marqué par un papillon dans l'exemplaire de Voltaire, *CN*, t.5, p.293).

Les Vaudois ayant été vivement persécutés, en vertu de cette bulle, se crurent des martyrs. Ainsi leur nombre augmenta prodigieusement. Enfin la bulle d'Innocent VIII fut mise en exécution à la lettre, en 1655. Le marquis de Pianesse[74] entra le 15 d'avril dans ces vallées avec deux régiments, ayant des capucins à leur tête. On marcha de caverne en caverne, et tout ce qu'on rencontra fut massacré. On pendait les femmes nues à des arbres, on les arrosait du sang de leurs enfants, et on emplissait leur matrice de poudre à laquelle on mettait le feu.[75]

Il faut faire entrer, sans doute, dans ce triste catalogue les massacres des Cévennes et du Vivarais qui durèrent pendant dix ans, au commencement de ce siècle.[76] Ce fut en effet un mélange continuel de proscriptions et de guerres civiles. Les combats, les assassinats, et les mains des bourreaux ont fait périr près de cent mille de nos compatriotes, dont dix mille ont expiré sur la roue, ou par la corde, ou dans les flammes,[77] si on en croit tous les historiens contemporains des deux partis.

Est-ce l'histoire des serpents et des tigres que je viens de faire? non, c'est celle des hommes. Les tigres et les serpents ne traitent point ainsi leur espèce. C'est pourtant dans le siècle de Cicéron, de Pollion, d'Atticus, de Varius, de Tibulle, de Virgile, d'Horace, qu'Auguste fit ses proscriptions. Les philosophes de Thou et Montagne, le chancelier de L'Hôpital vivaient du temps de la

[74] Charles Emanuel Philibert Hyacinthe de Simiane, colonel général de l'infanterie de Savoie et président de conseil de Savoie (mort en 1677).

[75] D'après Léger, dont Voltaire condense le récit, ce 'jour de sang et de carnage' se déroule le 24 avril: voir *Histoire générale*, livre 2, ch.9 (t.2, p.111); dans l'exemplaire de Voltaire, passage marqué d'un signet annoté ('massacre', *CN*, t.5, p.293). D'autres atrocités sont évoquées dans l'article 'Martyrs' des *QE* (passage repris des *Conseils raisonnables à Monsieur Bergier*, §23-24, *M*, t.27, p.49-52).

[76] Dans les éditions du *Siècle de Louis XIV* (ch.36) publiées de son vivant, Voltaire se montre moins compatissant vis-à-vis de ces 'misérables', auxquels on fit la guerre 'comme ils méritaient qu'on la leur fît' – expression corrigée dans l'édition de Kehl: on leur fait la guerre 'avec une barbarie qui surpasse la leur' (*OH*, p.1060 et n.1).

[77] Voir aussi la septième des *Lettres à Son Altesse Monseigneur le prince de* *** (*OCV*, t.63B, p.457).

Saint-Barthélemi: et les massacres des Cévennes sont du siècle le plus florissant de la monarchie française. Jamais les esprits ne furent plus cultivés, les talents en plus grand nombre, la politesse plus générale.[78] Quel contraste, quel chaos, quelles horribles inconséquences composent ce malheureux monde! On parle des pestes, des tremblements de terre, des embrasements, des déluges, qui ont désolé le globe; heureux, dit-on, ceux qui n'ont pas vécu dans le temps de ces bouleversements! Disons plutôt; heureux ceux qui n'ont pas vu les crimes que je retrace! Comment s'est-il trouvé des barbares pour les ordonner, et tant d'autres barbares pour les exécuter? Comment y a-t-il encore des inquisiteurs et des familiers[79] de l'Inquisition?

Un homme modéré, humain, né avec un caractère doux, ne conçoit pas plus qu'il y ait eu parmi les hommes des bêtes féroces ainsi altérées de carnage, qu'il ne conçoit des métamorphoses de tourterelles en vautours; mais il comprend encore moins que ces monstres aient trouvé à point nommé une multitude d'exécuteurs. Si des officiers et des soldats courent au combat sur un ordre de leurs maîtres, cela est dans l'ordre de la nature; mais que sans aucun examen ils aillent assassiner de sang-froid un peuple sans défense, c'est ce qu'on n'oserait pas imaginer des furies mêmes de l'enfer. Ce tableau soulève tellement le cœur de ceux qui se pénètrent de ce qu'ils lisent, que pour peu qu'on soit enclin à la tristesse, on est fâché d'être né; on est indigné d'être homme.

La seule chose qui puisse consoler, c'est que de telles abominations n'ont été commises que de loin à loin; n'en voilà qu'environ vingt exemples principaux dans l'espace de près de quatre mille

[78] Voltaire s'accorde avec la conclusion de Jaucourt: 'Toutes ces horreurs, inconnues dans les siècles les plus barbares, et aux nations les plus féroces, se sont passées dans des temps éclairés, et par l'ordre des hommes les plus polis de leur temps. Elles ont été les fruits sanglants de ces désordres civils, et de ces vapeurs intestines qui étouffent les cris de l'humanité' (*Encyclopédie*, article 'Proscription', t.13, p.494).

[79] 'C'est le nom que portent en Espagne et en Portugal les officiers de l'Inquisition, dont la fonction est de faire arrêter les accusés, et de les accompagner au supplice' (*Dictionnaire de l'Académie*, 1762, p.718).

années. Je sais que les guerres continuelles qui ont désolé la terre sont des fléaux encore plus destructeurs par leur nombre et par leur durée; mais enfin, comme je l'ai déjà dit,[80] le péril étant égal des deux côtés dans la guerre, ce tableau révolte bien moins que celui des proscriptions, qui ont toutes été faites avec lâcheté, puisqu'elles ont été faites sans danger, et que les Sylla et les Augustes n'ont été au fond que des assassins qui ont attendu des passants au coin d'un bois, et qui ont profité des dépouilles.

La guerre paraît l'état naturel de l'homme. Toutes les sociétés connues ont été en guerre, hormis les brames et les primitifs que nous appelons *quakers*, et quelques autres petits peuples.[81] Mais il faut avouer que très peu de sociétés se sont rendues coupables de ces assassinats publics appelés *proscriptions*. Il n'y en a aucun exemple dans la haute antiquité,[82] excepté chez les Juifs. Le seul roi de l'Orient qui se soit livré à ce crime est Mithridate; et depuis Auguste il n'y a eu de proscriptions dans notre hémisphère que chez les chrétiens qui occupent une très petite partie du globe.[83] Si cette rage avait saisi souvent le genre humain, il n'y aurait plus d'hommes sur la terre, elle ne serait habitée que par les animaux qui sont sans contredit beaucoup moins méchants que nous. C'est à la philosophie, qui fait aujourd'hui tant de progrès, d'adoucir les mœurs des hommes; c'est à notre siècle de réparer les crimes des siècles passés. Il est certain que quand l'esprit de tolérance sera établi, on ne pourra plus dire:

448 70, 71N, 71A: *quakers*. Mais

[80] Voir le début du *Traité sur la tolérance* (*OCV*, t.56C, p.129).

[81] La proposition 'et quelques autres petits peuples' est ajoutée dans les *QE*; ligne 447, 'hormis' remplace 'excepté'. Voltaire souligne souvent le pacifisme des brames et des quakers: voir, par exemple, l'article 'Fin, causes finales' du *DP* (*OCV*, t.36, p.119, repris dans l'article 'Causes finales' des *QE*, *OCV*, t.39, p.549) et les articles 'Armes, armées' et 'Du droit de la guerre' des *QE* (*OCV*, t.39, p.18; ci-dessous, p.573).

[82] L'édition de 1766 donne: 'dans la première antiquité connue'.

[83] Voir la fin de l'article 'Christianisme' du *DP* (*OCV*, t.35, p.588).

Aetas parentum pejor avis tulit
Nos nequiores, mox daturos
Progeniem vitiosiorem.[84]

On dira plutôt, mais en meilleurs vers que ceux-ci:

Nos aïeux ont été des monstres exécrables,
Nos pères ont été méchants;
On voit aujourd'hui leurs enfants,
Etant plus éclairés devenir plus traitables.[85]

Mais pour oser dire que nous sommes meilleurs que nos ancêtres, il faudrait que nous trouvant dans les mêmes circonstances qu'eux, nous nous abstinssions avec horreur des cruautés dont ils ont été coupables; et il n'est pas démontré que nous fussions plus humains en pareil cas. La philosophie ne pénètre pas toujours chez les grands qui ordonnent, et encore moins chez les hordes des petits qui exécutent. Elle n'est le partage que des hommes placés dans la médiocrité, également éloignés de l'ambition qui opprime, et de la basse férocité qui est à ses gages.

Il est vrai qu'il n'est plus de nos jours de persécutions générales. Mais on voit quelquefois de cruelles atrocités. La société, la politesse, la raison inspirent des mœurs douces; cependant quelques hommes ont cru que la barbarie était un de leurs devoirs. On les a vus abuser de leurs misérables emplois si souvent humiliés,[86] jusqu'à se jouer de la vie de leurs semblables en colorant leur inhumanité du nom de justice; ils ont été sanguinaires sans nécessité:[87] ce qui n'est pas même le caractère des animaux

[84] Horace, *Odes*, livre 3, Ode 6, vers 46-48 ('La génération de nos pères, qui valaient moins que nos aïeux, a fait naître en nous des fils plus méchants, qui vont donner le jour à une postérité plus mauvaise encore', trad. F. Villeneuve, Paris, 1991). Voir *Ode* (*OCV*, t.30A, p.381-82 et n.7).

[85] Traduction de Voltaire?

[86] L'édition de 1766 donne: 'de leur état'.

[87] Allusion aux affaires judiciaires dans lesquelles s'est impliqué Voltaire: le contexte de rédaction de l'opuscule (1766) porte à penser qu'il est d'abord question du chevalier de La Barre. Voir la *Relation de la mort du chevalier de La Barre* (*OCV*, t.63B, p.491-581).

carnassiers. Toute dureté qui n'est pas nécessaire est un outrage au genre humain. Les cannibales se vengent, mais ils ne font pas expirer dans d'horribles supplices un compatriote qui n'a été qu'imprudent.[88]

Puissent ces réflexions satisfaire les âmes sensibles et adoucir les autres!

[88] Phrase ajoutée dans les *QE*.

CONTRADICTION

Exemples tirés de l'histoire, de la sainte Ecriture, de plusieurs écrivains, du fameux curé Mêlier, d'un prédicant nommé Antoine, etc.

On a déjà montré ailleurs (*a*) les contradictions de nos usages, de nos mœurs, de nos lois: on n'en a pas dit assez.

Tout a été fait, surtout dans notre Europe, comme l'habit d'Arlequin: son maître n'avait point de drap; quand il fallut l'habiller, il prit des vieux lambeaux de toutes couleurs: Arlequin fut ridicule, mais il fut vêtu.

Où est le peuple dont les lois et les usages ne se contredisent pas? Y a-t-il une contradiction plus frappante et en même temps plus respectable que le saint empire romain? en quoi est-il saint? en quoi est-il empire? en quoi est-il romain? [1]

(*a*) On peut voir dans les *Mélanges d'histoire, de littérature et de philosophie*, l'article 'Contradiction', qui traite différemment la même matière.

a-b K84, K12: Contradictions / Section 1 [*suit le texte de 'Sur les contradictions de ce monde'*] / Section 2 / *Exemples*

a-1 70, 71N, 71A: Contradiction ¶On

1 K84, K12: On vient de montrer les

* En 1742, Voltaire avait publié un opuscule intitulé *Sur les contradictions de ce monde* (voir *OCV*, t.28B, p.45-71). Il le rappelle dès sa note *a* de cet article des *QE*. La question le passionne depuis longtemps. Il se peut qu'il ait écrit dès 1727 un texte publié par Théodore Besterman dans les *Carnets* (*OCV*, t.82, p.698-99). Il n'a de cesse, dans toute son œuvre, de dénoncer des contradictions dans tous les domaines, et cet article en propose un large panorama, comme son sous-titre l'indique, incluant l'histoire, l'histoire sainte, ses interprétations et ses détracteurs, enfin des critiques littéraires, annoncées seulement par un 'etc'. Ce texte n'a rien à voir avec les articles 'Contradiction' de l'*Encyclopédie*, l'un par Formey, l'autre de quelques lignes portant un astérisque, tous deux se limitant à des définitions. Il paraît en mars/avril 1771 (70, t.4).

[1] Voir le chapitre 70 de l'*Essai sur les mœurs*, consacré à l'empereur Charles IV: 'Ce

Les Allemands sont une brave nation que ni les Germanicus, ni les Trajans ne purent jamais subjuguer entièrement. Tous les peuples germains qui habitaient au-delà de l'Elbe, furent toujours invincibles, quoique mal armés; c'est en partie de ces tristes climats que sortirent les vengeurs du monde. Loin que l'Allemagne soit l'empire romain, elle a servi à le détruire.

Cet empire était réfugié à Constantinople, quand un Allemand, un Austrasien alla d'Aix-la-Chapelle à Rome, dépouiller pour jamais les Césars grecs de ce qu'il leur restait en Italie.[2] Il prit le nom de César, d'*imperator*; mais ni lui ni ses successeurs n'osèrent jamais résider à Rome. Cette capitale ne peut ni se vanter, ni se plaindre que depuis Augustule dernier excrément de l'empire romain, aucun César ait vécu et soit enterré dans ses murs.

Il est difficile que l'empire soit *saint* puisqu'il professe trois religions, dont deux sont déclarées impies, abominables, damnables et damnées, par la cour de Rome que toute la cour impériale regarde comme souveraine sur ces cas.

Il n'est pas certainement romain, puisque l'empereur n'a pas dans Rome une maison.

En Angleterre, on sert les rois à genoux. La maxime constante est que le roi ne peut jamais faire mal. *The king can do no wrong*. Ses ministres seuls peuvent avoir tort; il est infaillible dans ses actions comme le pape dans ses jugements. Telle est la loi fondamentale, la loi salique d'Angleterre.[3] Cependant le parlement juge son roi Edouard II vaincu et fait prisonnier par sa femme; on déclare qu'il a

19 K84, K12: ce qui leur

28 K12: n'est certainement pas romain

---

corps qui s'appelait et qui s'appelle encore le saint empire romain n'était en aucune manière ni saint, ni romain, ni empire' (t.1, p.683).

[2] Allusion à Charlemagne, fils de Pépin le Bref. Voir aussi l'article 'Equivoque' des *QE* et l'*Essai sur les mœurs*, t.1, p.331-32.

[3] Voir l'article 'Salique, loi salique' des *QE*. Voltaire a mis un signet à la 'Dissertation sur la loi salique' dans l'*Histoire d'Angleterre* de Paul de Rapin-Thoyras, 16 vol. (La Haye [Paris], 1749, BV2871), t.3, p.268-69 (*CN*, t.7, p.215).

tous les torts du monde, et qu'il est déchu de tous droits à la couronne. Guillaume Trussel vient dans sa prison lui faire le compliment suivant:[4]

'Moi, Guillaume Trussel, procureur du parlement et de toute la nation anglaise, je révoque l'hommage à toi fait autrefois; je te défie et je te prive du pouvoir royal, et nous ne tiendrons plus à toi dorénavant.' (*b*)

Le parlement juge et condamne le roi Richard II fils du grand Edouard III. Trente et un chefs d'accusation sont produits contre lui, parmi lesquels on en trouve deux singuliers; Qu'il avait emprunté de l'argent sans payer, et qu'il avait dit en présence de témoins qu'il était le maître de la vie et des biens de ses sujets.[5]

Le parlement dépose Henri VI qui avait un très grand tort, mais d'une autre espèce, celui d'être imbécile.[6]

(*b*) Rapin Thoiras n'a pas traduit littéralement cet acte.

[4] Sir William Trussell, rendu célèbre par son rôle dans la déposition du roi Edouard II en janvier 1327. Comme Voltaire le note lui-même dans sa note *b*, les paroles de Trussell ne sont pas citées littéralement dans l'*Histoire d'Angleterre* de Rapin-Thoyras, t.3, p.136-37, pages marquées d'un signet dans l'exemplaire que possédait Voltaire (*CN*, t.7, p.213). Une citation semblable de Trussell figure dans le chapitre 75 de l'*Essai sur les mœurs* (t.1, p.711).

[5] Rapin-Thoyras expose les divers 'actes d'autorité despotique' du roi Richard II vers la fin de son règne (*Histoire d'Angleterre*, t.3, p.329) et liste les trente et un articles d'accusations qui furent produits contre lui (p.337-40), dont le fait qu'il avait 'emprunté diverses sommes considérables, qu'il n'avait jamais payées' (p.338) et celui qu'il avait dit 'plusieurs fois que les biens et les vies de ses sujets étaient à sa disposition' (p.339); ces deux dernières pages sont marquées par un signet dans l'exemplaire du texte que possédait Voltaire, et un papillon est collé sur 'plusieurs' et 'disposition' (*CN*, t.7, p.216). Sur la déposition de Richard II en 1399, voir le chapitre 78 de l'*Essai sur les mœurs* (t.1, p.735-39).

[6] Au sujet d'Henri VI, Rapin-Thoyras fait remarquer que 'son grand et unique défaut était une espèce d'imbécillité naturelle, qui le rendait incapable de gouverner par lui-même' (*Histoire d'Angleterre*, t.4, p.374). Au chapitre 115 de l'*Essai sur les mœurs* Voltaire fait remarquer que 'la faiblesse d'esprit de Henri VI désola l'Angleterre' (t.2, p.117). Voir aussi l'article 'Folie' des *QE*.

Le parlement déclare Edouard IV traître, confisque tous ses biens; et ensuite le rétablit quand il est heureux. [7]

Pour Richard III, celui-là eut véritablement tort plus que tous les autres: c'était un Néron, mais un Néron courageux; et le parlement ne déclara ses torts que quand il eut été tué. [8]

La chambre représentant le peuple d'Angleterre, imputa plus de torts à Charles Ier qu'il n'en avait; et le fit périr sur un échafaud. [9] Le parlement jugea que Jacques II avait de très grands torts, et surtout celui de s'être enfui. Il déclara la couronne vacante, c'est-à-dire, il le déposa. [10]

[7] Sur les événements bouleversants de 1470 et la rébellion du duc de Clarence et du comte de Warwick, voir Rapin-Thoyras, *Histoire d'Angleterre*, t.5, p.42-53, qui finit cet exposé en notant que 'le parlement déclara Edouard traître et usurpateur de la couronne, confisqua tous ses biens patrimoniaux, et annula tous les statuts faits sous son règne, comme ayant manqué d'une autorité légitime' (p.53); sur la continuation du règne d'Edouard IV à partir du mois d'avril 1471, voir p.65 et suivantes. Voir aussi le chapitre 116 de l'*Essai sur les mœurs* (t.2, p.123-26).

[8] Rapin-Thoyras porte ce jugement sur le caractère de Richard III: 'Quant aux défauts de son âme, si l'on en croit la plupart des historiens, ils étaient si grands et en si grand nombre, qu'il serait difficile de trouver dans l'histoire un prince d'un si mauvais caractère. Il est certain qu'il avait une ambition immodérée, qui lui fit souvent commettre des actions indignes d'un prince chrétien. C'est à cette seule passion qu'il faut attribuer sa perfidie et sa cruauté' (*Histoire d'Angleterre*, t.5, p.193). Sur 'le tyran Richard III', voir le chapitre 117 de l'*Essai sur les mœurs* (t.2, p.127-32), ainsi que les articles 'Criminel' et 'Tyran' des *QE*.

[9] Rapin-Thoyras brosse un portrait plutôt positif de Charles Ier: il présente le jugement porté contre lui comme 'extraordinaire' (*Histoire d'Angleterre*, t.9, p.740); il cite *in extenso* les raisons contre les actions du parlement (p.742-44); il note que 'le roi souffrit la mort avec beaucoup de constance, et sans faire paraître la moindre marque de faiblesse ou d'étonnement' (p.746-47); il fait remarquer que 'ses ennemis ont voulu le faire passer pour un prince cruel et sanguinaire. Mais [...] ils n'ont pu lui reprocher aucune action particulière qui ait marqué un tel penchant' (p.748); et il conclut ainsi: 'Pour tout dire en un mot, Charles I fut doué d'un grand nombre de vertus et de belles qualités' (p.751). Sur l'exécution de Charles Ier en 1649, voir *Le Siècle de Louis XIV* (*OH*, p.665) et le chapitre 180 de l'*Essai sur les mœurs* (t.2, p.661-75). Voltaire fait maintes fois allusion dans son œuvre à cette exécution, de l'*Avis au public sur les parricides imputés aux Calas et aux Sirven* (*M*, t.25, p.533) aux *Honnêtetés littéraires* (*OCV*, t.63B, p.103).

[10] Comme le note Rapin-Thoyras au sujet de la fuite de Jacques II en France en 1688, 'le roi ne pouvait rendre un plus grand service au prince [d'Orange], que de se

Aujourd'hui Junius écrit au roi d'Angleterre que ce monarque a tort d'être bon et sage.[11] Si ce ne sont pas là des contradictions, je ne sais où l'on peut en trouver.

Des contradictions dans quelques rites

Après ces grandes contradictions politiques qui se divisent en cent mille petites contradictions, il n'y en a point de plus fortes que celles de quelques-uns de nos rites. Nous détestons le judaïsme; il n'y a pas quinze ans qu'on brûlait encore les Juifs. Nous les regardons comme les assassins de notre Dieu, et nous nous assemblons tous les dimanches pour psalmodier des cantiques juifs: si nous ne les récitons pas en hébreu, c'est que nous sommes des ignorants. Mais les quinze premiers évêques, prêtres, diacres, et troupeau de Jérusalem, berceau de la religion chrétienne, récitèrent toujours les psaumes juifs dans l'idiome juif de la langue syriaque; et jusqu'au temps du calife Omar,[12] presque tous les chrétiens depuis Tyr jusqu'à Alep priaient dans cet idiome juif. Aujourd'hui qui réciterait les psaumes tels qu'ils ont été composés, qui les chanterait dans la langue juive, serait soupçonné d'être circoncis, et d'être juif:[13] il serait brûlé comme tel: il l'aurait été du moins il y a

62 w68: où en

---

retirer volontairement hors du royaume. D'autant plus que cela fournit dans la suite un prétexte de dire qu'il avait abdiqué la couronne, et ce fut cette abdication qui aplanit au prince d'Orange le chemin pour monter sur le trône' (*Histoire d'Angleterre*, t.10, p.706). Au chapitre 22 du *Siècle de Louis XIV*, Voltaire désigne les coupables, à savoir les Whigs (*OH*, p.871).

[11] Junius est le pseudonyme de l'auteur d'une série de lettres critiques à l'égard du règne du roi George III publiées dans le *Public advertiser*, journal politique de Henry Woodfall, entre janvier 1769 et janvier 1772. Sa lettre du 19 décembre 1769 s'adresse directement au roi.

[12] Voltaire avait évoqué au chapitre 6 de l'*Essai sur les mœurs* la figure d'Omar Ibn Al-Dhattâb, devenu deuxième calife en 634 (t.1, p.262); voir aussi l'article 'Julien le Philosophe' du *DP* (*OCV*, t.36, p.275).

[13] Pour une pareille satire de la façon dont on récite les Psaumes, voir *Pot-pourri* (*Romans et contes*, p.244-45); voir aussi l'article 'Rime' des *QE*.

vingt ans, quoique Jésus-Christ ait été circoncis, quoique les apôtres et les disciples aient été circoncis.[14] Je mets à part tout le fonds de notre sainte religion, tout ce qui est un objet de foi, tout ce qu'il ne faut considérer qu'avec une soumission craintive, je n'envisage que l'écorce, je ne touche qu'à l'usage; je demande s'il y en eut jamais un plus contradictoire?

Des contradictions dans les affaires et dans les hommes

Si quelque société littéraire veut entreprendre le dictionnaire des contradictions, je souscris pour vingt volumes *in-folio*.

Le monde ne subsiste que de contradictions; que faudrait-il pour les abolir? Assembler les états du genre humain. Mais de la manière dont les hommes sont faits, ce serait une nouvelle contradiction s'ils étaient d'accord. Assemblez tous les lapins de l'univers, il n'y aura pas deux avis différents parmi eux.

Je ne connais que deux sortes d'êtres immuables sur la terre, les géomètres et les animaux; ils sont conduits par deux règles invariables, la démonstration et l'instinct: et encore les géomètres ont-ils eu quelques disputes, mais les animaux n'ont jamais varié.[15]

[14] Voltaire le constate dans l'article 'Tolérance' du *DP* (*OCV*, t.36, p.565); voir aussi l'article 'Apôtres' des *QE* (*OCV*, t.38, p.518). Sur l'observation des pratiques judaïques par Jésus, voir par exemple Matthieu 5:17-30, Luc 2:27 et Jean 7:2-10 (passage que Voltaire a marqué de traits marginaux dans son exemplaire du *Commentaire* de Calmet: *CN*, t.2, p.204-205). Tous ces exemples sont fréquemment répétés par Voltaire; voir par exemple le chapitre 14 du *Traité sur la tolérance* (*OCV*, t.56C, p.219-25), le *Catéchisme de l'honnête homme* (*M*, t.24, p.532), le *Dialogue du douteur et de l'adorateur* (*M*, t.25, p.134), *Dieu et les hommes* (*OCV*, t.69, p.428).

[15] Leitmotiv de Voltaire depuis le chapitre 8 du *Traité de métaphysique*: 'Tout animal est toujours entraîné par un instinct invincible à tout ce qui peut tendre à sa conservation' (*OCV*, t.14, p.468); voir aussi la conclusion de l'article 'Instinct' des *QE*.

Des contradictions dans les hommes et dans les affaires

Les contrastes, les jours et les ombres sous lesquels on représente dans l'histoire les hommes publics, ne sont pas des contradictions, ce sont des portraits fidèles de la nature humaine.

Tous les jours on condamne et on admire Alexandre le meurtrier de Clitus, mais le vengeur de la Grèce, le vainqueur des Perses et le fondateur d'Alexandrie.[16]

César le débauché qui vole le trésor public de Rome pour asservir sa patrie, mais dont la clémence égale la valeur, et dont l'esprit égale le courage.

Mahomet imposteur, brigand, mais le seul des législateurs qui ait eu du courage et qui ait fondé un grand empire.

L'enthousiaste Cromwell, fourbe dans le fanatisme même, assassin de son roi en forme juridique, mais aussi profond politique que valeureux guerrier.[17]

Mille contrastes se présentent souvent en foule, et ces contrastes sont dans la nature; ils ne sont pas plus étonnants qu'un beau jour suivi de la tempête.

Des contradictions apparentes dans les livres

Il faut soigneusement distinguer dans les écrits, et surtout dans les livres sacrés, les contradictions apparentes et les réelles. Il est dit

104 K84, K12 : législateurs religieux qui

[16] Clitus, le frère de la nourrice d'Alexandre, sauva la vie d'Alexandre à Granicus en 334, mais celui-ci, enivré, le tua pendant une querelle à Maracanda en 328. La question de la réputation ambiguë d'Alexandre est posée dans une lettre que Voltaire adresse à Frédéric vers le 15 janvier 1738: 'Vous haïssez dans Alexandre [...] le meurtrier de Clitus; mais n'admirez-vous pas le vengeur de la Grèce, le vainqueur de Darius, le fondateur d'Alexandrie?' (D1426; voir aussi D3856).

[17] Voir *De Cromwell* (*OCV*, t.30C, p.73-86), les chapitres 180-81 de l'*Essai sur les mœurs* et ci-dessus les articles 'Charlatan' (p.39-40 et n.13) et 'Cromwell' (p.320-22) des *QE*.

dans le Pentateuque que Moïse était le plus doux des hommes, et qu'il fit égorger vingt-trois mille Hébreux qui avaient adoré le veau d'or, [18] et vingt-quatre mille qui avaient ou épousé comme lui, ou fréquenté des femmes madianites. [19] Mais de sages commentateurs ont prouvé solidement que Moïse était d'un naturel très doux, et qu'il n'avait fait qu'exécuter les vengeances de Dieu en faisant massacrer ces quarante-sept mille Israélites coupables, comme nous l'avons déjà vu.

Des critiques hardis ont cru apercevoir une contradiction dans le récit où il est dit que Moïse changea toutes les eaux de l'Egypte en sang, et que les magiciens de Pharaon firent ensuite le même prodige, sans que l'Exode mette aucun intervalle entre le miracle de Moïse et l'opération magique des enchanteurs.

Il paraît d'abord impossible que ces magiciens changent en sang ce qui est déjà devenu sang; mais cette difficulté peut se lever, en supposant que Moïse avait laissé les eaux reprendre leur première nature, pour donner au pharaon le temps de rentrer en lui-même.

120-22 70, 71N, 71A: coupables. ¶Des
128 70, 71N, 71A: difficulté est levée, en

[18] Exode 32:1-29, épisode auquel Voltaire se réfère à plusieurs reprises dans sa correspondance dans les années 1760 et 1770 (voir, par exemple, D11695, D14665, D16441 et D16576) ainsi que dans l'article 'Conspirations contre les peuples' (ci-dessus, p.207 et n.4). Calmet donne le chiffre de 23 000 victimes, suivant en cela la tradition des Bibles latines (*Dictionnaire de la Bible*, article 'Moïse'), mais explique aussi que 'l'Hébreu, le Samaritain, les versions grecques, chaldéennes, arabes, persanes et samaritaines [de la Bible] ne lisent que trois mille hommes' (*Commentaire littéral*, 8 vol. en 9 tomes, Paris, 1724-1726, t.1, première partie, p.597). Dans l'exemplaire du *Commentaire littéral* (Paris, 1709-1734, BV613) de Voltaire, un signet marque les pages 498-99 du tome 5, où Calmet donne le texte du chapitre 32, versets 26-28, ainsi que son commentaire. En haut du signet, Voltaire écrit: '23 m[ille] frères et enfants égorgés' (*CN*, t.2, p.51).

[19] Nombres 25:9. Dans l'exemplaire du *Commentaire littéral* de Voltaire, un signet marque les pages 114-15 du premier tome, où Calmet donne le chapitre 12, verset 3. En haut du signet, Mme Du Châtelet écrit: 'Moses the most human of all the men exterminate twenty of his people' (*CN*, t.2, p.23). Moïse avait épousé la Madianite Sippora ou Séphora (Exode 2:21). Voir ci-dessus 'Conspirations contre les peuples', p.207 et n.5.

Cette supposition est d'autant plus plausible, que si le texte ne la favorise pas expressément, il ne lui est pas contraire.[20]

Les mêmes incrédules demandent, comment tous les chevaux ayant été tués par la grêle dans la sixième plaie,[21] Pharaon put poursuivre la nation juive avec de la cavalerie? Mais cette contradiction n'est pas même apparente, puisque la grêle qui tua tous les chevaux qui étaient aux champs, ne put tomber sur ceux qui étaient dans les écuries.

Une des plus fortes contradictions qu'on ait cru trouver dans l'histoire des Rois, est la disette totale d'armes offensives et défensives chez les Juifs à l'avènement de Saül,[22] comparée avec l'armée de trois cent trente mille combattants que Saül conduit contre les Ammonites qui assiégeaient Jabès en Galaad.[23]

Il est rapporté en effet qu'alors, (*c*) et même après cette bataille, il n'y avait pas une lance, pas une seule épée chez tout le peuple hébreu; que les Philistins empêchaient les Hébreux de forger des épées et des lances; que les Hébreux étaient obligés d'aller chez les Philistins pour faire aiguiser le soc de leurs charrues, (*d*) leurs hoyaux, leurs cognées, et leurs serpettes.

(*c*) 1 Rois ch.3, verset 22.
(*d*) Ch.13, versets 19, 20 et 21.

[20] Exode 7:17-22. A propos du verset 22, Calmet note: 'On alla chercher de l'eau ou dans la mer Méditerranée, pour faire ce changement, ou dans la terre de Gessen, dont les eaux n'avaient pas été changées en sang, comme le remarquent l'auteur du Livre de la Sagesse et saint Augustin. Ou enfin l'on prit de l'eau des puits que l'on avait creusés aux environs du Nil, et où l'on trouva des eaux pures' (*Commentaire littéral*, t.1, première partie, p.413). Voir à ce sujet la *Défense de Milord Bolingbroke* (*M*, t.23, p.548); voir aussi *L'Examen important de Milord Bolingbroke* (*OCV*, t.62, p.179), *Les Questions de Zapata* (*OCV*, t.62, p.387) et l'article 'Inondation' du *DP* (*OCV*, t.36, p.232-33).

[21] Il s'agit en fait de la septième plaie: Exode 9:18-25.

[22] 1 Samuel 13:19-22. Voltaire se réfère au classement de la Vulgate pour les livres des Rois: 1 et 2 Rois pour 1 et 2 Samuel.

[23] 1 Samuel 11:8. Calmet lui-même pose la question: 'Mais si cela est, comment Saül défit-il les Ammonites, et Jonathas les Philistins? Quelles étaient les armes de ces trois mille hommes que Saül choisit, et dont il est parlé au commencement de ce chapitre?' Voltaire citera la réponse qu'il propose aux lignes 155-56 (*Commentaire littéral*, t.2, p.407).

Cet aveu semble prouver que les Hébreux étaient en très petit nombre, et que les Philistins étaient une nation puissante, victorieuse, qui tenait les Israélites sous le joug, et qui les traitait en esclaves; qu'enfin il n'était pas possible que Saül eût assemblé trois cent trente mille combattants, etc.

Le révérend père Dom Calmet dit, (*e*) qu'il est croyable qu'*il y a un peu d'exagération dans ce qui est dit ici de Saül et de Jonathas*. Mais ce savant homme oublie que les autres commentateurs attribuent les premières victoires de Saül et de Jonathas à un de ces miracles évidents que Dieu daigna faire si souvent en faveur de son pauvre peuple. Jonathas avec son seul écuyer tua d'abord vingt ennemis, et les Philistins étonnés tournèrent leurs armes les uns contre les autres. L'auteur du livre des Rois dit positivement, (*f*) que ce fut comme un miracle de Dieu, *accidit quasi miraculum a Deo*. Il n'y a donc point là de contradiction.[24]

Les ennemis de la religion chrétienne, les Celses, les Porphires, les Juliens, ont épuisé la sagacité de leur esprit sur cette matière. Des auteurs juifs se sont prévalus de tous les avantages que leur donnait la supériorité de leurs connaissances dans la langue hébraïque pour mettre au jour ces contradictions apparentes; ils ont été suivis même par des chrétiens tels que milord Herbert, Volaston, Tindal, Toland, Colins, Shaftersburi, Volston, Gordon, Bolingbroke, et plusieurs auteurs de divers pays. Fréret secrétaire perpétuel de l'Académie des belles-lettres de France, le savant Le Clerc même, Simon de l'Oratoire,[25] ont cru apercevoir quelques

(*e*) Note de Dom Calmet sur le verset 19.
(*f*) Ch.14, verset 15.

159-60 70, 71N, 71A: son peuple

[24] 1 Samuel 14:15. Selon Calmet, il s'agit ici non pas d'un miracle mais d'une 'terreur extraordinaire, une très grande frayeur; ou une terreur panique et envoyée de Dieu' (*Commentaire littéral*, t.2, p.411).

[25] Le père Richard Simon, dont Voltaire possède de nombreux ouvrages (BV3169-76).

contradictions qu'on pouvait attribuer aux copistes. Une foule d'autres critiques a voulu relever et réformer des contradictions qui leur ont paru inexplicables.

On lit dans un livre dangereux fait avec beaucoup d'art: (*g*) 'Saint Matthieu et saint Luc donnent chacun une généalogie de Jésus-Christ différente; et pour qu'on ne croie pas que ce sont de ces différences légères, qu'on peut attribuer à méprise ou inadvertance, il est aisé de s'en convaincre par ses yeux en lisant Matthieu au chap. I et Luc au chap. III: on verra qu'il y a quinze générations de plus dans l'une que dans l'autre; que depuis David elles se séparent absolument, qu'elles se réunissent à Salathiel; mais qu'après son fils elles se séparent de nouveau, et ne se réunissent plus qu'à Joseph.

'Dans la même généalogie saint Matthieu tombe encore dans une contradiction manifeste; car il dit qu'Osias était père de Jonathan: et dans les Paralipomènes livre premier chap. III, v. 11 et 12, on trouve trois générations entre eux, savoir Joas, Amazias, Azarias, desquels Luc ne parle pas plus que Matthieu. De plus, cette généalogie ne fait rien à celle de Jésus, puisque, selon notre loi, Joseph n'avait eu aucun commerce avec Marie.' [26]

Pour répondre à cette objection faite depuis le temps d'Origène, et renouvelée de siècle en siècle, il faut lire Julius Africanus. [27]

(*g*) *Analyse de la religion chrétienne*, page 22, attribuée à Saint-Evremont.

[26] César Chesneau Du Marsais, *Analyse de la religion chrétienne* (s.l.n.d., BV1141), p.22-23. Voltaire déclare dans la préface de 1765 du *DP* que 'les manuscrits de M. Du Marsay nous ont beaucoup servi' (*OCV*, t.35, p.282). Il fit publier l'*Analyse de la religion chrétienne* dans le *Recueil nécessaire* (Leipzig, 1765 [Genève, 1766], BV3748), déféré au Conseil de Genève comme scandaleux et impie (D.app.283). Voir Maria Susana Seguin, 'De l'*Analyse de la religion chrétienne* à l'*Evangile de la raison*', *Revue Voltaire* 8 (2008), p.137-49.

[27] Dans la *Collection d'anciens évangiles*, Voltaire se réfère à Julius Africanus sous la rubrique de l'*Histoire des Despoynes*: 'Jules Africain [...] rapporte qu'Hérode [...] fit brûler tous les monuments des anciennes familles d'Israël; mais qu'un petit nombre [...] suppléèrent à cette perte en se faisant une nouvelle généalogie, soit de mémoire, soit en s'aidant des titres particuliers qui leur restaient. De ce nombre étaient ceux

Voici les deux généalogies conciliées dans la table suivante, telle qu'elle se trouve dans la bibliothèque des auteurs ecclésiastiques.

	David.	
Salomon et ses descendants rapportés par saint Matthieu.		Nathan et ses descendants rapportés par saint Luc.
	Estha.	
Mathan premier mari.		Melchi, ou plutôt Mathat second mari.
Jacob fils de Mathan premier mari.	Leur femme commune, dont on ne sait point le nom; mariée premièrement à Héli, dont elle n'a point eu d'enfant, et ensuite à Jacob son frère.	Héli.
Fils naturel de Joseph. Jacob.		Fils d'Héli selon la loi.

Autre manière de concilier les deux généalogies par saint Epiphane.

Jacob Panther[28] descendu de Salomon, est père de Joseph et de Cléophas.

215-16 K84, K12: Joseph fils naturel de Jacob.
217 K84, K12: Il y a une autre
218-19 K84, K12: Epiphane. ¶Suivant lui, Jacob

qu'on appela *Desposynoi* en grec, parce qu'ils étaient proches parents du Sauveur' (*OCV*, t.69, p.82).

[28] 'Suivant une tradition très ancienne, ce nom de Panther, qui a donné lieu à la méprise des Juifs, était le surnom du père de Joseph, comme l'assure saint Epiphane' (article 'Généalogie' du fonds de Kehl, *M*, t.19, p.219). Calmet cite saint Epiphane, *Adversus haereses*, III.ii.78.7 (voir Jacques-Paul Migne, *Patrologiae cursus, series graeca*, 164 vol., Paris, 1857-1912, t.42, p.707-10), dans sa 'Dissertation, où l'on essaie

Joseph a de sa première femme six enfants, Jacques, Josué, Siméon, Juda, Marie et Salomé.

Il épouse ensuite la vierge Marie mère de Jésus, fille de Joachim et d'Anne.

Il y a plusieurs autres manières d'expliquer ces deux généalogies. Voyez l'ouvrage de Dom Calmet, intitulé, *Dissertation où l'on essaie de concilier saint Matthieu avec saint Luc sur la généalogie de Jésus-Christ.*[29]

Les mêmes savants incrédules qui ne sont occupés qu'à comparer des dates, à examiner les livres et les médailles, à confronter les anciens auteurs, à chercher la vérité avec la prudence humaine, et qui perdent par leur science la simplicité de la foi, reprochent à saint Luc de contredire les autres évangiles, et de s'être trompé dans ce qu'il avance sur la naissance du Sauveur. Voici comme s'en explique témérairement l'auteur de l'*Analyse de la religion chrétienne*:

'Saint Luc dit que Cirénius avait le gouvernement de Syrie lorsque Auguste fit faire le dénombrement de tout l'empire. On va voir combien il se rencontre de faussetés évidentes dans ce peu de mots. Tacite et Suétone les plus exacts de tous les historiens, ne

221 W68: femme dix enfants
230 70, 71N, 71A: dates, qu'à examiner
230-32 70, 71N, 71A: médailles, et
240 K84, K12: mots. 1° Tacite

de concilier saint Matthieu avec saint Luc, sur la généalogie de Jésus-Christ' (*Commentaire littéral*, t.7, p.387). Voltaire possédait un exemplaire de l'ouvrage *Divi Epiphanii, episcopi Constantiae Cypri, contra octoginta haereses opus, Panarium, sive Arcula, aut capsula medica appellatum* (Paris, 1564, BV122; *CN*, t.3, p.429-31).

[29] Voltaire marque cette dissertation (*Commentaire littéral*, t.7, p.381-88) de plusieurs traits marginaux (*CN*, t.2, p.241-44). Il semble s'inspirer aussi du *Testament* de Meslier (voir ci-dessous, p.247, n.36), ainsi que de Conyers Middleton, *Reflections on the variations, or inconsistencies which are found among the four evangelists* (*Miscellaneous works*, Londres, 1755, t.2, p.301-308, BV2447); un signet marque les pages 306-307 dans l'exemplaire de Voltaire (*CN*, t.5, p.621). Voltaire avait déjà fait l'analyse des contradictions des généalogies de Jésus selon Matthieu et selon Luc dans la vingt-cinquième des *Lettres philosophiques* (t.2, p.201-202).

disent pas un mot du prétendu dénombrement de tout l'empire, qui assurément eût été un événement bien singulier, puisqu'il n'y en eut jamais sous aucun empereur; du moins aucun auteur ne rapporte qu'il y en ait eu. 2°. Cirénius ne vint dans la Syrie que dix ans après le temps marqué par Luc; elle était alors gouvernée par Quintilius Varus, comme Tertullien le rapporte, et comme il est confirmé par les médailles.'[30]

On avouera qu'en effet il n'y eut jamais de dénombrement de tout l'empire romain, et qu'il n'y eut qu'un cens des citoyens romains, selon l'usage. Il se peut que des copistes aient écrit *dénombrement* pour *cens*.[31] A l'égard de Cirénius que les copistes ont transcrit Cirinus, il est certain qu'il n'était pas gouverneur de la Syrie dans le temps de la naissance de notre Sauveur, et que c'était alors Quintilius Varus; mais il est très naturel que Quintilius Varus ait envoyé en Judée ce même Cirénius qui lui succéda dix ans après dans le gouvernement de la Syrie.[32] On ne doit pas dissimuler que cette explication laisse encore quelques difficultés.

Premièrement, le cens fait sous Auguste ne se rapporte point au temps de la naissance de Jésus-Christ.

Secondement, les Juifs n'étaient point compris dans ce cens. Joseph et son épouse n'étaient point citoyens romains. Marie ne devait donc point, dit-on, partir de Nazareth qui est à l'extrémité de

[30] Du Marsais, *Analyse de la religion chrétienne*, p.23-24.

[31] Voir ci-dessous l'article 'Dénombrement', p.388-98. Voltaire semble se référer à l'*Histoire des empereurs* (Paris, 1691; BV2034: Bruxelles, 1707-1712; *CN*, t.5, p.304) de Louis Sébastien Le Nain de Tillemont.

[32] Sur Cirénius, voir ci-dessous l'article 'Dénombrement', p.396. Voltaire fait allusion ici aux *Antiquités judaïques* de Josèphe, livre 17, chapitre 15. Voltaire s'attaque directement à saint Luc au chapitre 14 de *L'Examen important de Milord Bolingbroke* (*OCV*, t.62, p.236). Voir aussi *Les Questions de Zapata* (*OCV*, t.62, p.400) ainsi que la quatrième des *Homélies prononcées à Londres* (*OCV*, t.62, p.478), les *Instructions à Antoine Jacques Rustan* (*M*, t.27, p.117-23), le chapitre 36 de *Dieu et les hommes* (*OCV*, t.69, p.443) et le chapitre 12 de l'*Histoire de l'établissement du christianisme* (*M*, t.31, p.77-80). A propos de Luc 2:1-5, Calmet reconnaît dans son *Commentaire littéral* que Cyrénius ou Quirinus n'était pas gouverneur de Judée à la date de la naissance de Jésus, passage que Voltaire marque dans son exemplaire de l'ouvrage (*CN*, t.2, p.246-47).

la Judée, à quelques milles du mont Thabor, au milieu du désert, pour aller accoucher à Bethléem, qui est à quatre-vingts milles de Nazareth.

Mais il se peut très aisément que Cirinus ou Cirénius étant venu à Jérusalem de la part de Quintilius Varus pour imposer un tribut par tête, Joseph et Marie eussent reçu l'ordre du magistrat de Bethléem de venir se présenter pour payer le tribut dans le bourg de Bethléem lieu de leur naissance; il n'y a rien là qui soit contradictoire.

Les critiques peuvent tâcher d'infirmer cette solution, en représentant que c'était Hérode seul qui imposait les tributs; que les Romains ne levaient rien alors sur la Judée; qu'Auguste laissait Hérode maître absolu chez lui, moyennant le tribut que cet Iduméen payait à l'empire. Mais on peut dans un besoin s'arranger avec un prince tributaire, et lui envoyer un intendant, pour établir de concert avec lui la nouvelle taxe.

Nous ne dirons point ici comme tant d'autres, que les copistes ont commis beaucoup de fautes, et qu'il y en a plus de dix mille dans la version que nous avons. Nous aimons mieux dire avec les docteurs et les plus éclairés, que les Evangiles nous ont été donnés pour nous enseigner à vivre saintement, et non pas à critiquer savamment.

Ces prétendues contradictions firent un effet bien terrible sur le déplorable Jean Mêlier curé d'Etrepigni et de But en Champagne;[33] cet homme, vertueux à la vérité, et très charitable, mais sombre et mélancolique, n'ayant guère d'autres livres que la Bible et quelques Pères, les lut avec une attention qui lui devint fatale; il ne fut pas assez docile, lui qui devait enseigner la docilité à son troupeau. Il vit

[33] En février 1762 Voltaire publia le *Testament de Jean Meslier* (s.l.n.d., BV2429-30), comprenant un *Abrégé de la vie de Jean Meslier* et l'*Extrait des sentiments de Jean Meslier* (voir *OCV*, t.56A, p.1-234). De ce curé de mœurs irréprochables, il fit un déiste. Meslier a écrit un *Mémoire* dont Voltaire n'édite que la partie antichrétienne. Le texte complet a été publié dans Meslier, *Œuvres complètes*, éd. R. Desné, J. Deprun et A. Soboul, 3 vol. (Paris, 1970-1972), t.1, p.134 et suivantes.

les contradictions apparentes, et ferma les yeux sur la conciliation. Il crut voir des contradictions affreuses entre Jésus né juif, et ensuite reconnu Dieu; entre ce Dieu connu d'abord pour le fils de Joseph charpentier et le frère de Jacques, mais descendu d'un empyrée qui n'existe point; pour détruire le péché sur la terre, et la laissant couverte de crimes; entre ce Dieu né d'un vil artisan, et descendant de David par son père qui n'était pas son père; entre le Créateur de tous les mondes et le petit-fils de l'adultère Betzabée, de l'impudente Ruth, de l'incestueuse Thamar, de la prostituée de Jérico et de la femme d'Abraham ravie par un roi d'Egypte, ravie ensuite à l'âge de quatre-vingt-dix ans.

Mêlier étale avec une impiété monstrueuse toutes ces prétendues contradictions qui le frappèrent, et dont il lui aurait été aisé de voir la solution pour peu qu'il eût eu l'esprit docile. Enfin sa tristesse s'augmentant dans la solitude, il eut le malheur de prendre en horreur la sainte religion qu'il devait prêcher et aimer; et n'écoutant plus que sa raison séduite, il abjura le christianisme par un testament olographe, dont il laissa trois copies à sa mort arrivée en 1732. L'extrait de ce testament a été imprimé plusieurs fois, et c'est un scandale bien cruel. Un curé qui demande pardon à Dieu et à ses paroissiens, en mourant, de leur avoir enseigné des dogmes chrétiens! un curé charitable qui a le christianisme en exécration, parce que plusieurs chrétiens sont méchants, que le faste de Rome le révolte, et que les difficultés des saints livres l'irritent! un curé qui parle du christianisme comme Porphire, Jamblique, Epictète, Marc-Aurèle, Julien! et cela lorsqu'il est prêt de paraître devant Dieu! quel coup funeste pour lui et pour ceux que son exemple peut égarer!

C'est ainsi que le malheureux prédicant Antoine, trompé par les contradictions apparentes qu'il crut voir entre la nouvelle loi et l'ancienne, entre l'olivier franc et l'olivier sauvage, eut le malheur

290-303 70, 71N, 71A: concilation: enfin
314-15 70, 71N, 71A: Porphire et Epictète! et cela

de quitter la religion chrétienne pour la religion juive; et plus hardi que Jean Mêlier, il aima mieux mourir que se rétracter.[34]

On voit par le testament de Jean Mêlier, que c'étaient surtout les contrariétés apparentes des Evangiles, qui avaient bouleversé l'esprit de ce malheureux pasteur d'ailleurs d'une vertu rigide, et qu'on ne peut regarder qu'avec compassion.[35] Mêlier est profondément frappé des deux généalogies qui semblent se combattre;[36] il n'en avait pas vu la conciliation; il se soulève; il se dépite, en voyant que saint Matthieu fait aller le père, la mère et l'enfant en Egypte, après avoir reçu l'hommage des trois mages ou rois d'Orient, et pendant que le vieil Hérode craignant d'être détrôné par un enfant qui vient de naître à Bethléem, fait égorger tous les enfants du pays, pour prévenir cette révolution. Il est étonné que ni saint Luc, ni saint Jean, ni saint Marc ne parlent de ce massacre. Il est confondu quand il voit que saint Luc fait rester saint Joseph, la bienheureuse vierge Marie, et Jésus notre Sauveur à Bethléem, après quoi ils se retirèrent à Nazareth. Il devait voir que la Sainte Famille pouvait aller d'abord en Egypte et quelque temps après à Nazareth sa patrie.[37]

322 71A: que rétracter.
325-26 70, 71N, 71A: pasteur qu'on
328 71A: conciliation; il se dépite

[34] Sur les conversions et l'exécution de Nicolas Anthoine, voir l'article 'Miracles' des *QE*.

[35] Voltaire suit de près la neuvième section de la deuxième partie du *Mémoire* de Meslier (*Œuvres*, t.1, p.133-52), consacrée précisément aux contradictions dans les évangiles, lesquelles prouvent, selon lui, que 'ces sortes de livres ne peuvent venir d'aucune inspiration divine' (p.133).

[36] Première contradiction que soulève Meslier (*Œuvres*, t.1, p.134-35).

[37] Deuxième contradiction que soulève Meslier (*Œuvres*, t.1, p.135-37), qui note qu'il y a 'contrariété et contradiction dans ce qu'ils [les évangélistes] disent touchant ce qui arriva, ou touchant ce qui se fit peu de temps après la naissance de J. Ch.' (p.135). S'agissant du massacre perpétré par Hérode, Meslier constate que, puisque 'les autres évangélistes mêmes n'en font point de mention dans leurs Evangiles, il y a tout sujet de croire que ce qui en est rapporté dans l'Evangile de saint Mathieu n'est qu'une imposture, et que ce qui est dit de la fuite en Egypte n'est qu'un mensonge' (p.136).

Si saint Matthieu seul parle des trois mages et de l'étoile qui les conduisit du fond de l'Orient à Bethléem, et du massacre des enfants; si les autres évangélistes n'en parlent pas, ils ne contredisent point saint Matthieu; le silence n'est point une contradiction.

Si les trois premiers évangélistes, saint Matthieu, saint Marc et saint Luc ne font vivre Jésus-Christ que trois mois depuis son baptême en Galilée jusqu'à son supplice à Jérusalem; et si saint Jean le fait vivre trois ans et trois mois,[38] il est aisé de rapprocher saint Jean des trois autres évangélistes, puisqu'il ne dit point expressément que Jésus-Christ prêcha en Galilée pendant trois ans et trois mois, et qu'on l'infère seulement de ses récits. Fallait-il renoncer à sa religion sur de simples inductions, sur de simples raisons de controverse, sur des difficultés de chronologie?

Il est impossible, dit Mêlier, d'accorder saint Matthieu et saint Luc, quand le premier dit que Jésus en sortant du désert alla à Capharnaum, et le second qu'il alla à Nazareth.[39]

Saint Jean dit que ce fut André qui s'attacha le premier à Jésus-Christ, les trois autres évangélistes disent que ce fut Simon Pierre.[40]

Il prétend encore qu'ils se contredisent sur le jour où Jésus célébra sa pâque, sur l'heure de son supplice, sur le lieu, sur le

[38] Troisième contradiction que soulève Meslier (*Œuvres*, t.1, p.137-39), qui note qu'il y a 'de la contrariété et de la contradiction entre les susdits évangélistes sur la durée du temps de la vie publique de Jésus-Christ, car suivant ce que disent les trois premiers évangélistes, il ne pourrait y avoir eu guère plus de trois mois, depuis son baptême jusqu'à sa mort' (p.137), tandis que 'suivant ce que Jean l'évangéliste marque, il [le temps de la vie publique de Jésus-Christ] aurait, comme on le prétend, duré au moins trois ans et trois mois' (p.138).

[39] Cinquième contradiction que soulève Meslier, qui note que les évangélistes 'se contredisent sur le lieu de sa première retraite, après sa sortie du désert' (*Œuvres*, t.1, p.140).

[40] Sixième contradiction que soulève Meslier (*Œuvres*, t.1, p.140-41), qui note que les évangélistes 'se contredisent sur le temps et sur la manière dont les apôtres se mirent à sa suite' (p.140).

temps de son apparition, de sa résurrection.[41] Il est persuadé que des livres qui se contredisent, ne peuvent être inspirés par le Saint-Esprit; mais il n'est pas de foi que le Saint-Esprit ait inspiré toutes les syllabes; il ne conduisit pas la main de tous les copistes, il laissa agir les causes secondes: c'était bien assez qu'il daignât nous révéler les principaux mystères, et qu'il instituât dans la suite des temps une Eglise pour les expliquer. Toutes ces contradictions reprochées si souvent aux Evangiles avec une si grande amertume, sont mises au grand jour par les sages commentateurs; loin de se nuire, elles s'expliquent chez eux l'une par l'autre, elles se prêtent un mutuel secours dans les concordances, et dans l'harmonie des quatre Evangiles.

Et s'il y a plusieurs difficultés qu'on ne peut expliquer, des profondeurs qu'on ne peut comprendre, des aventures qu'on ne peut croire, des prodiges qui révoltent la faible raison humaine, des contradictions qu'on ne peut concilier; c'est pour exercer notre foi et pour humilier notre esprit.

Contradictions dans les jugements sur les ouvrages

J'ai quelquefois entendu dire d'un bon juge plein de goût: cet homme ne décide que par humeur. Il trouvait hier le Poussin un peintre admirable: aujourd'hui il le trouve très médiocre. C'est que le Poussin en effet a mérité de grands éloges, et des critiques.

On ne se contredit point quand on est en extase devant les belles scènes d'Horace et de Curiace, du Cid et de Chimène, d'Auguste et de Cinna; et qu'on voit ensuite avec un soulèvement de cœur mêlé

371 70, 71N, 71A: s'expliquent l'une
373-402 70, 71N, 71A: Evangiles. //

[41] Les cinq contradictions suivantes soulevées par Meslier (*Œuvres*, t.1, p.141-47) concernent précisément la dernière Cène et les prétendues apparitions de Jésus-Christ, sauf la troisième d'entre elles, qui porte plutôt sur les contradictions dans ce que les évangélistes rapportent des femmes qui avaient suivi Jésus (p.143-44).

de la plus vive indignation quinze tragédies de suite sans aucun intérêt, sans aucune beauté, et qui ne sont pas même écrites en français.[42]

C'est l'auteur qui se contredit: c'est lui qui a le malheur d'être entièrement différent de lui-même. Le juge se contredirait, s'il applaudissait également l'excellent et le détestable. Il doit admirer dans Homère la peinture des *Prières*, qui marchent après l'*Injure* les yeux mouillés de pleurs;[43] la ceinture de Vénus; les adieux d'Hector et d'Andromaque; l'entrevue d'Achille et de Priam.[44] Mais doit-il applaudir de même à des dieux qui se disent des injures et qui se battent; à l'uniformité des combats qui ne décident rien; à la brutale férocité des héros; à l'avarice qui les domine presque tous; enfin à un poème qui finit par une trêve de onze jours, laquelle fait sans doute attendre la continuation de la guerre et la prise de Troye que cependant on ne trouve point?

Le bon juge passe souvent de l'approbation au blâme, quelque bon livre qu'il puisse lire. Voyez 'Goût'.

[42] Défense par Voltaire de ses *Commentaires sur Corneille*.

[43] Voir la traduction de Voltaire dans l'article 'Epopée' des *QE* (*M*, t.18, p.569).

[44] Voir la traduction de Voltaire dans l'article 'Scoliaste' des *QE* (*M*, t.20, p.412-13).

CONTRASTE

Contraste; opposition de figures, de situations, de fortune, de mœurs, etc. Une bergère ingénue fait un beau contraste dans un tableau avec une princesse orgueilleuse. Le rôle de l'Imposteur et celui d'Ariste font un contraste admirable dans le *Tartuffe*.[1]

Le petit peut contraster avec le grand dans la peinture, mais on ne peut dire qu'il lui est contraire. Les oppositions de couleurs contrastent, mais aussi il y a des couleurs contraires les unes aux autres, c'est-à-dire, qui font un mauvais effet parce qu'elles choquent les yeux lorsqu'elles sont rapprochées.

Contradictoire ne peut se dire que dans la dialectique. Il est contradictoire qu'une chose soit et ne soit pas, qu'elle soit en plusieurs lieux à la fois, qu'elle soit d'un tel nombre, d'une telle grandeur, et qu'elle n'en soit pas. Cette opinion, ce discours, cet arrêt sont contradictoires.

Les diverses fortunes de Charles XII ont été contraires, mais non pas contradictoires; elles forment dans l'histoire un beau contraste.

C'est un grand contraste, et ce sont deux choses bien contraires; mais il n'est point contradictoire que le pape ait été adoré à Rome et brûlé à Londres le même jour, et que pendant qu'on l'appelait *vice-*

* Voltaire a une vocation de lexicographe qui s'est déjà exprimée dans ses articles destinés à l'*Encyclopédie* et au *Dictionnaire de l'Académie* de 1762. Il consacre nombre de textes à la langue dans les *QE*. L'article 'Contraste' de l'*Encyclopédie* est composé par un spécialiste des beaux-arts, Landois, qui se concentre sur la peinture et renvoie très logiquement à 'Composition' (sur Landois voir F. A. Kafker et S. L. Kafker, *The Encyclopedists as individuals*, *SVEC* 257, 1988, p.189-90). Voltaire, quant à lui, prend ses exemples dans la littérature, dans l'histoire, dans les religions aussi bien que dans la peinture. Il préfère explorer les différentes acceptions des mots contraste, contradictoire, contraire que l'exemple de Charles XII illustre brillamment. Cet article paraît en mars/avril 1771 (70, t.4) après l'article 'Contradiction'.

[1] Voltaire confond le Cléante du *Tartuffe* avec l'Ariste de l'*Ecole des maris*.

Dieu en Italie, il ait été représenté en cochon dans les rues de Moscou, pour l'amusement de Pierre le Grand.[2]

Mahomet mis à la droite de Dieu dans la moitié du globe, et damné dans l'autre, est le plus grand des contrastes.

Voyagez loin de votre pays, tout sera contraste pour vous.

Le blanc qui le premier vit un nègre fut bien étonné;[3] mais le premier raisonneur qui dit que ce nègre venait d'une paire blanche, m'étonne bien davantage; son opinion est contraire à la mienne.[4] Un peintre qui représente des blancs, des nègres et des olivâtres, peut faire de beaux contrastes.

24 w68: est dans le

[2] Sur les fêtes bouffonnes organisées par Pierre le Grand pour se moquer de l'Eglise romaine, voir l'*Histoire de l'empire de Russie* (*OCV*, t.47, p.812-13, 900-901).

[3] Voltaire a mis en scène cet étonnement dans le *Traité de métaphysique* (*OCV*, t.14, p.420).

[4] Il attribue leur couleur noire au *reticulum mucosum* que Ruysch pensait avoir isolée. Au cours d'un voyage en Hollande (1722) Voltaire avait vu un fragment de cette membrane (voir l'*Essai sur les mœurs*, t.2, p.305-306). Sur les différentes races, voir le chapitre 2 de *La Philosophie de l'histoire* (*OCV*, t.59, p.92-95). Parmi d'autres 'raisonneurs', Buffon est sans doute visé: il pensait qu'il n'y avait eu, aux origines de l'humanité, qu'une seule race.

CONVULSIONS

On dansa vers l'an 1724 sur le cimetière de Saint-Médard; il s'y fit beaucoup de miracles: en voici un rapporté dans une chanson de Mme la duchesse du Maine;

> Un décrotteur à la royale
> Du talon gauche estropié,
> Obtint pour grâce spéciale
> D'être boiteux de l'autre pied.

1 71N: l'an 1714 sur

* En 1771, le scandale des convulsionnaires du cimetière Saint-Médard n'était pas d'actualité, loin s'en faut. Pourtant Voltaire reprend *in extenso* l'article paru dans le *DP* en 1764. Voltaire, qui s'est opposé toute sa vie à la sombre théologie du jansénisme, n'a cessé de dénoncer l'hystérie collective des convulsionnaires des années trente pour laquelle il éprouve une fascination horrifiée. Il a évoqué leurs extravagances frénétiques dans le chapitre 37 du *Siècle de Louis XIV* (*OH*, p.1086-87); il leur avait fait place dans une première rédaction de l'épisode parisien de *Candide* (*OCV*, t.48, p.261-62). Wagnière, dans ses 'Additions au Commentaire historique', raconte que Voltaire conservait un recueil de récits de convulsions (voir BV, p.1096) réunis par son frère Armand, janséniste notoire (Longchamp et Wagnière, *Mémoires sur Voltaire et sur ses ouvrages*, 2 vol., Paris, 1826, t.1, p.24). Il possédait aussi l'ouvrage de Louis Basile Carré de Montgeron, *La Vérité des miracles opérés à l'intercession de Monsieur de Pâris et autres appelants* (s.l., 1737, BV2502) qu'il a utilisé dans cet article. Pour Voltaire, dénoncer des phénomènes sectaires, des faux miracles, des liturgies pénitentielles reste toujours à l'ordre du jour, d'où le réemploi de cet article qui, désormais, entretient des liens étroits avec l'article 'Austérités, mortifications, flagellations' qui l'a précédé (*OCV*, t.39, p.233-39). Dans l'article 'Convulsionnaires' de l'*Encyclopédie*, D'Alembert avait dénoncé cette 'secte de fanatiques' (t.4, p.171). L'ironie de Voltaire jette l'opprobre sur ces folies où s'illustrent des femmes hystériques (voir Catherine Maire, *Les Convulsionnaires de Saint-Médard, miracles, convulsions, prophéties à Paris au dix-huitième siècle*, Paris, 1985). Voltaire aurait pu compléter, à la fin de cet article, les points de suspension sur les victimes des jésuites et des jansénistes en faisant figurer l'*Encyclopédie* à côté de l'*Esprit des lois*, mais il ne l'a pas fait, ce qui laisse à penser. L'article paraît dans les *QE* en mars/avril 1771 (70, t.4). Pour l'annotation de ce texte, voir *OCV*, t.35, p.637-43.

Les convulsions miraculeuses, comme on sait, continuèrent jusqu'à ce qu'on eût mis une garde au cimetière.

De par le roi, défense à Dieu
De plus fréquenter en ce lieu.

Les jésuites, comme on le sait encore, ne pouvant plus faire de tels miracles depuis que leur Xavier avait épuisé les grâces de la compagnie à ressusciter neuf morts de compte fait, s'avisèrent, pour balancer le crédit des jansénistes, de faire graver une estampe de Jésus-Christ habillé en jésuite. Un plaisant du parti janséniste, comme on le sait encore, mit au bas de l'estampe:

Admirez l'artifice extrême
De ces moines ingénieux;
Ils vous ont habillé comme eux,
Mon Dieu, de peur qu'on ne vous aime.

Les jansénistes pour mieux prouver que jamais Jésus-Christ n'avait pu prendre l'habit de jésuite, remplirent Paris de convulsions, et attirèrent le monde à leur préau. Le conseiller au parlement, Carré de Montgeron, alla présenter au roi un recueil *in-4°* de tous ces miracles, attestés par mille témoins; il fut mis, comme de raison, dans un château, où l'on tâcha de rétablir son cerveau par le régime; mais la vérité l'emporte toujours sur les persécutions; les miracles se perpétuèrent trente ans de suite, sans discontinuer. On faisait venir chez soi sœur Rose, sœur Illuminée, sœur Promise, sœur Confite; elles se faisaient fouetter, sans qu'il y parût le lendemain; on leur donnait des coups de bûches sur leur estomac bien cuirassé, bien rembourré, sans leur faire de mal; on les couchait devant un grand feu, le visage frotté de pommade, sans qu'elles brûlassent; enfin, comme tous les arts se perfectionnent, on a fini par leur enfoncer des épées dans les chairs, et par les crucifier. Un fameux maître d'école même a eu aussi l'avantage d'être mis en croix: tout cela pour convaincre le monde qu'une certaine bulle était ridicule, ce qu'on aurait pu prouver sans tant de frais.

11 K84, K12: De faire miracle en

Cependant, et jésuites et jansénistes, se réunirent tous contre l'*Esprit des lois*, et contre ... et contre ... et contre ... et contre ... Et nous osons après cela nous moquer des Lapons, des Samoyèdes et des nègres, ainsi que nous l'avons dit tant de fois!

DES COQUILLES

et des systèmes bâtis sur des coquilles

Il est arrivé aux coquilles la même chose qu'aux anguilles;[1] elles ont fait éclore des systèmes nouveaux. On trouve dans quelques endroits de ce globe des amas de coquillages, on voit dans quelques autres des huîtres pétrifiées: de là on a conclu que malgré les lois de la gravitation et celles des fluides, et malgré la profondeur du lit de l'océan, la mer avait couvert toute la terre il y a quelques millions d'années.[2]

La mer ayant inondé ainsi successivement la terre, a formé les montagnes par ses courants, par ses marées; et quoique son flux ne s'élève qu'à la hauteur de quinze pieds dans ses plus grandes

* Cet article se compose des chapitres 12 à 18 des *Singularités de la nature* (1768). Les théories sur la nature et l'origine des coquilles et des autres fossiles que l'on trouve dans les terres émergées sont pour Voltaire indicatives de l'esprit de système qui domine les sciences de la nature. L'article s'inscrit dans la continuité de la *Dissertation sur les changements arrivés dans notre globe*, de l'article 'Inondation' du *DP*, et retrouve d'autres articles des *QE*, tels que 'Changements arrivés dans le globe', 'Colimaçons', ou 'Déluge universel'. S'attaquer aux coquilles est une manière de critiquer les théories contemporaines sur l'origine de la terre et des montagnes incarnées par l'œuvre de Buffon et relayées en grande partie par les encyclopédistes, mais aussi les théories sur l'origine de la vie qui supposent, comme celles de Maillet et de Needham, un transformisme contraire au déisme fixiste de Voltaire. Cet article paraît en mars/avril 1771 (70, t.4).

[1] Voltaire désigne ainsi les organismes observés par John Tuberville Needham, théoricien de la génération spontanée.

[2] Conclusion de Benoît de Maillet dans la troisième journée de son *Telliamed ou entretiens d'un philosophe indien avec un missionnaire français sur la diminution de la mer, la formation de la terre, l'origine de l'homme* (1748; éd. Paris, Fayard, 1984, p.159-61). Buffon s'en tient à quelques dizaines de milliers d'années, même si les calculs qu'il a lui-même réalisés supposent également des durées géologiques plus longues. Voir M. S. Seguin, *Science et religion dans la pensée française du dix-huitième siècle* (Paris, 2001), p.178-88.

intumescences sur nos côtes, elle a produit des roches hautes de dix-huit mille pieds.[3]

Si la mer a été partout, il y a eu un temps où le monde n'était peuplé que de poissons. Peu à peu les nageoires sont devenues des bras, la queue fourchue s'étant allongée a formé des cuisses et des jambes; enfin les poissons sont devenus des hommes, et tout cela s'est fait en conséquence des coquilles qu'on a déterrées.[4] Ces systèmes valent bien l'horreur du vide,[5] les formes substantielles,[6] la matière globuleuse,[7] subtile,[8] cannelée, striée,[9] la négation de l'existence des corps,[10] la baguette divinatoire de Jacques Aimard,[11] l'harmonie préétablie,[12] et le mouvement perpétuel.[13]

Il y a, dit-on, des débris immenses de coquilles auprès de

[3] Théorie soutenue par Buffon dans le deuxième discours de la *Théorie de la terre*, ainsi que la septième des *Preuves de la Théorie de la terre*. Pour la hauteur des montagnes, Voltaire suit les estimations du temps. Voir par exemple Bruzen de La Martinière, *Grand Dictionnaire géographique, historique et critique* (1737, BV564), article 'Alpes'.

[4] L'origine marine de l'homme est l'une des thèses les plus originales soutenues par Maillet dans son *Telliamed*. Voir la sixième journée, p.245-307.

[5] 'La nature a horreur du vide'. Aphorisme aristotélicien, repris par Descartes et Leibniz.

[6] Chez Aristote, l'âme.

[7] Elément de la physique cartésienne constitué des corps arrondis par le frottement des débris de la matière primitive.

[8] Elément de la physique cartésienne, 'l'éther' qui remplit les interstices des parties grossières de la matière.

[9] Matière cannelée ou striée: dans la physique cartésienne, forme en cannelures que la matière est censée prendre par le mouvement des tourbillons.

[10] Concept de la philosophie idéaliste, représentée par le philosophe anglais George Berkeley, qui rejette l'existence d'un monde matériel, au profit des idées, le monde étant la représentation que nous en avons.

[11] Jacques Aymar-Vernay, paysan dauphinois, célèbre à la fin du dix-septième siècle par l'usage de la baguette divinatoire.

[12] Harmonie universelle qui garantit la cohérence des monades dans l'univers de Leibniz.

[13] Dans la physique cartésienne, propriété de la matière qui en assure la conservation.

Mastricht.[14] Je ne m'y oppose pas, quoique je n'y en aie vu qu'une très petite quantité. La mer a fait d'horribles ravages dans ces quartiers-là; elle a englouti la moitié de la Frise, elle a couvert des terrains autrefois fertiles, elle en a abandonné d'autres. C'est une vérité reconnue, personne ne conteste les changements arrivés sur la surface du globe dans une longue suite de siècles. Il se peut physiquement, et sans oser contredire nos livres sacrés, qu'un tremblement de terre ait fait disparaître l'île Atlantide neuf mille ans avant Platon, comme il le rapporte, quoique ses mémoires ne soient pas sûrs.[15] Mais tout cela ne prouve pas que la mer ait produit le mont Caucase, les Pyrénées et les Alpes.

On prétend qu'*il y a des fragments de coquillages à Montmartre et à Courtagnon auprès de Rheims*.[16] On en rencontre presque partout; mais non pas sur la cime des montagnes, comme le suppose le système de Maillet.

Il n'y en a pas une seule sur la chaîne des hautes montagnes depuis la Sierra-Morena jusqu'à la dernière cime de l'Apennin. J'en ai fait chercher sur le mont Saint-Godard, sur le Saint-Bernard, dans les montagnes de la Tarentaise, on n'en a pas découvert.[17]

38 w68: pas un seul sur

[14] Voir Buffon, *Preuves de la Théorie de la terre*, dans *Histoire naturelle*, 36 vol. (Paris, 1749-1788), article 8, 'Sur les coquilles et les autres productions de la mer qu'on trouve dans l'intérieur de la terre' (t.1, p.265).

[15] Contrairement à ce qu'il affirmait dans la *Dissertation sur les changements arrivés dans notre globe* (1746; *OCV*, t.30C, en particulier p.45), Voltaire semble désormais admettre des phénomènes géologiques majeurs, tels la disparition de l'Atlantide, invoquée également par Buffon dans l'article 8 des *Preuves de la Théorie de la terre*. Voir ci-dessus, l'article 'Changements arrivés dans le globe' (p.15-16), ainsi que l'*Essai sur les mœurs*, ch.1, et *La Philosophie de l'histoire*, ch.1 (*OCV*, t.59, p.89-92).

[16] Buffon, *Histoire naturelle*, t.1, p.282.

[17] Maillet parle des coquilles sur 'le mont Pelare en Suisse, situé dans le canton de Lucerne', comme une preuve de l'origine marine des montagnes (*Telliamed*, seconde journée, p.105). Voltaire préfère les monts Saint-Bernard et Saint-Gothard, deux des passages habituels des voyageurs se rendant en Italie. Sur l'utilisation de ces références géographiques, voir C. Volpilhac-Auger, 'A la recherche de l'arche

Un seul physicien m'a écrit qu'il a trouvé une écaille d'huître pétrifiée vers le mont Cenis. Je dois le croire, et je suis très étonné qu'on n'y en ait pas vu des centaines. Les lacs voisins nourrissent de grosses moules dont l'écaille ressemble parfaitement aux huîtres; on les appelle même *petites huîtres* dans plus d'un canton.

Est-ce d'ailleurs une idée tout à fait romanesque de faire réflexion à la foule innombrable de pèlerins qui partaient à pied de Saint-Jacques en Galice, et de toutes les provinces pour aller à Rome par le mont Cenis chargés de coquilles à leurs bonnets? [18] Il en venait de Syrie, d'Egypte, de Grèce, comme de Pologne et d'Autriche. Le nombre des romipètes [19] a été mille fois plus considérable que celui des hadjis qui ont visité la Mecque et Médine, parce que les chemins de Rome sont plus faciles, et qu'on n'était pas forcé d'aller par caravanes. En un mot, une huître près du mont Cenis ne prouve pas que l'océan Indien ait enveloppé toutes les terres de notre hémisphère.

On rencontre quelquefois en fouillant la terre des pétrifications étrangères, comme on rencontre dans l'Autriche des médailles frappées à Rome. Mais pour une pétrification étrangère il y en a mille de nos climats.

Quelqu'un a dit qu'il aimerait autant croire le marbre composé de plumes d'autruches que de croire le porphyre composé de pointes d'oursin. [20] Ce quelqu'un là avait grande raison, si je ne me trompe.

On découvrit, ou l'on crut découvrir il y a quelques années, les

---

perdue ou ancre et coquilles chez Voltaire', dans *Copier/coller: écriture et réécriture chez Voltaire*, éd. O. Ferret, G. Goggi et C. Volpilhac-Auger (Pise, 2007), p.115-26.

[18] Cet argument apparaît déjà dans la *Dissertation sur les changements arrivés dans notre globe* (*OCV*, t.30C, p.27), et avait suscité les sarcasmes de Buffon dans la *Théorie de la terre*: 'pourquoi n'a-t-il pas ajouté que ce sont les singes qui ont transporté les coquilles au sommet des montagnes?' (p.281).

[19] Pèlerin se rendant à Rome.

[20] Voltaire lui-même dans *La Défense de mon oncle* (*OCV*, t.64, p.239). Il vise ici la théorie de la formation des roches défendue par Buffon. Voir par exemple *CN*, t.1, p.579.

ossements d'un renne et d'un hippopotame près d'Etampes, et de là on conclut que le Nil et la Lapponie avaient été autrefois sur le chemin de Paris à Orléans.[21] Mais on aurait dû plutôt soupçonner qu'un curieux avait eu autrefois dans son cabinet le squelette d'un renne et celui d'un hippopotame. Cent exemples pareils invitent à examiner longtemps avant que de croire.

Amas de coquille

Mille endroits sont remplis de mille débris de testacés, de crustacés, de pétrifications. Mais remarquons encore une fois, que ce n'est presque jamais ni sur la croupe, ni dans les flancs de cette continuité de montagnes dont la surface du globe est traversée; c'est à quelques lieues de ces grands corps, c'est au milieu des terres, c'est dans des cavernes, dans des lieux où il est très vraisemblable qu'il y avait de petits lacs qui ont disparu, de petites rivières dont le cours est changé, des ruisseaux considérables dont la source est tarie. Vous y voyez des débris de tortues, d'écrevisses, de moules, de colimaçons, de petits crustacés de rivière, de petites huîtres semblables à celles de Lorraine. Mais de véritables corps marins, c'est ce que vous ne voyez jamais. S'il y en avait, pourquoi n'y aurait-on jamais vu d'os de chiens marins, de requins, de baleines?

Vous prétendez que la mer a laissé dans nos terres des marques d'un très long séjour.[22] Le monument le plus sûr serait assurément quelques amas de marsouins au milieu de l'Allemagne. Car vous en

[21] L'*Histoire de l'Académie royale des sciences de 1751* (Paris, 1755) fait état d'un 'gros fossile trouvé aux environs d'Etampes' par Jean Etienne Guettard sans émettre une hypothèse sur son origine (p.36). Guettard revient sur cet épisode dans les *Mémoires sur différentes parties des sciences et arts* (Paris, Prault, 1768, p.29 et suivantes). Voir, dans le *Mercure de France* de septembre 1754, une 'Lettre de M. Closier d'Etampes, en réponse à celle de M. Mussard, insérée dans le *Mercure* de mai': 'qui a pu faire venir de la Laponie ce renne laisser ses os dans nos terres, et les confondre avec quelques os d'hippopotame, qui ont été décidés tels par Messieurs de l'Académie royale des sciences, et qui ont été trouvés sous la même roche?' (p.145).

[22] Allusion à la théorie de la formation du relief terrestre exposée par Buffon dans la *Théorie de la terre*, inspirée de la thèse présente dans le *Telliamed* de Maillet.

voyez des milliers se jouer sur la surface de la mer Germanique dans un temps serein.[23] Quand vous les aurez découverts et que je les aurai vus à Nuremberg et à Francfort, je vous croirai: mais en attendant permettez-moi de ranger la plupart de ces suppositions avec celle du vaisseau pétrifié trouvé dans le canton de Berne à cent pieds sous terre, tandis qu'une de ses ancres était sur le mont Saint-Bernard.[24]

J'ai vu quelquefois des débris de moules et de colimaçons qu'on prenait pour des coquilles de mer.[25]

Si on songeait seulement que dans une année pluvieuse il y a plus de limaçons dans dix lieues de pays que d'hommes sur la terre, on pourrait se dispenser de chercher ailleurs l'origine de ces fragments de coquillages dont le bord du Rhône et ceux d'autres rivières sont tapissés dans l'espace de plusieurs milles. Il y a beaucoup de ces limaçons dont le diamètre est de plus d'un pouce. Leur multitude détruit quelquefois les vignes et les arbres fruitiers. Les fragments de leurs coques endurcies sont partout. Pourquoi donc imaginer que des coquillages des Indes sont venus s'amonceler dans nos climats quand nous en avons chez nous par millions?[26] Tous ces

101 w68: ceux des autres

[23] Exemple cité par Maillet dans la seconde journée du *Telliamed* (p.109).

[24] Voltaire rapproche, par un raccourci significatif, deux exemples cités par Maillet à propos des restes d'un vaisseau qui aurait été trouvé dans le canton de Berne, et l'histoire d'une ancre de fer qu'on trouva en Dalmatie (*Telliamed*, p.95). Voir C. Volpilhac-Auger, 'A la recherche de l'arche perdue'.

[25] Voltaire a réalisé ces observations à Ferney, comme le montre sa lettre à Turgot du 8 février 1768 (D14741).

[26] Théorie défendue par Antoine de Jussieu dans deux mémoires publiés dans l'*Histoire et mémoires de l'Académie royale des sciences*, 'Examen des causes des impressions des plantes marquées sur certaines pierres de Saint-Chaumont dans le Lionnois' (1718; p.368-69) et 'Sur les pétrifications qui se trouvent en France de diverses parties de plantes et d'animaux étrangers' (1721; p.89-98). Il y affirme que les empreintes fossiles rencontrées en France prouvent que des courants marins ont transporté des restes d'animaux et de plantes originaires de terres fort lointaines, en particulier de l'Inde et de la Chine. L'idée est reprise par Buffon dans sa *Théorie de la terre*, t.1, p.266-71.

petits fragments de coquilles dont on fait tant de bruit pour accréditer un système, sont pour la plupart si informes, si usés, si méconnaissables, qu'on pourrait également parier que ce sont des débris d'écrevisses ou de crocodiles, ou des ongles d'autres animaux. Si on trouve une coquille bien conservée dans le cabinet d'un curieux, on ne sait d'où elle vient; et je doute qu'elle puisse servir de fondement à un système de l'univers.

Je ne nie pas, encore une fois, qu'on ne rencontre à cent milles de la mer quelques huîtres pétrifiées, des conques, des univalves, des productions qui ressemblent parfaitement aux productions marines; mais est-on bien sûr que le sol de la terre ne peut enfanter ces fossiles?[27] La formation des agates arborisées ou herborisées, ne doit-elle pas nous faire suspendre notre jugement? Un arbre n'a point produit l'agate qui représente parfaitement un arbre; la mer peut aussi n'avoir point produit ces coquilles fossiles qui ressemblent à des habitations de petits animaux marins. L'expérience suivante en peut rendre témoignage.

Observation importante sur la formation des pierres et des coquilles

Monsieur Le Royer de La Sauvagère, ingénieur en chef, et de l'Académie des belles-lettres de La Rochelle, seigneur de la terre de Places en Touraine auprès de Chinon, atteste qu'auprès de son château une partie du sol s'est métamorphosée deux fois en un lit de

124-48a K84: témoignage. ¶*De*
124b 70, 71N, 71A: *des coquillages*

[27] Voltaire hésite entre l'hypothèse de la nature organique des fossiles et celle de leur formation spontanée. Il connaît pourtant le *Dictionnaire universel des fossiles* (La Haye, 1763, BV379) de son ami Elie Bertrand, avec qui il correspond régulièrement entre 1760 et 1766, et qui avait abandonné l'idée des pierres figurées au profit de celle de l'origine organique des fossiles. Voir la réédition des *Mémoires sur la structure intérieure de la terre* (Zurich, 1766, BV385), dans laquelle Bertrand se déclare pour cette dernière.

pierre tendre dans l'espace de quatre-vingts ans.[28] Il a été témoin lui-même de ce changement. Tous ses vassaux, et tous ses voisins l'ont vu. Il a bâti avec cette pierre qui est devenue très dure étant employée. La petite carrière dont on l'a tirée recommence à se former de nouveau. Il y renaît des coquilles qui d'abord ne se distinguent qu'avec un microscope, et qui croissent avec la pierre. Ces coquilles sont de différentes espèces; il y a des ostracites,[29] des gryphites[30] qui ne se trouvent dans aucune de nos mers; des cames,[31] des tellines,[32] des cœurs[33] dont les germes se développent insensiblement, et s'étendent jusqu'à six lignes d'épaisseur.

N'y-t-il pas là de quoi étonner du moins ceux qui affirment que tous les coquillages qu'on rencontre dans quelques endroits de la terre, y ont été déposés par la mer?

Si on ajoute à tout ce que nous avons déjà dit, ce phénomène de la terre de Places; si d'un autre côté on considère que le fleuve de Gambie et la rivière de Bissao sont remplis d'huîtres, que plusieurs lacs en ont fourni autrefois, et en ont encore, ne sera-t-on pas porté à suspendre son jugement? notre siècle commence à bien observer; il appartiendra aux siècles suivants de décider, mais probablement on sera un jour assez savant pour ne décider pas.

[28] Voltaire retient ici l'essentiel du *Mémoire sur une pétrification mêlée de coquilles qui se voit dans une petite pièce d'eau du Château des Places près de Chinon en Touraine* (BV1934) que Félix Le Royer de La Sauvagère lui a envoyé en 1764 (voir D11920). Voir également *La Défense de mon oncle* (*OCV*, t.64, ch.19, p.238, et p.372-73, n.31).

[29] Coquille d'huître pétrifiée. Voir l'article 'Ostracites' de l'*Encyclopédie* (d'Holbach).

[30] La nature organique de ces fossiles suscite des interrogations de la part des naturalistes. Voir l'article 'Gryphite' de l'*Encyclopédie* (d'Holbach): 'nom que l'on donne à une coquille fossile que l'on trouve assez communément dans le sein de la terre, mais dont l'analogue vivant nous est entièrement inconnu' (t.7, p.974).

[31] Came ou Chame: 'On donne différents noms français aux cames; on les appelle flammes ou flammettes, parce que le poisson de cette coquille enflamme la bouche quand on le mange. On les nomme encore lavignons ou palourdes' (*Encyclopédie*, article 'Coquilles', t.4, p.189).

[32] 'Coquille bivalve de la famille des moules' (*Encyclopédie*, article 'Telline' de Jaucourt, t.16, p.51).

[33] Coquillage en forme de cœur. Ce classement apparaît dans l'article 'Coquilles' de l'*Encyclopédie*.

De la grotte des fées[34]

Les grottes où se forment les stalactites et les stalagmites sont communes. Il y en a dans presque toutes les provinces. Celle du Chablais est peut-être la moins connue des physiciens, et qui mérite le plus de l'être. Elle est située dans des rochers affreux au milieu d'une forêt d'épines, à deux petites lieues de Ripaille, dans la paroisse de Féterne. Ce sont trois grottes en voûte l'une sur l'autre, taillées à pic par la nature dans un roc inabordable. On n'y peut monter que par une échelle, et il faut s'élancer ensuite dans ces cavités en se tenant à des branches d'arbres. Cet endroit est appelé par les gens du lieu *les grottes des fées*. Chacune a dans son fond un bassin dont l'eau passe pour avoir la même vertu que celle de Sainte-Reine.[35] L'eau qui distille dans la supérieure à travers le rocher, y a formé dans la voûte la figure d'une poule qui couve des poussins. Auprès de cette poule est une autre concrétion qui ressemble parfaitement à un morceau de lard avec sa couenne, de la longueur de près de trois pieds.

Dans le bassin de cette même grotte où l'on se baigne, on trouve des figures de pralines telles qu'on les vend chez des confiseurs, et à côté la forme d'un rouet ou tour à filer avec la quenouille. Les femmes des environs prétendent avoir vu dans l'enfoncement une femme pétrifiée, au-dessous du rouet. Mais les observateurs n'ont point vu en dernier lieu cette femme. Peut-être les concrétions stalactites avaient dessiné autrefois une figure informe de femme; et

158 K84, K12: lieu *la grotte des*
160 K84, K12: distille de la
166 K84, K12: chez les confiseurs

[34] On peut supposer que Voltaire a appris l'existence de la Grotte-aux-Fées, à Féternes en Haute-Savoie, par les habitants de la région. L'édition de 1782 de l'*Encyclopédie* ajoute, à l'article 'Grotte', l'exemple de la Grotte des Fées, dont la description est directement tirée de l'article 'Coquilles' des *QE*.

[35] Eaux minérales de Bourgogne auxquelles on prêtait des vertus curatives.

c'est ce qui fit nommer cette caverne *la grotte des fées*. Il fut un temps qu'on n'osait en approcher; mais depuis que la figure de la femme a disparu, on est devenu moins timide.

Maintenant, qu'un philosophe à système raisonne sur ce jeu de la nature, ne pourrait-il pas dire: Voilà des pétrifications véritables! Cette grotte était habitée, sans doute, autrefois par une femme; elle filait au rouet, son lard était pendu au plancher, elle avait auprès d'elle sa poule avec ses poussins; elle mangeait des pralines, lorsqu'elle fut changée en rocher elle et ses poulets, et son lard, et son rouet, et sa quenouille, et ses pralines; comme Edith femme de Loth fut changée en statue de sel.[36] L'antiquité fourmille de ces exemples.

Il serait bien plus raisonnable de dire, Cette femme fut pétrifiée, que de dire, Ces petites coquilles viennent de la mer des Indes; cette écaille fut laissée ici par la mer il y a cinquante mille siècles; ces glossopètres sont des langues de marsouins qui s'assemblèrent un jour sur cette colline pour n'y laisser que leurs gosiers;[37] ces pierres en spirale renfermaient autrefois le poisson Nautilus que personne n'a jamais vu.[38]

Du falun de Touraine et de ses coquilles

On regarde enfin le falun de Touraine comme le monument le plus incontestable de ce séjour de l'océan sur notre continent dans une

172 K84, K12: *fées.* ¶Il

[36] Genèse 19:26. Sur le nom de la femme de Loth, voir *OCV*, t.39, p.124, n.21.

[37] Ces 'langues pétrifiées' ont d'abord été considérées comme des langues de chiens marins, entre autres par le naturaliste suisse Johann Jakob Scheuchzer. Si Elie Bertrand évoque la possibilité dans les *Mémoires sur la structure de la terre* (1760) qu'il s'agisse d'une simple production de la terre, son *Dictionnaire universel des fossiles* (1763) le définit comme 'dent de poisson pétrifiée'. C'est également la définition qu'en donne l'article 'Fossiles' de l'*Encyclopédie* (d'Holbach).

[38] Sur l'évolution de l'opinion de Voltaire sur le nautilus, voir *La Défense de mon oncle*, *OCV*, t.64, p.238 et p.372, n.27.

multitude prodigieuse de siècles; et la raison, c'est qu'on prétend que cette mine est composée de coquilles pulvérisées.[39]

Certainement si à trente-six lieues de la mer il était d'immenses bancs de coquillages marins, s'ils étaient posés à plat par couches régulières, il serait démontré que ces bancs ont été le rivage de la mer: et il est d'ailleurs très vraisemblable que des terrains bas et plats ont été tour à tour couverts et dégagés des eaux jusqu'à trente et quarante lieues; c'est l'opinion de toute l'antiquité. Une mémoire confuse s'en est conservée, et c'est ce qui a donné lieu a tant de fables.

Nil equidem durare diu sub imagine eadem
Crediderim. Sic ad ferrum venistis ab auro
Secula. Sic toties versa est fortuna locorum.
Vidi ego quod fuerat quondam solidissima tellus
Esse fretum. Vidi factas ex aequore terras:
Et procul a pelago conchae jacuere marinae:
Et vetus inventa est in montibus anchora summis. (*a*)
Quodque fuit campus, vallem decursus aquarum
Fecit: et eluvie mons est deductus in aequor:
Eque paludosa siccis humus aret arenis:
Quaeque sitim tulerant, stagnata paludibus hument.[40]

(*a*) Cela ressemble un peu à l'ancre de vaisseau qu'on prétendait avoir trouvée sur le grand Saint-Bernard; aussi s'est-on bien gardé d'insérer cette chimère dans la traduction.[41]

[39] Allusion au mémoire de Réaumur 'Remarques sur les coquilles fossiles de quelques cantons de la Touraine et sur l'utilité qu'on en tire', publié dans les *Mémoires de l'Académie royale des sciences* pour 1720 (p.400-16). Réaumur y explique qu'un ancien courant marin a déposé des amas considérables de coquilles fossiles – le falun que l'on trouve dans la Touraine et une partie du bassin parisien – d'où il conclut que la mer se déplace lentement, abandonnant durant une longue suite de siècles des restes de coquilles et de poissons. Buffon, qui en fait une preuve majeure du séjour ancien de la mer sur la terre, cite une bonne partie de ce mémoire dans son *Histoire de la terre* (p.266-71). L'article 'Falunières' de l'*Encyclopédie* reprend la même théorie.

[40] Ovide, *Métamorphoses*, livre 15, vers 259-69. Voltaire a annoté le même passage cité par Buffon: 'j'ai traduit ces vers d'Ovide il y a quarante ans. Il y a eu sans doute de grands changements dans ce globe. Mais jamais le Caucase les Alpes les Pirenees etc n'ont été formées par la mer' (*CN*, t.1, p.561).

[41] Voir p.261, n.24, et p.267, n.43.

C'est ainsi que Pythagore s'explique dans Ovide.[42] Voici une imitation de ces vers qui en donnera l'idée.

Le temps qui donne à tous le mouvement et l'être,
Produit, accroît, détruit, fait mourir, fait renaître,
Change tout dans les cieux, sur la terre et dans l'air.
L'âge d'or à son tour suivra l'âge de fer.
Flore embellit des champs l'aridité sauvage.
La mer change son lit, son flux et son rivage.
Le limon qui nous porte est né du sein des eaux.
Où croissent les moissons, voguèrent les vaisseaux.
La main lente du temps aplanit les montagnes;
Il creuse les vallons, il étend les campagnes;
Tandis que l'Eternel, le souverain des temps
Demeure inébranlable en ces grands changements.[43]

Mais pourquoi cet océan n'a-t-il formé aucune montagne sur tant de côtes plates livrées à ses marées? Et pourquoi s'il a déposé des amas prodigieux de coquilles en Touraine, n'a-t-il pas laissé les mêmes monuments dans les autres provinces à la même distance?

D'un côté je vois plusieurs lieues de rivages au niveau de la mer dans la basse Normandie: Je traverse la Picardie, la Flandre, la

217 K12: les eaux, sur

[42] Comme dans la *Dissertation sur les changements arrivés dans notre globe* (*OCV*, t.30C, p.29), Voltaire entend discréditer la fausse science de l'antiquité par cette allusion à Pythagore. Ici il ajoute, par la référence à Ovide, la dangereuse confusion du savoir scientifique avec le discours poétique. Voir C. Volpilhac-Auger, 'A la recherche de l'arche perdue', p.118-19.

[43] Traduction ou plutôt imitation des vers d'Ovide par Voltaire. Le texte apparaissait déjà dans les *Eléments de la philosophie de Newton* (*OCV*, t.15, p.478) et la *Dissertation sur les changements arrivés dans notre globe* (*OCV*, t.30C, p.29). Voltaire modifie cependant le vers 8 ('Le Caucase est semé du débris des vaisseaux'), remplaçant ce qui aurait pu être compris comme une allusion à l'origine marine des montagnes par l'image de plaines fertiles, que l'on peut imaginer recouvertes autrefois par les eaux de la mer. Voltaire a voulu effacer tout ce qui aurait pu faire penser à l'ancre trouvée sur les montagnes.

Hollande, la basse Allemagne, la Poméranie, la Prusse, la Pologne, la Russie, une grande partie de la Tartarie, sans qu'une seule haute montagne, faisant partie de la grande chaîne, se présente à mes yeux. Je puis franchir ainsi l'espace de deux mille lieues dans un terrain assez uni, à quelques collines près. Si la mer répandue originairement sur notre continent avait fait les montagnes, comment n'en a-t-elle pas fait une seule dans cette vaste étendue? [44]

De l'autre côté ces prétendus bancs de coquilles à trente à quarante lieues de la mer, méritent le plus sérieux examen. J'ai fait venir de cette province dont je suis éloigné de cent cinquante lieues, une caisse de ce falun. Le fond de cette minière est évidemment une espèce de terre calcaire et marneuse, mêlée de talc, laquelle a quelques lieues de longueur sur environ une et demie de largeur. Les morceaux purs de cette terre pierreuse sont un peu salés au goût. Les laboureurs l'emploient pour féconder leurs terres, et il est très vraisemblable que son sel les fertilise: [45] on en fait autant dans mon voisinage avec du gypse. Si ce n'était qu'un amas de coquilles, je ne vois pas qu'il pût fumer la terre. J'aurais beau jeter dans mon champ toutes les coques desséchées des limaçons et des moules de ma province, ce serait comme si j'avais semé sur des pierres.

Quoique je sois sûr de peu de choses, je puis affirmer que je

[44] Dans la *Théorie de la terre*, Buffon expliquait la formation des montagnes par l'action des courants marins propres à l'océan qui couvrait la terre primitive, et non pas par l'effet des mouvements sismiques ou de l'activité volcanique (t.1, p.77-80). La preuve de ce phénomène était donnée par le parallélisme des couches sédimentaires, en particulier dans les montagnes, et par la présence de coquilles fossiles éloignées de la mer, y compris au sommet des montagnes. Ce sera d'ailleurs le sujet de l'article 8 des *Preuves* qui complètent la *Théorie de la terre*, consacré aux 'Coquilles et autres productions de la mer qu'on trouve dans l'intérieur des terres'. Voltaire contestera régulièrement cette argumentation.

[45] L'utilisation du falun comme engrais est parfaitement attestée. Voir Marguerite Carozzi, 'Voltaire's geological observations in *Les Singularités de la nature*', dans *SVEC* 215 (1982), p.101-19 (p.109-12).

mourrais de faim, si je n'avais pour vivre qu'un champ de vieilles coquilles cassées. (*b*)

En un mot, il est certain, autant que mes yeux peuvent avoir de certitude, que cette marne est une espèce de terre, et non pas un assemblage d'animaux marins qui seraient au nombre de plus de cent mille milliards de milliards.[46] Je ne sais pourquoi l'académicien qui le premier après Palissi fit connaître cette singularité de la nature, a pu dire, *Ce ne sont que de petits fragments de coquilles très reconnaissables pour en être des fragments; car ils ont leurs cannelures très bien marquées, seulement ils ont perdu leur luisant et leur vernis.*[47]

Il est reconnu que dans cette mine de pierre calcaire et de talc on n'a jamais vu une seule écaille d'huître, mais qu'il y en a quelques-unes de moules, parce que cette mine est entourée d'étangs. Cela seul décide la question contre Bernard Palissi, et détruit tout le merveilleux que Réaumur et ses imitateurs ont voulu y mettre.

Si quelques petits fragments de coquilles mêlés à la terre marneuse, étaient réellement des coquilles de mer, il faudrait avouer qu'elles sont dans cette falunière depuis des temps reculés qui épouvantent l'imagination, et que c'est un des plus anciens monuments des révolutions de notre globe. Mais aussi, comment une production enfouie quinze pieds en terre pendant tant de

(*b*) Tout ce que ces coquillages pourraient opérer, ce serait de diviser une terre trop compacte. On en fait autant avec du gravier. Des coquilles fraîches et pilées pourraient servir par leur huile: mais des coquillages desséchés ne sont bons à rien.

n.*b*, 1 w68: opérer, c'est de

n.*b*, 4 K84, K12: rien. ¶*N.B.* Quand ces coquilles sont très friables, elles peuvent servir d'engrais comme la craie ou la marne. //

[46] En contestant la nature organique de ces fossiles, Voltaire revient sur ce qu'il avait considéré comme une option vraisemblable dans l'introduction de *La Philosophie de l'histoire* (*OCV*, t.59, p.89). Voir M. Carozzi, 'Voltaire's geological observations', p.101-19.

[47] Fontenelle, 'Sur des coquilles fossiles de Touraine', *Histoire de l'Académie des sciences* pour 1720, p.5-9 (p.6-7), commentant le mémoire de Réaumur.

siècles, peut-elle avoir l'air si nouveau? Comment y a-t-on trouvé la coquille d'un limaçon toute fraîche? pourquoi la mer n'aurait-elle confié ces coquilles tourangeotes qu'à ce seul petit morceau de terre et non ailleurs? N'est-il pas de la plus extrême vraisemblance que ce falun qu'on avait pris pour un réservoir de petits poissons, n'est précisément qu'une mine de pierre calcaire d'une médiocre étendue?

D'ailleurs l'expérience de M. de La Sauvagère qui a vu des coquillages se former dans une pierre tendre, et qui en rend témoignage avec ses voisins, ne doit-elle pas au moins nous inspirer quelques doutes? [48]

Voici une autre difficulté, un autre sujet de douter. On trouve entre Paris et Arcueil, sur la rive gauche de la Seine, un banc de pierre très long, tout parsemé de coquilles maritimes, ou qui du moins leur ressemblent parfaitement. [49] On m'en a envoyé un morceau pris au hasard à cent pieds de profondeur. Il s'en faut bien que les coquilles y soient amoncelées par couches: elles y sont éparses et dans la plus grande confusion. Cette confusion seule contredit la régularité prétendue qu'on attribue au falun de Touraine.

Enfin, si ce falun a été produit à la longue dans la mer, elle est donc venue à près de quarante lieues dans un pays plat, et elle n'y a point formé de montagnes. Il n'est donc nullement probable que les montagnes soient des productions de l'océan. De ce que la mer serait venue à quarante lieues, s'ensuivrait-il qu'elle aurait été partout?

Idées de Palissi sur les coquilles prétendues

Avant que Bernard Palissi eût prononcé que cette mine de marne de trois lieues d'étendue n'était qu'un amas de coquilles, les

285-94 70, 71N, 71A: doutes? ¶Enfin

[48] Voir ci-dessus, p.262-63.
[49] Voir Maillet, *Telliamed*, p.110.

agriculteurs étaient dans l'usage de se servir de cet engrais, et ne soupçonnaient pas que ce fussent uniquement des coquilles qu'ils employassent. N'avaient-ils pas des yeux? Pourquoi ne crut-on pas Palissi sur sa parole? Ce Palissi d'ailleurs était un peu visionnaire. Il fit imprimer le livre intitulé: *Le Moyen de devenir riche et la manière véritable par laquelle tous les hommes de France pourront apprendre à multiplier et à augmenter leur trésor et possessions, par maître Bernard Palissi inventeur des rustiques figulines du roi.* Il tint à Paris une école, où il fit afficher qu'il rendrait l'argent à ceux qui lui prouveraient la fausseté de ses opinions. En un mot, Palissi crut avoir trouvé la pierre philosophale.[50] Son grand œuvre décrédita ses coquilles jusqu'au temps où elles furent remises en honneur par un académicien célèbre qui enrichit les découvertes des Swammerdam, des Leuvenhoeck, par l'ordre dans lequel il les plaça, et qui voulut rendre de grands services à la physique.[51] L'expérience, comme on l'a déjà dit, est trompeuse; il faut donc examiner encore ce falun. Il est certain qu'il pique la langue par une légère âcreté, c'est un effet que des coquilles ne produiront pas. Il est indubitable que le falun est une terre calcaire et marneuse. Il est indubitable aussi qu'elle renferme quelques coquilles de moules à dix à quinze pieds de profondeur. L'auteur estimable de l'*Histoire naturelle*, aussi profond dans ses vues qu'attrayant par son style, dit expressément: *Je prétends que les coquilles sont l'intermède que la*

311-12 K84, K12: opinions. Cette espèce de charlatanerie décrédita
319 K84, K12: que les coquilles

[50] Bernard Palissy (1510-vers 1590) est connu en tant que potier, émailleur, peintre, verrier, mais aussi écrivain et naturaliste. Il est l'un des premiers à affirmer l'origine organique des fossiles que l'on retrouve dans la terre et à les expliquer par des phénomènes autres que l'inondation du déluge biblique. Voltaire détourne ici la biographie de Palissy proposée par Maillet dans *Telliamed*, troisième journée, p.162.

[51] Réaumur est l'auteur de *Mémoires pour servir à l'histoire des insectes*, ce qui le rapproche du travail de Ian Swammerdam, qui décrit la métamorphose des insectes, et d'Antoni van Leuvenhoeck, qui se consacre à l'observation des insectes, puis des micro-organismes et des bactéries. Voir ci-dessus, p.266, n.39.

nature emploie pour former la plupart des pierres. Je prétends que les craies, les marnes, et les pierres à chaux ne sont composées que de poussière et de détriments de coquilles.[52]

On peut aller trop loin, quelque habile physicien que l'on soit. J'avoue que j'ai examiné pendant douze ans de suite la pierre à chaux que j'ai employée, et que ni moi, ni aucun des assistants n'y avons aperçu le moindre vestige de coquilles.[53]

A-t-on donc besoin de toutes ces suppositions pour prouver les révolutions que notre globe a essuyées dans des temps prodigieusement reculés? Quand la mer n'aurait abandonné et couvert tour à tour les terrains bas de ses rivages que le long de deux mille lieues sur quarante de large dans les terres, ce serait un changement sur la surface du globe de quatre-vingt mille lieues carrées.

Les éruptions des volcans, les tremblements, les affaissements des terrains doivent avoir bouleversé une assez grande quantité de la surface du globe; des lacs, des rivières ont disparu, des villes ont été englouties; des îles se sont formées; des terres ont été séparées: les mers intérieures ont pu opérer des révolutions beaucoup plus considérables. N'en voilà-t-il pas assez? Si l'imagination aime à se représenter ces grandes vicissitudes de la nature, elle doit être contente.

J'avoue encore qu'il est démontré aux yeux qu'il a fallu une prodigieuse multitude de siècles pour opérer toutes les révolutions arrivées dans ce globe, et dont nous avons des témoignages incontestables. Les quatre cent soixante et dix mille ans dont les Babyloniens précepteurs des Egyptiens se vantaient, ne suffisent

325-26 71A: *Je prétends que les pierres, les marnes*
345-59a 70, 71N, 71A: contente. ¶*Du*

[52] Buffon, *Preuves de la Théorie de la terre*, article 8, dans *Histoire naturelle*, t.1, p.272-73.

[53] Comme le montre M. Carozzi, Voltaire avait pu réaliser ces observations en surveillant l'aménagement de sa propriété de Ferney ('Voltaire's geological observations', p.102-103).

peut-être pas:[54] mais je ne veux point contredire la Genèse que je regarde avec vénération. Je suis partagé entre ma faible raison qui est mon seul flambeau, et les livres sacrés juifs auxquels je n'entends rien du tout. Je me borne toujours à prier Dieu que des hommes ne persécutent pas des hommes, qu'on ne fasse pas de cette terre si souvent bouleversée une vallée de misères et de larmes, dans laquelle des serpents destinés à ramper quelques minutes dans leurs trous, dardent continuellement leur venin les uns contre les autres.

Du système de Maillet, qui de l'inspection des coquilles conclut que les poissons sont les premiers pères des hommes

Maillet, dont nous avons déjà parlé, crut s'apercevoir au grand Caire que notre continent n'avait été qu'une mer dans l'éternité passée; il vit des coquilles; et voici comme il raisonna: Ces coquilles prouvent que la mer a été pendant des milliers de siècles à Memphis; donc les Egyptiens et les singes viennent incontestablement des poissons marins.

Les anciens habitants des bords de l'Euphrate ne s'éloignaient pas beaucoup de cette idée, quand ils débitèrent que le fameux poisson Oannès sortait tous les jours du fleuve pour les venir catéchiser sur le rivage.[55] Dercéto qui est la même que Vénus, avait

[54] D'après Diodore de Sicile, les Chaldéens comptaient 430 000 ans depuis leur première observation astronomique jusqu'à l'entrée d'Alexandre dans Babylone. Fort de ces données, des astronomes de l'Académie royale des sciences avaient avancé l'hypothèse d'un lent déplacement de l'axe de la terre, qui aurait entraîné la permutation des terres et des mers. Voir l'article 'Axe' des *QE* et M. S. Seguin, 'Ecriture/réécriture des sources scientifiques des *Questions sur l'Encyclopédie*', dans *Copier/coller: écriture et réécriture chez Voltaire*, p.81-89.

[55] Voltaire se sert souvent de cette divinité chaldéenne comme symbole des croyances religieuses absurdes: voir l'article 'Catéchisme chinois' du *DP* (*OCV*, t.35, p.463, n.65).

une queue de poisson.[56] La Vénus d'Hésiode naquit de l'écume de la mer.[57]

C'est peut-être suivant cette cosmogonie qu'Homère dit que l'Océan est le père de toutes choses; mais par ce mot d'*océan*, il n'entend, dit-on, que le Nil, et non notre mer Océane qu'il ne connaissait pas.[58]

Thalès apprit aux Grecs que l'eau est le premier principe de la nature.[59] Ses raisons sont, que la semence de tous les animaux est aqueuse, qu'il faut de l'humidité à toutes les plantes, et qu'enfin les étoiles sont nourries des exhalaisons humides de notre globe. Cette dernière raison est merveilleuse: et il est plaisant qu'on parle encore de Thalès et qu'on veuille savoir ce qu'Athénée et Plutarque en pensaient.[60]

Cette nourriture des étoiles n'aurait pas réussi dans notre temps; et malgré les sermons du poisson Oannès, les arguments de Thalès, les imaginations de Maillet, malgré l'extrême passion qu'on a aujourd'hui pour les généalogies, il y a peu de gens qui croient descendre d'un turbot ou d'une morue. Pour étayer ce système, il fallait absolument que toutes les espèces et tous les éléments se changeassent les uns en les autres. Les *Métamorphoses* d'Ovide devenaient le meilleur livre de physique qu'on ait jamais écrit.

Notre globe a eu sans doute ses métamorphoses, ses changements de forme; et chaque globe a eu les siennes, puisque tout étant

385-87 70, 71N, 71A: Maillet, il y a peu de gens aujourd'hui qui croyent descendre d'un turbot ou d'une morue, malgré l'extrême passion qu'on a depuis peu pour les généalogies. Pour

390-417 70, 71N, 71A: écrit. //

[56] Il ne faut pas confondre Dercéto ou Dercétis, nymphe au corps de poisson mais au visage de femme, avec Vénus, qui lui inspira une violente passion pour le dieu fleuve Caÿstros. Voir Diodore de Sicile, *Bibliothèque historique*, livre 2, ch.4.

[57] Hésiode, *Théogonie*, vers 190-95.

[58] Homère, *Iliade*, chant 14, vers 246. Voir également ci-dessus, p.97 et n.11.

[59] Aristote, *Métaphysique*, A, 3, 983.

[60] Athénée (troisième siècle ap. J.-C.) parle brièvement de Thalès dans le livre 11 des *Deipnosophistae*. Plutarque s'attaque à la doctrine morale de Thalès dans la *Vie de Solon*. Il en parle également dans le *Banquet des sept sages*.

en mouvement, tout a dû nécessairement changer: il n'y a que l'immobile qui soit immuable, la nature est éternelle, mais nous autres nous sommes d'hier. Nous découvrons mille signes de variations sur notre petite sphère. Ces signes nous apprennent que cent villes ont été englouties, que des rivières ont disparu, que dans de longs espaces de terrain on marche sur des débris. Ces épouvantables révolutions accablent notre esprit. Elles ne sont rien du tout pour l'univers, et presque rien pour notre globe. La mer qui laisse des coquilles sur un rivage qu'elle abandonne, est une goutte d'eau qui s'évapore au bord d'une petite tasse; les tempêtes les plus horribles ne sont que le léger mouvement de l'air produit par l'aile d'une mouche. Toutes nos énormes révolutions sont un grain de sable à peine dérangé de sa place. Cependant, que de vains efforts pour expliquer ces petites choses, que de systèmes, que de charlatanisme pour rendre compte de ces légères variations si terribles à nos yeux! que d'animosités dans ces disputes! les conquérants qui ont envahi le monde n'ont pas été plus orgueilleux et plus acharnés que les vendeurs d'orviétan[61] qui ont prétendu le connaître.

La terre est un soleil écroulé, dit celui-ci;[62] c'est une comète qui a effleuré le soleil, dit celui-là.[63] En voici un qui crie que cette huître est une médaille du déluge.[64] Un autre lui répond qu'elle est pétrifiée depuis quatre milliards d'années.[65] Eh pauvres gens qui

412 W68: soleil écroûté, dit
K84, K12: soleil encroûté, dit

[61] 'Espèce de [...] contre-poison' (*Dictionnaire de l'Académie*, 1762, p.269).

[62] Allusion possible à Descartes. Voir les *Dialogues d'Evhémère*, *OCV*, t.80C, p.233, n.4.

[63] Voir Buffon, *Histoire naturelle*, t.1, p.133-39.

[64] Fontenelle emprunte l'expression au naturaliste suisse Johann Jakob Scheuchzer, en rendant compte de ses travaux dans l'*Histoire de l'Académie des sciences* pour 1710, 'Observations de physique générale' (p.21-23). Sur l'usage répandu de cette expression, voir *La Défense de mon oncle*, *OCV*, t.64, p.238 et p.371, n.25.

[65] La datation est fantaisiste, Voltaire jouant sur l'effet de l'hyperbole: Maillet, qui est celui qui attribue à la terre l'histoire la plus étendue, ne va pas au-delà de deux millions d'années.

osez parler en maîtres, vous voulez m'enseigner la formation de l'univers, et vous ne savez pas celle d'un ciron, celle d'une paille!

417 K84: paille! [*avec note*: Voyez dans le volume de physique la *Dissertation sur les changements arrivés au globe*, et les *Singularités de la nature*.] //

K12: paille! [*avec note*: Voyez dans le vol.2 de *Physique* la *Dissertation sur les changements arrivés au globe*, et les *Singularités de la nature*.] //

CORPS

Corps et matière, c'est ici même chose, quoiqu'il n'y ait pas de synonyme à la rigueur. Il y a eu des gens qui par ce mot *corps* ont aussi entendu esprit. Ils ont dit, Esprit signifie originairement *souffle*, il n'y a qu'un corps qui puisse souffler; donc esprit et corps, pourraient bien au fond être la même chose. C'est dans ce sens que La Fontaine disait au célèbre duc de la Rochefoucault:

> J'entends les esprits corps, et pétris de matière.[1]

C'est dans le même sens qu'il dit à Mme de La Sablière:

> Je subtiliserais un morceau de matière,
> Quintessence d'atome extrait de la lumière,
> Je ne sais quoi plus vif et plus subtil encor.[2]

* Voltaire reprend l'article 'Corps' du *DP*, paru en 1764, qu'il fait précéder de plusieurs paragraphes et enrichit de deux ajouts. L'article 'Corps' de l'*Encyclopédie*, rédigé par D'Alembert, dont on ne sait si Voltaire l'a lu, exposait les théories philosophiques des péripatéticiens, des cartésiens, des newtoniens. Il citait les *Principes de la connaissance humaine* et les *Dialogues entre Hilas et Philonoüs* de Berkeley. D'Alembert renvoyait au *Discours préliminaire* de l'*Encyclopédie* où il s'était déjà exprimé à ce sujet et il affirmait en conclusion: 'Nous avancerons donc dans cet article, comme un principe inébranlable, malgré les jeux d'esprit des philosophes, que nos sens nous apprennent qu'il y a des corps hors de nous' (t.4, p.262). Voltaire partage ce point de vue auquel il a donné dans le *DP* une tournure polémique en ridiculisant Berkeley. Dans le 'Catalogue de la Bibliothèque de Voltaire', établi par Wagnière, on lit 'Dialogues de Barcley no matter' (*BV*, p.1147). Dans les *QE*, il enrichit son texte de citations de La Fontaine et d'une documentation venant de l'article 'Zénon' du *Dictionnaire historique et critique* (4 vol., Rotterdam, 1697, BV292) de Bayle. Pour l'annotation du texte repris du *DP*, voir *OCV*, t.35, p.644-47. Cet article paraît en mars/avril 1771 (70, t.4).

[1] La Fontaine, 'Discours à Monsieur le duc de La Rochefoucauld', *Fables*, éd. G. Couton (Paris, 1990), livre 10, fable 14, vers 8, p.291.

[2] La Fontaine, 'Discours à Madame de La Sablière', livre 9, 'Les deux rats, le renard et l'oeuf', vers 207, 209-10. Voltaire ne cite pas le vers 208: 'Que l'on ne pourrait plus concevoir sans effort' (*Fables*, p.271). L'idée vient de Gassendi.

Personne ne s'avisa de harceler le bon La Fontaine, et de lui faire un procès sur ces expressions. Si un pauvre philosophe et même un poète en disait autant aujourd'hui, que de gens pour se faire de fête, que de folliculaires pour vendre douze sous leurs extraits, que de fripons uniquement dans le dessein de faire du mal au philosophe, au péripatéticien, au disciple de Gassendi, à l'écolier de Locke et des premiers Pères, au damné![3]

De même que nous ne savons ce que c'est qu'un esprit, nous ignorons ce que c'est qu'un corps: nous voyons quelques propriétés; mais quel est ce sujet en qui ces propriétés résident? Il n'y a que des corps, disaient Démocrite et Epicure; il n'y a point de corps, disaient les disciples de Zénon d'Elée.

L'évêque de Cloine, Berklay, est le dernier, qui par cent sophismes captieux a prétendu prouver que les corps n'existent pas. Ils n'ont, dit-il, ni couleurs, ni odeurs, ni chaleur; ces modalités sont dans vos sensations, et non dans les objets. Il pouvait s'épargner la peine de prouver cette vérité; elle était assez connue. Mais de là il passe à l'étendue, à la solidité qui sont des essences du corps, et il croit prouver qu'il n'y a pas d'étendue dans une pièce de drap vert, parce que ce drap n'est pas vert en effet; cette sensation du vert n'est qu'en vous; donc cette sensation de l'étendue n'est aussi qu'en vous. Et après avoir ainsi détruit l'étendue, il conclut que la solidité qui y est attachée tombe d'elle-même; et qu'ainsi il n'y a rien au monde que nos idées. De sorte que, selon ce docteur, dix mille hommes tués par dix mille coups de canon, ne sont dans le fond que dix mille appréhensions de notre entendement;[4] et quand un homme fait un enfant à sa femme, ce n'est qu'une idée qui se loge dans une autre idée, dont il naîtra une troisième idée.[5]

16 K84, K12: mal, crieraient au

[3] Fin de l'ajout des *QE*.

[4] Dans le *DP*, 'de notre âme'.

[5] Phrase ajoutée dans les *QE* qui accentue le ton polémique de l'article.

Il ne tenait qu'à M. l'évêque de Cloine de ne point tomber dans l'excès de ce ridicule. Il croit montrer qu'il n'y a point d'étendue, parce qu'un corps lui a paru avec sa lunette quatre fois plus gros qu'il ne l'était à ses yeux, et quatre fois plus petit à l'aide d'un autre verre. De là il conclut qu'un corps ne pouvant à la fois avoir quatre pieds, seize pieds, et un seul pied d'étendue, cette étendue n'existe pas; donc il n'y a rien. Il n'avait qu'à prendre une mesure, et dire, De quelque étendue qu'un corps me paraisse, il est étendu de tant de ces mesures.

Il lui était bien aisé de voir qu'il n'en est pas de l'étendue et de la solidité comme des sons, des couleurs, des saveurs, des odeurs, etc. Il est clair que ce sont en nous des sentiments excités par la configuration des parties; mais l'étendue n'est point un sentiment. Que ce bois allumé s'éteigne, je n'ai plus chaud; que cet air ne soit plus frappé, je n'entends plus; que cette rose se fane, je n'ai plus d'odorat pour elle; mais ce bois, cet air, cette rose, sont étendus sans moi. Le paradoxe de Berklay ne vaut pas la peine d'être réfuté.[6]

C'est ainsi que les Zénons d'Elée, les Parménides argumentaient autrefois; et ces gens-là avaient beaucoup d'esprit: ils vous prouvaient qu'une tortue doit aller aussi vite qu'Achille;[7] qu'il n'y a point de mouvement: ils agitaient cent autres questions aussi utiles.[8] La plupart des Grecs jouèrent des gobelets avec la

45 K84, K12: pouvant avoir à la fois quatre

[6] Fin d'une partie du texte repris du *DP*.

[7] Voir l'article 'Zénon' de Bayle, note E: 'Supposons une tortue à vingt pas devant Achille, et limitons la vitesse de ce héros à la proportion d'un à vingt. Pendant qu'il fera vingt pas, la tortue en fera un: elle sera donc encore plus avancée que lui. Pendant qu'il fera le vingt-et-unième pas, elle gagnera la vingtième partie du vingt-deuxième; et pendant qu'il gagnera cette vingtième partie, elle parcourra la vingtième partie de la partie vingt-et-unième, et ainsi de suite'. Cette argumentation, attribuée à Zénon d'Elée, tend à montrer que 'le mobile le plus vite, poursuivant le mobile le plus lent, ne pourrait jamais l'atteindre' (t.4, p.1268).

[8] Bayle, dans son article, annonçait que Zénon 'argumentait avec vigueur contre l'existence du mouvement' (t.4, p.1267). Il remarquait que quelques-unes de ses objections avaient été conservées dans la *Physique* d'Aristote, et dans la note E il renvoyait au chapitre 9, livre 6, de cet ouvrage.

philosophie, et transmirent leurs tréteaux à nos scolastiques. Bayle lui-même a été quelquefois de la bande; il a brodé des toiles d'araignées comme un autre; il argumente à l'article Zénon contre l'étendue divisible de la matière et la contiguïté des corps; il dit tout ce qui ne serait pas permis de dire à un géomètre de six mois.[9]

Il est bon de savoir ce qui avait entraîné[10] l'évêque Berklay dans ce paradoxe. J'eus, il y a longtemps, quelques conversations avec lui; il me dit que l'origine de son opinion venait de ce qu'on ne peut concevoir ce que c'est que ce sujet qui reçoit l'étendue. Et en effet, il triomphe dans son livre, quand il demande à Hilas ce que c'est que ce sujet, ce *substratum*, cette substance; C'est le corps étendu, répond Hilas; alors l'évêque, sous le nom de Philonoüs, se moque de lui; et le pauvre Hilas voyant qu'il a dit que l'étendue est le sujet de l'étendue, et qu'il a dit une sottise, demeure tout confus et avoue qu'il n'y comprend rien, qu'il n'y a point de corps, que le monde matériel n'existe pas; qu'il n'y a qu'un monde intellectuel.

Philonoüs devait dire seulement à Hilas, Nous ne savons rien sur le fond de ce sujet, de cette substance étendue, solide, divisible, mobile, figurée, etc.; je ne la connais pas plus que le sujet pensant, sentant et voulant; mais ce sujet n'en existe pas moins, puisqu'il a des propriétés essentielles dont il ne peut être dépouillé.[11]

67 K84, K12: ce qu'il ne

78-79 K84, K12: intellectuel. ¶Hilas devait dire seulement à Philonoüs: Nous

83-84 K84, K12: dépouillé. [*avec note*: Voyez sur cet objet l'article 'Existence' dans l'*Encyclopédie*;[12] c'est le seul ouvrage où la question de l'existence des objets extérieurs ait été bien éclaircie, et où l'on trouve les principes qui peuvent conduire à la résoudre.] ¶Nous

[9] Une très longue note F de cet article rappelle toutes les objections qui ont été faites contre l'existence de l'étendue et dénonce les argumentations des scolastiques qui ne servent qu'à 'fournir quelque babil à leurs disciples dans une thèse publique' (t.4, p.1270).

[10] Dans le *DP*, 'ce qui l'avait entraîné'.

[11] Voir les argumentations de Bayle dans cette note F sur la divisibilité à l'infini qui empêcherait toute contiguïté et sur l'emploi de démonstrations géométriques contre l'existence de l'étendue.

[12] Voltaire pensait du bien de cet article 'Existence' de l'*Encyclopédie* dont il savait

Nous sommes tous comme la plupart des dames de Paris; elles font grande chère sans savoir ce qui entre dans les ragoûts; de même nous jouissons des corps, sans savoir ce qui les compose. De quoi est fait le corps? De parties, et ces parties se résolvent en d'autres parties. Que sont ces dernières parties? Toujours des corps; vous divisez sans cesse, et vous n'avancez jamais.

Enfin, un subtil philosophe remarquant qu'un tableau est fait d'ingrédients, dont aucun n'est un tableau, et une maison de matériaux dont aucun n'est une maison, imagina que les corps sont bâtis d'une infinité de petits êtres qui ne sont pas corps; et cela s'appelle *des monades*. Ce système ne laisse pas d'avoir son bon; et s'il était révélé, je le croirais très possible; tous ces petits êtres seraient des points mathématiques, des espèces d'âmes qui n'attendraient qu'un habit pour se mettre dedans: ce serait une métempsycose continuelle.[13] Ce système en vaut bien un autre; je l'aime bien autant que la déclinaison des atomes, les formes substantielles, la grâce versatile, et les vampires.[14]

qu'il était de Turgot (voir D9412, Voltaire à D'Alembert, 17 novembre [1760]). Sur les contributions de Turgot à l'*Encyclopédie*, voir F. A. et S. L. Kafker, *The Encyclopedists as individuals*, *SVEC* 257 (1988), p.373-81.

[13] Une phrase du *DP*, 'une monade irait tantôt dans une baleine, tantôt dans un arbre, tantôt dans un joueur de gobelets', a ici été supprimée.

[14] Dans le *DP*, 'de Dom Calmet'.

COUTUME

Il y a cent quarante-quatre coutumes en France qui ont force de loi;[1] ces lois sont presque toutes différentes. Un homme qui voyage dans ce pays change de loi presque autant de fois qu'il change de chevaux de poste.[2] La plupart de ces coutumes ne commencèrent à être rédigées par écrit que du temps de Charles VII;[3] la grande

a K84, K12: Coutumes /
1 β: quarante-quatre ↑dit on qatre⁺ coutumes

* Voltaire avait accablé de sarcasmes la multiplicité des coutumes en 1766 dans le dialogue philosophique *André Destouches à Siam* (*M*, t.26, p.98-102). Ailleurs, non sans ambiguïté, il avait évoqué la coutume au sens d'usage et en avait dénoncé 'l'empire' (*Essai sur les mœurs*, t.2, p.810; *Le Siècle de Louis XIV*, *OH*, p.627). Dans cet article des *QE*, centré sur le droit coutumier, il souligne l'absurdité de la situation présente et appelle de ses vœux l'établissement d'une législation uniforme pour laquelle plaide aussi l'article 'Coutume (Jurisprud)' de l'*Encyclopédie*, auquel Voltaire a pu emprunter quelques détails historiques. Le présent article est envoyé à Cramer en novembre 1770, selon la datation de Besterman de D16762 et D16763, et paraît en mars/avril 1771 (70, t.4).

1 Voltaire le répète dans l'article 'Education' (ci-dessous, p.623). Il en comptait 540 dans le *Précis du siècle de Louis XV* (*OH*, p.1564), mais 140 ou 144 dans *Les Pourquoi* (*OCV*, t.28B, p.105) et la *Réponse aux remontrances de la cour des aides* (*OCV*, t.73, p.227, n.*), publiés la même année que le présent article. Selon l'*Encyclopédie*, il y avait environ soixante coutumes générales, et environ 300 coutumes locales (t.4, p.413).

2 Voltaire l'avait constaté en 1751 dans son *Dialogue entre un plaideur et un avocat*: 'Il en est ainsi de poste en poste dans le royaume; vous changez de jurisprudence en changeant de chevaux' (*OCV*, t.32A, p.23). Il le répète dans les 'Remarques pour servir de supplément à l'*Essai sur les mœurs*' (t.2, p.936) et le *Précis du siècle de Louis XV* (*OH*, p.1564).

3 Voltaire avait précisé la date (1454) dans l'*Essai sur les mœurs* (t.1, p.781) et dans l'article 'Histoire' du *DP* (*OCV*, t.33, p.168), repris dans les *QE*. Mais il simplifie. L'*Encyclopédie* écrit qu''on tient communément que Charles VII fut le premier qui ordonna que les coutumes seraient rédigées par écrit', mais qu'en fait aucune ne le fut sous son règne (t.4, p.412). Et elle rappelle qu'une première ébauche eut lieu sous Louis VII et Philippe Auguste, avec la rédaction des chartes de communes, puis avec saint Louis, qui fit rédiger des chartes pour des provinces entières. En 1302,

raison, c'est qu'auparavant très peu de gens savaient écrire. On écrivit donc une partie d'une partie de la coutume du Ponthieu; mais ce grand ouvrage ne fut achevé par les Picards que sous Charles VIII.[4] Il n'y en eut que seize de rédigées du temps de Louis XII.[5] Enfin, aujourd'hui la jurisprudence s'est tellement perfectionnée, qu'il n'y a guère de coutume qui n'ait plusieurs commentateurs; et tous, comme on croit bien, d'un avis différent. Il y en a déjà vingt-six sur la coutume de Paris.[6] Les juges ne savent auquel entendre; mais pour les mettre à leur aise, on vient de faire la coutume de Paris en vers.[7] C'est ainsi qu'autrefois la prêtresse de Delphe rendait ses oracles.

Les mesures sont aussi différentes que les coutumes;[8] de sorte que ce qui est vrai dans le faubourg de Montmartre, devient faux dans l'abbaye de Saint-Denis. Dieu ait pitié de nous!

7 W68: une partie de
71A, K12: coutume de Ponthieu

Philippe IV avait suscité des assemblées de bailliage et de sénéchaussée pour distinguer les bonnes et les mauvaises coutumes. Au quatorzième siècle, des coutumes sont rédigées dans la plupart des provinces. En outre, aux treizième et quatorzième siècles, des ouvrages avaient été écrits par des particuliers sur le droit coutumier.

[4] Selon l'*Encyclopédie*, la première coutume qui fut rédigée en exécution de l'ordonnance de Charles VII fut celle de Ponthieu, en 1495, sous Charles VIII (t.4, p.412).

[5] L'*Encyclopédie* n'en cite que quinze (t.4, p.413).

[6] Environ vingt-cinq selon l'*Encyclopédie* (t.4, p.413). L'article 'Lois' du *DP* (repris dans les *QE*) n'en compte que vingt-quatre (*OCV*, t.36, p.314 et n.43).

[7] Allusion à *La Coutume de Paris en vers français* (Paris, Saugrain, 1768) d'Edme Hilaire Garnier-Deschesnes, jurisconsulte et ancien notaire.

[8] L'unification des poids et mesures sera l'œuvre de la Révolution.

DES CRIMES OU DÉLITS

de temps et de lieu

Un Romain tue malheureusement en Egypte un chat consacré; et le peuple en fureur punit ce sacrilège en déchirant le Romain en pièces. Si on avait mené ce Romain au tribunal, et si les juges avaient eu le sens commun, ils l'auraient condamné à demander pardon aux Egyptiens et aux chats, à payer une forte amende soit en argent, soit en souris. Ils lui auraient dit qu'il faut respecter les sottises du peuple quand on n'est pas assez fort pour les corriger.

Le vénérable chef de la justice lui aurait parlé à peu près ainsi: Chaque pays a ses impertinences légales, et ses délits de temps et de lieu. Si dans votre Rome devenue souveraine de l'Europe, de l'Afrique, et de l'Asie mineure, vous alliez tuer un poulet sacré dans le temps qu'on lui donne du grain pour savoir au juste la volonté des dieux, vous seriez sévèrement puni. Nous croyons que vous n'avez tué notre chat que par mégarde. La cour vous admoneste. Allez en paix; soyez plus circonspect.

* Dans l'*Encyclopédie*, l'article 'Crime (Droit nat.)' par Jaucourt pose comme principe que les peines doivent avoir pour but de corriger le coupable et l'article 'Crime (Jurispr.)' par Boucher d'Argis classe les différentes sortes de crimes. Ni l'un ni l'autre article ne montre le sens d'indignation qui caractérise celui de Voltaire, article qui, dans la lignée de celui des 'Délits locaux' du *DP*, traite des 'délits de temps et de lieu', ce qui signifie une approche relativiste de la question. Comme dans l'article 'Blasphème' des *QE*, un étranger, sans le vouloir, pèche contre des lois religieuses (*OCV*, t.39, p.396-97). Voltaire, qui approuve généralement le système judiciaire anglais, lui reproche seulement une conception de la 'haute trahison' qu'il avait déjà dénoncée dans l'article 'Boire à la santé' (*OCV*, t.39, p.429). Il critique vertement les faiblesses et injustices du système français, notamment les monitoires, ainsi que l'excès et la barbarie des peines en prenant l'exemple de l'affaire La Barre, traitée sous le masque d'une fiction ironique. La nécessité de preuves évidentes, le manque de fiabilité de certains témoins sont illustrés par l'affaire Lerouge, du nom d'une jeune femme dont le cadavre fut repêché dans le Rhône en 1767. Le présent article est envoyé à Cramer en novembre 1770, selon la datation de Besterman de D16762 et D16763, et paraît en mars/avril 1771 (70, t.4).

C'est une chose très indifférente d'avoir une statue dans son vestibule. Mais si lorsque Octave surnommé Auguste était maître absolu, un Romain eût placé chez lui une statue de Brutus, il eût été puni comme séditieux. Si un citoyen avait, sous un empereur régnant, la statue du compétiteur à l'empire, c'était, disait-on, un crime de lèse-majesté, de haute trahison.

Un Anglais, ne sachant que faire, s'en va à Rome; il rencontre le prince Charles-Edouard chez un cardinal; il en est fort content. De retour chez lui, il boit dans un cabaret à la santé du prince Charles-Edouard. Le voilà accusé de *haute* trahison. Mais qui a-t-il trahi *hautement*, lorsqu'il a dit, en buvant, qu'il souhaitait que ce prince se portât bien? [1] S'il a conjuré pour le mettre sur le trône, alors il est coupable envers la nation: mais jusque-là on ne voit pas que dans l'exacte justice le parlement puisse exiger de lui autre chose que de boire quatre coups à la santé de la maison de Hanovre, s'il en a bu deux à la santé de la maison de Stuart.

Des crimes de temps et de lieu qu'on doit ignorer[2]

On sait combien il faut respecter Notre-Dame de Lorette, quand on est dans la marche d'Ancône. Trois jeunes gens y arrivent; ils font de mauvaises plaisanteries sur la maison de Notre-Dame qui a voyagé par l'air, qui est venue en Dalmatie, qui a changé deux ou trois fois de place, et qui enfin ne s'est trouvée commodément qu'à Lorette.[3] Nos trois étourdis chantent à souper une chanson faite

35 71N: voyagé en l'air

[1] Sur la signification de ces toasts, voir l'article 'Boire à la santé' des *QE* (*OCV*, t.39, p.429 et n.11).

[2] Ce qui suit est une référence transparente à l'affaire du chevalier Jean François Lefebvre de La Barre et de ses complices, Gaillard d'Etallonde et Charles Moisnel, que signale 71N (voir la variante des lignes 42-43). Pour les détails de cette affaire, souvent évoquée par Voltaire, voir la *Relation de la mort du chevalier de La Barre* (*OCV*, t.63B, p.491-581).

[3] Pour la *Sancta casa*, que les anges auraient transportée en Italie au treizième siècle, voir surtout l'*Essai sur les mœurs* (t.1, p.771), les articles 'Idole, Idolâtre, Idolâtrie' et 'Théiste' du *DP* (*OCV*, t.36, p.210-11, n.19, et p.548), *Le Dîner du comte*

autrefois par quelque huguenot contre la translation de la *santa casa* de Jérusalem au fond du golfe Adriatique. Un fanatique[4] est instruit par hasard de ce qui s'est passé à leur souper; il fait des perquisitions; il cherche des témoins; il engage un monsignor à lâcher un monitoire.[5] Ce monitoire alarme les consciences. Chacun tremble de ne pas parler. Tourières, bedeaux, cabaretiers, laquais, servantes ont bien entendu tout ce qu'on n'a point dit, ont vu tout ce qu'on n'a point fait; c'est un vacarme, un scandale épouvantable dans toute la marche d'Ancône. Déjà l'on dit à une demi-lieue de Lorette que ces enfants ont tué Notre-Dame; à une lieue plus loin on assure qu'ils ont jeté la *santa casa* dans la mer. Enfin, ils sont condamnés. La sentence porte que d'abord on leur coupera la main, qu'ensuite on leur arrachera la langue, qu'après cela on les mettra à la torture pour savoir d'eux (au moins par signes) combien il y avait de couplets à la chanson; et qu'enfin ils seront brûlés à petit feu.[6]

42-43 71N: consciences. [*avec note*: On dit que cette aventure est arrivée dans Abbeville; et que des juges aussi absurdes que sanguinaires, ou plutôt des monstres, ont condamné deux jeunes gens à l'extirpation de leur langue, à l'amputation de leur main droite, à la torture ordinaire et extraordinaire, et à être brulés vifs. ¶Quel était leur crime? D'avoir eu leur chapeau sur leur tête devant une procession de capucins, et d'avoir commis quelques indécences en particulier. Je ne puis croire cette horreur: ce sont les ennemis de la France qui l'ont sans doute inventée pour rendre les Français, qu'ils appellent Welches, odieux à toute l'Europe et à tous les siècles. Ou si des barbares, d'un coin de la Picardie, se sont souillés d'un homicide si exécrable; toute la France en a gémi, et aurait voulu les exterminer.] Chacun

---

de Boulainvilliers (*OCV*, t.63A, p.404), et *Dieu et les hommes* (*OCV*, t.69, p.427, n.20). Dans son exemplaire du *Commentaire sur l'édit du mois d'avril 1695, concernant la jurisdiction ecclésiastique* (Paris, 1764, BV1755) de Daniel Jousse, Voltaire a ajouté la note: 'défense d'aller à Notre-Dame de Lorrette sous peine des galères' (*CN*, t.4, p.629) – il fallait en effet obtenir une permission expresse du roi et l'approbation des évêques diocésains.

[4] Dumaisniel de Belleval, 'lieutenant en l'élection de Ponthieu', dont Moisnel était le pupille (*OCV*, t.63B, p.493-94).

[5] Mgr de La Motte, évêque d'Amiens. Trois monitoires furent fulminés les dimanches 18 et 25 août et 1er septembre 1765 (voir *OCV*, t.63B, p.544, n.19).

[6] Sur les sentences prononcées contre Moisnel, Etallonde et La Barre, voir *OCV*, t.63B, p.498, 559-60.

Un avocat de Milan,[7] qui dans ce temps se trouvait à Lorette, demanda au principal juge à quoi donc il aurait condamné ces enfants s'ils avaient violé leur mère, et s'ils l'avaient ensuite égorgée pour la manger? Oh oh! répondit le juge, il y a bien de la différence; violer, assassiner et manger son père et sa mère n'est qu'un délit contre les hommes.[8]

Avez-vous une loi expresse, dit le Milanais, qui vous force à faire périr par un si horrible supplice des jeunes gens à peine sortis de l'enfance pour s'être moqués indiscrètement de la *santa casa* dont on rit d'un rire de mépris dans le monde entier, excepté dans la marche d'Ancône? Non, dit le juge, la sagesse de notre jurisprudence laisse tout à notre discrétion.[9] – Fort bien, vous deviez donc avoir la discrétion de songer que l'un de ces enfants est le petit-fils d'un général qui a versé son sang pour la patrie, et le neveu d'une abbesse aimable et respectable:[10] cet enfant et ses camarades sont des étourdis qui méritent une correction paternelle. Vous arrachez à l'Etat des citoyens qui pourraient un jour le servir, vous vous souillez du sang innocent, et vous êtes plus cruels que les cannibales. Vous vous rendez exécrables à la dernière postérité. Quel motif a été assez puissant pour éteindre ainsi en vous la raison,

56-57 w68: l'avaient égorgée
59-83 70, 71IN, 71A: hommes. ¶Pour

[7] Référence transparente à Cesare Beccaria, auteur du *Traité des délits et les peines* dont Voltaire possède trois exemplaires (BV314, BV315, BV316) et qu'il a commenté.

[8] Cet exemple rappelle la hiérarchie de Pierre François Muyart de Vouglans entre les crimes de lèse-majesté divine et les crimes de lèse-majesté humaine (*Institutes au droit criminel* [...] *avec un traité particulier des crimes*, Paris, 1757, BV2541). Voltaire vise Vouglans de façon encore plus claire dans l'article 'Blasphème' des *QE* (*OCV*, t.39, p.395).

[9] Si c'est là quelque peu exagérer, il est vrai que les juges avaient un pouvoir considérable dans l'application de l'*Ordonnance criminelle* de 1670: voir Roland Mousnier, *Les Institutions de la France sous la monarchie absolue*, 2 vol. (Paris, 1974): 'Le plus souvent, le juge décidait pour [la procédure] extraordinaire' (t.2, p.392).

[10] Sur le lieutenant-général Antoine Lefebvre de La Barre et l'abbesse Anne-Marie Feydeau, voir *OCV*, t.63B, p.541-42 et n.6, 10 et 11.

la justice, l'humanité, et pour vous changer en bêtes féroces? – Le malheureux juge répondit enfin, Nous avions eu des querelles avec le clergé d'Ancône: il nous accusait d'être trop zélés pour les libertés de l'Eglise lombarde,[11] et par conséquent de n'avoir point de religion. J'entends, dit le Milanais, vous avez été assassins pour paraître chrétiens; à ces mots le juge tomba par terre comme frappé de la foudre: ses confrères perdirent depuis leurs emplois, ils crièrent qu'on faisait injustice, ils oubliaient celle qu'ils avaient faite; et ne s'apercevaient pas que la main de Dieu était sur eux.

Pour que sept personnes se donnent légalement l'amusement d'en faire périr une huitième en public à coups de barre de fer sur un théâtre; pour qu'ils jouissent du plaisir secret et mal démêlé dans leur cœur, de voir comment cet homme souffrira son supplice, et d'en parler ensuite à table avec leurs femmes[12] et leurs voisins; pour que des exécuteurs qui font gaiement ce métier, comptent d'avance l'argent qu'ils vont gagner; pour que le public coure à ce spectacle comme à la foire etc.; il faut que le crime mérite évidemment ce supplice du consentement de toutes les nations policées, et qu'il soit nécessaire au bien de la société: car il s'agit ici de l'humanité entière. Il faut surtout que l'acte du délit soit démontré comme une proposition de géométrie.

Si contre cent probabilités que l'accusé est coupable, il y en a une seule qu'il est innocent, cette seule peut balancer toutes les autres.

82-83 K84: eux. [*avec note*: Voyez dans le second volume de *Politique* la *Relation de la mort du chevalier de la Barre*, par M. Cassen avocat, à M. le marquis de Bécaria, et le dernier chapitre de *l'Histoire du parlement*.] ¶Pour

K12: eux. [*avec note*: Voyez dans le troisième volume de *Politique* la *Relation de la mort du chevalier de la Barre*, et le dernier chapitre de *l'Histoire du parlement*.] ¶Pour

94-95 K84, K12: géométrie, mais autant qu'un fait peut l'être. ¶Si

96 K84, K12: seule doit balancer

[11] Allusion aux libertés de l'Eglise gallicane.

[12] Cf. l'article 'Torture' du *DP*: 'Mon petit cœur, n'avez-vous fait donner aujourd'hui la question à personne?' (*OCV*, t.36, p.570-71).

Question si deux témoins suffisent pour faire pendre un homme?

On s'est imaginé longtemps, et le proverbe en est resté, qu'il suffit de deux témoins pour faire pendre un homme en sûreté de conscience. Encore une équivoque! Les équivoques gouvernent donc le monde? Il est dit dans saint Matthieu, (ainsi que nous l'avons déjà remarqué) *Il suffira de deux ou trois témoins pour réconcilier deux amis brouillés*;[13] et d'après ce texte, on a réglé la jurisprudence criminelle, au point de statuer que c'est une loi divine de tuer un citoyen sur la déposition uniforme de deux témoins qui peuvent être des scélérats! Une foule de témoins uniformes ne peut constater une chose improbable niée par l'accusé; on l'a déjà dit. Que faut-il donc faire en ce cas? Attendre, remettre le jugement à cent ans, comme faisaient les Athéniens.

Rapportons ici un exemple frappant de ce qui vient de se passer sous nos yeux à Lyon.[14] Une femme ne voit pas revenir sa fille chez elle vers les onze heures du soir; elle court partout; elle soupçonne sa voisine d'avoir caché sa fille; elle la redemande; elle l'accuse de l'avoir prostituée. Quelques semaines après, des pêcheurs trouvent dans le Rhône à Condrieux une fille noyée et toute en pourriture. La femme dont nous avons parlé croit que c'est sa fille. Elle est persuadée par les ennemis de sa voisine qu'on a déshonoré sa fille

102-103 70, 71A: texte, au
71N: texte, on est venu au

[13] Matthieu 18:15-17.

[14] Le cadavre de Catherine Lerouge ou Le Rouge, jeune femme de 21 ans, est trouvé dans le Rhône, à Lyon, fin juin 1767. Six inculpés, dont sa voisine, Mme Perra, passent six mois en prison, mais sont déchargés pleinement par le parlement de Lyon, le 21 décembre 1767. Pourtant, l'accusation réussit à en appeler au parlement de Paris, et ce n'est qu'en 1772 que le nouveau parlement 'Maupeou' confirme la décision du parlement de Lyon. Voir Alain Nabarra, 'Les rapports que nous font les hommes: Voltaire et l'affaire Lerouge', *Dix-huitième siècle* 39 (2007), p.129-44. Voltaire mentionne l'affaire pour la première fois le 16 février 1770 dans une lettre à Elie de Beaumont, qui avait rédigé un mémoire en faveur des accusés (D16152).

chez cette voisine même, qu'on l'a étranglée, qu'on l'a jetée dans le Rhône. Elle le dit; elle le crie; la populace le répète. Il se trouve bientôt des gens qui savent parfaitement les moindres détails de ce crime. Toute la ville est en rumeur; toutes les bouches crient vengeance. Il n'y a rien jusque-là que d'assez commun dans une populace sans jugement. Mais voici le rare, le prodigieux. Le propre fils de cette voisine, un enfant de cinq ans et demi accuse sa mère d'avoir fait violer sous ses yeux cette malheureuse fille retrouvée dans le Rhône, de l'avoir fait tenir par cinq hommes pendant que le sixième jouissait d'elle. Il a entendu les paroles que prononçait la violée; il peint ses attitudes; il a vu sa mère et ces scélérats étrangler cette infortunée immédiatement après la consommation. Il a vu sa mère et les assassins la jeter dans un puits, l'en retirer, l'envelopper dans un drap; il a vu ces monstres la porter en triomphe dans les places publiques, danser autour du cadavre et le jeter enfin dans le Rhône. Les juges sont obligés de mettre aux fers tous les prétendus complices; des témoins déposent contre eux. L'enfant est d'abord entendu, et il soutient avec la naïveté de son âge tout ce qu'il a dit d'eux et de sa mère. Comment imaginer que cet enfant n'ait pas dit la pure vérité? Le crime n'est pas vraisemblable; mais il l'est encore moins qu'à cinq ans et demi on calomnie ainsi sa mère; qu'un enfant répète avec uniformité toutes les circonstances d'un crime abominable et inouï, s'il n'en a pas été le témoin oculaire, s'il n'en a point été vivement frappé, si la force de la vérité ne les arrache à sa bouche.

Tout le peuple s'attend à repaître ses yeux du supplice des accusés.

Quelle est la fin de cet étrange procès criminel? Il n'y avait pas un mot de vrai dans l'accusation. Point de fille violée, point de jeunes gens assemblés chez la femme accusée, point de meurtre, pas la moindre aventure, pas le moindre bruit. L'enfant avait été suborné, et par qui? chose étrange, mais vraie! par deux autres

137 w68: qu'à l'âge de cinq

enfants qui étaient fils des accusateurs.[15] Il avait été sur le point de faire brûler sa mère pour avoir des confitures.[16]

Tous les chefs d'accusation réunis étaient impossibles.[17] Le présidial de Lyon sage et éclairé, après avoir déféré à la fureur publique au point de rechercher les preuves les plus surabondantes pour et contre les accusés, les absout pleinement et d'une voix unanime.

Peut-être autrefois aurait-on fait rouer et brûler tous ces accusés innocents, à l'aide d'un monitoire, pour avoir le plaisir de faire ce qu'on appelle *une justice*, qui est la tragédie de la canaille.

156 K12: tous les accusés

[15] D'après le mémoire d'Elie de Beaumont, ce fut le frère de Catherine Lerouge qui le premier apprit à Jean-Claude Forobert, fils de Marie Dalin Forobert, 'ce qui se disait: "ta mère a tué Claudine"' (cité par A. Nabarra, 'Les rapports que nous font les hommes', p.140).

[16] En effet, on permit à une tante de la victime de rendre visite au petit Forobert, et de lui donner 'argent et bonbons' (Beaumont, *Mémoire*, cité par A. Nabarra, 'Les rapports que nous font les hommes', p.140). Voltaire se scandalise 'qu'un enfant de cinq ans et demi [...] pour trente sous et des dragées accuse sa mère des plus horribles crimes!' (D16195, du 3 mars 1770, à Beaumont).

[17] En juin 1771, Voltaire donnera cette interprétation de l'affaire à Elie de Beaumont: 'Je crois [...] que la Lerouge en cherchant son chat, ou en étant poursuivie dans cette allée sombre par quelque effronté, tomba dans les privés que l'on curait alors, et qui étaient ouverts malgré les règlements de police. Ceux qui laissèrent ces lieux ouverts étant en contravention, prirent peut-être le parti d'aller jeter le corps dans le Rhône' (D17230; il donne une explication similaire dans D17516).

CRIMINALISTE

Dans les antres de la chicane, on appelle *grand criminaliste*, un barbare en robe qui sait faire tomber les accusés dans le piège, qui ment impudemment pour découvrir la vérité,[1] qui intimide des témoins, et qui les force, sans qu'ils s'en aperçoivent, à déposer contre le prévenu: s'il y a une loi antique et oubliée, portée dans un temps de guerres civiles, il la fait revivre, il la réclame dans un temps de paix.[2] Il écarte, il affaiblit tout ce qui peut servir à justifier un malheureux; il amplifie, il aggrave tout ce qui peut servir à le condamner; son rapport n'est pas d'un juge, mais d'un ennemi. Il mérite d'être pendu à la place du citoyen qu'il fait pendre.

a-10 70, 71N, 71A: [*absent*]

* Cet article ne correspond à aucun article de l'*Encyclopédie*. Vraisemblablement, l'irritation ressentie par Voltaire à l'égard des procès de Morangiès et de Monbailli, et de tous ceux qui l'ont préoccupé depuis l'exécution de Jean Calas, l'a incité à composer cette diatribe. Ce 'barbare en robe', qui ressemble plus à 'un ennemi' qu'à 'un juge', symbolise tous les magistrats avec lesquels il a eu maille à partir. Le mot 'criminaliste', plutôt neutre dans sa correspondance (D13345, D13585), prend un tout autre sens ici et dans *Les Peuples au parlement* ('Le juge, qui se croit grand ciminaliste, [...] n'examine rien', *OCV*, t.73, p.268). L'article ne paraît qu'en 1774 (w68, t.22).

[1] Voltaire admirait le *Discours sur l'administration de la justice criminelle* (BV3152) de Michel Servan. Cet avocat général dénonçait les 'interrogatoires captieux' des juges (voir C. Mervaud, 'Voltaire et le Beccaria de Grenoble: Michel Joseph Antoine Servan', *Voltaire and the 1760s*, éd. N. Cronk, *SVEC* 2008:10, p.171-81, ici p.178-80).

[2] Voltaire songe vraisemblablement à une loi comme celle sur le blasphème, la mention de 'guerres civiles' évoquant les différends entre protestants et catholiques aux seizième et dix-septième siècles. Dans l'article 'Blasphème' des *QE*, une discussion critique des remarques du légiste Muyart de Vouglans à ce propos est suivie immédiatement par une transposition satirique de l'affaire du chevalier de La Barre (*OCV*, t.39, p.394-401).

CRIMINEL,

Procès criminel

On a puni souvent par la mort des actions très innocentes; c'est ainsi qu'en Angleterre Richard III et Edouard IV firent condamner par des juges ceux qu'ils soupçonnaient de ne leur être pas attachés.[1] Ce ne sont pas là des procès criminels, ce sont des assassinats commis par des meurtriers privilégiés. Le dernier degré de la perversité est de faire servir les lois à l'injustice.

On a dit que les Athéniens punissaient de mort tout étranger qui entrait dans l'église, c'est-à-dire, dans l'assemblée du peuple. Mais si cet étranger n'était qu'un curieux, rien n'était plus barbare que de le faire mourir. Il est dit dans l'*Esprit des lois* qu'on usait de cette rigueur, *parce que cet homme usurpait les droits de la souveraineté.*[2] Mais un Français qui entre à Londres dans la chambre des communes pour entendre ce qu'on y dit, ne prétend point faire le souverain. On le reçoit avec bonté. Si quelque membre de

* Boucher d'Argis, dans l'article 'Criminel (Jurisprud.)' de l'*Encyclopédie*, renvoie à de nombreuses entrées, en particulier à 'Procès criminel' et 'Procédure criminelle', deux sections d'articles très techniques, 'Procès' et 'Procédure', qu'il a également rédigés. Voltaire reprend ici, avec des variantes stylistiques et des ajouts, le chapitre 22 du *Commentaire sur le livre Des délits et des peines* (1766), composé après la lecture de Beccaria, dont quelques alinéas avaient de nouveau paru dans le chapitre 42 du *Précis du siècle de Louis XV* (1769). La dernière partie de l'article entretient des rapports étroits avec l'*Avis au public sur les parricides* (1766). Sirven s'était livré aux autorités en 1768, mais sa réhabilitation définitive ne fut prononcée que le 15 novembre 1771. Il se peut que cet article ait été en partie destiné à faire pression sur le 'groupe éclairé' que Voltaire croyait avoir détecté dans le parlement de Toulouse. Il est envoyé à Cramer en novembre 1770, selon la datation de Besterman de D16762 et D16763, et paraît en mars/avril 1771 (70, t.4).

[1] Voir l'*Essai sur les mœurs*, t.2, ch.117, p.127-29. Pour Richard III voir aussi D14668, D15140 et D15141.

[2] Libanius dit qu'"à Athènes un étranger qui se mêlait dans l'assemblée du peuple, était puni de mort. C'est qu'un tel homme usurpait le droit de souveraineté' (Montesquieu, *De l'esprit des lois*, Paris, 1951, livre 2, ch.2, t.2, p.240).

mauvaise humeur demande le *Clear the house*, éclaircissez la chambre, mon voyageur l'éclaircit en s'en allant; il n'est point pendu.[3] Il est croyable que si les Athéniens ont porté cette loi passagère, c'était dans un temps où l'on craignait qu'un étranger ne fût un espion, et non parce qu'il s'arrogeait les droits de souverain. Chaque Athénien opinait dans sa tribu; tous ceux de la tribu se connaissaient; un étranger n'aurait pu aller porter sa fève.

Nous ne parlons ici que des vrais procès criminels. Chez les Romains tout procès criminel était public. Le citoyen accusé des plus énormes crimes avait un avocat qui plaidait en sa présence, qui faisait même des interrogations à la partie adverse, qui discutait tout devant ses juges. On produisait à portes ouvertes tous les témoins pour ou contre, rien n'était secret. Cicéron plaida pour Milon qui avait assassiné Clodius en plein jour à la vue de mille citoyens. Le même Cicéron prit en main la cause de Roscius Amérinus accusé de parricide.[4] Un seul juge n'interrogeait pas en secret des témoins, qui sont d'ordinaire des gens de la lie du peuple, auxquels on fait dire tout ce qu'on veut.

Un citoyen romain n'était pas appliqué à la torture sur l'ordre arbitraire d'un autre citoyen romain qu'un contrat eût revêtu de ce droit cruel. On ne faisait pas cet horrible outrage à la nature humaine dans la personne de ceux qui étaient regardés comme les premiers des hommes, mais seulement dans celle des esclaves

19 K84, K12: non qu'il s'arrogeât les
22 71N: que de vrais
32 K84, K12: dire ce

[3] Peut-être une réminiscence du Voltaire en exil en Angleterre à la fin des années 1720, d'autant plus que ses œuvres de vieillesse contiennent, semble-t-il, d'autres souvenirs du même type: voir G. Gargett, 'L'anglais dans les contes de Voltaire', *Revue Voltaire* 9 (2009), p.271-87.

[4] Pour l'admiration vouée par Voltaire à Cicéron, voir Chantal Grell, *Le Dix-huitième siècle et l'antiquité en France*, *SVEC* 330-31 (1995), p.1095-96, et l'article 'Cicéron' ci-dessus. Voltaire a mis des signets dans les plaidoyers pour Milon et pour Roscius Amérinus dans son exemplaire des *Œuvres* de Cicéron (*CN*, t.2, p.625).

regardés à peine comme des hommes. Il eût mieux valu ne point employer la torture contre les esclaves mêmes. (Voyez 'Torture'.)[5]

L'instruction d'un procès criminel se ressentait à Rome de la magnanimité et de la franchise de la nation.

Il en est ainsi à peu près à Londres. Le secours d'un avocat n'y est refusé à personne en aucun cas; tout le monde est jugé par ses pairs. Tout citoyen peut de trente-six bourgeois jurés en récuser douze sans cause, douze en alléguant des raisons, et par conséquent choisir lui-même les douze autres pour ses juges. Ces juges ne peuvent aller ni en deçà, ni en delà de la loi; nulle peine n'est arbitraire, nul jugement ne peut être exécuté que l'on n'en ait rendu compte au roi qui peut et qui doit faire grâce à ceux qui en sont dignes, et à qui la loi ne la peut faire; ce cas arrive assez souvent. Un homme violemment outragé aura tué l'offenseur dans un mouvement de colère pardonnable; il est condamné par la rigueur de la loi, et sauvé par la miséricorde qui doit être le partage du souverain.[6]

Remarquons bien attentivement que dans ce pays où les lois sont aussi favorables à l'accusé que terribles pour le coupable, non seulement un emprisonnement fait sur la dénonciation fausse d'un accusateur est puni par les plus grandes réparations et les plus fortes amendes; mais que si un emprisonnement illégal a été ordonné par un ministre d'Etat à l'ombre de l'autorité royale, le ministre est condamné à payer deux guinées par heure pour tout le temps que le citoyen a demeuré en prison.[7]

41 K84, K12: magnanimité, de
47 K84, K12: ni au-delà de

[5] Voltaire renvoie plutôt à l'article 'Torture' du *DP* qu'à l'article 'Question, Torture' des *QE*. Voir aussi le chapitre 12, 'De la question', du *Commentaire sur le livre Des délits et des peines* (*M*, t.25, p.557-58).

[6] 'Aucun criminel en Angleterre n'est mis à mort que le roi n'ait signé la sentence' (*Commentaire sur le livre Des délits et des peines*, *M*, t.25, p.557).

[7] 'En Angleterre, un simple emprisonnement fait mal à propos est réparé par le ministre qui l'a ordonné' (*Commentaire sur le livre Des délits et des peines*, ch.22, *M*, t.25, p.573).

Procédure criminelle chez certaines nations

Il y a des pays où la jurisprudence criminelle fut fondée sur le droit canon, et même sur les procédures de l'Inquisition, quoique ce nom y soit détesté depuis longtemps.[8] Le peuple dans ces pays est demeuré encore dans une espèce d'esclavage. Un citoyen poursuivi par l'homme du roi est d'abord plongé dans un cachot; ce qui est déjà un véritable supplice pour un homme qui peut être innocent. Un seul juge, avec son greffier, entend secrètement chaque témoin assigné l'un après l'autre.

Comparons seulement ici en quelques points la procédure criminelle des Romains avec celle d'un pays de l'Occident qui fut autrefois une province romaine.

Chez les Romains les témoins étaient entendus publiquement en présence de l'accusé, qui pouvait leur répondre, les interroger lui-même, ou leur mettre en tête un avocat. Cette procédure était noble et franche; elle respirait la magnanimité romaine.

En France, en plusieurs endroits de l'Allemagne, tout se fait secrètement. Cette pratique établie sous François Ier, fut autorisée par les commissaires qui rédigèrent l'ordonnance de Louis XIV en 1670: une méprise seule en fut la cause.

On s'était imaginé en lisant le code *De testibus*,[9] que ces mots: *testes intrare judicii secretum*, signifiaient que les témoins étaient interrogés en secret. Mais *secretum* signifie ici le cabinet du juge.

64 71N: dans ce pays
79-80 71N: en 1690: une

[8] Voir les articles 'Inquisition' du *DP* (*OCV*, t.36, p.234-42, n.1 et 18) et 'Aranda' des *QE* (*OCV*, t.38, p.551-59).

[9] Une note de Voltaire signale sa source: 'Voyez Bornier, titre vi, article 2 des *Informations*' (*Commentaire sur le livre Des délits et des peines*, *M*, t.25, p.573). Voltaire a consulté le 20 novembre 1764 les *Conférences des ordonnances de Louis XIV avec les anciennes ordonnances du royaume, le droit civil et les arrêts*, 2 vol. (Paris, 1755, BV480) de Philippe Bornier, qu'il a annotées (*CN*, t.1, p.403-406).

Intrare secretum, pour dire, parler secrètement, ne serait pas latin. Ce fut un solécisme qui fit cette partie de notre jurisprudence.[10]

Les déposants sont pour l'ordinaire des gens de la lie du peuple, et à qui le juge enfermé avec eux peut faire dire tout ce qu'il voudra. Ces témoins sont entendus une seconde fois toujours en secret, ce qui s'appelle *récolement*; et si après le récolement ils se rétractent dans leurs dépositions, ou s'ils les changent dans des circonstances essentielles, ils sont punis comme faux témoins. De sorte que lorsqu'un homme d'un esprit simple, et ne sachant pas s'exprimer, mais ayant le cœur droit, et se souvenant qu'il en a dit trop ou trop peu, qu'il a mal entendu le juge, ou que le juge l'a mal entendu, révoque par esprit de justice ce qu'il a dit par imprudence, il est puni comme un scélérat: ainsi il est forcé souvent de soutenir un faux témoignage par la seule crainte d'être traité en faux témoin.[11]

L'accusé en fuyant, s'expose à être condamné, soit que le crime ait été prouvé, soit qu'il ne l'ait pas été. Quelques jurisconsultes, à la vérité, ont assuré que le contumace ne devait pas être condamné, si le crime n'était pas clairement prouvé. Mais d'autres jurisconsultes, moins éclairés et peut-être plus suivis, ont eu une opinion contraire; ils ont osé dire que la fuite de l'accusé était une preuve du crime; que le mépris qu'il marquait pour la justice, en refusant de comparaître, méritait le même châtiment que s'il était convaincu. Ainsi suivant la secte des jurisconsultes que le juge aura embrassée, l'innocent sera absous ou condamné.

C'est un grand abus dans la jurisprudence, que l'on prenne souvent pour loi les rêveries et les erreurs, quelquefois cruelles, d'hommes sans aveu qui ont donné leurs sentiments pour des lois.

Sous le règne de Louis XIV on a fait en France deux ordonnances, qui sont uniformes dans tout le royaume. Dans la

[10] Ce paragraphe et les quatre suivants reproduisent, à quelques mots près, un passage du *Commentaire sur le livre Des délits et des peines* (*M*, t.25, p.573-74).

[11] Voir P. Bornier, *Conférences des ordonnances*, titre 15, article 11, avec note marginale: 'témoins qui se rétractent après le récolem[en]t punis' (*CN*, t.1, p.405).

première, qui a pour objet la procédure civile, il est défendu aux juges de condamner, en matière civile, par défaut, quand la demande n'est pas prouvée;[12] mais dans la seconde, qui règle la procédure criminelle, il n'est point dit que, faute de preuves, l'accusé sera renvoyé.[13] Chose étrange! La loi dit qu'un homme, à qui l'on demande quelque argent, ne sera condamné par défaut qu'au cas que la dette soit avérée; mais s'il s'agit de la vie, c'est une controverse au barreau, de savoir si l'on doit condamner le contumace, quand le crime n'est pas prouvé; et la loi ne résout pas la difficulté.

Exemple tiré de la condamnation d'une famille entière

Voici ce qui arriva à cette famille infortunée dans le temps que des confréries insensées de prétendus pénitents, le corps enveloppé dans une robe blanche, et le visage masqué, avaient élevé dans une des principales églises de Toulouse un catafalque superbe à un jeune protestant homicide de lui-même, qu'ils prétendaient avoir été assassiné par son père et sa mère pour avoir abjuré la religion réformée; dans ce temps même où toute la famille de ce protestant révéré en martyr, était dans les fers, et que tout un peuple enivré d'une superstition également folle et barbare, attendait avec une

113-14 71N: défendu au juge de

[12] Sur l'*Ordonnance civile touchant la réformation de la justice* d'avril 1667, voir E. Esmein, *Cours élémentaire d'histoire du droit français*, 15e éd. (Paris, 1925 [1930]), p.741-43, et Roland Mousnier, *Les Institutions de la France sous la monarchie absolue*, 2 vol. (Paris, 1974), t.2, p.390-91.

[13] Le tome 2 des *Conférences des ordonnances* de P. Bornier est consacré à l'examen de la procédure criminelle et a fait l'objet d'une lecture attentive de Voltaire (*CN*, t.1, p.405-406). D'après E. Esmein, l'*Ordonnance criminelle* de 1670 en effet 'poussa à l'extrême les rigueurs de la procédure criminelle. Le secret, qui la dominait, fut renforcé encore' (*Cours élémentaire*, p.743). L'opinion de R. Mousnier est plus nuancée: 'La procédure inquisitoire et secrète fut longtemps acceptée par l'opinion publique comme une rigueur nécessaire' (*Les Institutions de la France sous la monarchie absolue*, t.2, p.396).

dévote impatience le plaisir de voir expirer sur la roue ou dans les flammes cinq ou six personnes de la probité la plus reconnue.[14]

Dans ce temps funeste, dis-je, il y avait auprès de Castres un honnête homme de cette même religion protestante, nommé Sirven, exerçant dans cette province la profession de feudiste.[15] Ce père de famille avait trois filles. Une femme qui gouvernait la maison de l'évêque de Castres, lui propose de lui amener la seconde fille de Sirven nommée Elizabeth, pour la faire catholique apostolique et romaine:[16] elle l'amène en effet: l'évêque la fait enfermer chez les jésuitesses qu'on nomme *les dames régentes*, ou *les dames noires*. Ces dames lui enseignent ce qu'elles savent; elles lui trouvèrent la tête un peu dure, et lui imposèrent des pénitences rigoureuses pour lui inculquer des vérités qu'on pouvait lui apprendre avec douceur; elle devint folle; les dames noires la chassent; elle retourne chez ses parents; sa mère en la faisant changer de chemise trouve tout son corps couvert de meurtrissures:[17] la folie augmente: elle se change en fureur mélancolique;

[14] Il s'agit bien entendu de l'affaire Calas (voir *OCV*, t.56B et 56C). La crainte continuelle de Voltaire, jusqu'à la réhabilitation de Calas en 1765, fut que l'affaire Sirven ne porte préjudice à l'action en faveur du condamné de Toulouse en accréditant l'idée que les protestants avaient l'habitude de mettre à mort leurs enfants lorsque ceux-ci montraient la moindre envie de devenir catholiques. On peut juger de l'intérêt que portait Voltaire à Sirven par le nombre de lettres qu'il lui consacre dans sa correspondance, par rapport à celles qui ont trait à l'affaire Calas (G. Gargett, *Voltaire and Protestantism*, *SVEC* 188, 1980, appendice 2, p.485-89).

[15] Un feudiste est un spécialiste du droit féodal. *L'Affaire Sirven* (Mazamet, 1911) d'Elie Galland raconte en détail les événements de cette cause célèbre. Si Voltaire donne une version assez fidèle de l'affaire Sirven, ici et dans l'*Avis au public*, il exagère certains faits, pour des raisons de propagande évidentes. La tactique est analysée dans G. Gargett, 'Voltaire and the Sirven case: propaganda in a good cause?', *Proceedings of the Huguenot Society* 26:4 (1996), p.431-42.

[16] Il paraîtrait qu'Elizabeth serait allée voir l'évêque, Mgr Barral, de son propre gré; quoi qu'il en soit, plusieurs membres de la famille Sirven étaient déjà catholiques. Plus tard, Sirven lui-même prétendit qu'Elizabeth avait peut-être agi sous l'influence d'une de ses belles-sœurs, dont une amie était domestique dans le palais de l'évêque.

[17] Le récit de Voltaire semble correct dans l'ensemble: Elizabeth était certainement déséquilibrée, fut renvoyée par les sœurs après sept mois, et avait probablement

elle s'échappe un jour de la maison, tandis que le père était à quelques milles de là occupé publiquement de ses fonctions dans le château d'un seigneur voisin. Enfin vingt jours après l'évasion d'Elizabeth, des enfants la trouvent noyée dans un puits, le 4 janvier 1761.

C'était précisément le temps où l'on se préparait à rouer Calas dans Toulouse. Le mot de *parricide*, et qui pis est de *huguenot*, volait de bouche en bouche dans toute la province. On ne douta pas que Sirven, sa femme et ses deux filles n'eussent noyé la troisième par principe de religion. C'était une opinion universelle que la religion protestante ordonne positivement aux pères et aux mères de tuer leurs enfants, s'ils veulent être catholiques. Cette opinion avait jeté de si profondes racines dans les têtes mêmes des magistrats, entraînés malheureusement alors par la clameur publique, que le conseil et l'Eglise de Genève furent obligés de démentir cette fatale erreur, et d'envoyer au parlement de Toulouse une attestation juridique, que non seulement les protestants ne tuent point leurs enfants, mais qu'on les laisse maîtres de tous leurs biens quand ils quittent leur secte pour une autre. On sait que Calas fut roué malgré cette attestation.[18]

Un nommé Landes juge de village, assisté de quelques gradués aussi savants que lui, s'empressa de faire toutes les dispositions pour bien suivre l'exemple qu'on venait de donner dans Toulouse.[19] Un médecin de village, aussi éclairé que les juges, ne manqua pas d'assurer à l'inspection du corps, au bout de vingt

été soumise à la discipline, peut-être à sa propre demande (E. Galland, *L'Affaire Sirven*, p.34-39). Dans l'*Avis au public*, Voltaire avait créé à partir de ces événements un passage qui ressemble presque à un 'conte' (*M*, t.25, p.518).

[18] Jean Calas fut exécuté le 9 mars 1762.

[19] Le juge, Pierre Joseph Landes, fut assisté par un lieutenant, Jacques Vidal-Lacombe, et un procureur fiscal, Pierre André Trinqué (E. Galland, *L'Affaire Sirven*, p.85). L'*Avis au public*, confondant peut-être Landes avec le procureur général Riquet de Bonrepos, qui intervint après la fuite des Sirven, donne une version encore plus hostile de la conduite du juge (*M*, t.25, p.518), qui, d'après E. Galland, avait du moins montré de 'l'impartialité' et 'avait autorisé Sirven à faire entendre des témoins' (*L'Affaire Sirven*, p.113).

jours, que cette fille avait été étranglée et jetée ensuite dans le puits. Sur cette déposition le juge décrète de prise de corps le père, la mère et les deux filles.[20]

La famille justement effrayée par la catastrophe des Calas et par les conseils de ses amis, prend incontinent la fuite; ils marchent au milieu des neiges pendant un hiver rigoureux; et de montagnes en montagnes ils arrivent jusqu'à celles des Suisses. Celle des deux filles, qui était mariée et grosse, accouche avant terme, parmi les glaces.[21]

La première nouvelle que cette famille apprend quand elle est en lieu de sûreté, c'est que le père et la mère sont condamnés à être pendus; les deux filles à demeurer sous la potence pendant l'exécution de leur mère, et à être reconduites par le bourreau hors du territoire, sous peine d'être pendues si elles reviennent.[22] C'est ainsi qu'on instruit *la contumace*.[23]

Ce jugement était également absurde et abominable. Si le père, de concert avec sa femme, avait étranglé sa fille, il fallait le rouer comme Calas; et brûler la mère, au moins après qu'elle aurait été étranglée; parce que ce n'est pas encore l'usage de rouer les femmes

177 w68: catastrophe de Calas
181 w68: avant le terme

[20] En réalité la famille Sirven ne fut décrétée de prise de corps, le 19 janvier 1761, qu'après de nombreuses autres démarches de la part des autorités, y compris l'audition de quarante-quatre témoins (voir E. Galland, *L'Affaire Sirven*, p.90-130). Voltaire a pourtant raison d'impliquer que le préjugé jouait un grand rôle dès le début, témoin la teneur du *brief intendit*, liste de questions visant à découvrir ceux qui avaient perpétré un 'exécrable assassinat' (E. Galland, *L'Affaire Sirven*, p.114-15).

[21] S'il est vrai que Sirven et sa famille connurent un voyage difficile en Suisse, sa fille Marianne accoucha d'un fils à Lausanne, plusieurs semaines après son arrivée (E. Galland, *L'Affaire Sirven*, p.221). L'*Avis au public* donne de nouveau une version encore plus dramatique de ces événements (*M*, t.25, p.518).

[22] Cette nouvelle fut difficilement la première apprise par la famille Sirven, car la sentence de la cour de Mazamet n'intervint que le 29 mars 1764, après 'une procédure de presque vingt-sept mois' (E. Galland, *L'Affaire Sirven*, p.233).

[23] D'après E. Galland, les autorités étaient en fait incertaines par rapport à la procédure qu'il fallait suivre dans le cas d'un 'contumax' (*L'Affaire Sirven*, p.234-35).

dans le pays de ce juge. Se contenter de pendre en pareille occasion, c'était avouer que le crime n'était pas avéré, et que dans le doute la corde était un parti mitoyen qu'on prenait faute d'être instruit. Cette sentence blessait également la loi et la raison.[24]

La mère mourut de désespoir; et toute la famille, dont le bien était confisqué, allait mourir de misère, si elle n'avait pas trouvé des secours.[25]

On s'arrête ici pour demander s'il y a quelque loi et quelque raison qui puisse justifier une telle sentence? On peut dire au juge: Quelle rage vous a porté à condamner à la mort un père et une mère? C'est qu'ils se sont enfuis, répond le juge. Eh misérable! voulais-tu qu'ils restassent pour assouvir ton imbécile fureur? Qu'importe qu'ils paraissent devant toi chargés de fers pour te répondre, ou qu'ils lèvent les mains au ciel contre toi loin de ta face! Ne peux-tu pas voir sans eux la vérité qui doit te frapper? Ne peux-tu pas voir que le père était à une lieue de sa fille au milieu de vingt personnes, quand cette malheureuse fille s'échappa des bras de sa mère? Peux-tu ignorer que toute la famille l'a cherchée pendant vingt jours et vingt nuits? Tu ne réponds à cela que ces mots, *contumace*, *contumace*. Quoi! parce qu'un homme est absent, il faut qu'on le condamne à être pendu, quand son innocence est évidente! C'est la jurisprudence d'un sot et d'un monstre. Et la vie, les biens, l'honneur des citoyens dépendront de ce code d'Iroquois!

La famille Sirven traîna son malheur loin de sa patrie pendant plus de huit années. Enfin, la superstition sanguinaire qui déshonorait le Languedoc, ayant été un peu adoucie, et les esprits étant devenus plus éclairés, ceux qui avaient consolé les Sirven pendant leur exil, leur conseillèrent de venir demander justice au parlement

[24] Voltaire insiste à juste titre sur le caractère contradictoire du jugement; pour E. Galland, le juge de Mazamet suivait l'exemple donné dans l'affaire Calas par le parlement de Toulouse qui en effet confirma le jugement et fit exécuter les Sirven en effigie le 11 septembre 1764 (*L'Affaire Sirven*, p.236).

[25] Mme Sirven mourut en juin 1765 (D12642), mais le gouvernement bernois avait déjà accordé une pension à la famille Sirven, comme aux Calas (E. Galland, *L'Affaire Sirven*, p.221).

de Toulouse même, lorsque le sang des Calas ne fumait plus, et que plusieurs se repentaient de l'avoir répandu. Les Sirven furent justifiés.[26]

Erudimini qui judicatis terram.[27]

[26] Il doit s'agir ici de la décision du parlement de Toulouse du 16 novembre 1769, après que Sirven se fut constitué prisonnier volontairement. Mais ce 'hors d'instance' impliquait toujours la culpabilité et Sirven fit appel immédiatement, réclamant la restitution de ses biens et 20 000 francs de dommages et intérêts. Suite à la suppression du parlement de Toulouse par Maupeou, le nouveau parlement prononça enfin sa réhabilitation définitive le 15 novembre 1771 ('Sirven, Pierre Paul', *Dictionnaire général de Voltaire*, éd. Raymond Trousson et Jeroom Vercruysse, Paris, 2003, p.1113).

[27] 'Recevez les instructions de la vérité, vous qui jugez la terre' (Psaume 2:10; texte de la Vulgate).

CRITIQUE

L'article 'Critique' fait par M. de Marmontel dans l'*Encyclopédie*,[1] est si bon qu'il ne serait pas pardonnable d'en donner ici un nouveau, si on n'y traitait pas une matière toute différente sous le même titre. Nous entendons ici cette critique née de l'envie, aussi ancienne que le genre humain. Il y a environ trois mille ans qu'Hésiode a dit, Le potier porte envie au potier, le forgeron au forgeron, le musicien au musicien.[2]

Le duc de Sulli dans ses mémoires, trouve le cardinal d'Ossat, et le secrétaire d'Etat Villeroi, de mauvais ministres;[3] Louvois faisait ce qu'il pouvait pour ne pas estimer le grand Colbert; mais ils n'imprimaient rien l'un contre l'autre: le duc de Marlborough ne fit rien imprimer contre le comte Péterboroug:[4] c'est une sottise qui

7-8 K84, K12: musicien. [*ajoutent les lignes 1-59 de l'article 'Critique' du DP*] ¶Le
11-12 70, 71N, 71A: l'autre: c'est

* En novembre 1770, Voltaire écrit ce billet à Gabriel Cramer: 'Je lui envoie "Coutume", "Crimes", "Criminel", "Croire", "Cromwell". "Critique" ne doit marcher qu'après "Crimes". Je ne ferai pas attendre le reste' (D16762). Il répète l'information dans un autre billet au même (D16763). A cette date, 'Critique' est donc entre les mains du libraire, qui doit insérer l'article à sa place, en fait après 'Criminel'. Le 10 décembre, la feuille contenant l'article 'Des crimes ou délits' est sur épreuve (D16817) et l'on peut soupçonner qu'il en soit de même pour 'Critique'. L'article est en partie repris de l'article homonyme du *DP* (*OCV*, t.35, p.660-65), ce qui fait que la partie originale des *QE* est essentiellement limitée à une diatribe contre les 'folliculaires' anciens et nouveaux. Jean-François Marmontel avait rédigé l'article 'Critique' de l'*Encyclopédie*. Le présent article paraît en mars/avril 1771 (70, t.4).

[1] T.4, p.490-97. Largement cité pour son jugement de l'art tragique et du poème épique, Voltaire y est qualifié de 'critique supérieur' par Marmontel (p.496).

[2] *Les Travaux et les jours*, vers 25-26. Texte exact: 'Ainsi le potier porte envie au potier, l'artisan à l'artisan, le mendiant au mendiant et le chanteur au chanteur'. Voltaire vieillit Hésiode de près d'un demi-millénaire.

[3] Début de la reprise de l'article 'Critique' du *DP* (*OCV*, t.35, p.660-65), dont on consultera l'annotation.

[4] Cet exemple est ajouté au texte du *DP*. Charles Mordaunt, comte de

n'est d'ordinaire attachée qu'à la littérature, à la chicane, et à la théologie. C'est dommage que les économies politiques et royales soient tachées quelquefois de ce défaut.

La Motte Houdart était un homme de mérite en plus d'un genre; il a fait de très belles stances.

Quelquefois au feu qui la charme
Résiste une jeune beauté,
Et contre elle-même elle s'arme
D'une pénible fermeté.
Hélas! cette contrainte extrême
La prive du vice qu'elle aime,
Pour fuir la honte qu'elle hait.
Sa sévérité n'est que faste,
Et l'honneur de passer pour chaste
La résout à l'être en effet.
En vain ce sévère stoïque
Sous mille défauts abattu,
Se vante d'une âme héroïque
Toute vouée à la vertu;
Ce n'est point la vertu qu'il aime,
Mais son cœur ivre de lui-même
Voudrait usurper les autels;
Et par sa sagesse frivole
Il ne veut que parer l'idole
Qu'il offre au culte des mortels.
Les champs de Pharsale et d'Arbelle
Ont vu triompher deux vainqueurs,
L'un et l'autre digne modèle
Que se proposent les grands cœurs.
Mais le succès a fait leur gloire;
Et si le sceau de la victoire

33 70, 71A, w68: Mais mon cœur

Peterborough et Monmouth (1658-1735) 'était l'ennemi déclaré du duc de Marlborough, qui passait pour aimer beaucoup l'argent' (Honoré Lacombe de Prezel, *Dictionnaire des portraits historiques*, 3 vol., Paris, 1768, t.3, p.90).

N'eût consacré ces demi-dieux,
Alexandre aux yeux du vulgaire,
N'aurait été qu'un téméraire,
Et César qu'un séditieux.

Cet auteur, dis-je, était un sage qui prêta plus d'une fois le charme des vers à la philosophie. S'il avait toujours écrit de pareilles stances, il serait le premier des poètes lyriques; cependant c'est alors qu'il donnait ces beaux morceaux, que l'un de ses contemporains l'appelait

Certain oison, gibier de basse-cour.

Il dit de La Motte en un autre endroit;

De ses discours l'ennuyeuse beauté.

Il dit dans un autre:

... Je n'y vois qu'un défaut,
C'est que l'auteur les devait faire en prose.
Ces odes-là sentent bien le Quinaut.

Il le poursuit partout; il lui reproche partout la sécheresse, et le défaut d'harmonie.

Seriez-vous curieux de voir les odes que fit quelques années après ce même censeur qui jugeait La Motte en maître, et qui le décriait en ennemi? Lisez.

Cette influence souveraine
N'est pour lui qu'une illustre chaîne
Qui l'attache au bonheur d'autrui;
Tous les brillants qui l'embellissent,
Tous les talents qui l'anoblissent,
Sont en lui, mais non pas à lui.
Il n'est rien que le temps n'absorbe, ne dévore;
Et les faits qu'on ignore
Sont bien peu différents des faits non avenus.
La bonté qui brille en elle

69 K84, K12: qui l'ennoblissent

De ses charmes les plus doux,
Est une image de celle
Qu'elle voit briller en vous.
Et par vous seule enrichie
Sa politesse affranchie
Des moindres obscurités,
Est la lueur réfléchie
De vos sublimes clartés.
Ils ont vu par ta bonne foi
De leurs peuples troublés d'effroi
La crainte heureusement déçue,
Et déracinée à jamais
La haine si souvent reçue
En survivance de la paix.
Dévoile à ma vue empressée
Ces déités d'adoption,
Synonymes de la pensée,
Symboles de l'abstraction.
N'est-ce pas une fortune,
Quand d'une charge commune
Deux moitiés portent le faix?
Que la moindre le réclame,
Et que du bonheur de l'âme,
Le corps seul fasse les frais?

Il ne fallait pas, sans doute, donner de si détestables ouvrages pour modèles à celui qu'on critiquait avec tant d'amertume; il eût mieux valu laisser jouir en paix son adversaire de son mérite, et conserver celui qu'on avait. Mais que voulez-vous? le *genus irritabile vatum*, est malade de la même bile qui le tourmentait autrefois. Le public pardonne ces pauvretés aux gens à talent, parce que le public ne songe qu'à s'amuser.[5]

On est accoutumé chez toutes les nations, aux mauvaises

105-106 K84, K12: s'amuser. [*ajoutent les lignes 155-69 de l'article 'Critique' du DP*] ¶On

[5] Fin de l'insertion du *DP* dans cet article. Une fois de plus, Voltaire est revenu

critiques de tous les ouvrages qui ont du succès. *Le Cid* trouva son Scudéri;[6] et Corneille fut longtemps après vexé par l'abbé d'Aubignac prédicateur du roi, soi-disant législateur du théâtre, et auteur de la plus ridicule tragédie, toute conforme aux règles qu'il avait données.[7] Il n'y a sortes d'injures qu'il ne dise à l'auteur de *Cinna* et des *Horaces*. L'abbé d'Aubignac prédicateur du roi, aurait bien dû prêcher contre d'Aubignac.

On a vu chez les nations modernes qui cultivent les lettres, des gens qui se sont établis critiques de profession, comme on a créé des langueyeurs de porcs,[8] pour examiner si ces animaux qu'on amène au marché ne sont pas malades. Les langueyeurs de la littérature ne trouvent aucun auteur bien sain;[9] ils rendent compte deux ou trois

111 K12: a sorte d'injures

sur sa vieille haine de Jean-Baptiste Rousseau, qu'il oppose à Antoine Houdar de La Motte, pourtant l'un des chantres du parti moderne dans les premières décennies du siècle. Mais 'l'affaire des couplets de 1710', qui avait conduit Rousseau à l'exil, faisait du clan moderne un allié objectif de Voltaire; il s'en explique longuement dans la *Vie de Monsieur Jean-Baptiste Rousseau* (*OCV*, t.18A, p.1-84).

[6] Georges de Scudéry, *Observations sur le Cid* (1637). La même année, Scudéry publia diverses autres brochures sur le sujet.

[7] Voltaire possédait *La Pratique du théâtre* (1657; BV212: 3 vol., Amsterdam, 1715; *CN*, t.1, p.170). François Hédelin d'Aubignac avait fait imprimer *Zénobie tragédie où la vérité de l'histoire est conservée dans l'observation des plus rigoureuses règles du poème dramatique* (Paris, 1647): cet ouvrage en prose avait, selon l'auteur, 'reçu trop d'applaudissements dans les théâtres pour croire qu'il puisse être malvenu dans les cabinets'. L''Avis des libraires au lecteur' évoque une représentation à la 'cour', sans doute au Palais Cardinal (*Zénobie*, sig.àij*v*). De fait, malgré la protection de Richelieu, la pièce était tombée en avril 1640 (H. C. Lancaster, *A History of French dramatic literature in the seventeenth century*, 9 vol., Baltimore, MD, 1929-1942, t.1, p.338).

[8] Selon Furetière, un langueyeur 'est un officier établi par le roi dans les marchés pour visiter les cochons, et empêcher qu'il s'en débite qui soient ladres (ou sursemés)'. Ce dernier terme se trouve défini dans le même ouvrage: 'sursemés, qui ont des grains à la langue et à la gorge' (*Dictionnaire universel*, 3 vol., La Haye et Rotterdam, 1690, t.2, sig.Vv2).

[9] Ici commence une longue diatribe contre les journalistes et, en particulier, contre deux des têtes de Turc favorites de Voltaire. Sur le sentiment de Voltaire à l'égard de

fois par mois de toutes les maladies régnantes, des mauvais vers faits dans la capitale et dans les provinces, des romans insipides dont l'Europe est inondée, des systèmes de physique nouveaux, des secrets pour faire mourir les punaises. Ils gagnent quelque argent à ce métier, surtout quand ils disent du mal des bons ouvrages, et du bien des mauvais. On peut les comparer aux crapauds qui passent pour sucer le venin de la terre, et pour le communiquer à ceux qui les touchent. Il y eut un nommé Denni, qui fit ce métier pendant soixante ans à Londres, – et qui ne laissa pas d'y gagner sa vie.[10] L'auteur qui a cru être un nouvel Arétin et s'enrichir en Italie par sa *frusta lettéraria*, n'y a pas fait fortune.[11]

127 71A: ne lassa pas
127-28 w68: vie. L'autre qui

---

la presse de comptes rendus, qui est la seule qui l'intéresse, voir ses *Conseils à un journaliste* (*OCV*, t.20A, p.449-516).

[10] John Dennis, surnommé 'Furius', publia de nombreux recueils critiques, dont les *Letters upon several occasions written by and between Mr Dryden, Mr Wycherley, Mr Moyle, Mr Congreve and Mr Dennis* (1696), *The Grounds of criticism in poetry* (1704) et l'*Essay on the genius and writings of Shakespeare in three letters* (1712). Après de premières escarmouches en 1711, Pope dirigea contre lui un violent pamphlet, *The Narrative of Dr Robert Norris, concerning the strange and deplorable frenzy of John Dennis*. Ce dernier répliqua en 1715, par des *Remarks upon Mr Pope's translation of Homer* et *A True Character of Mr Pope*. Ces échanges peu amènes durèrent jusqu'à la disparition de Dennis en 1734. Il mourut dans la misère.

[11] Giuseppe Baretti publia de 1763 à 1765 *La Frusta Letteraria di Aristarco Scannabue*, périodique qui fut interdit en janvier 1763 par les autorités vénitiennes (voir *La Frusta Letteraria*, éd. L. Piccioni, 2 vol., Bari, 1932, t.2, p.430) et qui se poursuivit à Ancône (voir *Periodici italiani d'Antico Regime*, éd. A. Postigliola, Rome, 1986, p.122). Il émigra en 1766 en Angleterre où il mourut. Voltaire possédait un exemplaire incomplet du périodique (BV264) que lui avait envoyé le marquis Francesco Albergati Capacelli et il pensait le plus grand mal de 'l'Aristarque ou du Zoïle d'Italie' (D12169, D12252, 29 octobre et 21 décembre 1764). Baretti, nommé 'Barlati' ou 'Baratti' par Voltaire, avait traduit Corneille en italien et, dans la querelle Goldoni-Gozzi, il militait pour le second. Ce goût pour la polémique théâtrale – et peut-être la lecture des *QE* – l'amena à donner un *Discours sur Shakespeare et sur Monsieur de Voltaire* (1777), qui est une violente attaque contre le seigneur de Ferney accusé, entre autres tares, de ne rien connaître à la langue anglaise. Voir Alan T.

L'ex-jésuite Giot Desfontaines qui embrassa cette profession au sortir de Bissêtre, y amassa quelque argent.[12] C'est lui qui lorsque le lieutenant de police le menaçait de le renvoyer à Bissêtre, et lui demandait pourquoi il s'occupait d'un travail si odieux, répondit, *Il faut que je vive*.[13] Il attaquait les hommes les plus estimables à tort et à travers sans avoir seulement lu, ni pu lire les ouvrages de mathématiques et de physique dont il rendait compte.

Il prit un jour l'*Alcifron* de Berklay évêque de Cloine pour un livre contre la religion.[14] Voici comme il s'exprime.

'J'en ai trop dit pour vous faire mépriser un livre qui dégrade également l'esprit et la probité de l'auteur; c'est un tissu de

---

McKenzie, 'Giuseppe Baretti and the "republic of letters" in the eighteenth century', *SVEC* 193 (1980), p.1813-22.

[12] Les mœurs hétérodoxes de Pierre François Guyot Desfontaines le conduisirent à plusieurs reprises en prison: en 1724, l'année suivante (Voltaire intervint pour le faire libérer) et en septembre 1743, quand il fut, encore, décrété de prise de corps à la prison de Bicêtre et dut se cacher. Journaliste, il avait eu, pendant un temps, la responsabilité du *Journal des savants* (1724-1727), mais il dirigea surtout ses propres périodiques: *Le Nouvelliste du Parnasse* (1731-1732), les *Observations sur les écrits modernes* (1735-1743) et les *Jugements sur quelques ouvrages nouveaux* (1744-1746); voir le *Dictionnaire des journaux (1600-1789)*, éd. Jean Sgard, 2 vol. (Paris, 1991), t.1, p.496-501. La guerre inexpiable fut engagée à la fin de 1738 quand Desfontaines agressa Voltaire avec *La Voltairomanie*, réplique cinglante au *Préservatif*, un brûlot expédié de Cirey par le philosophe, où il pointait les erreurs de l'auteur des *Observations sur les écrits modernes* et évoquait Bicêtre. Voir *VST*, t.2, p.100-102, et Thelma Morris, 'L'abbé Desfontaines et son rôle dans la littérature de son temps', *SVEC* 19 (1961), p.130.

[13] Célèbre, la formule est répétée par les contemporains. Le lieutenant général de police était le comte Marc Pierre de Voyer d'Argenson, un ancien condisciple de Voltaire au collège Louis-le-Grand. Voir, parmi d'autres, les *Mémoires du président Hénault* (Paris, 1855), p.4.

[14] *Alciphron or the minute philosopher. In seven dialogues. Containing an apology for the Christian religion, against those who are called free-thinkers* (1732) de George Berkeley, évêque de Cloyne en Irlande. Composé par un philosophe adepte de l'idéalisme subjectif, il était dirigé contre Bernard de Mandeville et Shaftesbury et il fut traduit en français par Elie de Joncourt: *Alciphron ou le petit philosophe, en sept dialogues, contenant une apologie de la religion chrétienne contre ceux qu'on nomme esprits forts* (1734).

sophismes libertins forgés à plaisir pour détruire les principes de la religion, de la politique et de la morale.'[15]

Dans un autre endroit, il prend le mot anglais *kake*, qui signifie *gâteau* en anglais, pour le géant Cacus.[16] Il dit à propos de la tragédie de la *Mort de César*, que *Brutus était un fanatique barbare, un quaker.*[17] Il ignorait que les quakers sont les plus pacifiques des hommes, et ne versent jamais le sang. C'est avec ce fonds de science

147 K84, K12: jamais de sang.

[15] *Le Préservatif*, ch.26, concerne la lettre 8 (du 7 mai 1735) des *Observations sur les écrits modernes*: 'On m'apporte dans le moment cette feuille; elle est curieuse, et mérite une attention singulière. Voici comme il parle d'un livre intitulé *Le Petit Philosophe*': 'Ne croirait-on pas sur cet exposé que cet ouvrage, intitulé *Le Petit Philosophe, ou Alciphron*, est la production de quelque coquin enfermé dans un hôpital pour ses mauvaises mœurs? On sera bien surpris quand on saura que c'est un livre saint, rempli des plus forts arguments contre les libertins, composé par M. l'évêque de Cloyne, ci-devant missionnaire en Amérique. Celui qui a fait cet infâme portrait de ce saint livre fait bien voir par là qu'il n'a lu aucun des livres dont il a la hardiesse de parler' (*M*, t.22, p.385). Desfontaines répliqua dans *La Voltairomanie*: Voltaire 'canonise un ouvrage anglais sur la religion, dont la traduction française imprimée en Hollande, en conséquence du jugement du censeur royal, docteur de Sorbonne, n'a point eu l'entrée en France, et a été regardé comme un livre dangereux pour la foi' (s.l., [1738,] p.15).

[16] Voir D336 et *Le Préservatif*, ch.28, concernant la lettre 58 (du 14 avril 1736) des *Observations*, qui traitent de l'essai de traduction de la *Mérope* du comte Scipione Maffei par Desfontaines. Il s'agit d'un passage de l'*Essai sur la poésie épique*, dont Desfontaines fit la traduction d'après l'anglais sur une commande de Voltaire et qu'il publia sous le titre d'*Essai sur la poèsie épique, traduit de l'anglais de Monsieur de Voltaire, par M**** (1728; *OCV*, t.3B, p.503-73, ici p.518). Après l'avoir corrigé, Voltaire republia ce texte dans ses *Œuvres* de 1732, puis, 'retravaillé en français et considérablement augmenté par l'auteur' (*Mercure de France*, juin 1733) dans l'édition de *La Henriade* de 'Londres' [Rouen], 1733, p.231-317 (Bengesco 1551).

[17] Voir la lettre 27 du 16 septembre 1735 des *Observations*, déjà critiquée dans *Le Préservatif*, ch.3. La référence est évidemment au Brutus de *La Mort de César* représentée au collège d'Harcourt en août 1735, qui donne lieu au compte rendu de Desfontaines. Dans *La Voltairomanie*, il réduisait son jugement à 'une réflexion critique, mais honnête et polie, sur la tragédie ébauchée de *La Mort de César*', mais il se moquait plus loin de 'cet habile homme [qui fait] gravement l'éloge des quakers, qu'il croit mieux connaître que M. Bossuet, et qu'il a si ridiculement célébrés dans ses *Lettres* [*philosophiques*]' (p.10, 15).

qu'il cherchait à rendre ridicules les deux écrivains les plus estimables de leur temps, Fontenelle et La Motte.

Il fut remplacé dans cette charge de Zoïle subalterne par un autre ex-jésuite nommé Fréron, dont le nom seul est devenu un opprobre.[18] On nous fit lire, il n'y a pas longtemps, une de ses feuilles dont il infecte la basse littérature. *Le temps de Mahomet II*, dit-il, *est le temps de l'entrée des Arabes en Europe*.[19] Quelle foule de bévues en peu de paroles!

Quiconque a reçu une éducation tolérable, sait que les Arabes assiégèrent Constantinople sous le calife Moavia dès notre septième siècle, qu'ils conquirent l'Espagne dans l'année de notre ère 713, et bientôt après une partie de la France, environ sept cents ans avant Mahomet II.[20]

Ce Mahomet II fils d'Amurath II, n'était point Arabe, mais Turc.[21]

[18] Elie Catherine Fréron, que Voltaire poursuivit durant toute sa carrière d'une exécration vigilante (voir Jean Balcou, *Fréron contre les philosophes*, Genève, 1975), anima, entre autres périodiques, les *Lettres sur quelques écrits de ce temps* (1750-1754) et surtout *L'Année littéraire* de 1754 à sa mort; voir le *Dictionnaire des journalistes*, éd. Jean Sgard, 2 vol. (Oxford, 1999), t.2, p.414-17. *L'Année littéraire* mena un combat permanent, sinon contre les Lumières, du moins contre Voltaire et les voltairiens (voir le *Dictionnaire des journaux*, t.1, p.143-45). Dans les diverses éditions des *Anecdotes sur Fréron* (1761-1770), Voltaire déversa une nouvelle fois sa bile sur le journaliste et, en 1770 encore, une bonne partie de l'article 'Ana, anecdotes' des *QE* est consacrée au 'folliculaire', à ses erreurs et à ses mensonges (*OCV*, t.38, p.314-16, 320-21).

[19] L'*Index de L'Année littéraire (1754-1790)* (Genève, 1979) de Dante Lenardon et la consultation des volumes de 1767-1769 ne nous ont pas permis de retrouver cette citation, sans doute exacte. Fréron évoque ce sultan dans un compte rendu en n'ignorant rien, apparemment, de ses actions militaires: 'Mahomet II avait entrepris la conquête des îles de l'Archipel' (*L'Année littéraire*, 14 avril 1768, t.3, p.121).

[20] Moawiyya I (600-680), premier calife omeyyade de Damas, est cité au chapitre 6 de l'*Essai sur les mœurs* (t.1, p.265). Voltaire avait largement traité de l'histoire ottomane et de ses sultans – Orcan, Amurat II et Mahomet II – dans le même ouvrage (ch.87-92).

[21] Amurat II (1401-1451) est distingué avec éloge dans l'article 'Du juste et de l'injuste' du *DP* (*OCV*, t.36, p.282-83 et n.7). Voir aussi les *Vers à Monsieur de La Noue, auteur de 'Mahomet II'* (1741).

Il s'en fallait beaucoup qu'il fût le premier prince turc qui eût passé en Europe; Orcan plus de cent ans avant lui avait subjugué la Thrace, la Bulgarie et une partie de la Grèce.

On voit que ce folliculaire parlait à tort et à travers des choses les plus aisées à savoir, et dont il ne savait rien. Cependant, il insultait l'Académie, les plus honnêtes gens, les meilleurs ouvrages, avec une insolence égale à son absurdité; mais son excuse était celle de Giot Desfontaines, *Il faut que je vive*. C'est aussi l'excuse de tous les malfaiteurs dont on fait justice.

On ne doit pas donner le nom de *critiques* à ces gens-là. Ce mot vient de *krites*, *juge*, *estimateur*, *arbitre*. Critique, signifie *bon juge*. Il faut être un Quintilien pour oser juger les ouvrages d'autrui; il faut du moins écrire comme Bayle écrivit sa *République des lettres*;[22] il a eu quelques imitateurs, mais en petit nombre. Les journaux de Trévoux[23] ont été décriés par leur partialité poussée jusqu'au ridicule, et pour leur mauvais goût.

Quelquefois les journaux se négligent, ou le public s'en dégoûte par pure lassitude, ou les auteurs ne fournissent pas des matières assez agréables; alors les journaux, pour réveiller le public, ont recours à un peu de satire. C'est ce qui a fait dire à La Fontaine:

> Tout faiseur de journal doit tribut au malin.[24]

177 K84, K12: décriés pour leur

[22] Pierre Bayle publia de 1684 à 1687 les *Nouvelles de la république des lettres*, l'un des meilleurs périodiques savants publiés en Hollande (voir le *Dictionnaire des journaux*, t.2, p.940-43).

[23] Les *Mémoires pour l'histoire des sciences et des beaux-arts* (1701-1767) furent d'abord publiés à Trévoux, dans la principauté de Dombes, puis à Paris (à partir de 1733), sous la direction des jésuites du collège Louis-le-Grand. Voltaire fut souvent en conflit avec eux et, en dernier lieu, avec le père Guillaume François Berthier (directeur de 1745 à 1762) qu'il poursuivit de divers pamphlets (voir le *Dictionnaire des journaux*, t.2, p.805-16).

[24] Lettre à M. Simon de Troyes de 1687 (*Œuvres complètes*, éd. Pierre Clarac, Paris, 1958, p.661). Ce vers du fabuliste était une critique de Pierre Bayle et de Jean Le Clerc, son successeur aux *Nouvelles de la république des lettres*: Voltaire se dispense de le signaler.

Mais il vaut mieux ne payer son tribut qu'à la raison et à l'équité.

Il y a d'autres critiques qui attendent qu'un bon ouvrage paraisse pour faire vite un livre contre lui. Plus le libelliste attaque un homme accrédité, plus il est sûr de gagner quelque argent; il vit quelques mois de la réputation de son adversaire. Tel était un nommé Faidit[25] qui tantôt écrivait contre Bossuet, tantôt contre Tillemont, tantôt contre Fénelon. Tel a été un polisson qui s'intitule Pierre de Chiniac de la Bastide Duclaux, avocat au parlement.[26] Cicéron avait trois noms comme lui. Puis viennent les critiques contre Pierre de Chiniac, puis les réponses de Pierre de Chiniac à ses critiques.[27] Ces beaux livres sont accompagnés de brochures sans nombre, dans lesquelles les auteurs font le public juge entre eux et leurs adversaires; mais le juge qui n'a jamais entendu parler de leur procès, est fort en peine de prononcer. L'un veut qu'on s'en rapporte à sa dissertation insérée dans le *Journal littéraire*, l'autre à ses éclaircissements donnés dans le *Mercure*.

[25] Pierre Valentin Faydit est l'auteur de *Mémoires contre les Mémoires de l'histoire ecclésiastique* de l'érudit 'solitaire' de Port-Royal, Sébastien Le Nain de Tillemont (1696; *Dissertations mêlées*, Amsterdam, 1740) et de *La Télémacomanie* (1700), un ouvrage à succès contre Fénelon. Il avait composé une épigramme contre Bossuet à l'occasion de l'Assemblée du clergé de 1682 (voir *Les Siècles littéraires de la France*, 7 vol., Paris, 1803, t.3, p.21) et batailla souvent avec lui sur des questions de théologie (sur la Trinité, en particulier; par exemple l'*Altération du dogme théologique par la philosophie d'Aristote ou fausses idées des scolastiques sur toutes les matières de la religion. Traité de la Trinité*, 1696).

[26] Personnage déjà tympanisé dans l'article 'Ana, anecdotes' des *QE* (*OCV*, t.38, p.293 et n.35). Les chapitres 22 à 24 du *Pyrrhonisme de l'histoire* (1768) sont entièrement consacrés à cet avocat janséniste parisien.

[27] Chiniac publia un *Nouveau Commentaire sur le Discours de Monsieur l'abbé Fleury, touchant les libertés de l'Eglise gallicane, mis à l'index sans aucune qualification, par un décret du Saint Office* (Paris, 1767, BV758) que Voltaire attaque dans *Le Pyrrhonisme de l'histoire*. Il avait été précédé en 1766 de *Réflexions importantes et apologétiques sur le Nouveau Commentaire du Discours de Monsieur l'abbé de Fleury* [...] *touchant les libertés de l'Eglise gallicane*. Robert Joseph Alexandre Duhamel, ancien chapelain de Mgr Charles Gabriel de Caylus, le célèbre évêque janséniste d'Auxerre, répliqua à Chiniac avec *L'Auteur malgré lui, à l'auteur volontaire* (1767). Fréron qualifiait Chiniac de 'littérateur honnête et de bonne foi' (*L'Année littéraire*, 1769, t.8, p.250).

Celui-ci crie qu'il a donné une version exacte d'une demi-ligne de Zoroastre, et qu'on ne l'a pas plus entendu qu'il n'entend le persan. Il duplique à la contre critique qu'on a faite de sa critique d'un passage de Chaufepié.[28]

Enfin, il n'y a pas un seul de ces critiques qui ne se croie juge de l'univers, et écouté de l'univers.

Eh l'ami, qui te savait là!

[28] Articles du *Mercure de France* et de la *Gazette littéraire de l'Europe* (1764-1766) de l'abbé François Arnaud et Jean-Baptiste Suard, continuation du *Journal étranger* (*Dictionnaire des journaux*, t.1, p.516-17). Jacques Georges de Chauffepié est l'auteur du *Nouveau Dictionnaire historique et critique pour servir de supplément ou de continuation au Dictionnaire historique et critique de M. Pierre Bayle* (1750-1756), où il existe un article 'Zoroastre'. En mai 1762, Abraham Hyacinthe Anquetil-Duperron avait présenté à l'Académie des inscriptions sa *Relation abrégée du voyage* [...] *dans l'Inde pour la recherche et la traduction des ouvrages attribués à Zoroastre*. *L'Année littéraire*, le 24 septembre 1769, annonça avec faveur la publication du *Zend Avesta*, ouvrage de Zoroastre traduit par Anquetil-Duperron (1771). Zoroastre est très présent dans le *DP* et l'article 'Zoroastre' clôt les *QE* avec un éloge d'Anquetil-Duperron.

CROIRE

Nous avons vu à l'article 'Certitude' qu'on doit être souvent très incertain quand on est certain, et qu'on peut manquer de bon sens quand on juge suivant ce qu'on appelle *le sens commun.*[1] Mais qu'appelez-vous *croire*?

Voici un Turc qui me dit, 'Je crois que l'ange Gabriel descendait souvent de l'empyrée pour apporter à Mahomet des feuillets de l'Alcoran, écrits en lettres d'or sur du vélin bleu.'[2]

Eh bien, Moustapha, sur quoi ta tête rase croit-elle cette chose incroyable?

'Sur ce que j'ai les plus grandes probabilités qu'on ne m'a point trompé dans le récit de ces prodiges improbables; sur ce qu'Abubekre le beau-père,[3] Ali le gendre,[4] Aïsha ou Aïssé la fille,[5] Omar,[6]

* Pour Diderot, '*Croire*, c'est être persuadé de la vérité d'un fait ou d'une proposition, ou parce qu'on ne s'est donné la peine de l'examen, ou parce qu'on a mal examiné, ou parce qu'on a bien examiné' (*Encyclopédie*, article 'Croire', t.4, p.502). Voltaire se donne ici pour but de montrer que les croyances religieuses relèvent souvent des deux premiers cas. Pour les sources qu'il a consultées sur l'Islam, voir les notes liminaires des articles 'Alcoran' et 'Arot et Marot' des *QE*. Le présent article, qui fait allusion à la bataille de Tchesmé, doit avoir été achevé après le 6 juillet 1770. Il est envoyé à Cramer en novembre 1770, selon la datation de Besterman de D16762 et D16763, et paraît en mars/avril 1771 (70, t.4).

[1] Voir l'article 'Certain, certitude' des *QE* (*OCV*, t.39, p.569-74).

[2] Voir, par exemple, George Sale, 'Preliminary discourse', *The Koran, commonly called the Alcoran of Mohammed. Translated into English immediately from the Arabic* (Londres, 1734, BV1786), p.64-65, où on lit que Gabriel a porté des versets à Mahomet pendant vingt-trois ans.

[3] Abû Bakr, beau-père de Mahomet et son compagnon pendant l'hégire. Après la mort de Mahomet en 632, il fut nommé premier calife.

[4] 'Ali, cousin de Mahomet, épousa Fatime, fille du prophète. Il fut nommé calife en 656 par les musulmanes de Médine.

[5] 'A'isha bint Abî Bakr, fille d'Abû Bakr et épouse favorite de Mahomet. Sur sa prétendue infidélité, voir ci-dessous, p.318, n.14.

[6] Omar, ou 'Umar Ier (Abû Hafsa ibn al-Khattâb), commença par persécuter Mahomet mais devint plus tard un de ses disciples les plus dévoués. Il fut calife dès

Otman,[7] certifièrent la vérité du fait en présence de cinquante mille hommes, recueillirent tous les feuillets, les lurent devant les fidèles, et attestèrent qu'il n'y avait pas un mot de changé.[8]

'Sur ce que nous n'avons jamais eu qu'un Alcoran qui n'a jamais été contredit par un autre Alcoran. Sur ce que Dieu n'a jamais permis qu'on ait fait la moindre altération dans ce livre.[9]

'Sur ce que les préceptes et les dogmes[10] sont la perfection de la raison. Le dogme consiste dans l'unité d'un Dieu pour lequel il faut vivre et mourir; dans l'immortalité de l'âme; dans les récompenses éternelles des justes, et la punition des méchants, et dans la mission de notre grand prophète Mahomet, prouvée par des victoires.

'Les préceptes sont d'être juste et vaillant, de faire l'aumône aux pauvres, de nous abstenir de cette énorme quantité de femmes que les princes orientaux et surtout les roitelets juifs épousaient sans scrupule. De renoncer au bon vin d'Engaddi et de Tadmor, que ces ivrognes d'Hébreux ont tant vanté dans leurs livres;[11] de prier Dieu cinq fois par jour, etc.

'Cette sublime religion a été confirmée par le plus beau et le plus constant des miracles, et le plus avéré dans l'histoire du monde; c'est que Mahomet persécuté par les grossiers et absurdes magis-

---

634. Voltaire le met en scène dans sa tragédie *Le Fanatisme, ou Mahomet le prophète* (1741).

[7] Otman, Othman ou 'Uthman Ibn 'Affân succéda à 'Umar comme calife en 644.

[8] Sur la manière dont on a compilé le Coran après la mort de Mahomet, voir l'*Essai sur les mœurs*, ch.6 (t.1, p.261); Barthélemy d'Herbelot de Melainville, *Bibliothèque orientale, ou dictionnaire universel contenant généralement tout ce qui regarde la connaissance des peuples de l'Orient* (Paris, 1697, BV1626), article 'Alcoran', p.239-44; et G. Sale, *The Koran*, p.65-66.

[9] Sur l'immutabilité du Coran, voir l'article 'Alcoran' des *QE* (*OCV*, t.38, p.173-74 et n.27).

[10] Sur les préceptes et les dogmes du Coran mentionnés dans ce paragraphe et le suivant, voir l'article 'Arot et Marot' (*OCV*, t.39, p.34 et n.24) et l'*Essai sur les mœurs*, ch.7.

[11] Engaddi est mentionnée dans Josué 15:62 et le Cantique des Cantiques 1:13. La ville de Tadmor, fondée par Salomon (2 Chroniques 8:4), est mieux connue sous son nom grec de Palmyre. Voltaire fait allusion au 'vin d'Engaddi, de Tadmor et de Shiras' dans *Le Taureau blanc* (*OCV*, t.74A, p.110).

trats scolastiques qui le décrétèrent de prise de corps, Mahomet obligé de quitter sa patrie n'y revint qu'en victorieux; qu'il fit de ses juges imbéciles et sanguinaires l'escabeau de ses pieds;[12] qu'il combattit toute sa vie les combats du Seigneur; qu'avec un petit nombre il triompha toujours du grand nombre; que lui et ses successeurs convertirent la moitié de la terre, et que Dieu aidant nous convertirons un jour l'autre moitié.'[13]

Rien n'est plus éblouissant. Cependant Moustapha en croyant si fermement, sent toujours quelques petits nuages de doute s'élever dans son âme, quand on lui fait quelques difficultés sur les visites de l'ange Gabriel, sur le sura ou le chapitre apporté du ciel, pour déclarer que le grand prophète n'est point cocu;[14] sur la jument Borak[15] qui le transporte en une nuit de la Mecque à Jérusalem.[16] Moustapha bégaie, il fait de très mauvaises réponses, il en rougit; et cependant non seulement il dit qu'il croit, mais il veut aussi vous engager à croire. Vous pressez Moustapha, il reste la bouche béante,

[12] Après la mort de son protecteur Abu Talib en 619, Mahomet dut quitter La Mecque (voir le Coran 8:29 et Jean Gagnier, *La Vie de Mahomet; traduite et compilée de l'Alcoran, des traditions authentiques de la Sonna, et des meilleurs auteurs arabes*, 2 vol., Amsterdam, 1732, t.1, p.280-88, BV1411). Il y revint avec son armée et l'occupa en 630.

[13] Voir l'*Essai sur les mœurs*: 'Ce ne fut point par les armes que l'islamisme s'établit dans plus de la moitié de notre hémisphère, ce fut par l'enthousiasme' (t.1, ch.7, p.275).

[14] Coran 24:11. Selon G. Sale, 'A'isha, qui accompagnait le prophète et son armée pendant ses campagnes, s'égara et passa la nuit seule dans le désert. A l'aube elle fut découverte par Safwân, fils de Moattel. Des rumeurs de l'adultère d''A'isha avec Safwân se mirent à circuler, et Mohamed fut tourmenté par des soupçons jusqu'à ce que le verset en question fût révélé un mois plus tard (voir G. Sale, *The Koran*, p.288-89, n.*e*, ainsi que J. Gagnier, *La Vie de Mahomet*, livre 4, ch.7, 'Histoire de la fausse accusation contre Aïesha', t.1, p.442-54). Voltaire écrit dans ses *Carnets*: '[Mahomet] fut cocu. La belle Hahissea couchait avec Safwan. Mais le prophète fit descendre du Ciel un chapitre de l'Alcoran par lequel il fut déclaré incocufié' (*OCV*, t.81, p.382). Voir aussi *De l'Alcoran et Mahomet* (*OCV*, t.20B, p.340).

[15] J. Gagnier décrit longuement la Borak, ou Bouraq, jument ailée qu'on dit avoir la tête d'une femme et la queue d'un paon (*La Vie de Mahomet*, t.1, p.198-99).

[16] Dans le Coran 17:1, 53 et 60, Mahomet passe de La Mecque à Jérusalem et puis aux cieux, où il rencontre Dieu (voir J. Gagnier, *La Vie de Mahomet*, livre 2, t.1, p.195-298). Les docteurs musulmans se disputèrent pour savoir si Mahomet avait fait ce voyage corporellement ou spirituellement.

les yeux égarés, et va se laver en l'honneur d'Alla, en commençant son ablution par le coude, et en finissant par le doigt index.[17]

Moustapha est-il en effet persuadé, convaincu de tout ce qu'il nous a dit? est-il parfaitement sûr que Mahomet fut envoyé de Dieu, comme il est sûr que la ville de Stamboul existe, comme il est sûr que l'impératrice Catherine II a fait aborder une flotte du fond de la mer hyperborée dans le Péloponèse,[18] chose aussi étonnante que le voyage de la Mecque à Jérusalem en une nuit; et que cette flotte a détruit celle des Ottomans auprès des Dardanelles?[19]

Le fond de Moustapha est qu'il croit ce qu'il ne croit pas. Il s'est accoutumé à prononcer comme son mollah, certaines paroles qu'il prend pour des idées. Croire, c'est très souvent douter.

Sur quoi crois-tu cela? dit Harpagon. Je le crois sur ce que je le crois, répond maître Jacques.[20] La plupart des hommes pourraient répondre de même.

Croyez-moi pleinement, mon cher lecteur; il ne faut pas croire de léger.

Mais que dirons-nous de ceux qui veulent persuader aux autres ce qu'ils ne croient point? Et que dirons-nous des monstres qui persécutent leurs confrères dans l'humble et raisonnable doctrine du doute et de la défiance de soi-même?

53-54 71A: Dieu, comme il est sûr que l'impératrice
69 71A: défiance en soi-même?

[17] Cf. Coran 5:6, ainsi que Reeland, *La Religion des mahométans, exposée par leurs propres docteurs avec des éclaircissements sur les opinions qu'on leur a faussement attribuées* (La Haye, 1721), ch.8, 'Des lavements ou purifications', p.35-47, et G. Sale, 'Preliminary discourse', p.74-76, et *The Koran*, p.83. Voltaire possède une édition latine de Reeland (BV2909).

[18] Pour intensifier la guerre contre l'empire ottoman, Catherine II envoya deux escadrilles russes de la mer Baltique à la mer Méditerranée. Voltaire compare cette expédition à celle d'Hannibal (voir D16122 du 19 janvier 1770). La flotte arriva sur les côtes du Péloponnèse en février 1770.

[19] La bataille de Tchesmé se déroula les 5 et 6 juillet 1770 dans le détroit entre l'île de Chios et la ville d'Asie Mineure de Tchesmé, à environ 200 kilomètres des Dardanelles. Voltaire est au courant de cette victoire le 14 septembre 1770 (D16644; voir aussi D16660, D16670 et D16683).

[20] Voir Molière, *L'Avare*, acte 5, scène 2.

CROMWELL

Olivier Cromwell fut regardé avec admiration par les puritains et les indépendants d'Angleterre;[1] il est encore leur héros. Mais Richard Cromwell son fils est mon homme.

Le premier est un fanatique qui serait sifflé aujourd'hui dans la chambre des communes, s'il y prononçait une seule des inintelligibles absurdités qu'il débitait avec tant de confiance devant

a-1 K84, K12: [*ajoutent, sous la rubrique 'Section 1', le texte 'De Cromwell'*] / Section 2

* Oliver Cromwell focalise l'attention de Voltaire depuis 1716; il l'accuse de tyrannie dans son *Epître à Monsieur le duc d'Orléans* (*OCV*, t.1B, p.263). Il développe ce thème dans les chapitres 180-81 de l'*Essai sur les mœurs* et dans le texte *De Cromwell* publié en 1748, où il dénonce aussi son hypocrisie en matière religieuse (*OCV*, t.30C, p.73-86). La conclusion de ce texte oppose la fortune de Cromwell passant sa vie dans le trouble, se baignant dans le sang, à la réputation de Newton, 'lumière de tous les êtres pensants', vivant libre et honoré de tous. En 1770-1771, cet article des *QE* reprend, sur un autre mode, l'opposition du héros au philosophe en comparant les destinées d'Oliver Cromwell et de son fils Richard. Ce n'est plus le grand homme, Newton, que loue Voltaire, mais un sage qui a renoncé à toute ambition et a vécu en particulier. Présenté sous un jour moins favorable dans l'*Essai sur les mœurs* (t.2, p.685), Richard Cromwell a déjà été loué par Voltaire dans *Le Siècle de Louis XIV* (*OH*, p.676). Cet article des *QE*, dans la lignée des écrits de Voltaire qui l'ont précédé, renouvelle la double condamnation d'Oliver Cromwell comme fanatique et comme fourbe manipulateur. Voltaire n'a sans doute pas utilisé de nouvelles sources pour ce texte des *QE* dans lequel, une fois de plus, il voit, dans la destinée de Cromwell, l'action d'une justice immanente. L'article est envoyé à Cramer en novembre 1770, selon la datation de Besterman de D16762 et D16763, et paraît en mars/avril 1771 (70, t.4).

[1] Voltaire a remarqué un passage concernant les indépendants dans Rapin-Thoyras (*CN*, t.7, p.241): 'ils ne pouvaient souffrir l'épiscopat et la hiérarchie ecclésiastique [...] Ainsi, parmi eux, chacun priait, prêchait, exhortait, expliquait la sainte Ecriture' (*Histoire d'Angleterre*, 16 vol., La Haye [Paris], 1749, t.9, p.553, BV2871). Les indépendants représentaient une force considérable à la fois dans l'armée et au parlement. Cromwell avait tendance à se ranger du côté des indépendants sans probablement être lui-même un des leurs (R. S. Paul, *The Lord Protector: religion and politics in the life of Oliver Cromwell*, Londres, 1955, p.65-66).

d'autres fanatiques, qui l'écoutaient la bouche béante, et les yeux égarés au nom du Seigneur. S'il disait qu'il faut chercher le Seigneur, et combattre les combats du Seigneur; s'il introduisait le jargon juif dans le parlement d'Angleterre à la honte éternelle de l'esprit humain, il serait bien plus prêt d'être conduit à Bedlam que d'être choisi pour commander des armées.[2]

Il était brave sans doute; les loups le sont aussi: il y a même des singes aussi furieux que des tigres. De fanatique il devint politique habile, c'est-à-dire, que de loup il devint renard, monta par la fourberie des premiers degrés où l'enthousiasme enragé du temps l'avait placé, jusqu'au faîte de la grandeur; et le fourbe marcha sur les têtes des fanatiques prosternés. Il régna, mais il vécut dans les horreurs de l'inquiétude. Il n'eut ni des jours sereins, ni des nuits tranquilles.[3] Les consolations de l'amitié et de la société n'approchèrent jamais de lui; il mourut avant le temps,[4] plus digne, sans doute, du dernier supplice que le roi qu'il fit conduire d'une fenêtre de son palais même à l'échafaud.[5]

Richard Cromwell, au contraire, né avec un esprit doux et sage, refuse de garder la couronne de son père aux dépens du sang de trois ou quatre factieux qu'il pouvait sacrifier à son ambition. Il

[2] Voir *De Cromwell*, *OCV*, t.30C, p.77-78 et n.20.

[3] Cf. l'*Essai sur les mœurs*, ch.171. François Raguenet commente longuement les craintes de Cromwell et ses précautions contre l'assassinat, et considère cet état d'esprit, tout comme le fait Voltaire, comme une sorte de châtiment naturel pour sa tyrannie (*Histoire d'Olivier Cromwell*, Paris, 1691, p.293-97, BV2860; *CN*, t.7, p.207). Il est notoire que dans les années antérieures Cromwell était en proie à des épisodes de mélancolie (R. S. Paul, *The Lord Protector*, p.38-39). Durant le protectorat il avait souffert de mauvaise santé (p.320); ce à quoi il faut ajouter de nombreux décès dans sa famille, sa crainte de l'assassinat et ses doutes sur la manière dont le pays serait gouverné après sa mort (p.378-79).

[4] Cromwell est mort de pneumonie; Voltaire s'efforce ici (comme il l'avait fait de façon plus explicite dans l'*Essai sur les mœurs*, ch.181) de laisser entendre que la cause véritable de sa mort fut son penchant pour le mal.

[5] Cf. Gregorio Leti, *La Vie d'Olivier Cromwell*, 2 vol. (Amsterdam, 1696, BV2066; *CN*, t.5, p.319-28): 'Ayant aperçu Cromwell à une fenêtre il dit à l'oreille de l'évêque de Londres "Voilà celui qui est l'auteur de ma mort"' (t.2, p.45-46). Charles fut mené à l'échafaud par la fenêtre centrale de Banqueting House au palais de Whitehall.

aime mieux être réduit à la vie privée que d'être un assassin tout-puissant. Il quitte le protectorat sans regret pour vivre en citoyen. Libre et tranquille à la campagne, il y jouit de la santé; il y possède son âme en paix pendant quatre-vingt-dix années, aimé de ses voisins, dont il est l'arbitre et le père.[6]

Lecteurs, prononcez. Si vous aviez à choisir entre le destin du père et celui du fils, lequel prendriez-vous?

[6] Cf. *Le Siècle de Louis XIV*, ch.6, ainsi que les *Carnets*: 'Richard est mort à l'âge de 88 ans heureux dans un état médiocre, et ne perdit le protectorat que pour n'avoir pas voulu être tyran' (*OCV*, t.82, p.678-79). G. Leti (*Vie de Cromwell*, t.2, p.532) et Pierre-Joseph d'Orléans (*Histoire des révolutions d'Angleterre*, Paris, 1693-1694, t.3, p.259-60) donnent les noms de ceux qui complotaient contre Richard et qu'il avait refusé de faire emprisonner ou tuer: Fleetwood, Desborough, Lambert et Vane. Cf. d'Orléans qui, dans l'*Histoire des révolutions*, où Richard refuse l'offre faite par ses partisans de le débarrasser des conspirateurs, dit: 'il n'immolerait jamais tant de victimes à son ambition' (t.3, p.261). Selon G. Leti, lorsque Richard démissionna, le parlement lui offrit une pension de £30 000 (*Vie de Cromwell*, t.2, p.538). A la restauration de Charles II (8 mai 1660) Richard s'enfuit en France où il vécut avec sa famille jusqu'en 1680 avant de revenir en Angleterre pour vivre avec ses filles à Cheshunt jusqu'à sa mort en 1712. Il ne retourna pas à la vie privée sans heurt; dans le chapitre 6 du *Siècle de Louis XIV*, Voltaire mentionne son séjour en France, mais n'en dit mot dans le chapitre 182 de l'*Essai sur les mœurs*. Né en 1626, Richard mourut à l'âge de 86 ans.

CUL

On répétera ici ce qu'on a déjà dit ailleurs,[1] et ce qu'il faut répéter toujours, jusqu'au temps où les Français se seront corrigés; c'est qu'il est indigne d'une langue aussi polie et aussi universelle que la leur, d'employer si souvent un mot déshonnête et ridicule pour signifier des choses communes, qu'on pourrait exprimer autrement sans le moindre embarras.

Pourquoi nommer *cul-d'âne* et *cul-de-cheval* des orties de mer? Pourquoi donner le nom de *cul-blanc* à l'œnanthe, et de *cul-rouge* à l'épeiche? Cette épeiche est une espèce de pivert, et l'œnanthe une espèce de moineau cendré. Il y a un oiseau qu'on nomme *fétu-en-cul*, ou *paille-en-cul*.[2] On avait cent manières de le désigner d'une expression beaucoup plus précise. N'est-il pas impertinent d'appeler *cul-de-vaisseau* le fond de la poupe?

* Voltaire s'intéresse moins au court article 'Cul' de l'*Encyclopédie* qu'aux nombreux mots composés qui le suivent, ainsi qu'aux articles 'Accul', 'Bouton-à-cul-de-dé', 'Fétu-en-cul' et 'Paille-en-cul'. Il le dit lui-même, il revient à un sujet qu'il a déjà traité (voir ci-dessous, n.1): il s'agit d'une de ses obsessions. Le travail linguistique de l'auteur de *La Pucelle* a quelque chose de paradoxal, car il semble savourer certains termes tout en les condamnant. Il est sensible à la puissance carnavalesque de la langue et a déjà joué sur *cul-de-sac* en parlant de Fréron: 'Comment peut-on dire qu'un grave président demeure dans un cul? Passe encore pour Fréron: on peut habiter dans le lieu de sa naissance; mais un président, un conseiller!' ('Prologue' de *La Guerre civile de Genève*, *OCV*, t.63A, p.72). Mais en dehors du contexte polémique, les opinions linguistiques de Voltaire sont d'un classicisme presque archaïque. Le présent article paraît en mars/avril 1771 (70, t.4).

[1] D'abord dans le texte *Des langues*, publié en 1756 (*M*, t.19, p.568), et ensuite dans la préface 'A Messieurs les Parisiens', signée par Jérôme Carré, de *L'Ecossaise* (*OCV*, t.50, p.351), dans le *Discours aux Welches* et le *Supplément du Discours* (*M*, t.25, p.237-38, 251), et dans le 'Prologue' et le 'Premier postscript' de *La Guerre civile de Genève* (*OCV*, t.63A, p.72, 74-75), ainsi que dans des lettres adressées à l'abbé d'Olivet (D9959, 20 août 1761) et à Panckoucke (D11889, 24 mai 1764).

[2] Voltaire a mis un signet à l'article 'Fétu-en-cul' de l'*Encyclopédie* (*CN*, t.3, p.396-97), mais ce n'est que dans l'intitulé de l'article 'Paille-en-cul, fétu-en-cul' que ces deux noms sont donnés comme équivalents.

Plusieurs auteurs nomment encore *à-cul* un petit mouillage, un ancrage, une grève, un sable, une anse où les barques se mettent à l'abri des corsaires. *Il y a un petit à-cul à Palo comme à Sainte Marintée*. (Voyage d'Italie.)[3]

On se sert continuellement du mot *cul-de-lampe* pour exprimer un fleuron, un petit cartouche, un pendentif, un encorbellement, une base de pyramide, un placard, une vignette.[4]

Un graveur se sera imaginé que cet ornement ressemble à la base d'une lampe; il l'aura nommé *cul-de-lampe* pour avoir plus tôt fait; et les acheteurs auront répété ce mot après lui. C'est ainsi que les langues se forment. Ce sont les artisans qui ont nommé leurs ouvrages et leurs instruments.

Certainement il n'y avait nulle nécessité de donner le nom de *cul-de-four* aux voûtes sphériques, d'autant plus que ces voûtes n'ont rien de celle d'un four qui est toujours surbaissée.

Le fond d'un artichaut est formé et creusé en ligne courbe, et le nom de *cul* ne lui convient en aucune manière. Les chevaux ont quelquefois une tache verdâtre dans les yeux, on l'appelle *cul-de-verre*. Une autre maladie des chevaux, qui est une espèce d'érésipèle, est appelée le *cul-de-poule*. Le haut d'un chapeau est un *cul-de-chapeau*. Il y a des boutons à compartiments qu'on appelle *boutons-à-cul-de-dé*.

Comment a-t-on pu donner le nom de *cul-de-sac* à l'*angiportus* des Romains? Les Italiens ont pris le nom d'*angiporto*, pour signifier *strada senza uscita*. On lui donnait autrefois chez nous le nom d'*impasse*, qui est expressif et sonore. C'est une grossièreté énorme que le mot de *cul-de-sac* ait prévalu.[5]

[3] Jean-Baptiste Labat, *Voyages du père Labat, de l'ordre des frères prêcheurs, en Espagne et en Italie*, 8 vol. (Paris, 1730, BV1790; *CN*, t.5, p.24, où Voltaire inscrit 'acu' sur un signet). Voir l'article 'Accul' de l'*Encyclopédie*.

[4] 'Vous me dites que vous ornerez votre édition de culs de lampe: remerciez Dieu, Monsieur, de ce qu'Antoine Vadé n'est plus au monde; il vous appellerait Welche sans difficulté, et vous prouverait qu'un ornement, un fleuron, un petit cartouche, une petite vignette ne ressemble ni à un cul ni à une lampe' (à Panckoucke, 24 mai 1764, D11889).

[5] L. S. Mercier cite ces lignes, en les attribuant à Voltaire, dans l'article 'Impasse'

Le terme de *culage* a été aboli. Pourquoi tous ceux que nous venons d'indiquer, ne le sont-ils pas? Ce terme infâme de *culage* signifiait le droit que s'étaient donné plusieurs seigneurs dans les temps de la tyrannie féodale, d'avoir à leur choix les prémices de tous les mariages dans l'étendue de leurs terres. On substitua ensuite le mot de *cuissage* à celui de *culage*. Le temps seul peut corriger toutes les façons vicieuses de parler. Voyez 'Cuissage'.[6]

Il est triste qu'en fait de langue, comme en d'autres usages plus importants, ce soit la populace qui dirige les premiers d'une nation.[7]

47-48 K84, K12: parler. ¶Il

---

de sa *Néologie*, parue en 1801. Il avait noté auparavant que 'M. de Voltaire a eu beau prêcher pour ce mot impasse, on ne s'en est point servi' (*Tableau de Paris*, éd. Jean-Claude Bonnet, 2 vol., Paris, 1994, t.1, p.403). C'est cependant Bayle qui, bien avant Voltaire, cite avec approbation un passage du *Chevraeana* et se moque de la précieuse qui refusait de prononcer des termes comme 'cul-de-sac' ou 'cul d'artichaut' ('Eclaircissement sur les obscénités', *Dictionnaire historique et critique*, 4 vol., Amsterdam et Leyde, 1730, t.4, p.642). Voir aussi D11919, D15502 et D15519.

[6] Voir l'article 'Cuissage ou culage' qui suit.

[7] Même idée dans le texte *Des langues*, de 1756: 'Le plus bas peuple, en fait de termes d'arts et métiers et des choses nécessaires, subjugue la cour, si on l'ose dire' (*M*, t.19, p.568).

CUISSAGE OU CULAGE,

Droit de prélibation, de marquette, etc.

Dion Cassius ce flatteur d'Auguste, ce détracteur de Cicéron, (parce que Cicéron avait défendu la cause de la liberté) cet écrivain sec et diffus, ce gazetier des bruits populaires; ce Dion Cassius rapporte que des sénateurs opinèrent pour récompenser César de tout le mal qu'il avait fait à la république, de lui donner le droit de coucher à l'âge de cinquante-sept ans avec toutes les dames qu'il daignerait honorer de ses faveurs.[1] Et il se trouve encore parmi nous des gens assez bons pour croire cette ineptie. L'auteur même de l'*Esprit des lois* la prend pour une vérité; et en parle comme d'un décret qui aurait passé dans le sénat romain sans l'extrême modestie du dictateur, qui se sentit peu propre à remplir les vœux du sénat.[2]

* Dans l'*Encyclopédie*, trois articles concernent ce sujet délicat: 'Culage, cullage ou culiage (Jur.)' de l'avocat Antoine Gaspard Boucher d'Argis, 'Défloration (Hist. mod.)' de l'abbé Edme François Mallet et 'Marchet ou Marcheta (Hist. d'Anglet.)' du chevalier Louis de Jaucourt. Voltaire est revenu à diverses reprises sur cette pratique féodale, à laquelle il ajoutait foi: dans l'*Essai sur les mœurs* (t.1, ch.52, p.543) et *Le Droit du seigneur*, dont l'action se passe sous Henri II. Mais il récuse cette pratique pour l'antiquité dans *La Défense de mon oncle* (*OCV*, t.64, p.197-201). La source première d'une loi en partie mythique et fantasmée qui eut la vie dure était, en France, le *Glossarium* (BV1115) de Charles Du Cange. On y ajoutera l'article 'Cullage, culliage' du *Glossaire du droit français* (2 vol., Paris, 1704) de François Ragueau 'revu' par Eusèbe de Laurière, auquel renvoie l'article 'Culage' de l'*Encyclopédie*. Frances Eleanor Palermo Litvack en a fait l'histoire controversée dans *'Le Droit du seigneur' in European and American literature (from the seventeenth century through the twentieth century)* (Birmingham, AL, 1984). Les termes de cuissage, culage, droit de prélibation ou de marquette sont équivalents: F. E. Litvack en cite d'autres pour la France (p.1). Le présent article paraît en mars/avril 1771 (70, t.4).

[1] Dion Cassius, *Histoire romaine*, livre 44, paragraphe 7.

[2] Montesquieu y ajoute foi au chapitre 14, 'Tibère', des *Considérations sur les causes de la grandeur des Romains et de leur décadence* (Lausanne, 1750, BV2495): 'Dion nous dit que quelques-uns allèrent jusqu'à proposer qu'il lui fût permis de jouir de toutes

Mais si les empereurs romains n'eurent pas ce droit par un sénatus consulte appuyé d'un plébiscite, il est très vraisemblable qu'ils l'obtinrent par la courtoisie des dames. Les Marc-Aurèles, les Juliens n'usèrent point de ce droit; mais tous les autres l'étendirent autant qu'ils le purent.

Il est étonnant que dans l'Europe chrétienne on ait fait très longtemps une espèce de loi féodale, et que du moins on ait regardé comme un droit coutumier, l'usage d'avoir le pucelage de sa vassale. La première nuit des noces de la fille au vilain appartenait sans contredit au seigneur.

Ce droit s'établit comme celui de marcher avec un oiseau sur le poing, et de se faire encenser à la messe. Les seigneurs, il est vrai, ne statuèrent pas que les femmes de leurs vilains leur appartiendraient, ils se bornèrent aux filles; la raison en est plausible. Les filles sont honteuses, il faut un peu de temps pour les apprivoiser. La majesté des lois les subjugue tout d'un coup; les jeunes fiancées donnaient donc sans résistance la première nuit de leurs noces au seigneur châtelain, ou au baron, quand il les jugeait dignes de cet honneur.

On prétend que cette jurisprudence commença en Ecosse; je le croirais volontiers:[3] les seigneurs écossais avaient un pouvoir

---

les femmes qu'il lui plairait' (p.161). Voltaire a marqué ce passage d'un signet annoté 'César droit de coucher avec toutes les femmes' (*CN*, t.5, p.717-18).

[3] *Encyclopédie*, article 'Culage': 'On tient que cette coutume scandaleuse fut introduite par Even roi d'Ecosse, qui avait permis aux principaux seigneurs d'Ecosse d'en user ainsi' (t.4, p.548). L'article ajoute une restriction que Voltaire ne reproduit pas: 'mais les suites fâcheuses qu'avait le ressentiment des maris, dont l'honneur était blessé en la personne de leurs femmes, engagèrent Marcolm [Malcolm] a abolir cette coutume, et à la convertir en une prestation appelée *marchete*, consistant en une somme d'argent ou un certain nombre de vaches, selon la qualité des filles'. Les sources citées sont Joannes Skenaeus dans le *Rerum scoticarum historia* (1579) de George Buchanan. Laurière, qui est la source directe de l'*Encyclopédie*, avait déjà repris Skenaeus dans Buchanan (*Glossaire du droit français*, t.1, p.307). L'article 'Défloration' de l'*Encyclopédie* compile les mêmes sources. On pourra consulter à ce propos *Le Droit du seigneur au Moyen Age* (Paris, 1854) de Louis Veuillot, qui s'en prend d'ailleurs violemment à Voltaire (p.148), et le *Dictionnaire féodal* (Paris, 1819) de J. A. S. Collin de Plancy, article 'Droit de cuissage', qui traite en détail de cette 'matière épineuse' (t.1, p.164-79).

encore plus absolu sur leurs clans, que les barons allemands et français sur leurs sujets.

Il est indubitable que des abbés, des évêques s'attribuèrent cette prérogative en qualité de seigneurs temporels:[4] et il n'y a pas bien longtemps que des prélats se sont désistés de cet ancien privilège pour des redevances en argent, auxquelles ils avaient autant de droit qu'aux pucelages des filles.

Mais remarquons bien que cet excès de tyrannie ne fut jamais approuvé par aucune loi publique. Si un seigneur ou un prélat avait assigné par-devant un tribunal réglé une fille fiancée à un de ses vassaux, pour venir lui payer sa redevance, il eût perdu, sans doute sa cause avec dépens.

Saisissons cette occasion d'assurer qu'il n'y a jamais eu de peuple un peu civilisé qui ait établi des lois formelles contre les mœurs; je ne crois pas qu'il y en ait un seul exemple. Des abus s'établissent, on les tolère; ils passent en coutume; les voyageurs les prennent pour des lois fondamentales. Ils ont vu, disent-ils, dans l'Asie de saints mahométans bien crasseux marcher tout nus, et de bonnes dévotes venir leur baiser ce qui ne mérite pas de l'être; mais je les défie de trouver dans l'Alcoran une permission à des gueux de courir tout nus et de faire baiser leur vilenie par des dames.[5]

On me citera pour me confondre le *Phallum* que les Egyptiens portaient en procession, et l'idole Jaganat des Indiens. Je répondrai que cela n'est pas plus contre les mœurs que de s'aller faire couper

[4] L'article 'Culage' de l'*Encyclopédie* évoque seulement un évêque d'Amiens exerçant un 'droit des nouveaux mariés' aboli en 1409. Il s'agit d'un simple résumé de Laurière (*Glossaire du droit français*, t.1, p.308). L'anecdote est rapportée à peu près dans les mêmes termes par l'article 'Défloration' de l'*Encyclopédie* (t.4, p.750) d'après leur source commune, Du Cange. L'*Essai sur les mœurs* se faisait un devoir de développer le thème en citant 'évêques' et 'abbés' et en élargissant ces 'mœurs' à toute l'Europe catholique ou non (t.1, p.543).

[5] Voltaire confond, de toute évidence, les religions de l'Inde avec l'Islam qui n'a rien à voir avec ces exercices dévots. La littérature de voyages aux Indes orientales revient régulièrement sur les pratiques superstitieuses et malsaines de ces religions: voir Sophie Linon-Chipon, *Gallia Orientalis. Voyages aux Indes orientales (1529-1722): poétique et imaginaire d'un genre littéraire en formation* (Paris, 2003).

le prépuce en cérémonie à l'âge de huit ans.[6] On a porté dans quelques-unes de nos villes le saint prépuce en procession; on le garde encore dans quelques sacristies, sans que cette facétie ait causé le moindre trouble dans les familles. Je puis encore assurer qu'aucun concile, aucun arrêt de parlement n'a jamais ordonné qu'on fêterait le saint prépuce.[7]

J'appelle *loi contre les mœurs* une loi publique, qui me prive de mon bien, qui m'ôte ma femme pour la donner à un autre; et je dis que la chose est impossible.

Quelques voyageurs prétendent qu'en Lapponie des maris sont venus leur offrir leurs femmes par politesse; c'est une plus grande politesse à moi de les croire.[8] Mais je leur soutiens qu'ils n'ont

[6] Ce passage est un assemblage de diverses lectures digérées ailleurs par Voltaire et resservies sous forme synthétique. Voir l'*Essai sur les mœurs*, t.1, ch.22, 'Des rites égyptiens et de la circoncision', p.82. Dans le chapitre 157, il est question des 'prêtres de l'idole Jaganat [qui se voyaient] amener tous les ans une fille à leur dieu pour être honorée du titre de son épouse' (t.2, p.406). Jaganat est un nom de lieu où se trouve un temple dont l''idole' s'appelle Kesora, comme le signale l'article 'Jagrenate ou Jaganat' de l'*Encyclopédie* (t.8, p.434-35) qui recopie la *Suite des Voyages de Monsieur Jean-Baptiste Tavernier* (Paris, 1713), t.4, p.143-44. Voltaire a lu trop vite sa source.

[7] Sortie contre le 'saint prépuce', relique de la circoncision du Christ, dont les exemplaires multipliés étaient révérés dans une quinzaine d'églises catholiques. Voltaire évoque celui de Châlons que Mgr Gaston Jean Baptiste Louis de Noailles fit 'jeter au feu' (*Traité sur la tolérance*, *OCV*, t.56C, p.243). Voltaire justifie la circoncision elle-même comme une des 'ordonnances légales' de l'Islam (*Essai sur les mœurs*, t.1, p.273). Dans la tradition juive, qui fut appliquée au Christ, la circoncision se pratiquait huit jours après la naissance (Luc 2:21) et non pas 'huit ans' comme le dit Voltaire. Il a consacré à ces questions l'article 'Circoncision' du *DP* (*OCV*, t.35, p.600-13) et 'Prépuce' des *QE*.

[8] 'Monsieur Cramer est prié d'envoyer aujourd'hui Olaus Magnus', écrivait Voltaire à Cramer au moment de rédiger les *QE* (D16894). Il cherchait de toute évidence à se documenter sur les Lapons dans l'ouvrage classique *Historia de gentibus septentrionalibus* (Rome, 1555), mais il ne pouvait rien y trouver que de convenable sur les mœurs lapones. Le fantasme de l'hospitalité sexuelle des Lapons naquit pourtant à la même époque avec les *Rerum moscoviticarum commentarii* (1549) de Herberstein, qu'il est fort improbable que lut Voltaire. En revanche, le *Voyage des pays septentrionaux* (Paris, 1672, BV1886) de Pierre Martin de La Martinière était dans sa bibliothèque: allusion est faite, page 40, aux mœurs lapones libérées. Voltaire possédait aussi l'*Histoire de la Laponie, sa description, l'origine, les mœurs, la manière*

jamais trouvé cette loi dans le code de la Lapponie; de même que vous ne trouverez ni dans les constitutions de l'Allemagne, ni dans les ordonnances des rois de France, ni dans les registres du parlement d'Angleterre, aucune loi positive qui adjuge le droit de cuissage aux barons.

Des lois absurdes, ridicules, barbares, vous en trouverez partout; des lois contre les mœurs nulle part.

---

de vivre de ses habitants, leur religion, leur magie, et les choses rares du pays (Paris, 1678, BV3113) de Johann Gehrard Scheffer, où l'on trouve un long développement sur le sujet: 'Peut-être qu'ils n'étaient pas aux premiers siècles entièrement éloignés de la communauté des femmes, et qu'ils permettaient aux étrangers, et particulièrement aux hôtes d'approcher des leurs' (p.274). Dans le 'Voyage en Laponie', Jean-François Regnard pille allégrement Scheffer (*Les Œuvres de Monsieur Regnard*, Paris, 1731, BV2918, p.140-43). Il cite aussi Johan Jonas Tornaeus, évangélisateur des Lapons, qui a écrit une relation de sa mission et qui parle de l'hospitalité des femmes lapones. Sur ces questions, voir Martin Wåhlberg, 'L'anthropologie des Lumières et le mythe de l'hospitalité lapone – Regnard, Buffon, Voltaire, Sade', *SVEC* 2007:12, p.277-302, qui signale aussi l'écho du voyage en Laponie (1736-1737) de Pierre Louis Moreau de Maupertuis dans les milieux mondains et le cercle de Voltaire, sollicité pour entretenir deux Lapones ramenées à Paris (p.286-91). Voltaire avait déjà traité de l'hospitalité lapone dans l'*Histoire de l'empire de Russie sous Pierre le Grand* (1759; *OCV*, t.46, p.439-40).

LE CURÉ DE CAMPAGNE

Section première

Un curé, que dis-je, un curé?[1] un iman même, un talapoin, un

a K84, K12: Curé de

* Autant Voltaire dénonce prélats, moines et théologiens, autant il affirme le rôle social et moral du modeste 'curé de campagne' (pour un aperçu de la question, voir W. H. Williams, 'Voltaire and the utility of the lower clergy', *SVEC* 58, 1967, p.1869-91). L'article comprend deux sections, l'une composée pour les *QE*, l'autre reprise du *DP*. La première plaide pour l'amélioration des conditions de vie des curés décrites par Boucher d'Argis dans l'article 'Curé' de l'*Encyclopédie*. Lorsqu'ils n'étaient pas titulaires de leur cure, les curés ne percevaient pas la 'dîme' destinée à l'entretien de leur paroisse, qui revenait aux 'gros décimateurs' – évêques, chapitres, monastères ou seigneurs – tenus de verser en retour aux prêtres une 'portion congrue' qui constituait la source principale de leur revenu. Ce montant restait notoirement insuffisant, condamnant les prêtres à se rattraper sur le 'casuel', c'est-à-dire sur les prestations relatives aux baptêmes, mariages et enterrements. En conflit avec le haut clergé, les curés congruistes, souvent jansénistes, revendiquaient l'augmentation de leur rémunération et dénonçaient la 'rapacité des gros décimateurs' (*L'Ecclésiastique citoyen*, Paris, 1787, p.114). En prenant leur parti, Voltaire s'oppose au cercle du baron d'Holbach qui les dénonçait dans *L'Esprit du clergé* (1767), l'*Imposture sacerdotale* (1767, BV1651; *CN*, t.4, p.434-35) ou *Les Prêtres démasqués* (1767, BV2809). Soucieux de ne pas être taxé de connivences avec les jansénistes, Voltaire accommode son plaidoyer de railleries sur les lévites. Il ne plaide d'ailleurs pas pour une revalorisation de la portion congrue mais pour la salarisation des prêtres par l'Etat, moyen d'assurer leur subordination au pouvoir temporel. La seconde section de l'article achève de disculper Voltaire de tout soupçon de cléricalisme. Elle reprend le dialogue qui forme l'article 'Catéchisme du curé' du *DP* qui, faisant pendant au 'vicaire savoyard' de Rousseau, défend une religion naturelle et morale, bien éloignée de la religion révélée du jansénisme. Cet article, un chef-d'œuvre d'équilibre entre le cléricalisme inhérent au théisme catholique et l'anticléricalisme radical du matérialisme athée, paraît en mars/avril 1771 (70, t.4).

[1] Depuis sa métamorphose en 'seigneur de village' lors de l'acquisition de Ferney en 1759, Voltaire connaît parfaitement les curés de campagne: il a entretenu des rapports de voisinage complexes et souvent conflictuels avec ceux de Ferney,

brame doit avoir honnêtement de quoi vivre.[2] Le prêtre en tout pays doit être nourri de l'autel, puisqu'il sert la république.[3] Qu'un fanatique fripon ne s'avise pas de dire ici que je mets au niveau un curé et un brame, que j'associe la vérité avec l'imposture. Je ne compare que les services rendus à la société; je ne compare que la peine et le salaire.

Je dis que quiconque exerce une fonction pénible doit être bien payé de ses concitoyens; je ne dis pas qu'il doive regorger de richesses, souper comme Lucullus, être insolent comme Clodius.[4] Je plains le sort d'un curé de campagne obligé de disputer une gerbe de blé à son malheureux paroissien, de plaider contre lui, d'exiger la dîme des lentilles, et des pois, d'être haï, et de haïr, de consumer sa misérable vie dans des querelles continuelles, qui avilissent l'âme autant qu'elles l'aigrissent.[5]

---

d'Ornex et de Moëns. Le seul qui ait trouvé grâce à ses yeux est 'M. Hugonet, nouveau curé de Ferney, homme aussi tolérant que généreux' (*Commentaire historique*, *M*, t.1, p.106), sans doute parce qu'il était le plus docile.

[2] La question de la rémunération des curés est aussi celle de leur reconnaissance sociale, nécessaire à leur rôle moral. Les curés de campagne se plaignaient de ne jouir d'aucune considération. Exprimant l'opinion des curés opposés aux prélats, *L'Ecclésiastique citoyen* écrit: 'passe encore pour la religion, nous y avons un grade qu'ils sont forcés de respecter; mais dans le monde, c'est tout différent; ils y sont tout, et nous n'y sommes rien' (p.19).

[3] 'Rien n'est plus utile qu'un curé [...] Rien n'est plus inutile qu'un cardinal' écrit Voltaire dans ses *Carnets* (*OCV*, t.82, p.528; cf. *Le Dîner du comte de Boulainvilliers*, *M*, t.26, p.559, et *L'A.B.C.*, *M*, t.27, p.364). Par-delà leur office spirituel, les quarante mille curés de France – selon l'estimation de *L'Ecclésiastique citoyen* (p.24) – tenaient l'état-civil, conseillaient les familles et prêchaient les bonnes mœurs. Sans doute Voltaire concevait-il le prêtre comme 'un fonctionnaire préposé à l'instruction morale'. Voir G. Lefebvre, *La Révolution française* (Paris, 1951), p.45.

[4] Lucius Licinius Lucullus, lieutenant de Sylla, se retira de la vie politique pour vivre dans le luxe. Publius Clodius, agent de Jules-César, fit bannir Cicéron. Plutarque le qualifie d''homme téméraire et insolent' (*Vie de Cicéron*, ch.36). Voltaire le met en scène dans *Rome sauvée*.

[5] Premier cas de figure avant le second évoqué aussitôt après. Il concerne environ deux tiers des prêtres français du dix-huitième siècle (J. McManners, *Church and society in eighteenth-century France*, 2 vol., Oxford, 1998, t.1, p.330). Titulaires du

Je plains encore davantage le curé à portion congrue,[6] à qui des moines, nommés *gros décimateurs*,[7] osent donner un salaire de quarante ducats, pour aller faire, pendant toute l'année, à deux ou trois milles de sa maison, le jour, la nuit, au soleil, à la pluie, dans les neiges, au milieu des glaces, les fonctions les plus désagréables, et souvent les plus inutiles. Cependant l'abbé, gros décimateur, boit son vin de Volney, de Baune, de Chambertin, de Silleri,[8] mange ses perdrix et ses faisans, dort sur le duvet avec sa voisine, et fait bâtir un palais. La disproportion est trop grande.[9]

On imagina du temps de Charlemagne que le clergé, outre ses terres, devait posséder la dîme des terres d'autrui: et cette dîme est au moins le quart en comptant les frais de culture. Pour assurer ce paiement, on stipula qu'il était de droit divin. Et comment était-il

'bénéfice-cure auquel est attaché le soin des âmes d'une paroisse', le curé vit dans l'aisance parce qu'il perçoit la dîme destinée à l'entretien de sa paroisse (*Encyclopédie*, article 'Curé', t.4, p.573). Mais en raison des 'complexities of the tithe system and the legal entanglements which ensued', 'disputes of curés with their flocks were legion' (J. McManners, *Church and society*, t.1, p.333-34). Voltaire était bien placé pour connaître ces procès; lui-même attaqua en justice dès 1763 Gros, curé de Ferney, pour la perception de la dîme (voir les *Petitions concerning the Ferney tithes*, D.app.251). *L'Homme aux quarante écus* affirme des curés que 'ces contestations éternelles pour des droits imaginaires, pour des dîmes, détruisent la considération qu'on leur doit' (*OCV*, t.66, p.366-67).

[6] Second cas de figure qui concerne un tiers des prêtres, le curé ne perçoit qu'une 'portion congrue'. Fixée en 1629 à 300 livres annuelles, cette pension avait été revalorisée par l'édit du 17 mai 1768 à 500 livres (L.-F. de Jouy, *Principes et usages concernant les dîmes*, Paris, 1775, p.350). Malgré cette réévaluation, les curés congruistes dénonçaient la modicité de leur rémunération: voir les *Mémoires de Bachaumont* à la date du 9 juillet 1775 (Londres, 1786), t.30, p.281. Sur la distinction de ces deux catégories de prêtres, 'it was commonly said that a tithe owning priest was to be envied as compared with those miserably dependant on the *congrue*: this was generally, but not always the case, for tithes could yield anything from 10,000 livres a year and more to 300 and less' (J. McManners, *Church and society*, t.1, p.332).

[7] Voir la définition de 'décimateur' dans le *Dictionnaire de l'Académie* (1762): 'Ne se dit que de celui qui a droit de lever la dîme dans une paroisse. *Principal décimateur. Gros décimateur*' (p.471).

[8] Voltaire est amateur de vins de Bourgogne.

[9] Cette disproportion est celle du bas et du haut clergé.

de droit divin? Dieu était-il descendu sur la terre pour donner le quart de mon bien à l'abbé du Mont-Cassin, à l'abbé de Saint-Denis, à l'abbé de Foulde? non pas, que je sache.[10] Mais on trouva qu'autrefois dans le désert d'Ethan, d'Oreb, de Cadés-Barné, on avait donné aux lévites quarante-huit villes,[11] et la dîme de tout ce que la terre produisait.

Eh bien, gros décimateurs, allez à Cadés-Barné; habitez les quarante-huit villes qui sont dans ce désert inhabitable; prenez la dîme des cailloux que la terre y produit; et grand bien vous fasse.

Mais Abraham ayant combattu pour Sodome donna la dîme à Melchisédec prêtre et roi de Salem.[12] Eh bien combattez pour Sodome, mais que Melchisédec ne me prenne pas le blé que j'ai semé.

Dans un pays chrétien de douze cent mille lieues carrées,[13] dans tout le nord, dans la moitié de l'Allemagne, dans la Hollande, dans la Suisse, on paie le clergé de l'argent du trésor public.[14] Les

37-42 70, 71N, 71A: fasse. ¶Dans
44 70, 71N, 71A, W68, W75G: trésor royal. Les

[10] Comparer ce passage au deuxième discours 'Sur les dîmes du clergé' de l'ouvrage attribué à d'Holbach, *Les Prêtres démasqués ou des iniquités du clergé* (Londres [Amsterdam], 1768 [1767]), pour qui l'institution de la dîme est le fait des 'imposteurs sacrés' – les prêtres (p.45-79).

[11] Voir Josué 21:40 et Nombres 35:7, sur ces quarante-huit villes que Josué donna aux lévites. Le *Commentaire littéral* de Calmet est annoté à ce passage avec un signet de la main de Wagnière: 'Villes aux lévites' (*CN*, t.2, p.24).

[12] Voir Genèse 14:20-21.

[13] La Russie.

[14] Voltaire défend le système protestant assimilant le prêtre à un fonctionnaire. Il s'agit d'abolir la dîme et de subordonner le pouvoir spirituel à l'Etat: 'Le meilleur gouvernement est celui' où les prêtres 'ne peuvent jamais remuer, car à la moindre dispute théologique le payeur leur déclare qu'il n'y a point d'argent dans la caisse' (*Carnets*, *OCV*, t.82, p.528). Pensant probablement à l'abbé Gros à Ferney, Voltaire écrit dans *Dieu et les hommes*: 'je le paie pour enseigner la morale, pour donner l'exemple de la douceur et non pour être un tyran' (*OCV*, t.69, p.505-506). *L'Homme aux quarante écus* affirme de même que 'si le curé était payé par la province, il serait la consolation de ses paroissiens, au lieu d'être regardé par eux comme leur ennemi' (*OCV*, t.66, p.368).

tribunaux n'y retentissent point des procès mus entre les seigneurs et les curés, entre le gros et le petit décimateur, entre le pasteur demandeur, et l'ouaille intimée, en conséquence du troisième concile de Latran dont l'ouaille n'a jamais entendu parler.[15]

Le roi de Naples cette année 1772,[16] vient d'abolir la dîme dans une de ses provinces; les curés sont mieux payés, et la province le bénit.

Les prêtres égyptiens, dit-on, ne prenaient point la dîme. Non; mais on nous assure qu'ils avaient le tiers de toute l'Egypte en propre. O miracle! ô chose du moins difficile à croire! ils avaient le tiers du pays, et ils n'eurent pas bientôt les deux autres!

Ne croyez pas, mon cher lecteur, que les Juifs, qui étaient un peuple de col roide, ne se soient jamais plaints de l'impôt de la dîme.

Donnez-vous la peine de lire le Talmud de Babilone; et si vous n'entendez pas le chaldaïque, lisez la traduction faite par Gilbert Gaumin, avec les notes, le tout imprimé par les soins de Fabricius.[17] Vous y verrez l'aventure d'une pauvre veuve avec

48-52 70, 71N, 71A: parler. ¶Les

[15] Voir l'article 'Portion congrue' de Boucher d'Argis dans l'*Encyclopédie*. Les ordres monacaux s'étaient emparés des cures dont ils percevaient les dîmes. 'Ayant été rappelés dans leur monastère, il leur fut permis de mettre à leur place [...] des prêtres séculiers en qualité de vicaires révocables à volonté, auxquels ne donnant que fort peu de chose, ils ne pouvaient trouver que des prêtres incapables de s'acquitter dignement de cet emploi'. Convoqué par le pape Alexandre III en mars 1179, le troisième concile de Latran et le concile provincial d'Avranches ordonnèrent aux monastères de faire desservir les cures soit par un religieux de leur ordre, soit par 'un vicaire perpétuel et non révocable [...] auquel ils seraient tenus d'assigner une *portion congrue*, ou pension suffisante sur le revenu de la cure: telle est l'origine des *portions congrues*' (t.16, p.148).

[16] Ce paragraphe fut ajouté en 1774 dans W68.

[17] Gilbert Gaulmin, philologue et hébraïsant français, qui traduisit en latin un traité rabbinique, le *De vita et morte Mosis libri tres* (1629), réédité par Johann Albert Fabricius (Hambourg, 1714, BV957). Voltaire éprouva des difficultés à se procurer cet ouvrage rarissime (voir D12636 et D14665). L'anecdote qui suit est extraite du *Livre des choses omises par Mosé* que Voltaire juge être 'le seul ouvrage de

le grand-prêtre Aaron, et comment le malheur de cette veuve fut la cause de la querelle entre Dathan, Coré et Abiron d'un côté, et Aaron de l'autre.[18]

'Une veuve n'avait qu'une seule brebis, (*a*) elle voulut la tondre: Aaron vient qui prend la laine pour lui; Elle m'appartient, dit-il, selon la loi, *Tu donneras les prémices de la laine à Dieu.*[19] La veuve implore en pleurant la protection de Coré. Coré va trouver Aaron. Ses prières sont inutiles; Aaron répond que par la loi la laine est à lui. Coré donne quelque argent à la femme et s'en retourne plein d'indignation.

'Quelque temps après la brebis fait un agneau, Aaron revient et s'empare de l'agneau. La veuve vient encore pleurer auprès de Coré qui veut en vain fléchir Aaron. Le grand-prêtre lui répond, Il est écrit dans la loi, *Tout mâle premier-né de ton troupeau appartiendra à ton Dieu*;[20] il mangea l'agneau, et Coré s'en alla en fureur.

'La veuve au désespoir tue sa brebis. Aaron arrive encore, il en prend l'épaule et le ventre; Coré vient encore se plaindre. Aaron lui répond, Il est écrit, *Tu donneras le ventre et l'épaule aux prêtres.*[21]

'La veuve ne pouvant plus contenir sa douleur, dit *anathème* à sa

(*a*) p.165. n° 297.[22]

71-72 71N: retourne avec indignation

---

plaisanterie qui nous soit venu des anciens Juifs' (*La Bible enfin expliquée*, *M*, t.30, p.102, n.2). Voltaire l'avait déjà employée dans *La Profession de foi des théistes* (*M*, t.27, p.60) et il la réutilisera dans *La Bible enfin expliquée* (*M*, t.30, p102-103, n.2) ainsi que dans *A Monsieur Du M*** membre de plusieurs académies* (*M*, t.30, p.347).

[18] Nombres 16.

[19] Deutéronome 18:4.

[20] Exode 13:1-2, 11:16, 22:28-29; Lévitique 27:26.

[21] Deutéronome 18:3, Lévitique 7:31-34 et 10:14 et Nombres 6:20 et 18:18-19.

[22] C'est la référence (exacte) de ce passage dans l'édition de Hambourg, que l'on trouve également dans *A Monsieur Du M*** membre de plusieurs académies* (*M*, t.30, p.347).

brebis. Aaron alors dit à la veuve, Il est écrit, *Tout ce qui sera anathème dans Israël sera à toi*,[23] et il emporta la brebis tout entière.'

Ce qui n'est pas si plaisant, mais ce qui est fort singulier, c'est que dans un procès entre le clergé de Rheims et les bourgeois, cet exemple tiré du Talmud fut cité par l'avocat des citoyens. Gaumin assure qu'il en fut témoin.[24] Cependant, on peut lui répondre que les décimateurs ne prennent pas tout au peuple; les commis des fermes ne le souffriraient pas. Chacun partage, comme il est bien juste.

Au reste, nous pensons que ni Aaron, ni aucun de nos curés ne se sont approprié les brebis et les agneaux des veuves de notre pauvre pays.[25]

Nous ne pouvons mieux finir cet article honnête du 'Curé de campagne' que par ce dialogue, dont une partie a déjà été imprimée.[26]

Section seconde

Dialogue

ARISTON

Eh bien, mon cher Téotime, vous allez donc être curé de campagne?

TÉOTIME

Oui; on me donne une petite paroisse, et je l'aime mieux qu'une grande. Je n'ai qu'une portion limitée d'intelligence et d'activité; je

85 K84, K12: mais qui est
93-94 W68: notre pays
95 71A: article du

[23] Lévitique 27:28, Nombres 18:14.
[24] *De vita et morte Mosis*, p.165.
[25] Beuchot rappelle que la dîme fut abolie le 4 août 1789.
[26] Voir l'article 'Catéchisme du curé' du *DP* dont on consultera l'annotation (*OCV*, t.35, p.475-85).

ne pourrais certainement pas diriger soixante et dix mille âmes, attendu que je n'en ai qu'une; un grand troupeau m'effraie, mais je pourrai faire quelque bien à un petit. J'ai étudié assez de jurisprudence pour empêcher, autant que je le pourrai, mes pauvres paroissiens de se ruiner en procès. J'ai assez de connaissance de l'agriculture pour leur donner quelquefois des conseils utiles. Le seigneur du lieu et sa femme sont d'honnêtes gens qui ne sont point dévots, et qui m'aideront à faire du bien. Je me flatte que je vivrai assez heureux, et qu'on ne sera pas malheureux avec moi.

ARISTON

N'êtes-vous pas fâché de n'avoir point de femme? ce serait une grande consolation; il serait doux après avoir prôné, chanté, confessé, communié, baptisé, enterré, consolé des malades, apaisé des querelles, consumé votre journée au service du prochain, de trouver dans votre logis une femme douce, agréable et honnête, qui aurait soin de votre linge et de votre personne, qui vous égaierait dans la santé, qui vous soignerait dans la maladie, qui vous ferait de jolis enfants, dont la bonne éducation serait utile à l'Etat. Je vous plains vous qui servez les hommes, d'être privé d'une consolation si nécessaire aux hommes.

TÉOTIME

L'Eglise grecque a grand soin d'encourager les curés au mariage; l'Eglise anglicane et les protestants ont la même sagesse; l'Eglise latine a une sagesse contraire; il faut m'y soumettre. Peut-être aujourd'hui que l'esprit philosophique a fait tant de progrès, un concile ferait des lois plus favorables à l'humanité. Mais en attendant, je dois me conformer aux lois présentes; il en coûte beaucoup, je le sais; mais tant de gens qui valaient mieux que moi s'y sont soumis, que je ne dois pas murmurer.

ARISTON

Vous êtes savant, et vous avez une éloquence sage; comment comptez-vous prêcher devant des gens de campagne?

TÉOTIME

Comme je prêcherais devant les rois. Je parlerai toujours de morale, et jamais de controverse; Dieu me préserve d'approfondir la grâce concomitante, la grâce efficace, à laquelle on résiste, la suffisante qui ne suffit pas; d'examiner si les anges qui mangèrent avec Abraham et avec Loth avaient un corps, ou s'ils firent semblant de manger; si le diable Asmodée était effectivement amoureux de la femme du jeune Tobie; quelle est la montagne sur laquelle Jésus-Christ fut emporté par un autre diable; et si Jésus-Christ envoya deux mille diables, ou deux diables seulement dans le corps de deux mille cochons, etc. etc. Il y a bien des choses que mon auditoire n'entendrait pas, ni moi non plus. Je tâcherai de faire des gens de bien, et de l'être; mais je ne ferai point de théologiens, et je le serai le moins que je pourrai.

ARISTON

O le bon curé! Je veux acheter une maison de campagne dans votre paroisse. Dites-moi, je vous prie, comment vous en userez dans la confession?

TÉOTIME

La confession est une chose excellente, un frein aux crimes, inventé dans l'antiquité la plus reculée; on se confessait dans la célébration de tous les anciens mystères; nous avons imité et sanctifié cette sage pratique; elle est très bonne pour engager les cœurs ulcérés de haine à pardonner, et pour faire rendre par les petits voleurs ce qu'ils peuvent avoir dérobé à leur prochain. Elle a quelques inconvénients. Il y a beaucoup de confesseurs indiscrets, surtout parmi les moines, qui apprennent quelquefois plus de sottises aux filles que tous les garçons d'un village ne pourraient leur en faire. Point de détails dans la confession; ce n'est point un interrogatoire juridique, c'est l'aveu de ses fautes qu'un pécheur fait à l'Etre

131 K84, K12: Je parlerais toujours
136-40 70, 71N, 71A: manger; il y a bien mille choses

suprême entre les mains d'un autre pécheur qui va s'accuser à son tour. Cet aveu salutaire n'est point fait pour contenter la curiosité d'un homme.

ARISTON

Et des excommunications, en userez-vous?

TÉOTIME

Non; il y a des rituels où l'on excommunie les sauterelles, les sorciers et les comédiens. Je n'interdirai point l'entrée de l'église aux sauterelles, attendu qu'elles n'y vont jamais. Je n'excommunierai point les sorciers, parce qu'il n'y a point de sorciers: et à l'égard des comédiens, comme ils sont pensionnés par le roi, et autorisés par le magistrat, je me garderai bien de les diffamer. Je vous avouerai même comme à mon ami, que j'ai du goût pour la comédie, quand elle ne choque point les mœurs. J'aime passionnément le *Misanthrope*, et toutes les tragédies où il y a des mœurs. Le seigneur de mon village fait jouer dans son château quelques-unes de ces pièces, par de jeunes personnes qui ont du talent: ces représentations inspirent la vertu par l'attrait du plaisir; elles forment le goût; elles apprennent à bien parler et à bien prononcer. Je ne vois rien là que de très innocent, et même de très utile; je compte bien assister quelquefois à ces spectacles pour mon instruction, mais dans une loge grillée, pour ne point scandaliser les faibles.

ARISTON

Plus vous me découvrez vos sentiments, et plus j'ai envie de devenir votre paroissien. Il y a un point bien important qui m'embarrasse. Comment ferez-vous pour empêcher les paysans de s'enivrer les jours de fêtes? c'est là leur grande manière de les célébrer. Vous voyez les uns accablés d'un poison liquide, la tête penchée vers les genoux, les mains pendantes, ne voyant point, n'entendant rien, réduits à un état fort au-dessous de celui des brutes, reconduits chez eux en chancelant par leurs femmes éplorées, incapables de travail le lendemain, souvent malades et abrutis pour le reste de leur vie. Vous en voyez d'autres devenus furieux par le vin, exciter des querelles sanglantes, frapper et être frappés, et quelquefois finir par le meurtre ces scènes affreuses, qui sont la honte de l'espèce humaine. Il le faut avouer, l'Etat perd plus de sujets par les fêtes que par les batailles; comment pourrez-vous diminuer dans votre paroisse un abus si exécrable?

TÉOTIME

Mon parti est pris; je leur permettrai, je les presserai même de cultiver leurs champs les jours de fêtes après le service divin que je ferai de très bonne heure. C'est l'oisiveté de la férie qui les conduit au cabaret. Les jours ouvrables ne sont point les jours de la débauche et du meurtre. Le travail modéré contribue à la santé du corps et à celle de l'âme: de plus, ce travail est nécessaire à l'Etat. Supposons cinq millions d'hommes qui font par jour pour dix sous d'ouvrage l'un portant l'autre, et ce compte est bien modéré; vous rendez ces cinq millions d'hommes inutiles trente jours de l'année. C'est donc trente fois cinq millions de pièces de dix sous que l'Etat perd en main-d'œuvre. Or certainement, Dieu n'a jamais ordonné, ni cette perte, ni l'ivrognerie.

ARISTON

Ainsi vous concilierez la prière et le travail; Dieu ordonne l'un et l'autre. Vous servirez Dieu et le prochain; mais dans les disputes ecclésiastiques, quel parti prendrez-vous?

TÉOTIME

Aucun. On ne dispute jamais sur la vertu, parce qu'elle vient de Dieu: on se querelle sur des opinions qui viennent des hommes.

ARISTON

Oh le bon curé! le bon curé!

CURIOSITÉ

Suave mari magno turbantibus aequora ventis,
E terra magnum alterius spectare laborem;
Non quia vexari quemquam est jucunda voluptas,
Sed quibus ipse malis careas, quia cernere suave est;
Suave etiam belli certamina magna tueri
Per campos instructa tua sine parte pericli;
Sed nil dulcius est, bene quam munita tenere
Edita doctrina sapientum templa serena,
Despicere unde queas alios, passimque videre
Errare atque viam palantes quaerere vitae
Certare ingenio, contendere nobilitate,
Noctes atque dies niti praestante labore
Ad summas emergere opes rerumque potiri.
O miseras hominum mentes! o pectora caeca! [1]

* L'article 'Curiosité' de l'*Encyclopédie*, signé par Jaucourt, traite du thème de façon sèche et philosophique: 'L'envie de s'instruire, de s'éclairer, est si naturelle, qu'on ne saurait trop s'y livrer, puisqu'elle sert de fondement aux vérités intellectuelles, à la science et à la sagesse' (t.4, p.578). Le présent article réagit plutôt à Lucrèce. Voltaire a lu la traduction de La Grange, dès sa parution en 1768 (voir D15189, D15199), et il s'en est servi immédiatement dans *Des singularités de la nature*: 'Un nouvel auteur d'une traduction élégante et exacte de Lucrèce, enrichie de notes savantes, s'efforce, dans les notes du troisième livre, de combattre Lucrèce' (*M*, t.27, p.160). La lecture de La Grange semble aussi avoir inspiré le quatrième entretien, 'De la loi naturelle, et de la curiosité', de *L'A.B.C.* (1768): Voltaire y cite un vers de Lucrèce (*De rerum natura*, livre 2, vers 4), compris dans le passage cité ici, et suivi de deux alinéas également repris dans le présent article (lignes 52-73; cf. *M*, t.27, p.341). Michel Delon commente cet article dans 'De la curiosité des maux d'autrui', *Curiosité et 'libido sciendi' de la Renaissance aux Lumières*, éd. Nicole Jacques-Chaquin et Sophie Houdard, 2 vol. (Paris, 1998), t.1, p.183-206. Le 9 août 1771, Mme d'Epinay envoie à Galiani, en même temps que l'article 'Clou', le texte de cet article, auquel ne manque que la traduction française des vers latins (Ferdinando Galiani et Louise d'Epinay, *Correspondance*, éd. Georges Dulac et Daniel Maggetti, 5 vol., Paris, 1992-1997, t.2, p.161-64). Galiani répondra que 'le morceau 'Curiosité' de Voltaire est superbe, sublime, neuf et vrai' (p.184 ou D17346). L'article avait paru en mars/avril 1771 (70, t.4).

[1] Lucrèce, *De rerum natura*, livre 2, vers 1-14. En terminant la citation là où il le

On voit avec plaisir dans le sein du repos,
Des mortels malheureux lutter contre les flots;
On aime à voir de loin deux terribles armées
Dans les champs de la mort au combat animées;
Non que le mal d'autrui soit un plaisir si doux;
Mais son danger nous plaît quand il est loin de nous.
Heureux qui retiré dans le temple des sages
Voit en paix sous ses pieds se former les orages,
Qui rit en contemplant les mortels insensés
De leur joug volontaire esclaves empressés,
Inquiets, incertains du chemin qu'il faut suivre,
Sans penser, sans jouir, ignorant l'art de vivre,
Dans l'agitation consumant leurs beaux jours,
Poursuivant la fortune, et rampant dans les cours.
O vanité de l'homme! ô faiblesse! ô misère![2]

Pardon, Lucrèce, je soupçonne que vous vous trompez ici en morale comme vous vous trompez toujours en physique.[3] C'est, à mon avis, la curiosité seule qui fait courir sur le rivage pour voir un vaisseau que la tempête va submerger. Cela m'est arrivé; et je vous jure que mon plaisir mêlé d'inquiétude et de malaise, n'était point du tout le fruit de ma réflexion; il ne venait point d'une comparaison secrète entre ma sécurité et le danger de ces infortunés; j'étais curieux et sensible.[4]

---

fait, Voltaire en limite la portée épicurienne, pour en faire un simple exemple de ce qu'est la curiosité.

[2] La bibliothèque de Ferney possède plusieurs éditions de Lucrèce (BV2225-27), mais cette traduction en vers est de Voltaire lui-même. Dans la traduction de La Grange (qui est en prose), Voltaire introduit un signet sur le même passage: 'Curiosité nul plaisir de l'âme que par elle nul plaisir à voir souffrir que comme nouveauté ab assuetis non passio Phèdre Tartuffe nul plaisir à voir les autres se tromper au contraire leurs erreurs indignent' (*CN*, t.5, p.454-55). Ce signet fournit le plan de l'article qui va suivre.

[3] Dans *Les Pourquoi*, Voltaire fait allusion à ce qu'il appelle 'le cours d'athéisme du grand poète Lucrèce' (*OCV*, t.28B, p.108). Il répétera ci-dessous l'opposition entre la morale de Lucrèce et sa philosophie, dans l'article 'Dieu, dieux' (p.436).

[4] Cf. Montesquieu, qui définit la curiosité comme 'le plaisir que nous donne un

A la bataille de Fontenoy les petits garçons et les petites filles montaient sur les arbres d'alentour pour voir tuer du monde.[5]

Les dames se firent apporter des sièges sur un bastion de la ville de Liége, pour jouir du spectacle à la bataille de Rocou.[6]

Quand j'ai dit, *heureux qui voit en paix se former les orages*, mon bonheur était d'être tranquille et de chercher le vrai; et non pas de voir souffrir des êtres pensants persécutés pour l'avoir cherché, opprimés par des fanatiques, ou par des hypocrites.

Si l'on pouvait supposer un ange volant sur six belles ailes du haut de l'empyrée, s'en allant regarder par un soupirail de l'enfer les tourments et les contorsions des damnés, et se réjouissant de ne rien sentir de leurs inconcevables douleurs, cet ange tiendrait beaucoup du caractère de Belzébuth.

Je ne connais point la nature des anges parce que je ne suis qu'homme; il n'y a que les théologiens qui la connaissent. Mais en qualité d'homme, je pense par ma propre expérience et par celle de tous les badauds mes confrères, qu'on ne court à aucun spectacle de quelque genre qu'il puisse être, que par pure curiosité.

Cela me semble si vrai, que le spectacle a beau être admirable, on s'en lasse à la fin. Le public de Paris ne va plus guère au *Tartuffe* qui est le chef-d'œuvre des chefs-d'œuvre de Molière; pourquoi? c'est qu'il y est allé souvent; c'est qu'il le sait par cœur.[7] Il en est ainsi d'*Andromaque*.[8]

---

objet qui nous porte vers un autre; c'est pour cela que l'âme cherche toujours des choses nouvelles, et ne se repose jamais' ('De la curiosité', *Essai sur le goût*, *Œuvres complètes*, Oxford, 1998- , t.9, p.491).

[5] Le maréchal de Saxe remporta la victoire à Fontenoy le 11 mai 1745; voir *Histoire de la guerre de 1741*, ch.15-16.

[6] Autre victoire du maréchal de Saxe, le 11 octobre 1746; voir *Histoire de la guerre de 1741*, ch.20.

[7] Réflexion sans doute liée à la reprise de *Tartuffe* à Paris en 1769 (4 janvier-17 février) et développée aussi dans la lettre de Voltaire à Soumarokov du 26 février 1769, publiée dans le *Journal encyclopédique* du 1er mai 1771 (D15488).

[8] Dans la décennie 1761-1770, *Andromaque* n'eut que quatre représentations à la Comédie-Française. Cependant *Tartuffe* fut joué 67 fois pendant la même période, comme le fut aussi *Le Légataire universel* de Regnard: ce furent les deux plus grands

Perrin Dandin a bien malheureusement raison quand il propose à la jeune Isabelle de la mener voir comment on donne la question; Cela fait, dit-il, passer une heure ou deux.[9] Si cette anticipation du dernier supplice, plus cruelle souvent que le supplice même, était un spectacle public, toute la ville de Toulouse aurait volé en foule pour contempler le vénérable Calas souffrant à deux reprises ces tourments abominables sur les conclusions du procureur général. Pénitents blancs, pénitents gris et noirs, femmes, filles, maîtres des jeux floraux, étudiants, laquais, servantes, filles de joie, docteurs en droit canon, tout se serait pressé. On se serait étouffé à Paris pour voir passer dans un tombereau le malheureux général Lalli avec un bâillon de six doigts dans la bouche.[10]

Mais si ces tragédies de cannibales qu'on représente quelquefois chez la plus frivole des nations et la plus ignorante en général dans les principes de la jurisprudence et de l'équité; si les spectacles donnés par quelques tigres à des singes, comme ceux de la Saint-Barthélemi et ses diminutifs, se renouvelaient tous les jours; on déserterait bientôt un tel pays; on le fuirait avec horreur; on abandonnerait sans retour la terre infernale où ces barbaries seraient fréquentes.[11]

34 71N: Cela fera, dit-il

41 71N: étouffé comme à

---

succès de cette décennie. Ces deux pièces devancent ainsi toutes celles de Voltaire, dont les plus grands succès pendant cette même décennie sont *Tancrède* (61 représentations), suivi par *L'Enfant prodigue* (49). *Mahomet*, qui traite du fanatisme comme *Tartuffe*, ne fut joué que 24 fois (voir A. Joannidès, *La Comédie-Française de 1680 à 1900*, Paris, 1901).

[9] Racine, *Les Plaideurs*, acte 3, scène 4, auquel Voltaire se réfère dans l'article 'Torture' du *DP* (*OCV*, t.36, p.570).

[10] Le comte de Lally, gouverneur des possessions françaises en Inde, fut condamné à la peine capitale après sa défaite à Pondichéry. Il fut exécuté en 1766 et ce baillon 'a révolté jusqu'à la populace' écrivit D'Alembert à Voltaire (D13372). Voltaire lutta pour casser le jugement. Le fils de Lally-Tollendal prit contact avec lui le 6 août 1770. Cf. *Fragments sur l'Inde*, *OCV*, t.75B, p.178-79.

[11] Cet alinéa et le suivant sont repris de *L'A.B.C.* (*M*, t.27, p.341).

Quand les petits garçons et les petites filles déplument leurs moineaux, c'est purement par esprit de curiosité, comme lorsqu'elles mettent en pièces les jupes de leurs poupées. C'est cette passion seule qui conduit tant de monde aux exécutions publiques, comme nous l'avons vu. *Etrange empressement de voir des misérables!*[12] a dit l'auteur d'une tragédie.

Je me souviens, qu'étant à Paris lorsqu'on fit souffrir à Damiens une mort des plus recherchées et des plus affreuses qu'on puisse imaginer,[13] toutes les fenêtres qui donnaient sur la place furent louées chèrement par les dames; aucune d'elles assurément ne faisait la réflexion consolante qu'on ne la tenaillerait point aux mamelles, qu'on ne verserait point du plomb fondu et de la poix résine bouillante dans ses plaies, et que quatre chevaux ne tireraient point ses membres disloqués et sanglants. Un des bourreaux jugea plus sainement que Lucrèce; car lorsqu'un des académiciens de Paris voulut entrer dans l'enceinte pour examiner la chose de plus près, et qu'il fut repoussé par les archers; *laissez entrer, Monsieur*, dit-il, *c'est un amateur.*[14] C'est-à-dire, c'est un curieux; ce n'est pas par méchanceté qu'il vient ici, ce n'est pas par un retour sur soi-même, pour goûter le plaisir de n'être pas écartelé: c'est uniquement par curiosité comme on va voir des expériences de physique.

La curiosité est naturelle à l'homme, aux singes et aux petits chiens. Menez avec vous un petit chien dans votre carrosse, il

69-70 K12: n'est point par

[12] Voltaire, *Tancrède*, III.iii.182 (*OCV*, t.49B, p.187).

[13] Le 24 mars 1757, Voltaire n'était pas à Paris. Sur ses réactions, voir *VST*, t.1, p.856, et *L'Attentat de Damiens: discours sur l'événement au dix-huitième siècle*, éd. P. Rétat (Lyon, 1979).

[14] Charles Marie de La Condamine, membre de l'Académie des sciences et de l'Académie française. Voir la *Correspondance littéraire*, t.6, p.251, qui rapporte aussi cette anecdote. Voltaire est fâché avec La Condamine, qui a pris le parti de Maupertuis, depuis l'*Akakia*. En 1770, La Condamine souscrit anonymement à la statue de Voltaire (D16593, D16672, D16680).

mettra continuellement ses pattes à la portière pour voir ce qui se passe. Un singe fouille partout, il a l'air de tout considérer. Pour l'homme, vous savez comme il est fait; Rome, Londres, Paris, passent leur temps à demander ce qu'il y a de nouveau.

DAVID

Nous devons révérer David comme un prophète, comme un roi, comme un ancêtre du saint époux de Marie, comme un homme qui a mérité la miséricorde de Dieu par sa pénitence.

Je dirai hardiment que l'article 'David' qui suscita tant d'ennemis à Bayle, premier auteur d'un dictionnaire de faits et de raisonnements, ne méritait pas le bruit étrange que l'on fit alors. Ce n'était pas David qu'on voulait défendre, c'était Bayle qu'on voulait perdre. Quelques prédicants de Hollande ses ennemis mortels, furent aveuglés par leur haine, au point de le reprendre d'avoir donné des louanges à des papes qu'il en croyait dignes, et d'avoir réfuté les calomnies débitées contre eux. [1]

* Voltaire réécrit ici et augmente pour les *QE* l'article 'David' (1767) du *DP*. Il y ajoute des détails sur la condamnation de l'article homonyme du *Dictionnaire historique et critique* de Pierre Bayle, et surtout un développement consacré à *The History of the man after God's own heart* (Londres, Freeman, 1761, BV624; *CN*, t.2, p.366), dont la stratégie argumentative consiste à faire valoir le contraste entre le titre d''homme selon mon cœur' décerné par Dieu à David (Actes 13:22) et les crimes commis par celui-ci. La parution clandestine en 1768 de la traduction française de ce livre par d'Holbach (*David ou l'histoire de l'homme selon le cœur de Dieu*, Londres [Amsterdam, Marc-Michel Rey], 1768) a redonné une actualité à l'ouvrage dont Voltaire avait eu connaissance dès sa publication (voir D10078). Cette traduction n'avait rien pour heurter Voltaire, renvoyant des échos qu'il n'aurait pas reniés: 'tirer la vérité de l'obscurité, la dégager des enveloppes qui la déguisent, la faire briller aux yeux du genre humain, c'est la façon la plus raisonnable de rendre gloire à Dieu, et d'inspirer aux hommes la bienveillance, la vertu et l'amour de la paix' (*David ou l'histoire de l'homme selon le cœur de Dieu*, p.79). Le présent article paraît en mars/avril 1771 (70, t.4).

[1] Dans l'article 'Bayle' du 'Catalogue des écrivains' du *Siècle de Louis XIV*, Voltaire rappelle que Pierre Jurieu incrimina l'article 'David' du *Dictionnaire historique et critique* sous prétexte que Bayle 'avait fortement relevé les excès, les trahisons et les barbaries que ce prince juif avait commis' (*OH*, p.1137). Dans son exemplaire de l'*Extrait du Dictionnaire historique et critique de Bayle* par Frédéric II et Boyer d'Argens, l'article 'David' est marqué d'un signet (*CN*, t.1, p.235). Voir l'article 'David' du *DP*, *OCV*, t.36, p.1, n.1.

Cette ridicule et honteuse injustice fut signée de douze théologiens le 20 décembre 1698, dans le même consistoire où ils feignaient de prendre la défense du roi David.[2] Comment osaient-ils manifester hautement une passion lâche que le reste des hommes s'efforce toujours de cacher? Ce n'était pas seulement le comble de l'injustice et du mépris de toutes les sciences; c'était le comble du ridicule que de défendre à un historien d'être impartial, et à un philosophe d'être raisonnable. Un homme seul n'oserait être insolent et injuste à ce point: mais dix ou douze personnes rassemblées avec quelque espèce d'autorité, sont capables des injustices les plus absurdes. C'est qu'elles sont soutenues les unes par les autres, et qu'aucune n'est chargée en son propre nom de la honte de la compagnie.

Une grande preuve que cette condamnation de Bayle fut personnelle, est ce qui arriva en 1761 à M. Hutte membre du parlement d'Angleterre. Les docteurs Chandler et Palmer avaient prononcé l'oraison funèbre du roi George II, et l'avaient, dans leurs discours, comparé au roi David, selon l'usage de la plupart des prédicateurs qui croient flatter les rois.[3]

M. Hutte ne regarda point cette comparaison comme une louange; il publia la fameuse dissertation *The Man after God's own heart*.[4] Dans cet écrit il veut faire voir que George II, roi

[2] On trouve dans *La Vie de Monsieur Bayle* (La Haye, Gosse et Néaulme, 1732) par Pierre Des Maizeaux, sous le titre 'Actes du consistoire de l'Eglise wallone de Rotterdam concernant le *Dictionnaire historique et critique* de M. Bayle', les textes concernant cette affaire, datés et présentés selon l'ordre chronologique (t.2, p.365-407). Le 20 décembre 1698, les 'commissaires' chargés de signaler 'les principales choses auxquelles M. Bayle doit avoir égard, pour les corriger dans la seconde édition de son *Dictionnaire*' lui ordonnèrent de réformer 'entièrement l'article de David': 'Il doit même en faire l'apologie'.

[3] *The History of the man after God's own heart* est aujourd'hui attribué à Peter Annet, Archibald Campbell ou John Noorthouck. Voltaire l'attribue à un M. Hut, Huet ou Hutte, forme francisée du nom Hewett, personnage qui lui avait rendu visite à deux reprises (D7961, n.1; *OCV*, t.56A, p.395-96). Il en fera par la suite l'auteur de *Saül*, sans doute la pièce la plus violemment antireligieuse de son répertoire (qui a circulé en manuscrit sous le titre *Saül et David, ou l'homme selon le cœur de Dieu*), puis de *L'A.B.C.*

[4] D'après *The History of the man*, 'Preface', p.v-vi.

beaucoup plus puissant que David, n'étant pas tombé dans les fautes du melk[5] juif, et n'ayant pu par conséquent faire la même pénitence, ne pouvait lui être comparé.

Il suit pas à pas les livres des Rois. Il examine toute la conduite de David beaucoup plus sévèrement que Bayle; et il fonde son opinion sur ce que le Saint-Esprit ne donne aucune louange aux actions qu'on peut reprocher à David.[6] L'auteur anglais juge le roi de Judée uniquement sur les notions que nous avons aujourd'hui du juste et de l'injuste.

Il ne peut approuver que David[7] rassemble une bande de voleurs au nombre de quatre cents, qu'il se fasse armer par le grand-prêtre Abimélec de l'épée de Goliath, et qu'il en reçoive les pains consacrés. Livre I des Rois, chap. XXI et XXII.

Qu'il descende chez l'agriculteur Nabal pour mettre chez lui tout à feu et à sang, parce que Nabal a refusé des contributions à sa troupe de brigands; que Nabal meure peu de jours après, et que David épouse la veuve. Chap. XXV.

Il réprouve sa conduite avec le roi Achis, possesseur de cinq ou six villages dans le canton de Geth. David était alors à la tête de six cents bandits, allait faire des courses chez les alliés de son bienfaiteur Achis; il pillait tout, il égorgeait tout, vieillards, femmes, enfants à la mamelle. Et pourquoi massacrait-il les enfants

49 70, 71N, 71A: troupe rebelle; que
52 K84, K12: David étant alors
54 70, 71A: pillait tout, vieillards
55 70, 71N, 71A: pourquoi égorgeait-il les

[5] De l'hébreu 'melik'. Voltaire, qui note dans *La Philosophie de l'histoire* que '*Basileus*, roi, sonne mieux que *melk*' (*OCV*, t.59, p.174), le traduit par 'roitelet' (p.123, 239).

[6] Cette affirmation ne se trouve ni dans *The History of the man* ni dans sa traduction française.

[7] A partir de ce mot et jusqu'à 'Livre II des Rois, chap. XXI' (ci-dessous, p.352, ligne 81), Voltaire reprend le texte de l'article 'David' du *DP*, avec des variantes minimes. Pour l'annotation, voir *OCV*, t.36, p.2-4, lignes 13-17, 21-24, 25-32.

à la mamelle? *C'est*, dit le texte, *de peur que ces enfants n'en portassent la nouvelle au roi Achis*. Chap. XXVII.[8]

Cependant Saül perd une bataille contre les Philistins, et il se fait tuer par son écuyer. Un Juif en apporte la nouvelle à David qui lui donne la mort pour sa récompense.[9] Livre II des Rois, chap. I.

Isboseth succède à son père Saül; David est assez fort pour lui faire la guerre. Enfin, Isboseth est assassiné.

David s'empare de tout le royaume; il surprend la petite ville ou le village de Raba, et il fait mourir tous les habitants par des supplices assez extraordinaires; on les scie en deux, on les déchire avec des herses de fer, on les brûle dans des fours à briques.[10] Livre II des Rois, chap. XII.

Après ces expéditions, il y a une famine de trois ans dans le pays. En effet, à la manière dont on faisait la guerre, les terres devaient être mal ensemencées. On consulte le Seigneur, et on lui demande pourquoi il y a famine? La réponse était fort aisée; c'était assurément parce que dans un pays qui à peine produit du blé, quand on a fait cuire les laboureurs dans des fours à briques, et qu'on les a sciés en deux, il reste peu de gens pour cultiver la terre: mais le Seigneur répond que c'est parce que Saül avait tué autrefois des Gabaonites.

Que fait aussitôt David? il assemble les Gabaonites, il leur dit que Saül a eu grand tort de leur faire la guerre; que Saül n'était point comme lui, selon le cœur de Dieu, qu'il est juste de punir sa

[8] Un paragraphe du texte du *DP* manque (*OCV*, t.36, p.4-5, lignes 33-37).

[9] La mention de l'auteur du meurtre ne figure pas dans le texte du *DP*. Dans 2 Rois 1, celui-ci est seulement qualifié de 'jeune homme', et surtout le meurtrier et le messager ne sont qu'une seule et même personne.

[10] Le commentaire 'Manière de faire la guerre tout à fait noble et généreuse' (*OCV*, t.36, p.5), présent dans le *DP*, a ici disparu. *The History of the man after God's own heart* prétend que le supplice du 'four à briques' fut conçu pour 'venger d'une façon si cruelle les Israélites, à qui les autres nations reprochaient leur servitude où on les forçait à faire des briques, conjecture qui ne paraît pas improbable' (*David ou l'histoire de l'homme selon le cœur de Dieu*, p.47, n.5; p.57-58 dans l'original anglais).

race; et il leur donne sept petits-fils de Saül à pendre, lesquels furent pendus, parce qu'il y avait eu famine. Livre II des Rois, chap. XXI.

M. Hutte a la justice de ne point insister sur l'adultère avec Betzabé et sur le meurtre d'Urie, puisque ce crime fut pardonné à David lorsqu'il se repentit. Le crime est horrible, abominable: mais enfin le Seigneur transféra son péché; l'auteur anglais le transfère aussi.[11]

Personne ne murmura en Angleterre contre l'auteur; son livre fut réimprimé avec l'approbation publique:[12] la voix de l'équité se fait entendre tôt ou tard chez les hommes. Ce qui paraissait téméraire il y a quatre-vingts ans, ne paraît aujourd'hui que simple et raisonnable, pourvu qu'on se tienne dans les bornes d'une critique sage et du respect qu'on doit aux livres divins.

D'ailleurs il n'en va pas en Angleterre aujourd'hui comme autrefois. Ce n'est plus le temps où un verset d'un livre hébreu, mal traduit d'un jargon barbare en un jargon plus barbare encore, mettait en feu trois royaumes.[13] Le parlement prend peu d'intérêt à un roitelet d'un petit canton de la Syrie.

80 71A: à prendre, lesquels
84-87 70, 71N, 71A: repentit. ¶Personne
92-98 70, 71N, 71A: divins. ¶Rendons

[11] *The History of the man* ne passe pas sous silence l'adultère de David avec Bethsabé et le meurtre d'Urie (voir p.54-56 et de nouveau p.92). Aucune mention d'un 'transfert' de ces péchés dans ce livre ni dans sa traduction. L'expression renvoie à 2 Rois 12:13 dans la traduction de Lemaître de Sacy. Voltaire a souligné ce passage dans le *Commentaire* de Calmet sur ce livre de la Bible (*CN*, t.2, p.64).

[12] *The History of the man* connut de nouvelles éditions en 1764, 1766 et 1768.

[13] Les traductions de la Bible en langue vernaculaire occasionnèrent maintes polémiques dans le contexte des guerres de religion (voir *The Cambridge History of the Bible*, t.3, Cambridge, 1975, éd. S. L. Greenslade, p.141-74). La traduction des Psaumes faisait l'objet de controverses dans les îles britanniques dans la mesure où le parti royaliste identifiait Charles Ier à David (voir S. Achinster, *Milton and the revolutionary reader*, Princeton, 1994, p.166-67). Selon S. M. Buhler, 'the prayers of David, [...] as a king and composer of sacred hymns [were] frequently invoked in support of the royalist and High Church causes' ('Counterpoint and Controversy: Milton and the critiques of polyphonic music', *Milton studies* 36, 1997, p.18-40, ici p.36).

Rendons justice à Dom Calmet; il n'a point passé les bornes dans son *Dictionnaire de la Bible* à l'article 'David'. *Nous ne prétendons point*, dit-il, *approuver la conduite de David; il est croyable qu'il ne tomba dans ces excès de cruauté qu'avant qu'il eût reconnu le crime qu'il avait commis avec Betzabé.*[14] Nous ajouterons que probablement il les reconnut tous; car ils sont assez nombreux.

Faisons ici une question qui nous paraît très importante. Ne s'est-on pas souvent mépris sur l'article 'David'? S'agit-il de sa personne, de sa gloire, du respect dû aux livres canoniques? Ce qui intéresse le genre humain n'est-ce pas que l'on ne consacre jamais le crime? Qu'importe le nom de celui qui égorgeait les femmes et les enfants de ses alliés, qui faisait pendre les petits-fils de son roi, qui faisait scier en deux, brûler dans des fours, déchirer sous des herses des citoyens malheureux? Ce sont ces actions que nous jugeons, et non les lettres qui composent le nom du coupable; le nom n'augmente ni ne diminue le crime.

Plus on révère David comme réconcilié avec Dieu par son repentir, et plus on condamne les cruautés dont il s'est rendu coupable.

99-100 K84, K12: *prétendons pas*, dit-il

116 K84, K12: coupable. [*ajoutent les lignes 1-10 et 69-78 de l'article 'David' du DP*] //

[14] Calmet, *Dictionnaire de la Bible* (Paris, Emery, 1720), t.1, p.240. Dans son *Commentaire littéral* (25 vol., Paris, 1709-1734) sur 2 Rois, Calmet avait pourtant écrit de David 'que hors le fait d'Urie, sa conduite a été irréprochable', passage marqué par Voltaire dans son exemplaire (*CN*, t.2, p.64). Dans le *DP*, Voltaire attaquait Calmet (*OCV*, t.36, p.7).

DÉFLORATION

Il semble que le *Dictionnaire encyclopédique*, à l'article 'Défloration', fasse entendre qu'il n'était pas permis par les lois romaines de faire mourir une fille, à moins qu'auparavant on ne lui ôtât sa virginité. On donne pour exemple la fille de Séjan, que le bourreau viola dans la prison avant de l'étrangler, pour n'avoir pas à se reprocher d'avoir étranglé une pucelle, et pour satisfaire à la loi.[1]

Premièrement, Tacite ne dit point que la loi ordonnât qu'on ne fît jamais mourir les pucelles. Une telle loi n'a jamais existé; et si une fille de vingt ans, vierge ou non, avait commis un crime capital, elle aurait été punie comme une vieille mariée; mais la loi portait qu'on ne punirait pas de mort les enfants, parce qu'on les croyait incapables de crimes.

La fille de Séjan était enfant aussi bien que son frère; et si la barbarie de Tibère, et la lâcheté du sénat les abandonnèrent au bourreau, ce fut contre toutes les lois. De telles horreurs ne se seraient pas commises du temps des Scipions et de Caton le Censeur. Cicéron n'aurait pas fait mourir une fille de Catilina âgée de sept à huit ans. Il n'y avait que Tibère et le sénat de Tibère

* L'article 'Défloration (Hist. mod.)' de l'*Encyclopédie* avait été rédigé par l'abbé Edme François Mallet, qui cite sa source principale, la *Cyclopaedia* d'Ephraïm Chambers. Le texte de l'*Encyclopédie* est farci d'erreurs de lectures, en particulier sur le droit de marquette écossais déjà évoqué dans l'article 'Culage' du même volume (voir ci-dessus l'article 'Cuissage' des *QE*, p.327-28). Grand compilateur (voir F. A. et S. L. Kafker, *The Encyclopedists as individuals*, *SVEC* 257, 1988, p.238-43), Mallet était l'auteur de l'article 'Enfer' que Voltaire appréciait assez (D7267); D'Alembert a fait l'éloge posthume de cet 'ennemi de la persécution, tolérant même autant qu'un chrétien doit l'être' (*Encyclopédie*, t.6, p.v). Le présent article, envoyé à Cramer vers décembre 1770 (D16829), paraît en mars/avril 1771 (70, t.4).

[1] Selon Mallet, 'les anciens avaient tant de respect pour les vierges, qu'on ne les faisait point mourir sans leur avoir auparavant ôté leur virginité. Tacite l'assure de la fille encore jeune de Séjan, que le bourreau viola dans sa prison avant de la faire mourir' (*Encyclopédie*, article 'Défloration', t.4, p.750).

qui pussent outrager ainsi la nature. Le bourreau qui commit les deux crimes abominables de déflorer une fille de huit ans, et de l'étrangler ensuite, méritait d'être un des favoris de Tibère.

Heureusement Tacite ne dit point que cette exécrable exécution soit vraie; il dit qu'on l'a rapportée, *tradunt*; et ce qu'il faut bien observer, c'est qu'il ne dit point que la loi défendît d'infliger le dernier supplice à une vierge; il dit seulement que la chose était inouïe, *inauditum*.[2] Quel livre immense on composerait de tous les faits qu'on a crus, et dont il fallait douter![3]

[2] Voltaire possède une édition latine des *Opera* (Paris, 1771, *Ferney catalogue* n° 2777) de Tacite, ainsi que la traduction par Nicolas Amelot de La Houssaye, *Tacite avec des notes politiques et historiques* (La Haye, 1692, t.1-2, et Rotterdam, 1709, t.3-4, BV3237-38), et le *Tibère ou les six premiers livres des Annales de Tacite* (3 vol., Paris, 1768, BV3239), traduit par l'abbé Jean Philippe René de La Bléterie. Ce qu'il rapporte du viol de la fille de Séjan est au livre 5, chapitre 9 des *Annales*: 'Igitur portantur in carcerem, filius imminentium intellegens, puella adeo nescia ut crebro interrogaret quod ob delictum et quo traheretur; neque facturam ultra et posse se puerili verbere moneri. *Tradunt* temporis eius auctores, quia triumvirali supplicio adfici virginem *inauditum* habebatur, a carnifice laqueum iuxta compressam' (c'est nous qui soulignons). 'On les mène donc en prison le frère et la sœur: le garçon savait bien qu'il allait mourir; mais la fille était si simple, qu'elle demandait souvent où on la menait, et pour quelle faute; criant qu'elle n'y retournerait plus, et qu'on pouvait lui donner le fouet. Les écrivains de ce temps-là disent qu'avant d'être étranglée, comme son frère, elle fut violée par le bourreau, parce qu'il était sans exemple, qu'une vierge eût jamais été punie du dernier supplice' (trad. Amelot de La Houssaye, *Tacite avec des notes politiques et historiques*, Paris, 1690, p.406).

[3] Leitmotiv de Voltaire, qui exprimera ses doutes à l'égard de cet épisode dans la section 46 de son *Commentaire sur l'Esprit des lois* (*OCV*, t.80B, p.394-96).

DÉJECTION

Excréments, leur rapport avec le corps de l'homme, avec ses idées et ses passions

L'homme n'a jamais pu produire par l'art, rien de ce que fait la nature. Il a cru faire de l'or, et il n'a jamais pu seulement faire de la boue, quoiqu'il en soit pétri. On nous a fait voir un canard artificiel

a-62 70, 71N, 71A: [*absent*]

* Il existe une veine scatologique dans l'œuvre de Voltaire. Traitée souvent sur un mode comique (voir, par exemple, les articles 'Ezéchiel', 'Gloire', 'Religion', 'Tout est bien' du *DP*), elle assume aussi une visée profanatoire ('Transsubstantiation'). L'article 'Ventres paresseux' des *QE* en 1772 évoque également l'influence de la garde-robe sur le caractère. L'article 'Déjection', pourvu d'un sous-titre explicite, est un ajout de 1774 qui entretient des liens étroits avec un conte paru en 1775, *Les Oreilles du comte de Chesterfield*, où s'expriment la même hantise du corps, la même complaisance à l'égard du physiologique, la même inconvenance d'une vision excrémentielle (voir C. Mervaud, '*Les Oreilles du comte de Chesterfield*: problèmes d'identité générique', *Revue Voltaire* 6, 2006, p.197-213, ici p.208-12). On peut certes évoquer les ennuis digestifs de Voltaire, si présents dans sa correspondance (voir J. Bréhant et R. Roche, *L'Envers du roi Voltaire*, Paris, 1989); on ajoutera que Voltaire a lu les ouvrages de médecins mécanistes: le *Traité des sens* (1739) de Claude Nicolas Le Cat (BV1976; *CN*, t.5, p.270), *La Médecine de l'esprit* d'Antoine Le Camus (BV1993; *CN*, t.5, p.271) et surtout les *Œuvres* de La Mettrie (BV1893-96; *CN*, t.5, p.165-77). Pour Voltaire, l'homme-machine est assujetti à ses intestins. Dans une lettre à Mme Du Deffand du 27 août 1769, il écrivait: 'Il faut toujours tenir le ventre libre pour que la tête le soit. Notre âme immortelle a besoin de la garde-robe pour bien penser' (D15805). C'est Voltaire qui avait diffusé, dans sa correspondance, la version de la mort de La Mettrie due à une indigestion. Il a caricaturé ce 'fou de La Mettrie', mais adopte ici son point de vue matérialiste. Alors que l'article 'Déjection' de l'*Encyclopédie*, écrit par un médecin, Arnulphe d'Aumont, décrit cette fonction, ses dérangements, les pronostics qu'on peut en tirer et se réfère à Hippocrate et à Galien, Voltaire, obsédé par un corps souffrant, se répand en discours transgressant les tabous (voir C. Mervaud, *Voltaire à table*, Paris, 1998, p.128-33). Cet article paraît en 1774 (w68, t.22).

qui marchait, qui béquetait, mais on n'a pu réussir à le faire digérer, et à former de vraies déjections.[1]

Quel art pourrait produire une matière qui ayant été préparée par les glandes salivaires, ensuite par le suc gastrique, puis par la bile hépatique, et par le suc pancréatique, ayant fourni dans sa route un chyle qui s'est changé en sang, devient enfin ce composé fétide et putride, qui sort de l'intestin rectum par la force étonnante des muscles?[2]

Il y a sans doute autant d'industrie et de puissance à former ainsi cette déjection qui rebute la vue, et à lui préparer les conduits qui servent à sa sortie, qu'à produire la semence qui fit naître Alexandre, Virgile et Newton, et les yeux avec lesquels Galilée vit de nouveaux cieux. La décharge de ces excréments est nécessaire à la vie comme la nourriture.

Le même artifice les prépare, les pousse, et les évacue chez l'homme et chez les animaux.

Ne nous étonnons pas que l'homme avec tout son orgueil, naisse entre la matière fécale et l'urine, puisque ces parties de lui-même plus ou moins élaborées, plus souvent, ou plus rarement expulsées,

[1] Allusion au fameux canard de Vaucanson. Voltaire cite avec éloge Vaucanson dans une lettre de 1741 (D2477). Il avait célébré 'le hardi Vaucanson, rival de Prométhée' dans le sixième *Discours en vers* (*OCV*, t.17, p.521). Les automates ont fasciné le dix-huitième siècle, la biologie mécaniste de Boerhaave, de La Mettrie établissant des rapports entre l'homme et la machine. Voir l'article 'Androïde' de l'*Encyclopédie* par D'Alembert, qui est aussi l'auteur de l'article 'Automate', où il décrit le canard de Vaucanson: 'il allonge son cou pour aller prendre du grain dans la main, il l'avale, le digère, et le rend par les voies ordinaires tout digéré' (t.1, p.896). En fait, il ne dit pas absolument le contraire de ce que Voltaire affirme ici, car il précise qu'il ne s'agit pas d'une 'digestion parfaite' destinée à nourrir l'animal, seulement de la mise en lumière du mécanisme de cette action.

[2] On s'intéresse au dix-huitième siècle à la digestion, comme en témoigne l'article 'Digesteur' de l'*Encyclopédie*, par Arnulphe d'Aumont. Sur les différentes théories relatives à la digestion, voir l'article 'Digestion' de l'*Encyclopédie*, par le médecin Gabriel François Venel. L'ouvrage de Philippe Hecquet, *De la digestion et des maladies de l'estomac, suivant le système de la trituration et du broyement* (Paris, 1712), figure dans la bibliothèque de Voltaire (BV1600).

plus ou moins putrides, décident de son caractère et de la plupart des actions de sa vie.

Sa merde commence à se former dans le duodénum quand ses aliments sortent de son estomac et s'imprègnent de la bile de son foie. Qu'il ait une diarrhée, il est languissant et doux, la force lui manque pour être méchant. Qu'il soit constipé, alors les sels et les soufres de sa merde entrent dans son chyle, portent l'acrimonie dans son sang, fournissent souvent à son cerveau des idées atroces. Tel homme (et le nombre en est grand) n'a commis des crimes qu'à cause de l'acrimonie de son sang, qui ne venait que de ses excréments par lesquels ce sang était altéré. [3]

O homme! qui oses te dire l'image de Dieu, dis-moi si Dieu mange, et s'il a un boyau rectum!

Toi l'image de Dieu! et ton cœur et ton esprit dépend d'une selle!

Toi l'image de Dieu sur ta chaise percée! Le premier qui dit cette impertinence, la proféra-t-il par une extrême bêtise, ou par un extrême orgueil?

Plus d'un penseur (comme vous le verrez ailleurs) [4] a douté qu'une âme immatérielle et immortelle, pût venir je ne sais d'où, se loger pour si peu de temps entre de la matière fécale et de l'urine.

Qu'avons-nous, disent-ils, au-dessus des animaux? plus d'idées, plus de mémoire, la parole, et deux mains adroites. Qui nous les a

42 K12: sais où

[3] Même discours dans le chapitre 7 des *Oreilles du comte de Chesterfield* avec force exemples historiques (*Romans et contes*, éd. F. Deloffre et J. Van den Heuvel, Paris, 1979, p.592-94). On note la présence de signets marqués 'N.M.' dans l'*Histoire naturelle de l'âme* (Oxford, 1747, BV1894; *CN*, t.5, p.168-70) de La Mettrie, ce qui indique une consultation au temps de Ferney. Voltaire a annoté le *Mémoire sur la dysenterie* de La Mettrie (Berlin, 1750, BV1895; *CN*, t.5, p.170-76) qui expose 'les effets de la dysenterie rentrée dans les vaisseaux' (p.27) et discute des thérapeutiques pratiquées alors, des émétiques et des saignées.

[4] Dans *Les Oreilles du comte de Chesterfield* (ch.4), dans *L'Homme aux quarante écus*, dont la partie 'Mariage de l'homme aux quarante écus' est reprise et réécrite dans l'article 'Génération' des *QE* avec un nouvel intitulé 'Entretien d'un jeune marié fort naïf et d'un philosophe'.

données? celui qui donne des ailes aux oiseaux et des écailles aux poissons. Si nous sommes ses créatures, comment pouvons-nous être son image?

Nous répondons à ces philosophes que nous ne sommes l'image de Dieu que par la pensée. Ils nous répliquent que la pensée est un don de Dieu, qui n'est point du tout sa peinture; et que nous ne sommes images de Dieu en aucune façon. Nous les laissons dire, et nous les renvoyons à messieurs de Sorbonne.

Plusieurs animaux mangent nos excréments; et nous mangeons ceux de plusieurs animaux, ceux des grives, des bécasses, des ortolans, des alouettes.[5]

Voyez à l'article 'Ezéchiel' pourquoi le Seigneur lui ordonna de manger de la merde sur son pain, et se borna ensuite à la fiente de vache.[6]

Nous avons connu le trésorier Paparel qui mangeait les déjections des laitières; mais ce cas est rare, et c'est celui de ne pas disputer des goûts.[7]

[5] Voltaire met en lumière de grandes lois naturelles, celle de la dévoration universelle et celle du recyclage permanent.

[6] Voir l'article 'Ezéchiel' du *DP* (*OCV*, t.36, p.89-90). Les tartines d'Ezéchiel sont une des 'scies' voltairiennes. Les ennemis de Voltaire se vengeront, de manière ignominieuse, de ses plaisanteries en l'accusant de coprophagie pendant son agonie. Voir *VST*, t.2, p.631-36.

[7] Dans une lettre du 15 janvier 1761 à Mme Du Deffand, Voltaire évoque Paparel: 'Vous méprisez trop Ezéchiel [...] Je vous passe de ne point déjeuner comme lui; il n'y a jamais eu que Paparel à qui cet honneur ait été réservé' (D9542).

DÉLUGE UNIVERSEL

Nous commençons par déclarer que nous croyons le déluge universel, parce qu'il est rapporté dans les saintes Ecritures hébraïques transmises aux chrétiens.

Nous le regardons comme un miracle, 1°. Parce que tous les faits où Dieu daigne intervenir dans les sacrés cahiers sont autant de miracles.

2°. Parce que l'océan n'aurait pu s'élever de quinze coudées, ou vingt et un pieds et demi de roi au-dessus des plus hautes montagnes, sans laisser son lit à sec, et sans violer en même temps toutes les lois de la pesanteur et de l'équilibre des liqueurs; ce qui exigeait évidemment un miracle.[1]

3°. Parce que quand même il aurait pu parvenir à la hauteur proposée, l'arche n'aurait pu contenir, selon les lois de la physique, toutes les bêtes de l'univers et leur nourriture pendant si longtemps, attendu que les lions, les tigres, les panthères, les léopards, les onces, les rhinocéros, les ours, les loups, les hyènes, les aigles,

* Cet article s'inscrit dans la continuité thématique de l'article 'Inondation' du *DP* (*OCV*, t.36, p.231-33, lignes 26-49). Si la question du déluge biblique se retrouve dans les textes où Voltaire critique les théories sur l'origine de la terre exposées par ses contemporains (*Dissertation sur les changements arrivés dans notre globe*; articles 'Changements arrivés dans le globe', 'Des coquilles' des *QE*), ce texte dénonce plus particulièrement l'absurdité du déluge de Noé. Véritable leitmotiv de la critique biblique voltairienne, l'article reprend l'argumentation utilisée à maintes reprises par ailleurs dans le *Sermon des cinquante*, dans l'article 'Genèse' du *DP*, ou dans la troisième *Homélie sur l'Ancien Testament*, pour ne retenir que quelques exemples. Pour une lecture d'ensemble sur l'attitude de Voltaire à l'égard du déluge , voir M. S. Seguin, *Science et religion dans la pensée française du dix-huitième siècle* (Paris, 2001). Il se livre ici à une critique en règle de l'article 'Déluge' de l'*Encyclopédie* qui cite N.-A. Pluche. Cet article paraît en novembre/décembre 1770 (70, t.3) et Voltaire y apporte plusieurs corrections typographiques dans w75G*.

[1] Quinze coudées est la hauteur atteinte par les eaux du déluge universel, selon Genèse 7:20. L'origine et la nature des eaux diluviennes est un des arguments les plus récurrents dans la critique du récit biblique.

les éperviers, les milans, les vautours, les faucons, et tous les animaux carnassiers, qui ne se nourrissent que de chair, seraient morts de faim, même après avoir mangé toutes les autres espèces.[2]

On imprima autrefois à la suite des *Pensées* de Pascal une dissertation d'un marchand de Rouen nommé Pelletier,[3] dans laquelle il propose la manière de bâtir un vaisseau où l'on puisse faire entrer tous les animaux, et les nourrir pendant un an. On voit bien que ce marchand n'avait jamais gouverné de basse-cour. Nous sommes obligés d'envisager M. le Pelletier architecte de l'arche, comme un visionnaire qui ne se connaissait pas en ménagerie, et le déluge comme un miracle adorable, terrible, et incompréhensible à la faible raison du sieur le Pelletier, tout comme à la nôtre.

4°. Parce que l'impossibilité physique d'un déluge universel par des voies naturelles, est démontrée en rigueur; en voici la démonstration.

Toutes les mers couvrent la moitié du globe; en prenant une mesure commune de leur profondeur vers les rivages et en haute mer, on compte cinq cents pieds.

Pour qu'elles couvrissent les deux hémisphères seulement de cinq cents pieds, il faudrait non seulement un océan de cinq cents pieds de profondeur sur toute la terre habitable; mais il faudrait encore une nouvelle mer pour envelopper notre océan actuel; sans

21 K84, K12: nommé le Pelletier

[2] Même argument dans *Le Taureau blanc*, ch.5.

[3] Jean Le Pelletier, *Dissertation sur l'arche de Noé et sur l'Hermine et le livre de saint Benoît* (Rouen, Besongne, 1700). Le Pelletier est un négociant à Rouen, influencé par l'enseignement oratorien, et proche du père Lamy, à la demande duquel il traduit Cumberland et Greaves. Sa *Dissertation* fut rééditée en 1704, chez le même éditeur, mais jamais à la suite des *Pensées* de Pascal. Le rapprochement prend donc chez Voltaire un sens polémique évident. Le Pelletier se livre à de complexes calculs pour prouver que l'arche de Noé était suffisamment grande pour contenir non seulement tous les animaux mais aussi des outils et des meubles pour la famille de Noé, des graines pour cultiver la terre post-diluvienne et une réserve d'eau fraîche dans la cale. L'ouvrage comporte également des plans détaillés de l'embarcation.

quoi les lois de la pesanteur et des fluides feraient écouler ce nouvel amas d'eau profond de cinq cents pieds, que la terre supporterait.[4]

Voilà donc deux nouveaux océans pour couvrir seulement de cinq cents pieds le globe terraqué.

En ne donnant aux montagnes que vingt mille pieds de hauteur,[5] ce serait donc quarante océans de cinq cents pieds de hauteur chacun, qu'il serait nécessaire d'établir les uns sur les autres pour égaler seulement la cime des hautes montagnes. Chaque océan supérieur contiendrait tous les autres, et le dernier de tous ces océans serait d'une circonférence qui contiendrait quarante fois celle du premier.

Pour former cette masse d'eau, il aurait fallu la créer du néant. Pour la retirer, il aurait fallu l'anéantir.

Donc l'événement du déluge est un double miracle, et le plus grand qui ait jamais manifesté la puissance de l'Eternel souverain de tous les globes.

Nous sommes très surpris que des savants aient attribué à ce déluge quelques coquilles répandues çà et là sur notre continent;[6]

56-61 K84, K12: continent. [*avec note*: Voyez 'Coquilles'.] ¶Nous

[4] Voltaire se livrait aux mêmes calculs dans les *Eléments de la philosophie de Newton*, troisième partie, ch.10. Il entendait non seulement démontrer l'impossibilité physique de l'inondation, mais aussi mettre en cause l'hypothèse de ceux, comme Thomas Burnet (*Telluris theoria sacra*, Londres, 1681), qui affirment que la terre primitive était parfaitement lisse, ce qui limite la quantité d'eau nécessaire à l'inondation, et suppose que le relief terrestre est la conséquence de la catastrophe diluvienne.

[5] En 1738 les *Eléments de la philosophie de Newton* donnaient dix mille pieds aux montagnes du Pérou (voir *OCV*, t.15, p.475-76, variante). Dans *La Défense de mon oncle* Voltaire indique que les plus hautes montagnes des Alpes ont vingt mille pieds, suivant en cela les estimations, assez approximatives, des observateurs de l'époque (*OCV*, t.64, p.236). Voir Bruzen de La Martinière, *Le Grand Dictionnaire géographique et critique* (BV564), article 'Alpes'.

[6] Référence probable au naturaliste suisse Johann Jakob Scheuchzer, qui avait fait des coquilles fossiles des 'médailles du déluge', expression reprise par Fontenelle dans le compte rendu qu'il fait des travaux de Scheuchzer. Voir l'*Histoire de l'Académie royale des sciences avec les mémoires de mathématique et de physique tirés des*

et que d'autres savants aient prétendu que des couches régulières de coquilles (qui n'existent point) sont des marques certaines du séjour de la mer pendant des millions de siècles sur la terre que nous habitons.[7] (Voyez 'Coquilles'.)

Nous sommes encore plus surpris de ce que nous lisons à l'article 'Déluge' du grand *Dictionnaire encyclopédique*;[8] on y cite un auteur qui dit des choses si profondes, (*a*) qu'on les prendrait pour creuses. C'est toujours Pluche; il prouve le déluge par l'histoire des géants qui firent la guerre aux dieux.[9]

Briarée,[10] selon lui, est visiblement le déluge, car il signifie la

(*a*) *Hist. du ciel*, t.1, depuis la page 105.

64 W75G: prouve du déluge
70, 71N, 71A, W68: prouve l'universalité du déluge
K84, K12: prouve la possibilité du déluge

registres de cette Académie (Paris, 1666-1790), 1710, 'Observations de physique générale', p.21-23.

[7] C'est la conclusion de Réaumur dans ses 'Remarques sur les coquilles fossiles de quelques cantons de la Touraine et sur l'utilité qu'on en tire' (*Histoire de l'Académie royale des sciences avec les mémoires de mathématique et de physique*, 1720, p.400-16). Buffon, qui en fait une des preuves majeures du séjour ancien de la mer sur la terre, cite une bonne partie de ce mémoire dans les *Preuves de la Théorie de la terre*, article 8, de son *Histoire naturelle*.

[8] L'article 'Déluge', par Nicolas-Antoine Boulanger, auteur des *Recherches sur l'origine du despotisme oriental* (1761) et de l'*Antiquité dévoilée par ses usages* (1766), qui font de la catastrophe primitive que la tradition a conservée sous le nom de déluge, l'explication non seulement du relief terrestre, mais aussi des structures politiques et religieuses connues dans la suite des siècles.

[9] N.-A. Pluche, *Histoire du ciel*, 2 vol. (Paris, 1739, BV2763). Pluche propose (ch.14, 'Cérémonies symboliques') une interprétation de l'allégorie des géants qui accompagne le tableau d'Osiris échappé à la mort, dont il fait une transposition métaphorique des désordres de la nature durant et après le déluge. Voltaire annote avec ironie cet ouvrage (*CN*, t.7, p.2-282), surtout ce qui concerne le déluge.

[10] L'un des trois cents géants armés, engendré par Gaïa et Ouranos. L'abbé Pluche prétend que chez les Egyptiens et la plupart des Orientaux, les noms de géants étaient autant de symboles témoignant des désordres qui ont suivi le déluge. Pour la signification de Briarée, ainsi que pour toutes celles des noms de géants qui vont

perte de la sérénité; et en quelle langue signifie-t-il cette perte? En hébreu. Mais *briarée* est un mot grec qui veut dire *robuste*. Ce n'est point un mot hébreu. Quand par hasard il le serait, gardons-nous d'imiter Bochart qui fait dériver tant de mots grecs, latins, français même, de l'idiome hébraïque.[11] Il est certain que les Grecs ne connaissaient pas plus l'idiome juif que la langue chinoise.

Le géant *Othus*[12] est aussi en hébreu, selon Pluche, le *dérangement des saisons*. Mais c'est encore un mot grec qui ne signifie rien, du moins que je sache; et quand il signifierait quelque chose, quel rapport s'il-vous-plaît avec l'hébreu?

Porphirion[13] est un *tremblement de terre* en hébreu; mais en grec c'est du *porphyre*. Le déluge n'a que faire là.

Mimas,[14] c'est une *grande pluie*; pour le coup en voilà une qui peut avoir quelque rapport au déluge. Mais en grec *mimas* veut dire *imitateur*, *comédien*; et il n'y a pas moyen de donner au déluge une telle origine.

Encelade,[15] autre preuve du déluge en hébreu; car, selon Pluche, c'est la *fontaine du temps*; mais malheureusement en grec c'est du *bruit*.

Ephialtes,[16] autre démonstration du déluge en hébreu; car *éphialtes* qui signifie *sauteur*, *oppresseur*, *incube* en grec, est, selon Pluche, un *grand amas de nuées*.

---

suivre, Voltaire cite correctement l'*Histoire du ciel*, t.1, p.103 (passage qu'il a annoté : 'aux petites maisons', *CN*, t.7, p.15). Plus haut, Pluche affirme que Io Bacché, si fameux parmi les Grecs, vient de l'hébreu *Beche*. Voltaire réagit: 'O extravagance de faire de l'hébreu l'origine de toute langue' (*CN*, t.7, p.14). Aussi va-t-il s'employer à ruiner la thèse de Pluche en citant, de manière parfois approximative, des étymologies grecques.

[11] Dans *Geographiae sacrae* (1646), Samuel Bochart expose l'histoire des civilisations primitives et leurs origines selon la généalogie biblique, qu'il aborde notamment par l'étude comparée des langues anciennes.

[12] Fils de Neptune et d'Aloée, Othus fut anéanti par les flèches d'Apollon.

[13] Lors de la révolte contre Zeus, Porphyrion tenta de violer Héra, mais il fut foudroyé par Zeus et achevé par des flèches empoisonnées d'Héraclès.

[14] Mimas fut enseveli par Héphaïstos sous une masse de fer en fusion, le Vésuve.

[15] Un des géants qui firent la guerre à Jupiter.

[16] Frère d'Othus.

Or les Grecs ayant tout pris chez les Hébreux qu'ils ne connaissaient pas, ont évidemment donné à leurs géants tous ces noms que Pluche tire de l'hébreu comme il peut; le tout en mémoire du déluge.

Deucalion,[17] selon lui, signifie l'*affaiblissement du soleil*. Cela n'est pas vrai; mais n'importe.

C'est ainsi que raisonne Pluche; c'est lui que cite l'auteur de l'article 'Déluge' sans le réfuter.[18] Parle-t-il sérieusement? se moque-t-il? je n'en sais rien. Tout ce que je sais, c'est qu'il n'y a guère de système dont on puisse parler sans rire.

J'ai peur que cet article du grand *Dictionnaire*, attribué à M. Boulanger ne soit sérieux; en ce cas nous demandons si ce morceau est philosophique? La philosophie se trompe si souvent, que nous n'osons prononcer contre M. Boulanger.

Nous osons encore moins demander ce que c'est que l'abîme qui se rompit, et les cataractes du ciel qui s'ouvrirent.[19] Isaac Vossius nie l'universalité du déluge;[20] (*b*) *hoc est pie nugari*.[21] Calmet la

(*b*) *Commentaire sur la Genèse*, p.197 etc.

95 w68, w75G: lui qui cite
105 70, 71N, 71A, w68: déluge; il dit, *hoc*

[17] Deucalion n'est pas un géant, mais le survivant du premier des déluges de la mythologie grecque. La légende thessalienne de Deucalion est rapportée par Aristote dans les *Météorologiques*, livre 1, ch.14. Il fabrique un coffre dans lequel il se réfugie avec sa femme Pyrrha. Le dixième jour, le coffre se pose sur le Parnasse et Zeus ordonne au couple de repeupler la terre. Voir M. S. Seguin, *Science et religion*, p.29-31. On lisait souvent cette légende comme un souvenir déformé du mythe diluvien. Voir le *Dictionnaire portatif de mythologie* d'André de Claustre, 2 vol. (Paris, 1765), article 'Deucalion'.

[18] Boulanger cite ce passage de Pluche dans l'article 'Déluge' de l'*Encyclopédie* (t.4, p.802-803), non pas pour conforter le récit biblique, mais pour prouver que l'ensemble des croyances humaines est marqué par le souvenir de la catastrophe primitive.

[19] Voir Genèse 6:11-12.

[20] Isaac Vossius affirme dans *De vera aetati mundi* (1659) que le déluge avait été universel, parce qu'il avait détruit tous les hommes à l'exception de Noé et de sa famille, mais qu'il n'avait pas recouvert toute la terre, ce qui était physiquement impossible.

[21] 'C'est un mensonge pieux' (Vossius, *De septuaginta interpretibus eorumque*

soutient en assurant que les corps ne pèsent dans l'air que par la raison que l'air les comprime.[22] Calmet n'était pas physicien, et la pesanteur de l'air n'a rien à faire avec le déluge. Contentons-nous de lire et de respecter tout ce qui est dans la Bible sans en comprendre un mot.

Je ne comprends pas comment Dieu créa une race pour la noyer et pour lui substituer une race plus méchante encore.[23]

Comment sept paires de toutes les espèces d'animaux immondes vinrent des quatre quarts du globe, avec deux paires de mondes, sans que les loups mangeassent les brebis en chemin; et sans que les éperviers mangeassent les pigeons, etc. etc.[24]

Comment huit personnes purent gouverner, nourrir, abreuver tant d'embarqués pendant près de deux ans; car il fallut encore un an après la cessation du déluge pour alimenter tous ces passagers, vu que l'herbe était courte.[25]

Je ne suis pas comme M. Pelletier. J'admire tout; et je n'explique rien.

109-22 70, 71N, 71A: sans le comprendre. //
113-14 W68, W75G: d'animaux inondés vinrent
K84, K12: d'animaux non immondes vinrent
114-15 W68, W75G, K84, K12: paires des immondes, sans
121 K12: M. le Pelletier

---

translatione et chronologia dissertationes. Dissertation de aetati mundi, La Haye, 1661, ch.12, p.283).

[22] Calmet propose une réfutation de la théorie de Vossius dans son *Commentaire littéral* [*Genèse*], t.1, p.177-98 (voir *CN*, t.2, p.43-45). Il reprend les arguments de Jean Le Pelletier dans la *Dissertation sur l'arche de Noé*, qui ne nomme pourtant pas Vossius.

[23] Voir Genèse 6:1-7.

[24] Voir Genèse 7:2. Quant à la nature de ces animaux 'mondes' et 'immondes', elle avait suscité de vifs débats parmi les commentateurs de la Bible; cette classification théologique des animaux dérangeait profondément Voltaire: voir *Le Dîner du comte de Boulainvilliers* (*OCV*, t.63A, p.356). Voir M. S. Seguin, *Science et religion.*

[25] Il s'agit des huit occupants de l'arche: Noé, sa femme, leurs enfants, et leurs épouses. La vie à l'intérieur de l'arche, ainsi que les conditions de vie immédiatement après le déluge avaient suscité de nombreux commentaires de la part des défenseurs du récit biblique. Voir M. S. Seguin, *Science et religion*, p.311 et suivantes.

DÉMOCRATIE

> Le pire des Etats c'est l'Etat populaire.

Cinna s'en explique ainsi à Auguste. Mais aussi Maxime soutient que

> Le pire des Etats c'est l'Etat monarchique.[1]

Bayle ayant plus d'une fois, dans son *Dictionnaire*, soutenu le pour et le contre, fait à l'article de 'Périclès' un portrait fort hideux de la démocratie, et surtout de celle d'Athènes.

Un républicain, grand amateur de la démocratie, qui est l'un de

* Epousant les positions de l'article 'Démocratie' de l'*Encyclopédie* par le chevalier de Jaucourt qui illustre les vertus des démocraties, véritables 'nourrices des grands hommes' (t.4, p.816), l'habileté du présent article est de ne pas critiquer explicitement la monarchie et de prendre à partie les seuls rois de Macédoine. Voltaire revient de loin. Le chapitre 197 de l'*Essai sur les mœurs* réfutait Montesquieu en niant que 'les républiques furent plus vertueuses, plus heureuses que les monarchies' (t.2, p.805). Le destinataire implicite de cet article est le public genevois et helvétique, dont on sait l'importance pour les *QE*, éditées par Cramer à Genève et par la Société typographique de Neuchâtel. 'Relisez l'article "Démocratie", et vous verrez qu'on n'a jamais fait un plus grand éloge de Genève' (A Gabriel Cramer, D17666). Ce texte ne constitue pas l'unique indice de la mutation politique de Voltaire induite par sa *transplantation* lémanique: 'Je vous avoue que je penche à présent assez pour la démocratie, malgré mes anciens principes, parce qu'il me semble que les magnates ont eu tort dans plusieurs points' (aux d'Argental, 14 octobre 1765, D12933). Les *Idées républicaines*, le sixième entretien de *L'A.B.C.* et l'article 'Politique' des *QE* confirment cette évolution. En défendant la démocratie, Voltaire soutient les 'Natifs' qui entendent démocratiser les institutions genevoises. Le *Contrat social* a probablement contribué à cet *aggiornamento* doctrinal: Voltaire ne pouvait abandonner à Rousseau l'opinion publique genevoise. Il corrige les épreuves de 'Démocratie' en décembre 1770 (D16831) et l'article paraît en mars/avril 1771 (70, t.4).

[1] Corneille, *Cinna*, acte 2, scène 1 (voir les *Commentaires sur Corneille*, *OCV*, t.54, p.128-29). Voltaire invente la seconde citation: Maxime affirme seulement que la forme constitutionnelle d'un Etat doit s'harmoniser à la nature des peuples et des climats.

nos faiseurs de questions,[2] nous envoie sa réfutation de Bayle et son apologie d'Athènes. Nous exposerons ses raisons. C'est le privilège de quiconque écrit de juger les vivants et les morts; mais on est jugé soi-même par d'autres, qui le seront à leur tour; et de siècle en siècle toutes les sentences sont réformées.

Bayle donc, après quelques lieux communs, dit ces propres mots: *Qu'on chercherait en vain, dans l'histoire de Macédoine, autant de tyrannie que l'histoire d'Athènes nous en présente.*[3]

Peut-être Bayle était-il mécontent de la Hollande quand il écrivait ainsi,[4] et probablement mon républicain qui le réfute est content de sa petite ville démocratique, *quant à présent.*

Il est difficile de peser dans une balance bien juste les iniquités de la république d'Athènes, et celles de la cour de Macédoine. Nous reprochons encore aujourd'hui aux Athéniens le bannissement de Cimon, d'Aristide, de Thémistocle, d'Alcibiade, les jugements à mort portés contre Phocion et contre Socrate,[5] jugements qui ressemblent à ceux de quelques-uns de nos tribunaux absurdes et cruels.

Enfin, ce qu'on ne pardonne point aux Athéniens, c'est la mort de leurs six généraux victorieux, condamnés pour n'avoir pas eu le temps d'enterrer leurs morts après la victoire, et pour en avoir été

[2] Contributeur anonyme des *QE*? Ou artifice littéraire pour faire l'éloge de la démocratie par l'interposition d'un auteur fictif?

[3] Bayle, *Dictionnaire historique et critique*, 4 vol. (Rotterdam, 1697, BV292), article 'Périclès', remarque O: 'Vous chercheriez en vain dans la Macédoine qui était une monarchie, autant d'exemples de tyrannie, que l'histoire athénienne vous en présente' (t.3, p.806).

[4] Bayle défendait l'absolutisme par fidélité 'à la ligne du loyalisme monarchique français' (Hubert Bost, *Pierre Bayle*, Paris, 2006, p.314). Le retour des huguenots en France supposait leur adhésion au régime de Louis XIV.

[5] Ostracismes familiers au lecteur des *Vies parallèles* de Plutarque (BV2772-74): *Cimon*, section 31, *Aristide*, section 16, *Thémistocle*, section 43. Alcibiade ne fut pas condamné au bannissement mais à la mort par contumace (*Alcibiade*, sections 40-41; cf. Thucydide, *La Guerre du Péloponnèse*, livre 6, section 61; BV3298). Phocion fut condamné à mort (*Phocion*, section 49) comme Socrate: voir Platon, *Apologie de Socrate*, *Phédon* et *Criton* (BV2751), et Diogène Laërce, *Les Vies des plus illustres philosophes de l'antiquité*, livre 2, sections 38-42 (BV1042).

empêchés par une tempête.[6] Cet arrêt est à la fois si ridicule et si barbare, il porte un tel caractère de superstition et d'ingratitude, que ceux de l'Inquisition, ceux qui furent rendus contre Urbain Grandier, et contre la maréchale d'Ancre, contre Morin, contre tant de sorciers, etc. ne sont pas des inepties plus atroces.[7]

On a beau dire pour excuser les Athéniens, qu'ils croyaient d'après Homère, que les âmes des morts étaient toujours errantes, à moins qu'elles n'eussent reçu les honneurs de la sépulture ou du bûcher. Une sottise n'excuse point une barbarie.

Le grand mal que les âmes de quelques Grecs se fussent promenées une semaine ou deux au bord de la mer! Le mal est de livrer des vivants aux bourreaux, et des vivants qui vous ont gagné une bataille, des vivants que vous deviez remercier à genoux.

Voilà donc les Athéniens convaincus d'avoir été les plus sots et les plus barbares juges de la terre.

Mais il faut mettre à présent dans la balance les crimes de la cour de Macédoine; on verra que cette cour l'emporte prodigieusement sur Athènes en fait de tyrannie et de scélératesse.

Il n'y a d'ordinaire nulle comparaison à faire entre les crimes des grands qui sont toujours ambitieux, et les crimes du peuple qui ne veut jamais, et qui ne peut vouloir que la liberté et l'égalité. Ces deux sentiments *liberté et égalité*, ne conduisent point droit à la calomnie, à la rapine, à l'assassinat, à l'empoisonnement, à la dévastation des terres de ses voisins, etc.; mais la grandeur

[6] Xénophon, *Les Helléniques*, livre I, sections 6-7 (BV3298). La plus grande bataille navale de la guerre du Péloponnèse eut lieu au large des Arginuses en août 406. Athènes remporta la victoire. Des trières ayant coulé, quarante-sept vaisseaux reçurent l'ordre de secourir les naufragés mais ils en furent empêchés par une tempête. Le démagogue Callixène mit en accusation huit stratèges, dont six furent condamnés à mort.

[7] Sur Urbain Grandier, voir l'article 'Asmodée' des *QE* (*OCV*, t.39, p.116, n.12); sur Eleonora Dori Galigaï, voir l'article 'Béker' des *QE* (*OCV*, t.39, p.346, n.11); Simon Morin fut brûlé pour hérésie en 1663. Voltaire les associe comme victimes de crimes judiciaires: voir l'article 'Dictionnaire' ci-dessous, p.413, et les *Lettres à Son Altesse Monseigneur le prince de* *** (*OCV*, t.63B, p.405-406).

ambitieuse, et la rage du pouvoir précipitent dans tous ces crimes en tout temps et en tous lieux.

On ne voit dans cette Macédoine, dont Bayle oppose la vertu à celle d'Athènes, qu'un tissu de crimes épouvantables, pendant deux cents années de suite.

C'est Ptolomée oncle d'Alexandre le Grand, qui assassine son frère Alexandre, pour usurper le royaume.[8]

C'est Philippe son frère, qui passe sa vie à tromper et à violer, et qui finit par être poignardé par Pausanias.[9]

Olimpias fait jeter la reine Cléopâtre et son fils dans une cuve d'airain brûlante. Elle assassine Aridée.[10]

Antigone assassine Eumènes.[11]

Antigone Gonathas son fils empoisonne le gouverneur de la citadelle de Corinthe; épouse sa veuve, la chasse, et s'empare de la citadelle.[12]

61 K12: à voler, et[13]

[8] Ptolémée d'Aloros, roi de Macédoine, assassina en 368 avant J.-C. son frère Alexandre II. Issus d'Amyntas II, père de Philippe II, ils étaient les oncles d'Alexandre le Grand.

[9] Philippe II de Macédoine, père d'Alexandre, fut assassiné à Corinthe en 336 avant J.-C. (Plutarque, *Vie d'Alexandre*, section 17; Quinte-Curce, *Suppléments*, livre 1, ch.9, BV924).

[10] Olympias fut répudiée par Philippe II qui épousa Cléopâtre. Après la mort de Philippe, elle aurait fait plonger Cléopâtre et son fils dans une 'cuve d'airain': Pausanias, *Description de la Grèce*, livre 8, ch.7. Après la mort d'Alexandre, elle fit mettre à mort le demi-frère de celui-ci, Philippe Arrhidée, proclamé roi sous le nom de Philippe III, et son épouse Eurydice en 317 avant J.-C.

[11] Antigone Ier Monophtalmos, général d'Alexandre le Grand et diadoque de Lycie et de Phrygie, fit mettre à mort Eumène, satrape de Cappadoce et de Paphlagonie, en 316 avant J.-C.

[12] Antigone II Gonatas, roi de Macédoine, n'est pas fils mais petit-fils d'Antigone Ier Monophtalmos. Son père était Démétrios Ier Poliorcète. Resté en Grèce après le départ de Démétrios en Asie, il disposait d'une base à Corinthe.

[13] L'errata de K84 corrige en 'voler' (t.70, p.494). Mais Decroix fit savoir à Beuchot qu'"il y a erreur dans l'errata' (*M*, t.18, p.332, n.1).

Philippe son petit-fils empoisonne Démétrius, et souille toute la Macédoine de meurtres.[14]

Persée tue sa femme de sa propre main, et empoisonne son frère.[15]

Ces perfidies et ces barbaries sont fameuses dans l'histoire.

Ainsi donc pendant deux siècles la fureur du despotisme fait de la Macédoine le théâtre de tous les crimes; et dans le même espace de temps vous ne voyez le gouvernement populaire d'Athènes souillé que de cinq ou six iniquités judiciaires, de cinq ou six jugements atroces, dont le peuple s'est toujours repenti, et dont il a fait amende honorable. Il demanda pardon à Socrate après sa mort, et lui érigea le petit temple du Socrateion.[16] Il demanda pardon à Phocion, et lui éleva une statue.[17] Il demanda pardon aux six généraux condamnés avec tant de ridicule, et si indignement exécutés. Ils mirent aux fers le principal accusateur, qui n'échappa qu'à peine à la vengeance publique.[18] Le peuple athénien était donc naturellement aussi bon que léger. Dans quel Etat despotique a-t-on jamais pleuré ainsi l'injustice de ses arrêts précipités?

Bayle a donc tort cette fois; mon républicain a donc raison. Le gouvernement populaire est donc par lui-même moins inique, moins abominable que le pouvoir tyrannique.

Le grand vice de la démocratie n'est certainement pas la tyrannie

[14] Philippe V, roi de Macédoine et petit-fils d'Antigone II, fit mettre à mort son fils Démétrios, qu'il soupçonnait de connivences avec Rome. Selon Polybe, il avait la réputation d'être 'absolument sans foi ni loi' (*Histoire*, livre 4, ch.3, section 79; livre 25, ch.3; livre 5, ch.1, section 10).

[15] Persée, dernier roi de Macédoine. En accord avec son père Philippe V, il fit assassiner son frère Démétrios. Voir Polybe, *Histoire*, livre 23, ch.2, section 3; livre 23, ch.2, section 7, et livre 4, section 10. Cet article constitue une des rares incursions de Voltaire dans l'histoire macédonienne.

[16] Faisant amende honorable, Athènes érigea à Socrate une statue (Diogène Laërce, *Les Vies des plus illustres philosophes de l'antiquité*, livre 2, section 43).

[17] Plutarque, *Vie de Phocion*, section 52.

[18] Xénophon, *Les Helléniques*, livre 1, section 7: se repentant de ses crimes judiciaires, le peuple athénien mit en procès les accusateurs des six stratèges exécutés après la victoire des Arginuses. Callixène s'enfuit avant l'issue du procès. Revenu à Athènes il serait mort de faim, voué à l'exécration universelle.

et la cruauté; il y eut des républicains montagnards, sauvages et féroces; mais ce n'est pas l'esprit républicain qui les fit tels, c'est la nature. L'Amérique septentrionale était toute en républiques. C'étaient des ours.

Le véritable vice d'une république civilisée est dans la fable turque du dragon à plusieurs têtes, et du dragon à plusieurs queues.[19] La multitude des têtes se nuit, et la multitude des queues obéit à une seule tête qui veut tout dévorer.

La démocratie ne semble convenir qu'à un très petit pays,[20] encore faut-il qu'il soit heureusement situé. Tout petit qu'il sera il fera beaucoup de fautes, parce qu'il sera composé d'hommes. La discorde y régnera comme dans un couvent de moines; mais il n'y aura ni Saint-Barthélemi, ni massacres d'Irlande, ni vêpres siciliennes, ni Inquisition, ni condamnation aux galères pour avoir pris de l'eau dans la mer sans payer,[21] à moins qu'on ne suppose cette république composée de diables dans un coin de l'enfer.

Après avoir pris le parti de mon Suisse contre l'ambidextre Bayle; j'ajouterai

Que les Athéniens furent guerriers comme les Suisses, et polis comme les Parisiens l'ont été sous Louis XIV.

Qu'ils ont réussi dans tous les arts qui demandent le génie et la main, comme les Florentins du temps de Médicis.

Qu'ils ont été les maîtres des Romains dans les sciences et dans l'éloquence, du temps même de Cicéron.

Que ce petit peuple qui avait à peine un territoire, et qui n'est aujourd'hui qu'une troupe d'esclaves ignorants, cent fois moins nombreux que les Juifs, et ayant perdu jusqu'à son nom, l'emporte

103 K84, K12: ni massacre d'Irlande
109-10 W68: guerriers comme les Parisiens

[19] La Fontaine, 'Le dragon à plusieurs têtes et le dragon à plusieurs queues', *Fables*, livre 1, fable 12.

[20] Idée récurrente chez Voltaire. Voir l'*Essai sur les mœurs* (t.2, ch.106, p.75) et l'article 'Politique' des *QE*.

[21] Allusion aux lois sur la gabelle.

pourtant sur l'empire romain par son antique réputation qui triomphe des siècles et de l'esclavage.[22]

L'Europe a vu une république dix fois plus petite encore qu'Athènes,[23] attirer pendant cent cinquante ans les regards de l'Europe, et son nom placé à côté du nom de Rome, dans le temps que Rome commandait encore aux rois; qu'elle condamnait un Henri souverain de la France, et qu'elle absolvait et fouettait un autre Henri le premier homme de son siècle,[24] dans le temps même que Venise conservait son ancienne splendeur, et que la nouvelle république des sept Provinces-Unies étonnait l'Europe et les Indes par son établissement et par son commerce.

Cette fourmilière imperceptible ne put être écrasée par le roi démon du Midi et dominateur des deux mondes,[25] ni par les intrigues du Vatican qui faisaient mouvoir les ressorts de la moitié de l'Europe. Elle résista par la parole et par les armes; et à l'aide d'un Picard qui écrivait,[26] et d'un petit nombre de Suisses qui combattit, elle s'affermit, elle triompha; elle put dire, *Rome et moi*. Elle tint tous les esprits partagés entre les riches pontifes successeurs des Scipions, *Romanos rerum dominos*,[27] et les pauvres habitants d'un coin de terre longtemps ignoré dans le pays de la pauvreté et des goîtres.[28]

[22] Même panégyrique d'Athènes dans *Le Siècle de Louis XIV* (*OH*, p.616).

[23] Voir *Le Siècle de Louis XIV*: 'Genève devint un Etat entièrement républicain, en devenant calviniste' (*OH*, p.1043).

[24] *Le Siècle de Louis XIV* affirme de Rome qu'elle fut 'terrible au roi de France Henri III, ennemie et amie tour à tour de Henri IV' (*OH*, p.628). Sur le châtiment infligé à Henri IV, voir l'*Essai sur les mœurs* (t.2, ch.185, p.715) et l'article 'Austérités' des *QE* (*OCV*, t.39, p.238).

[25] Philippe II, roi d'Espagne, surnommé 'le *Démon du Midi*, parce que du fond de l'Espagne, qui est au midi de l'Europe, il troubla tous les autres Etats' (*Essai sur les mœurs*, t.2, ch.166, p.463). Cf. Psaumes 90:6 et D16743: '*libera nos a daemonio meridiano*'. Il est 'dominateur des deux mondes' parce que l'Espagne contrôlait les continents européen et américain.

[26] Calvin, auquel l'*Essai sur les mœurs* consacre les chapitres 133 et 134.

[27] 'Les Romains, maîtres du monde' (Virgile, *Enéide*, chant 1, vers 286).

[28] Allusion au 'crétinisme alpin': 'Les crétins en Valais – race d'imbéciles nombreuse' (*Carnets*, *OCV*, t.81, p.185).

Il s'agissait alors de savoir comment l'Europe penserait sur des questions que personne n'entendait. C'était la guerre de l'esprit humain. On eut des Calvin, des Bèze, des Turrettins pour ses Démosthènes, ses Platons et ses Aristotes.[29]

L'absurdité de la plupart des questions de controverse qui tenaient l'Europe attentive ayant été enfin reconnue, la petite république se tourna vers ce qui paraît solide, l'acquisition des richesses. Le système de Lass[30] plus chimérique et non moins funeste que ceux des supralapsaires et des infralapsaires, engagea dans l'arithmétique ceux qui ne pouvaient plus se faire un nom en théo-morianique.[31] Ils devinrent riches, et ne furent plus rien.

On croit qu'il n'y a aujourd'hui de républiques qu'en Europe.[32] Ou je me trompe, ou je l'ai dit aussi quelque part; mais c'eût été une très grande inadvertance.[33] Les Espagnols trouvèrent en Amérique la république de Tlascala très bien établie.[34] Tout ce qui n'a pas été subjugué dans cette partie du monde est encore république. Il n'y

[29] Théodore de Bèze, tragique et réformateur, dont Voltaire a signalé qu'il était le chef de la délégation protestante au colloque de Poissy (*Essai sur les mœurs*, t.2, ch.171, p.487); les Turretini, famille italienne émigrée à Genève dont les principaux représentants furent les théologiens Francis et Jean Alphonse Turretin.

[30] John Law qui introduisit en France le papier-monnaie.

[31] Controverse protestante opposant les *supralapsaires*, prétendant que Dieu élit ou réprouve les hommes *supra lapsum*, c'est-à-dire antécédemment à toute prévision du péché originel, et les *infralapsaires*, affirmant que la double prédestination est conséquente au péché originel. L'expression 'théo-morianique' ne renvoie pas à un concept théologique. Elle désigne la 'théologie' en tant qu'elle forme, aux yeux de Voltaire, une doctrine amphigourique.

[32] Tout en affirmant l'universalité des républiques, Voltaire concédait que la démocratie ne s'est durablement établie que sur le seul continent européen: 'Jamais de républiques en Asie depuis la chute de Tir. Il y en a de guerrières en Afrique comme Tripoli, Tunis, Alger. Ce n'est qu'en Europe qu'on en a vu de tout temps, et qu'on en voit encore de civiles. C'est là le génie européen' (Theodore Besterman, 'Voltaire's notebooks: thirteen new fragments', *SVEC* 148, 1976, p.7-35, ici p.9).

[33] L'*Essai sur les mœurs* réfutait Montesquieu qui affirmait qu''il n'y a point de république en Asie' en invoquant celles de 'Tyr' et de 'Sidon' (t.2, ch.197, p.807).

[34] Selon l'*Essai sur les mœurs*, cette 'puissante république' précolombienne 'florissait sous un gouvernement aristocratique' (t.2, ch.147, p.347).

avait dans tout ce continent que deux royaumes lorsqu'il fut découvert; et cela pourrait bien prouver que le gouvernement républicain est le plus naturel. Il faut s'être bien raffiné, et avoir passé par bien des épreuves pour se soumettre au gouvernement d'un seul.

En Afrique les Hottentots,[35] les Cafres et plusieurs peuplades de nègres sont des démocraties. On prétend que les pays où l'on vend le plus de nègres sont gouvernés par des rois. Tripoli, Tunis, Alger sont des républiques de soldats et de pirates.[36] Il y en a aujourd'hui de pareilles dans l'Inde: les Marates, plusieurs hordes de Patanes, les Seiks n'ont point de rois; ils élisent des chefs quand ils vont piller.[37]

Telles sont encore plusieurs sociétés de Tartares. L'empire turc même a été très longtemps une république de janissaires qui étranglaient souvent leur sultan, quand leur sultan ne les faisait pas décimer.[38]

On demande tous les jours si un gouvernement républicain est préférable à celui d'un roi? La dispute finit toujours par convenir qu'il est fort difficile de gouverner les hommes. Les Juifs eurent pour maître Dieu même; voyez ce qui leur en est arrivé: ils ont été presque toujours battus et esclaves; et aujourd'hui ne trouvez-vous pas qu'ils font une belle figure?

155 71N: que des royaumes

[35] L'article 'Patrie' du *DP* prétend que les Hottentots vivent 'libres, égaux entre eux, sans maîtres, sans sujets' (*OCV*, t.36, p.413, mais voir la note 1 et les *Carnets*, *OCV*, t.82, p.179 et 563).

[36] Voir l'article 'Patrie' du *DP* sur ces 'républiques de brigands' (*OCV*, t.36, p.413) et l'*Essai sur les mœurs* (t.1, ch.93, p.835).

[37] Voir les articles 'Marattes' et 'Patanes' de l'*Encyclopédie*, et l'*Essai sur les mœurs* (t.2, ch.157, p.402). D'abord confrérie religieuse, les Sikks étaient devenus une théocratie militaire; persécutés par Aurengzeb, ils se constituèrent en une sorte de chevalerie.

[38] L'*Essai sur les mœurs* prétend que l'empire ottoman évolua d'une 'monarchie absolue' en une 'démocratie militaire pire encore que le pouvoir arbitraire' (t.2, ch.191, p.753).

DÉMONIAQUES,

Possédés du démon, énergumènes, exorcisés, *ou plutôt,* *Malades de la matrice,* [1] *des pâles couleurs, hypocondriaques, épileptiques,* [2] *cataleptiques, guéris par les émollients de Monsieur Pomme* [3] *grand exorciste*

Les vaporeux, les épileptiques, les femmes travaillées de l'utérus, passèrent toujours pour être les victimes des esprits malins, des

* Dans l'*Encyclopédie*, le petit article 'Démoniaque' de l'abbé Mallet renvoie à l'article 'Exorcisme', du même auteur. On ne sait si Voltaire les a lus, mais il continue ici son exploration des territoires de la déraison, commencée entre autres par les articles 'Asmodée', 'Béker', 'Bouc' et 'Convulsions'. Il dénonce une fois de plus les croyances aux sorciers, aux possessions diaboliques. Mais, par rapport au texte *Des possédés* de 1756 (*M*, t.20, p.256-57) et aux articles sur la sorcellerie et les procès, le présent article s'infléchit sur l'aspect physiologique et médical de l'exorcisme. Le sous-titre comporte deux parties, l'une de synonymes de démoniaque, l'autre d'explications par la maladie. L'anecdote rapportée à la fin ne concerne plus les démoniaques considérés comme des malades, mais une prétendue sorcière. L'article paraît en mars/avril 1771 (70, t.4). Deux alinéas sont ajoutés en 1774, dont l'anecdote finale.

[1] Au dix-huitième siècle, la matrice est pour les médecins à l'origine de presque toutes les maladies des femmes. Voir 'Matrice (maladies)' de l'*Encyclopédie*, par Jean Joseph Menuret de Chambaud.

[2] Voltaire a marqué d'une double corne la page 795 de l'article 'Epilepsie' de l'*Encyclopédie* par Aumont (t.5, p.794-98; *CN*, t.3, p.390). Ce médecin rejette l'attribution des causes surnaturelles et énumère les causes médicales de l'épilepsie.

[3] Cet article a donné lieu à une réception et à une diffusion qui doivent être soulignées. Pierre Pomme (1735-1812), médecin exorciste, docteur de la faculté de Montpellier, est l'auteur d'un *Traité des affections vaporeuses* (1763), et de *Mémoires et observations critiques sur l'abus du quinquina* (1803). En mai 1771, Pomme écrivit à Voltaire pour le remercier d'avoir parlé de lui dans son 'encyclopédie'. Il prétendait, non sans humour, guérir les démoniaques, les aveugles et les boiteux, et ressusciter les morts (D17198). Voltaire lui répondit le 27 juin 1771 (D17262). Ces deux lettres parurent dans le *Journal encyclopédique* du 15 juin et du 15 novembre 1771. Voltaire

démons malfaisants, des vengeances des dieux. Nous avons vu que ce mal s'appelait le *mal sacré*, et que les prêtres de l'antiquité s'emparèrent partout de ces maladies, attendu que les médecins étaient de grands ignorants.[4]

Quand les symptômes étaient fort compliqués, c'est qu'on avait plusieurs démons dans le corps; un démon de fureur, un de luxure, un de contraction, un de roideur, un d'éblouissement, un de *surdité*; et l'exorciseur avait à coup sûr un démon d'*absurdité* joint à un de friponnerie.

Nous avons vu que les Juifs chassaient les diables du corps des possédés avec la racine barath et des paroles,[5] que notre Sauveur les chassait par une vertu divine, qu'il communiqua cette vertu à ses apôtres, mais que cette vertu est aujourd'hui fort affaiblie.

On a voulu renouveler depuis peu l'histoire de saint Paulin.[6] Ce

11-16 70, 71N, 71A: friponnerie. ¶On

possédait, de Pomme, la quatrième édition du *Traité des affections vaporeuses* (2 vol., Lyon, 1769, BV2788). Mais on ignore s'il eut connaissance du *Nouveau Recueil des pièces publiées pour l'instruction du procès que le traitement des vapeurs a fait naître parmi les médecins* (1771), dont Pomme, d'après sa lettre, voulait lui faire hommage. Sur la thérapie de ce médecin, voir Paul Hoffmann, *La Femme dans la pensée des Lumières* (Strasbourg, 1977, réimpr. Genève, 1995, p.187-88).

[4] *Essai sur les mœurs*, ch.47, et le troisième entretien de l'*A.B.C.*

[5] Voir *La Philosophie de l'histoire* (*OCV*, t.59, p.252); le *Traité sur la tolérance* (*OCV*, t.56c, p.207); *L'Examen important de Milord Bolingbroke* (*OCV*, t.62, p.241); les *Instructions à Antoine Jacques Rustan* (*M*, t.27, p.118). Voltaire reviendra plus en détail sur la racine barath dans *Un chrétien contre six Juifs* (1776; *M*, t.29, p.535-36). Il en reparlera encore en 1777 dans l'*Histoire de l'établissement du christianisme* (*M*, t.31, p.55).

[6] Saint Paulin de Nola, évêque disciple d'Ausone, grand poète chrétien de l'âge patristique, ami de saint Augustin, de saint Ambroise, de saint Jérôme. Voltaire a déjà rapporté cette histoire en 1768 dans les *Conseils raisonnables à Monsieur Bergier* (*M*, t.27, p.47). Il l'avait trouvée dans la *Certitude des preuves du christianisme ou réfutation de l'Examen critique des apologistes de la religion chrétienne* (Paris, 1767, BV359) de l'abbé Bergier. Il a laissé un signet aux pages 196-97 dans la première partie (*CN*, t.1, p.294), où Bergier alléguait cette histoire pour prouver la réalité des possessions.

saint vit à la voûte d'une église un pauvre démoniaque qui marchait sous cette voûte ou sur cette voûte, la tête en bas et les pieds en haut, à peu près comme une mouche. Saint Paulin vit bien que cet homme était possédé; il envoya vite chercher à quelques lieues de là des reliques de saint Félix de Nole:[7] on les appliqua au patient comme des vésicatoires. Le démon qui soutenait cet homme contre la voûte s'enfuit aussitôt, et le démoniaque tomba sur le pavé.

Nous pouvons douter de cette histoire en conservant le plus profond respect pour les vrais miracles; et il nous sera permis de dire que ce n'est pas ainsi que nous guérissons aujourd'hui les démoniaques. Nous les saignons, nous les baignons, nous les purgeons doucement, nous leur donnons des émollients; voilà comme M. Pomme les traite;[8] et il a opéré plus de cures que les prêtres d'Isis et de Diane ou autres, n'ont jamais fait de miracles.

Quant aux démoniaques qui se disent possédés pour gagner de l'argent, au lieu de les baigner on les fouette.

Il arrivait souvent que des épileptiques ayant les fibres et les muscles desséchés, pesaient moins qu'un pareil volume d'eau, et surnageaient quand on les mettait dans le bain. On criait miracle; on disait, C'est un possédé ou un sorcier; on allait chercher de l'eau bénite ou un bourreau. C'était une preuve indubitable, ou que le démon s'était rendu maître du corps de la personne surnageante, ou qu'elle s'était donnée à lui. Dans le premier cas elle était exorcisée;

[7] Saint Félix de Nola, évêque du troisième siècle qui souffrit des persécutions de Decius.

[8] Dans le tome 2 du *Traité des affections vaporeuses* de Pomme, Voltaire a mis un signet en regard des pages 206-207 (*CN*, t.7, p.128). A la page 200, on lit 'Observation. Au sujet d'une fille que l'on a cru possédée, et qui jouit maintenant d'une bonne santé; par M. Gérard, médecin à Carrouge'. Ce rapport (p.200-207) est un extrait du *Journal de médecine* d'octobre 1761, p.325. Pendant près de deux mois, une petite fille de douze ans fut d'abord atteinte de hoquets qui ressemblaient aux jappements d'un chien, puis de convulsions qui lui faisaient faire des sauts de carpe. Elle croyait voir deux spectres prêts à se jeter sur elle. Des prêtres la déclarèrent possédée. Le médecin, consulté à son tour, lui fit une saignée au pied et lui administra des 'antispasmodiques relâchants' qui la guérirent.

dans le second elle était brûlée.[9] C'est ainsi que nous avons raisonné et agi pendant quinze ou seize cents ans; et nous avons osé nous moquer des Cafres![10] c'est une exclamation qui peut souvent échapper.

En 1603, dans une petite ville de la Franche-Comté, une femme de qualité faisait lire les vies des saints à sa belle-fille devant ses parents; cette jeune personne un peu trop instruite, mais ne sachant pas l'orthographe, substitua le mot d'*histoires* à celui de *vies*. Sa marâtre qui la haïssait, lui dit aigrement, *Pourquoi ne lisez-vous pas comme il y a?* la petite fille rougit, trembla, n'osa répondre; elle ne voulut pas déceler celle de ses compagnes qui lui avait appris le mot propre mal orthographié, qu'elle avait eu la pudeur de ne pas prononcer.[11] Un moine confesseur de la maison prétendit que c'était le diable qui lui avait enseigné ce mot. La fille aima mieux se taire que se justifier: son silence fut regardé comme un aveu. L'Inquisition la convainquit d'avoir fait un pacte avec le diable. Elle fut condamnée à être brûlée, parce qu'elle avait beaucoup de bien de sa mère; et que la confiscation appartenait de droit aux

43-60 70, 71N, 71A: échapper. //

[9] Voltaire évoque cette épreuve de l'eau froide dans *Le Siècle de Louis XIV* (*OH*, p.1000-1001). Contrairement à ce que pensait Fleury dans son *Histoire ecclésiastique*, il estime qu'elle était 'une manière de faire périr beaucoup d'innocents'; et il déplore que 'cette malheureuse coutume' se soit conservée jusqu'à nos jours dans beaucoup de provinces (*Essai sur les mœurs*, t.1, ch.22, p.367-68). Comme l'observe Voltaire, cette épreuve passait pour être un jugement de Dieu. C'était en réalité une coutume païenne. Elle était 'contraire aux règles de l'Eglise' selon Le Brun (*Histoire critique des pratiques superstitieuses*, Rouen et Paris, 1702, troisième partie, p.503, BV1968; *CN*, t.5, p.263, trait dans la marge). Del Rio relevait aussi que les juges étaient 'ignorants de la prohibition des papes' concernant cette épreuve (*Les Controverses et recherches magiques*, Paris, 1611, p.707) et il la contestait longuement (p.690-706). Voltaire donne à cette croyance une explication physiologique.

[10] Voir la fin de l'article 'Convulsions' du *DP* (*OCV*, t.35, p.643) et ci-dessus, p.255.

[11] Comme il s'agit d'une ville de Franche-Comté, la source de cette anecdote scabreuse (jeu de mots sur *vie* et *vit*) pourrait être un récit de Charles Christin, avocat de Saint-Claude, qui était venu à Ferney à Pâques 1773 (voir D18301 et D.app.373).

inquisiteurs: elle fut la cent millième victime[12] de la doctrine des démoniaques, des possédés, des exorcismes, et des véritables diables qui ont régné sur la terre.

[12] Voir l'*Avis au public* du *Commentaire sur le livre Des délits et des peines* (*M*, t.25, p.520 et 554), les articles 'Béker' et 'Bouc' des *QE* (*OCV* t.39, p.354 et 442), et le *Prix de la justice et de l'humanité* (*OCV*, t.80B, p.104-106).

DE SAINT DENIS L'ARÉOPAGITE,

et de la fameuse éclipse

L'auteur de l'article 'Apocryphe' a négligé une centaine d'ouvrages reconnus pour tels, et qui étant entièrement oubliés, semblaient ne pas mériter d'entrer dans sa liste.[1] Nous avons cru devoir ne pas omettre saint Denis surnommé l'*Aréopagite*, qu'on a prétendu longtemps avoir été disciple de saint Paul et d'un Hiérothée compagnon de saint Paul, qu'on n'a jamais connu. Il fut, dit-on,

a-b K84, K12: Denis (Saint) l'Aréopagite, / et la fameuse éclipse

* Il est difficile de dater cet article composite complété avant le mois de décembre 1770, date à laquelle Voltaire corrige les épreuves du tome 4 des *QE* (D16835). Sur les ténèbres de la Passion, deux articles rédigés par Jaucourt avaient paru en décembre 1765 dans l'*Encyclopédie* mais l'intérêt de Voltaire pour le sujet remontait peut-être aux années 1730, quand la controverse sur l'éclipse prétendument survenue à la mort du Christ avait fait rage en Angleterre. Présenté comme un post-scriptum de l'article 'Apocryphe' des *QE*, dans lequel il avait insisté sur le poids des fraudes pieuses dans l'établissement du christianisme, l'article livre, en deux 'sections' unies par le prétendu témoignage de l'Aréopagite, une même critique implicite des miracles. Dans l'article qu'il leur avait consacré dans le *DP*, Voltaire avait, dès 1764, associé le motif de l'éclipse et le martyr parisien mais sans confondre alors Denis l'Aréopagite et l'évêque de Paris (*OCV*, t.36, p.374). Démarquant le récit merveilleux des *Fleurs des vies des saints*, sa source principale, la première section confond comme elles les deux Denis. La seconde section, qui suit le plan adopté par Jaucourt dans l'article de l'*Encyclopédie* 'Ténèbres de la passion', s'appuie sur la *Scriptorum ecclesiasticorum historia literaria* de William Cave, qu'il cite, mais polémique surtout avec la 'Dissertation sur les ténèbres arrivées à la mort de Jésus-Christ' de Calmet, qu'il se garde bien de signaler. Cet article paraît en mars/avril 1771 (70, t.4).

[1] Voir *OCV*, t.38, p.449-86. Dû à l'abbé Mallet, l'article 'Apocryphe' de l'*Encyclopédie* avait uniquement mentionné les livres réputés tels par l'Eglise catholique et 'qui sont véritablement hors du canon de l'Ancien Testament' (t.1, p.529). L'argument avait été repris par Diderot dans l'article 'Canon' et par Mallet lui-même dans l'article 'Canoniques (Livres)'. Ni ces textes, ni l'article 'Apocryphe' des *QE* n'avaient fait mention des textes de l'Aréopagite.

sacré évêque d'Athènes par saint Paul lui-même.[2] Il est dit dans sa *Vie*, qu'il alla rendre une visite dans Jérusalem à la Sainte Vierge, et qu'il la trouva si belle et si majestueuse, qu'il fut tenté de l'adorer.[3]

Après avoir longtemps gouverné l'Eglise d'Athènes, il alla conférer avec saint Jean l'évangéliste à Ephèse, ensuite à Rome avec le pape Clément; de là il alla exercer son apostolat en France; *et sachant*, dit l'histoire, *que Paris était une ville riche, peuplée, abondante, et comme la capitale des autres, il vint y planter une citadelle pour battre l'enfer et l'infidélité en ruine.*[4]

On le regarda très longtemps comme le premier évêque de Paris. Harduinus, l'un de ses historiens,[5] ajoute qu'à Paris on l'exposa aux bêtes; mais qu'ayant fait le signe de la croix sur elles, les bêtes se prosternèrent à ses pieds. Les païens parisiens le jetèrent

[2] D'après 'La vie de saint Denis Aréopagite évêque de Paris, et des saints Rustique et Eleuthère, ses compagnons martyrs' qui figure à la date du 9 octobre de l'ouvrage de Pedro de Ribadeneyra, *Les Fleurs des vies des saints et fêtes de toute l'année* (trad. René Gautier, 2 vol., Rouen, 1645; BV2970: 2 vol., Paris, 1673-1686, t.2, p.445-46).

[3] Selon Ribadeneyra, 'il arriva à saint Denis deux choses merveilleuses avec la très sainte Vierge Marie; l'une durant sa vie, l'autre à son trépas. La première fut, qu'étant allé pour la voir, de prime face il entra en une telle admiration et étonnement qu'il l'eût révérée et adorée comme Dieu: si la foi ne lui eût appris qu'elle ne l'était pas, parce que la splendeur et majesté qui paraissai[en]t en elle lui sembla si grande, qu'une personne mortelle ne l'eût su porter' (*Les Fleurs des vies des saints*, t.2, p.446-47).

[4] L'itinéraire est inspiré de Baronius (*Annales ecclesiastici*, année 98, sections 22-23), mais la citation finale empruntée à Ribadeneyra (*Les Fleurs des vies des saints*, t.2, p.447). Les *Annales ecclesiastici* ne figurent pas dans la bibliothèque de Ferney mais Voltaire les a très certainement consultées en 1769, comme le montre une addition à l'article 'Conciles' du *DP* (*OCV*, t.35, p.618).

[5] Suivant Ribadeneyra, Voltaire confond Hardouin et Hildouin, auteur d'une *Areopagitica sive sancti Dionysii vita jussu Ludovici Pii ad Hilduino scripta* (voir les *Patrologiae latina*, t.106, p.13-50). Dans une note du chant 1 de *La Pucelle* datée de 1762, Voltaire avait pourtant noté: 'Ce bon Denis n'est point Denis le prétendu Aréopagite, mais un évêque de Paris. L'abbé Hildouin fut le premier qui écrivit que cet évêque ayant été décapité, porta sa tête entre ses bras de Paris jusqu'à l'abbaye qui porte son nom. On érigea ensuite des croix dans tous les endroits où ce saint s'était arrêté en chemin' (*OCV*, t.7, p.268).

alors dans un four chaud; il en sortit frais et en parfaite santé. On le crucifia; quand il fut crucifié il se mit à prêcher du haut de la potence.[6]

On le ramena en prison avec Rustique et Eleuthère ses compagnons. Il y dit la messe; saint Rustique servit de diacre, et Eleuthère de sous-diacre. Enfin on les mena tous trois à Montmartre, et on leur trancha la tête, après quoi ils ne dirent plus de messe.[7]

Mais, selon Harduinus, il arriva un bien plus grand miracle; le corps de saint Denis se leva debout, prit sa tête entre ses mains, les anges l'accompagnaient en chantant: *Gloria tibi Domine*, *alleluia*. Il porta sa tête jusqu'à l'endroit où on lui bâtit une église, qui est la fameuse église de Saint-Denis.[8]

Métaphraste, Harduinus, Hincmar évêque de Rheims, disent qu'il fut martyrisé à l'âge de quatre-vingt-onze ans; mais le cardinal Baronius prouve qu'il en avait cent dix, (*a*) en quoi il est suivi par

(*a*) *Baron.*, t.2, p.37.

[6] Voltaire paraphrase Ribadeneyra, le seul à mentionner l'épisode du four: 'Hardouin ajoute, qu'après on l'exposa aux bêtes féroces affamées, et que faisant le signe de la croix elles se prosternèrent à ses pieds: non content de cela, qu'on le jeta dans un four chaud, duquel étant sorti ils le crucifièrent: et que du haut de la croix il prêchait notre rédempteur' (*Les Fleurs des vies des saints*, t.2, p.447).

[7] Chute voltairienne. Le début du paragraphe résume fidèlement Ribadeneyra mais s'en détache en attribuant de manière fantaisiste les grades de diacre et de sous-diacre à Eleuthère et Rustique mentionnés plus loin dans son récit et en éludant le supplice final particulièrement cruel imposé aux trois hommes à qui, selon Ribadeneyra, 'on [...] coupa la tête avec des hachereaux émoussés pour les faire plus languir, ainsi que le juge avait commandé'. Ribadeneyra est le seul à mentionner 'la montagne que l'on appelle aujourd'hui Montmartre, en mémoire et souvenance d'eux' (*Les Fleurs des vies des saints*, t.2, p.448).

[8] Voltaire décalque à nouveau Ribadeneyra, simplifiant le récit de la fondation de l'église de Saint-Denis: 'Le saint porta sa tête entre ses mains près d'une lieue jusqu'à ce qu'il trouva une bonne femme nommée Catulle' à qui il consigna sa tête et qui séquestra les corps de Rustique et d'Eleuthère 'en une maison hors de la ville de Paris' avant qu'"à quelques années de là l'on y bât[î]t une église où sont leurs reliques' (*Les Fleurs des vies des saints*, t.2, p.448).

Ribadeneira savant auteur de la *Fleur des saints*.[9] C'est sur quoi nous ne prenons point de parti.

On lui attribue dix-sept ouvrages, dont malheureusement nous avons perdu six.[10] Les onze qui nous restent, ont été traduits du grec par Jean Scot, Hugues de Saint Victor, Albert dit le Grand, et plusieurs autres savants illustres.[11]

Il est vrai que depuis que la saine critique s'est introduite dans le monde, on est convenu que tous les livres qu'on attribue à Denis

35-37 70, 71N, 71A: *saints*. ¶On

[9] Selon Ribadaneyra, 'le martyre de saint Denis advint le 9 d'octobre sous l'empire d'Adrian le 110e an de son âge. Il est vrai que Métaphraste, Hardouin, et Hincmare archevêque de Rheims, et autres dirent qu'il mourut du temps de Domitien âgé de 91 ans: mais ni l'un ni l'autre ne peut être vrai [...]; ainsi que le prouve le cardinal Baronius en ses *Annales*' (*Les Fleurs des vies des saints*, t.2, p.448-49; voir aussi Baronius, *Annales ecclesiastici*, année 109, sections 38-50). Hincmar était, depuis les ajouts de 1761 à l'*Essai sur les mœurs*, l'une des bêtes noires de Voltaire, raillé pour son récit merveilleux du couronnement de Clovis et désigné comme un 'homme violent dans les affaires ecclésiastiques' (t.1, ch.13, p.314, et ch.31, p.420) L'article 'Les sept dormants' des *QE* désigne ironiquement Métaphraste comme l'un des maillons de la longue chaîne par laquelle 'la vérité arrive aux hommes' (ci-dessous, p.525).

[10] Sur les écrits attribués à Denis, voir Baronius, *Annales ecclesiastici*, année 109, section 51 et suivantes, mais surtout William Cave, *Scriptorum ecclesiasticorum historia literaria* (2 vol., Oxford, 1740-1743). L'ouvrage de Cave avait clairement distingué l'Aréopagite du pseudo-Denis du quatrième siècle (t.1, p.5-26), ce dernier, dont il détaillait les 'ouvrages disparus', étant qualifié d''imposteur' (t.1, p.225). Voltaire possédait et a annoté cet ouvrage (BV676; *CN*, t.2, p.476).

[11] Voltaire semble se moquer ici de Ribadeneyra lequel ne donnait pas de chiffres mais mentionnait l'autorité des sixième et huitième conciles de Constantinople qui 'lou[èrent] ses livres, et saint Maxime, Michel de Jérusalem, saint Martin martyr, Beda et plusieurs autres bons auteurs depuis lui, les reconnaissaient pour être de saint Denis l'Aréopagite, et les ont traduits du grec, fait des commentaires et animadversions sur iceux, comme Jean Scot, Hugues de saint Victor, Rupert de Langres, Albert le Grand; Denys le Chartreux, et Ambroise de Camaldule; de sorte qu'il n'y a aucun sujet d'en douter' (*Les Fleurs des vies des saints*, t.2, p.449).

furent écrits par un imposteur (*b*) l'an 362 de notre ère, et il ne reste plus sur cela de difficultés.[12]

De la grande éclipse observée par Denis

Ce qui a surtout excité une grande querelle entre les savants, c'est ce que rapporte un des auteurs inconnus de la *Vie de saint Denis*. On a prétendu que ce premier évêque de Paris étant en Egypte dans la ville de Diospolis ou No-Ammon, à l'âge de vingt-cinq ans, et n'étant pas encore chrétien, il y fut témoin avec un de ses amis de la fameuse éclipse du soleil arrivée dans la pleine lune à la mort de Jésus-Christ, et qu'il s'écria en grec, *Ou Dieu pâtit, ou il s'afflige avec le patient.*[13]

Ces paroles ont été diversement rapportées par divers auteurs; mais dès le temps d'Eusèbe de Césarée on prétendait que deux historiens, l'un nommé Phlégon et l'autre Thallus, avaient fait

(*b*) Voyez Cave.

n.*b* K84, K12: [*note absente*]

[12] Parodie malicieuse de Ribadeneyra qui concluait: 'Il est bien vrai que quelques auteurs anciens, et des modernes licencieux, ont révoqué en doute si ces œuvres étaient de saint Denis Aréopagite, ou de Denis évêque d'Alexandrie, qui furent deux grands personnages, mais il n'y a point de doute que saint Denis Aréopagite ne soit l'auteur de ces œuvres: car outre l'excellence des choses très profondes qu'il dit, de l'éminence et gratuité dont il les décore, elles témoignent assez que l'auteur était un homme apostolique, rempli d'un esprit et doctrine plus divine qu'humaine' (*Les Fleurs des vies des saints*, t.2, p.449).

[13] Sur les ténèbres prétendument survenues à la mort du Christ, voir Matthieu 27:45-53, Marc 15:33-41 et Luc 23:44. Voltaire suit l'article de Cave consacré à l'Aréopagite, le seul à présenter, en grec et en latin, d'après 'des auteurs qui ont écrit sa vie', cette version de l'exclamation qui aurait alors échappé à Denis (*Scriptorum ecclesiasticorum*, t.1, p.25). Les détails concernant l'âge et la confession des deux protagonistes, l'Aréopagite et Apollophane, sont en revanche empruntés à la 'Dissertation sur les ténèbres arrivées à la mort de Jésus-Christ' de Calmet (*Dissertations qui peuvent servir de prolégomènes de l'Ecriture sainte*, 3 vol., Paris, 1720, t.3, p.303-304, BV616; *CN*, t.2, p.324-46).

mention de cette éclipse miraculeuse. Eusèbe de Césarée cite Phlégon, mais nous n'avons plus ses ouvrages. Il disait, à ce qu'on prétend, que cette éclipse arriva la quatrième année de la deux centième olympiade, qui serait la dix-huitième année de Tibère. Il y a sur cette anecdote plusieurs leçons, et on peut se défier de toutes, d'autant plus qu'il reste à savoir si on comptait encore par olympiades du temps de Phlégon; ce qui est fort douteux. [14]

Ce calcul important intéressa tous les astronomes; Hodgson, Wiston, Gale, Maurice et le fameux Halley ont démontré qu'il n'y avait point eu d'éclipse de soleil cette année; mais que dans la première année de la deux cent deuxième olympiade, le 24 novembre, il en arriva une qui obscurcit le soleil pendant deux minutes à une heure et un quart à Jérusalem. [15]

On a été encore plus loin; un jésuite nommé Greslon prétendit

59 70, 71N, 71A: deux cent deuxième olympiade

[14] Dans l'article 'Christianisme' du *DP* (*OCV*, t.35, p.547), Voltaire s'était étonné du silence de Josèphe et des auteurs profanes sur les ténèbres qui couvrirent la terre au moment de la mort du Christ, au grand scandale de Chaudon qui lui avait opposé le témoignage de Phlégon, affranchi d'Hadrien (*Dictionnaire anti-philosophique*, Avignon, 1767, p.60, BV728; *CN*, t.2, p.608). Voltaire radicalise la critique de Calmet qui, pour s'opposer à Petau, avait discuté les différentes leçons. Comme Calmet, qu'il résume et dont il corrige une coquille (*Dissertations*, t.3, p.306; *CN*, t.2, p.345; passage souligné en marge), Voltaire privilégie le témoignage d'Eusèbe et adopte sa datation de la prétendue éclipse – la quatrième année de la 202e olympiade – mais pour révoquer ensuite en doute la validité de tout le raisonnement.

[15] Passage développé plus longuement dans l'article 'Eclipse' du fonds de Kehl, où cette dernière affirmation est attribuée à Gale Morris (*M*, t.18, p.451). A l'exception de Halley dont il connaît la *Cométographie* par la traduction française parue dans *La Théorie des comètes* de Pierre Charles Le Monnier (Paris, 1743, BV2032), Voltaire ne possède les textes d'aucun de ces astronomes à Ferney mais il avait peut-être suivi, au tournant des années 1730, la controverse qui avait agité les milieux scientifiques anglais sur la possibilité de trouver une explication rationnelle aux ténèbres prétendument survenues au moment de la mort du Christ. L'un des protagonistes de la controverse, William Whiston, auteur de *The Testimony of Phlegon vindicated* (Londres, 1732), avait été évoqué, à propos des comètes, dans les chapitres anonymes des éditions des *Eléments de la philosophie de Newton* publiées en 1738 par Ledet et Prault (*OCV*, t.15, p.610).

que les Chinois avaient conservé dans leurs annales la mémoire d'une éclipse arrivée à peu près dans ce temps-là, contre l'ordre de la nature. On pria les mathématiciens d'Europe d'en faire le calcul.[16] Il était assez plaisant de prier des astronomes de calculer une éclipse qui n'était pas naturelle. Enfin, il fut avéré que les annales de la Chine ne parlent en aucune manière de cette éclipse.

Il résulte de l'histoire de saint Denis l'Aréopagite, et du passage de Phlégon, et de la lettre du jésuite Greslon, que les hommes aiment fort à en imposer. Mais cette prodigieuse multitude de mensonges, loin de faire du tort à la religion chrétienne, ne sert au contraire qu'à en prouver la divinité, puisqu'elle s'est affermie de jour en jour malgré eux.[17]

75-76 K12: éclipse. [*avec note*: Voyez 'Eclipse'.] ¶Il
81 K84: eux. [*avec note*: Voyez 'Eclipse'.] //

[16] Voir la controverse entre Tam-quam-siem et les jésuites rapportée par Adrien Greslon (*Histoire de la Chine sous la domination des Tartares*, Paris, 1671, livre 2, ch.5, p.90-91), mais Voltaire suit vraisemblablement ici l'extrait de l'ouvrage donné par le *Journal des savants* (2 février 1672), comme le suggère l'article 'Eclipse' du fonds de Kehl (*M*, t.18, p.451-52). De l'aveu même de Greslon, Tam-quam-siem avait nié 'que cette éclipse [fût] marquée dans l'histoire de la Chine' (p.90).

[17] Dans sa 'Dissertation sur les ténèbres arrivées à la mort de Jésus-Christ', Calmet avait conclu qu''en adoptant le témoignage de Phlégon et de Thallus, nous devons dire que les ténèbres arrivées peu avant la mort de Jésus-Christ furent miraculeuses dans leur cause' mais il reconnaissait 'que le récit qu'on lit dans le prétendu saint Denis Aréopagite, et suivi par plusieurs auteurs, même assez anciens, [était] non seulement faux et contraire à l'histoire; mais enferm[ait] encore de grands inconvénients, à cause des miracles dont il multipli[ait] le nombre, sans preuve, et sans nécessité' (*Dissertations*, t.3, p.307).

DÉNOMBREMENT

Les plus anciens dénombrements que l'histoire nous ait laissés, sont ceux des Israélites. Ceux-là sont indubitables puisqu'ils sont tirés des livres juifs.

On ne croit pas qu'il faille compter pour un dénombrement la fuite des Israélites au nombre de six cent mille hommes de pied, parce que le texte ne les spécifie pas tribu par tribu; (*a*) il ajoute qu'une troupe innombrable de gens ramassés se joignit à eux; ce n'est qu'un récit.

Le premier dénombrement circonstancié est celui qu'on voit dans le livre du Vaiedaber,[1] et que nous nommons les Nombres. (*b*) Par le recensement que Moïse et Aaron firent du peuple

(*a*) Exod., ch.12, versets 37 et 38.
(*b*) Nomb., ch.1.

a-1 K84, K12: Dénombrement / Section 1 ¶Les

* Certains des épisodes, bibliques ou historiques, évoqués dans cet article entrent en résonance, sinon avec l'article 'Dénombrement (Jurisp.)' de l'*Encyclopédie*, dû à Boucher d'Argis, ou avec le sous-article 'Dénombrement d'une armée' de Le Blond, du moins avec les articles 'Enumération, dénombrement (Hist. anc.)' et surtout 'Dénombrement (Hist. rom.)', respectivement rédigés par l'abbé Mallet et par Jaucourt. Ces articles ne semblent toutefois pas au cœur du débat dans lequel Voltaire implique d'autres auteurs, en particulier Calmet, avec son *Commentaire littéral*, et Humphrey Prideaux, avec son *Histoire des Juifs et des peuples voisins*. Si les références à l'Ancien et au Nouveau Testament prolongent une critique biblique conduite ici encore selon des stratégies indirectes, les épisodes relatifs à l'histoire ancienne permettent d'exprimer à nouveau une position pyrrhonienne. Dans la seconde section, l'exemple de ses propres dénombrements et de ceux d'autres 'calculateurs' permet à Voltaire d'étendre ces doutes aux 'peuples modernes'. Le présent article, envoyé à Cramer avec 'Défloration' et 'Destin' vers décembre 1770 (D16829), paraît en mars/avril 1771 (70, t.4).

[1] Voir Calmet, *Commentaire littéral*, 25 vol. (Paris, 1707-1716), t.1, 'Préface sur les Nombres', p.i.

dans le désert, on trouva en comptant toutes les tribus, excepté celle de Lévi, six cent trois mille cinq cent cinquante hommes en état de porter les armes;[2] et si vous y joignez la tribu de Lévi supposée égale en nombre aux autres tribus, le fort portant le faible, vous aurez six cent cinquante-trois mille neuf cent trente-cinq hommes, auxquels il faut ajouter un nombre égal de vieillards, de femmes et d'enfants, ce qui composera deux millions six cent quinze mille sept cent quarante-deux personnes parties de l'Egypte.

Lorsque David, à l'exemple de Moïse, ordonna le recensement de tout le peuple, (*c*) il se trouva huit cent mille guerriers des tribus d'Israël, et cinq cent mille de celle de Juda, selon le livre des Rois;[3] mais, selon les Paralipomènes, (*d*) on compta onze cent mille guerriers dans Israël, et moins de cinq cent mille dans Juda.[4]

Le livre des Rois exclut formellement Lévi et Benjamin; et les Paralipomènes ne les comptent pas.[5] Si donc on joint ces deux tribus aux autres, proportion gardée, le total des guerriers sera de dix-neuf cent vingt mille. C'est beaucoup pour le petit pays de la

(*c*) Livre 2 des Rois, ch.24.

(*d*) Livre 1 des Paralip., ch.21, verset 5.[6]

28-31 70, 71N, 71A: mille. ¶Ce

[2] Nombres 1:46. Les Lévites 'ne furent point comptés parmi eux' (1:47).

[3] 2 Rois 24:9, c'est-à-dire 2 Samuel 24:9.

[4] La 'disproportion entre ces divers nombres' est signalée par Calmet, qui remarque qu'elle est 'si considérable, qu'il semble qu'il vaudrait mieux en abandonner l'un ou l'autre' (*Commentaire littéral*, t.9, p.588). Passage marqué par un signet annoté ('Dénombrement 3 dénombr[ements] nombres', *CN*, t.2, p.70) dans l'exemplaire de Voltaire.

[5] Voltaire intervertit les deux références: voir 1 Paralipomènes 21:6 (c'est-à-dire 1 Chroniques 21:6), qui spécifie que 'Joab ne fit point le dénombrement de la tribu de Lévi, ni celle de Benjamin'.

[6] C'est-à-dire 1 Chroniques 21:5.

Judée, dont la moitié est composée de rochers affreux et de cavernes.[7] Mais c'était un miracle.

Ce n'est pas à nous d'entrer dans les raisons pour lesquelles le souverain arbitre des rois et des peuples punit David de cette opération qu'il avait commandée lui-même à Moïse. Il nous appartient encore moins de rechercher pourquoi Dieu étant irrité contre David, c'est le peuple qui fut puni pour avoir été dénombré. Le prophète Gad ordonna au roi de la part de Dieu de choisir la guerre, la famine ou la peste; David accepta la peste, et il en mourut soixante et dix mille Juifs en trois jours.[8]

Saint Ambroise dans son livre de la *Pénitence*, et saint Augustin dans son livre contre Fauste, reconnaissent que l'orgueil et l'ambition avaient déterminé David à faire cette revue.[9] Leur opinion est d'un grand poids, et nous ne pouvons que nous soumettre à leur décision, en éteignant toutes les lumières trompeuses de notre esprit.

L'Ecriture rapporte un nouveau dénombrement du temps d'Esdras, (*e*) lorsque la nation juive revint de la captivité. *Toute cette multitude*, disent également Esdras et Néhémie, (*f*) *étant comme un seul homme, se montait à quarante-deux mille trois cent soixante personnes.* Ils les nomment toutes par familles, et ils comptent le nombre des Juifs de chaque famille et le nombre des prêtres. Mais non seulement il y a dans ces deux auteurs des différences entre les nombres et les noms des familles; on voit encore une erreur de calcul dans l'un et dans l'autre. Par le calcul

(*e*) Livre 1 d'Esdras, ch.2, verset 64.

(*f*) Livre 2 d'Esdras qui est l'hist. de Néhémie, ch.7, verset 66.

[7] Voir la peinture dépréciative brossée dans l'article 'Judée' du *DP*. Calmet écrit qu''on conçoit assez qu'un pays de soixante lieues de long, et de trente de large, bien fertile, et bien cultivé, peut nourrir six ou sept millions d'hommes' (*Commentaire littéral*, t.9, p.588; passage marqué par une barre en marge dans l'exemplaire de Voltaire, *CN*, t.2, p.70).

[8] 2 Rois 24:11-15, c'est-à-dire 2 Samuel 24:11-15.

[9] Références mentionnées par Calmet (*Commentaire littéral*, t.9, p.591).

d'Esdras, au lieu de quarante-deux mille hommes, on n'en trouve, après avoir tout additionné, que vingt-neuf mille huit cent dix-huit; et par celui de Néhémie on en trouve trente et un mille quatre-vingt neuf.[10]

Il faut sur cette méprise apparente, consulter les commentateurs, et surtout Don Calmet, qui ajoutant à un de ces deux comptes ce qui manque à l'autre, et ajoutant encore ce qui leur manque à tous deux, résout toute la difficulté.[11] Il manque à la supputation d'Esdras et de Néhémie, rapprochées par Calmet, dix mille sept cent soixante et dix-sept personnes; mais on les retrouve dans les familles qui n'ont pu donner leur généalogie:[12] d'ailleurs s'il y avait quelque faute de copiste,[13] elle ne pourrait nuire à la véracité du texte divinement inspiré.

Il est à croire que les grands rois voisins de la Palestine, avaient fait les dénombrements de leurs peuples autant qu'il est possible. Hérodote nous donne le calcul de tous ceux qui suivirent Xerxès, (*g*) sans y faire entrer son armée navale. Il compte dix-sept cent mille hommes, et il prétend que pour parvenir à cette supputation, on les faisait passer en divisions de dix mille dans une enceinte qui ne pouvait tenir que ce nombre d'hommes très pressés.[14] Cette méthode est bien fautive; car en se pressant un

(*g*) Hérodote, livre 7, ou *Polimnie*.

61-62 K84, K12: manque aux supputations d'Esdras

[10] Chiffres donnés par Calmet (*Commentaire littéral*, t.11, p.9), qui souligne que 'quoique ce dénombrement soit au fond le même que celui du second livre d'Esdras, chap. VII, il y a pourtant d'assez grandes diversités' (p.8). Passage marqué par un signet annoté ('Dénombrem[en]t', *CN*, t.2, p.83) dans l'exemplaire de Voltaire.

[11] Calmet ajoute le 'dénombrement' de l'un et le 'surplus' de l'autre, et aboutit à la même somme de 31 583 personnes (*Commentaire littéral*, t.11, p.9).

[12] Voir Calmet, *Commentaire littéral*, t.11, p.10.

[13] Calmet écrit, à propos de l'ouvrage de Néhémie, qu''il n'est pas impossible que les mêmes copistes se soient donné quelque liberté à l'égard des dénombrements' (*Commentaire littéral*, t.11, p.9).

[14] Voir Hérodote, *Histoires*, livre 7, ch.60.

peu moins, il se pouvait aisément que chaque division de dix mille ne fût en effet que de huit à neuf. De plus, cette méthode n'est nullement guerrière; et il eût été beaucoup plus aisé de voir le complet, en faisant marcher les soldats par rangs et par files.

Il faut encore observer combien il était difficile de nourrir dix-sept cent mille hommes dans le pays de la Grèce qu'il allait conquérir. On pourrait bien douter et de ce nombre et de la manière de le compter, et du fouet donné à l'Hellespont,[15] et du sacrifice de mille bœufs fait à Minerve[16] par un roi persan qui ne la connaissait pas, et qui ne vénérait que le soleil comme l'unique symbole de la Divinité.[17]

Le dénombrement des dix-sept cent mille hommes n'est pas d'ailleurs complet, de l'aveu même d'Hérodote, puisque Xerxès mena encore avec lui tous les peuples de la Thrace et de la Macédoine, qu'il força, dit-il, chemin faisant de le suivre, apparemment pour affamer plus vite son armée.[18] On doit donc faire ici ce que les hommes sages font à la lecture de toutes les histoires anciennes, et même modernes, suspendre son jugement et douter beaucoup.

Le premier dénombrement que nous ayons d'une nation profane, est celui que fit Servius Tullius sixième roi de Rome. Il se trouva, dit Tite-Live, quatre-vingt mille combattants, tous

[15] Voir Hérodote, *Histoires*, livre 7, ch.35; passage marqué par un trait en marge dans l'exemplaire de Voltaire (*CN*, t.4, p.383): une tempête rompt les cordages et brise les vaisseaux utilisés pour l'édification de ponts sur l'Hellespont; Xerxès, en colère, fait donner 'trois cents coups de fouet' à l'Hellespont (trad. P.-E. Legrand, Paris, 1951, p.78).

[16] Voir Hérodote, *Histoires*, livre 7, ch.43. P.-E. Legrand explique que Xerxès voulait se concilier les divinités du pays.

[17] Idée récurrente: voir, par exemple, *La Philosophie de l'histoire* (*OCV*, t.59, p.188) et l'article 'Dieu, dieux' des *QE* (ci-dessous, p.422).

[18] Voir Hérodote, *Histoires*, livre 7, ch.110-11: les peuples de Thrace 'qui vivaient à l'intérieur des terres [...] accompagnaient' Xerxès 'à pied, par force' (p.117). Le rapprochement qu'effectue Voltaire fait peut-être allusion à la mise en garde, faite à Xerxès par son oncle Artabane, contre le risque de famine encouru à entreprendre la conquête de la Grèce (ch.49).

citoyens romains.[19] Cela suppose trois cent quarante mille citoyens au moins, tant vieillards que femmes et enfants; à quoi il faut ajouter au moins vingt mille domestiques tant esclaves que libres.

Or on peut raisonnablement douter que le petit Etat romain contînt cette multitude. Romulus n'avait régné (supposé qu'on puisse l'appeler *roi*) que sur environ trois mille bandits rassemblés dans un petit bourg entre des montagnes.[20] Ce bourg était le plus mauvais terrain de l'Italie. Tout son pays n'avait pas trois mille pas de circuit. Servius était le sixième chef ou roi de cette peuplade naissante. La règle de Newton, qui est indubitable pour les royaumes électifs, donne à chaque roi vingt et un ans de règne,[21] et contredit par là tous les anciens historiens qui n'ont jamais observé l'ordre des temps, et qui n'ont donné aucune date précise. Les cinq rois de Rome doivent avoir régné environ cent ans.

Il n'est certainement pas dans l'ordre de la nature qu'un terrain ingrat qui n'avait pas cinq lieues en long et trois en large, et qui devait avoir perdu beaucoup d'habitants dans ses petites guerres presque continuelles, pût être peuplé de trois cent quarante mille âmes. Il n'y en a pas la moitié dans le même territoire où Rome aujourd'hui est la métropole du monde chrétien,[22] où l'affluence

97 K84, K12: cent vingt mille

[19] Voir Tite-Live, *Histoire romaine*, livre 1, ch.44. Chiffre donné par Jaucourt et par Mallet (*Encyclopédie*, t.4, p.828; t.5, p.738), qui n'indiquent cependant pas de source.

[20] Idées exprimées notamment dans *La Philosophie de l'histoire* (*OCV*, t.59, p.265) et dans la lettre adressée aux auteurs de la *Gazette littéraire de l'Europe* le 6 juin 1764 (*M*, t.25, p.183).

[21] Newton écrit que 'les rois ne règnent ordinairement que 18 ou 20 ans chacun l'un portant l'autre' (*La Chronologie des anciens royaumes*, Paris, 1728, p.8, BV2566): sur l'application de ce principe aux 'règnes des rois latins', voir p.137. Idée exprimée dès la dix-septième des *Lettres philosophiques* (t.2, p.57). Sur les incertitudes de la chronologie romaine, voir aussi l'article 'Chronologie' ci-dessus, p.90.

[22] Dans ses *Voyages* [...] *en Espagne et en Italie* (8 vol., Paris, J.-B. Delespine, 1730, BV1790), le père Labat donne le dénombrement des citoyens de Rome 'tels qu'ils étaient en 1709' et, calculs posés, compte 138 568 habitants (troisième partie, ch.3, t.3, p.329-30): dans son exemplaire, Voltaire a placé un signet mentionnant 'dénombrem[en]t de Rome' (*CN*, t.5, p.22).

des étrangers et des ambassadeurs de tant de nations doit servir à peupler la ville, où l'or coule de la Pologne, de la Hongrie, de la moitié de l'Allemagne, de l'Espagne, de la France, par mille canaux dans la bourse de la daterie,[23] et doit faciliter encore la population, si d'autres causes ne l'interceptent.

L'histoire de Rome ne fut écrite que plus de cinq cents ans après sa fondation. Il ne serait point du tout surprenant que les historiens eussent donné libéralement quatre-vingt mille guerriers à Servius Tullius au lieu de huit mille, par un faux zèle pour la patrie. Le zèle eût été plus grand et plus vrai, s'ils avaient avoué les faibles commencements de leur république. Il est plus beau de s'être élevé d'une si petite origine à tant de grandeur, que d'avoir eu le double des soldats d'Alexandre pour conquérir environ quinze lieues de pays en quatre cents années.

Le cens ne s'est jamais fait que des citoyens romains. On prétend que sous Auguste il était de quatre millions soixante-trois mille l'an 29 avant notre ère vulgaire, selon Tillemont qui est assez exact; mais il cite Dion Cassius qui ne l'est guère.[24]

121 K84, K12: causes l'interceptent.

[23] 'Le lieu et le tribunal de Rome où s'expédient les actes pour les bénéfices non consistoriaux, quelquefois les autres bénéfices et les dispenses' (*Dictionnaire de l'Académie*, 1762, p.462). Voir l'article 'Argent' des *QE* (*OCV*, t.38, p.581-82).

[24] Voir Le Nain de Tillemont, *Histoire des empereurs*, 6 vol. (Paris, C. Robustel, 1720-1738; BV2034: 5 vol., Bruxelles, 1707-1712), 'L'empereur César Octavien Auguste', article 1 (t.1, p.4). Des notes de la main de Wagnière (MS3) laissent entrevoir une phase antérieure de ce paragraphe et des cinq paragraphes suivants: '4° Suivants Echard quatre millions 137 mille ↑V?citoiens romains+ hommes l'an 14 de Jesu ¶1° Suivant Tillemont quatre millions 63 mille l'an 29 avant Jesu Christ. ¶3° Suivant Echard Dénombremt. général l'année 1.ere de Jesu Christ. nulle spécification. ¶2° Cens établi dans les gaules par dénombrement cinq ans avant jesu christ pour lever plus de tributs. Tacite liv. 2.d ¶Jesu Christ né la 27e année du règne dauguste selon Tillemont. point de dénombrement dans ce temps là. ¶Le Cens dont parle Suetone n'est point un dénombrement, ce n'est qu'une liste des citoiens auxquels le public fournissait du bled. ¶On cite gravius sur ce dénombrement il ne dit autre chose sinon que Pilate était procureur de la judée vice président (page 1622) ¶Tacite, annales livre 1.er dit augustus libellum composuit in quo opes publicae continebantur.

Laurent Echard n'admet qu'un dénombrement de quatre millions cent trente-sept mille hommes l'an 14 de notre ère.[25] Le même Echard parle d'un dénombrement général de l'empire pour la première année de la même ère; mais il ne cite aucun auteur romain, et ne spécifie aucun calcul du nombre des citoyens.[26] Tillemont ne parle en aucune manière de ce dénombrement.

On a cité Tacite et Suétone;[27] mais c'est très mal à propos. Le cens dont parle Suétone n'est point un dénombrement de citoyens, ce n'est qu'une liste de ceux auxquels le public fournissait du blé.[28]

Tacite ne parle au livre II que d'un cens établi dans les seules

---

quod[t] classa et regna provinciae tributa, vectigalia †quae cuncta sua+ manus prescripserat, augustus. Il ne parle point d'un dénombrement universel. ¶Il cite Dion Cassius Liv : 13. ¶Dion Cassius liv : 43 p. 256. édit : 1591. parle d'un cens que fit auguste en qualité de censeur, mais il ne spécifie aucun nombre. ¶Le même Dion liv : 53. page 568 dit, eoquidem anno, censum etiam peregit, principsque senatus ipse in eo dictus est. ¶Livre 55. page 637. his per alias transactis, ipse recensionem eorum qui in italia habitarent. ¶ac ducenta sestertia possiderent, inivit, pauperiovioribus ac iis, qui extra italiam viverent omissis.'

25 Voir Laurence Echard, *Histoire romaine*, 6 vol. (Paris, 1728, BV1200), livre 4, ch.1 (t.4, p.104): dans l'exemplaire de Voltaire, un signet est placé à la page précédente (*CN*, t.3, p.339). Sans indiquer de sources, Mallet ne donne pas strictement les mêmes chiffres à propos des dénombrements faits sous Auguste (*Encyclopédie*, t.5, p.738).

26 Voir L. Echard, *Histoire romaine*, livre 4, ch.1 (t.4, p.74).

27 Jaucourt mentionne Tacite, Suétone et Dion Cassius à propos du dénombrement de l'an 14 (*Encyclopédie*, t.4, p.828). Cependant, Voltaire semble plutôt viser Prideaux qui écrit aussi que 'Tacite, Suétone, et Dion Cassius, parlent du livre qu'Auguste fit faire de toutes les descriptions particulières qui furent dressées dans les provinces en vertu de cet ordre' (*Histoire des Juifs et des peuples voisins*, Amsterdam, J. L. Brandmüller, 1648-1725, seconde partie, livre 9, t.5, p.224; BV2811: Paris, 1726).

28 Prideaux (*Histoire des Juifs et des peuples voisins*, t.5, p.224) renvoie en note au passage de Suétone qui évoque le registre manuscrit d'Auguste évoqué plus loin: *Vie des douze Césars*, t.1, 'Vie d'Auguste', ch.101. Cependant Voltaire fait peut-être ici référence à un passage du chapitre 40: 'Quant au peuple, il en fit le recensement par quartiers, et, pour que les plébéiens ne fussent pas trop souvent détournés de leurs affaires par les distributions de blé, il projeta de faire délivrer trois fois par an des bons représentant la provision de quatre mois' (trad. H. Ailloud, Paris, 1981, p.96).

Gaules pour y lever plus de tributs par têtes.[29] Jamais Auguste ne fit un dénombrement des autres sujets de son empire, parce que l'on ne payait point ailleurs la capitation qu'il voulut établir en Gaule.

Tacite dit (*h*) qu'*Auguste avait un mémoire écrit de sa main, qui contenait les revenus de l'empire, les flottes, les royaumes tributaires.*[30] Il ne parle point d'un dénombrement.

Dion Cassius spécifie un cens, (*i*) mais il n'articule aucun nombre.[31]

Joseph, dans ses *Antiquités*, dit (*j*) que l'an 759 de Rome (temps qui répond à la onzième année de notre ère) Cirénius établi alors gouverneur de Syrie, se fit donner une liste de tous les biens des Juifs, ce qui causa une révolte.[32] Cela n'a aucun rapport à un dénombrement général, et prouve seulement que ce Cirénius ne fut gouverneur de la Judée[33] (qui était alors une petite province de Syrie) que dix ans après la naissance de notre Sauveur, et non pas au temps de sa naissance.

Voilà, ce me semble, ce qu'on peut recueillir de principal dans

(*h*) *Annales*, livre 1.
(*i*) Livre 43.
(*j*) Joseph, livre 18, ch.1.

[29] Le passage cité par Prideaux en note (*Histoire des Juifs et des peuples voisins*, t.5, p.224), qu'il indique se trouver dans le livre 2, correspond en fait au passage des *Annales* (livre 1, ch.11) cité plus loin (voir ci-dessous, n.30). Cependant Voltaire fait peut-être ici référence au passage (livre 2, ch.6) où Tacite écrit qu'Auguste a 'chargé du recensement des Gaules P. Vitellius et C. Antius' (trad. H. Goelzer, Paris, 1963, p.66).

[30] Voir Tacite, *Annales*, livre 1, ch.11.

[31] Voir Dion Cassius, *Histoire romaine*, livre 43, ch.25. Référence donnée en note par Prideaux (*Histoire des Juifs et des peuples voisins*, t.5, p.224).

[32] La référence aux *Antiquités judaïques* de Flavius Josèphe, mentionnée par Jaucourt (*Encyclopédie*, t.4, p.829), est aussi donnée par Prideaux (*Histoire des Juifs et des peuples voisins*, t.5, p.226).

[33] Voir Luc 2:1-2. Calmet souligne que 'la difficulté de ce passage consiste à fixer le temps de ce dénombrement': il soutient la thèse de l'antériorité du dénombrement par rapport à la nomination de Cyrénius (dont le 'vrai nom' est Quirinius) en tant que gouverneur de Syrie (*Commentaire littéral*, t.20, p.42-44).

les profanes touchant les dénombrements attribués à Auguste. Si nous nous en rapportions à eux, Jésus-Christ serait né sous le gouvernement de Varus et non sous celui de Cirénius; il n'y aurait point eu de dénombrement universel. Mais saint Luc dont l'autorité doit prévaloir sur Joseph, Suétone, Tacite, Dion Cassius et tous les écrivains de Rome, saint Luc affirme positivement qu'il y eut un dénombrement universel de toute la terre, et que Cirénius était gouverneur de Judée. Il faut donc s'en rapporter uniquement à lui, sans même chercher à le concilier avec Flavien Joseph, ni avec aucun autre historien.[34]

Au reste, ni le Nouveau Testament, ni l'Ancien ne nous ont été donnés pour éclaircir des points d'histoire, mais pour nous annoncer des vérités salutaires, devant lesquelles tous les événements et toutes les opinions doivent disparaître.[35] C'est toujours ce que nous répondons aux faux calculs, aux contradictions, aux absurdités, aux fautes énormes de géographie, de chronologie, de physique; et même de sens commun, dont les philosophes[36] nous

175 K84, K12: opinions devaient disparaître.
175-81a 70, 71N, 71A: disparaître. / *Dénombrement* /

[34] Contrairement à Prideaux, qui explique qu'"il faut distinguer [...] deux faits arrivés dans des temps différents; le premier le dénombrement ou la description', ordonnés par Auguste 'trois ans avant la naissance de notre Sauveur', 'et le second la taxe imposée, et levée sur le pied de ce dénombrement', à l'initiative de Cyrénius: 'le premier verset du second chapitre de saint Luc se doit entendre du premier de ces faits; et le verset suivant, ne regarde que le second' (*Histoire des Juifs et des peuples voisins*, t.5, p.225-26). Voltaire, qui, peu avant ce passage, a placé dans son exemplaire un signet mentionnant 'erreurs et sottises' (*CN*, t.7, p.167), n'accorde visiblement aucun crédit à cette explication.

[35] On reconnaît la posture faussement orthodoxe qu'adopte le locuteur dans de nombreux articles du *DP*, mais aussi des *QE*: voir, par exemple, dans l'article 'Contradiction', la conclusion du développement précisément consacré à cet épisode de Luc (ci-dessus, p.245).

[36] Voltaire le premier, bien entendu. Sur cet aspect de la critique biblique, voir J.-M. Moureaux, 'Ordre et désordre dans le *Dictionnaire philosophique*', *Dix-huitième siècle* 12 (1980), p.381-400.

disent sans cesse que la sainte Ecriture est remplie: nous ne cessons de leur dire, qu'il n'est point ici question de raison, mais de foi et de piété.

Dénombrement

Section seconde

A l'égard du dénombrement des peuples modernes, les rois n'ont point à craindre aujourd'hui qu'un docteur Gad vienne leur proposer, de la part de Dieu, la famine, la guerre ou la peste, pour les punir d'avoir voulu savoir leur compte.[37] Aucun d'eux ne le sait.

On conjecture, on devine, et toujours à quelques millions d'hommes près.

J'ai porté le nombre d'habitants qui composent l'empire de Russie, à vingt-quatre millions, sur les mémoires qui m'ont été envoyés;[38] mais je n'ai point garanti cette évaluation, car je connais très peu de choses que je voulusse garantir.

J'ai cru que l'Allemagne possède autant de monde en comptant les Hongrois.[39] Si je me suis trompé d'un million ou deux, on sait que c'est une bagatelle en pareil cas.

Je demande pardon au roi d'Espagne si je ne lui accorde que sept

[37] Voir ci-dessus, p.390 et n.8.

[38] Voir l'*Histoire de l'empire de Russie sous Pierre le Grand*, *OCV*, t.46, p.480-85. On sait que cet ouvrage a été préparé à partir de quelque cent vingt mémoires envoyés de Russie, que Voltaire mentionne souvent en note: voir l'introduction de C. et M. Mervaud, p.161-67. Dans une édition postérieure des *Erreurs de Voltaire* (3 vol., Besançon, Gauthier frères, 1823; BV2579: 2 vol., Amsterdam, 1766), Nonnotte conteste les calculs de Voltaire et conclut que ces erreurs constituent 'une difficulté qui est un peu embarrassante pour un homme qui nous assure qu'il n'écrit que sur des documents authentiques' ('L'esprit de Voltaire dans ses écrits', ch.3, article 4, t.3, p.119).

[39] Voir l'*Histoire de l'empire de Russie* (*OCV*, t.46, p.486): Voltaire ne mentionne pas les Hongrois.

millions de sujets dans notre continent.[40] C'est bien peu de chose; mais Don Ustaris employé dans le ministère, ne lui en donne pas davantage.[41]

On compte environ neuf à dix millions d'êtres libres dans les trois royaumes de la Grande-Bretagne.

On balance en France entre seize et vingt millions. C'est une preuve que le docteur Gad n'a rien à reprocher au ministère de France. Quant aux villes capitales, les opinions sont encore partagées. Paris, selon quelques calculateurs, a sept cent mille habitants; et, selon d'autres, cinq cents.[42] Il en est ainsi de Londres, de Constantinople, du grand Caire.

Pour les sujets du pape, ils feront la foule en paradis; mais la foule est médiocre sur terre. Pourquoi cela? C'est qu'ils sont sujets du pape. Caton le censeur aurait-il jamais cru que les Romains en viendraient là? Voyez 'Population'.[43]

[40] Voir l'*Histoire de l'empire de Russie*: la Russie a 'près de quatre fois plus d'habitants' que l'Espagne (*OCV*, t.46, p.486).

[41] Voir Jerónimo de Uztáriz, *Théorie et pratique du commerce et de la marine* (Paris, Veuve Estienne, 1753, BV3382), ch.18, 'Dénombrement de l'Espagne': l'Espagne compte sept millions cinq cent mille habitants environ (p.65).

[42] Selon Jaucourt, Paris compte 'sept cent mille âmes' (*Encyclopédie*, article 'Paris', t.11, p.944).

[43] *M*, t.20, p.245-53. Article qui aborde, dans sa perspective propre, certains des sujets évoqués ci-dessus.

DESTIN

De tous les livres de l'Occident, qui sont parvenus jusqu'à nous, le plus ancien est Homère; c'est là qu'on trouve les mœurs de l'antiquité profane, des héros grossiers, des dieux grossiers, faits à l'image de l'homme. Mais c'est là que parmi les rêveries et les inconséquences [1] on trouve aussi les semences de la philosophie, et surtout l'idée du destin qui est maître des dieux, [2] comme les dieux sont les maîtres du monde.

* S'opposant aux matérialistes athées sur le problème de l'existence de Dieu, Voltaire entend cependant marquer qu'il partage leurs autres convictions. Adeptes des 'Lumières radicales', ils défendaient le 'fatalisme', système qui nie le libre arbitre au nom de la nécessité physique. Défenseur de la liberté au début de sa carrière, Voltaire la réfuta à partir des années 1760. Cet '*aggiornamento* fataliste lui permit d'actualiser son système et de l'harmoniser' avec celui des Encyclopédistes (C. Paillard, 'Entre science et métaphysique. Le problème du fatalisme dans la philosophie de Voltaire', *Revue Voltaire* 8, 2008, p.207-23, ici p.223). Il est significatif que ses critiques du *Système de la nature* incriminent l'athéisme de d'Holbach sans prendre à partie son fatalisme. Cet article des *QE* reprend l'article 'Destin' du *DP* avec quelques variantes stylistiques et ajouts. Pour composer cette addition où Voltaire évoque pour la première fois favorablement le 'fatalisme', il avait pris connaissance de *L'Examen du fatalisme* (3 vol., Paris, 1757, BV2769; *CN*, t.7, p.61-81) de l'abbé Pluquet, qui lui avait laissé une impression favorable (voir D12352, D12396, D12400 et D12411). L'article des *QE* apporte une addition significative au début du deuxième paragraphe, qui confère une connotation ironique au grave problème métaphysique du destin et de la liberté. Il n'entretient aucun rapport avec l'article 'Destin' de l'*Encyclopédie*, œuvre orthodoxe de l'abbé Morellet. D'Holbach n'aurait pas désavoué ce texte des *QE* si celui-ci n'établissait le fatalisme en le déduisant soit des 'lois physiques' de la nature (thèse défendue par les matérialistes), soit des 'lois suprêmes' de Dieu (déduction qu'ils ne pouvaient admettre). Dans une lettre du 12 novembre 1770 Voltaire annonce à François Louis Allamand la publication prochaine de cet article (D16756), adressé à Gabriel Cramer vers décembre 1770 (D16829), et qui paraît en mars/avril 1771 (70, t.4) sur les presses des Cramer, et en juin de la même année sur celles de la Société typographique de Neuchâtel (D17263). Pour l'annotation du texte repris du *DP*, voir *OCV*, t.36, p.14-19.

[1] Ces six mots forment une addition à l'article 'Destin' du *DP*.

[2] Interprétation commune de la mythologie grecque au siècle des Lumières. Voir

Quand le magnanime Hector veut absolument combattre le magnanime Achille, et que pour cet effet il se met à fuir de toutes ses forces et fait trois fois le tour de la ville avant de combattre, [3] afin d'avoir plus de vigueur; quand Homère compare Achille aux pieds légers qui le poursuit à un homme qui dort; [4] quand Mme Dacier s'extasie d'admiration sur l'art et le grand sens de ce passage; [5] alors Jupiter veut sauver le grand Hector qui lui a fait tant de sacrifices: et[6] il consulte les destinées; il pèse dans une balance les destins d'Hector et d'Achille; (*a*) il trouve que le Troyen doit absolument

(*a*) *Iliade*, livre 22.

l'article 'Nécessité' de l'*Encyclopédie* et le manuel du père Rigord, *Connaissance de la mythologie* (Paris, 1739): 'Les païens avaient inventé le *Destin*, qui était supérieur à tous les autres dieux. C'était une divinité aveugle qui gouvernait toutes choses par une nécessité inévitable. Tous les autres dieux, et Jupiter lui-même étaient soumis à ses décrets' (p.8-9). Traductrice et commentatrice d'Homère citée par Voltaire dans le paragraphe suivant, Anne Dacier (*L'Iliade d'Homère*, 4 vol., Paris, 1741, BV1670; *CN*, t.4, p.484-97) contestait cette interprétation. Christianisant le poète dont la doctrine serait 'conforme à la saine théologie' (t.3, p.587), elle prétend qu'il aurait 'été instruit en Egypte de beaucoup de choses de la doctrine des Hébreux'. Tout en concédant qu''on ne peut pas tirer' de lui 'un système théologique bien suivi', elle affirmait qu'il 'établit partout la liberté de l'homme' (t.1, p.xlvi-xlvii). Loin d'être soumis au destin, 'Jupiter', préfigurant le Dieu chrétien, 'est l'auteur de la destinée, qui n'est autre chose que la loi émanée de lui, et à laquelle tout est soumis et dans le ciel et sur la terre' (t.1, p.327). 'Homère établit que [...] Jupiter est le maître absolu du destin, qu'il peut le changer et éloigner l'heure qu'il a marquée' (t.4, p.320).

[3] Homère, *Iliade*, chant 23, vers 131-87. Voltaire introduit ici une tournure ironique absente de l'article 'Destin' du *DP*.

[4] *Iliade*, chant 22, vers 199-202.

[5] Dans ses notes sur sa traduction du vingt-deuxième chant de l'*Iliade*, Anne Dacier prend la défense d'Homère contre les critiques qui rejetaient cette métaphore 'comme vicieuse en ce qu'elle représente une course très vide et très rapide par une inaction et par un repos'. Après Eustathe, elle affirme qu'Homère 'compare la course de ces deux héros, non point au repos d'un homme dans son lit [...], mais à la course qui se passe dans son imagination' (t.4, p.320). Voltaire se moque ici autant de la métaphore d'Homère que du culte que lui vouait Mme Dacier (voir l'article 'Destin' du *DP*, *OCV*, t.36, p.14, n.3, et l'article 'Epopée' des *QE*, *M*, t.18, p.570).

[6] Tout ce qui précède dans ce paragraphe constitue une addition par rapport au *DP*.

être tué par le Grec; il ne peut s'y opposer; et dès ce moment Apollon, le génie gardien d'Hector, est obligé de l'abandonner. Ce n'est pas qu'Homère ne prodigue souvent, et surtout en ce même endroit, des idées toutes contraires, suivant le privilège de l'antiquité; mais enfin, il est le premier chez qui on trouve la notion du destin. Elle était donc très en vogue de son temps.

Les pharisiens, chez le petit peuple juif, n'adoptèrent le destin que plusieurs siècles après. Car ces pharisiens eux-mêmes, qui furent les premiers lettrés d'entre les Juifs, étaient très nouveaux. Ils mêlèrent dans Alexandrie une partie des dogmes des stoïciens, aux anciennes idées juives. Saint Jérôme prétend même que leur secte n'est pas de beaucoup antérieure à notre ère vulgaire.

Les philosophes n'eurent jamais besoin ni d'Homère, ni des pharisiens, pour se persuader que tout se fait par des lois immuables, que tout est arrangé, que tout est un effet nécessaire. Voici comme ils raisonnaient.[7]

Ou le monde subsiste par sa propre nature, par ses lois physiques, ou un Etre suprême l'a formé selon ses lois suprêmes; dans l'un et l'autre cas ces lois sont immuables; dans l'un et l'autre cas, tout est nécessaire; les corps graves tendent vers le centre de la terre, sans pouvoir tendre à se reposer en l'air. Les poiriers ne peuvent jamais porter d'ananas. L'instinct d'un épagneul ne peut être l'instinct d'une autruche; tout est arrangé, engrené et limité.

L'homme ne peut avoir qu'un certain nombre de dents, de cheveux et d'idées; il vient un temps où il perd nécessairement ses dents, ses cheveux et ses idées.

Il est contradictoire que ce qui fut hier n'ait pas été, que ce qui est aujourd'hui ne soit pas; il est aussi contradictoire que ce qui doit être, puisse ne pas devoir être.

Si tu pouvais déranger la destinée d'une mouche, il n'y aurait nulle raison qui pût t'empêcher de faire le destin de toutes les autres mouches, de tous les autres animaux, de tous les hommes, de toute

[7] Phrase ajoutée par rapport au *DP*.

la nature; tu te trouverais au bout du compte plus puissant que Dieu.

Des imbéciles disent, Mon médecin a tiré ma tante d'une maladie mortelle, il a fait vivre ma tante dix ans de plus qu'elle ne devait vivre; d'autres qui font les capables disent, L'homme prudent fait lui-même son destin.

Nullum numen abest si sit prudentia, sed nos
Te facimus fortuna Deam coeloque locamus.

La fortune n'est rien; c'est en vain qu'on l'adore.
La prudence est le Dieu qu'on doit seul implorer.[8]

Mais souvent le prudent succombe sous sa destinée, loin de la faire; c'est le destin qui fait les prudents.

De profonds politiques assurent que si on avait assassiné Cromwell, Ludlow, Ireton, et une douzaine d'autres parlementaires, huit jours avant qu'on coupât la tête à Charles Ier, ce roi aurait pu vivre encore et mourir dans son lit; ils ont raison; ils peuvent ajouter encore que si toute l'Angleterre avait été engloutie dans la mer, ce monarque n'aurait pas péri sur un échafaud auprès de *Whitehall la salle blanche*: mais les choses étaient arrangées de façon que Charles devait avoir le cou coupé.

Le cardinal d'Ossat était sans doute plus prudent qu'un fou des petites-maisons; mais n'est-il pas évident que les organes du sage d'Ossat étaient autrement faits que ceux de cet écervelé? de même que les organes d'un renard sont différents de ceux d'une grue et d'une alouette.

Ton médecin a sauvé ta tante; mais certainement il n'a pas en cela contredit l'ordre de la nature, il l'a suivi. Il est clair que ta tante ne pouvait pas s'empêcher de naître dans une telle ville, qu'elle ne pouvait pas s'empêcher d'avoir dans un tel temps une certaine maladie, que le médecin ne pouvait pas être ailleurs que dans la

67 K84, K12: *Whitehall ou salle*

[8] Voltaire n'avait pas traduit ces vers de Juvénal dans le *DP*.

ville où il était, que ta tante devait l'appeler, qu'il devait lui prescrire les drogues qui l'ont guérie, ou qu'on a cru l'avoir guérie, lorsque la nature était le seul médecin. [9]

Un paysan croit qu'il a grêlé par hasard sur son champ; mais le philosophe sait qu'il n'y a point de hasard, et qu'il était impossible, dans la constitution de ce monde, qu'il ne grêlât pas ce jour-là en cet endroit.

Il y a des gens qui étant effrayés de cette vérité en accordent la moitié, comme des débiteurs qui offrent moitié à leurs créanciers, et demandent répit pour le reste. Il y a, disent-ils, des événements nécessaires, et d'autres qui ne le sont pas. Il serait plaisant qu'une partie de ce monde fût arrangée, et que l'autre ne le fût point; qu'une partie de ce qui arrive dût arriver, et qu'une autre partie de ce qui arrive ne dût pas arriver. Quand on y regarde de près, on voit que la doctrine contraire à celle du destin est absurde; mais il y a beaucoup de gens destinés à raisonner mal, d'autres à ne point raisonner du tout, d'autres à persécuter ceux qui raisonnent.

Quelques-uns vous disent, Ne croyez pas au fatalisme; car alors tout vous paraissant inévitable vous ne travaillerez à rien, vous croupirez dans l'indifférence, vous n'aimerez ni les richesses ni les honneurs, ni les louanges; vous ne voudrez rien acquérir, vous vous croirez sans mérite comme sans pouvoir; aucun talent ne sera cultivé, tout périra par l'apathie. [10]

Ne craignez rien, messieurs, nous aurons toujours des passions et des préjugés, puisque c'est notre destinée d'être soumis aux préjugés et aux passions: nous saurons bien qu'il ne dépend pas plus de nous d'avoir beaucoup de mérite et de grands talents, que d'avoir les cheveux bien plantés et la main belle: nous serons convaincus qu'il ne faut tirer vanité de rien, et cependant nous aurons toujours de la vanité.

80-82 70, 71N, 71A, w68: guérie. ¶Un

[9] La fin de cette phrase a été ajoutée par rapport au *DP*.

[10] Version moderne de 'l'argument paresseux' objecté au *fatum stoicum* (Cicéron, *Du destin*, livre 12, ch.28-livre 13, ch.30).

J'ai nécessairement la passion d'écrire ceci, et toi tu as la passion de me condamner; nous sommes tous deux également sots, également les jouets de la destinée. Ta nature est de faire du mal, la mienne est d'aimer la vérité, et de la publier malgré toi.

Le hibou qui se nourrit de souris dans sa masure, a dit au rossignol, Cesse de chanter sous tes beaux ombrages, viens dans mon trou, afin que je t'y dévore; et le rossignol a répondu, Je suis né pour chanter ici, et pour me moquer de toi.

Vous me demandez ce que deviendra la liberté? Je ne vous entends pas. Je ne sais ce que c'est que cette liberté dont vous parlez; il y a si longtemps que vous disputez sur sa nature, qu'assurément vous ne la connaissez pas. Si vous voulez, ou plutôt, si vous pouvez examiner paisiblement avec moi ce que c'est, passez à la lettre L.

DÉVOT

L'Evangile au chrétien ne dit en aucun lieu;
Sois dévot: elle dit; sois doux, simple, équitable;
Car d'un dévot souvent au chrétien véritable
La distance est cent fois plus grande, à mon avis,
Que du pôle antarctique au détroit de Davis.

Boileau Satire XI [1]

Il est bon de remarquer, dans nos *Questions*, que Boileau est le seul poète qui ait jamais fait *évangile* féminin. On ne dit point: la sainte Evangile; mais le saint Evangile. [2] Ces inadvertances échappent aux meilleurs écrivains; il n'y a que des pédants qui en triomphent. Il est aisé de mettre à la place:

L'Evangile au chrétien ne dit en aucun lieu;
Sois dévot; mais il dit: sois doux, simple, équitable.

* L'*Encyclopédie* contient un court article, 'Dévotion', par l'abbé Mallet, qui distingue entre la véritable et la fausse dévotion. La distinction ne figure pas dans le présent article, où Voltaire, qui classe les 'dévots', comme les 'Welches', parmi les adversaires des 'philosophes' (voir par exemple D17581), critique la dévotion en elle-même. Voltaire renchérira sur les questions soulevées ici dans un plus long article, 'Directeur', qu'il ajoute aux *QE* en 1774. Le présent article paraît en février/mars 1772 (70, t.9, 'Supplément').

[1] Satire 11 ('Sur l'honneur'), vers 112-16. Boileau écrit cette satire entre 1698 et 1700, et la publie dans ses *Œuvres* en 1701. Voltaire a annoté son exemplaire des *Œuvres* de Boileau (Genève, 1716, BV440; *CN*, t.1, p.376-79).

[2] La première édition du *Dictionnaire de l'Académie* (1694) indique que le mot *évangile* peut être masculin ou féminin. Comme l'indique Beuchot, 'Brossette, dans sa lettre du 10 août 1706, consulta Boileau lui-même au sujet de ce féminin. La réponse de Boileau n'existe pas' (*M*, t.18, p.350). Voltaire possède les *Lettres familières de Messieurs Boileau Despréaux et Brossette* (Lyon, 1770, BV441; *CN*, t.1, p.379-80). Jean-François Féraud traite de ce débat dans son *Dictionnaire critique de la langue française*: 'Plusieurs veulent que ce mot soit masculin quand il signifie tout le corps d'un Evangile [...] et qu'il soit féminin quand il signifie la partie d'un évangile qu'on lit à la messe [...] L'Académie a apparemment regardé cette distinction comme frivole, puisqu'elle met ce mot toujours masculin' (3 vol., Marseille, 1787-1788, t.2, p.180-81).

A l'égard de Davis, il n'y a point de détroit de Davis; mais un détroit de David. Les Anglais mettent un *s* au singulier, et c'est la source de la méprise.[3] Car au temps de Boileau, personne en France n'apprenait l'anglais, qui est aujourd'hui l'objet de l'étude des gens de lettres. C'est un habitant du mont Krapac[4] qui a inspiré aux Français le goût de cette langue, et qui leur ayant fait connaître la philosophie et la poésie anglaise, a été pour cela persécuté par des Welches.[5]

Venons à présent au mot *dévot*; il signifie *dévoué*; et dans le sens rigoureux du terme, cette qualification ne devrait appartenir qu'aux moines et aux religieuses qui font des vœux.[6] Mais comme il n'est pas plus parlé de vœux que de dévots dans l'Evangile, ce titre ne

9 70A: au génitif du singulier
K84, K12: au génitif, et

[3] Comme l'indiquent les variantes, Voltaire croit erronément que le détroit s'appelle, en anglais, *David's Strait* (au lieu de *Davis Strait*). Le navigateur anglais John Davis a découvert en 1587 le détroit qui porte son nom, au cours d'un voyage à la recherche du passage du Nord-Ouest. Le détroit de Davis sépare le Groenland et l'île de Baffin et lie l'Atlantique à la mer de Baffin.

[4] 'Habitant du mont Krapac' est la forme humoristique par laquelle Voltaire aime parfois à se désigner en 1771 et 1772 dans les *QE* (voir, par exemple, les articles 'Esclaves', 'Langues', 'Quaker', 'Serpent'), ainsi que dans des lettres à Catherine II (18 novembre 1771, D17455) et à Dompierre d'Hornoy (21 février 1772, D17612) – mais voir aussi D10766, que Besterman croit de 1762. Dans le chapitre 119 de l'*Essai sur les mœurs*, Voltaire mentionne les 'monts Krapac' (t.2, p.153), c'est-à-dire, les Carpates ou Karpates (Karpaty en polonais), la chaîne de montagnes qui s'étend de la Hongrie et la Slovaquie par la Pologne, l'Ukraine, la Roumanie et la Serbie, jusqu'au Danube. Pendant la rédaction des *QE*, Voltaire habite à Ferney, avec vue sur les Alpes.

[5] L'admiration que Voltaire témoigne pour les poètes, dramaturges et philosophes anglais va s'accroissant dès son séjour en Angleterre de 1726 à 1728. Dans ses *Lettres philosophiques*, publiées en France en 1734, et condamnées la même année par le parlement de Paris, il recommande au public français des écrivains tels que Bacon, Shakespeare, Rochester, Swift et Pope. Il vulgarise les idées de Newton dans ses *Eléments de la philosophie de Newton* (1738), qui sont censurés (voir *OCV*, t.15, p.67-70). Sur la manière dont Voltaire présente la culture anglaise dans ses œuvres, voir notamment A. M. Rousseau, *L'Angleterre et Voltaire*, *SVEC* 145-47 (1976).

[6] *Dévot*, *dévoué* et *vœu* ont la même racine en latin, *vovere* ('faire un vœu').

doit en effet appartenir à personne. Tout le monde doit être également juste. Un homme qui se dit dévot ressemble à un roturier qui se dit marquis; il s'arroge une qualité qu'il n'a pas. Il croit valoir mieux que son prochain. On pardonne cette sottise à des femmes; leur faiblesse et leur frivolité les rendent excusables; les pauvres créatures passent d'un amant à un directeur avec bonne foi; mais on ne pardonne pas aux fripons qui les dirigent, qui abusent de leur ignorance, qui fondent le trône de leur orgueil sur la crédulité du sexe.[7] Ils se forment un petit sérail mystique, composé de sept ou huit vieilles beautés, subjuguées par le poids de leur désœuvrement; et presque toujours ces sujettes paient des tributs à leur nouveau maître.[8] Point de jeune femme sans amant: point de vieilles dévotes sans un directeur. Oh! que les Orientaux sont plus sensés que nous! Jamais un pacha n'a dit: Nous soupâmes hier avec l'aga des janissaires qui est l'amant de ma sœur, et le vicaire de la mosquée, qui est le directeur de ma femme.

[7] Voltaire insiste à maintes reprises dans ses œuvres sur la faiblesse physique et morale des femmes – voir notamment l'article 'Femme' des *QE*.

[8] Dans le *Dialogue entre Madame de Maintenon et Mademoiselle de Lenclos* (1751), Mlle de Lenclos déclare: 'Perdre sa jeunesse, sa beauté, ses passions, c'est là le vrai malheur. Voilà pourquoi tant de femmes se font dévotes à cinquante ans, et se sauvent d'un ennui par un autre' (*OCV*, t.32A, p.52). Sur les directeurs de conscience, voir l'article 'Directeur' ci-dessous.

DICTIONNAIRE

La méthode des dictionnaires inconnue à l'antiquité, est d'une utilité qu'on ne peut contester; et l'*Encyclopédie* imaginée par MM. D'Alembert et Diderot, achevée par eux et par leurs associés avec tant de succès malgré ses défauts,[1] en est un assez bon témoignage. Ce qu'on y trouve à l'article 'Dictionnaire' doit suffire; il est fait de main de maître.[2]

Je ne veux parler ici que d'une nouvelle espèce de dictionnaires

4 70, 71N, 71A: succès, en

* Voltaire rend hommage brièvement à l'article 'Dictionnaire' de l'*Encyclopédie* par D'Alembert. Celui-ci distingue trois sortes de dictionnaires, les dictionnaires de langues, les dictionnaires historiques et les dictionnaires de sciences et d'art. Voltaire ne dit rien des 'dictionnaires de choses', c'est-à-dire de l'*Encyclopédie* que D'Alembert avait vigoureusement défendue dans son article. Mais il réfléchit sur les deux premiers, 'les dictionnaires de mots' et 'les dictionnaires de faits', tout en inversant l'ordre suivi par D'Alembert. Ce dernier avait défini l'utilité des dictionnaires historiques, dénoncé rapidement les dictionnaires satiriques, en recommandant l'usage d'une saine critique. Voltaire se concentre sur la guerre des dictionnaires que se livraient jésuites et jansénistes, tout en bataillant ferme contre un dictionnaire satirique, celui de Pierre Barral que Voltaire appellera 'dictionnaire de calomnies' dans le *Fragment sur l'histoire générale* (*M*, t.29, p.279-80). Alors que D'Alembert traite systématiquement du contenu souhaitable des dictionnaires de langues et pense que, malgré ses défauts, le *Dictionnaire de l'Académie* est le meilleur, Voltaire expose ses vues quant à une nouvelle édition de ce dictionnaire auquel il a collaboré (voir *OCV*, t.33, p.235-313). Cet article annonce son intervention du 7 mai 1778 lors d'une séance de l'Académie. Leurs méthodes opposent D'Alembert et Voltaire: l'un procède avec ordre, l'autre illustre son propos par des exemples percutants. En décembre 1770, Voltaire signale à Cramer que, dans les épreuves du tome 4, un mot a été omis (D16831); l'errata corrige cette faute. L'article paraît en mars/avril 1771 (70, t.4). En 1774, Voltaire introduit une réserve sur l'*Encyclopédie* (voir n.1 et variante de la ligne 4).

[1] Cette restriction de 1774 va dans le même sens que l''Introduction' des *QE*, *OCV*, t.38, p.10-11.

[2] L'ampleur de l'article, la richesse de ses aperçus, l'intérêt des problèmes soulevés, la rigueur de l'exposé méritent cet hommage.

historiques qui renferment des mensonges et des satires par ordre alphabétique; tel est le *Dictionnaire historique, littéraire et critique, contenant une idée abrégée de la vie des hommes illustres en tout genre*, et imprimé en 1758 en six volumes 8° sans nom d'auteur.[3]

Les compilateurs de cet ouvrage commencent par déclarer qu'il a été entrepris *sur les avis de l'auteur de la Gazette ecclésiastique, écrivain redoutable*, disent-ils, *dont la flèche déjà comparée à celle de Jonathas, n'est jamais retournée en arrière, et est toujours teinte du sang des morts, du carnage des plus vaillants:*[4] *A sanguine interfectorum, ab adipe fortium sagitta Jonathae nunquam rediit retrorsum.*[5]

On conviendra sans peine que Jonathas fils de Saül, tué à la bataille de Gelboé, a un rapport immédiat avec un convulsionnaire de Paris qui barbouillait les *Nouvelles ecclésiastiques* dans un grenier en 1758.[6]

L'auteur de cette préface y parle du grand Colbert.[7] On croit d'abord que c'est du ministre d'Etat qui a rendu de si grands

[3] BV269. Voltaire l'avait commandé le 17 juillet 1767 (D14283) et l'a annoté (*CN*, t.1, p.213-17). L'ouvrage, paru anonymement, est de Pierre Barral, un polémiste janséniste qui avait pour collaborateur le père Guibaud, un oratorien auquel on attribue une partie de l'ouvrage, et Joseph Valla.

[4] Voltaire cite la Préface du *Dictionnaire historique, littéraire et critique*, 6 vol. (s.l., 1758-1759), t.1, p.I, avec cet ajout: 'de l'auteur de la *Gazette ecclésiastique*'. Comme le demandaient les *Nouvelles ecclésiastiques* du 19 juin 1753 (p.100) et du 23 avril 1756 (p.69), Barral veut redresser les erreurs du *Dictionnaire historique portatif* (Paris, 1752, réédité en 1755 et 1760; *Ferney catalogue* n° 1595), de Jean-Baptiste Ladvocat, docteur et professeur à la Sorbonne, adversaire des jansénistes. Voltaire a reçu cet ouvrage en juillet 1767 (D14283).

[5] 2 Rois 1:22.

[6] Le directeur des *Nouvelles ecclésiastiques* en 1758 est Jacques Fontaine de La Roche (voir le *Dictionnaire des journalistes*, éd. Jean Sgard, 2 vol., Oxford, 1999, t.2, p.398-99). En 1759, ce périodique applaudit à la suppression de l'*Encyclopédie* (voir le *Dictionnaire des journaux*, éd. J. Sgard, 2 vol., Paris, 1991, t.2, p.963). D'Alembert avait répondu à ces attaques dans le sarcastique article 'Ecclésiastique', section 'Nouvelles ecclésiastiques' (1755) de l'*Encyclopédie*. Voltaire avait déjà rudement étrillé J. Fontaine de La Roche dans son *Remerciement sincère à un homme charitable* (1750; *OCV*, t.32A, p.175-208).

[7] Expression de Barral (Préface, p.II). Ladvocat a dit de Colbert qu'il était connu 'par son opposition à la Bulle'. Barral venge sa mémoire (*Dictionnaire historique*,

services à la France; point du tout, c'est d'un évêque de Montpellier. Il se plaint qu'un autre dictionnaire[8] n'ait pas assez loué le célèbre abbé d'Asfeld,[9] l'illustre Boursier,[10] le fameux Gennes, l'immortel La Borde,[11] et qu'on n'ait pas dit assez d'injures à l'archevêque de Sens Languet[12] et à un nommé Fillot,[13] tous gens

---

littéraire et critique, t.1, p.871). Un détail de cet article intéresse Voltaire qui note: 'Colbert évêque enterré avec son appel' (*CN*, t.1, p.214).

[8] Voltaire a lu trop vite cette Préface. Barral reproche à Ladvocat d'avoir pris pour garant 'une source impure', le *Dictionnaire des livres jansénistes ou qui favorisent le jansénisme* (Anvers, 1752) par le père Dominique de Colonia, un jésuite (Préface, p.II). Mais tous les articles incriminés par Barral se trouvent dans Ladvocat et non dans cet 'autre dictionnaire' qui énumère des livres jansénistes en critiquant, à l'occasion, leurs auteurs.

[9] La Préface, p.II, se plaint de 'l'odieux laconisme' de Ladvocat et loue 'l'onction de la piété' de Jacques Vincent Bidal d'Asfeld (1664-1745), prêtre et docteur en Sorbonne, fougueux janséniste auquel Barral consacre un long article (*Dictionnaire historique, littéraire et critique*, t.1, p.483-84) en réponse aux trois lignes de Ladvocat (*Dictionnaire historique portatif*, t.1, p.176).

[10] La Préface, p.II, dénonce le 'silence coupable' sur Boursier et que Barral répare (*Dictionnaire historique, littéraire et critique*, t.1, p.583-87). Voltaire a mis un signet dans cet article (*CN*, t.1, p.204). Laurent François Boursier (1679-1749), qui remit un mémoire à Pierre le Grand en faveur de l'union des Eglises, est une des plumes jansénistes les plus prolifiques.

[11] La Préface, p.IV, se plaint du 'silence affecté' de Ladvocat sur Julien Gennes (1687-1748) dont les écrits sur la grâce furent condamnés et auquel Barral consacre un long texte (*Dictionnaire historique, littéraire et critique*, t.2, p.461-64) et sur Vivien de La Borde (1680-1748), un oratorien auquel Barral rend hommage (t.1, p.537-39).

[12] La Préface, p.III, dénonce une 'criminelle réticence' et réclame qu'on fasse mention de l'Arrêt du Conseil qui 'a flétri tous les ouvrages de ce prélat'. Jean Joseph Languet de La Villeneuve de Gercy (1677-1753), docteur en Sorbonne, archevêque de Sens et conseiller d'Etat, écrivit pour soutenir la bulle *Unigenitus* contre les jansénistes. Barral accuse sa *Vie de la vénérable mère Marguerite-Marie* (Alacoque) d'être remplie de 'traits licencieux' (*Dictionnaire historique, littéraire et critique*, t.3, p.68-69). Voltaire, qui a cet ouvrage (BV1912), se moque de 'Marie à la Coque' (voir *Histoire du parlement de Paris*, *OCV*, t.68, p.486).

[13] Barral (Préface, p.III) se plaint qu'on ait loué le jurisconsulte sans blâmer 'l'artisan de la fable diabolique de Bourg-Fontaine'. Il s'agit de Jean Filleau (1600-1682), auteur de la *Relation juridique de ce qui s'est passé à Poitiers touchant la nouvelle doctrine des jansénistes* (Poitiers, 1654), qui prétendait que des jansénistes voulaient établir le déisme (voir *Dictionnaire historique, littéraire et critique*, t.2, p.322-23).

connus, à ce qu'il prétend, des colonnes d'Hercule à la mer Glaciale. Il promet qu'il sera *vif, fort et piquant par principe de religion; qu'il rendra son visage plus ferme que le visage de ses ennemis, et son front plus dur que leur front, selon la parole d'Ezéchiel.*[14]

Il déclare qu'il a mis à contribution tous les journaux et tous les ana, et il finit par espérer que le ciel répandra ses bénédictions sur son travail.[15]

Dans ces espèces de dictionnaires qui ne sont que des ouvrages de parti, on trouve rarement ce qu'on cherche, et souvent ce qu'on ne cherche pas. Au mot *Adonis*, par exemple, on apprend que Vénus fut amoureuse de lui; mais pas un mot du culte d'Adonis, ou Adonaï chez les Phéniciens; rien sur ces fêtes si antiques et si célèbres, sur les lamentations suivies de réjouissances qui étaient des allégories manifestes, ainsi que les fêtes de Cérès, celles d'Isis et tous les mystères de l'antiquité.[16] Mais en récompense on trouve la religieuse Adkichomia qui traduisit en vers les psaumes de David au seizième siècle,[17] et Adkichomius qui était apparemment son parent et qui fit la *Vie de Jésus-Christ* en bas-allemand.[18]

On peut bien penser que tous ceux de la faction dont était le rédacteur sont accablés de louanges, et les autres d'injures. L'auteur, ou la petite horde d'auteurs qui ont broché ce vocabulaire d'inepties, dit de Nicolas Boindin procureur général des trésoriers

[14] Voltaire reprend des expressions de la page IV de la Préface qu'il résume. A la suite du Grand Arnauld, Barral cite Ezéchiel 3:8, commenté par saint Jérôme, détail que Voltaire ne retient pas.

[15] Résumé des pages V et VI de la Préface.

[16] 'Adonis' (*Dictionnaire historique, littéraire et critique*, t.1, p.40) fait allusion à ces 'cérémonies anniversaires' que développe l'abbé Mallet dans l'article 'Adonies, ou fêtes adoniennes' de l'*Encyclopédie* (t.1, p.141-42) et Bayle dans la note E de l'article 'Adonis' du *Dictionnaire historique et critique* (4 vol., Rotterdam, 1607, t.1, p.107).

[17] Cornélie Adkichomia, de l'ordre de saint Augustin (*Dictionnaire historique, littéraire et critique*, t.1, p.42).

[18] Erreur de lecture de Voltaire pour 'Adrichomius, Chrétien' (1533-1585; *Dictionnaire historique, littéraire et critique*, t.1, p.42), qui leur imagine ainsi une parenté.

de France, de l'Académie des belles-lettres, qu'il était *poète et athée.*[19]

Ce magistrat n'a pourtant fait jamais imprimer de vers; et n'a rien écrit sur la métaphysique ni sur la religion.

Il ajoute que Boindin sera mis par la postérité au rang des Vanini, des Spinosa et des Hobbes. Il ignore que Hobbes n'a jamais professé l'athéisme, qu'il a seulement soumis la religion à la puissance souveraine, qu'il appelle le *Léviathan.*[20] Il ignore que Vanini ne fut point athée.[21] Que le mot d'*athée* même ne se trouve pas dans l'arrêt qui le condamna; qu'il fut accusé d'impiété pour s'être élevé fortement contre la philosophie d'Aristote, et pour avoir disputé aigrement et sans retenue contre un conseiller au parlement de Toulouse nommé Francon ou Franconi, qui eut le crédit de le faire brûler, parce qu'on fait brûler qui on veut, témoin la Pucelle d'Orléans, Michel Servet, le conseiller Du Bourg, la maréchale d'Ancre, Urbain Grandier, Morin et les livres des jansénistes.[22] Voyez d'ailleurs l'apologie de Vanini par le savant La Crose; et à l'article 'Athéisme'.[23]

Le vocabuliste[24] traite Boindin de *scélérat*;[25] ses parents

68 K84, K12: et l'article

[19] Voltaire résume correctement les accusations de Barral (*Dictionnaire historique, littéraire et critique*, t.1, p.517-18); il a mis un signet dans cet article (*CN*, t.1, p.214). Sur Boindin, voir le 'Catalogue des écrivains' du *Siècle de Louis XIV* (*OH*, p.1140-41): il est mort sans sacrements. Voltaire apprécie sa comédie *Le Port de mer* et possède ses *Œuvres* (BV442).

[20] Idée qui a été développée dans les *Lettres à Son Altesse Monseigneur le prince de* *** (*OCV*, t.63B, p.407-408).

[21] Dans Barral, Voltaire a mis un signet à 'Vanini' (*CN*, t.1, p.217).

[22] Liste de victimes du fanatisme religieux ou politique.

[23] Voltaire renvoie à l'article 'Athée, athéisme' du *DP* (*OCV*, t.35, p.380-85 et n.18-37), texte repris dans les *QE* (*OCV*, t.39, p.176-80), et aux *Entretiens sur divers sujets d'histoire, de littérature, de religion et de critique* (Amsterdam, 1733, BV3435) de Mathurin Veyssière de La Croze.

[24] Terme didactique désignant un spécialiste du vocabulaire, ce que Barral n'est point.

[25] Ce terme ne figure pas dans l'article 'Boindin'. Barral le livre à 'l'exécration publique' (*Dictionnaire historique, littéraire et critique*, t.1, p.517).

voulaient attaquer en justice et faire punir un auteur qui mérite si bien le nom qu'il ose donner à un magistrat, à un savant estimable. Mais le calomniateur se cachait sous un nom supposé comme la plupart des libellistes.

Immédiatement après avoir parlé si indignement d'un homme respectable pour lui, il le regarde comme un témoin irréfragable, parce que Boindin dont la mauvaise humeur était connue, a laissé un mémoire très mal fait et très téméraire, dans lequel il accuse La Motte le plus honnête homme du monde, un géomètre et un marchand quincaillier d'avoir fait les vers infâmes qui firent condamner Jean-Baptiste Rousseau.[26] Enfin, dans la liste des ouvrages de Boindin, il omet exprès ses excellentes dissertations imprimées dans le *Recueil de l'Académie des belles-lettres*, dont il était un membre très distingué.[27]

L'article 'Fontenelle' n'est qu'une satire de cet ingénieux et savant académicien dont l'Europe littéraire estime la science et les talents. L'auteur a l'impudence de dire que *son Histoire des oracles ne fait pas honneur à sa religion.*[28] Si Vandale auteur de l'*Histoire des*

87 70, 71N: *fait point honneur*

[26] *Mémoire pour servir à l'histoire des couplets de 1710 attribués faussement à Monsieur Rousseau* (Bruxelles, 1752, *Ferney catalogue* n° 348). Voltaire a fait une longue mise au point dans le 'Catalogue des écrivains' du *Siècle de Louis XIV*, article 'La Motte-Houdart', avec un renvoi à l'article 'Saurin' (*OH*, p.1173-77). Le marchand quincaillier ou bijoutier s'appelait Malafer et le géomètre, Joseph Saurin (*OH*, p.1206-208), pour lequel Voltaire composa sa *Réfutation d'un écrit anonyme contre la mémoire de feu Monsieur Joseph Saurin* (1758; *M*, t.24, p.79-84). Pour Barral, le seul mérite de Boindin est d'avoir justifié 'l'immortel Rousseau' (*Dictionnaire historique, littéraire et critique*, t.1, p.517).

[27] Erreur de Voltaire. L'auteur cite 'les dissertations lues à l'Académie des inscriptions où il fut reçu en 1706' ainsi que les 'dissertations grammaticales et historiques' (*Dictionnaire historique, littéraire et critique*, t.1, p.518). Voltaire a laissé un ruban et une note dans deux discours publiés dans les *Mémoires de l'Académie des inscriptions et belles-lettres* (*CN*, t.1, p.180).

[28] '*L'Histoire des oracles*, abrégée de Vandale, ouvrage de jeunesse qui ne fait pas honneur à sa religion' (*Dictionnaire historique, littéraire et critique*, t.3, p.348). Voltaire relève à juste titre que Barral dénigre Fontenelle dans cet article qu'il a marqué d'un

oracles, et son rédacteur Fontenelle avaient vécu du temps des Grecs et de la république romaine, on pourrait dire avec raison, qu'ils étaient plutôt de bons philosophes que de bons païens; mais, en bonne foi, quel tort font-ils à la religion chrétienne en faisant voir que les prêtres païens étaient des fripons? Ne voit-on pas que les auteurs de ce libelle intitulé *Dictionnaire*, plaident leur propre cause? *Jam proximus ardet Ucalegon.*[29] Mais serait-ce insulter à la religion chrétienne que de prouver la friponnerie des convulsionnaires? Le gouvernement a fait plus; il les a punis sans être accusé d'irréligion.

Le libelliste ajoute, qu'il soupçonne Fontenelle de n'avoir rempli ses devoirs de chrétien que par mépris pour le christianisme même.[30] C'est une étrange démence dans ces fanatiques de crier toujours qu'un philosophe ne peut être chrétien; il faudrait les excommunier et les punir pour cela seul: car c'est assurément vouloir détruire le christianisme, que d'assurer qu'il est impossible de bien raisonner et de croire une religion si raisonnable et si sainte.

Des-Ivetaux précepteur de Louis XIII, est accusé d'avoir vécu et d'être mort sans religion.[31] Il semble que les compilateurs n'en aient aucune, ou du moins qu'en violant tous les préceptes de la véritable, ils cherchent partout des complices.

Le galant homme auteur de ces articles, se complaît à rapporter tous les mauvais vers contre l'Académie française, et des anecdotes aussi ridicules que fausses.[32] C'est apparemment encore par zèle de religion.

Je ne dois pas perdre une occasion de réfuter le conte absurde qui

---

signet (*CN*, t.1, p.215). Sur Fontenelle, voir le 'Catalogue des écrivains' du *Siècle de Louis XIV* (*OH*, p.1162-64) et les *Lettres à Son Altesse Monseigneur le prince de* *** (*OCV*, t.63B, p.443-47).

[29] 'Déjà, tout proche de nous, Ucalegon brûle' (Virgile, *Enéide*, trad. J. Perret, Paris, 1981, chant 2, vers 311-12).

[30] Barral accuse Fontenelle d'avoir rempli ses devoirs religieux 'sans en être convaincu intérieurement' (*Dictionnaire historique, littéraire et critique*, t.3, p.348).

[31] Des Iveteaux est accusé de 'libertinage' et d'avoir vécu en épicurien (*Dictionnaire historique, littéraire et critique*, t.3, p.943-44).

[32] Voltaire pense peut-être à l'article 'Des Iveteaux' qu'il vient de citer et qui contient deux anecdotes. Il annonce aussi l'anecdote suivante sur Ninon de Lenclos.

a tant couru, et qu'il répète fort mal à propos à l'article de l'abbé Gédouin, sur lequel il se fait un plaisir de tomber, parce qu'il avait été jésuite dans sa jeunesse; faiblesse passagère dont je l'ai vu se repentir toute sa vie.

Le dévot et scandaleux rédacteur du *Dictionnaire*, prétend que l'abbé Gédouin coucha avec la célèbre Ninon L'Enclos, le jour même qu'elle eut quatre-vingts ans accomplis.[33] Ce n'était pas assurément à un prêtre de conter cette aventure dans un prétendu *Dictionnaire des hommes illustres*. Une telle sottise n'est nullement vraisemblable; et je puis certifier que rien n'est plus faux. On mettait autrefois cette anecdote sur le compte de l'abbé de Châteauneuf, qui n'était pas difficile en amour, et qui, disait-on, avait eu les faveurs de Ninon âgée de soixante ans, ou plutôt lui avait donné les siennes. J'ai beaucoup vu dans mon enfance l'abbé de Gédouin, l'abbé de Châteauneuf et Mlle L'Enclos; je puis assurer qu'à l'âge de quatre-vingts ans son visage portait les marques les plus hideuses de la vieillesse; que son corps en avait toutes les infirmités, et qu'elle avait dans l'esprit les maximes d'un philosophe austère.

A l'article 'Deshoulières', le rédacteur prétend que c'est elle qui est désignée sous le nom de *précieuse* dans la satire de Boileau contre les femmes. Jamais personne n'eut moins ce défaut que Mme Deshoulières; elle passa toujours pour la femme du meilleur commerce; elle était très simple et très agréable dans la conversation.[34]

L'article 'La Motte' est plein d'injures atroces contre cet académicien; homme très aimable, poète-philosophe qui a fait

[33] Barral, dans l'article 'Gedoyn' (*Dictionnaire historique, littéraire et critique*, t.2, p.450), mais il ne précise pas que cette aventure eut lieu lorsque Ninon avait quatre-vingts ans. Voltaire a déjà réfuté cette anecdote (*OH*, p.1165).

[34] Barral cite des vers de la Satire 10 de Boileau contre les femmes: 'C'est une précieuse / Reste de ces esprits jadis si renommés / Que d'un coup de son art Molière a diffamés' (article 'Houlières', t.3, p.779). L'édition Les Belles-Lettres des *Satires* (Paris, 1966) cite, parmi d'autres clés, Mme Deshoulières (p.296). Voltaire déplore qu'elle ait été l'auteur d'un mauvais sonnet contre *Phèdre* de Racine (voir *OH*, p.1156).

des ouvrages estimables dans tous les genres.[35] Enfin l'auteur, pour vendre son livre en six volumes, en a fait un libelle diffamatoire.

Son héros est Carré de Montgeron qui présenta au roi un recueil des miracles opérés par les convulsionnaires dans le cimetière de Saint-Médard; et son héros était un sot qui est mort fou.[36]

L'intérêt du public, de la littérature et de la raison, exigeait qu'on livrât à l'indignation publique ces libellistes à qui l'avidité d'un gain sordide pourrait susciter des imitateurs; d'autant plus que rien n'est si aisé que de copier des livres par ordre alphabétique, et d'y ajouter des platitudes, des calomnies et des injures.

Extrait des réflexions d'un académicien, sur le Dictionnaire de l'Académie[37]

J'aurais voulu rapporter l'étymologie naturelle et incontestable de chaque mot,[38] comparer l'emploi, les diverses significations, l'énergie de ce mot avec l'emploi, les acceptions diverses,[39] la force ou la faiblesse du terme qui répond à ce mot dans les langues

151-53 71A: significations, la force

[35] Barral dénonce le 'faux mérite' de La Motte, critique toutes ses œuvres, cite des jugements sévères de Rousseau et de Boindin: 'un homme souple et adroit, mais faible et lâche à proportion [...] l'âme la plus double et la plus maligne' (*Dictionnaire historique, littéraire et critique*, t.4, p.563-56). Voltaire l'a déjà défendu (*OH*, p.1173-74).

[36] Barral lui consacre un article enthousiaste (*Dictionnaire historique, littéraire et critique*, t.4, p.529-32) où Voltaire a mis un signet (*CN*, t.1, p.216). Voltaire a lu *La Vérité des miracles opérés par l'intercession de Monsieur de Pâris* (1737, BV2502).

[37] Après avoir collaboré au *Dictionnaire de l'Académie* de 1762 (*OCV*, t.33, p.235-313), Voltaire annonce ici son discours de 1778 (voir *Projet de dictionnaire présenté à l'Académie*, *OCV*, t.80C, p.403-25, et *Carnets*, *OCV*, t.82, p.582).

[38] Voltaire modérera ses ambitions: 'les étymologies les plus nécessaires à connaître' (*OCV*, t.80C, p.419; voir aussi p.421 et 425 où il est question d'étymologie 'probable'). Il a accordé de l'importance aux étymologies (voir D7093, à D'Alembert) et en indique souvent dans les *QE*.

[39] Même exigence dans *OCV*, t.80C, p.419, 421 et 425. Voltaire l'a mise en pratique dans le *Dictionnaire de l'Académie*, voir par exemple l'article 'Table' (*OCV*, t.33, p.255-59).

étrangères; enfin, citer les meilleurs auteurs qui ont fait usage de ce mot;[40] faire voir le plus ou moins d'étendue qu'ils lui ont donné, remarquer s'il est plus propre à la poésie qu'à la prose.

Par exemple, j'observais que l'*inclémence* des airs est ridicule dans une histoire, parce que ce terme d'*inclémence* a son origine dans la colère du ciel qu'on suppose manifestée par l'intempérie, les dérangements, les rigueurs des saisons, la violence du froid, la corruption de l'air, les tempêtes, les orages, les vapeurs pestilentielles, etc. Ainsi donc *inclémence* étant une métaphore, est consacrée à la poésie.[41]

Je donnais au mot *impuissance* toutes les acceptions qu'il reçoit. Je faisais voir dans quelle faute est tombé un historien qui parle de l'impuissance du roi Alphonse, en n'exprimant pas si c'était celle de résister à son frère, ou celle dont sa femme l'accusait.[42]

Je tâchais de faire voir que les épithètes *irrésistible*, *incurable*, exigeaient un grand ménagement. Le premier qui a dit, l'*impulsion irrésistible du génie*,[43] a très bien rencontré, parce qu'en effet il s'agissait d'un grand génie qui s'était livré à son talent malgré tous les obstacles. Les imitateurs qui ont employé cette expression pour des hommes médiocres, sont des plagiaires qui ne savent pas placer ce qu'ils dérobent.

Le mot *incurable* n'a été encore enchâssé dans un vers que par l'industrieux Racine.

[40] Sur l'importance des citations, voir *OCV*, t.80C, p.420-21. A Duclos, lors de sa participation au *Dictionnaire de l'Académie*, il déclare: 'un dictionnaire sans citations est un squelette' (D9135).

[41] Pour le *Dictionnaire de Trévoux* (7 vol., Paris, 1752), 'quelques-uns ne l'admettent que dans la poésie' (t.4, colonne 1313). Voltaire maintient la distinction classique entre langage poétique et prose.

[42] Voltaire avait noté que 'puissant n'est pas le contraire d'impuissant', (*OCV*, t.82, p.578). Voir l'article 'Impuissance' des *QE* (*M*, t.19, p.449) et *Le Siècle de Louis XIV*, ch.10.

[43] Le mot est admis par le *Dictionnaire de l'Académie* en 1762. Desfontaines dans le *Dictionnaire néologique* (Amsterdam, 1728, BV1006; *CN*, t.3, p.125-27) écrit: 'on peut dire résistible puisqu'on dit bien irrésistible: une curiosité irrésistible' (p.152).

D'un incurable amour remèdes impuissants.[44]

Voilà ce que Boileau appelle *des mots trouvés.*[45]

Dès qu'un homme de génie a fait un usage nouveau d'un terme de la langue, les copistes ne manquent pas d'employer cette même expression mal à propos en vingt endroits, et n'en font jamais honneur à l'inventeur.

Je ne crois pas qu'il y ait un seul de ces mots trouvés, une seule expression neuve de génie dans aucun auteur tragique depuis Racine, excepté ces années dernières. Ce sont pour l'ordinaire des termes lâches, oiseux, rebattus, si mal mis en place qu'il en résulte un style barbare; et à la honte de la nation, ces ouvrages visigoths et vandales, furent quelque temps prônés, célébrés, admirés dans les journaux, dans les *Mercures*, surtout quand ils furent protégés par je ne sais quelle dame qui ne s'y connaissait point du tout.[46] On en est revenu aujourd'hui; et à un ou deux près, ils sont pour jamais anéantis.

Je ne prétendais pas faire toutes ces réflexions, mais mettre le lecteur en état de les faire.

Je faisais voir à la lettre E que nos *e* muets qui nous sont reprochés par un Italien, sont précisément ce qui forme la délicieuse harmonie de notre langue. *Empire*, *couronne*, *diadème*, *épouvantable*, *sensible*; cet *e* muet qu'on fait sentir, sans l'articuler, laisse dans l'oreille un son mélodieux, comme celui d'un timbre qui résonne encore quand il n'est plus frappé. C'est ce que nous avons déjà répondu à un Italien homme de lettres, qui était venu à Paris pour enseigner sa langue, et qui ne devait pas y décrier la nôtre.[47]

[44] *Phèdre*, acte 1, scène 3.

[45] Voltaire fait peut-être allusion à l'Epître 6, 'A Monsieur de Lamoignon, avocat général': 'Tantôt cherchant la fin d'un vers que j'ai construit / Je trouve au fond d'un bois, le mot qui m'avait fui' (vers 27-28).

[46] Voltaire céderait ici à une vieille rancœur contre Crébillon, protégé par Mme de Pompadour, selon une note attribuée par erreur aux éditeurs de Kehl (*M*, t.18, p.356).

[47] Sur l'euphonie, voir *OCV*, t.33, p.249. Voltaire le 24 janvier 1761 accuse réception de la *Dissertation sur l'excellence de la langue italienne* (Paris, 1761, BV983)

Il ne sentait pas la beauté et la nécessité de nos rimes féminines; elles ne sont que des *e* muets. Cet entrelacement de rimes masculines et féminines fait le charme de nos vers.

De semblables observations sur l'alphabet et sur les mots, auraient pu être de quelque utilité; mais l'ouvrage eût été trop long.

de Deodati de Tovazzi (D9572). Cette réponse a été publiée: *Lettre de Monsieur de Voltaire à Monsieur Deodati de Tovazzi, au sujet de sa dissertation sur l'excellence de la langue italienne* ([Genève, 1761]), p.1-12.

DIEU, DIEUX

Section première

Je crains toujours de me tromper; mais tous les monuments me font voir avec évidence que les anciens peuples policés reconnaissaient un Dieu suprême. Il n'y a pas un seul livre, une médaille, un bas-relief, une inscription où il soit parlé de Junon, de Minerve, de Neptune, de Mars et des autres dieux, comme d'un être formateur, souverain de toute la nature. Au contraire, les plus anciens livres profanes que nous ayons, Hésiode et Homère, représentent leur Zeus comme seul lançant la foudre, comme seul maître des dieux et

b K84, K12: [*ajoutent, sous la rubrique 'Section 1', le texte de l'article 'Dieu, dieux' du fonds de Kehl*]

* Cet article reprend partiellement le titre du texte *Dieu, réponse au Système de la nature*, rédigé en mai 1770, après lecture de l'ouvrage matérialiste, et destiné, selon Voltaire, à paraître dans les *QE* (D16374); mais il fut publié dès le mois d'août (voir les notes liminaires des articles 'Athéisme' et 'Causes finales' des *QE*, *OCV*, t.39, p.150, 536 et p.537-38, n.4). Si les deux textes suivent une inspiration commune, ils diffèrent souvent dans le détail. Toutefois Voltaire reprend de longs extraits de sa réplique de 1770 dans les sections 3 et 4 du présent article, comme nous l'indiquerons. Le reste est souvent un remaniement des propos déjà tenus dans les articles 'Anguilles', 'Athéisme', 'Causes finales' des *QE*, ou antérieurement dans le *DP*. Un article 'Dieu', tiré des papiers de Formey, avait paru dans l'*Encyclopédie*. Il affirmait qu'il n'y a jamais eu de nations athées, les hommes, dès qu'ils sont capables de société et de raisonnement, reconnaissant un Dieu. Il examinait les difficultés qu'on tire du polythéisme. Il joignait des 'preuves' métaphysiques, historiques et scientifiques de l'existence de Dieu. Voltaire reprend quelques-unes de ces questions, d'ordre très général, qu'il a maintes fois traitées. Il procède lui-même, dans le présent article, à de nombreux renvois. La partie la plus neuve est la discussion de certains fragments du *Système de la nature*. Un article 'Dieu', sous forme dialoguée, avait déjà paru dans le *DP*. Un autre article 'Dieu, dieux' existe dans le fonds de Kehl (*M*, t.18, p.357-59). Voltaire a envoyé l'article 'Dieu, dieux' des *QE*, le 4 janvier 1771, à Suzanne Necker (D16937); c'est probablement aussi cet 'extrait' qu'il envoie, le 11 janvier, à Frédéric Guillaume, prince héritier de Prusse (D16958), avant sa parution en mars/avril 1771 (70, t.4).

des hommes; il punit même les autres dieux; il attache Junon à une chaîne, il chasse Apollon du ciel.[1]

L'ancienne religion des brahmanes, la première qui admit des créatures célestes, la première qui parla de leur rébellion, s'explique d'une manière sublime sur l'unité et la puissance de Dieu, comme nous l'avons vu à l'article 'Ange'.[2]

Les Chinois, tout anciens qu'ils sont, ne viennent qu'après les Indiens; ils ont reconnu un seul Dieu de temps immémorial, point de dieux subalternes, point de génies ou démons médiateurs entre Dieu et les hommes, point d'oracles, point de dogmes abstraits, point de disputes théologiques chez les lettrés;[3] l'empereur fut toujours le premier pontife, la religion fut toujours auguste et simple: c'est ainsi que ce vaste empire, quoique subjugué deux fois, s'est toujours conservé dans son intégrité, qu'il a soumis ses vainqueurs à ses lois,[4] et que malgré les crimes et les malheurs attachés à la race humaine, il est encore l'Etat le plus florissant de la terre.

Les mages de Chaldée, les Sabéens ne reconnaissaient qu'un seul Dieu suprême, et l'adoraient dans les étoiles qui sont son ouvrage.[5]

Les Persans l'adoraient dans le soleil. La sphère posée sur le

[1] Même idée et mêmes exemples dans *Dieu et les hommes* (*OCV*, t.69, p.326). Voir l'*Iliade*, chant 15, vers 18-21, et chant 21, vers 441-60. Six exemplaires de l'*Iliade* se trouvent dans la bibliothèque de Voltaire (BV1669-74), dont quatre portent des marques de lecture (*CN*, t.4, p.470-98), l'un d'entre eux ne comportant qu'un livre. Y figurent aussi un exemplaire de l'*Odyssée* (BV1675) et des œuvres d'Hésiode (BV1634).

[2] Voir *OCV*, t.38, p.367.

[3] Voir l'*Essai sur les mœurs*, ch.2. Voltaire cite, sur cette religion, un extrait des *Nouveaux Mémoires sur l'état présent de la Chine* du père Le Comte (Amsterdam, 1697, BV1988); et il distingue la religion pure des lettrés des superstitions de la populace.

[4] Voir la fin du chapitre 1 de l'*Essai sur les mœurs* sur la fonction religieuse de l'empereur. Dans ce même chapitre, comme dans l'article 'De la Chine' du *DP* (*OCV*, t.35, p.540), Voltaire indiquait déjà que les vainqueurs avaient adopté les lois des vaincus, thème développé dans *L'Orphelin de la Chine*.

[5] Voir la fin du chapitre 10 de *La Philosophie de l'histoire* (*OCV*, t.59, p.125), où Voltaire se réfère à Diodore de Sicile et à Vitruve. Voir aussi *Dieu et les hommes* (*OCV*, t.69, p.306-307).

frontispice du temple de Memphis, était l'emblème d'un Dieu unique et parfait, nommé *Knef* par les Egyptiens.[6]

Le titre de *Deus optimus maximus*, n'a jamais été donné par les Romains qu'au seul Jupiter, *Hominum sator atque deorum*. On ne peut trop répéter cette grande vérité que nous indiquons ailleurs. (*a*)[7]

Cette adoration d'un Dieu suprême est confirmée depuis Romulus jusqu'à la destruction entière de l'empire, et à celle de sa religion. Malgré toutes les folies du peuple qui vénérait des dieux secondaires et ridicules, et malgré les épicuriens qui au fond n'en reconnaissaient aucun, il est avéré que les magistrats et les sages adorèrent dans tous les temps un Dieu souverain.[8]

Dans le grand nombre de témoignages qui nous restent de cette vérité, je choisirai d'abord celui de Maxime de Tyr qui florissait sous les Antonins, ces modèles de la vraie piété, puisqu'ils l'étaient

(*a*) Le prétendu Jupiter né en Crète, n'était qu'une fable historique ou poétique, comme celles des autres dieux. *Jovis*, depuis *Jupiter*, était la traduction du mot grec *Zeus*; et *Zeus* était la traduction du mot phénicien *Jeova*.

[6] Voir *Dieu et les hommes* (*OCV*, t.69, p.309), *La Défense de mon oncle* (*OCV*, t.64, p.218) et le chapitre 22 de *La Philosophie de l'histoire*.

[7] Pour la première formule latine ('Dieu très bon et très grand'), voir l'article 'Athéisme' des *QE* (*OCV*, t.39, p.155, n.16). On trouve la même formule et les mêmes définitions dans le *Traité sur la tolérance* (*OCV*, t.56C, p.170), *La Philosophie de l'histoire* (*OCV*, t.59, p.264) et *Dieu et les hommes* (*OCV*, t.69, p.331). La seconde formule ('le père des hommes et des dieux') est tirée de Virgile (*Enéide*, chant I, vers 254, et chant II, vers 725). La note *a* fait allusion à la légende selon laquelle Rhéa, pour le soustraire à Cronos, avait fait partir Zeus, dès sa naissance, en Crète, où il fut élevé par des nymphes. Voltaire profite de cette note pour suggérer à nouveau que le nom du Dieu de l'Ancien Testament avait une origine phénicienne. Voir l'article 'Job' du *DP* (*OCV*, t.36, p.244 et n.3 pour d'autres références, ainsi que pour les opinions exprimées dans l'*Encyclopédie* et le dictionnaire de Moreri).

[8] Cette affirmation diffère de celles de l'article 'Athéisme' du *DP* (voir *OCV*, t.35, p.387-88 et particulièrement: le sénat 'presque tout composé d'athées de théorie et de pratique [...] était une assemblée de philosophes, de voluptueux et d'ambitieux, tous très dangereux, et qui perdirent la République', p.389-90).

de l'humanité. Voici ses paroles dans son discours intitulé, *De Dieu selon Platon.*[9] Le lecteur qui veut s'instruire est prié de les bien peser.

Les hommes ont eu la faiblesse de donner à Dieu une figure humaine, parce qu'ils n'avaient rien vu au-dessus de l'homme. Mais il est ridicule de s'imaginer avec Homère, que Jupiter ou la suprême Divinité, a les sourcils noirs et les cheveux d'or, et qu'il ne peut les secouer sans ébranler le ciel.

Quand on interroge les hommes sur la nature de la Divinité, toutes leurs réponses sont différentes. Cependant, au milieu de cette prodigieuse variété d'opinions, vous trouverez un même sentiment par toute la terre, c'est qu'il n'y a qu'un seul Dieu qui est le père de tous, etc.

Que deviendront après cet aveu formel et après les discours immortels des Cicérons, des Antonins, des Epictètes, que deviendront, dis-je, les déclamations que tant de pédants ignorants répètent encore aujourd'hui? A quoi serviront ces éternels reproches d'un polythéisme grossier et d'une idolâtrie puérile, qu'à nous convaincre que ceux qui les font n'ont pas la plus légère connaissance de la saine antiquité? Ils ont pris les rêveries d'Homère pour la doctrine des sages.[10]

Faut-il un témoignage encore plus fort et plus expressif? vous le trouverez dans la lettre de Maxime de Madaure à saint Augustin; tous deux étaient philosophes et orateurs; du moins ils s'en piquaient, ils s'écrivaient librement; ils étaient amis autant que

53-54 K12: *cette variété prodigieuse d'opinions*

[9] Maxime de Tyr est un philosophe platonicien du deuxième siècle. Dans sa *Notice sur Maxime de Madaure*, au début de *Sophronime et Adelos* (*M*, t.25, p.459-68), Voltaire précisait que Maxime de Tyr avait eu Marc Aurèle comme disciple et Daniel Heinsius pour commentateur. La critique de la représentation anthropomorphique de Dieu, dans la citation qui suit, apparaissait déjà dans l'article 'Dieu' du *DP* (*OCV*, t.36, p.27).

[10] Voir l'article 'Idole' du *DP*: 'Il y a mille témoignages que les sages abhorraient non seulement l'idolâtrie, mais encore le polythéisme' (*OCV*, t.36, p.227), Voltaire mentionnant, à la suite, Epictète, Marc Aurèle, les stoïciens, les platoniciens.

peuvent l'être un homme de l'ancienne religion et un de la nouvelle.

Lisez la lettre de Maxime de Madaure, et la réponse de l'évêque d'Hippone.[11]

Lettre de Maxime de Madaure

'Or qu'il y ait un Dieu souverain qui soit sans commencement, et qui sans avoir rien engendré de semblable à lui, soit néanmoins le père et le formateur de toutes choses, quel homme est assez grossier, assez stupide pour en douter? C'est celui dont nous adorons sous des noms divers l'éternelle puissance, répandue dans toutes les parties du monde; ainsi honorant séparément par diverses sortes de cultes, ce qui est comme ses divers membres, nous l'adorons tout entier... qu'ils vous conservent ces dieux *subalternes*, sous les noms desquels, et par lesquels tout autant de mortels que nous sommes sur la terre, nous adorons le *Père commun des dieux et des hommes*, par différentes sortes de cultes, à la vérité, mais qui s'accordent tous dans leur variété même, et ne tendent qu'à la même fin.'

Qui écrivait cette lettre? Un Numide, un homme du pays d'Alger.

Réponse d'Augustin

'Il y a dans votre place publique deux statues de Mars, nu dans l'une et armé dans l'autre, et tout auprès la figure d'un homme qui avec

[11] La première lettre est déjà mentionnée dans le *Traité sur la tolérance*, avec une brève citation (*OCV*, t.56c, p.170, n.*b*) et dans l'article 'Idole' du *DP* (*OCV*, t.36, p.226, et n.65 pour la référence dans la traduction Dubois-Goibaud, adoptée ici). Les deux sont reproduites dans *Sophronime et Adelos*, où la traduction varie légèrement. La bibliothèque de Voltaire contient des lettres de saint Augustin (BV219; *CN*, t.1, p.173). Comme l'indique la note *b* (ci-dessous, p.426), Philippe Dubois-Goibaud avait été précepteur du duc de Guise Louis Joseph (mort en 1671), avant de traduire Cicéron et saint Augustin.

trois doigts qu'il avance vers Mars, tient en bride cette divinité dangereuse à toute la ville. Sur ce que vous me dites que de pareils dieux sont comme les membres du seul véritable Dieu, je vous avertis avec toute la liberté que vous me donnez, de ne pas tomber dans de pareils sacrilèges; car ce seul Dieu dont vous parlez, est sans doute celui qui est reconnu de tout le monde, et sur lequel les ignorants conviennent avec les savants, comme quelques anciens ont dit. Or, direz-vous que celui dont la force, pour ne pas dire la cruauté, est réprimée par un homme mort soit un membre de celui-là? Il me serait aisé de vous pousser sur ce sujet; car vous voyez bien ce qu'on pourrait dire sur cela; mais je me retiens de peur que vous ne disiez que ce sont les armes de la rhétorique que j'emploie contre vous plutôt que celles de la vérité.' (*b*)

Nous ne savons pas ce que signifiaient ces deux statues dont il ne reste aucun vestige; mais toutes les statues dont Rome était remplie, le Panthéon et tous les temples consacrés à tous les dieux subalternes, et même aux douze grands dieux, n'empêchèrent jamais que *Deus optimus maximus*, *Dieu très bon et très grand*, ne fût reconnu dans tout l'empire. [12]

Le malheur des Romains était donc d'avoir ignoré la loi mosaïque, et ensuite d'ignorer la loi des disciples de notre Sauveur Jésus-Christ, de n'avoir pas eu la foi, d'avoir mêlé au culte d'un Dieu suprême le culte de Mars, de Vénus, de Minerve, d'Apollon qui n'existaient pas, et d'avoir conservé cette religion jusqu'au temps des Théodoses. [13] Heureusement les Goths, les Huns, les Vandales, les Hérules, les Lombards, les Francs qui détruisirent cet

(*b*) Traduct. de Dubois précepteur du dernier duc de Guise.

[12] Voir ci-dessus, p.423 et n.7.

[13] Voir la fin de l'article 'Idole' du *DP* énumérant les pays comptant encore des 'idolâtres' bien après Théodose le Jeune, empereur d'Orient de 408 à 450 (*OCV*, t.36, p.227-28 et n.69, 70, 72 pour les détails donnés dans l'*Essai sur les mœurs*; p.206 et n.4 pour d'autres références). Voltaire, par l'emploi du pluriel, fait indirectement allusion aussi à Théodose Ier le Grand (346-395), sous le règne de qui le christianisme était devenu religion d'Etat.

empire, se soumirent à la vérité,[14] et jouirent d'un bonheur qui fut refusé aux Scipions, aux Catons, aux Metellus, aux Emiles, aux Cicérons, aux Varrons, aux Virgiles et aux Horaces.[15] (Voyez l'article 'Idolâtrie'.)

Tous ces grands hommes ont ignoré Jésus-Christ qu'ils ne pouvaient connaître; mais ils n'ont point adoré le diable, comme le répètent tous les jours tant de pédants. Comment auraient-ils adoré le diable puisqu'ils n'en avaient jamais entendu parler?

D'une calomnie de Warburton contre Cicéron, au sujet d'un Dieu suprême

Warburton a calomnié Cicéron et l'ancienne Rome, (*c*)[16] ainsi que ses contemporains.[17] Il suppose hardiment que Cicéron a prononcé

(*c*) Préface de la 2e partie du tome 2 de la *Légation de Moïse*, p.19.

[14] Ce passage évidemment ironique est éclairé par les analyses plus réalistes, à la fin du chapitre 11 de l'*Essai sur les mœurs*, de ces conversions suscitées par intérêt politique.

[15] Parmi les nombreux développements sur la question du salut des païens, voir le chapitre 22 du *Traité sur la tolérance* (*OCV*, t.56C, p.250) et l'article 'Dogmes' du *DP* où les 'saints patriarches' païens sont promus au rang de juges de chrétiens fanatiques (*OCV*, t.36, p.35 et n.7).

[16] Attaques déjà formulées dans le chapitre 13 de *Dieu et les hommes* (*OCV*, t.69, p.331-32, et n.3, 4). Voltaire ajoute ici une plus longue citation de Cicéron.

[17] Dans le chapitre 12 de *Dieu et les hommes*, Voltaire fait grief à Warburton d'avoir prêté aux philosophes anciens une double doctrine (*OCV*, t.69, p.327-32). Voir surtout les attaques de *La Défense de mon oncle* où l'auteur de la *Divine legation of Moses*, qu'il avait beaucoup vanté et pillé, devient 'le plus implacable ennemi de notre chère patrie, de nos lettres et de notre religion' (*OCV*, t.64, p.222). Même agressivité dans *A Warburton* (*OCV*, t.64, p.463-65). Sur les raisons de ce changement, lié aux critiques formulées par Warburton contre Voltaire dans l'édition de 1765 de la *Divine legation*, voir *La Défense de mon oncle*, *OCV*, t.64, p.338, n.22. Sur les attaques, par Warburton, de la mémoire de Bolingbroke en 1754-1755, puis de Hume en 1757, voir p.350, n.29. Sur les échanges polémiques avec ses adversaires, en particulier Robert Lowth et William Webster, voir p.349, n.24. Voir aussi J. H. Brumfitt, 'Voltaire and Warburton', *SVEC* 18 (1961), p.35-56.

ces paroles dans son oraison pour Flaccus: IL EST INDIGNE DE LA MAJESTÉ DE L'EMPIRE D'ADORER UN SEUL DIEU. *Majestatem imperii non decuit ut unus tantum Deus colatur.*

Qui le croirait? il n'y a pas un mot de cela dans l'oraison pour Flaccus, ni dans aucun ouvrage de Cicéron. Il s'agit de quelques vexations dont on accusait Flaccus, qui avait exercé la préture dans l'Asie Mineure. Il était secrètement poursuivi par les Juifs, dont Rome était alors inondée;[18] car ils avaient obtenu à force d'argent des privilèges à Rome, dans le temps même que Pompée après Crassus ayant pris Jérusalem, avait fait pendre leur roitelet Alexandre fils d'Aristobule.[19] Flaccus avait défendu qu'on fît passer des espèces d'or et d'argent à Jérusalem, parce que ces monnaies en revenaient altérées, et que le commerce en souffrait; il avait fait saisir l'or qu'on y portait en fraude. Cet or, dit Cicéron, est encore dans le trésor; Flaccus s'est conduit avec autant de désintéressement que Pompée.

Ensuite Cicéron avec son ironie ordinaire prononce ces paroles: 'Chaque pays a sa religion, nous avons la nôtre. Lorsque Jérusalem était encore libre, et que les Juifs étaient en paix, ces Juifs n'avaient pas moins en horreur la splendeur de cet empire, la dignité du nom romain, les institutions de nos ancêtres. Aujourd'hui cette nation a fait voir plus que jamais par la force de ses armes ce qu'elle doit penser de l'empire romain. Elle nous a montré par sa valeur combien elle est chère aux dieux immortels; elle nous l'a prouvé en étant vaincue, dispersée, tributaire.'

[18] Dans le chapitre 8 de l'*Essai sur les mœurs*, Voltaire donne le chiffre de 8000 Juifs à Rome sous Auguste, sa source étant les *Antiquités judaïques* de Flavius Josèphe (BV1743; *CN*, t.4, p.599).

[19] Alors qu'Aristobule Ier et Alexandre Jannée avaient étendu leur autorité sur les régions voisines, leurs successeurs, par leur faiblesse, ruinèrent leur dynastie. Vaincu par Pompée, qui prit Jérusalem en 63 avant J.-C., Aristobule II fut emmené à Rome et son domaine partagé en cinq provinces vassales de la république. Son fils Alexandre, petit-fils d'Alexandre Jannée, suscita plusieurs révoltes contre la domination romaine et fut tué en 53 avant J.-C. par Metellus Scipion, gendre de Pompée. Voltaire puise sa connaissance de l'histoire juive dans les *Antiquités judaïques* de Flavius Josèphe. Cf. l'opuscule *Des Juifs*, *M*, t.19, p.517.

Stantibus hierosolimis, pacatisque Judaeis, tamen istorum religio sacrorum à splendore hujus imperii, gravitate nominis nostri, majorum institutis abhorrebat: nunc vero hoc magis, quid illa gens, quid de imperio nostro sentiret, ostendit armis: quam cara diis immortalibus esset, docuit, quod est victa, quod elocata, quod servata.[20]

Il est donc très faux que jamais ni Cicéron, ni aucun Romain ait dit, qu'il ne convenait pas à la majesté de l'empire de reconnaître un Dieu suprême.[21] Leur Jupiter ce Zeus des Grecs, ce Jehova des Phéniciens, fut toujours regardé comme le maître des dieux secondaires. On ne peut trop inculquer cette grande vérité.

Les Romains ont-ils pris tous leurs dieux des Grecs?

Les Romains n'auraient-ils pas eu plusieurs dieux qu'ils ne tenaient pas des Grecs?

Par exemple, ils ne pouvaient avoir été plagiaires en adorant Coelum, quand les Grecs adoraient Ouranon; en s'adressant à Saturnus et à Tellus quand les Grecs s'adressaient à Gé et à Cronos.

Ils appelaient Cérès celle que les Grecs nommaient Deo et Demiter.

Leur Neptune était Poseidon; leur Vénus était Aphrodite; leur Junon s'appelait en grec Era; leur Proserpine Coré; enfin, leur favori Mars, Arès; et leur favorite Bellone Enio. Il n'y a pas là un nom qui se ressemble.

[20] Voltaire a placé des signets dans *Pro L. Flacco oratio* de Cicéron (*CN*, t.2, p.625).

[21] Reprise de la note *a* pour mieux insister, en faisant fi de toute analyse historique, sur l'universalité du culte rendu au maître des dieux dont le nom est partout le même, sans rapport avec les célébrations en l'honneur des forces naturelles. La 'seconde question' de l'article 'Religion' du *DP* (*OCV*, t.36, p.473-76), comme *La Philosophie de l'histoire* (*OCV*, t.59, p.100-101), distinguait, par étapes chronologiques, les dieux tutélaires, protecteurs de chaque bourgade, puis des éléments naturels divinisés; enfin venait le temps des philosophes qui tous, 'babyloniens, persans, égyptiens, scythes, grecs et romains admettent un Dieu suprême, rémunérateur et vengeur' (p.476).

Les beaux esprits grecs et romains s'étaient-ils rencontrés, ou les uns avaient-ils pris des autres, la chose dont ils déguisaient le nom?

Il est assez naturel que les Romains, sans consulter les Grecs, se soient fait des dieux du ciel, du temps, d'un être qui préside à la guerre, à la génération, aux moissons, sans aller demander des dieux en Grèce, comme ensuite ils allèrent leur demander des lois. Quand vous trouvez un nom qui ne ressemble à rien, il paraît juste de le croire originaire du pays.

Mais Jupiter le maître de tous les dieux, n'est-il pas un mot appartenant à toutes les nations, depuis l'Euphrate jusqu'au Tibre? C'était Jov, Jovis chez les premiers Romains, Zeus chez les Grecs, Jehova chez les Phéniciens, les Syriens, les Egyptiens.

Cette ressemblance ne paraît-elle pas servir à confirmer que tous ces peuples avaient la connaissance de l'Etre suprême? connaissance confuse à la vérité; mais quel homme peut l'avoir distincte?

Section seconde

Examen de Spinosa

Spinosa ne put s'empêcher d'admettre une intelligence agissante dans la matière, et faisant un tout avec elle.

Je dois conclure, dit-il, (*d*) *que l'être absolu n'est ni pensée, ni étendue exclusivement l'un de l'autre, mais que l'étendue et la pensée sont les attributs nécessaires de l'être absolu.*[22]

(*d*) p.13 édition de Foppens.

186 K84, K12: ne peut s'empêcher

[22] Voir les articles 'Athéisme' et 'Causes finales' des *QE* (*OCV*, t.39, p.163 et 537). La bibliothèque de Voltaire contient, de Spinoza, les *Réflexions curieuses d'un esprit désintéressé sur les matières les plus importantes au salut* (Cologne [Amsterdam], 1678, BV3202), traduction française du *Tractatus theologicopoliticus*. Mais pour le reste il utilise la *Réfutation des erreurs de Benoît de Spinoza* (Bruxelles [Amsterdam], 1731, BV1326): voir l'article 'Athéisme' des *QE* (*OCV*, t.39, p.160, n.33). Il pense y trouver une traduction exacte et il en extrait des citations, comme on le verra encore note *m*, présentées comme les propres paroles du philosophe juif.

C'est en quoi il paraît différer de tous les athées de l'antiquité, Ocellus Lucanus, Héraclite, Démocrite, Leucipe, Straton, Epicure, Pythagore, Diagore, Zenon d'Elée, Anaximandre et tant d'autres.[23] Il en diffère surtout par sa méthode qu'il avait entièrement puisée dans la lecture de Descartes, dont il a imité jusqu'au style.

Ce qui étonnera surtout la foule de ceux qui crient Spinosa, (*e*) Spinosa, et qui ne l'ont jamais lu,[24] c'est sa déclaration suivante. Il ne la fait pas pour éblouir les hommes, pour apaiser des théologiens, pour se donner des protecteurs, pour désarmer un parti; il parle en philosophe sans se nommer, sans s'afficher; il s'exprime en latin pour être entendu d'un très petit nombre. Voici sa profession de foi.

(*e*) Spinosa dit qu'il aime Dieu.

n.*e* 71A, K84, K12: [*note absente*]

[23] Voltaire amalgame des noms de philosophes anciens auxquels il s'est plus ou moins intéressé. Il a lu Ocellus Lucanus, en 1764, grâce à l'édition donnée par d'Argens, en grec et en français (Berlin, 1762, BV2603). Les autres sont parfois mentionnés sans grands développements dans le reste de l'œuvre (Héraclite, Leucippe, Zénon). On sait qu'il se fit envoyer un Strabon par Moultou (D11924). Si Pythagore devient un apôtre de la tolérance dans l'*Aventure indienne*, Voltaire méprise ses connaissances scientifiques: il ne serait pas digne d'étudier sous Newton. Démocrite est cité, dans *Le Système vraisemblable*, quand Voltaire critique également Epicure et Lucrèce sur la génération spontanée et le hasard formateur du monde. Epicure est loué, comme Lucrèce, pour avoir lutté contre la superstition, avoir soutenu l'existence du vide et affirmé l'immutabilité des premiers principes. Toutefois, Voltaire ne cesse de dénoncer leur athéisme, comme celui de Diagoras dont le nom est emprunté, dans les *Dialogues d'Evhémère*, pour désigner l'auteur du *Système de la nature*. Voir Michèle Mat-Hasquin, *Voltaire et l'antiquité grecque*, *SVEC* 197 (1981).

[24] Même raillerie visant les athées contemporains dans l'article 'Athéisme' des *QE* (*OCV*, t.39, p.163, n.42). En avril 1769, Voltaire écrit à Mme Du Deffand: 'Ce Spinosa admettait avec toute l'antiquité une intelligence universelle; et il faut bien qu'il y en ait une, puisque nous avons de l'intelligence. Nos athées modernes substituent à cela je ne sais quelle nature incompréhensible, et je ne sais quels calculs impossibles. C'est un galimatias qui fait pitié' (D15566).

Profession de foi de Spinosa

'Si je concluais aussi que l'idée de Dieu comprise sous celle de l'infinité de l'univers, (*f*) me dispense de l'obéissance, de l'amour et du culte, je ferais encore un plus pernicieux usage de ma raison; car il m'est évident que les lois que j'ai reçues, non par le rapport ou l'entremise des autres hommes, mais immédiatement de lui, sont celles que la lumière naturelle me fait connaître pour véritables guides d'une conduite raisonnable. Si je manquais d'obéissance à cet égard, je pècherais non seulement contre le principe de mon être et contre la société de mes pareils, mais contre moi-même, en me privant du plus solide avantage de mon existence. Il est vrai que cette obéissance ne m'engage qu'aux devoirs de mon état, et qu'elle me fait envisager tout le reste comme des pratiques frivoles, inventées superstitieusement, ou par l'utilité de ceux qui les ont instituées.

'A l'égard de l'amour de Dieu, loin que cette idée le puisse affaiblir, j'estime qu'aucun autre n'est plus propre à l'augmenter, puisqu'elle me fait connaître que Dieu est intime à mon être; qu'il me donne l'existence et toutes mes propriétés; mais qu'il me les donne libéralement sans reproche, sans intérêt, sans m'assujettir à autre chose qu'à ma propre nature. Elle bannit la crainte, l'inquiétude, la défiance, et tous les défauts d'un amour vulgaire ou intéressé. Elle me fait sentir que c'est un bien que je ne puis perdre, et que je possède d'autant mieux que je le connais et que je l'aime.'

Est-ce le vertueux et tendre Fénelon, est-ce Spinosa qui a écrit ces pensées?[25] Comment deux hommes si opposés l'un à l'autre

(*f*) p.44.

215 K84, K12: ou pour l'utilité
218 K84, K12: qu'aucune autre

[25] Même mention, dans *Le Philosophe ignorant*, de la nécessité d'aimer Dieu, selon

ont-ils pu se rencontrer dans l'idée d'aimer Dieu pour lui-même, avec des notions de Dieu si différentes? (Voyez 'Amour de Dieu'.)

Il le faut avouer; ils allaient tous deux au même but, l'un en chrétien, l'autre en homme qui avait le malheur de ne le pas être. Le saint archevêque en philosophe persuadé que Dieu est distingué de la nature, l'autre en disciple très égaré de Descartes,[26] qui s'imaginait que Dieu est la nature entière.

Le premier était orthodoxe; le second se trompait, j'en dois convenir: mais tous deux étaient dans la bonne foi; tous deux estimables dans leur sincérité comme dans leurs mœurs douces et simples; quoiqu'il n'y ait eu d'ailleurs nul rapport entre l'imitateur de l'*Odyssée* et un cartésien sec, hérissé d'arguments; entre un très bel esprit de la cour de Louis XIV, revêtu de ce qu'on nomme une *grande dignité*, et un pauvre Juif déjudaïsé, vivant avec trois cents florins de rente (*g*) dans l'obscurité la plus profonde.[27]

S'il est entre eux quelque ressemblance, c'est que Fénelon fut accusé devant le sanhédrin de la nouvelle loi, et l'autre devant une

(*g*) On vit après sa mort, par ses comptes, qu'il n'avait quelquefois dépensé que quatre sous et demi en un jour pour sa nourriture. Ce n'est pas là un repas de moines assemblés en chapitre.

243 70, 71N, 71A: florins dans

Spinoza (*OCV*, t.62, p.59). Sur le texte utilisé par Voltaire pour cette citation, voir ci-dessus, p.430, n.22, et *CN*, t.3, p.473-74.

[26] L'article 'Spinoza' du *Dictionnaire historique et critique* de Bayle indiquait que Spinoza, en abordant les études philosophiques, s'était dégoûté des systèmes ordinaires mais avait trouvé son compte dans celui de Descartes. Bayle ajoute que l'abus qu'il fit de quelques maximes de ce philosophe le conduisit au précipice.

[27] Mentionnant les cinquante-cinq ouvrages de Fénelon dans le 'Catalogue des écrivains' du *Siècle de Louis XIV*, Voltaire estime que 'tous partent d'un cœur plein de vertu, mais son *Télémaque* l'inspire' (*OH*, p.1161). Dans son article 'Spinoza', et dans les remarques F, H, I, Bayle soulignait que le philosophe, de famille pauvre, mais affable, honnête, officieux, de mœurs réglées, avait renoncé au monde pour ses recherches, restant quelquefois trois mois sans sortir, et avait refusé une chaire de philosophie à Heidelberg.

synagogue sans pouvoir comme sans raison; mais l'un se soumit et l'autre se révolta.[28]

Du fondement de la philosophie de Spinosa

Le grand dialecticien Bayle a réfuté Spinosa. (*h*)[29] Ce système n'est donc pas démontré comme une proposition d'Euclide. S'il l'était, on ne saurait le combattre. Il est donc au moins obscur.

J'ai toujours eu quelque soupçon que Spinosa avec sa substance universelle, ses modes et ses accidents, avait entendu autre chose que ce que Bayle entend; et que par conséquent Bayle peut avoir eu raison, sans avoir confondu Spinosa. J'ai toujours cru surtout que Spinosa ne s'entendait pas souvent lui-même, et que c'est la principale raison pour laquelle on ne l'a pas entendu.[30]

Il me semble qu'on pourrait battre les remparts du spinosisme par un côté que Bayle a négligé. Spinosa pense qu'il ne peut exister qu'une seule substance; (*i*) et il paraît par tout son livre qu'il se fonde sur la méprise de Descartes *que tout est plein*. Or, il est aussi

(*h*) Voyez l'article 'Spinosa', *Dictionnaire* de Bayle.

(*i*) Spinosa croit que Dieu est tout et qu'il n'y a qu'une seule substance.

n.*i* 71A, K84, K12: [*note absente*]

[28] Dans l'affaire du quiétisme (voir ci-dessous l'article 'Amour de Dieu'), Fénelon ne céda pas devant les condamnations de Mme Guyon par Bossuet. Mais il se soumit solennellement après la condamnation par le pape des *Maximes des saints* en 1699 et la décision de Louis XIV de l'exiler à Cambrai. Voir le chapitre 38 du *Siècle de Louis XIV* (*OH*, p.1088-101). Inversement, Spinoza déclara nettement à la synagogue ses doutes et sa croyance, rompit avec elle et fut excommunié.

[29] Dans son 'Catalogue des écrivains' du *Siècle de Louis XIV*, Voltaire écrit que Bayle fut un 'dialecticien admirable plus que profond philosophe' (*OH*, p.1137). Sa réfutation est développée surtout dans la longue remarque N de son article 'Spinoza', Bayle prenant par ordre, en six points, les 'absurdités' du philosophe. Les remarques suivantes mettent en relief ce qui lui paraît contradictoire dans ce système.

[30] Bayle dit lui-même, à la fin de son article, qu'on lui a reproché de n'avoir pas compris Spinoza. Mais il juge aussi que Spinoza ne s'accorde pas toujours avec lui-même.

faux que tout soit plein, qu'il est faux que tout soit vide. Il est démontré aujourd'hui que le mouvement est aussi impossible dans le plein absolu, qu'il est impossible que dans une balance égale un poids de deux livres élève un poids de quatre.[31]

Or si tous les mouvements exigent absolument des espaces vides, que deviendra la substance unique de Spinosa? Comment la substance d'une étoile entre laquelle et nous est un espace vide si immense, sera-t-elle précisément la substance de notre terre, la substance de moi-même, (*j*) la substance d'une mouche mangée par une araignée?

Je me trompe peut-être; mais je n'ai jamais conçu comment Spinosa admettant une substance infinie dont la pensée et la matière sont les deux modalités, admettant la substance qu'il appelle *Dieu*, et dont tout ce que nous voyons est mode ou accident, a pu cependant rejeter les causes finales? Si cet être infini, universel, pense, comment n'aurait-il pas des desseins? s'il a des desseins, comment n'aurait-il pas une volonté? Nous sommes, dit Spinosa, des modes de cet Etre absolu, nécessaire, infini. Je dis à Spinosa, Nous voulons, nous avons des desseins, nous qui ne sommes que des modes; donc cet Etre infini, nécessaire, absolu ne peut en être privé; donc il a volonté, desseins, puissance.[32]

(*j*) Ce qui fait que Bayle n'a pas pressé cet argument, c'est qu'il n'était pas instruit des démonstrations de Newton, de Keil, de Grégori, de Halley, que le vide est nécessaire pour le mouvement.[33]

[31] L'article 'Causes finales' des *QE* rappelle qu'Epicure vit qu'il n'y avait pas de mouvement possible sans le vide, ce que Descartes a nié (*OCV*, t.39, p.546).

[32] Dans *Le Philosophe ignorant*, Voltaire reprochait déjà à Spinoza de ne pas reconnaître les 'desseins marqués qui se manifestent dans tous les êtres'. 'Il ne remonte point des effets à leur cause' (*OCV*, t.62, p.61). Dans la première des *Homélies prononcées à Londres*, il opposait aux thèses des matérialistes 'un choix dans tout ce qui existe' (*OCV*, t.62, p.430).

[33] David Gregory (1661-1708), mathématicien et astronome écossais, disciple de Newton; John Keill (1671-1721), mathématicien et physicien anglais, élève de Gregory; Edmund Halley (1656-1742), astronome anglais, sont plusieurs fois mentionnés dans la correspondance de Voltaire, en particulier en 1738, ainsi que dans les *Eléments de la philosophie de Newton*.

Je sais bien que plusieurs philosophes, et surtout Lucrèce, ont nié les causes finales; (*k*) et je sais que Lucrèce, quoique peu châtié, est un très grand poète dans ses descriptions et dans sa morale; mais en philosophie il me paraît, je l'avoue, fort au-dessous d'un portier de collège et d'un bedeau de paroisse.[34] Affirmer que ni l'œil n'est fait pour voir, ni l'oreille pour entendre, ni l'estomac pour digérer, n'est-ce pas là la plus énorme absurdité, la plus révoltante folie qui soit jamais tombée dans l'esprit humain? Tout douteur que je suis, cette démence me paraît évidente, et je le dis.[35]

Pour moi je ne vois dans la nature comme dans les arts, que des causes finales; et je crois un pommier fait pour porter des pommes comme je crois une montre faite pour marquer l'heure.

Je dois avertir ici que si Spinosa dans plusieurs endroits de ses ouvrages se moque des causes finales, il les reconnaît plus expressément que personne dans sa première partie de *L'Etre en général et en particulier*.

Voici ses paroles.

'Qu'il me soit permis de m'arrêter ici quelque instant, (*l*) pour admirer la merveilleuse dispensation de la nature, laquelle ayant enrichi la constitution de l'homme de tous les ressorts nécessaires pour prolonger jusqu'à certain terme la durée de sa fragile

(*k*) Causes finales.[36]

(*l*) Causes finales admises par Spinosa, p.14.

n.*l* 71A, K84, K12: p.14.

[34] Voltaire possède les *Œuvres* de Lucrèce dans l'édition de Paris (1692, BV2223), *De la nature des choses* (Paris, 1768, BV2224) et six livres du *De rerum natura* (Londres, 1754, BV2225). S'il admire ses descriptions, sa morale, ses écrits contre la superstition, dans les *Lettres de Memmius à Cicéron* par exemple, il critique souvent ses 'absurdités' et son athéisme, dans *Des singularités de la nature*, dans sa correspondance. Pour d'autres références de ces critiques voir *La Défense de mon oncle* (*OCV*, t.64, p.397, n.6).

[35] Exemples comparables déjà au début de l'article 'Fin, causes finales' (1764) du *DP*, repris plus longuement dans l'article 'Causes finales' des *QE*.

[36] Sur les adversaires des causes finales, jusqu'aux dix-septième et dix-huitième siècles, voir l'article 'Causes finales' des *QE* (*OCV*, t.39, p.544, n.16).

existence, et pour animer la connaissance qu'il a de lui-même par celle d'une infinité de choses éloignées, semble avoir exprès négligé de lui donner des moyens pour bien connaître celle dont il est obligé de faire un usage plus ordinaire, et même les individus de sa propre espèce. Cependant, à le bien prendre, c'est moins l'effet d'un refus que celui d'une extrême libéralité; puisque s'il y avait quelque être intelligent qui en pût pénétrer un autre contre son gré, il jouirait d'un tel avantage au-dessus de lui, que par cela même il serait exclu de sa société, au lieu que dans l'état présent, chaque individu jouissant de lui-même avec une pleine indépendance, ne se communique qu'autant qu'il lui convient.'

Que conclurai-je de là? que Spinosa se contredisait souvent, (*m*) qu'il n'avait pas toujours des idées nettes, que dans le grand naufrage des systèmes il se sauvait tantôt sur une planche, tantôt sur une autre; qu'il ressemblait par cette faiblesse à Mallebranche, à Arnaud, à Bossuet, à Claude,[37] qui se sont contredits quelquefois dans leurs disputes; qu'il était comme tant de métaphysiciens et de théologiens. Je conclurai que je dois me défier à plus forte raison de toutes mes idées en métaphysique, que je suis un animal très faible, marchant sur des sables mouvants qui se dérobent continuellement sous moi, et qu'il n'y a peut-être rien de si fou que de croire avoir toujours raison.

Vous êtes très confus, Baruc (*n*)[38] Spinosa; mais êtes-vous aussi dangereux qu'on le dit? je soutiens que non; et ma raison, c'est que vous êtes confus, que vous avez écrit en mauvais latin, et qu'il n'y a

(*m*) Spinosa se contredit.
(*n*) Il s'appelait Baruc et non Benoit, car il ne fut jamais baptisé.

n.*m* 71A, K84, K12: [*note absente*]
n.*n* K84, K12: Il s'appelle Baruc

[37] Le ministre protestant Jean Claude (1619-1687) est célèbre pour ses polémiques avec Bossuet.
[38] Voir l'article 'Causes finales' des *QE* (*OCV*, t.39, p.537, n.2).

pas dix personnes en Europe qui vous lisent d'un bout à l'autre,[39] quoiqu'on vous ait traduit en français. Quel est l'auteur dangereux? c'est celui qui est lu par les oisifs de la cour et par les dames.

Section troisième

Du Système de la nature

L'auteur du *Système de la nature*[40] a eu l'avantage de se faire lire des savants, des ignorants, des femmes; il a donc dans le style des mérites que n'avait pas Spinosa. Souvent de la clarté, quelquefois de l'éloquence, quoiqu'on puisse lui reprocher de répéter, de déclamer, et de se contredire comme tous les autres. Pour le fond des choses, il faut s'en défier très souvent en physique et en morale. Il s'agit ici de l'intérêt du genre humain.[41] Examinons donc si sa doctrine est vraie et utile, et soyons courts si nous pouvons.

(*o*) *L'ordre et le désordre n'existent point, etc.*

Quoi! en physique un enfant né aveugle ou privé de ses jambes, un monstre n'est pas contraire à la nature de l'espèce? N'est-ce pas la régularité ordinaire de la nature qui fait l'ordre, et l'irrégularité qui est le désordre? N'est-ce pas un très grand dérangement, un désordre funeste qu'un enfant à qui la nature a donné la faim, et a

(*o*) 1re partie, p.60.

[39] C'est l'opinion exprimée également par Bayle qui juge qu'il a peu de disciples parce qu'il est difficile à comprendre. Sur l'influence de Spinoza, voir Paul Vernière, *Spinoza et la pensée française avant la Révolution* (Paris, 1954).

[40] Voltaire ignore l'auteur de cet ouvrage, attribué à Mirabaud, mais il possède les éditions de Londres [Amsterdam] de 1770 (BV1660) et de 1771 (BV1661), qu'il a longuement annotées (*CN*, t.4, p.439-54).

[41] Voltaire a déploré très vite répétitions et incorrections (D16548, à D'Alembert, 27 juillet 1770). A Frédéric Guillaume, prince de Prusse, il écrit, le 28 novembre 1770: 'Ce qui révolte le plus dans le *Système de la nature* [...] c'est l'audace avec laquelle il décide qu'il n'y a point de Dieu sans avoir seulement tenté d'en prouver l'impossibilité. Il y a quelque éloquence dans ce livre; mais beaucoup plus de déclamation et nulle preuve. L'ouvrage est pernicieux pour les principes et pour les peuples' (D16792).

bouché l'œsophage? Les évacuations de toute espèce sont nécessaires, et souvent les conduits manquent d'orifices; on est obligé d'y remédier: ce désordre a sa cause sans doute. Point d'effet sans cause; mais c'est un effet très désordonné.

L'assassinat de son ami, de son frère, n'est-il pas un désordre horrible en morale?[42] Les calomnies d'un Garasse, d'un le Tellier, d'un Doucin[43] contre des jansénistes, et celles des jansénistes contre des jésuites, les impostures des Patouillet et Paulian[44] ne sont-elles pas de petits désordres? La Saint-Barthélemi, les massacres d'Irlande etc. etc., ne sont-ils pas des désordres exécrables? Ce crime a sa cause dans des passions, mais l'effet est exécrable; la cause est fatale; ce désordre fait frémir. Reste à découvrir, si l'on peut, l'origine de ce désordre; mais il existe.

(*p*) *L'expérience prouve que les matières que nous regardons comme*

(*p*) p.69.

350-355 70, 71N, 71A: morale? Ce

[42] Voltaire a placé un signet, 'ordre et désordre' p.60 (édition de 1770) du chapitre 5 de la première partie (*CN*, t.4, p.441), où d'Holbach écrit: 'Nous trouvons de l'*ordre* dans tout ce qui est conforme à notre être, et du *désordre* dans tout ce qui est opposé. Cependant tout est dans l'ordre dans une nature dont toutes les parties ne peuvent jamais s'écarter des règles certaines et nécessaires qui découlent de l'essence qu'elles ont reçue.' La réfutation de Voltaire montre qu'en se limitant au point de vue anthropocentrique il refuse de tenir compte de l'optique choisie par d'Holbach, dont il ne cite pas le texte auquel il oppose des objections faciles. D'Holbach ajoutait: 'Il n'y a point de désordre dans un tout au maintien duquel le désordre est nécessaire, dont la marche générale ne peut jamais se déranger, où tous les effets sont des suites de causes naturelles qui agissent comme elles doivent infailliblement agir'.

[43] Le jésuite Louis Doucin (1652-1726) fut l'auxiliaire du jésuite Michel Le Tellier dans sa lutte contre les jansénistes et défendit vigoureusement la bulle *Unigenitus*. Voir là-dessus et sur le rôle de Le Tellier l'article 'Dogmes' du *DP* (*OCV*, t.36, p.39, n.18). Sur François Garasse, voir l'article 'Philosophe' (*OCV*, t.36, p.445, n.48).

[44] Sur le jésuite Louis Patouillet voir l'article 'Athéisme' des *QE* (*OCV*, t.39, p.173, n.74). Le jésuite Aimé Henri Paulian publia en 1770 un *Dictionnaire philosopho-théologique* où il attaquait le *DP*. Voir là-dessus, et sur les répliques de Voltaire, l'introduction de Christiane Mervaud (*OCV*, t.35, p.219-20). Ces lignes polémiques visant des ecclésiastiques ont été ajoutées en 1774.

inertes et mortes, prennent de l'action, de l'intelligence, de la vie, quand elles sont combinées d'une certaine façon.

C'est là précisément la difficulté. Comment un germe parvient-il à la vie? l'auteur et le lecteur n'en savent rien. Dès là les deux volumes du *Système*, et tous les systèmes du monde, ne sont-ils pas des rêves?[45]

(*q*) *Il faudrait définir la vie, et c'est ce que j'estime impossible.*

Cette définition n'est-elle pas très aisée, très commune? la vie n'est-elle pas organisation avec sentiment? Mais que vous teniez ces deux propriétés du mouvement seul de la matière, c'est ce dont il est impossible de donner une preuve: et si on ne peut le prouver, pourquoi l'affirmer? pourquoi dire tout haut, *je sais*, quand on se dit tous bas, *j'ignore*?[46]

(*r*) *L'on demandera ce que c'est que l'homme, etc.*

Cet article n'est pas assurément plus clair que les plus obscurs de Spinosa, et bien des lecteurs s'indigneront de ce ton si décisif que l'on prend sans rien expliquer.[47]

(*q*) p.78.
(*r*) p.80.

362 K84, K12: rien. De là
367-68 70, 71N, 71A: Mais de savoir si vous tenez ces

[45] A cette page 69 du *Système de la nature* Voltaire a placé un signet, 'matière formant pensée' (*CN*, t.4, p.441) et il a ajouté en face du passage de d'Holbach qu'il cite: 'Quoi la matière en un temps donné produira des pensées comme un chou produira de la graine quelle supposition'.

[46] Le chapitre 6, 'De l'homme; de sa distinction en homme physique et en homme moral; de son origine', a été particulièrement annoté par Voltaire (voir *CN*, t.4, p.441-42). Mais la phrase qu'il attribue à d'Holbach est, en fait, une citation à laquelle d'Holbach répond par la définition suivante: 'La vie est l'assemblage des mouvements propres à l'être organisé, et le mouvement ne peut être qu'une propriété de la matière.'

[47] Ce passage du chapitre 6 a été marqué d'un signet (*CN*, t.4, p.442). Voltaire répétera son commentaire dans l'article 'Vie' des *QE* (*M*, t.20, p.577). Il impose son jugement au lecteur, puisqu'il ne cite pas le texte du *Système de la nature*, où on lit: 'Nous dirons que c'est un être matériel, organisé ou conformé de manière à sentir, à penser, à être modifié de certaines façons propres à lui seul, à son

(*s*) *La matière est éternelle et nécessaire, mais ses formes et ses combinaisons sont passagères et contingentes, etc.*

Il est difficile de comprendre comment la matière étant nécessaire, et aucun être libre n'existant, selon l'auteur, il y aurait quelque chose de contingent. On entend par contingence ce qui peut être et ne pas être. Mais tout devant être d'une nécessité absolue, toute manière d'être qu'il appelle ici mal à propos *contingent*, est d'une nécessité aussi absolue que l'être même. C'est là où l'on se trouve encore plongé dans un labyrinthe où l'on ne voit point d'issue.

Lorsqu'on ose assurer qu'il n'y a point de Dieu, que la matière agit par elle-même par une nécessité éternelle, il faut le démontrer comme une proposition d'Euclide; sans quoi vous n'appuyez votre système que sur un peut-être. Quel fondement pour la chose qui intéresse le plus le genre humain![48]

(*t*) *Si l'homme d'après sa nature est forcé d'aimer son bien-être, il est forcé d'en aimer les moyens. Il serait inutile et peut-être injuste de demander à un homme d'être vertueux s'il ne peut l'être sans se rendre malheureux. Dès que le vice le rend heureux, il doit aimer le vice.*

Cette maxime est encore plus exécrable en morale que les autres ne sont fausses en physique. Quand il serait vrai qu'un homme ne pourrait être vertueux sans souffrir, il faudrait l'encourager à l'être. La proposition de l'auteur serait visiblement la ruine de la société.

(*s*) p.82.
(*t*) p.152.

n.*s* 71N: p.83.

---

organisation, aux combinaisons particulières des matières qui se trouvent rassemblées en lui' (p.80).

[48] Voltaire a introduit ici un signet 'nécessaire et contingent' (*CN*, t.4, p.442). D'Holbach ajoutait: 'l'homme est-il autre chose que de la matière combinée, dont la forme varie à chaque instant' (p.82). A la différence de Voltaire, il ne juge pas nécessaire de supposer un dieu à l'origine des mécanismes humains ou même de la pensée.

D'ailleurs, comment saura-t-il qu'on ne peut être heureux sans avoir des vices? n'est-il pas au contraire prouvé par l'expérience, que la satisfaction de les avoir domptés est cent fois plus grande que le plaisir d'y avoir succombé; plaisir toujours empoisonné, plaisir qui mène au malheur. On acquiert en domptant ses vices la tranquillité, le témoignage consolant de sa conscience; on perd en s'y livrant son repos, sa santé; on risque tout.[49] L'auteur lui-même en vingt endroits veut qu'on sacrifie tout à la vertu.[50] Qu'est-ce donc qu'un système rempli de ces contradictions?

(*u*) *Ceux qui rejettent avec tant de raison les idées innées, auraient dû sentir que cette intelligence ineffable que l'on place au gouvernail du monde, et dont nos sens ne peuvent constater ni l'existence ni les qualités, est un être de raison.*

En vérité, de ce que nous n'avons point d'idées innées, comment s'ensuit-il qu'il n'y a point de Dieu? cette conséquence n'est-elle

(*u*) p.167.

405 K84, K12: tout. Aussi l'auteur

406-408 K84, K12: vertu; et il n'avance cette proposition que pour donner dans son système une nouvelle preuve de la nécessité d'être vertueux. ¶*Ceux*

[49] Voltaire aborde le chapitre 9, 'De la diversité des facultés intellectuelles; elles dépendent des causes physiques, ainsi que leurs qualités morales. Principes naturels de la sociabilité, de la morale et de la politique'. Le passage cité a fait l'objet d'un signet: 'crime rend heureux horrible' (*CN*, t.4, p.443). Mais ces phrases du *Système de la nature* constituent moins une maxime qu'un constat. D'Holbach entame ici le procès des institutions, en particulier des religions, qui, contrariant la nature, nuisent au comportement humain. Les deux phrases suivantes, non citées par Voltaire, le disent clairement: 'dès que l'inutilité ou le crime sont honorés ou récompensés, quel intérêt trouverait-il à s'occuper du bonheur de ses semblables, ou à contenir la fougue de ses passions? Enfin, dès que son esprit s'est rempli d'idées fausses et d'opinions dangereuses, il faut que sa conduite devienne une longue suite d'égarements et d'actions dépravées' (p.152). Les termes 'doit' et 'il faut' traduisent évidemment un déterminisme, non une obligation morale. Pour d'Holbach, ce sont une éducation et une législation nouvelles qui conduiront l'homme à vouloir le bien-être d'autrui.

[50] Voir, en particulier, les chapitres 14 et 15 de cette première partie: 'L'éducation, la morale et les lois suffisent pour contenir les hommes [...]' et 'Des intérêts des hommes, ou des idées qu'ils se font du bonheur. L'homme ne peut être heureux sans la vertu'.

pas absurde? y a-t-il quelque contradiction à dire que Dieu nous donne des idées par nos sens? n'est-il pas au contraire de la plus grande évidence que s'il est un Etre tout-puissant dont nous tenons la vie, nous lui devons nos idées et nos sens comme tout le reste? Il faudrait avoir prouvé auparavant que Dieu n'existe pas; et c'est ce que l'auteur n'a point fait; c'est même ce qu'il n'a pas encore tenté de faire jusqu'à cette page du chapitre X.[51]

Dans la crainte de fatiguer les lecteurs par l'examen de tous ces morceaux détachés,[52] je viens au fondement du livre, et l'erreur étonnante sur laquelle il a élevé son système. Je dois absolument répéter ici ce qu'on a dit ailleurs.

(*v*) *Histoire des anguilles*[53] *sur lesquelles est fondé le Système*

Il y avait en France vers l'an 1750 un jésuite anglais nommé Néedham, déguisé en séculier, qui servait alors de précepteur au

(*v*) Voyez l'article 'Anguilles'.

422 70, 71N, 71A: livre, à l'erreur
K12: livre, et à l'erreur

[51] Un signet 'idées non innées conséquences' marque le passage cité (*CN*, t.4, p.443). D'Holbach continue en affirmant que ce qu'on appelle 'instinct moral', 'idées innées de la vertu' correspond également à des notions chimériques. Pour lui, la morale, science des faits, ne peut être fondée que 'sur l'intérêt, les besoins, le bien-être de l'homme' (p.167, n.48). Or Voltaire, s'il rejette l'innéisme cartésien, croit cependant à l'universalité d'un sens du juste accordé à l'homme par Dieu (voir l'article 'Du juste et de l'injuste' du *DP*, *OCV*, t.36, p.281: 'Rien n'est ce qu'on appelle inné, c'est-à-dire né développé; mais [...] Dieu nous fait naître avec des organes qui à mesure qu'ils croissent nous font sentir tout ce que notre espèce doit sentir pour la conservation de cette espèce'; voir aussi *Le Philosophe ignorant*, ch.31). Il établit donc bien un lien entre cette aptitude naturelle et l'existence de Dieu.

[52] Voltaire avait aussi longuement annoté la deuxième partie du *Système de la nature* (*CN*, t.4, p.444-51).

[53] L''Histoire des anguilles' est non seulement rapportée dans l'article 'Anguilles' des *QE* tiré des *Singularités de la nature*, mais aussi dans *Dieu, réponse au Système de la nature*. Toutefois la rédaction des deux premiers paragraphes est différente.

neveu de M. Dillon archevêque de Toulouse. Cet homme faisait des expériences de physique, et surtout de chimie.[54]

Après avoir mis de la farine de seigle ergoté dans des bouteilles bien bouchées, et du jus de mouton bouilli dans d'autres bouteilles, il crut que son jus de mouton et son seigle avaient fait naître des anguilles, lesquelles même en reproduisaient bientôt d'autres; et qu'ainsi une race d'anguilles se formait indifféremment d'un jus de viande, ou d'un grain de seigle.[55]

(*w*)[56] Un physicien qui avait de la réputation, ne douta pas que ce Néedham ne fût un profond athée. Il conclut que puisque l'on faisait des anguilles avec de la farine de seigle, on pouvait faire des hommes avec de la farine de froment,[57] que la nature et la chimie produisaient tout; et qu'il était démontré qu'on peut se passer d'un Dieu formateur de toutes choses.

Cette propriété de la farine trompa aisément un homme malheureusement égaré alors dans des idées qui doivent faire trembler pour la faiblesse de l'esprit humain.[58] Il voulait creuser un trou jusqu'au centre de la terre pour voir le feu central, disséquer des Patagons pour connaître la nature de l'âme; enduire les malades de poix résine pour les empêcher de transpirer; exalter son âme pour prédire l'avenir. Si on ajoutait qu'il fut encore plus malheu-

(*w*) p.7.

n.*w* K84, K12: [*note absente*]

441-42 K84, K12: homme [*avec note*: Maupertuis] malheureusement

[54] Voir l'article 'Anguilles' (*OCV*, t.38, p.378, n.2 et 3).

[55] Voir 'Anguilles' (*OCV*, t.38, p.379, n.5 et 6).

[56] Ce paragraphe et le suivant correspondent au quatorzième paragraphe de *Dieu, réponse au Système de la nature* (s.l.n.d., BV3546), p.7-8. Voltaire substitue aux deux paragraphes suivants les deux lignes 'Il est bien étrange [...] anguilles' (lignes 451-52) avant de reprendre le texte de *Dieu, réponse* dans les deux paragraphes qui suivent 'Ce qu'il y a [...] poule' (lignes 453-62).

[57] Idée déjà exprimée dans l'article 'Anguilles' (voir *OCV*, t.38, p.381 et n.14).

[58] L'édition de Kehl précise en note qu'il s'agit de Maupertuis. Sur son rôle dans la connaissance qu'a eue Voltaire des expériences de Needham, voir la note liminaire de l'article 'Anguilles' (*OCV*, t.38, p.378).

reux en cherchant à opprimer deux de ses confrères,[59] cela ne ferait pas d'honneur à l'athéisme, et servirait seulement à nous faire rentrer en nous-mêmes avec confusion.

Il est bien étrange que des hommes en niant un créateur, se soient attribué le pouvoir de créer des anguilles.

Ce qu'il y a de plus déplorable, c'est que des physiciens plus instruits adoptèrent le ridicule système du jésuite Néedham,[60] et le joignirent à celui de Maillet,[61] qui prétendait que l'océan avait formé les Pyrénées et les Alpes, et que les hommes étaient originairement des marsouins, dont la queue fourchue se changea en cuisses et en jambes dans la suite des temps; ainsi que nous l'avons dit. De telles imaginations peuvent être mises avec les anguilles formées par de la farine.

Il n'y a pas longtemps qu'on assura qu'à Bruxelles un lapin avait fait une demi-douzaine de lapereaux à une poule.[62]

Cette transmutation de farine et de jus de mouton en anguilles fut démontrée aussi fausse et aussi ridicule qu'elle l'est en effet, par M. Spalanzani[63] un peu meilleur observateur que Néedham.

On n'avait pas besoin même de ces observations pour démontrer l'extravagance d'une illusion si palpable. Bientôt les anguilles de Néedham allèrent trouver la poule de Bruxelles.

Cependant, en 1768, le traducteur exact, élégant et judicieux de Lucrèce, se laissa surprendre au point que non seulement il rapporte dans ses notes du livre VIII, pag. 361, les prétendues

458-59 70, 71N, 71A: temps. De

[59] Sur l'image que Voltaire donne de Maupertuis, voir l'article 'Athéisme' des *QE* (*OCV*, t.39, p.167 et n.54).

[60] Voir l'article 'Anguilles' (*OCV*, t.38, p.379, n.7) et *La Défense de mon oncle* (*OCV*, t.64, p.380-81, n.58).

[61] Sur *Telliamed*, voir *La Défense de mon oncle*, ch.19 (*OCV*, t.64, p.367, n.12) ainsi que la note *b* de Voltaire dans l'article 'Antiquité' des *QE* (*OCV*, t.38, p.403 et n.15).

[62] Anecdote déjà mentionnée dans l'article 'Anguilles' (*OCV*, t.38, p.381).

[63] Déjà mentionné dans l'article 'Anguilles' (voir *OCV*, t.38, p.381 et n.17, avec la référence à *La Défense de mon oncle*).

expériences de Néedham, mais qu'il fait ce qu'il peut pour en constater la validité.[64]

Voilà donc le nouveau fondement du *Système de la nature*. L'auteur dès le second chapitre s'exprime ainsi.

(*x*) *En humectant de la farine avec de l'eau, et en renfermant ce mélange, on trouve au bout de quelque temps à l'aide du microscope, qu'il a produit des êtres organisés dont on croyait la farine et l'eau incapables. C'est ainsi que la nature inanimée peut passer à la vie, qui n'est elle-même qu'un assemblage de mouvements.*[65]

Quand cette sottise inouïe serait vraie, je ne vois pas, à raisonner rigoureusement, qu'elle prouvât qu'il n'y a point de Dieu; car il se pourrait très bien qu'il y eût un Etre suprême intelligent et puissant, qui ayant formé le soleil et tous les astres, daigna former aussi des animalcules sans germe. Il n'y a point là de contradiction dans les termes. Il faudrait chercher ailleurs une preuve démonstrative que Dieu n'existe pas, et c'est ce qu'assurément personne n'a trouvé ni ne trouvera.[66]

L'auteur traite avec mépris les causes finales, parce que c'est un argument rebattu. Mais cet argument si méprisé est de Cicéron et de Newton.[67] Il pourrait par cela seul faire entrer les athées en quelque défiance d'eux-mêmes. Le nombre est assez grand des sages qui en observant le cours des astres, et l'art prodigieux qui

(*x*) 1re partie, p.23.

n.*x* K84: p.23. Voyez sur les anguilles de Néedham le volume de *Physique*.
K12: p.23. Voyez sur les anguilles de Néedham le second volume de *Physique*.

[64] Sur ce traducteur, La Grange, et sur les interprétations divergentes de son texte, voir 'Anguilles' (*OCV*, t.38, p.381 et n.15-16) et 'Curiosité' (ci-dessus, p.342, n.*).

[65] Ce passage est marqué d'un signet, 'Needham' (*CN*, t.4, p.440).

[66] Annotant le chapitre 4 de la seconde partie, Voltaire écrit sur un signet: 'l'auteur ne répond point à ce grand argument que le monde est un ouvrage qui démontre un ouvrier' (*CN*, t.4, p.446).

[67] Voir l'article 'Causes finales' des *QE* (*OCV*, t.39, p.545 et n.19).

règne dans la structure des animaux et des végétaux, reconnaissent une main puissante qui opère ces continuelles merveilles.[68]

L'auteur prétend que la matière aveugle et sans choix produit des animaux intelligents. Produire sans intelligence des êtres qui en ont! cela est-il concevable? ce système est-il appuyé sur la moindre vraisemblance?[69] Une opinion si contradictoire exigerait des preuves aussi étonnantes qu'elle-même. L'auteur n'en donne aucune; il ne prouve jamais rien, et il affirme tout ce qu'il avance. Quel chaos, quelle confusion, mais quelle témérité!

Spinosa du moins avouait une intelligence agissante dans ce grand tout, qui constituait la nature; il y avait là de la philosophie. Mais je suis forcé de dire que je n'en trouve aucune dans le nouveau système.[70]

La matière est étendue, solide, gravitante, divisible; j'ai tout cela aussi bien que cette pierre. Mais a-t-on jamais vu une pierre sentante et pensante? Si je suis étendu, solide, divisible, je le dois à la matière. Mais j'ai sensations et pensées; à qui le dois-je? ce n'est pas à de l'eau, à de la fange; il est vraisemblable que c'est à quelque chose de plus puissant que moi. C'est à la combinaison seule des éléments, me dites-vous. Prouvez-le-moi donc; faites-moi donc voir nettement qu'une cause intelligente ne peut m'avoir donné l'intelligence. Voilà où vous êtes réduit.

L'auteur combat avec succès le dieu des scolastiques, un dieu composé de qualités discordantes, un dieu auquel on donne,

[68] Voltaire a placé un signet page 165 du chapitre 5 de cette deuxième partie, consacré à la réfutation du déisme et des causes finales. D'Holbach écrit que l'univers 'est de lui-même ce qu'il est; il existe nécessairement et de toute éternité'; Voltaire réplique: 'Il y a partout un dessein, donc il existe une raison agissante et c'est Dieu. Ne confondez pas avec lui les sots contes des théologiens' (*CN*, t.4, p.447).

[69] Voir l'article 'Athéisme' des *QE* (*OCV*, t.39, p.158 et n.29).

[70] Déclaration comparable sur Spinoza dans la première des *Homélies prononcées à Londres* (*OCV*, t.62, p.429), les articles 'Athéisme' et 'Causes finales' des *QE* (*OCV*, t.39, p.163 et 537). Cf. la lettre à Condorcet du 1er septembre 1772: 'Spinosa était trop intelligent pour ne pas admettre une intelligence dans la nature. L'auteur du système ne raisonne pas si bien que Spinosa, et déclame beaucoup trop' (D17896).

comme à ceux d'Homère, les passions des hommes; un dieu capricieux, inconstant, vindicatif, inconséquent, absurde; mais il ne peut combattre le Dieu des sages. Les sages en contemplant la nature admettent un pouvoir intelligent et suprême. Il est peut-être impossible à la raison humaine destituée du secours divin de faire un pas plus avant.[71]

L'auteur demande où réside cet Etre? et de ce que personne sans être infini ne peut dire où il réside, il conclut qu'il n'existe pas. Cela n'est pas philosophique; car de ce que nous ne pouvons dire où est la cause d'un effet, nous ne devons pas conclure qu'il n'y a point de cause.[72] Si vous n'aviez jamais vu de canonnier, et que vous vissiez l'effet d'une batterie de canon, vous ne devriez pas dire, elle agit toute seule par sa propre vertu.

Ne tient-il donc qu'à dire, Il n'y a point de Dieu, pour qu'on vous en croie sur votre parole?

Enfin, sa grande objection est dans les malheurs et dans les crimes du genre humain, objection aussi ancienne que philosophique; objection commune, mais fatale et terrible,[73] à laquelle on ne trouve de réponse que dans l'espérance d'une vie meilleure. Et quelle est encore cette espérance? nous n'en pouvons avoir aucune certitude par la raison. Mais j'ose dire que quand il nous est prouvé qu'un vaste édifice construit avec le plus grand art est bâti par un

518-19 70, 71N, 71A: hommes; mais

[71] A la page 60 (ch.3) de la deuxième partie, évoquant les représentations anthropomorphiques de Dieu, Voltaire a introduit un signet portant 'Dieu la raison l'admet l'insolence le définit' (*CN*, t.4, p.444). Dans *Dieu, réponse*, il s'élevait aussi contre les conceptions fanatiques, les sottises d'école, protestant que ce Dieu n'était pas le sien. Les éditions des *QE* postérieures à 1771 ont complété par quelques qualifiants péjoratifs l'image du dieu des scolastiques (voir variante des lignes 518-19).

[72] Voir l'article 'Athéisme' des *QE* (*OCV*, t.39, p.163 et n.45).

[73] A la page 155 (chapitre 5) de la deuxième partie, d'Holbach écrivait: 'Ne valait-il pas mieux s'abstenir de créer un si grand nombre d'êtres sensibles, que de les appeler à la vie pour souffrir?' Voltaire a marqué ce passage (*CN*, t.4, p.447). Lui-même avait particulièrement mis l'accent sur cette question sans réponse dans le *Poème sur le désastre de Lisbonne*.

architecte quel qu'il soit, nous devons croire à cet architecte quand même l'édifice serait teint de notre sang, souillé de nos crimes, et qu'il nous écraserait par sa chute. Je n'examine pas encore si l'architecte est bon, si je dois être satisfait de son édifice, si je dois en sortir plutôt que d'y demeurer; si ceux qui sont logés comme moi dans cette maison pour quelques jours, en sont contents. J'examine seulement s'il est vrai qu'il y ait un architecte, ou si cette maison remplie de tant de beaux appartements et de vilains galetas, s'est bâtie toute seule.

Section quatrième

De la nécessité de croire un Etre suprême

Le grand objet, le grand intérêt, ce me semble, n'est pas d'argumenter en métaphysique, mais de peser s'il faut pour le bien commun de nous autres animaux misérables et pensants, admettre un Dieu rémunérateur et vengeur, qui nous serve à la fois de frein et de consolation, ou rejeter cette idée en nous abandonnant à nos calamités sans espérances, à nos crimes sans remords? [74]

Hobbes dit, que si dans une république où l'on ne reconnaîtrait point de Dieu, quelque citoyen en proposait un, il le ferait pendre. [75]

Il entendait apparemment par cette étrange exagération, un citoyen qui voudrait dominer au nom de Dieu; un charlatan qui voudrait se faire tyran. Nous entendons des citoyens qui sentant la

[74] Comme dans l'article 'Athéisme' des *QE* Voltaire revient à une conception utilitariste de la religion. Cf. *Système de la nature*, deuxième partie, ch.12, p.345, signet: 'l'idée de Dieu est nécessaire comme les lois c'est un frein' (*CN*, t.4, p.450).

[75] Même formule finale dans *Dieu et les hommes* (*OCV*, t.69, p.280 et n.2). *Le Léviathan* souligne la primauté du temporel, le pouvoir absolu du souverain qui établit seul ce qui est juste et injuste, toute révolution étant illégitime. Dans la mesure où elle est source de dissensions et de guerres, la religion est également l'affaire du souverain, par le côté où elle menace la paix civile.

faiblesse humaine, sa perversité et sa misère, cherchent un point fixe pour assurer leur morale, et un appui qui les soutienne dans les langueurs et dans les horreurs de cette vie.

Depuis Job[76] jusqu'à nous, un très grand nombre d'hommes a maudit son existence; nous avons donc un besoin perpétuel de consolation et d'espoir. Votre philosophie nous en prive. La fable de Pandore valait mieux, elle nous laissait l'espérance; et vous nous la ravissez! La philosophie, selon vous, ne fournit aucune preuve d'un bonheur à venir. Non; mais vous n'avez aucune démonstration du contraire. Il se peut qu'il y ait en nous une monade indestructible qui sente et qui pense, sans que nous sachions le moins du monde comment cette monade est faite. La raison ne s'oppose point absolument à cette idée, quoique la raison seule ne la prouve pas.[77] Cette opinion n'a-t-elle pas un prodigieux avantage sur la vôtre? La mienne est utile au genre humain, la vôtre est

561-62 K84, K12: cherchent un appui
573 70, 71N, 71A: point à

[76] A quelques légères modifications près, Voltaire reprend à partir d'ici dix-huit paragraphes de *Dieu, réponse au Système de la nature* (p.19-26).

[77] Le texte de *Dieu, réponse* a été nuancé par l'addition du terme 'absolument' dans les éditions postérieures à 1771. Voltaire ne croit guère à une survie; notre ignorance concernant la nature de l'âme rend indémontrable son immortalité. Si on l'assimile aux facultés intellectuelles et si la pensée vient des sens, comment imaginer que l'âme survit à la destruction des sens? Voltaire raille donc la croyance à cette survie quand la cervelle est mangée des vers. Mais, dans les dernières années, revient, dans la correspondance, dans les notes marginales commentant *Le Bon Sens* du baron d'Holbach (1774, voir *CN*, t.4, p.415), dans quelques ouvrages (*Les Adorateurs*, *M*, t.28, p.323, les *Dialogues d'Evhémère*, *OCV*, t.80C, p.155-63), l'idée consolante que Dieu pourrait faire subsister un 'atome' qui conserverait la faculté d'avoir des idées, une 'monade' pensante. Cet espoir fugitif, exprimé aussi dans la première des *Homélies*: 'La mort peut nous donner une manière différente d'exister', va de pair avec l'exigence d'un Dieu juste, affirmée un peu plus loin: 'Il faut reconnaître un Dieu rémunérateur et vengeur ou n'en point reconnaître du tout. [...] Ou il n'y a point de Dieu, ou Dieu est juste' (*OCV*, t.62, p.434-35). Dans notre article c'est encore l'utilité sociale de cette croyance qui est mise en relief.

funeste; elle peut (quoi que vous en disiez) encourager les Néron, les Alexandre VI et les Cartouche; la mienne peut les réprimer.

Marc-Antonin, Epictète, croyaient que leur monade (de quelque espèce qu'elle fût) se rejoindrait à la monade du grand Etre; [78] et ils furent les plus vertueux des hommes.

Dans le doute où nous sommes tous deux, je ne vous dis pas avec Pascal, *prenez le plus sûr*. Il n'y a rien de sûr dans l'incertitude. Il ne s'agit pas ici de parier, mais d'examiner; il faut juger, et notre volonté ne détermine pas notre jugement. [79] Je ne vous propose pas de croire des choses extravagantes pour vous tirer d'embarras; je ne vous dis pas, Allez à la Mecque baiser la pierre noire pour vous instruire; tenez une queue de vache à la main; affublez-vous d'un scapulaire, soyez imbécile et fanatique pour acquérir la faveur de l'Etre des êtres. Je vous dis, Continuez à cultiver la vertu, à être bienfaisant, à regarder toute superstition avec horreur ou avec pitié; mais adorez avec moi le dessein qui se manifeste dans toute la nature, et par conséquent l'auteur de ce dessein, la cause primordiale et finale de tout; espérez avec moi que notre monade qui raisonne sur le grand Etre éternel, pourra être heureuse par ce grand Etre même. Il n'y a point là de contradiction. Vous ne m'en démontrerez pas l'impossibilité; de même que je ne puis vous démontrer mathématiquement que la chose est ainsi. Nous ne raisonnons guère en métaphysique que sur des probabilités: nous nageons tous dans une mer dont nous n'avons jamais vu le rivage. Malheur à ceux qui se battent en nageant. Abordera qui pourra; mais celui qui me crie, Vous nagez en vain, il n'y a point de port, me décourage et m'ôte toutes mes forces.

[78] Dans la mesure où l'âme est une émanation de la divinité, l'individu, à sa mort, est rendu à l'univers et se diffuse dans le Tout. Voir la citation de Marc Aurèle à l'article 'Idole' du *DP* (*OCV*, t.36, p.227).

[79] Dans la vingt-cinquième des *Lettres philosophiques*, à la section cinq concernant le pari, Voltaire remarquait déjà que l'idée de jeu ne convenait pas à la gravité du sujet et que, par ailleurs, l'intérêt qu'on a à croire une chose n'est pas une preuve de son existence.

De quoi s'agit-il dans notre dispute? de consoler notre malheureuse existence. Qui la console? vous ou moi?

Vous avouez vous-même dans quelques endroits de votre ouvrage, que la croyance d'un Dieu a retenu quelques hommes sur le bord du crime:[80] cet aveu me suffit. Quand cette opinion n'aurait prévenu que dix assassinats, dix calomnies, dix jugements iniques sur la terre, je tiens que la terre entière doit l'embrasser.[81]

La religion, dites-vous, a produit des milliasses[82] de forfaits; dites la superstition, qui règne sur notre triste globe; elle est la plus cruelle ennemie de l'adoration pure qu'on doit à l'Etre suprême. Détestons ce monstre qui a toujours déchiré le sein de sa mère; ceux qui le combattent sont les bienfaiteurs du genre humain; c'est un serpent qui entoure la religion de ses replis, il faut lui écraser la tête sans blesser celle qu'il infecte et qu'il dévore.

Vous craignez qu'*en adorant Dieu on ne redevienne bientôt superstitieux et fanatique*. Mais n'est-il pas à craindre qu'en le niant on ne s'abandonne aux passions les plus atroces, et aux crimes les plus affreux? Entre ces deux excès, n'y a-t-il pas un milieu très raisonnable? Où est l'asile entre ces deux écueils? le voici. Dieu, et des lois sages.

Vous affirmez qu'il n'y a qu'un pas de l'adoration à la superstition. Il y a l'infini pour les esprits bien faits: et ils sont aujourd'hui en grand nombre; ils sont à la tête des nations, ils influent sur les mœurs publiques; et d'année en année le fanatisme qui couvrait la terre se voit enlever ses détestables usurpations.[83]

606 w68: a tenu quelques
617 β: *ne revienne bientôt*

[80] A la page 366 du *Système de la nature*, d'Holbach écrit: 'Pour un mortel timide dont ce Dieu retient les faibles passions il en est des millions qu'il ne peut retenir'; Voltaire a placé un signet 'peut être frein' (*CN*, t.4, p.451).

[81] Voir l'article 'Athéisme' des *QE* (*OCV*, t.39, p.156 et n.22).

[82] Se disait pour *trillion* (un million de millions) et s'employait familièrement pour désigner une somme énorme.

[83] Sur les avancées de la raison et le progrès des Lumières constatés par Voltaire, voir l'article 'Athéisme' des *QE* (*OCV*, t.39, p.174, n.77).

Je répondrai encore un mot à vos paroles de la page 223. *Si l'on présume des rapports entre l'homme et cet Etre incroyable, il faudra lui élever des autels, lui faire des présents etc.; si l'on ne conçoit rien à cet Etre, il faudra s'en rapporter à des prêtres qui...* etc. etc. etc.[84] Le grand mal de s'assembler au temps des moissons pour remercier Dieu du pain qu'il nous a donné! qui vous dit de faire des présents à Dieu! l'idée en est ridicule: mais où est le mal de charger un citoyen qu'on appellera *vieillard* ou *prêtre*, de rendre des actions de grâce à la Divinité au nom des autres citoyens, pourvu que ce prêtre ne soit pas un Grégoire VII qui marche sur la tête des rois, ou un Alexandre VI souillant par un inceste le sein de sa fille qu'il a engendrée par un stupre, et assassinant, empoisonnant, à l'aide de son bâtard, presque tous les princes ses voisins;[85] pourvu que dans une paroisse ce prêtre ne soit pas un fripon volant dans la poche des pénitents qu'il confesse, et employant cet argent à séduire les petites filles qu'il catéchise; pourvu que ce prêtre ne soit pas un Le Tellier,[86] qui met tout un royaume en combustion par des fourberies dignes du pilori; un Warburton qui viole les lois de la société en manifestant les papiers secrets d'un membre du parlement pour le perdre, et qui calomnie quiconque n'est pas de

640 w68: princes voisins

[84] Voltaire a marqué d'un trait marginal la suite du texte, non citée ici, où le théisme est vivement attaqué (*CN*, t.4, p.448-49). D'Holbach affirme que, faute de trouver à quelle nouvelle règle se conformer, on prendra 'le culte de nos pères et de nos prêtres', donc 'un théisme conséquent peut conduire pas à pas à la crédulité la plus abjecte, à la superstition, et même au fanatisme le plus dangereux' (seconde partie, p.224n). Il assimile la position du théisme par rapport à la superstition à celle du protestantisme par rapport au catholicisme romain.

[85] Cf. l'article 'Pierre' du *DP*: 'Grégoire VII fut l'auteur de cinq cents ans de guerres civiles soutenus par ses successeurs [...] Enfin parmi tant de papes, ambitieux, sanguinaires et débauchés, il y a eu un Alexandre VI, dont le nom n'est prononcé qu'avec la même horreur que ceux des Néron et des Caligula' (*OCV*, t.36, p.454 et n.25 pour les références aux *Carnets*, à l'*Essai sur les mœurs*, et pour les sources). Voir aussi l'article 'Foi' du *DP* (*OCV*, t.36, p.121 et n.3).

[86] Voir ci-dessus, p.439 et n.43, et l'article 'Bulle' des *QE* (*OCV*, t.39, p.493-95).

son avis?[87] Ces derniers cas sont rares. L'état du sacerdoce est un frein qui force à la bienséance.

Un sot prêtre excite le mépris; un mauvais prêtre inspire l'horreur: un bon prêtre, doux, pieux, sans superstition, charitable, tolérant, est un homme qu'on doit chérir et respecter. Vous craignez l'abus, et moi aussi. Unissons-nous pour le prévenir; mais ne condamnons pas l'usage quand il est utile à la société, quand il n'est pas perverti par le fanatisme ou par la méchanceté frauduleuse.

J'ai une chose très importante à vous dire. Je suis persuadé que vous êtes dans une grande erreur; mais je suis également convaincu que vous vous trompez en honnête homme. Vous voulez qu'on soit vertueux, même sans Dieu, quoique vous ayez dit malheureusement que *dès que le vice rend l'homme heureux, il doit aimer le vice*. Proposition affreuse que vos amis auraient dû vous faire effacer. Partout ailleurs vous inspirez la probité.[88] Cette dispute philosophique ne sera qu'entre vous et quelques philosophes répandus dans l'Europe; le reste de la terre n'en entendra pas parler. Le peuple ne nous lit point. Si quelque théologien voulait vous persécuter, il serait un méchant, il serait un imprudent qui ne servirait qu'à vous affermir, et à faire de nouveaux athées.

Vous avez tort; mais les Grecs n'ont point persécuté Epicure, les Romains n'ont point persécuté Lucrèce. Vous avez tort; mais il faut

665 K84, K12: entendra point parler.
666 K84, K12: lit pas. Si

[87] La première partie de la phrase est une allusion probable aux relations de Warburton avec John Wilkes, membre du parlement de Londres: voir *La Défense de mon oncle* (*OCV* t.64, p.339, n.24). La suite concerne la détérioration des rapports entre Voltaire et le théologien anglais: voir ci-dessus, p.427, n.17.

[88] Les phrases 'quoique vous ayez dit [...] inspirez la probité' constituent une addition par rapport à *Dieu, réponse au Système de la nature* et reprennent ce qui a déjà été cité dans la troisième section (voir ci-dessus, p.441, ligne 394).

respecter votre génie et votre vertu en vous réfutant de toutes ses forces.

Le plus bel hommage, à mon gré, qu'on puisse rendre à Dieu, c'est de prendre sa défense sans colère; comme le plus indigne portrait qu'on puisse faire de lui est de le peindre vindicatif et furieux.[89] Il est la vérité même: la vérité est sans passion. C'est être disciple de Dieu que de l'annoncer d'un cœur doux, et d'un esprit inaltérable.

Je pense avec vous que le fanatisme est un monstre mille fois plus dangereux que l'athéisme philosophique.[90] Spinosa n'a pas commis une seule mauvaise action. Châtel et Ravaillac, tous deux dévots, assassinèrent Henri IV.

L'athée de cabinet est presque toujours un philosophe tranquille; le fanatique est toujours turbulent; mais l'athée de cour, le prince athée pourrait être le fléau du genre humain.[91] Borgia et ses semblables ont fait presque autant de mal que les fanatiques de Munster et des Cévennes: je dis les fanatiques des deux partis.[92] Le malheur des athées de cabinet est de faire des athées de cour. C'est Chiron qui élève Achille; il le nourrit de moelle de lion. Un jour Achille traînera le corps d'Hector autour des murailles de Troye, et immolera douze captifs innocents à sa vengeance.[93]

[89] Voir les nombreuses attaques voltairiennes contre les représentations de Dieu dans l'Ancien Testament, du *Sermon des cinquante* à l'*Histoire de l'établissement du christianisme*.

[90] L'adjectif est ici primordial, par son rôle limitatif. Voir la première des *Homélies prononcées à Londres* et l'article 'Athée, Athéisme' du *DP* (*OCV*, t.35, p.388-89).

[91] Voir l'article 'Athéisme' des *QE* (*OCV*, t.39, p.156-57, n.23, et p.168, n.58) pour des références à des convictions comparables exprimées dans le *DP*, *L'A.B.C.*, les *Homélies prononcées à Londres*.

[92] Dans l'article 'Prophètes' du *DP*, Voltaire écrit: 'Les prophètes des Cévennes furent pendus ou roués; [...] les prophètes anabaptistes furent condamnés à divers supplices' (*OCV*, t.36, p.464 et n.3 et 5 pour d'autres références). Après les insurrections, les répressions et les dispersions, les anabaptistes s'étaient installés à Münster. Mais Voltaire relève aussi le fanatisme sanguinaire des camisards et de leur chef, Jean Cavalier (voir l'article 'Julien le Philosophe' du *DP*, *OCV*, t.36, p.277 et n.28).

[93] *Iliade*, chant 22, vers 395-404, et chant 24, vers 14-21, pour l'outrage fait au

Dieu nous garde d'un abominable prêtre qui hache un roi en morceaux avec son couperet sacré,[94] ou de celui qui, le casque en tête et la cuirasse sur le dos, à l'âge de soixante et dix ans, ose signer de ses trois doigts ensanglantés la ridicule excommunication d'un roi de France, ou de ... ou de ... ou de ...[95]

Mais que Dieu nous préserve aussi d'un despote colère et barbare, qui ne croyant point un Dieu, serait son Dieu à lui-même; qui se rendrait indigne de sa place sacrée en foulant aux pieds les devoirs que cette place impose; qui sacrifierait sans remords ses amis, ses parents, ses serviteurs, son peuple à ses passions. Ces deux tigres, l'un tondu, l'autre couronné, sont également à craindre. Par quel frein pourrons-nous les retenir? etc. etc.

Si l'idée d'un Dieu, auquel nos âmes peuvent se rejoindre, a fait des Titus, des Trajans, des Antonins, des Marc-Aurèles, et ces grands empereurs chinois, dont la mémoire est si précieuse dans le second des plus anciens et des plus vastes empires du monde; ces exemples suffisent pour ma cause. Et ma cause est celle de tous les hommes.

Je ne crois pas que dans toute l'Europe il y ait un seul homme d'Etat, un seul homme un peu versé dans les affaires du monde, qui n'ait le plus profond mépris pour toutes les légendes dont nous avons été inondés plus que nous le sommes aujourd'hui de

698 w68: point Dieu

---

cadavre d'Hector. Pour les Troyens tués par Achille lorsqu'il cherche à atteindre Hector, voir chant 20, vers 381-420 et 455-89, et chant 21, vers 34-323.

[94] Voltaire a reproduit dans sa pièce *Saül* l'épisode sanglant où le prophète Samuel tue le roi Agag, prisonnier de Saül (1 Samuel 15:32-33).

[95] Le chapitre 113 de l'*Essai sur les mœurs* relate les conflits du pape Jules II, avec Venise d'abord, avec Louis XII ensuite, et les excommunications qui s'ensuivirent. 'On vit ce pape, âgé de soixante-dix ans, assiéger en personne La Mirandole, aller le casque en tête à la tranchée' (t.2, p.109). Voir aussi la note *a* de la dix-septième des *Lettres d'Amabed* (excommunication de Louis XII en 1510 par Jules II, qui mit le royaume de France en interdit et qui réitéra excommunication et interdiction en 1512).

brochures. Si la religion n'enfante plus de guerres civiles, c'est à la philosophie seule qu'on en est redevable; les disputes théologiques commencent à être regardées du même œil que les querelles de Gilles et de Pierrot à la foire. Une usurpation également odieuse et ridicule, fondée d'un côté sur la fraude et de l'autre sur la bêtise, est minée chaque instant par la raison qui établit son règne. La bulle *in Coena Domini*,[96] le chef-d'œuvre de l'insolence et de la folie, n'ose plus paraître dans Rome même. Si un régiment de moines fait la moindre évolution contre les lois de l'Etat, il est cassé sur-le-champ. Mais quoi! parce qu'on a chassé les jésuites,[97] faut-il chasser Dieu? au contraire, il faut l'en aimer davantage.

725 K84, K12: davantage. ¶[*ajoutent, sous la rubrique 'Section 6', le texte de l'article 'Dieu' du DP*]

[96] Cette bulle fort ancienne, dont on ignore l'auteur, était lue à Rome, le jeudi saint, en présence du pape, du Sacré collège et de nombreux évêques. Elle prononçait l'excommunication majeure contre les hérétiques, contre ceux qui auraient maltraité des prélats ou auraient cherché à restreindre la juridiction ecclésiastique. Voir l'article 'Dogmes' du *DP* (*OCV*, t.36, p.40 et n.24 pour le lien avec Jules II et pour d'autres références) et surtout l'article 'Bulle' des *QE* (*OCV*, t.39, p.484-88).

[97] La suppression de la Compagnie de Jésus en France date de 1764.

AMOUR DE DIEU

Les disputes sur l'amour de Dieu ont allumé autant de haines qu'aucune querelle théologique. Les jésuites et les jansénistes se sont battus pendant cent ans, à qui aimerait Dieu d'une façon plus convenable, et à qui désolerait plus son prochain.

Dès que l'auteur du *Télémaque* qui commençait à jouir d'un grand crédit à la cour de Louis XIV, voulut qu'on aimât Dieu d'une manière qui n'était pas celle de l'auteur des *Oraisons funèbres*; celui-ci qui était un grand ferrailleur, lui déclara la guerre, et le fit condamner dans l'ancienne ville de Romulus, où Dieu était ce qu'on aimait le mieux après la domination, les richesses, l'oisiveté, le plaisir et l'argent.[1]

Si Mme Guion avait su le conte de la bonne vieille qui apportait un réchaud pour brûler le paradis, et une cruche d'eau pour éteindre l'enfer, afin qu'on n'aimât Dieu que pour lui-même,[2]

* On trouve souvent un tel titre dans les dictionnaires théologiques. Dans l'*Encyclopédie* l'abbé Yvon a achevé l'article 'Amour' par de longues réflexions sur l'amour-propre, où il établit les liens existant entre un amour-propre éclairé et l'amour de Dieu sous ses trois formes (intérêt, reconnaissance et pure amitié). Ici Voltaire semble aborder sérieusement ce sujet. Traitant, dans l'article 'Dieu, dieux', de l'amour de Dieu qu'aurait prescrit Spinoza, il s'est étonné de la proximité, sur ce point, entre le philosophe juif et Fénelon, due, évidemment, au texte qu'il utilisait, la *Réfutation des erreurs de Benoît de Spinoza*, attribuée au comte de Boulainvilliers (Bruxelles [Amsterdam], 1731, BV1326; voir *CN*, t.3, p.473-75, et n.33 et 42 de l'article 'Athéisme' des *QE*, *OCV*, t.39, p.160 et 163). Ces réflexions ont pu inspirer le présent article. L'auteur fait coup double: en revenant sur la controverse du quiétisme il trouve une nouvelle occasion de railler les querelles théologiques, mais il proclame également, une fois de plus, sa croyance en l''éternel architecte du monde'. Cet article paraît en mars/avril 1771 (70, t.4).

[1] En relatant la querelle du quiétisme dans le chapitre 38 du *Siècle de Louis XIV*, Voltaire indique à propos de Fénelon: 'sa passion était d'aimer Dieu pour lui-même' (*OH*, p.1090). Il ne manque jamais de souligner la dégénérescence de Rome, de l'antiquité païenne à la domination papale.

[2] Cette anecdote est connue depuis longtemps de Voltaire, puisqu'elle figure dans *Sottise des deux parts* (1728; *OCV*, t.3A, p.230) et dans les *Carnets* (*OCV*, t.81, p.366;

elle n'aurait peut-être pas tant écrit.[3] Elle eût dû sentir qu'elle ne pouvait rien dire de mieux. Mais elle aimait Dieu et le galimatias si cordialement, qu'elle fut quatre fois en prison pour sa tendresse:[4] traitement rigoureux et injuste. Pourquoi punir comme une criminelle une femme qui n'avait d'autre crime que celui de faire des vers dans le style de l'abbé Cotin,[5] et de la prose dans le goût de Polichinelle? Il est étrange que l'auteur de *Télémaque* et des froides amours d'Eucharis[6] ait dit, dans ses *Maximes des saints*, d'après le bienheureux François de Sales,[7] *Je n'ai presque point de désirs; mais si j'étais à renaître je n'en aurais point du tout. Si Dieu venait à moi, j'irais aussi à lui; s'il ne voulait pas venir à moi, je me tiendrais là et n'irais pas à lui.*[8]

---

voir n.3 pour une mention comparable chez Joinville et Stendhal). La 'bonne vieille' est en fait une grande mystique de l'Islam, Rabi'a al-Basri, née en Irak, vendue comme esclave, dans la deuxième moitié du huitième siècle. Elle voulait que les hommes cessent de prier Dieu par peur de l'enfer ou par l'espoir d'entrer au paradis, afin de le prier uniquement pour sa beauté éternelle.

[3] Ses œuvres représentent trente volumes, parmi lesquels un *Moyen court de faire oraison*, une traduction de la Bible, avec commentaires, des *Lettres de direction*. Aucun de ses ouvrages ne se trouve dans la bibliothèque de Voltaire.

[4] Elle fut enfermée en 1686, sur l'ordre de l'archevêque de Harlay. En 1695 elle fut emprisonnée à Vincennes, puis à la Bastille où elle retourna en 1698. Voltaire la traite de 'femme à révélations, à prophéties et à galimatias' (*Le Siècle de Louis XIV*, *OH*, p.1091).

[5] L'abbé Charles Cotin était un prédicateur connu mais aussi un homme du monde, un esprit précieux, auteur d'*Œuvres galantes*, de *Recueil d'énigmes*. Il fut en butte aux railleries de Molière et de Boileau.

[6] La plus belle des nymphes de Calypso, dont Télémaque tomba amoureux, dans le roman de Fénelon.

[7] Il a laissé non seulement une *Introduction à la vie dévote* et des *Entretiens spirituels*, mais encore un *Traité de l'amour de Dieu*.

[8] Voltaire possédait les œuvres de Fénelon, parmi lesquelles les *Explications des maximes des saints sur la vie intérieure* (Bruxelles, 1698, BV1319). Il a placé un signet, à l'endroit du passage cité, dans l''Exposition des divers amours dont on peut aimer Dieu' (*CN*, t.3, p.473). Il précisait, dans le chapitre 38 du *Siècle de Louis XIV*, que Fénelon, en faisant imprimer cet ouvrage 'crut rectifier tout ce qu'on reprochait à son amie, et développer les idées orthodoxes des pieux contemplatifs qui s'élèvent au-dessus des sens, et qui tendent à un état de perfection où les âmes ordinaires n'aspirent guère' (*OH*, p.1093).

C'est sur cette proposition que roule tout son livre; on ne condamna point saint François de Sales; mais on condamna Fénelon. Pourquoi? c'est que François de Sales n'avait point un violent ennemi à la cour de Turin, et que Fénelon en avait un à Versailles.[9]

Ce qu'on a écrit de plus sensé sur cette controverse mystique, se trouve peut-être dans la satire de Boileau, sur l'*amour de Dieu*, quoique ce ne soit pas assurément son meilleur ouvrage.

> Qui fait exactement ce que ma loi commande,
> A pour moi, dit ce Dieu, l'amour que je demande.[10]

S'il faut passer des épines de la théologie, à celles de la philosophie qui sont moins longues et moins piquantes, il paraît clair qu'on peut aimer un objet sans aucun retour sur soi-même, sans aucun mélange d'amour-propre, intéressé. Nous ne pouvons comparer les choses divines aux terrestres, l'amour de Dieu à un autre amour. Il manque précisément un infini d'échelons pour nous élever de nos inclinations humaines à cet amour sublime. Cependant, puisqu'il n'y a pour nous d'autre point d'appui que la terre, tirons nos comparaisons de la terre. Nous voyons un chef-d'œuvre de l'art en peinture, en sculpture, en architecture, en poésie, en éloquence, nous entendons une musique qui enchante nos oreilles et notre âme, nous l'admirons, nous l'aimons sans qu'il nous en revienne le plus léger avantage, c'est un sentiment pur;[11] nous allons même jusqu'à sentir quelquefois de la vénération, de l'amitié pour l'auteur; et s'il était là nous l'embrasserions.

C'est à peu près la seule manière dont nous puissions expliquer notre profonde admiration et les élans de notre cœur envers

[9] Voir dans le même chapitre les accusations portées par Bossuet et les haines et les divisions qui en résultèrent.

[10] Epître 12, vers 99-100, dérivés de Jean 14:2.

[11] Voltaire ne confie guère les émotions que l'art pictural ou musical aurait fait naître en lui. Il a pourtant consacré quelques phrases à des artistes célèbres dans *Le Siècle de Louis XIV*: 'Rameau a enchanté les oreilles. Lulli enchantait l'âme' (*OH*, p.1216). Il considère Claude Lorrain comme 'un des premiers paysagistes de l'Europe' (*OH*, p.1218).

l'éternel architecte du monde. Nous voyons l'ouvrage avec un étonnement de respect, et d'anéantissement; et notre cœur s'élève autant qu'il le peut vers l'ouvrier.[12]

Mais quel est ce sentiment? je ne sais quoi de vaste et d'interminé, un saisissement qui ne tient rien de nos affections ordinaires; une âme plus sensible qu'une autre, plus désoccupée, peut-être si touchée du spectacle de la nature, qu'elle voudrait s'élancer jusqu'au maître éternel qui l'a formée. Une telle affection de l'esprit, un si puissant attrait peut-il encourir la censure? A-t-on pu condamner le tendre archevêque de Cambrai? Malgré les expressions de saint François de Sales que nous avons rapportées, il s'en tenait à cette assertion, qu'on peut aimer l'auteur uniquement pour la beauté de ses ouvrages. Quelle hérésie avait-on à lui reprocher? les extravagances du style d'une dame de Montargis,[13] et quelques expressions peu mesurées de sa part, lui nuisirent.

Où était le mal? on n'en sait plus rien aujourd'hui. Cette querelle est anéantie comme tant d'autres.[14] Si chaque ergoteur voulait bien se dire à soi-même, Dans quelques années personne ne se souciera de mes ergotismes,[15] on ergoterait beaucoup moins. Ah, Louis XIV! Louis XIV! il fallait laisser deux hommes de génie sortir de la sphère de leurs talents, au point d'écrire ce qu'on a jamais écrit de plus obscur et de plus ennuyeux dans votre royaume.[16]

Pour finir tous ces débats-là,
Tu n'avais qu'à les laisser faire.[17]

[12] Le début de la section 2 de l'article 'Religion' des *QE* illustre l'attitude dépeinte ici comme le ferait, si elle est authentique, l'anecdote racontant l'émotion de Voltaire qui s'écrie 'Dieu puissant je crois' devant le magnifique spectacle du lever du soleil (voir R. Pomeau, *La Religion de Voltaire*, Paris, 1969, p.416-17).

[13] Mme Guyon était née à Montargis en 1648.

[14] C'est le thème de *Sottise des deux parts*.

[15] Mot peu usité (on le trouve chez Montaigne), que Voltaire choisit pour produire un effet comique par accumulation.

[16] Dans le chapitre 32, 'Des beaux-arts', du *Siècle de Louis XIV*, Voltaire avait célébré le génie novateur de Bossuet et de Fénelon.

[17] Voltaire paraphrase les deux derniers vers d'un sixain, bien connu à l'époque,

Remarquons à tous les articles de morale et d'histoire par quelle chaîne invisible, par quels ressorts inconnus toutes les idées qui troublent nos têtes et tous les événements qui empoisonnent nos jours sont liés ensemble, se heurtent et forment nos destinées. Fénelon meurt dans l'exil pour avoir eu deux ou trois conversations mystiques avec une femme un peu extravagante. Le cardinal de Bouillon, le neveu du grand Turenne, est persécuté pour n'avoir pas lui-même persécuté à Rome l'archevêque de Cambrai son ami: il est contraint de sortir de France, et il perd toute sa fortune.[18]

C'est par ce même enchaînement que le fils d'un procureur de Vire trouve, dans une douzaine de phrases obscures d'un livre imprimé dans Amsterdam, de quoi remplir de victimes tous les cachots de la France;[19] et à la fin, il sort de ces cachots mêmes un cri dont le retentissement fait tomber par terre toute une société habile et tyrannique fondée par un fou ignorant.[20]

---

sur les Sodomites. D'Alembert les avait cités, en en changeant le contexte, quand il lui écrivait, le 31 mars 1762: 'Les ennemis de la raison font dans ce moment assez sotte figure, et je crois qu'on pourrait dire comme dans la chanson: "Pour détruire tous ces gens-là / Tu n'avais qu'à les laisser faire" ' (D10398). Sur l'attitude du roi, voir le chapitre 38 du *Siècle de Louis XIV* (*OH*, p.1095-96).

[18] Sur ses vaines tentatives de conciliation et son exil, voir *Le Siècle de Louis XIV* (*OH*, p.1098-1100).

[19] C'est par ces mêmes termes, 'fils d'un procureur de Vire' que Le Tellier est désigné dans le chapitre 37, 'Du jansénisme', du *Siècle de Louis XIV* (*OH*, p.1078), où Voltaire souligne son rôle dans la condamnation des *Réflexions morales* du père Quesnel, évoquées ici. Voir l'article 'Dogmes' du *DP* (*OCV*, t.36, p.39, n.18) et l'article 'Bulle' des *QE* (*OCV*, t.39, p.493-95).

[20] Allusion à la dissolution de la Compagnie de Jésus en France, en 1764. Voltaire consacre un article des *QE* à son fondateur, Ignace de Loyola, où il le traite également de fou (*M*, t.19, p.416-18).

DE DIODORE DE SICILE, ET D'HÉRODOTE

Il est juste de commencer par Hérodote comme le plus ancien.

Quand Henri Etienne intitula sa comique rapsodie, *Apologie d'Hérodote*,[1] on sait assez que son dessein n'était pas de justifier les contes de ce père de l'histoire; il ne voulait que se moquer de nous, et faire voir que les turpitudes de son temps étaient pires que celles des Egyptiens et des Perses. Il usa de la liberté que se donnait tout protestant contre ceux de l'Eglise catholique apostolique et romaine. Il leur reproche aigrement leurs débauches, leur avarice, leurs crimes expiés à prix d'argent, leurs indulgences publiquement vendues dans les cabarets, les fausses reliques supposées par leurs moines; il les appelle *idolâtres*.[2] Il ose dire que si les Egyptiens

* A Ferney, Voltaire possède l'*Histoire universelle* (trad. J. Terrasson, 7 vol., Paris, 1758, BV1041; *CN*, t.3, p.143-45) et *Les Histoires d'Hérodote* (trad. Du Ryer, 3 vol., Paris, 1713, BV1631; *CN*, t.4, p.380-84), qu'il a lues de près mais pas nécessairement pour cet article, qui ne reprend aucun des passages marqués d'un trait ou commentés sur signets. Quant à l'*Apologie pour Hérodote, ou traité de la conformité des merveilles anciennes avec les modernes* (3 vol., La Haye, 1735, BV1238; *CN*, t.3, p.432-33) de Henri Estienne, il pourrait s'agir aussi d'une lecture ancienne puisqu'il évoque son 'style bigarré' dans une lettre à de Brosses à l'automne 1758 (D7881). Reprenant des motifs déjà utilisés dans des textes antérieurs consacrés à l'écriture de l'histoire, l'article s'insère en fait dans la polémique qui, depuis la publication de *La Philosophie de l'histoire* en 1765 puis de *La Défense de mon oncle* en 1767, oppose Voltaire aux grands noms de l'historiographie chrétienne (Bossuet, Rollin) et à ses défenseurs contemporains. Mais Voltaire croise principalement le fer avec Pierre Henri Larcher, auteur du *Supplément à La Philosophie de l'histoire* (Amsterdam, 1767, BV1923), nommément désigné et avec qui Voltaire poursuivra encore la polémique dans le *Fragment sur l'histoire générale*. L'article, nécessairement postérieur à la première édition du *Supplément* en juin 1767 et assez vraisemblablement à celle de la seconde édition en 1769, est antérieur au mois de décembre 1770, date à laquelle Voltaire corrige les épreuves du tome 4 des *QE* (D16835). Le présent article paraît en mars/avril 1771 (70, t.4).

[1] Voltaire résume et paraphrase ici le 'Discours préliminaire' de l'*Apologie* d'Estienne, marqué dans son exemplaire par des signets.

[2] Estienne, *Apologie*, 'Discours préliminaire': 'O les grands fols qu'étaient ces Egyptiens d'Hérodote (dira quelqu'un) en ce qu'ils adoraient les bêtes! Grands fols

adoraient, à ce qu'on dit, des chats et des oignons, les catholiques adoraient des os de morts. Il ose les appeler, dans son discours préliminaire, *théophages*, et même *théokeses*.[3] (*a*) Nous avons quatorze éditions de ce livre;[4] car nous aimons les injures qu'on nous dit en commun, autant que nous regimbons contre celles qui s'adressent à nos personnes en notre propre et privé nom.

Henri Etienne ne se servit donc d'Hérodote que pour nous rendre exécrables et ridicules.[5] Nous avons un dessein tout contraire; nous prétendons montrer que les histoires modernes

(*a*) *Théokeses* signifie qui rend Dieu à la selle, proprement ch... Dieu: ce reproche affreux, cette injure avilissante n'a cependant effrayé le commun des catholiques: preuve évidente que les livres n'étant point lus par le peuple, n'ont point d'influence sur le peuple.

n.*a* 70, 71N, 71A: [*note absente*]

étaient-ils, cela je confesse: mais c'est à la charge qu'on me confessera que ceux qui adorent une chose morte sont plus fols que ceux qui adorent une chose vivante. Ce que m'ayant confessé le procès des philomesses est tout fait. Car ils adorent, et ce où il y a eu vie, mais n'y en a plus, et ce où il n'y en eut jamais' (t.1, seconde pagination, p.xiii-xiv; avec signets, voir *CN*, t.3, p.432). Estienne évoque l'or, l'argent, la pierrerie et le bois mais pas les os, pas plus qu'il n'utilise le terme d'idolâtres.

[3] Estienne, *Apologie*: 'Et toutefois nous avons tous les jours certaines nouvelles des théophages, et (qui pis est) des theochezes' (t.1, seconde pagination, p.xvi-xvii; avec trait en marge, voir *CN*, t.3, p.432). Sur le caractère 'comique' des thèmes abordés par Estienne, voir *L'Examen important de Milord Bolingbroke* où Voltaire avait déjà donné les conséquences physiologiques résultant de la double nature du Christ comme ne méritant 'd'être traitées que par Rabelais ou par notre cher doyen Swift ou par Punch' (*OCV*, t.62, p.336).

[4] Treize si l'on en croit l''Avertissement' de l'édition possédée par Voltaire (*Apologie*, t.1, première pagination, p.i).

[5] Voir l''Avis' du libraire de La Haye pour qui Henri Estienne soutenait 'que l'on ne doit pas regarder comme des fables, les choses qu'Hérodote a rapportées dans son histoire par la raison qu'elles sont peu vraisemblables, et il le prouve en faisant voir qu'il était arrivé dans ces derniers temps des choses, qui, quoiqu'infiniment plus éloignées de la vraisemblance que tout ce que Hérodote avait jamais écrit, ne pouvaient néanmoins être révoquées en doute' (*Apologie*, première pagination, p.xxvii).

de nos bons auteurs depuis Guichardin, sont en général aussi sages, aussi vraies que celles de Diodore et d'Hérodote sont folles et fabuleuses.[6]

1°. Que veut dire le père de l'histoire dès le commencement de son ouvrage: *Les historiens perses rapportent que les Phéniciens furent les auteurs de toutes les guerres. De la mer Rouge ils entrèrent dans la nôtre*?[7] etc. Il semblerait que les Phéniciens se fussent embarqués au golfe de Suez, qu'arrivés au détroit de Babel-Mandel ils eussent côtoyé l'Ethiopie, passé la ligne, doublé le cap des Tempêtes appelé depuis le *cap de Bonne-Espérance*,[8] remonté au loin entre l'Afrique et l'Amérique qui est le seul chemin, repassé la ligne, entré de l'océan dans la Méditerranée par les colonnes d'Hercule; ce qui aurait été un voyage de plus de quatre mille de nos grandes lieues marines, dans un temps où la navigation était dans son enfance.

2°. La première chose que font les Phéniciens, c'est d'aller vers Argos enlever la fille du roi Inachus, après quoi les Grecs à leur tour vont enlever Europe fille du roi de Tyr.[9]

[6] Sur la supériorité des Modernes sur les Anciens dans l'écriture de l'histoire, voir notamment l'*Essai sur les mœurs*, ch.10: 'on peut dire que jusqu'à Guichardin et Machiavel, nous n'avons pas eu une histoire bien faite' (t.1, p.298). Voltaire a lu *La Historia d'Italia* (Genève, 1621, BV1569; *CN*, t.4, p.254-55) de Francesco Guicciardini.

[7] Hérodote, livre 1, ch.1: 'Les historiens de Perse rapportent que les Phéniciens ont été les premiers auteurs de toutes les guerres; que de la mer Rouge étant entrés dans la nôtre, et s'étant établis dans le pays qu'ils habitent encore aujourd'hui, ils s'appliquèrent aussitôt à la navigation et entreprirent de longs voyages' (*Les Histoires d'Hérodote*, 3 vol., Paris, J.-G. Nion, 1713, t.1, p.2). Larcher présente au contraire le texte suivant: 'Les Perses les plus savants dans l'histoire de leur pays attribuèrent aux Phéniciens la cause de cette inimitié [celle opposant les Grecs aux barbares]. Ils disent que ceux-ci étant venus des bords de la mer Erithrée sur les côtes de la nôtre, ils entreprirent de longs voyages en mer' (*Histoire d'Hérodote*, 2 vol, Paris, 1855, t.1, p.17).

[8] Voltaire a expliqué le changement de nom dans le chapitre 141 de l'*Essai sur les mœurs* consacré aux découvertes des Portugais (t.2, p.308).

[9] Voltaire suit en le résumant, peut-être sur la base des manchettes qui portent 'Les Phéniciens premiers auteurs des séditions de leur temps', 'Argos ville florissante', 'Les Phéniciens enlèvent Io fille du roi Inachis', 'Les Grecs enlèvent Europe fille du roi, ensuite Médée fille du roi de Colchos', le récit d'Hérodote qui

3°. Immédiatement après vient Candale roi de Lydie, qui rencontrant un de ses soldats aux gardes nommé Gigès, lui dit, Il faut que je te montre ma femme toute nue; il n'y manque pas. La reine l'ayant su, dit au soldat, comme de raison, Il faut que tu meures, ou que tu assassines mon mari, et que tu règnes avec moi; ce qui fut fait sans difficulté.[10]

4°. Suit l'histoire d'Orion porté par un marsouin sur la mer du fond de la Calabre jusqu'au cap de Matapan,[11] ce qui fait un voyage assez extraordinaire d'environ cent lieues.

5°. De conte en conte (et qui n'aime pas les contes?) on arrive à l'oracle infaillible de Delphe, qui tantôt devine que Crésus fait cuire un quartier d'agneau et une tortue dans une tourtière de cuivre, et tantôt lui prédit qu'il sera détrôné par un mulet.[12]

---

présente comme une entreprise non préméditée ce qui apparaît comme le but de l'expédition chez Voltaire (*Les Histoires d'Hérodote*, t.1, p.2-3).

[10] 'Quelque temps après il sortit de son embuscade, tua le roi qui était endormi; il épousa ensuite la femme de ce prince et s'empara de sa couronne' (*Les Histoires d'Hérodote*, t.1, p.12). Voltaire omet de rapporter l'explication d'Hérodote – la passion amoureuse – et ne signale pas qu'Hérodote lui-même qualifie la volonté du roi de 'passion extravagante' d'autant que 'parmi les Lydiens, et presque parmi tous les barbares, c'est une chose honteuse à un homme même, que d'être regardé nu' (p.9-10). L'article 'Circoncision' du *DP* avait déjà présenté les récits d'Hérodote concernant Candale, Orion et Crésus comme 'des fables propres à amuser des enfants et à être compilées par des rhéteurs' (*OCV*, t.35, p.600). Derrière Hérodote, c'est l'*Histoire ancienne* de Rollin que Voltaire visait alors, comme dans l'article 'Histoire' de l'*Encyclopédie*, pour avoir rapporté les 'contes' de Gigès et Crésus mis en vers par La Fontaine dans le poème 'Le roi Candaule et le maître en droit' (*OCV*, t.33, p.170).

[11] *Les Histoires d'Hérodote*, livre 1, ch.23-24. Voltaire, qui travaille peut-être de mémoire, s'éloigne de la version de Du Ryer qui, à propos de l'histoire d''Arion', indique qu'ayant quitté Tarente, 'Arion' se jeta à la mer et fut 'porté sur le dos d'un dauphin jusqu'à Ténare promontoire de Laconie' (p.18).

[12] *Les Histoires d'Hérodote*, livre 1, ch.47-48 et 55. Crésus avait entrepris de consulter les oracles pour savoir s'il ferait la guerre aux Perses: une première réponse avait évoqué 'la chair d'agneau' et 'la chair d'une tortue, / Qu'en des lieux éloignés on fait cuire à dessein / Dedans un pot couvert, et composé d'airain' (p.39-40) et Crésus avait mal interprété le second oracle évoquant le règne d'un mulet dans la Médie (p.45) sans comprendre qu'il s'agissait de Cyrus, Mède et de sang royal par sa

6°. Parmi les inconcevables fadaises dont toute l'histoire ancienne regorge, en est-il beaucoup qui approchent de la famine qui tourmenta pendant vingt-huit ans les Lydiens? Ce peuple qu'Hérodote nous peint plus riche en or que les Péruviens, au lieu d'acheter des vivres chez l'étranger, ne trouva d'autre secret que celui de jouer aux dames de deux jours l'un, sans manger pendant vingt-huit années de suite.[13]

7°. Connaissez-vous rien de plus merveilleux que l'histoire de Cyrus?[14] son grand-père le Mède Astiage qui, comme vous voyez, avait un nom grec, rêve une fois que sa fille Mandane (autre nom grec) inonde toute l'Asie en pissant; une autre fois, que de sa matrice il sort une vigne dont toute l'Asie mange les raisins. Et là-dessus, le bonhomme Astiage ordonne à un Harpage, autre Grec, de faire tuer son petit-fils Cyrus; car il n'y a certainement point de grand-père qui n'égorge toute sa race après de tels rêves. Harpage n'obéit point. Le bon Astiage qui était prudent et juste fait mettre

mère mais Perse et de plus humble condition par son père (p.87); voir Charles Rollin, *Histoire ancienne* (13 vol., Paris, 1731-1738, t.2, p.129-33; voir BV3008-3009). Dès 1742 dans les *Remarques sur l'histoire* (*OCV*, t.28B, p.160) et à nouveau dans *La Philosophie de l'histoire* (*OCV*, t.59, p.107), Voltaire s'était rangé contre Rollin aux côtés de Fontenelle, Basnage et Van Dale.

[13] *Les Histoires d'Hérodote*, p.90-91.

[14] D'après *Les Histoires d'Hérodote* (p.102-14). La version fournie ici est plus détaillée que dans *La Philosophie de l'histoire*, qui avait conclu expéditivement: 'Le reste de l'aventure est à peu près dans ce goût; c'est une histoire de Gargantua écrite sérieusement' (*OCV*, t.59, p.126) et même Larcher avait concédé 'que le fond de l'histoire de Cyrus [était] très vrai, mais que les épisodes en [étaient] fabuleux' (*Supplément*, p.82). Suite à sa lecture de Larcher qui avait signalé qu'Hérodote n'indiquait pas qu'Astyage eût commandé 'de noyer son petit-fils' (p.82), Voltaire amende ici sa première version, erronée, de l'histoire de Cyrus mais continue de fournir un récit simplifié en affirmant qu'Harpage désobéit, ce que ne dit pas Hérodote (*Les Histoires d'Hérodote*, p.102-103). La question des noms grecs portés par les personnages de cette histoire, que Larcher avait justifiée en invoquant 'l'usage de son pays, où l'on cherchait à adoucir les mots qui paraissaient trop durs à l'oreille' (p.81), reprend un motif déjà présent dans le bref passage de *La Philosophie de l'histoire*.

en capilotade le fils d'Harpage, et le fait manger à son père, selon l'usage des anciens héros.[15]

8° . Hérodote, non moins bon naturaliste qu'historien exact, ne manque pas de vous dire que la terre à froment devers Babilone, rapporte trois cents pour un.[16] Je connais un petit pays qui rapporte trois pour un. J'ai envie d'aller me transporter dans le Diarbek quand les Turcs en seront chassés par Catherine II, qui a de très beaux blés aussi, mais non pas trois cents pour un.

9°. Ce qui m'a toujours semblé très honnête et très édifiant chez Hérodote, c'est la belle coutume religieuse établie dans Babilone, et dont nous avons parlé, que toutes les femmes mariées allassent se prostituer dans le temple de Milita pour de l'argent au premier étranger qui se présentait.[17] On comptait deux millions d'habitants

76-77 70, 71N, 71A: Babilone, que

[15] La variante la plus connue de cet 'usage' concerne Pélops, fils de Tantale, que celui-ci servit aux dieux dans un banquet pour tester leur omniscience.

[16] 'Quand les années sont ordinairement bonnes' selon *Les Histoires d'Hérodote*, p.179. Dans le 'Discours préliminaire' de son *Apologie pour Hérodote*, Estienne avait recouru à l'argument théologique pour contrer l'invraisemblance du chiffre mais reconnaît malgré tout que les chiffres ne sont peut-être pas exacts: 'Ce que raconte Hérodote du territoire babylonien [...] surpasse sans comparaison la fertilité que nature donne à nos terres: et pourtant cela n'est pas vraisemblable, et il ne faut douter qu'Hérodote en ceci n'ait beaucoup passé les limites de vérité' (seconde pagination, p.xxi). Le Diarbek apparaît dans le chapitre 124 de l'*Essai sur les mœurs* (t.2, p.191) comme le nom de l'ancienne Mésopotamie; voir aussi pour cette équivalence et d'autres, les *Carnets* (*OCV*, t.82, p.683).

[17] 'Mais il y a une loi parmi les Babyloniens qui est certes honnête et infâme de toutes façons; c'est que toutes les femmes du pays sont obligées une fois dans leur vie de se trouver dans le temple de Vénus, pour se prostituer à des étrangers [...] et il ne leur est pas permis de s'en retourner en leurs maisons, que quelqu'un des étrangers ne lui ait jeté quelque argent, et que l'ayant menée à part hors du temple, il n'en ait eu connaissance' (*Les Histoires d'Hérodote*, p.184-85). Scie voltairienne et concentré de la polémique contre Larcher mais aussi contre Thomas Hyde (*Veterum persarum et Parthorum et Medorum religionis historia*, Oxford, 1760, BV1705; *CN*, t.4, p.577-81). Sur ce point voir notamment *La Philosophie de l'histoire*, ch.11, *La Défense de mon oncle*, ch.2, et l'article 'Babel' des *QE* (*OCV*, t.39, p.265). Milita est le nom que les Assyriens donnaient à Vénus. Ici encore, Voltaire a nuancé sa version après avoir lu Larcher, qui reprochait à l'auteur de *La Philosophie de l'histoire* d'avoir suggéré par

dans cette ville. Il devait y avoir de la presse aux dévotions. Cette loi est surtout très vraisemblable chez les Orientaux qui ont toujours renfermé leurs femmes, et qui plus de dix siècles avant Hérodote imaginèrent de faire des eunuques qui leur répondissent de la chasteté de leurs femmes. (*b*) Je m'arrête; si quelqu'un veut suivre l'ordre de ces numéros, il sera bientôt à cent.

Tout ce que dit Diodore de Sicile, sept siècles après Hérodote, est de la même force dans tout ce qui regarde les antiquités et la physique. L'abbé Terrasson nous disait, Je traduis le texte de Diodore dans toute sa turpitude. Il nous en lisait quelquefois des

(*b*) Remarquez qu'Hérodote vivait du temps de Xerxès, lorsque Babilone était dans sa plus grande splendeur: les Grecs ignoraient la langue chaldéenne. Quelque interprète se moqua de lui, ou Hérodote se moqua des Grecs. Lorsque les *Musicos* d'Amsterdam étaient dans leur plus grande vogue, on aurait bien pu faire accroire à un étranger que les premières dames de la ville venaient se prostituer aux matelots qui revenaient de l'Inde, pour les récompenser de leurs peines. Le plus plaisant de tout ceci, c'est que des pédants welches ont trouvé la coutume de Babilone très vraisemblable et très honnête.[18]

82 K84, K12: renfermé les dames, et

---

un 'au moins' que cette prostitution n'advenait pas une seule fois. En revanche, il maintient 'dans le temple' alors que Larcher commentait précisément le texte d'Hérodote selon qui les femmes attendaient les étrangers 'dans le temple' et ne couchaient pas devant l'autel mais au contraire hors du temple (*Supplément*, p.87-97). La polémique est loin d'être close: Larcher répondra encore à Voltaire dans son *Mémoire sur Vénus* en 1775.

[18] Larcher, implicitement désigné ici, relie étroitement la prostitution et le culte des dieux (*Supplément*, p.93-94) et réfute l'idée d'invraisemblance au regard de la nature (notamment p.88 et 91) mais ne se prononce évidemment pas quant à l'honnêteté de la 'coutume'. Dans *La Défense de mon oncle*, Voltaire avait déjà comparé la prostitution des Babyloniennes aux 'musicaux' d'Amsterdam (*OCV*, t.64, p.199 et n.27). Grimm avait jugé la comparaison déplacée (*Correspondance littéraire*, t.7, p.368) mais Voltaire persiste et signe.

morceaux chez M. de la Faye; et quand on riait, il disait, Vous verrez bien autre chose. Il était tout le contraire de Dacier.[19]

Le plus beau morceau de Diodore est la charmante description de l'île Pancaie, *Panchaica tellus*, célébrée par Virgile.[20] Ce sont des allées d'arbres odoriférants, à perte de vue, de la myrrhe et de l'encens pour en fournir au monde entier sans s'épuiser; des fontaines qui forment une infinité de canaux bordés de fleurs; des oiseaux ailleurs inconnus qui chantent sous d'éternels ombrages; un temple de marbre de quatre mille pieds de longueur, orné de colonnes et de statues colossales, etc. etc.[21]

Cela fait souvenir du duc de la Ferté qui, pour flatter le goût de l'abbé Servien, lui disait un jour, Ah! si vous aviez vu mon fils qui est mort à l'âge de quinze ans! quels yeux! quelle fraîcheur de teint! quelle taille admirable! l'Antinoüs du Belvedère n'était auprès de lui qu'un magot de la Chine. Et puis, quelle douceur de mœurs! faut-il que ce qu'il y a jamais eu de plus beau m'ait été enlevé. L'abbé Servien s'attendrit; le duc de la Ferté s'échauffant par ses propres paroles, s'attendrit aussi. Tous deux enfin se mirent à pleurer; après quoi il avoua qu'il n'avait jamais eu de fils.[22]

[19] Le 'Catalogue des écrivains' du *Siècle de Louis XIV* donne la traduction de Diodore par l'abbé Jean Terrasson comme 'utile' (*OH*, p.1210) mais le jeune Voltaire s'était montré sans pitié pour ce partisan des Modernes auteur d'une *Dissertation critique sur l'Iliade d'Homère*, 2 vol. (Paris, 1715); voir *Le Bourbier* et l'épigramme *Terrasson par lignes obliques* (*OCV*, t.1B, p.244, 380). Voltaire a connu Jean François Lériget de La Faye, poète lui aussi, à l'époque où il fréquentait la vieillissante compagnie du Temple (voir *VST*, t.1, p.57-58).

[20] Ovide, *Métamorphoses*, livre 10, vers 309, et Virgile, *Géorgiques*, livre 2, vers 139.

[21] Diodore, *Histoire universelle*, livre 5, article 29; voir *CN*, t.3, p.144, le signet portant 'île fabuleuse de Panchaie'. Voltaire travaille de mémoire ou paraphrase librement car il n'est ni question d'arbres 'odoriférants' ni d'oiseaux 'inconnus' mais d'arbres qui poussent le long de canaux alimentés par une fontaine unique qui jette une quantité d'eau 'si prodigieuse [...] qu'elle forme non loin de sa source un fleuve déjà navigable'. Le temple présente 'deux arpents' de longueur 'sur une largeur proportionnée' et 'il est soutenu par des colonnes très massives mais que la sculpture a extrêmement embellies' (t.2, p.264-65). Voltaire n'a pas retenu la description des environs du temple de Jupiter Triphylien ni celles des mœurs et coutumes de l'île.

[22] Anecdote difficile à vérifier et à dater précisément. L'abbé Servien, fils du

Un certain abbé Bazin avait relevé avec sa discrétion ordinaire un autre conte de Diodore.[23] C'était à propos du roi d'Egypte Sésostris, qui probablement n'a pas plus existé que l'île Pancaie. Le père de Sésostris qu'on ne nomme point, imagina, le jour que son fils naquit, de lui faire conquérir toute la terre dès qu'il serait majeur. C'est un beau projet. Pour cet effet, il fit élever auprès de lui tous les garçons qui étaient nés le même jour en Egypte; et pour en faire des conquérants, on ne leur donnait à déjeuner qu'après leur avoir fait courir cent quatre-vingts stades, qui font environ huit de nos grandes lieues.[24]

Quand Sésostris fut majeur, il partit avec ses coureurs pour aller conquérir le monde. Ils étaient encore au nombre de dix-sept cents;[25] et probablement la moitié était morte, selon le train

113-14 70, 71N, 71A: terre. C'est

surintendant Abel Servien, avait fréquenté comme le tout jeune Voltaire la Société du Temple en 1711-1712 et Voltaire lui avait adressé une épître consolatoire lors de son emprisonnement à Vincennes en janvier 1714 (*OCV*, t.1B, p.307-12). Sous le nom de 'La Ferté', les *Carnets* conservent deux poèmes pornographiques remontant à l'époque de la fréquentation de la compagnie du Temple; voir *OCV*, t.81, p.288, 300.

[23] D'après l'*Histoire universelle*, livre 1, section 2, article 9. Voltaire s'est corrigé: il avait attaqué ce 'conte' dans *La Philosophie de l'histoire* (*OCV*, t.59, p.160) en l'attribuant à Hérodote, ce que n'avait pas manqué de souligner Larcher, l'accusant d'avoir lu trop vite Rollin sans prendre la peine de remonter aux sources (*Supplément*, p.165).

[24] Terrasson avait noté: 'Nombre incroyable à prendre comme à l'ordinaire vingt-quatre stades pour une lieue. Car il résulte une course de sept lieues et demie' (*Histoire universelle*, p.115n). Mais Larcher avait montré l'erreur de Terrasson qui n'avait pas tenu compte du fait que les Grecs avaient trois sortes de stades (*Supplément*, p.169). Cette anecdote avait déjà été évoquée dans *La Philosophie de l'histoire* (*OCV*, t.59, p.160), *La Défense de mon oncle* (*OCV*, t.64, p.214), et tout récemment dans les *QE* (article 'Axe', *OCV*, t.39, p.260).

[25] Diodore, *Histoire universelle*, livre 1, section 2, article 9, t.1, p.118. Mais le chiffre, repris par Rollin (*Histoire ancienne*, t.1, p.132), intéresse chez l'historien grec les seuls officiers de l'armée de Sésostris: Voltaire reprend des arguments déjà présentés dans le chapitre 19 de *La Philosophie de l'histoire* et dans le chapitre 9 de *La Défense de mon oncle* mais simplifie ultérieurement la démonstration ici en la réorientant par un nouvel argument.

ordinaire de la nature, et surtout de la nature de l'Egypte, qui de tout temps fut désolée par une peste destructive, au moins une fois en dix ans.

Il fallait donc qu'il fût né trois mille quatre cents garçons en Egypte le même jour que Sésostris. Et comme la nature produit presque autant de filles que de garçons, il naquit ce jour-là environ six mille personnes au moins; mais on accouche tous les jours: et six mille naissances par jour produisent au bout de l'année deux millions cent quatre-vingt-dix mille enfants. Si vous les multipliez par trente-quatre, selon la règle de Kerseboum,[26] vous aurez en Egypte plus de soixante et quatorze millions d'habitants, dans un pays qui n'est pas si grand que l'Espagne ou que la France.

Tout cela parut énorme à l'abbé Bazin qui avait un peu vu le monde, et qui savait comme il va.

Mais un Larcher qui n'était jamais sorti du collège Mazarin,[27] prit violemment le parti de Sésostris et de ses coureurs. Il prétendit qu'Hérodote en parlant aux Grecs, ne comptait pas par stades de la Grèce, et que les héros de Sésostris ne couraient que quatre grandes lieues pour avoir à déjeuner.[28] Il accabla ce pauvre abbé Bazin d'injures telles que jamais savant en *us*, ou en *es* n'en avait pas

[26] Sur le regain d'intérêt de Voltaire pour les calculs d'arithmétique politique de William Kersseboom au début des années 1770, voir l'article 'Age' des *QE* (*OCV*, t.38, p.125-26), mais cet intérêt remonte aux années 1740 qui virent la publication des travaux de Kersseboom et leur diffusion académique dans toute l'Europe; voir la note aux *Nouvelles Considérations sur l'histoire* (*OCV*, t.28B, p.182-83). L'argument démographique complète ici une démonstration sur laquelle Voltaire reviendra encore, en modifiant dans un sens plus raisonnable le paramètre de la mortalité infantile dans le dixième *Fragment sur l'histoire générale* (*M*, t.29, p.256-57).

[27] Dans une lettre à Damilaville du 24 juin [1767], contemporaine de la première diffusion du *Supplément*, Voltaire présentait Larcher comme un 'ancien répétiteur du collège Mazarin' (D14235). Sur Pierre Henri Larcher, né en 1726 et présenté un peu injustement par Voltaire comme 'un cuistre enseveli dans son collège', voir l'introduction de *La Défense de mon oncle* (*OCV*, t.64, p.41-61).

[28] *Supplément*, p.167-69, en réponse au chapitre 19 de *La Philosophie de l'histoire*. Larcher dit en toutes lettres que la cible de Voltaire était Rollin lequel avait écrit: 'On ne leur donnait pas à manger, qu'auparavant ils n'eussent fait à pied ou à cheval une course considérable' (*Histoire ancienne*, t.1, p.130).

encore dites. Il ne s'en tint pas même aux dix-sept cents petits garçons;[29] il alla jusqu'à prouver par les prophètes que les femmes, les filles, les nièces des rois de Babilone, toutes les femmes des satrapes et des mages, allaient par dévotion coucher dans les allées du temple de Babilone pour de l'argent, avec tous les chameliers et tous les muletiers de l'Asie.[30] Il traita de mauvais chrétien, de damné, et d'ennemi de l'Etat, quiconque osait défendre l'honneur des dames de Babilone.

Il prit aussi le parti des boucs qui avaient communément les faveurs des jeunes Egyptiennes.[31] Sa grande raison, disait-il, c'est qu'il était allié par les femmes à un parent de l'évêque de Meaux Bossuet auteur d'un discours éloquent sur l'*Histoire non-universelle*; mais ce n'est pas là une raison péremptoire.

Gardez-vous des contes bleus en tout genre.

Diodore de Sicile fut le plus grand compilateur de ces contes. Ce

[29] Parfaite mauvaise foi: Larcher n'évoque pas le nombre d'enfants. D'ailleurs, plus haut, Voltaire a parlé des 1700 compagnons d'armes de Sésostris et évoqué un nombre d'enfants double.

[30] Bel exemple de fureur polémique en réponse à Larcher qui avait établi un distinguo pour les dames de haut rang: 'Non seulement il n'est point vraisemblable que les principales dames de la ville aient couché devant tout le monde avec les palefreniers de l'Asie; mais cela est si absolument faux, qu'elles n'attendaient pas dans le même rang que les autres femmes, qu'on vînt les solliciter [...] Hérodote le dit positivement au même endroit. M. l'abbé me paraît surtout choqué de voir des femmes de qualité entre les bras d'un palefrenier. Hérodote ne parle point de palefreniers, il dit en général des étrangers' et Larcher de citer la coutume orientale qui voulait que les maris choisissent un homme du peuple – et laid – pour leur femme quand ils l'avaient répudiée et qu'ils voulaient la reprendre (*Supplément*, p.91). Dans l'édition augmentée du *Supplément*, Larcher, qui s'était appuyé sur une lettre de Jérémie, avait demandé à deux reprises à Voltaire de 'faire abstraction un instant que Jérémie était un saint prophète' (Amsterdam [France], 1769, p.125, et 'Réponse à la Défense de mon oncle', p.30). Voltaire n'en fait rien.

[31] Voltaire fausse la pensée de Larcher qui, dans le *Supplément* (p.241-42) en réponse au chapitre 35 de *La Philosophie de l'histoire* (*OCV*, t.59, p.209), doute nettement que l'épisode rapporté par Hérodote ait été une coutume répandue chez les Egyptiennes: les poètes, qui 'ne se fondent le plus souvent que sur des bruits populaires' et les historiens auraient généralisé un fait singulier et unique.

Sicilien n'avait pas un esprit de la trempe de son compatriote Archimède qui chercha et trouva tant de vérités mathématiques.[32]

Diodore examine sérieusement l'histoire des Amazones et de leur reine Mirine; l'histoire des Gorgones qui combattirent contre les Amazones; celle des Titans, celle de tous les dieux.[33] Il approfondit l'histoire de Priape et d'Hermaphrodite.[34] On ne peut donner plus de détails sur Hercule: ce héros parcourt tout l'hémisphère, tantôt à pied et tout seul comme un pèlerin, tantôt comme un général d'une grande armée. Tous ses travaux y sont fidèlement discutés;[35] mais ce n'est rien en comparaison de l'histoire des dieux de Crète.

Diodore justifie Jupiter du reproche que d'autres graves historiens lui ont fait d'avoir détrôné et mutilé son père.[36] On voit comment ce Jupiter alla combattre des géants, les uns dans son île, les autres en Phrygie, et ensuite en Macédoine et en Italie.[37]

165 K84, K12: général à la tête d'une

[32] Pour un exemple de ces vérités, voir l'exposé sur la démonstration donnée par Archimède au roi de Syracuse des forces mises en jeu par une galère doublement chargée dans l'article 'Force physique' des *QE*. L'anecdote, empruntée à Rollin (*Histoire ancienne*, t.10, p.30-31), avait déjà été utilisée dans les *Remarques sur l'histoire* (*OCV*, t.28B, p.161).

[33] Sur les Amazones d'Afrique que Diodore distingue de celles du fleuve du Thermodoon dans le royaume du Pont, voir l'*Histoire universelle*, livre 3 (t.1, p.433-39); sur les Gorgones vaincues par les Amazones, livre 3 (t.1, p.439-43) et sur les Titans, livre 3 (t.1, p.443-49).

[34] *Histoire universelle*, livre 4, mais Diodore passe rapidement sur Hermaphrodite (t.2, p.13-15).

[35] De fait, l'histoire d'Hercule est longuement développée dans l'*Histoire universelle*, livre 4 (t.2, p.18-60 et p.68-89).

[36] *Histoire universelle*, livre 5. Diodore ne prend pas explicitement position mais développe davantage l'hypothèse qui suppose la violence de Jupiter et conclut: 'Au reste, ce dieu s'est toujours distingué de tous les autres par son courage, par son intelligence, par son équité, enfin par toutes les vertus', avant d'énumérer les bienfaits de Jupiter enfin 'monté sur le trône de son père' (t.2, p.309-10).

[37] Selon l'*Histoire universelle*, livre 5, les combats eurent lieu 'auprès de Pallène en Macédoine et dans les champs d'Italie qu'on nommait autrefois Phlégréens'; les deux géants sont 'Mylinus dans la Crète, et Typhon dans la Phrygie' (t.2, p.310-11).

Aucun des enfants qu'il eut de sa sœur Junon et de ses favorites n'est omis.[38]

On voit ensuite comment il devint dieu, et dieu suprême.[39]

C'est ainsi que toutes les histoires anciennes ont été écrites. Ce qu'il y a de plus fort, c'est qu'elles étaient sacrées; et en effet, si elles n'avaient pas été sacrées, elles n'auraient jamais été lues.[40]

Il n'est pas mal d'observer que quoiqu'elles fussent sacrées, elles étaient toutes différentes; et de province en province, d'île en île, chacune avait une histoire des dieux, des demi-dieux et des héros contradictoire avec celle de ses voisins. Mais aussi, ce qu'il faut bien observer, c'est que les peuples ne se battirent jamais pour cette mythologie.

L'histoire honnête de Thucidide, et qui a quelques lueurs de vérité, commence à Xerxès: mais avant cette époque que de temps perdu![41]

[38] Diodore, *Histoire universelle*, livre 5 (t.2, p.313-22); voir notamment livre 4 quand Junon suspend la naissance d'Hercule (fils de Jupiter et d'Alcmène) pour faire naître Eurysthée avant terme et lui procurer le royaume de la Perse promis par Jupiter à l'enfant qui naîtrait ce jour (t.2, p.20-21). Voltaire a collé un papillon à cet endroit sur Ilithye et Hercule (*CN*, t.3, p.143).

[39] On ne lit pas d'explication en ce sens dans Diodore: il faut peut-être comprendre 'on voit' au sens de 'on comprend'.

[40] Jeu sur la polysémie de l'expression 'histoire sacrée'.

[41] Même idée selon laquelle l'antiquité est 'ténébreuse jusqu'à Thucidide et Xénophon' et qu'alors seulement l'histoire commence à se distinguer de la fable dans *Le Philosophe ignorant* (*OCV*, t.62, p.101).

DIRECTEUR

Ce n'est ni d'un directeur de finances, ni d'un directeur d'hôpitaux, ni d'un directeur des bâtiments du roi etc. etc. que je prétends parler, mais d'un directeur de conscience;[1] car celui-là dirige tous les autres, il est le précepteur du genre humain. Il sait et enseigne ce qu'on doit faire et ce qu'on doit omettre dans tous les cas possibles.

Il est clair qu'il serait utile que dans toutes les cours il y eût un homme *consciencieux*, que le monarque consultât en secret dans plus d'une occasion, et qui lui dît hardiment, *non licet*.[2] Louis le Juste n'aurait pas commencé son triste et malheureux règne par assassiner son premier ministre et par emprisonner sa mère.[3] Que

a-53 70, 71N, 71A: [*absent*]
4 MS4: est <a proprement parler> le

* Cible pour les satiristes, le directeur de conscience avait figuré dans des œuvres célèbres telles le *Tartuffe* de Molière, les *Satires* de Boileau et *Le Paysan parvenu* de Marivaux. Voltaire s'inscrit dans cette tradition littéraire en créant le personnage du Père Tout-à-tous pour *L'Ingénu*, consacre quelques paragraphes au directeur de conscience dans l'article 'Dévot' des *QE*, et ouvre une perspective historique sur cette vocation dans le présent article. Il y a plusieurs articles intitulés 'Directeur' dans l'*Encyclopédie*, mais aucun d'entre eux ne traite des directeurs de conscience. Un manuscrit autographe de l'article, comportant de nombreuses corrections, se trouve dans la Bibliothèque royale de Belgique à Bruxelles – voir la description de MS4, ci-dessus, p.xxvi. L'article ne paraît qu'en 1774 (w68, t.22).

[1] Douze entrées figurent dans l'*Encyclopédie* sous la rubrique 'Directeur', dont la plupart s'occupent de la finance ('Directeurs des compagnies de commerce', 'Directeurs des chambres de commerce', 'Directeurs des créanciers', 'Directeur à la monnaie', etc.). Il y a aussi des articles concernant la construction ('Directeur des fortifications', 'Directeur général des fortifications').

[2] 'Il n'est pas permis'.

[3] Conseillé par Charles Albert de Luynes, le jeune Louis (Louis XIII 'le Juste') se révolta contra sa mère Marie de Médicis qui avait assumé la régence à la suite de l'assassinat de Henri IV et qui avait gouverné dès lors avec Concino Concini, maréchal d'Ancre. En 1617 Louis fit assassiner Concini et emprisonna Marie, avant de l'exiler à Blois. Il entra plus tard en guerre avec Marie et la défit en 1620. Sur ce règne qui porta 'l'anarchie dans le royaume', voir l'*Essai sur les mœurs*, ch.175.

de guerres aussi funestes qu'injustes de bons directeurs nous auraient épargnées! que de cruautés ils auraient prévenues!

Mais souvent on croit consulter un agneau et on consulte un renard. Tartuffe était le directeur d'Orgon.[4] Je voudrais bien savoir quel fut le directeur de conscience qui conseilla la Saint-Barthélemi.[5]

Il n'est pas plus parlé de directeurs que de confesseurs dans l'Evangile.[6] Chez les peuples que notre courtoisie ordinaire nomme *païens*, nous ne voyons pas que Scipion, Fabricius,[7] Caton, Titus, Trajan, les Antonins eussent des directeurs. Il est bon d'avoir un ami scrupuleux qui vous rappelle à vos devoirs. Mais votre conscience doit être le chef de votre conseil.

Un huguenot fut bien étonné quand une dame catholique lui apprit qu'elle avait un confesseur pour l'absoudre de ses péchés, et un directeur pour l'empêcher d'en commettre. Comment votre

12 MS4: que ↑de+ cruautés
13 MS4: souvent <un loup> ↑on+ croit
MS4: et <il> ↑on+ consulte
14 MS4: renard. <je vou> Tartuffe
15 MS4: le <saint> directeur de
18-19 MS4: que <nous nommons payens avec notre courtoisie ordinaire> ↑notre courtoisie ordinaire nomme payens+ nous
19-20 MS4: Scipion, ↑Fabricius,+ caton
21 MS4: ami ↑scrupuleux+ qui
21-22 MS4: devoirs <quand vous vous en écartés> mais
22-23 MS4: etre votre premier ami. ¶un
23 MS4: huguenot <est> ↑fut+ bien
23-24 MS4: lui ap<rend>↑rit+ quelle a ↑avait+ un
25 MS4: comment <avez vous pu pr> votre

[4] Dorine décrit le rôle que Tartuffe joue auprès d'Orgon comme suit: 'C'est de tous ses secrets l'unique confident, / Et de ses actions le directeur prudent' (*Tartuffe*, acte I, scène 2).

[5] C'est-à-dire: lorsque Catherine de Médicis persuada Charles IX d'ordonner le massacre des protestants qui commença à Paris la nuit du 23 août 1572.

[6] Même formule dans l'article 'Dévot' – voir ci-dessus, p.407, lignes 18-19.

[7] Le nom de Fabricius, ajouté sur le manuscrit dans l'interligne, était devenu synonyme de l'incorruptibilité.

vaisseau, lui dit-il, madame, a-t-il pu faire eau si souvent ayant deux si bons pilotes?

Les doctes observent qu'il n'appartient pas à tout le monde d'avoir un directeur. Il en est de cette charge dans une maison comme de celle d'écuyer; cela n'appartient qu'aux grandes dames. L'abbé Gobelin homme processif et avide, ne dirigeait que Mme de Maintenon.[8] Les directeurs à la ville servent souvent quatre ou cinq dévotes à la fois; ils les brouillent tantôt avec leurs maris, tantôt avec leurs amants, et remplissent quelquefois les places vacantes.

Pourquoi les femmes ont-elles des directeurs, et les hommes n'en ont-ils point? c'est par la raison que Mme de la Valière se fit carmélite quand elle fut quittée par Louis XIV;[9] et que M. de Turenne étant trahi par Mme de Coetquen[10] ne se fit pas moine.[11]

Saint Jérôme et Rufin son antagoniste étaient grands directeurs de femmes et de filles; ils ne trouvèrent pas un sénateur romain, pas

29-30 MS4: une <la> maison <d'une dame> comme

31 MS4: gobelin ↑homme processif et avide+ ne

[8] Confesseur de Mme de Maintenon, l'abbé Gobelin l'encouragea à supplanter sa rivale Mme de Montespan auprès de Louis XIV – voir *Le Siècle de Louis XIV*, ch.27 (*OH*, p.936) et *Les Souvenirs de Madame de Caylus*, *OCV*, t.71A, p.144.

[9] Louise de La Baume Le Blanc, duchesse de La Vallière. 'Elle crut que Dieu seul pouvait succéder dans son cœur à son amant' – voir *Le Siècle de Louis XIV*, ch.26 (*OH*, p.915).

[10] 'Mme de Coetquen': Renée Charlotte Marie de Rohan-Chabot. Henri de La Tour d'Auvergne, vicomte de Turenne, 'était, à soixante ans, l'amant de Mme de Coëtquen, et sa dupe [...] Il révéla à cette dame le secret de l'Etat, qu'on cachait au frère du roi. Mme de Coëtquen, qui aimait le chevalier de Lorraine, le dit à son amant; celui-ci en avertit Monsieur' – voir *Le Siècle de Louis XIV*, ch.26 (*OH*, p.921-22).

[11] Voltaire semble faire une référence ironique à la conversion de Turenne en 1668 au catholicisme, conversion dont Voltaire s'était moqué dans une lettre à Hénault: 'Si vous pouvez croire sincèrement que le vicomte de Turenne changea de religion à cinquante ans par persuasion, vous avez assurément une bonne âme' (8 janvier 1752, D4761). Voir aussi Susan Rosa, ' "Il était possible aussi que cette conversion fût sincère": Turenne's conversion in context', *French historical studies* 18, n° 3 (printemps 1994), p.632-66.

un tribun militaire à gouverner.[12] Il faut à tous ces gens-là du *devoto femineo sexu.*[13] Les hommes ont pour eux trop de barbe au menton, et souvent trop de force dans l'esprit. Boileau a fait dans la satire des femmes le portrait d'un directeur.

> Nul n'est si bien soigné qu'un directeur de femmes;
> Quelque léger dégoût vient-il le travailler,
> Une froide vapeur le fait-elle bâiller,
> Un escadron coiffé d'abord court à son aide:
> L'une chauffe un bouillon, l'autre apprête un remède;
> Chez lui sirops exquis, ratafias vantés,
> Confitures, surtout, volent de tous côtés. etc.[14]

Ces vers sont bons pour Brossette.[15] Il y avait ce me semble quelque chose de mieux à nous dire.

48 MS4: dabord <vole> ↑court+ a
52 MS4: vers lâ sont
52-53 MS4: semble <chos> quelque

[12] A Rome de 382 à 385, saint Jérôme instruisit un cercle de veuves et de vierges dans la religion et leur servit de maître de spiritualité. Avec Paula il établit un monastère et un couvent à Bethléem. Son ami Rufin d'Aquilée, moine et traducteur, remplit le même rôle de maître auprès d'une veuve romaine riche et noble, Mélanie l'Ancienne, et dirigea la communauté de vierges qu'elle établit à Jérusalem. Jérôme et Rufin se brouillèrent à propos de la théologie d'Origène. Voltaire a lu avec attention les *Lettres de saint Jérôme*, dans l'édition de la congrégation de Saint-Maur (1743, BV1636; *CN*, t.4, p.303-95); il possédait *La Vie de Rufin, prêtre de l'Eglise d'Aquilée* par François Armand Gervaise (Paris, 1724, BV1459) qu'il a annotée (*CN*, t.4, p.85-91).

[13] 'Femmes dévotes'.

[14] Satire 10, vers 566-72.

[15] Claude Brossette, avocat et homme de lettres, publia en 1716 une édition commentée des œuvres de son ami Boileau. L'annotation relative à ces vers signale que: 'De tous les caractères qui sont dans cette satire, c'est à celui du directeur que notre poète donnait la préférence. Quoique ce portrait soit assez général, l'auteur n'a pas laissé d'avoir un objet particulier. C'était M. H..., grand directeur de femmes. Il était tel qu'on le représente ici, frais, vermeil, plein de santé' (*Œuvres de Monsieur Boileau Despréaux*, 2 vol., Genève, 1716, BV440, t.1, p.138; *CN*, t.1, p.376-79). Voir aussi l'article 'Art dramatique', *OCV*, t.39, p.94 et n.124.

DISPUTE

On a toujours disputé, et sur tous les sujets. *Mundum tradidit disputationi eorum.*[1] Il y a eu de violentes querelles pour savoir si le tout est plus grand que sa partie; si un corps peut être en plusieurs endroits à la fois; si la matière est toujours impénétrable; si la blancheur de la neige peut subsister sans neige; si la douceur du sucre peut se faire sentir sans sucre, si on peut penser sans tête.[2]

Je ne fais aucun doute que dès qu'un janséniste aura fait un livre pour démontrer que deux et un font trois, il ne se trouve un moliniste qui démontre que deux et un font cinq.

* L'article 'Dispute' dans l'*Encyclopédie* est de Formey et se résume dans cette phrase: 'La dispute, quoique née des défauts des hommes, deviendrait néanmoins pour eux une source d'avantages, s'ils savaient en bannir l'emportement; excès dangereux qui en est le poison' (t.4, p.1044). Voltaire, qui avait la réputation de s'emporter dans les disputes, se sentait-il atteint par cette remarque? Il a souvent parlé ailleurs des cabales dans le monde des lettres. Le présent article fournit un prétexte pour introduire dans les *QE* un poème qui plaît beaucoup à Voltaire: il admire à la fois son contenu et son expression. Et la référence flatteuse dans le poème au 'goût' de Voltaire n'est pas pour lui déplaire... C'est Rulhière lui-même qui envoya le poème à Voltaire, qui en accusa réception le 26 avril 1769, dans une lettre pleine de chaleur: 'Si vous vouliez, Monsieur, vous donner la peine à vos heures de loisir de relimer quelques endroits de ce très joli discours en vers ce serait un des chefs-d'œuvre de notre langue' (D15610). Voltaire prend sur lui de faire connaître le poème, en l'incluant dans *Les Choses utiles et agréables* (1770), dans cet article, et ensuite, en 1773, dans *Les Lois de Minos, tragédie, avec les notes de Monsieur de Morza, et plusieurs pièces curieuses détachées* et *L'Evangile du jour*. Voltaire ne nomme pas tout de suite l'auteur du poème; et, étant donné son penchant pour l'autoplagiat, le lecteur pourrait penser qu'il s'agit d'une production du patriarche; plus loin, comme en passant, Voltaire nomme Rulhière dans la note *a*. La voix de Voltaire se fait sentir dans sa présentation du poème, et dans deux notes qu'il ajoute. Cet article paraît en mars/avril 1771 (70, t.4).

[1] 'Il a livré le monde à leurs disputes' (Ecclésiaste 3:11, trad. Lemaître de Sacy).

[2] C'est un topos satirique du siècle des Lumières que d'évoquer les sujets de dispute stériles. On se souvient que le mouton rouge de Candide devient le sujet du prix de l'Académie de Bordeaux (*OCV*, t.48, p.208). L'allusion est peut-être à Berkeley (voir ci-dessus l'article 'Corps') ou à Pascal (voir *CN*, t.6, p.217 et l'article 'Homme' des *QE*).

Nous avons cru instruire le lecteur et lui plaire en mettant sous ses yeux cette pièce de vers sur les disputes. Elle est fort connue de tous les gens de goût de Paris; mais elle ne l'est point des savants qui disputent encore sur la prédestination gratuite, et sur la grâce concomitante, et sur la question si la mer a produit les montagnes.

Lisez les vers suivants sur les disputes; voilà comme on en faisait dans le bon temps.[3]

Discours en vers, sur les disputes

Vingt têtes, vingt avis, nouvel an, nouveau goût,
Autre ville, autres mœurs, tout change, on détruit tout.
Examine pour toi ce que ton voisin pense;
Le plus beau droit de l'homme est cette indépendance.
Mais ne dispute point; les desseins éternels
Cachés au sein de Dieu sont trop loin des mortels;
Le peu que nous savons d'une façon certaine,
Frivole comme nous ne vaut pas tant de peine.
Le monde est plein d'erreurs, mais de là je conclus
Que prêcher la raison n'est qu'une erreur de plus.
En parcourant au loin la planète où nous sommes
Que verrons-nous? Les torts et les travers des hommes.
Ici c'est un synode, et là c'est un divan,
Nous verrons le mufti, le derviche, l'iman,
Le bonze, le lama, le talapoin, le pope,
Les antiques rabbins, et les abbés d'Europe,
Nos moines, nos prélats, nos docteurs agrégés;
Etes-vous disputeurs, mes amis? Voyagez.
Qu'un jeune ambitieux ait ravagé la terre,
Qu'un regard de Vénus ait allumé la guerre,
Qu'à Paris, au palais l'honnête citoyen
Plaide pendant vingt ans pour un mur mitoyen,

[3] Cf. 'Je vous remercie, Monsieur, du plus grand plaisir que j'ai eu depuis longtemps; j'aime les beaux vers à la folie, ceux que vous avez eu la bonté de m'envoyer sont tels que ceux que l'on faisait il y a cent ans lorsque les Boileau, les Molière, les La Fontaine étaient au monde' (D15610).

Qu'au fond d'un diocèse un vieux prêtre gémisse
Quand un abbé de cour enlève un bénéfice,
Et que dans le parterre un poète envieux
Ait en battant des mains un feu noir dans les yeux,
Tel est le cœur humain: mais l'ardeur insensée
D'asservir ses voisins à sa propre pensée,
Comment la concevoir? Pourquoi, par quel moyen
Veux-tu que ton esprit soit la règle du mien?
  Je hais surtout, je hais tout causeur incommode,
Tous ces demi-savants gouvernés par la mode,
Ces gens qui pleins de feu, peut-être pleins d'esprit,
Soutiendront contre vous ce que vous aurez dit.
Un peu musiciens, philosophes, poètes
Et grands hommes d'Etat formés par les gazettes;
Sachant tout, lisant tout, prompts à parler de tout,
Et qui contrediraient Voltaire sur le goût,
Montesquieu sur les lois, de Broglie sur la guerre,
Ou la jeune d'Egmont sur le talent de plaire.
  Voyez-les s'emporter sur les moindres sujets,
Sans cesse répliquant sans répondre jamais,
  'Je ne céderais pas au prix d'une couronne...
  Je sens... le sentiment ne consulte personne...
  Et le roi serait là... je verrais là le feu...
  Messieurs, la vérité mise une fois en jeu,
  Doit-il nous importer de plaire ou de déplaire?...'
  C'est bien dit; mais pourquoi cette raideur austère?
Hélas! c'est pour juger de quelques nouveaux airs
Ou des deux Poinsinet lequel fait mieux des vers.
  Auriez-vous par hasard connu feu monsieur d'Aube, (*a*)

(*a*) Oui je l'ai connu; il était précisément tel que le dépeint M. de Rulière auteur de cette épître.[4] Ce fut sa rage de disputer contre tout

n.*a* 70, 71N, 71A: [*note absente*]

[4] Claude Carloman de Rulhière sera connu plus tard d'abord comme historien et aussi comme poète de société; il sera élu à l'Académie française en 1787. Ses *Anecdotes sur la révolution de Russie en 1762* ne furent publiées qu'après la mort de

Qu'une ardeur de dispute éveillait avant l'aube?
Contiez-vous un combat de votre régiment,
Il savait mieux que vous, où, contre qui, comment.
Vous seul en auriez eu toute la renommée,
N'importe, il vous citait ses lettres de l'armée;
Et Richelieu présent il aurait raconté
Ou Gènes défendue, ou Mahon emporté.
D'ailleurs homme de sens, d'esprit et de mérite,
Mais son meilleur ami redoutait sa visite.
L'un bientôt rebuté d'une vaine clameur
Gardait en l'écoutant un silence d'humeur.
J'en ai vu dans le feu d'une dispute aigrie,
Prêts de l'injurier le quitter de furie;
Et rejetant la porte à son double battant,
Ouvrir à leur colère un champ libre en sortant.
Ses neveux qu'à sa suite attachait l'espérance
Avaient vu dérouter toute leur complaisance.
Un voisin asthmatique en l'embrassant un soir
Lui dit, Mon médecin me défend de vous voir.
Et parmi cent vertus cette unique faiblesse
Dans un triste abandon réduisit sa vieillesse.
Au sortir d'un sermon la fièvre le saisit
Las d'avoir écouté sans avoir contredit.
Et tout prêt d'expirer, gardant son caractère,
Il faisait disputer le prêtre et le notaire.

---

venant sur les plus petites choses, qui lui fit ôter l'intendance dont il était revêtu.[5]

Catherine II. Rulhière doit sa première renommée comme poète entièrement à Voltaire et à cette publication dans les *QE*. Sur Rulhière, voir Alice Chevalier-Rulhière, *Claude Carloman de Rulhière, premier historien de la Pologne: sa vie et son œuvre historique d'après des documents inédits* (Paris, 1939).

[5] Réminiscence personnelle. Voltaire écrit à Rulhière: 'Le portrait du sieur d'Aube est parfait. [...] Oui, vraiment, je l'ai fort connu, et reconnu sous votre pinceau de Téniere' (D15610). François Richer d'Aube était le neveu de Fontenelle; d'après Cideville, Fontenelle 'donna dix mille francs par an à d'Aube et depuis à la sœur de d'Aube pour ne jamais dîner avec eux' (D7203).

Que la bonté divine arbitre de son sort
Lui donne le repos que nous rendit sa mort!
Si du moins il s'est tu devant ce grand arbitre.
Un jeune bachelier bientôt docteur en titre,
Doit, suivant une affiche, un tel jour, en tel lieu,
Répondre à tout venant sur l'essence de Dieu.
Venez-y, venez voir comme sur un théâtre
Une dispute en règle, un choc opiniâtre,
L'enthymème serré, les dilemmes pressants,
Poignards à double lame, et frappant en deux sens,
Et le grand syllogisme en forme régulière,
Et le sophisme vain de sa fausse lumière,
Des moines échauffés vrai fléau de docteurs,
De pauvres Hibernois complaisants disputeurs,
Qui fuyant leur pays pour les saintes promesses
Viennent vivre à Paris d'arguments et de messes;
Et l'honnête public qui même écoutant bien,
A la saine raison de n'y comprendre rien.
Voilà donc les leçons qu'on prend dans vos écoles!
Mais tous les arguments sont-ils faux ou frivoles?
Socrate disputait jusque dans les festins,
Et tout nu quelquefois argumentait aux bains.
Etait-ce dans un sage une folle manie?
La contrariété fait sortir le génie.
La veine d'un caillou recèle un feu qui dort,
Image de ces gens, froids au premier abord;
Et qui dans la dispute, à chaque repartie
Sont pleins d'une chaleur qu'on n'avait point sentie.
C'est un bien, j'y consens. Quant au mal le voici.
Plus on a disputé, moins on s'est éclairci.
On ne redresse point l'esprit faux ni l'œil louche,
Ce mot *j'ai tort*, ce mot nous déchire la bouche.
Nos cris et nos efforts ne frappent que le vent,
Chacun dans son avis demeure comme avant.
C'est mêler seulement aux opinions vaines
Le tumulte insensé des passions humaines.

105 70, 71N: fléau des docteurs

Le vrai peut quelquefois n'être point de saison;
Et c'est un très grand tort que d'avoir trop raison.
Autrefois la justice et la vérité nues,
Chez les premiers humains furent longtemps connues;
Elles régnaient en sœurs: mais on sait que depuis
L'une a fui dans le ciel, et l'autre dans un puits.
La vaine opinion règne sur tous les âges,
Son temple est dans les airs porté sur les nuages,
Une foule de dieux, de démons, de lutins
Sont au pied de son trône; et tenant dans leurs mains
Mille riens enfantés par un pouvoir magique,
Nous les montrent de loin sous des verres d'optique.
Autour d'eux, nos vertus, nos biens, nos maux divers
En boules de savon sont épars dans les airs;
Et le souffle des vents y promène sans cesse
De climats en climats le temple et la déesse.
Elle fuit et revient. Elle place un mortel
Hier sur un bûcher, demain sur un autel.
Le jeune Antinoüs eut autrefois des prêtres.
Nous rions maintenant des mœurs de nos ancêtres;
Et qui rit de nos mœurs ne fait que prévenir
Ce qu'en doivent penser les siècles à venir.
Une beauté frappante et dont l'éclat étonne,
Les Français la peindront sous les traits de Brionne,
Sans croire qu'autrefois un petit front serré,
Un front à cheveux d'or fut toujours adoré;
Ainsi l'opinion changeante et vagabonde
Soumet la beauté même autre reine du monde.
Ainsi dans l'univers ses magiques effets
Des grands événements sont les ressorts secrets.
Comment donc espérer qu'un jour aux pieds d'un sage
Nous la voyons tomber du haut de son nuage,
Et que la vérité se montrant aussitôt
Vienne au bord de son puits voir ce qu'on fait en haut.
Il est pour les savants et pour les sages même
Une autre illusion: cet esprit de système,

140 71A: nous le montrent

Qui bâtit en rêvant des mondes enchantés,
Et fonde mille erreurs sur quelques vérités.
C'est par lui qu'égarés après de vaines ombres
L'inventeur du calcul chercha Dieu dans les nombres,
L'auteur du *mécanisme* attacha follement
La liberté de l'homme aux lois du mouvement;
L'un du soleil éteint veut composer la terre,
'La terre, dit un autre, est un globe de verre.' (*b*)
De là ces différends soutenus à grands cris
Et sur un tas poudreux d'inutiles écrits,
La dispute s'assied dans l'asile du sage.
   La contrariété tient souvent au langage;
On peut s'entendre moins, formant un même son,
Que si l'un parlait basque, et l'autre bas-breton.
C'est là, qui le croirait? un fléau redoutable;
Et la pâle famine, et la peste effroyable
N'égalent point les maux et les troubles divers
Que les malentendus sèment dans l'univers.
   Peindrai-je des dévots les discordes funestes,
Les saints emportements de ces âmes célestes,
Le fanatisme au meurtre excitant les humains,
Des poisons, des poignards, des flambeaux dans les mains,
Nos villages déserts, nos villes embrasées,
Sous nos foyers détruits nos mères écrasées,

(*b*) C'est une des rêveries de Buffon.[6]

n.*b* K84, K12: [*note absente*]

[6] Voltaire ridiculise cette notion à plusieurs reprises en marge de son exemplaire de Buffon (voir *CN*, t.1, p.569, 575, 577). Il répète une critique qu'il vient de faire dans *Des singularités de la nature* (1768): 'On ne s'est pas contenté de dire que notre terre avait été originairement de verre' (*M*, t.27, p.140). Il y reviendra encore dans le dixième des *Dialogues d'Evhémère*, 'Si la terre a été formée par une comète', où il caractérise la *Théorie de la terre* de Buffon comme 'un roman, une hypothèse' (*OCV*, t.80C, p.236). Voltaire était bien connu pour ses critiques de Buffon, mais les deux hommes allaient se réconcilier publiquement en 1774 (voir D19149, D19187). Sur la *Théorie de la terre* de Buffon, voir Jacques Roger, *Buffon: un philosophe au Jardin du roi* (Paris, 1989), ch.7.

Dans nos temples sanglants abandonnés du ciel,
Les ministres rivaux égorgés sur l'autel,
Tous les crimes unis, meurtre, inceste, pillage,
Les fureurs du plaisir se mêlant au carnage,
Sur des corps expirants d'infâmes ravisseurs
Dans leurs embrassements reconnaissant leurs sœurs,
L'étranger dévorant le sein de ma patrie,
Et sous la piété déguisant sa furie,
Les pères conduisant leurs enfants aux bourreaux,
Et les vaincus toujours traînés aux échafauds?...
Dieu puissant! permettez que ces temps déplorables,
Un jour par nos neveux soient mis au rang des fables.
  Mais je vois s'avancer un fâcheux disputeur,
Son air d'humilité couvre mal sa hauteur;
Et son austérité, pleine de l'Evangile,
Paraît offrir à Dieu le venin qu'il distille.
  'Monsieur, tout ceci cache un dangereux poison;
  Personne, selon vous, n'a ni tort ni raison;
  Et sur la vérité n'ayant point de mesure,
  Il faut suivre pour loi l'instinct de la nature!'
  Monsieur, je n'ai pas dit un mot de tout cela...
  'Eh! quoique vous ayez déguisé ce sens-là,
  En vous interprétant la chose devient claire.'...
  Mais en termes précis j'ai dit tout le contraire.
Cherchons la vérité; mais d'un commun accord,
Qui discute a raison, et qui dispute a tort.
Voilà ce que j'ai dit; et d'ailleurs qu'à la guerre,
A la ville, à la cour, souvent il faut se taire...
  'Mon cher Monsieur, ceci cache toujours deux sens;
  Je distingue...' Monsieur, distinguez, j'y consens.
J'ai dit mon sentiment, je vous laisse les vôtres,
En demandant pour moi ce que j'accorde aux autres...
'Mon fils, nous vous avons défendu de penser;
Et pour vous convertir je cours vous dénoncer.'
  Heureux! ô trop heureux qui loin des fanatiques,
Des causeurs importuns et des jaloux critiques,

203 71A: En son

En paix sur l'Hélicon pourrait cueillir des fleurs!
Tels on voit dans les champs de sages laboureurs,
D'une ruche irritée évitant les blessures,
En dérober le miel à l'abri des piqûres.

DE LA DISTANCE

Un homme qui connaît combien on compte de pas d'un bout de sa maison à l'autre, s'imagine que la nature lui a enseigné[1] tout d'un coup cette distance, et qu'il n'a eu besoin que d'un coup d'œil comme lorsqu'il a vu des couleurs. Il se trompe; on ne peut connaître les différents éloignements des objets que par expérience, par comparaison, par habitude. C'est ce qui fait qu'un matelot, en voyant sur mer un vaisseau voguer loin du sien, vous dira sans hésiter à quelle distance on est à peu près de ce vaisseau; et le passager n'en pourra former qu'un doute très confus.[2]

a K84, K12: Distance /

* Cet article est, en grande partie, tiré des *Eléments de la philosophie de Newton* (*OCV*, t.15, p.315-24) dont Voltaire a supprimé les manchettes. On peut relever quelques variantes stylistiques. Dans les *QE* il devient une réponse polémique non seulement à l'article 'Distance apparente des objets' de Formey dans l'*Encyclopédie*, mais plus fondamentalement à un passage de la *Recherche de la vérité* (livre 1, ch.9, section 3) de Malebranche que Formey se contente de résumer. A la fin de l'article, l'éditeur (sans doute D'Alembert) ajoute 'que quoique le sens de la vue nous serve à juger des *distances*, cependant nous n'en aurions jamais eu d'idée par ce sens seul, sans le secours de celui du toucher' (t.4, p.1053), puis renvoie à l'article 'Aveugle' ainsi qu'à la *Lettre sur les aveugles* de Diderot. Il ne connaissait pas encore le *Traité des sensations* (1754) de Condillac qui était alors sur le point de paraître et remettait en cause les principes cartésiens de Malebranche exposés par Formey et affirmait, après Locke, Berkeley, Voltaire et Diderot, que l'œil avait besoin 'des secours du tact pour se faire une habitude des mouvements propres à la vision; pour s'accoutumer à rapporter ses sensations à l'extrémité des rayons, ou à peu près; et pour juger par là des distances, des grandeurs, des situations et des figures' (Condillac, *Traité des sensations*, 2 vol., Londres et Paris, 1754, t.2, p.29-30, troisième partie, ch.3, §2, BV836). Le présent article paraît en mars/avril 1771 (70, t.4).

[1] Rappel peut-être parodique de la sixième des *Méditations* de Descartes dans laquelle il décrit ce que la nature lui a enseigné.

[2] Ce paragraphe introductif ne figure pas dans les *Eléments*. A la fin du chapitre 6 de la deuxième partie, Voltaire y annonçait 'quelque chose de nouveau et de vrai' sur la manière dont 'les idées des distances, des grandeurs, des situations, des objets, sont

La distance n'est qu'une ligne de l'objet à nous. Cette ligne se termine à un point; nous ne sentons donc que ce point; et soit que l'objet existe à mille lieues, ou qu'il soit à un pied, ce point est toujours le même dans nos yeux.[3]

Nous n'avons donc aucun moyen immédiat pour apercevoir tout d'un coup la distance, comme nous en avons pour sentir par l'attouchement, si un corps est dur ou mou; par le goût, s'il est doux ou amer; par l'ouïe, si de deux sons l'un est grave et l'autre aigu. Car, qu'on y prenne bien garde, les parties d'un corps, qui cèdent à mon doigt, sont la plus prochaine cause de ma sensation de mollesse; et les vibrations de l'air, excitées par le corps sonore, sont la plus prochaine cause de ma sensation du son. Or si je ne puis avoir ainsi immédiatement une idée de distance, il faut donc que je connaisse cette distance par le moyen d'une autre idée intermé-

reçues dans notre âme' (*OCV*, t.15, p.314). La nouveauté du chapitre 7 consiste essentiellement dans la théorie empiriste de la vision développée par Berkeley dans *An Essay towards a new theory of vision* (1733) que Voltaire vient de lire (D1327). Il estime que le grand mérite du philosophe irlandais est d'avoir résolu le problème de la distance en prouvant, par l'expérience, l'hétérogénéité des données sensibles de la vue et du toucher. Contrairement à ce qu'affirment les cartésiens, l'image imprimée sur la rétine ne suffit pas à expliquer le phénomène de la vision: il est notamment impossible que l'œil juge par lui-même les distances, qui ne sont représentées que par des angles dont l'homme n'a aucune conscience. Formey, quant à lui, n'avait tenu aucun compte de la théorie empiriste et avait affirmé, à la suite de Malebranche, que l'accommodation de l'œil aux distances 'dépend de la volonté de notre âme, qui en règle le degré, nous met à portée en quelque façon de juger des *distances*' (p.1051). Formey n'avait cependant pas retenu la remarque importante de Malebranche qui précisait que 'ce n'est point notre âme qui forme les jugements de la distance, grandeur, etc. des objets [...], mais que c'est Dieu en conséquence des lois de l'union de l'âme et du corps. C'est pour cela que j'ai appelé *naturels* ces sortes de jugements pour marquer qu'ils se font en nous, sans nous, et même malgré nous' (Malebranche, *Œuvres*, éd. G. Rodis-Lewis, 2 vol., Paris, 1979-1992, t.1, p.87, livre 1, ch.9, section 3). Ces derniers mots furent repris dans l'article 'Sensation' du *DP* (*OCV*, t.36, p.528) ainsi que dans l'article 'Catéchisme chinois' (*OCV*, t.35, p.453), qui témoigne du retour de Voltaire à Malebranche: 'Je suis toujours frappé de cette grande idée que Dieu a tout fait, qu'il est partout, qu'il pénètre tout, qu'il donne le mouvement et la vie à tout [...] Ce n'est pas nous qui nous donnons nos idées, car nous les avons presque toujours malgré nous'.

[3] Les mots 'dans nos yeux' sont absents des *Eléments*.

diaire; mais il faut au moins que j'aperçoive cette idée intermédiaire; car une idée que je n'aurai point, ne servira certainement pas à m'en faire avoir une autre.

On dit, qu'une telle maison est à un mille d'une telle rivière; mais si je ne sais pas où est cette rivière, je ne sais certainement pas où est cette maison. Un corps cède aisément à l'impression de ma main; je conclus immédiatement sa mollesse. Un autre résiste; je sens immédiatement sa dureté. Il faudrait donc que je sentisse les angles formés dans mon œil, pour en conclure immédiatement les distances des objets. Mais la plupart des hommes ne savent pas même si ces angles existent: donc il est évident que ces angles ne peuvent être la cause immédiate de ce que vous connaissez les distances.[4]

Celui qui, pour la première fois de sa vie, entendrait le bruit du canon, ou le son d'un concert, ne pourrait juger, si on tire ce canon, ou si on exécute ce concert, à une lieue, ou à trente pas. Il n'y a que l'expérience qui puisse l'accoutumer à juger de la distance qui est entre lui et l'endroit d'où part ce bruit. Les vibrations, les ondulations de l'air portent un son à ses oreilles, ou plutôt à son *sensorium*;[5] mais ce bruit n'avertit pas plus son *sensorium*[6] de

25 K84: je n'aurais point

[4] Voltaire rejette la thèse de Descartes (*La Dioptrique*, discours 6) reprise par Malebranche dans la *Recherche* (livre I, ch.9, section 3).

[5] L'article 'Sensorium' de l'*Encyclopédie* définit celui-ci comme le 'siège du sens commun', c'est-à-dire 'cet endroit ou cette partie où l'on suppose que l'âme sensible réside le plus immédiatement' (t.15, p.55). L'article 'Vision' précise que 'Newton conçoit que la *vision* se fait principalement par les vibrations d'un milieu très délié qui pénètre tous les corps; que ce milieu est mis en mouvement au fond de l'œil par les rayons de lumière, et que cette impression se communique au *sensorium* ou siège du sentiment par les filaments des nerfs optiques' (t.17, p.344). Voir aussi l'article 'Anguilles' des *QE* (*OCV*, t.38, p.383, n.26).

[6] Ici et quelques mots plus haut, les *Eléments* portent 'âme' au lieu de '*sensorium*'. Si Voltaire conserve le mot dans le reste de l'article, il va de soi que celui-ci ne désigne aucun principe spirituel. Voltaire n'est pas sans savoir que le *sensorium* (ou *sensorium commune*) se prête à une interprétation matérialiste depuis que Leibniz

l'endroit où le bruit commence, qu'il ne lui apprend la forme du canon ou des instruments de musique. C'est la même chose précisément par rapport aux rayons de lumière qui partent d'un objet; ils ne nous apprennent point du tout où est cet objet.

Ils ne nous font pas connaître davantage les grandeurs, ni même les figures. Je vois de loin une petite tour ronde. J'avance, j'aperçois, et je touche un grand bâtiment quadrangulaire.[7] Certainement ce que je vois, et ce que je touche, n'est pas ce que je voyais. Ce petit objet rond, qui était dans mes yeux, n'est point ce grand bâtiment carré. Autre chose est donc, par rapport à nous, l'objet mesurable et tangible, autre chose est l'objet visible. J'entends de ma chambre le bruit d'un carrosse: j'ouvre la fenêtre, et je le vois; je descends, et j'entre dedans. Or ce carrosse que j'ai entendu, ce carrosse que j'ai vu, ce carrosse que j'ai touché, sont trois objets absolument divers de trois de mes sens, qui n'ont aucun rapport immédiat les uns avec les autres.[8]

Il y a bien plus: il est démontré qu'il se forme dans mon œil un angle une fois plus grand, à très peu de chose près, quand je vois un homme à quatre pieds de moi, que quand je vois le même homme à huit pieds de moi.[9] Cependant je vois toujours cet homme de la

46 71N: de la lumière

---

reprocha à Newton de faire de l'espace substantiel le *Sensorium Dei* (voir l'article 'Espace' des *QE*). Dans le *Traité de l'âme* (ch.11), La Mettrie identifiait 'la mémoire, l'imagination et les passions' à des 'facultés de l'âme qui dépendent visiblement d'une simple disposition du *sensorium*, laquelle n'est qu'un pur arrangement mécanique des parties qui forment la moelle du cerveau' (*Œuvres philosophiques*, Londres [Berlin], 1751, p.141). Mais déjà Lucrèce estimait que l'image d'un objet suffisait pour nous révéler la distance qui nous en sépare (voir *De la nature*, livre 4, vers 244-55).

[7] Cet exemple provient de Descartes (sixième des *Méditations*) et de Lucrèce (*De la nature*, livre 4, vers 353-57).

[8] Traduction presque littérale de l'*Essay* de Berkeley (§46). Voir *Eléments*, *OCV*, t.15, p.317, n.2.

[9] Voir Malebranche (*Recherche*, livre 1, ch.7, section 4), qui note cependant plus loin (livre 1, ch.9, section 3) que l'angle formé dans l'œil par un objet ne diminue pas exactement dans la même proportion que la distance entre l'œil et l'objet. Déjà le

même grandeur. Comment mon sentiment contredit-il ainsi le mécanisme de mes organes? L'objet est réellement une fois plus petit dans mes yeux, et je le vois une fois plus grand. C'est en vain qu'on veut expliquer ce mystère par le chemin, ou par la forme que prend le cristallin dans nos yeux. Quelque supposition que l'on fasse, l'angle sous lequel je vois un homme à quatre pieds de moi, est toujours à peu près[10] double de l'angle sous lequel je le vois à huit pieds. La géométrie ne résoudra jamais ce problème: la physique y est également impuissante; car vous avez beau supposer que l'œil prend une nouvelle conformation, que le cristallin s'avance, que l'angle s'agrandit; tout cela s'opérera également pour l'objet qui est à huit pas, et pour l'objet qui est à quatre. La proportion sera toujours la même; si vous voyez l'objet à huit pas sous un angle de moitié plus grand, vous voyez aussi l'objet à quatre pas sous un angle de moitié plus grand ou environ. Donc ni la géométrie, ni la physique ne peuvent expliquer cette difficulté.

Ces lignes et ces angles géométriques ne sont pas plus réellement la cause de ce que nous voyons les objets à leur place, que de ce que nous les voyons de telles grandeurs, et à telle distance. L'âme ne considère pas si telle partie va se peindre au bas de l'œil; elle ne rapporte rien à des lignes qu'elle ne voit point. L'œil se baisse seulement, pour voir ce qui est près de la terre, et se relève pour voir ce qui est au-dessus de la terre. Tout cela ne pouvait être éclairci, et mis hors de toute contestation, que par quelque aveugle-

67 K84, K12: chemin que suivent les rayons, ou
70 70, 71N, 71A: toujours double
77 K84, K12: grand qu'il ne doit etre, vous verriez aussi

père Castel s'était interrogé, dans les *Mémoires de Trévoux* (août 1738, p.1690-91), sur le bien-fondé de l'assertion de Voltaire (voir *Eléments*, *OCV*, t.15, p.686, n.17). Comme les fonctions trigonométriques ne sont pas linéaires, il est effectivement démontré que pour un homme haut de cinq à six pieds, la proportion entre les deux angles de vue, quand il se trouve à quatre pieds et quand il est à huit, ne sera que de 1,618 à 1,53, et non d'environ deux, comme le prétend Voltaire.

[10] Les mots 'à peu près' sont absents des *Eléments*.

né à qui on aurait donné le sens de la vue. Car si cet aveugle, au moment qu'il eût ouvert les yeux, eût jugé des distances, des grandeurs et des situations, il eût été vrai que les angles optiques, formés tout d'un coup dans sa rétine, eussent été les causes immédiates de ses sentiments. Aussi le docteur Berclay assurait, après M. Locke, (et allant même en cela plus loin que Locke) que ni situation, ni grandeur, ni distance, ni figure, ne serait aucunement discernée par cet aveugle, dont les yeux recevraient tout d'un coup la lumière.[11]

On trouva enfin en 1729 l'aveugle-né, dont dépendait la décision indubitable de cette question. Le célèbre Cheselden[12], un de ces fameux chirurgiens qui joignent l'adresse de la main aux plus grandes lumières de l'esprit, ayant imaginé qu'on pouvait donner la vue à cet aveugle-né, en lui abaissant ce qu'on appelle des *cataractes*, qu'il soupçonnait formées dans ses yeux presque au moment de sa naissance, il proposa l'opération. L'aveugle eut de la peine à y consentir. Il ne concevait pas trop, que le sens de la vue pût beaucoup augmenter ses plaisirs. Sans l'envie qu'on lui inspira d'apprendre à lire et à écrire, il n'eût point désiré de voir. Il vérifiait par cette indifférence, *qu'il est impossible d'être malheureux, par la privation des biens dont on n'a pas d'idée*; vérité bien importante.[13] Quoi qu'il en soit, l'opération fut faite et réussit. Ce jeune homme

92-93 K84, K12: assurait, d'après

[11] Voir Berkeley, *Essay*, §79; et Locke, *An Essay concerning human understanding*, livre 2, ch.5, ch.9, §8-9 et ch.13, §2. Voir aussi *Eléments*, *OCV*, t.15, p.318-19, n.4 et 5.

[12] L'alinéa commence ainsi dans les *Eléments*: 'Mais où trouver l'aveugle, dont dépendait la décision indubitable de cette question? Enfin en 1729, M. Chiselden'. Le compte rendu de l'expérience faite par Cheselden fut d'abord publié dans les *Philosophical transactions* d'avril-juin 1728 (et non 1729), p.447-50. Voir aussi *Eléments*, *OCV*, t.15, p.319, n.6.

[13] Voltaire a pu trouver cette vérité dans *De la sagesse* de Charron (2 vol., Paris, 1768, BV719): 'L'homme né aveugle ne saurait jamais concevoir qu'il ne voit pas, ni désirer de voir ou regretter la vue' (t.1, p.108). Commentaire de Voltaire: 'L'aveugle-né à qui Cheselden donna la vue ne désirait point de voir' (*CN*, t.2, p.517).

d'environ quatorze ans vit la lumière pour la première fois. Son expérience confirma tout ce que Locke et Berclay avaient si bien prévu. Il ne distingua de longtemps ni grandeur, ni situation, ni même figure. Un objet d'un pouce, mis devant son œil, et qui lui cachait une maison, lui paraissait aussi grand que la maison. Tout ce qu'il voyait lui semblait d'abord être sur ses yeux, et les toucher comme les objets du tact touchent la peau. Il ne pouvait distinguer d'abord ce qu'il avait jugé rond à l'aide de ses mains, d'avec ce qu'il avait jugé angulaire; ni discerner avec ses yeux, si ce que ses mains avaient senti être en haut ou en bas, était en effet en haut ou en bas. Il était si loin de connaître les grandeurs, qu'après avoir enfin conçu par la vue, que sa maison était plus grande que sa chambre, il ne concevait pas comment la vue pouvait donner cette idée. Ce ne fut qu'au bout de deux mois d'expérience, qu'il put apercevoir que les tableaux représentaient des corps saillants.[14] Et lorsque après ce long tâtonnement d'un sens nouveau en lui, il eut senti que des corps, et non des surfaces seules, étaient peints dans les tableaux, il y porta la main, et fut étonné de ne point trouver avec ses mains ces corps solides, dont il commençait à apercevoir les représentations. Il demandait quel était le trompeur, du sens du toucher, ou du sens de la vue.

Ce fut donc une décision irrévocable, que la manière dont nous voyons les choses, n'est point du tout la suite immédiate des angles formés dans nos yeux. Car ces angles mathématiques étaient dans les yeux de cet homme, comme dans les nôtres; et ne lui servaient de rien sans le secours de l'expérience et des autres sens.

L'aventure de l'aveugle-né fut connue en France vers l'an 1735. L'auteur des *Eléments de Newton*, qui avait beaucoup vu Cheselden, fit mention de cette découverte importante; mais à peine y prit-on garde.[15] Et même lorsqu'on fit ensuite à Paris la même

[14] *Eléments*: 'des corps solides'.

[15] Voir *Eléments*, *OCV*, t.15, p.319, sur les relations de Voltaire et de Cheselden. Les premières mentions de l'opération ne se trouvent effectivement que plusieurs années après la publication des *Eléments*: La Mettrie, *Traité de l'âme* (ch.15), Condillac, *Essai sur l'origine des connaissances humaines* (livre 1, ch.6, §15), Buffon,

opération de la cataracte sur un jeune homme qu'on prétendait privé de la vue dès son berceau,[16] on négligea de suivre le développement journalier du sens de la vue en lui, et la marche de la nature. Le fruit de cette opération fut perdu pour les philosophes.[17]

Comment nous représentons-nous les grandeurs, et les distances? De la même façon dont nous imaginons les passions des hommes, par les couleurs qu'elles peignent sur leurs visages, et par l'altération qu'elles portent dans leurs traits. Il n'y a personne, qui ne lise tout d'un coup sur le front d'un autre, la douleur, ou la colère.[18] C'est la langue que la nature parle à tous les yeux; mais l'expérience seule apprend ce langage. Aussi l'expérience seule nous apprend, que quand un objet est trop loin, nous le voyons confusément et faiblement. De là nous formons des idées, qui ensuite accompagnent toujours la sensation de la vue. Ainsi tout homme qui, à dix pas, aura vu son cheval haut de cinq pieds, s'il voit, quelques minutes après, ce cheval gros comme un mouton, son âme, par un jugement involontaire, conclut à l'instant que ce cheval est très loin.

Il est bien vrai, que quand je vois mon cheval de la grosseur d'un mouton, il se forme alors dans mon œil une peinture plus petite, un

---

Histoire naturelle (15 vol., Paris, 1749-1767, t.3, p.314-18), et enfin la *Lettre sur les aveugles* de Diderot. Voir aussi J.-B. Mérian, *Sur le problème de Molyneux*, éd. F. Markovits (Paris, 1984).

[16] On ne sait pas à quelle opération Voltaire fait exactement allusion. Il ne peut, en principe, s'agir de celle qui a donné à Diderot, en 1749, l'idée de sa *Lettre sur les aveugles*, car le sujet sur lequel l'oculiste prussien Hilmer pratiqua l'opération était une jeune fille. Dans une *Lettre à Monsieur de Joyeuse* publiée dans le *Mercure de France* de septembre 1748 (p.198-221), le chirurgien marseillais Jacques Daviel assura qu'il avait déjà pratiqué, depuis son arrivée à Paris en 1746, soixante-quinze opérations.

[17] Cet alinéa ne figure pas dans les *Eléments*. Il apparaît pour la première fois au verso de l'adresse d'une lettre de Voltaire à d'Argental (D20594) conservée dans la collection de la reine des Pays-Bas (2e série, n° 452), manuscrit signalé par Andrew Brown, *SVEC* 77 (1970), p.19.

[18] Voltaire a pu trouver ces remarques dans l'*Essay* de Berkeley (§10, 23, 65). Voir *Eléments*, *OCV*, t.15, p.320, n.7.

angle plus aigu; mais c'est là ce qui accompagne, non ce qui cause mon sentiment. De même il se fait[19] un autre ébranlement dans mon cerveau, quand je vois un homme rougir de honte, que quand je le vois rougir de colère; mais ces différentes impressions ne m'apprendraient rien de ce qui se passe dans l'âme de cet homme, sans l'expérience, dont la voix seule se fait entendre.

Loin que cet angle soit la cause immédiate de ce que je juge qu'un grand cheval est très loin, quand je vois ce cheval fort petit; il arrive au contraire, à tous les moments, que je vois ce même cheval également grand, à dix pas, à vingt, à trente, à quarante pas, quoique l'angle à dix pas soit double, triple, quadruple. Je regarde de fort loin, par un petit trou, un homme posté sur un toit; le lointain et le peu de rayons m'empêchent d'abord de distinguer si c'est un homme: l'objet me paraît très petit, je crois voir une statue de deux pieds tout au plus: l'objet se remue, je juge que c'est un homme: et dès ce même instant cet homme me paraît de la grandeur ordinaire. D'où viennent ces deux jugements si différents? Quand j'ai cru voir une statue, je l'ai imaginée de deux pieds, parce que je la voyais sous un tel angle: nulle expérience ne pliait mon âme à démentir les traits imprimés dans ma rétine; mais dès que j'ai jugé que c'était un homme, la liaison mise par l'expérience dans mon cerveau, entre l'idée d'un homme et l'idée de la hauteur de cinq à six pieds, me force, sans que j'y pense, à imaginer, par un jugement soudain, que je vois un homme de telle hauteur, et à voir une telle hauteur en effet.

Il faut absolument conclure de tout ceci, que les distances, les grandeurs, les situations ne sont pas, à proprement parler, des choses visibles, c'est-à-dire, ne sont pas les objets propres et immédiats de la vue. L'objet propre et immédiat de la vue n'est autre chose que la lumière colorée;[20] tout le reste, nous ne le

174-75 w68: statue haute de

[19] *Eléments*: 'de même quelquefois il se fait' (le mot 'quelquefois' est cependant absent de l'édition de 1738).

[20] Même idée chez Berkeley, *Essay*, §103.

sentons qu'à la longue et par expérience. Nous apprenons à voir, précisément comme nous apprenons à parler et à lire. La différence est, que l'art de voir est plus facile, et que la nature est également à tous notre maître.

Les jugements soudains, presque uniformes, que toutes nos âmes, à un certain âge, portent des distances, des grandeurs, des situations, nous font penser, qu'il n'y a qu'à ouvrir les yeux, pour voir de la manière dont nous voyons. On se trompe; il y faut le secours des autres sens. Si les hommes n'avaient que le sens de la vue, ils n'auraient aucun moyen pour connaître l'étendue en longueur, largeur et profondeur; et un pur esprit ne la connaîtrait pas peut-être, à moins que Dieu ne la lui révélât. Il est très difficile de séparer dans notre entendement l'extension d'un objet d'avec les couleurs de cet objet. Nous ne voyons jamais rien que d'étendu, et de là nous sommes tous portés à croire, que nous voyons en effet l'étendue. Nous ne pouvons guère distinguer dans notre âme ce jaune, que nous voyons dans un louis d'or, d'avec ce louis d'or dont nous voyons le jaune. C'est comme, lorsque nous entendons prononcer ce mot *louis d'or*, nous ne pouvons nous empêcher d'attacher malgré nous l'idée de cette monnaie au son que nous entendons prononcer.

Si tous les hommes parlaient la même langue, nous serions toujours prêts à croire qu'il y aurait une connexion nécessaire entre les mots et les idées. Or tous les hommes ont ici le même langage, en fait d'imagination. La nature leur dit à tous: Quand vous aurez vu des couleurs pendant un certain temps, votre imagination vous représentera à tous, de la même façon, les corps auxquels ces couleurs semblent attachées. Ce jugement prompt et involontaire que vous formerez, vous sera utile dans le cours de votre vie; car s'il fallait attendre, pour estimer les distances, les grandeurs, les situations, de tout ce qui vous environne, que vous eussiez examiné des angles et des rayons visuels, vous seriez morts avant que de

201 K84, K12: profondeur; [*avec note*: Voyez dans les *Eléments de la philosophie de Newton* une note des éditeurs sur cette question.] et

savoir si les choses dont vous avez besoin sont à dix pas de vous, ou à cent millions de lieues, et si elles sont de la grosseur d'un ciron, ou d'une montagne. Il vaudrait beaucoup mieux pour vous être nés aveugles.

Nous avons donc peut-être grand tort,[21] quand nous disons que nos sens nous trompent.[22] Chacun de nos sens fait la fonction à laquelle la nature l'a destiné. Ils s'aident mutuellement, pour envoyer à notre âme, par les mains de l'expérience, la mesure des connaissances que notre être comporte.[23] Nous demandons à nos sens ce qu'ils ne sont point faits pour nous donner. Nous voudrions que nos yeux nous fissent connaître la solidité, la grandeur, la distance, etc.; mais il faut que le toucher s'accorde en cela avec la vue, et que l'expérience les seconde. Si le père Mallebranche avait envisagé la nature par ce côté, il eût attribué peut-être moins d'erreurs à nos sens, qui sont les seules sources de toutes nos idées.[24]

Il ne faut pas, sans doute, étendre à tous les cas cette espèce de métaphysique que nous venons de voir. Nous ne devons l'appeler au secours, que quand les mathématiques nous sont insuffisantes.[25]

[21] *Eléments*: 'Nous avons donc très grand tort'.

[22] Cette affirmation contredit radicalement la base même de la philosophie cartésienne selon laquelle 'la certitude n'est pas dans le sens, mais dans l'entendement seul lorsqu'il a des perceptions évidentes' (Préface aux *Principes de la philosophie*). C'est la faculté de notre esprit qui pense les objets tels qu'en eux-mêmes qui nous renseigne avec vérité sur la nature des objets matériels que nous percevons.

[23] *Eléments*: 'notre état'.

[24] La position de Malebranche est plus nuancée. Alors qu'il s'exclame dans les *Entretiens sur la métaphysique*: 'Que nos sens ont de puissance et de force pour nous jeter dans l'erreur!' (*Œuvres*, t.2, p.733, quatrième entretien, article 16), il concède, dans la *Recherche*, que 'ce ne sont pas nos sens qui nous trompent, mais c'est notre volonté qui nous trompe par ses jugements précipités' (*Œuvres*, t.1, p.53, livre 1, ch.5, section 2).

[25] Les *Eléments* terminent la phrase par ces mots: 'et c'est encore une erreur qu'il faut reconnaître dans le père Mallebranche; il attribue par exemple à la seule imagination des hommes des effets dont les seules règles d'optique rendent raison; il croit que si les astres nous paraissent plus grands à l'horizon qu'au méridien, c'est à l'imagination seule qu'il faut s'en prendre' (*OCV*, t.15, p.324-25).

DIVORCE

Il est dit dans l'*Encyclopédie* à l'article 'Divorce', que l'*usage du divorce ayant été porté dans les Gaules par les Romains, ce fut ainsi que Bissine ou Bazine quitta le roi de Thuringe son mari, pour suivre Childéric qui l'épousa.*[1] C'est comme si on disait que les Troyens ayant établi le divorce à Sparte, Hélène répudia Ménélas suivant la loi, pour s'en aller avec Pâris en Phrygie.

La fable agréable de Pâris, et la fable ridicule de Childéric qui n'a jamais été roi de France, et qu'on prétend avoir enlevé Bazine femme de Bazin, n'ont rien de commun avec la loi du divorce.

On cite encore Cherébert, régule de la petite ville de Lutèce près d'Issy, *Lutetia Parisiorum*, qui répudia sa femme. L'abbé Velly, dans son *Histoire de France*, dit que ce Cheribert, ou Caribert, répudia sa femme Ingoberge pour épouser Mirefleur fille d'un

* Voltaire, dans ce texte, se réfère à l'article 'Divorce' de l'*Encyclopédie*, signé par Antoine Gaspard Boucher d'Argis, un juriste de renom, auteur de 4 500 contributions en matière de droit et de jurisprudence. Avant de retracer à grands traits l'histoire du divorce, Boucher d'Argis rappelait que l'homme ne doit pas séparer ce que Dieu a joint en invoquant la réponse du Christ rapportée par saint Matthieu 19:6. Sans doute agacé par cette absence de critique de la législation existante, Voltaire, qui a maintes fois dénoncé la rigueur doctrinale de l'Eglise catholique en matière d'indissolubilité du mariage, relève les erreurs historiques de Boucher d'Argis à propos des rois mérovingiens. Dès 1754, il cherche des informations sur le 'temps où le mariage fut érigé en sacrement' (D5728, D5729, D5730). Dans les *QE*, à l'article 'Adultère' (*OCV*, t.38, p.108-12), il avait reproduit sous le titre 'Mémoire d'un magistrat', un texte paru en 1767 à la suite du *Fragment des instructions pour le prince royal de* *** et intitulé 'Du divorce'. Il avait développé une nouvelle argumentation dans un 'Mémoire pour les femmes' (*OCV*, t.38, p.113-16). Au cours de ses lectures, il se montre partisan du droit au divorce comme l'indiquent ses réactions en marge de *La Théorie des lois civiles* (1767) de Linguet (*CN*, t.5, p.419, 421). Sur Voltaire et la question du divorce, voir l'annotation de l'article 'Adultère' et l'Introduction par E. Lizé et C. Mervaud du texte 'Du divorce' (*OCV*, t.63B, p.269-72). Le présent article paraît en mars/avril 1771 (70, t.4).

[1] Citation exacte de l'*Encyclopédie*, t.4, p.1084.

artisan, et ensuite Theudegilde fille d'un berger, qui *fut élevée sur le premier trône de l'empire français.*[2]

Il n'y avait alors ni premier, ni second chez ces barbares, que l'empire romain ne reconnut jamais pour rois. Il n'y avait point d'empire *français*.

L'empire des Francs ne commença que par Charlemagne.[3] Il est fort douteux que le mot *Mirefleur* fût en usage dans la langue welche ou gauloise, qui était un patois du jargon celte. Ce patois n'avait pas des expressions si douces.

Il est dit encore que le réga, ou régule Chilpéric, seigneur de la province du Soissonnais, et qu'on appelle *roi de France*,[4] fit un divorce avec la reine Andove ou Andovère; et voici la raison de ce divorce.

Cette Andovère après avoir donné au seigneur de Soissons trois enfants mâles, accoucha d'une fille. Les Francs étaient en quelque façon chrétiens depuis Clovis. Andovère étant relevée de couche présenta sa fille au baptême. Chilpéric de Soissons, qui apparemment était fort las d'elle, lui déclara que c'était un crime irrémissible d'être marraine de son enfant, qu'elle ne pouvait plus être sa femme par les lois de l'Eglise,[5] et il épousa Frédégonde; après quoi il

16 70, 71N, 71A, W68, K84, K12: second trône chez

[2] *Histoire de France depuis l'établissement de la monarchie jusqu'à Louis XIV* (Paris, 1770) par l'abbé Velly, t.1, p.41. Voltaire possède l'édition en 24 volumes de 1755-1774 (BV3409).

[3] Léon III le proclame empereur d'Occident pendant la messe de Noël en 800 (Velly, *Histoire de France*, t.1, p.460), ce que rappelle l'*Essai sur les mœurs*, t.1, p.332.

[4] Boucher d'Argis parle de 'nos rois de la première et de la seconde race' et cite Chilpéric (539-584) que Voltaire traite ici de 'régule', comme il l'a fait pour Cherébert, alors que, dans l'*Essai sur les mœurs*, il leur donne le titre de 'roi' (t.1, p.330).

[5] Récit emprunté à G. Daniel, *Histoire de France*, 9 vol. (Paris, 1729, t.1, p.212, BV938; *CN*, t.3, p.25-43, qui ne signale pas ce passage). Lors du baptême de sa fille, alors que la marraine se fait attendre, Andovère prend sa place à l'instigation de Frédégonde qui lui tend un piège, détail que n'a pas retenu Voltaire. Daniel rappelle que la marraine a contracté une alliance spirituelle avec le père de l'enfant, ce qui interdit tout mariage entre eux.

chassa Frédégonde, épousa une Visigothe,[6] et puis reprit Frédégonde.

Tout cela n'a rien de bien légal, et ne doit pas plus être cité que ce qui se passait en Irlande et dans les îles Orcades.

Le code justinien que nous avons adopté en plusieurs points, autorise le divorce.[7] Mais le droit canonique que les catholiques ont encore plus adopté, ne le permet pas.[8]

L'auteur de l'article dit, *que le divorce se pratique dans les Etats d'Allemagne de la confession d'Augsbourg.*[9]

On peut ajouter que cet usage est établi dans tous les pays du Nord, chez tous les réformés de toutes les confessions possibles, et dans toute l'Eglise grecque.

Le divorce est probablement de la même date à peu près que le mariage. Je crois pourtant que le mariage est de quelques semaines plus ancien, c'est-à-dire, qu'on se querella avec sa femme au bout de quinze jours, qu'on la battit au bout d'un mois, et qu'on s'en sépara après six semaines de cohabitation.

Justinien qui rassembla toutes les lois faites avant lui, auxquelles il ajouta les siennes, non seulement confirme celle du divorce, mais il lui donne encore plus d'étendue, au point que toute femme dont le mari était non pas esclave, mais simplement prisonnier de guerre pendant cinq ans, pouvait après les cinq ans révolus contracter un autre mariage.[10]

[6] Chilpéric épouse Galsuinthe, sœur de Brunehaut et fille du roi wisigoth Athanagilde (G. Daniel, *Histoire de France*, t.1, p.213).

[7] *Corpus juris civilis romani*, 2 vol. (Bâle, 1756, BV872), t.1, ch.3, avec note marginale d'une main inconnue: 'divorce permis novelle 140' (*CN*, t.2, p.763). Voir l'article 'Adultère' des *QE*, *OCV*, t.38, p.109, n.33.

[8] Seule la séparation de corps et de biens est permise. Boucher d'Argis cite le droit canon (*Encyclopédie*, t.4, p.1084).

[9] Citation exacte de Boucher d'Argis (*Encyclopédie*, t.4, p.1085).

[10] *Corpus juris civilis romani*, t.2, p.526; note marginale d'une main inconnue: 'causes du divorce, femme répudiée peut passer à un nouveau mariage cinq ans après le divorce' (*CN*, t.2, p.762). L'*Encyclopédie* signale ainsi cette disposition: 'Justinien régla aussi que la détention du mari, prisonnier chez les ennemis, ne pouvait donner lieu au divorce qu'au bout de cinq ans' (t.4, p.1084). Selon le code Justinien, l'une des

Justinien était chrétien, et même théologien;[11] comment donc arriva-t-il que l'Eglise dérogeât à ses lois? ce fut quand l'Eglise devint souveraine et législatrice. Les papes n'eurent pas de peine à substituer leurs décrétales au code dans l'Occident, plongé dans l'ignorance et dans la barbarie. Ils profitèrent tellement de la stupidité des hommes, qu'Honorius III, Grégoire IX, Innocent III, défendirent par leurs bulles qu'on enseignât le droit civil.[12] On peut dire de cette hardiesse, Cela n'est pas croyable, mais cela est vrai.

Comme l'Eglise jugea seule du mariage, elle jugea seule du divorce. Point de prince qui ait fait un divorce, et qui ait épousé une seconde femme sans l'ordre du pape, avant Henri VIII roi d'Angleterre, qui ne se passa du pape qu'après avoir longtemps sollicité son procès en cour de Rome.[13]

Cette coutume établie dans des temps d'ignorance, se perpétua dans les temps éclairés, par la seule raison qu'elle existait. Tout abus s'éternise de lui-même; c'est l'écurie d'Augias; il faut un Hercule pour la nettoyer.

---

causes admises du divorce est que l'un des conjoints découvre que l'autre est de condition servile.

[11] 'Justinien était un vieux fou qui se mêlait de théologie', *La Défense de mon oncle*, *OCV*, t.64, p.266.

[12] Dans le tome 17 de l'*Histoire ecclésiastique* de l'abbé Fleury, Voltaire note en marge 'décrétale p[ou]r défendre le droit civil' (*CN*, t.3, p.553). Innocent III, pape de 1198 à 1216, est l'auteur d'une 'constitution' adressée à tous les prélats. Il déplore que les clercs quittent la philosophie pour ne point parler de théologie et s'appliquent à 'l'étude des lois séculières' et que les prélats prennent, pour les bénéfices et dignités ecclésiastiques, des professeurs de droit. Il s'ensuit que ceux qui étudient la philosophie sont dans la misère et que les avocats sont riches. Le pape entend donc 'relever l'étude de la théologie'. Il défend qu'aucun professeur de droit n'ait accès aux bénéfices et dignités ecclésiastiques; comme les causes des laïques sont décidées par les coutumes, les causes ecclésiastiques par le droit canon, il défend d'enseigner les lois séculières. Son successeur, Honorius III (pape de 1216 à 1227), en 1219 défend d'enseigner le droit civil à Paris par la décrétale *superspecula*. Fleury ne dit pas que Grégoire IX, pape de 1227 à 1241, confirma cette interdiction.

[13] Le chapitre 135 de l'*Essai sur les mœurs* rapporte les amours tumultueuses d'Henri VIII et sa rupture avec Rome (t.2, p.250-60).

Henri IV ne put être père d'un roi de France que par une sentence du pape: encore fallut-il, comme on l'a déjà remarqué,[14] non pas prononcer un divorce, mais mentir en prononçant qu'il n'y avait point eu de mariage.

78 K12: mariage. [*avec note*: Voyez 'Adultère'.] //

[14] Voltaire renvoie à l'article 'Adultère' (*OCV*, t.38, p.112, n.43).

DOGMES

On sait que toute croyance enseignée par l'Eglise, est un dogme qu'il faut embrasser. Il est triste qu'il y ait des dogmes reçus par l'Eglise latine et rejetés par l'Eglise grecque.[1] Mais si l'unanimité manque, la charité la remplace. C'est surtout entre les cœurs qu'il faudrait de la réunion.

Je crois que nous pouvons à ce propos rapporter un songe qui a déjà trouvé grâce devant quelques personnes pacifiques.[2]

Le 18 février de l'an 1763 de l'ère vulgaire, le soleil entrant dans le signe des Poissons, je fus transporté au ciel, comme le savent tous mes amis. Ce ne fut point la jument Borac de Mahomet qui fut ma monture; ce ne fut point le char enflammé d'Elie qui fut ma voiture; je ne fus porté ni sur l'éléphant de Sammonocodom le Siamois, ni sur le cheval de saint George patron de l'Angleterre, ni sur le cochon de saint Antoine: j'avoue avec ingénuité que mon voyage se fit je ne sais comment.

On croira bien que je fus ébloui; mais ce qu'on ne croira pas,

a-1 70, 71N, 71A: Dogmes ¶Toute

* Voltaire reprend l'article 'Dogmes' du *DP* en le faisant précéder de deux alinéas ironiques et en complétant la liste des 'juges' qui ont fait du bien aux hommes. Ce 'songe' ayant 'déjà trouvé grâce devant quelques personnes pacifiques' mérite sans doute aux yeux de Voltaire d'être médité par les lecteurs des *QE*, même s'il n'entretient aucun rapport avec l'article 'Dogme' par l'abbé Mallet de l'*Encyclopédie*. A ce Jugement dernier voltairien, qui développait celui du chapitre 22 du *Traité sur la tolérance* (*OCV*, t.56C, p.249-50), fera écho la section 2 de l'article 'Religion' des *QE* opposant aux horreurs du fanatisme les discours des sages de l'antiquité; Socrate et Jésus sont les victimes des 'mauvais prêtres' (*M*, t.20, p.342-48). Le propre de cette vision est qu'elle mêle des traits humoristiques à la veine épique. Pour l'annotation du texte repris du *DP*, voir *OCV*, t.36, p.34-41. Le présent article paraît en mars/avril 1771 (70, t.4).

[1] Ces divergences doctrinales: procession du Saint-Esprit (*Filioque*), pain azyme ou pain levé, sont indiquées dans le chapitre 31 de l'*Essai sur les mœurs*, t.1, p.415-16.

[2] Renvoi explicite à l'article du *DP*.

c'est que je vis juger tous les morts. Et qui étaient les juges? c'étaient, ne vous en déplaise, tous ceux qui ont fait du bien aux hommes, Confucius, Solon, Socrate, Titus, les Antonins, Epictète, Charon, de Thou, le chancelier de l'Hôpital;[3] tous les grands hommes qui ayant enseigné et pratiqué les vertus que Dieu exige, semblaient seuls être en droit de prononcer ses arrêts.

Je ne dirai point sur quels trônes ils étaient assis, ni combien de millions d'êtres célestes étaient prosternés devant l'éternel architecte de tous les globes, ni quelle foule d'habitants de ces globes innombrables comparut devant les juges. Je ne rendrai compte ici que de quelques petites particularités tout à fait intéressantes dont je fus frappé.

Je remarquai que chaque mort qui plaidait sa cause et qui étalait ses beaux sentiments, avait à côté de lui tous les témoins de ses actions. Par exemple, quand le cardinal de Lorraine se vantait d'avoir fait adopter quelques-unes de ses opinions par le concile de Trente, et que pour prix de son orthodoxie il demandait la vie éternelle, tout aussitôt paraissaient autour de lui vingt courtisanes ou dames de la cour, portant toutes sur le front le nombre de leurs rendez-vous avec le cardinal. On voyait ceux qui avaient jeté avec lui les fondements de la Ligue; tous les complices de ses desseins pervers venaient l'environner.

Vis-à-vis du cardinal de Lorraine était Jean Chauvin,[4] qui se

19-20 70, 71N, 71A: Epictète, tous

[3] Ajout significatif dans le panthéon voltairien de Charron, de Michel de L'Hôpital, du président Jacques Auguste de Thou. Le premier, auteur du *Traité de la sagesse*, fut persécuté par des fanatiques: 'Il fut près de périr, dit-on / Par la haine théologique' ('A Monsieur le Président Hénault', *M*, t.10, p.351). Michel de L'Hôpital fut soupçonné d'athéisme (voir l'article 'Athée, athéisme' du *DP*, *OCV*, t.35, p.378-79). Voltaire rend souvent hommage au grand historien de Thou, qui fut l'un des rédacteurs de l'Edit de Nantes. En 1769, dans l'*Histoire du parlement de Paris*, il rappelait qu'au temps des guerres civiles, au seizième siècle, 'nous avions eu cependant des Montaigne, des Charron, des de Thou, des L'Hôpital' (*OCV*, t.68, p.407).

[4] Dans le *DP* 65V, 67, Calvin; dans 69, le nom est réduit à l'initiale. Jean Cauvin

vantait dans son patois grossier d'avoir donné des coups de pied à l'idole papale, après que d'autres l'avaient abattue. J'ai écrit contre la peinture et la sculpture, disait-il; j'ai fait voir évidemment que les bonnes œuvres ne servent à rien du tout; et j'ai prouvé qu'il est diabolique de danser le menuet;[5] chassez vite d'ici le cardinal de Lorraine, et placez-moi à côté de saint Paul.

Comme il parlait, on vit auprès de lui un bûcher enflammé; un spectre épouvantable portant au cou une fraise espagnole à moitié brûlée, sortait du milieu des flammes avec des cris affreux: Monstre, s'écriait-il, monstre exécrable, tremble, reconnais ce Servet que tu as fait périr par le plus cruel des supplices, parce qu'il avait disputé contre toi sur la manière dont trois personnes peuvent faire une seule substance. Alors tous les juges ordonnèrent que le cardinal de Lorraine serait précipité dans l'abîme, mais que Calvin serait puni plus rigoureusement.

Je vis une foule prodigieuse de morts qui disaient, J'ai cru, j'ai cru; mais sur leur front il était écrit, J'ai fait; et ils étaient condamnés.

Le jésuite le Tellier paraissait fièrement la bulle *Unigenitus* à la main. Mais à ses côtés s'éleva tout d'un coup un monceau de deux mille lettres de cachet. Un janséniste y mit le feu, le Tellier fut brûlé jusqu'aux os, et le janséniste, qui n'avait pas moins cabalé que le jésuite, eut sa part de la brûlure.

Je voyais arriver à droite et à gauche des troupes de fakirs, de

54-55 K84, K12: rigoureusement. [*avec note*: Cela n'est pas juste; le cardinal de Lorraine avait allumé plus de bûchers que Calvin.] ¶Je

(en latin Calvinus) est souvent appelé par Voltaire Jean Chauvin quand il veut rappeler son origine picarde (voir D8992).

[5] Au temps des *QE*, Voltaire a trouvé une nouvelle anecdote relative à cette condamnation de la danse par Calvin. Dans une lettre à Gabriel Cramer, datée approximativement de 1772, il demande d'ajouter à l'errata 'qu'un syndic fut puni d'avoir laissé danser sa femme et sa famille, quelques moments après souper, et que maître Chauvin obligea Gentilis de sortir de la ville' (D17580). Il est question de Gentilis dans 'Arianisme' (*OCV*, t.38, p.600).

talapoins, de bonzes, de moines blancs, noirs et gris, qui s'étaient tous imaginé que pour faire leur cour à l'Etre suprême il fallait ou chanter, ou se fouetter, ou marcher tout nus. J'entendis une voix terrible qui leur demanda, Quel bien avez-vous fait aux hommes? A cette voix succéda un morne silence, aucun n'osa répondre, et ils furent tous conduits aux petites-maisons de l'univers; c'est un des plus grands bâtiments qu'on puisse imaginer.

L'un criait, C'est aux métamorphoses de Xaca qu'il faut croire; l'autre, C'est à celles de Sammonocodom; Bacchus arrêta le soleil et la lune, disait celui-ci; Les dieux ressuscitèrent Pelops, disait celui-là. Voici la bulle *in Coena Domini*, disait un nouveau venu, et l'huissier des juges criait, Aux petites-maisons, aux petites-maisons.

Quand tous ces procès furent vidés, j'entendis alors promulguer cet arrêt.

De par l'Eternel créateur,
Conservateur, rémunérateur,
Vengeur, pardonneur, etc. etc.

Soit notoire à tous les habitants des cent mille millions de milliards de mondes qu'il nous a plu de former, que nous ne jugerons jamais aucun desdits habitants sur leurs idées creuses, mais uniquement sur leurs actions, car telle est notre justice.

J'avoue que ce fut la première fois que j'entendis un tel édit; tous ceux que j'avais lus sur le petit grain de sable où je suis né, finissaient par ces mots; *car tel est notre plaisir*.

DONATIONS

La république romaine qui s'empara de tant d'Etats, en donna aussi quelques-uns.

Scipion fit Massinisse roi de Numidie.[1]

Lucullus, Sylla, Pompée, donnèrent une demi-douzaine de royaumes.

Cléopâtre reçut l'Egypte de César. Antoine, et ensuite Octave, donnèrent le petit royaume de Judée à Hérode.

Sous Trajan on frappa la fameuse médaille, *Regna assignata*; les royaumes accordés.[2]

Des villes, des provinces données en souveraineté à des prêtres, à des collèges pour la plus grande gloire de Dieu, ou des dieux; c'est ce qu'on ne voit dans aucun pays.

Mahomet et les califes ses vicaires, prirent beaucoup d'Etats pour la propagation de leur foi; mais on ne leur fit aucune donation. Ils ne tenaient rien que de leur Alcoran et de leur sabre.

La religion chrétienne qui fut d'abord une société de pauvres, ne

* L'article 'Donations' traduit sans doute l'insatisfaction de Voltaire devant celui de l'*Encyclopédie* qui traite longuement de vingt-quatre sortes de donations, sans faire mention des donations pieuses faites au Saint-Siège. Voltaire se scandalise, depuis l'*Essai sur les mœurs* et les *Annales de l'empire*, des prétendues donations faites aux papes par une série de souverains. Reléguant les 'donations entre particuliers' à la fin, il rassemble donc les griefs qu'il avait déjà formulés dans *Les Honnêtetés littéraires*, *Le Pyrrhonisme de l'histoire* et *Les Droits des hommes* dont il reprend plusieurs pages. Les 'prétendues donations' qu'il condamne font partie intégrante d'un problème beaucoup plus vaste, à savoir celui de l'élévation inadmissible du Saint-Siège et sa soif de domination, tant sur les terres que sur les esprits. L'article paraît en mars/avril 1771 (70, t.4).

[1] Ancien adversaire de Scipion l'Africain dans la deuxième guerre punique, puis son allié, Massinisse reçut la Numidie après la bataille de Zama (202 av. J.-C.).

[2] Cette médaille commémorait la campagne entreprise par Trajan en Asie (114-116). Ayant annexé l'Arménie, la Mésopotamie et la Parthie, il installa trois rois-clients éphémères, dont l'histoire ne retient que le nom de Parthamaspate, roi de Parthie.

vécut longtemps que d'aumônes. La première donation est celle d'Anania et de Saphira sa femme. Elle fut en argent comptant, et ne réussit pas aux donateurs. [3]

Donation de Constantin

La célèbre donation de Rome et de toute l'Italie au pape Silvestre par l'empereur Constantin, fut soutenue comme une partie du symbole jusqu'au seizième siècle. Il fallait croire que Constantin étant à Nicomédie, fut guéri de la lèpre à Rome, par le baptême qu'il reçut de l'évêque Silvestre, (quoiqu'il ne fût point baptisé) et que pour récompense il donna sur-le-champ sa ville de Rome et toutes ses provinces occidentales à ce Silvestre. Si l'acte de cette donation avait été dressé par le docteur de la Comédie-Italienne, il n'aurait pas été plus plaisamment conçu. On ajoute que Constantin déclara tous les chanoines de Rome consuls et patrices; *patricios et consules effici*; qu'il tint lui-même la bride de la haquenée sur laquelle monta le nouvel empereur évêque, *tenentes frenum equi illius*. [4]

32-33 K84: *illius*. [*avec note*: Voyez l'*Essai sur les mœurs etc.*, tome 1, pages 363 et 364, où cette donation se trouve traduite en entier.] ¶Quand

K12: *illius*. [*avec note*: Voyez l'*Essai sur les mœurs, etc.* tome 2, pages 10, 11, 12, où cette donation se trouve traduite en entier.] ¶Quand

[3] Voltaire aborde l'histoire de la mort d'Ananie et de Saphire, imputable à saint Pierre (Actes 5:1-10), dans l'article 'Pierre' du *DP* (*OCV*, t.36, p.451-52) et vient de le traiter pour la huitième fois dans l'article 'Apôtres' des *QE* (*OCV*, t.38, p.521-23 et n.73). Entre-temps il a déchargé sa colère dans les *Questions sur les miracles* (*M*, t.25, p.367); *Les Dernières Paroles d'Epictète* (*M*, t.25, p.126-27); *L'Examen important de Milord Bolingbroke* (*OCV*, t.62, p.298); *L'Epître aux Romains* (*M*, t.27, p.93-94); *Les Droits des hommes* (*OCV*, t.67, p.149); et *Dieu et les hommes* (*OCV*, t.69, p.445-46). Voir aussi les traits marginaux à côté du texte latin des Actes des Apôtres dans son exemplaire du *Commentaire littéral* de Calmet (*CN*, t.2, p.179).

[4] Le *Constitutum donatio Constantini* (pour le texte, traduit en entier, voir l'*Essai sur le mœurs*, t.1, ch.10, p.300-301) était une supercherie fabriquée entre 750 et 850, dont l'authenticité avait été mise en doute dès le quinzième siècle par le cardinal Nicolas de Cusa, le pape Pie II, et surtout par Lorenzo Valla: *De falso credita et ementita*

Quand on fait réflexion que cette belle histoire a été en Italie une espèce d'article de foi, et une opinion révérée du reste de l'Europe pendant huit siècles, qu'on a poursuivi comme des hérétiques ceux qui en doutaient, il ne faut plus s'étonner de rien. [5]

Donation de Pépin

Aujourd'hui on n'excommunie plus personne pour avoir douté que Pépin l'usurpateur ait donné et pu donner au pape l'exarchat de Ravenne. C'est tout au plus une mauvaise pensée, un péché véniel qui n'entraîne point la perte du corps et de l'âme.

Voici ce qui pourrait excuser les jurisconsultes allemands qui ont des scrupules sur cette donation. [6]

1°. Le bibliothécaire Anastase dont le témoignage est toujours cité, écrivait cent quarante ans après l'événement. [7]

2°. Il n'était point vraisemblable que Pépin mal affermi en

Constantini magna donatione (1440). Caesar Baronius, dans ses *Annales ecclesiastici* (1588-1607), conclut à son caractère de fraude pieuse, et dès lors l'Eglise jeta un voile pudique sur le document. La source de Voltaire peut être Pierre Du Moulin, *Nouveauté du papisme, opposée à l'antiquité du vrai christianisme* (Genève, 1633, BV1148), avec note marginale 'donation de Constantin' au chapitre 13 (*CN*, t.3, p.298).

[5] On trouve dans l'*Essai sur les mœurs* l'éclaircissement suivant: 'Croira-t-on qu'en 1478 on brûla dans Strasbourg des chrétiens qui osaient douter que Constantin eût cédé l'empire romain au pape?' (t.1, ch.10, p.302).

[6] Les jurisconsultes allemands (par exemple, Leibniz dans son *Codex juri gentium diplomaticus*) étaient depuis longtemps préoccupés par la thèse selon laquelle les empereurs devaient obéissance aux pontifes, et non l'inverse. Voir à ce propos les chapitres 11 à 13 du *Decretum Gratiani*, intitulé aussi *Concordia discordantium canonum*, première partie, division 96, qui traitaient précisément de cette proposition. La thèse de la suprématie du pape découlait, comme le chapitre 14 le prouvait, du texte même de la donation de Constantin, ce que Voltaire signalait dans *Les Honnêtetés littéraires* (*OCV*, t.63B, p.123).

[7] Anastasius Bibliothecarius fut nommé bibliothécaire du Vatican en 867 par Adrien II. L'objection de Voltaire se trouve dans les mêmes termes dans l'*Essai sur les mœurs* (t.1, ch.13, p.316), *Les Honnêtetés littéraires* (*OCV*, t.63B, p.122) et *Le Pyrrhonisme de l'histoire* (*OCV*, t.67, p.319).

France, et à qui l'Aquitaine faisait la guerre, allât donner en Italie des Etats qu'il avouait appartenir à l'empereur résidant à Constantinople.[8]

3°. Le pape Zacharie reconnaissait l'empereur romain-grec pour souverain de ces terres disputées par les Lombards, et lui en avait prêté serment, comme il se voit par les lettres de cet évêque de Rome Zacharie à l'évêque de Mayence Boniface. Donc Pépin ne pouvait donner au pape les terres impériales.[9]

4°. Quand le pape Etienne II fit venir une lettre du ciel, écrite de la propre main de saint Pierre à Pépin, pour se plaindre des vexations du roi des Lombards Astolphe, saint Pierre ne dit point du tout dans sa lettre que Pépin eût fait présent de l'exarchat de Ravenne au pape;[10] et certainement saint Pierre n'y aurait pas manqué, pour peu que la chose eût été seulement équivoque; il entend trop bien ses intérêts.

5°. Enfin, on ne vit jamais l'acte de cette donation; et ce qui est plus fort, on n'osa pas même en fabriquer un faux.[11] Il n'est pour toute preuve que des récits vagues mêlés de fables. On n'a donc au lieu de certitude que des écrits de moines absurdes, copiés de siècle en siècle.

L'avocat italien qui écrivit en 1722, pour faire voir qu'origi-

[8] Même si les *Carnets* parlent de 'Ravenne et vingt villes' (*OCV*, t.81, p.119) et précisent 'Ravenne, Boulogne, Ferrare, Rimini, Urbain, Comachio' (*OCV*, t.82, p.436), c'est uniquement le don de Ravenne que Voltaire niait constamment. Voir l'*Essai sur les mœurs* (t.1, ch.13, p.316-17); la *Conclusion et examen de ce tableau historique* (*M*, t.24, p.476-77); les *Annales de l'empire* (*M*, t.13, p.228); les *Eclaircissements historiques à l'occasion d'un libelle calomnieux contre l'Essai sur les mœurs*, 'Vingt-huitième sottise de Nonotte, Sur la donation de Pépin' (*M*, t.24, p.508); *Les Honnêtetés littéraires* (*OCV*, t.63B, p.122-23); *Les Droits des hommes* (*OCV*, t.67, p.149) et *Le Pyrrhonisme de l'histoire* (*OCV*, t.67, p.310-13).

[9] Zacharie fut pape de 741 à 752. 'Les dates de ces lettres montrent que le pape se reconnaissait toujours sujet de l'empereur de [Constantinople]' (Fleury, *Histoire ecclésiastique*, livre 42, an 744, ch.40).

[10] Voltaire cite cette lettre dans l'*Essai sur les mœurs*, t.1, p.316. Pour les circonstances qui expliquent la supercherie, voir p.315-17.

[11] Voir l'*Essai sur les mœurs* (t.1, p.317) et *Les Honnêtetés littéraires* (*OCV*, t.63B, p.122).

nairement Parme et Plaisance avaient été concédés au Saint-Siège comme une dépendance de l'exarchat, (*a*) assure que *les empereurs grecs furent justement dépouillés de leurs droits, parce qu'ils avaient soulevé les peuples contre Dieu.*[12] C'est de nos jours qu'on écrit ainsi! mais c'est à Rome. Le cardinal Bellarmin va plus loin; *Les premiers chrétiens*, dit-il, *ne supportaient les empereurs que parce qu'ils n'étaient pas les plus forts.*[13] L'aveu est franc; et je suis persuadé que Bellarmin a raison.

Donation de Charlemagne

Dans le temps que la cour de Rome croyait avoir besoin de titres, elle prétendit que Charlemagne avait confirmé la donation de l'exarchat, et qu'il y avait ajouté la Sicile, Venise, Bénévent, la Corse, la Sardaigne.[14] Mais comme Charlemagne ne possédait aucun de ces Etats, il ne pouvait les donner; et quant à la ville de Ravenne, il est bien clair qu'il la garda, puisque dans son testament il fait un legs à *sa ville de Ravenne*, ainsi qu'à *sa ville de Rome.*[15] C'est beaucoup que les papes aient eu Ravenne et la Romagne avec le temps. Mais pour Venise, il n'y a pas d'apparence qu'ils fassent

(*a*) p.120, seconde partie.

[12] Clément XI employa Giusto Fontanini à soutenir par ses écrits les prétentions du Saint-Siège sur Comaccio, Parme et Plaisance: *Istoria del dominio temporale della sede apostolica nel ducato di Parma e Picenza* (Rome, 1720). Dans *Le Pyrrhonisme de l'histoire*, Voltaire avait utilisé le même passage et indiqué sa source (*OCV*, t.67, p.314 et n.*a*).

[13] Même déclaration dans *Le Pyrrhonisme de l'histoire* (*OCV*, t.67, p.315). Dans la note *b*, Voltaire identifie sa source: *De romano pontifice*, livre 15, ch.7.

[14] Pour une liste plus longue des donations de Charlemagne, voir l'*Essai sur les mœurs* (t.1, ch.16, p.333). Voir aussi les *Annales de l'empire* (*M*, t.13, p.228); *Les Honnêtetés littéraires* (*OCV*, t.63B, p.122); *Le Pyrrhonisme de l'histoire* (*OCV*, t.67, p.320) et les *Carnets* (*OCV*, t.81, p.119).

[15] Voltaire avait des doutes sur le testament de Charlemagne publié par Eginhard (voir sa *Vie de Charlemagne*, Paris, 1923, p.94-103): *Doutes sur quelques points de l'histoire de l'empire* (*M*, t.24, p.35).

valoir dans la place Saint-Marc le diplôme qui leur en accorde la souveraineté.

On a disputé pendant des siècles sur tous ces actes, instruments, diplômes. Mais c'est une opinion constante, dit Giannone ce martyr de la vérité, que toutes ces pièces furent forgées du temps de Grégoire VII. (*b*) *E costante opinione presso i piu gravi scrittori che tutti questi istromenti e diplomi furono supposti ne' tempi d'Ildebrando.*[16]

Donation de Bénévent par l'empereur Henri III

La première donation bien avérée qu'on ait faite au siège de Rome, fut celle de Bénévent; et ce fut un échange de l'empereur Henri III avec le pape Léon IX; il n'y manqua qu'une formalité, c'est qu'il eût fallu que l'empereur qui donnait Bénévent, en fût le maître. Elle appartenait aux ducs de Bénévent; et les empereurs romains-grecs réclamaient leurs droits sur ce duché.[17] Mais l'histoire n'est

(*b*) Livre 9, ch.3.

[16] Voltaire cite fidèlement l'italien, quoiqu'il supprime après 'diplomi' les mots 'nella maniera che ora si veggono conceputi' (Pietro Giannone, *Istoria civile del regno di Napoli*, 4 vol., Venise, 1766, t.2, livre 9, ch.3, p.31; BV1465: 4 vol., Palmyre [Genève], 1762-1763). Sa traduction française est encore plus succincte, même s'il a marqué d'un signet annoté ('les donations de Charlemagne forgées sous Childebrand': *CN*, t.4, p.95) le passage équivalent dans la traduction qu'il possède: 'tous les auteurs les plus judicieux conviennent, que ces titres, et diplômes, de la manière qu'on les voit couchés aujourd'hui, furent supposés dans les temps d'Hildebrand' (*Histoire civile du royaume de Naples*, 4 vol., La Haye [Genève], 1742, tome 2, livre 9, ch.3, p.51, BV1464). Excommunié, persécuté et obligé de s'exiler, Giannone trouva refuge à Genève. Mais s'étant aventuré sur le territoire de Savoie, il fut saisi par la police sarde, et renfermé dans la citadelle de Turin où il mourut. Voltaire parle de lui avantageusement dans *Le Siècle de Louis XIV* (*OH*, p.790 et 1030), les *Annales de l'empire* (*M*, t.13, p.276), *Des mensonges imprimés* (*OCV*, t.31B, p.389) et dans l'article 'Bulle' des *QE* (*OCV*, t.39, p.487).

[17] Voir l'*Essai sur les mœurs*: 'Le Saint-Siège n'eut Bénévent que longtemps après, par la concession très équivoque qu'on croit que l'empereur Henri le Noir lui fit vers l'an 1047. Cette concession se réduisit à la ville, et ne s'étendit point jusqu'au duché. Il

autre chose que la liste de ceux qui se sont accommodés du bien d'autrui.

Donation de la comtesse Mathilde

La plus considérable des donations et la plus authentique, fut celle de tous les biens de la fameuse comtesse Mathilde à Grégoire VII. C'était une jeune veuve qui donnait tout à son directeur. Il passe pour constant que l'acte en fut réitéré deux fois, et ensuite confirmé par son testament.

Cependant, il reste encore quelque difficulté. On a toujours cru à Rome que Mathilde avait donné tous ses Etats, tous ses biens présents et à venir à son ami Grégoire VII, par un acte solennel dans son château de Canossa en 1077, pour le remède de son âme et de l'âme de ses parents. Et pour corroborer ce saint instrument, on nous en montre un second de l'an 1102, par lequel il est dit, que c'est à Rome qu'elle a fait cette donation, laquelle s'est égarée, et qu'elle la renouvelle, et toujours pour le remède de son âme.[18]

Comment un acte si important était-il égaré? la cour romaine est-elle si négligente? comment cet instrument écrit à Canosse avait-il été écrit à Rome? que signifient ces contradictions? Tout ce qui est bien clair, c'est que l'âme des donataires se portait mieux que l'âme de la donatrice qui avait besoin pour se guérir de se dépouiller de tout en faveur de ses médecins.

---

ne fut point question de confirmer le don de Charlemagne' (t.1, ch.16, p.334; voir aussi ch.40, p.453) et *Le Pyrrhonisme de l'histoire* (*OCV*, t.67, p.320).

[18] Mathilde de Toscane, sœur de l'empereur Henri III, et tante de l'empereur Henri IV, renouvela son don (lors du concile de mars 1102), alléguant le vol de l'acte de la donation de 1077 par des agents de l'empereur. Voltaire avait à portée de la main le texte du don renouvelé: voir Claude Fleury, *Histoire ecclésiastique*, 35 vol. (Paris, 1720-1738, BV1350; *CN*, t.3, p.527), t.14, livre 15, p.46, et Charles Hugues Le Febvre de Saint-Marc, *Abrégé chronologique de l'histoire générale de l'Italie*, 3 vol. (Paris, 1761-1766, BV1992; *CN*, t.5, p.277, signets sur la donation de la comtesse Mathilde). Même incrédulité à son égard dans l'*Essai sur les mœurs* (t.1, ch.46, p.501), *Les Droits des hommes* (*OCV*, t.67, p.170), le *Précis du siècle de Louis XV* (*OH*, p.1538).

Enfin, voilà donc en 1102 une souveraine réduite par un acte en forme à ne pouvoir pas disposer d'un arpent de terre; et depuis cet acte jusqu'à sa mort en 1115, on trouve encore des donations de terres considérables faites par cette même Mathilde à des chanoines et à des moines. Elle n'avait donc pas tout donné. Et enfin, cet acte de 1102 pourrait bien avoir été fait après sa mort par quelque habile homme.

La cour de Rome ajouta encore à tous ses droits le testament de Mathilde qui confirmait ses donations. Les papes ne produisirent jamais ce testament.

Il fallait encore savoir si cette riche comtesse avait pu disposer de ses biens, qui étaient la plupart des fiefs de l'empire.[19]

L'empereur Henri V son héritier, s'empara de tout; ne reconnut ni testament, ni donations, ni fait, ni droit.[20] Les papes en temporisant gagnèrent plus que les empereurs en usant de leur autorité, et avec le temps ces Césars devinrent si faibles, qu'enfin les papes ont obtenu de la succession de Mathilde ce qu'on appelle aujourd'hui le *patrimoine de saint Pierre*.

Donation de la suzeraineté de Naples aux papes[21]

Les gentilshommes normands qui furent les premiers instruments de la conquête de Naples et de Sicile, firent le plus bel exploit de chevalerie dont on ait jamais entendu parler. Quarante à cinquante

[19] Ce n'est que dans le *Précis du siècle de Louis XV* que Voltaire explicite le problème en ces termes-là: 'Quant à la comtesse Mathilde [...] cette donation a toujours été regardée comme nulle par tous les jurisconsultes impériaux, n'étant pas permis de disposer d'aucun fief de l'empire sans le consentement du suzerain' (*OH*, p.1538).

[20] Non seulement Henri V renouvela lors de son avènement la querelle des investitures, mais en 1117 il alla aussi en Italie 'se mettre en possession des terres de Mathilde, et [...] se venger du pape' (*Annales de l'empire*, *M*, t.13, p.308).

[21] Toute cette section, sauf deux variantes insignifiantes et le dernier paragraphe, avait paru dans *Les Droits des hommes*. Pour l'annotation, voir *OCV*, t.67, p.150-53, n.13-20.

hommes seulement, délivrent Salerne au moment qu'elle est prise par une armée de Sarrasins. Sept autres gentilshommes normands, tous frères, suffisent pour chasser ces mêmes Sarrasins de toute la contrée, et pour l'ôter à l'empereur grec qui les avait payés d'ingratitude. Il est bien naturel que les peuples dont ces héros avaient ranimé la valeur, s'accoutumassent à leur obéir par admiration et par reconnaissance.

Voilà les premiers droits à la couronne des Deux-Siciles. Les évêques de Rome ne pouvaient pas donner ces Etats en fief plus que le royaume de Boutan ou de Cachemire.

Ils ne pouvaient même en accorder l'investiture quand on la leur aurait demandée; car dans le temps de l'anarchie des fiefs, quand un seigneur voulait tenir son bien allodial en fief pour avoir une protection, il ne pouvait s'adresser qu'à son seigneur suzerain. Or certainement le pape n'était pas seigneur suzerain de Naples, de la Pouille, et de la Calabre.

On a beaucoup écrit sur cette vassalité prétendue, mais on n'a jamais remonté à la source. J'ose dire que c'est le défaut de presque tous les jurisconsultes, comme de tous les théologiens. Chacun tire bien ou mal, d'un principe reçu, les conséquences les plus favorables à son parti. Mais ce principe est-il vrai? Ce premier fait sur lequel ils s'appuient, est-il incontestable? C'est ce qu'ils se donnent bien de garde d'examiner. Ils ressemblent à nos anciens romanciers qui supposaient tous que Francus avait apporté en France le casque d'Hector. Ce casque était impénétrable sans doute: mais Hector en effet l'avait-il porté? Le lait de la vierge est aussi très respectable; mais vingt sacristies qui se vantent d'en posséder une roquille, la possèdent-ils en effet?

Les hommes de ce temps-là aussi méchants qu'imbéciles, ne s'effrayaient pas des plus grands crimes; et redoutaient une excommunication qui les rendait exécrables aux peuples encore plus méchants qu'eux, et beaucoup plus sots.

153 K84, K12: qu'au souverain, au chef du pays où ce bien était situé. Or
154 K84, K12: seigneur souverain de

Robert Guiscard et Richard vainqueurs de la Pouille et de la Calabre, furent d'abord excommuniés par le pape Léon IX. Ils s'étaient déclarés vassaux de l'empire: mais l'empereur Henri III mécontent de ces feudataires conquérants, avait engagé Léon IX à lancer l'excommunication à la tête d'une armée d'Allemands. Les Normands qui ne craignaient point ces foudres comme les princes d'Italie les craignaient, battirent les Allemands et prirent le pape prisonnier. Mais pour empêcher désormais les empereurs et les papes de venir les troubler dans leurs possessions, ils offrirent leurs conquêtes à l'Eglise sous le nom d'*oblata*. C'est ainsi que l'Angleterre avait payé le *denier de saint Pierre*, c'est ainsi que les premiers rois d'Espagne et de Portugal, en recouvrant leurs Etats contre les Sarrasins, promirent à l'Eglise de Rome deux livres d'or par an. Ni l'Angleterre, ni l'Espagne, ni le Portugal ne regardèrent jamais le pape comme leur seigneur suzerain.

Le duc Robert *oblat* de l'Eglise, ne fut pas non plus feudataire du pape; il ne pouvait pas l'être, puisque les papes n'étaient pas souverains de Rome. Cette ville alors était gouvernée par son sénat, et l'évêque n'avait que du crédit; le pape était à Rome précisément ce que l'électeur est à Cologne. Il y a une différence prodigieuse entre être oblat d'un saint et être feudataire d'un évêque.

Baronius, dans ses *Actes*, rapporte l'hommage prétendu fait par Robert duc de la Pouille et de la Calabre à Nicolas II; mais cette pièce est suspecte comme tant d'autres, on ne l'a jamais vue; elle n'a jamais été dans aucune archive. Robert s'intitula, *Duc par la grâce de Dieu et de saint Pierre*. Mais certainement saint Pierre ne lui avait rien donné, et n'était point roi de Rome.

Les autres papes, qui n'étaient pas plus rois que saint Pierre, reçurent sans difficulté l'hommage de tous les princes qui se présentèrent pour régner à Naples, surtout quand ces princes furent les plus forts.

Donation de l'Angleterre et de l'Irlande aux papes, par le roi Jean

En 1213 le roi Jean, vulgairement nommé *Jean sans terre*, et plus justement *sans vertu*, étant excommunié, et voyant son royaume mis en interdit, le donna au pape Innocent III et à ses successeurs. *Non contraint par aucune crainte, mais de mon plein gré et de l'avis de mes barons, pour la rémission de mes péchés contre Dieu et l'Eglise; je résigne l'Angleterre et l'Irlande à Dieu, à saint Pierre, à saint Paul et à monseigneur le pape Innocent et à ses successeurs dans la chaire apostolique.*[22]

Il se déclara feudataire lieutenant du pape; paya d'abord huit mille livres sterling comptant au légat Pandolphe; promit d'en payer mille tous les ans.[23] Donna la première année d'avance au légat qui la foula aux pieds, et jura entre ses genoux qu'il se soumettait à tout perdre faute de payer à l'échéance.

Le plaisant de cette cérémonie fut que le légat s'en alla avec son argent, et oublia de lever l'excommunication.

Examen de la vassalité de Naples et de l'Angleterre

On demande laquelle vaut le mieux de la donation de Robert Guiscard, ou de celle de Jean sans terre; tous deux avaient été excommuniés; tous deux donnaient leurs Etats à saint Pierre, et n'en étaient plus que les fermiers. Si les barons anglais s'indignèrent du marché infâme de leur roi avec le pape et le cassèrent, les

207 K84, K12: *par une crainte*

[22] Pour avoir refusé la nomination de Stephen Langton comme archevêque de Cantorbéry, Jean sans Terre vit Innocent III jeter l'interdit sur le royaume (23 mars 1208); en novembre 1209, Jean fut lui-même excommunié. Une rédaction différente de sa donation se trouve dans l'*Essai sur les mœurs*, t.1, ch.50, p.533.

[23] Il promit de payer 700 marcs d'argent pour l'Angleterre, et 300 marcs pour l'Irlande. Voir l'*Essai sur les mœurs*, t.1, ch.50, p.533.

barons napolitains ont pu casser celui du duc Robert: et s'ils l'ont pu autrefois, ils le peuvent aujourd'hui.

De deux choses l'une; ou l'Angleterre et la Pouille étaient données au pape selon la loi de l'Eglise, ou selon la loi des fiefs, ou comme à un évêque, ou comme à un souverain. Comme à un évêque, c'était précisément contre la loi de Jésus-Christ qui défendit si souvent à ses disciples de rien prendre, et qui leur déclara que son royaume n'est point de ce monde.

Si comme à un souverain; c'était un crime de lèse-majesté impériale. Les Normands avaient déjà fait hommage à l'empereur. Ainsi nul droit ni spirituel, ni temporel n'appartenait aux papes dans cette affaire. Quand le principe est si vicieux, tous les effets le sont. Naples n'appartient donc pas plus au pape que l'Angleterre.

Il y a encore une autre façon de se pourvoir contre cet ancien marché, c'est le droit des gens plus fort que le droit des fiefs. Ce droit des gens ne veut pas qu'un souverain appartienne à un autre souverain; et la loi la plus ancienne est qu'on soit le maître chez soi, à moins qu'on ne soit le plus faible.[24]

Des donations faites par les papes

Si on a donné des principautés aux évêques de Rome, ils en ont donné bien davantage. Il n'y a pas un seul trône en Europe dont ils n'aient fait présent. Dès qu'un prince avait conquis un pays, ou même voulait le conquérir, les papes le lui accordaient au nom de

234 w68: droit spirituel

[24] Dès l'époque de l'*Histoire de Charles XII* (*OCV*, t.4, p.175, 242, etc.), Voltaire est plus terre-à-terre pour ce qui est de cette 'loi la plus ancienne', comme il devait incessamment l'être dans l'article 'Droit' des *QE* (voir ci-dessous, p.528, n.*). Dans les *Lettres philosophiques*, 'Sur les *Pensées* de M. Pascal', il avait proposé cette définition: 'L'homme le plus mal taillé ne cède pas non plus son pain à l'autre, mais le plus fort l'enlève au plus faible, et chez les animaux et chez les hommes, les gros mangent les petits' (t.2, p.222-23).

saint Pierre. Quelquefois même ils firent les avances, et l'on peut dire qu'ils ont donné tous les royaumes excepté celui des cieux.

Peu de gens en France savent que Jules II donna les Etats du roi Louis XII à l'empereur Maximilien,[25] qui ne put s'en mettre en possession; et l'on ne se souvient pas assez que Sixte-Quint, Grégoire XIV et Clément VIII furent prêts de faire une libéralité de la France à quiconque Philippe II aurait choisi pour le mari de sa fille Claire Eugénie.[26]

Quant aux empereurs, il n'y en a pas un depuis Charlemagne, que la cour de Rome n'ait prétendu avoir nommé. C'est pourquoi Swift, dans son *Conte du tonneau*, dit, que milord Pierre devint tout à fait fou, et que Martin et Jean ses frères voulurent le faire enfermer par avis de parents.[27] Nous ne rapportons cette témérité que comme un blasphème plaisant d'un prêtre anglais contre l'évêque de Rome.

Toutes ces donations disparaissent devant celle des Indes orientales et occidentales, dont Alexandre VI investit l'Espagne et le Portugal de sa pleine puissance et autorité divine: c'était

249 70, 71N, 71A: l'empereur Frédéric III, qui
251 K12: furent près de
259 70, 71N, 71A: blasphème d'un

[25] C'est en 1510 que Jules II excommunia Louis XII et mit la France en interdit. Il renouvela excommunication et interdiction au concile de Latran en 1512. Dans certains textes précédents, soit Voltaire n'avait rien dit sur ce don de la France (voir l'*Essai sur les mœurs*, t.2, ch.113, p.108), soit il s'était contenté de dire que le pape avait octroyé le royaume à qui pouvait le prendre: 'Jules II [...] excommunia Louis XII, donna son royaume au premier occupant' (*Traité sur la tolérance*, *OCV*, t.56C, p.141). Voir Fleury, *Histoire ecclésiastique*, livre 122, an 1512, ch.116.

[26] Entre 1584 et 1594 Philippe II d'Espagne cherchait à placer sa fille, Clara Eugenia, sur le trône de France. Dynastiquement parlant, elle était après tout la plus proche héritière de Henri III, étant sa nièce. Ici Voltaire évoque les années 1590-1593.

[27] *A tale of a tub* (*Ferney catalogue* n° 2774), publié en 1704, qui raconte les aventures de trois frères (Pierre, catholique, Martin, anglican, et Jean, calviniste), constitue une histoire satirique et fantaisiste de la chrétienté. Voir les *Lettres philosophiques* (t.2, p.136, variante).

donner presque toute la terre.[28] Il pouvait donner de même les globes de Jupiter et de Saturne avec leurs satellites.

Donations entre particuliers

Les donations des citoyens se traitent tout différemment. Les codes des nations sont convenus d'abord unanimement, que personne ne peut donner le bien d'autrui, de même que personne ne peut le prendre. C'est la loi des particuliers.

En France la jurisprudence fut incertaine sur cet objet, comme sur presque tous les autres, jusqu'à l'année 1731, où l'équitable chancelier d'Aguesseau ayant conçu le dessein de rendre enfin la loi uniforme, ébaucha très faiblement ce grand ouvrage par l'édit sur les *donations*. Il est rédigé en quarante-sept articles.[29] Mais en voulant rendre uniformes toutes les formalités concernant les donations, on excepta la Flandre de la loi générale; et en exceptant la Flandre on oublia l'Artois qui devrait jouir de la même exception; de sorte que six ans après la loi générale, on fut obligé d'en faire pour l'Artois une particulière.[30]

273 70, 71N, 71A: ébaucha du moins ce

[28] On dit communément même de nos jours, et Voltaire répète aussi (voir par exemple, l'*Essai sur les mœurs*, t.2, ch.149, p.364), que c'est par la bulle *Inter caetera* du 4 mai 1493 qu'Alexandre VI Borgia partagea les Indes Orientales et Occidentales entre l'Espagne et le Portugal. En réalité il partagea les *terres à découvrir*. La version selon laquelle il aurait divisé le monde en deux moitiés ne fit surface, avec les Espagnols, qu'en 1518. Ce fut le Traité de Saragosse (22 avril 1529) qui octroya les terres à l'est au Portugal, et les terres à l'ouest à l'Espagne.

[29] Il s'agit de l'*Ordonnance de Louis XV pour fixer la jurisprudence sur la nature, la forme, les charges ou les conditions des donations*, qui date du 17 février 1731. En faisant promulguer cette ordonnance, le but de d'Aguesseau était de tirer de la jurisprudence assez contradictoire des divers parlements et cours souveraines une doctrine représentant les meilleures traditions du droit français. Voltaire possédait les *Œuvres* de d'Aguesseau, 10 vol. (Yverdon, 1763-1765, BV21) qu'il a annotées (*CN*, t.1, p.69-72).

[30] La décision fut prise cinq (non six) ans après: la *Déclaration du roi, portant que l'Artois n'est point censé compris dans les articles 19, 20 et suivant, jusqu'à l'article 32 de*

On fit surtout ces nouveaux édits concernant les donations et les testaments,[31] pour écarter tous les commentateurs qui embrouillent les lois; et on en a déjà fait dix commentaires.

Ce qu'on peut remarquer sur les donations, c'est qu'elles s'étendent beaucoup plus loin qu'aux particuliers à qui on fait un présent. Il faut payer pour chaque présent aux fermiers du domaine royal, droit de contrôle, droit d'insinuation, droit de centième denier, droit de deux sous pour livre, droit de huit sous pour livre.[32]

De sorte que toutes les fois que vous donnez à un citoyen, vous êtes bien plus libéral que vous ne pensez. Vous avez le plaisir de contribuer à enrichir les fermiers généraux; mais cet argent ne sort point du royaume, comme celui qu'on paie à la cour de Rome.

288-89 70: livres. ¶De

l'Ordonnance du mois de février 1731, concernant les formalités des insinuations des donations fut donnée le 17 janvier 1736.

[31] L'*Ordonnance de Louis XV concernant les testaments* est de la fin du mois d'août 1735.

[32] Contrôle et insinuation étaient les deux parties essentielles de nos droits d'enregistrement modernes. Toute donation devait passer devant notaire, être minutée et transcrite en entier dans les registres de l'insinuation (voir l'*Encyclopédie*, t.5, p.46-47). Comme propriétaire terrien Voltaire connaissait bien la taxe du centième denier, ou droit d'insinuation, et surtout la possibilité de s'en faire exempter; voir 'Voltaire comments on the centième, 1759', *SVEC* 77 (1970), p.77-78; D8307 et D.app.177. Sur le droit de deux sous pour livre, voir *L'Homme aux quarante écus*, *OCV*, t.66, p.367, n.6.

LES SEPT DORMANTS

La fable imagina qu'un Epiménide avait dormi d'un somme pendant vingt-sept ans, et qu'à son réveil il fut tout étonné de trouver ses petits-enfants mariés qui lui demandaient son nom; ses amis morts, sa ville et les mœurs des habitants changées. [1] C'était un beau champ à la critique, et un plaisant sujet de comédie. La légende a emprunté tous les traits de la fable, et les a grossis.

L'auteur de la *Légende dorée* [2] ne fut pas le premier qui au treizième siècle, au lieu d'un dormeur nous en donna sept, et en fit bravement sept martyrs. Il avait pris cette édifiante histoire chez

* Dans d'autres ouvrages, tels le *Sermon des cinquante* et *L'Examen important de Milord Bolingbroke*, Voltaire avait nié les miracles décrits dans l'Evangile. Dans les *QE*, il est plus circonspect: il distingue entre les miracles opérés par Jésus-Christ et par ses apôtres auxquels on doit croire et les miracles récents qui 'n'ont pas la même authenticité' (article 'Miracles', *M*, t.20, p.81; voir aussi l'article 'Miracles' du *DP*, *OCV*, t.36, p.377). Ici Voltaire met en doute le miracle des sept dormants: il montre l'origine de ce miracle dans la fable païenne et il expose le raisonnement absurde des écrivains modernes qui le défendent. L'*Encyclopédie* ne contient pas d'article sur les sept dormants. Le présent article paraît en mars/avril 1771 (70, t.4). Le titre courant dans 70 est 'Sept dormeurs'.

[1] Selon Diogène Laërce, le poète crétois Epiménide s'est égaré un jour dans les champs et est entré dans une caverne où il a dormi 57 ans (*Vies, doctrines et sentences des philosophes illustres*, livre 1, section 110). Il serait mort à 154 ans. Selon d'autres sources, son repos dure 40 ans (Pausanias), 50 ans (Plutarque) et 57 ans (Pline) – voir Martin L. Colker, 'A medieval Rip van Winkle story', *Journal of American Folklore* 76, n° 300 (1963), p.131-33. Voltaire a déjà donné le chiffre de 57 ans dans l'*Extrait des sentiments de Jean Meslier* (*OCV*, t.56A, p.126) – ici le typographe chez Cramer s'est-il trompé en lisant '27' au lieu de '57'? Ou Voltaire, écrivant de mémoire, s'est-il trompé?

[2] *La Légende dorée* (*Legenda aurea*), par le dominicain Jacques de Voragine (Iacopo da Varazze), archevêque de Gênes au treizième siècle, fut un célèbre recueil des vies de saints. Voir *La Légende dorée*, dir. Alain Boureau (Paris, 2004), ch.97, 'Les sept dormants', p.543-47. Il n'est pas surprenant que le livre ne se trouve pas dans la bibliothèque de Voltaire: lorsqu'il écrit cet article, *La Légende dorée* n'a pas été rééditée en France, ni en latin, ni en traduction française, depuis le milieu du seizième siècle (voir *La Légende dorée*, p.lxxxvi-lxxxix).

Grégoire de Tours,[3] écrivain véridique qui l'avait prise chez Sigebert,[4] qui l'avait prise chez Métaphraste,[5] qui l'avait prise chez Nicéphore.[6] C'est ainsi que la vérité arrive aux hommes de main en main.

Le révérend père Pierre Ribadeneira de la Compagnie de Jésus, enchérit encore sur la *Légende dorée* dans sa célèbre *Fleur des saints*,[7] dont il est fait mention dans le *Tartuffe* de Molière.[8] Elle

[3] Saint Grégoire de Tours raconte l'histoire des sept dormants dans le *Passio septem dormientium apud Ephesum* (*Monumenta Germaniae Historica*, *Scriptores rerum Merovingicarum*, 7 vol., éd. Bruno Krusch, t.7, Hanovre et Leipzig, 1920, p.757-69) et, plus brièvement, dans *In gloria martyrum*.

[4] Le bénédictin Sigebert de Gembloux, auteur d'une histoire universelle ou *Chronicon* (de 381 à 1110). Pour ses propos sur les sept dormants, voir *Patrologia latina*, t.160, colonne 83. En fait, Grégoire de Tours, qui a vécu des siècles avant Sigebert de Gembloux, Siméon le Métaphraste et Nicéphore Callistus, prétend avoir pris l'histoire des sept dormants d'un 'certain Syriaque' (*MGH*, *Scriptores rerum Merovingicarum*, t.7, p.769).

[5] Siméon le Métaphraste a compilé la *Ménologie*, vies des saints de l'Eglise byzantine. Sur les sept dormants, voir *Symeonis Logothetae, cognomento Metaphrastae, opera omnia* (*Patrologia graeca*, t.115, p.427-48).

[6] Nicephorus Callistus Xanthopolous, auteur de l'ouvrage *Ecclesiasticae historiae* en 23 volumes. Voltaire a eu beaucoup de peine à obtenir l'ouvrage *De vita et morte Mosis libri tres*. [...] *Nicephori Callisti Menologium breve ecclesiasticum*, éd. Johann Albert Fabricius (Hambourg, 1714, BV957; *CN*, t.3, p.64-65) – voir la lettre de Voltaire à Marmontel du 13 janvier 1768 (D14665 et n.2).

[7] Voltaire possède *Les Nouvelles Fleurs de la vie des saints, et des fêtes de toute l'année, suivant l'usage du calendrier réformé* [...] *Revues, corrigées et mises dans la pureté de notre langue par le P. Antoine Girard*, 2 vol. (Paris, 1673-1686, BV2970; *CN*, t.7, p.338-43) de Pedro Ribadeneyra. C'est ce livre qui fournit la source unique de l'article: Grégoire de Tours, Sigebert, Métaphraste et Nicéphore sont tous cités par Ribadeneyra (voir *Les Fleurs des vies des saints et des fêtes de toute l'année*, trad. René Gautier, nouvelle édition, revue, corrigée et mise dans la pureté de notre langue par M. B[audoin], 2 vol., Paris, Compagnie des libraires, 1686, t.2, p.66). Voltaire savait bien que Ribadeneyra avait puisé dans *La Légende dorée*: '*La Fleur des Saints*, compilation extravagante du jésuite Ribadeneira; c'est un extrait de *La Légende dorée*, traduit et augmenté par le frère Girard, jésuite' (*Le Russe à Paris*, *M*, t.10, p.130); sur la conjonction entre ces deux textes, voir aussi le *Traité sur la tolérance* (*OCV*, t.56C, p.184, 308) et l'article 'Religion' du *DP* (*OCV*, t.36, p.485).

[8] Molière, *Tartuffe*, acte 1, scène 2, vers 207-10: 'Le traître, l'autre jour, nous rompit de ses mains, / Un mouchoir qu'il trouva dans une *Fleur des saints*, / Disant que nous mêlions par un crime effroyable, / Avec la sainteté les parures du diable.'

fut traduite, augmentée et enrichie de tailles-douces par le révérend père Antoine Girard de la même société;[9] rien n'y manque.

Quelques curieux seront peut-être bien aises de voir la prose du révérend père Girard, la voici.

'Du temps de l'empereur Dèce, l'Eglise reçut une furieuse et épouvantable bourrasque; entre les autres chrétiens l'on prit sept frères, jeunes, bien dispos et de bonne grâce, qui étaient enfants d'un chevalier d'Ephèse, et qui s'appelaient Maximien, Marie, Martinien, Denis, Jean, Sérapion et Constantin. L'empereur leur ôta d'abord leurs ceintures dorées... ils se cachèrent dans une caverne; l'empereur en fit murer l'entrée pour les faire mourir de faim.'[10]

Aussitôt ils s'endormirent tous sept, et ne se réveillèrent qu'après avoir dormi cent soixante et dix-sept ans.

Le père Girard loin de croire que ce soit un *conte à dormir debout*, en prouve l'authenticité par les arguments les plus démonstratifs: et quand on n'aurait d'autre preuve que les noms des sept assoupis, cela suffirait: on ne s'avise pas de donner des noms à des gens qui n'ont jamais existé. Les sept dormants ne pouvaient être ni trompés, ni trompeurs. Aussi ce n'est pas pour contester cette histoire que nous en parlons, mais seulement pour remarquer qu'il n'y a pas un seul événement fabuleux de l'antiquité qui n'ait été rectifié par les anciens légendaires. Toute l'histoire d'Œdipe, d'Hercule, de Thésée se trouve chez eux accommodée à leur manière. Ils ont peu inventé, mais ils ont beaucoup perfectionné.

J'avoue ingénument que je ne sais pas d'où Nicéphore avait tiré cette belle histoire. Je suppose que c'était de la tradition d'Ephèse; car la caverne des sept dormants, et la petite église qui leur est dédiée, subsistent encore.[11] Les moins éveillés des pauvres Grecs y

[9] Voltaire a cette traduction sous les yeux (voir ci-dessus, p.525, n.7).

[10] Voir Ribadeneyra, *Les Fleurs des vies des saints*, trad. Gautier, t.2, p.65.

[11] La grotte dite 'des sept dormants' et les restes d'une église qui l'a surmontée se trouvent au flanc nord-est du mont Pion (Panayir Dag), entre la ville moderne de Selçuk et le site de la ville ancienne d'Ephèse, dans la province d'Izmir en Turquie. L'église date du règne de Théodose Ier; la grotte a contenu des tombeaux encore plus

viennent faire leurs dévotions. Le chevalier Ricaut[12] et plusieurs autres voyageurs anglais[13] ont vu ces deux monuments; mais pour leurs dévotions, ils ne les y ont pas faites.

Terminons ce petit article par le raisonnement d'Abadie.[14] Voilà des *mémoriaux* institués pour célébrer à jamais l'aventure des sept dormants. Aucun Grec n'en a jamais douté dans Ephèse; ces Grecs n'ont pu être abusés; ils n'ont pu abuser personne; donc l'histoire des sept dormants est incontestable.

anciens – voir Clive Foss, *Ephesus after antiquity: a late antique, Byzantine, and Turkish city* (Cambridge, 1978), p.84-86.

[12] Sir Paul Rycaut, diplomate anglais, chancelier de la Levant Company à Constantinople, auteur d'ouvrages importants sur l'empire ottoman, raconte sa visite à Ephèse dans l'*Histoire de l'état présent de l'Eglise grecque, et de l'Eglise arménienne*, trad. J.-B. de Rosemond (Amsterdam, 1696, BV3053), où on lit: 'A quelque distance de ces fonds, on nous fit voir la grotte des sept dormants [...] Les chrétiens qui demeuraient anciennement à Ephèse, doutaient si peu de la vérité de cette histoire, qu'ils ont bâti une chapelle à ces sept dormants. Il en reste encore une partie, dont la peinture n'est pas entièrement effacée' (p.43).

[13] Voir, par exemple, Richard Pococke, *A description of the East and some other countries*, 3 vol. (Londres, 1743-1745), t.3, p.52 (traduction française par de La Flotte, Paris, 1772-1773, BV2775; *CN*, t.7, p.122-23), et Edmund Chishull, *Travels in Turkey and back to England* (Londres, 1747), p.25.

[14] Le pasteur suisse Jacques Abbadie défend maints miracles chrétiens dans son *Traité de la vérité de la religion chrétienne, où l'on établit la religion chrétienne par ses propres caractères* (Amsterdam et Rotterdam, 1684; BV6: La Haye, 1750; *CN*, t.1, p.59-67). Voltaire a déjà critiqué les arguments de ce 'mauvais raisonneur' dans *L'Examen important de Milord Bolingbroke* (1766) – voir *OCV*, t.62, p.175 et n.20, p.181 et n.27.

DROIT

Droit des gens, droit naturel, droit public

Je ne connais rien de mieux sur ce sujet que ces vers de l'Arioste au chant XLIV.[1]

Fan' lega oggi ré, papi, imperatori
Doman' saranno capitali nimici
Perche quella apparenza esteriori
Non hanno i cor' non hanno gli animi tali

* L'article 'Droit' des *QE* ne vise pas directement les articles de l'*Encyclopédie* 'Droit des gens', 'Droit de la nature, ou droit naturel' et 'Droit public', de Boucher d'Argis, mais plutôt le sérieux avec lequel ce juriste traite du droit et de ses théoriciens illustres, Grotius et Pufendorf. Une telle attitude n'était pas faite pour impressionner Voltaire, qui cachait mal son dédain pour leurs systèmes rébarbatifs s'autorisant de sources qu'il récusait, l'Ancien Testament ou les Pères de l'Eglise par exemple. Il n'a jamais beaucoup prisé Grotius (voir *L'A.B.C.*, premier entretien, *M*, t.27, p.311-12, 314-15, 326; *L'Homme aux quarante écus*, *OCV*, t.66, p.407; les articles 'Arot et Marot', *OCV*, t.39, p.37, et 'Lois (Esprit des)', *M*, t.20, p.1, des *QE*, ainsi que D14039), et il a constamment affiché son mépris pour Pufendorf (*Histoire de Charles XII*, 'Lettre à M. Norberg', *OCV*, t.4, p.562-63; le chapitre 123 de l'*Essai sur les mœurs*, t.2, p.180; *Pensées sur le gouvernement*, *M*, t.23, p.523; *Lettres à Son Altesse Monseigneur le prince de ****, *OCV*, t.63B, p.449), jugement répercuté dans l'article 'Athéisme' des *QE* (*OCV*, t.39, p.190). Une phrase du *Siècle de Louis XIV* résume son insatisfaction: 'Ils [les ouvrages de Grotius et Pufendorf] donnent l'idée de la justice, comme on a les portraits des personnes célèbres qu'on ne peut voir' (*OH*, p.1136). Voltaire s'en prend à leurs théories tellement éloignées de la réalité (*L'A.B.C.*, premier entretien, *M*, t.27, p.261), donc à l'ensemble d'un système et non pas aux détails. Le prétendu droit des gens et des nations se trouve souvent contredit par le droit naturel, s'il n'est pas carrément subverti par le droit positif, c'est-à-dire le droit arbitraire des princes, le droit du plus fort (*Carnets*, *OCV*, t.82, p.526, 595). Cet article paraît en mars/avril 1771 (70, t.4).

[1] Arioste, *Orlando furioso*, chant 44, strophe 2. Ce texte ne figure plus dans la bibliothèque de Voltaire, mais il en possédait quatre éditions (*Ferney catalogue* nos 98-101). Une deuxième version se trouve dans l'article 'Epopée' des *QE*, et une version manuscrite, presque identique à celle-ci, se trouve dans les *Carnets* (*OCV*, t.81, p.236). Il s'agit dans les deux cas de traductions très libres.

Che non guardando al torto piu che a dritto
Attendon' solamente al'lor profitto.

Rois, empereurs et successeurs de Pierre
Au nom de Dieu signent un beau traité;
Le lendemain ces gens se font la guerre.
Pourquoi cela? C'est que la piété,
La bonne foi ne les tourmentent guère.
Et que malgré saint Jacques et saint Matthieu
Leur intérêt est leur unique dieu.

S'il n'y avait que deux hommes sur la terre, comment vivraient-ils ensemble? ils s'aideraient, se nuiraient, se caresseraient, se diraient des injures, se battraient, se réconcilieraient, ne pourraient vivre l'un sans l'autre, ni l'un avec l'autre. Ils feraient comme tous les hommes font aujourd'hui. Ils ont le don du raisonnement, oui; mais ils ont aussi le don de l'instinct, et ils sentiront, et ils raisonneront, et ils agiront toujours comme ils y sont destinés par la nature.

Un Dieu n'est pas venu sur notre globe pour assembler le genre humain et pour lui dire, 'J'ordonne aux nègres et aux Cafres d'aller tout nus et de manger des insectes.

'J'ordonne aux Samoyèdes de se vêtir de peaux de rangifères et d'en manger la chair tout insipide qu'elle est, avec du poisson séché et puant, le tout sans sel. Les Tartares du Thibet croiront tout ce que leur dira le dalaï-lama; et les Japonais croiront tout ce que leur dira le dairi.[2]

'Les Arabes ne mangeront point de cochon, et les Vestphaliens ne se nourriront que de cochon.

'Je vais tirer une ligne du mont Caucase à l'Egypte, et de l'Egypte au mont Atlas: tous ceux qui habiteront à l'orient de cette

22 w68: ils sont

[2] Le daïri (ou daïro) était à l'origine l'empereur, à la fois le roi et le pontife de la nation. Son pouvoir temporel fut toutefois confisqué vers la fin du seizième siècle: selon l'*Essai sur les mœurs*, 'l'empereur ecclésiastique, nommé *dairi*, est une idole toujours révérée; et le général de la couronne, qui est le véritable empereur, tient avec respect le dairi dans une prison honorable' (t.2, ch.142, p.313).

ligne pourront épouser plusieurs femmes, ceux qui seront à l'occident n'en auront qu'une.

'Si vers le golfe Adriatique depuis Zara jusqu'à la Polesine, ou vers les marais du Rhin et de la Meuse, ou vers le mont Jura, ou même dans l'île d'Albion, ou chez les Sarmates, ou chez les Scandinaviens quelqu'un s'avise de vouloir rendre un seul homme despotique, ou de prétendre lui-même à l'être, qu'on lui coupe le cou au plus vite, en attendant que la destinée et moi nous en ayons autrement ordonné.

'Si quelqu'un a l'insolence et la démence de vouloir établir ou rétablir une grande assemblée d'hommes libres sur le Mançanarès ou sur la Propontide, qu'il soit ou empalé ou tiré à quatre chevaux.

'Quiconque produira ses comptes suivant une certaine règle d'arithmétique à Constantinople, au grand Caire, à Tafilet, à Deli, à Andrinople, sera sur-le-champ empalé sans forme de procès; et quiconque osera compter suivant une autre règle à Rome, à Lisbonne, à Madrid, en Champagne, en Picardie et vers le Danube depuis Ulm jusqu'à Belgrade, sera brûlé dévotement pendant qu'on lui chantera des *miserere*.

'Ce qui sera juste tout le long de la Loire sera injuste sur les bords de la Tamise: car mes lois sont universelles, etc. etc. etc.'

Il faut avouer que nous n'avons pas de preuve bien claire, pas même dans le *Journal chrétien*, ni dans la *Clef du cabinet des princes* qu'un Dieu soit venu sur la terre promulguer ce droit public.[3] Il

[3] Le *Journal chrétien* fut fondé en 1754 par l'abbé Jean-Baptiste Joannet (*Dictionnaire des journalistes, 1600-1789*, éd. Jean Sgard, 2 vol., Oxford, 1999, t.1, p.527). A l'origine ce périodique s'intitulait *Lettres sur les ouvrages et les œuvres de piété*. Nicolas Charles Joseph Trublet et Joseph Antoine Toussaint Dinouart en furent les collaborateurs les plus en vue et méritèrent de ce fait les brocards de Voltaire. Son mépris pour eux et leur journal était constant (*Lettre de Monsieur Formey*, *M*, t.24, p.436; *Le Pauvre Diable*, *M*, t.10, p.107-108 et n.9; *Le Russe à Paris*, *M*, t.10, p.126, 127; *Les Deux Siècles*, *M*, t.10, p.160, vers 58-64; les *Questions sur les miracles*, neuvième lettre, *M*, t.25, p.403). *La Clef du cabinet des princes de l'Europe*, périodique luxembourgeois (voir le *Dictionnaire des journalistes*, t.1, p.530), se donnait pour but de relater de façon impartiale ce qui se produisait de remarquable dans les cours princières et les armées. Depuis 1760, F. X. Feller en rédigeait les articles religieux et littéraires (*Dictionnaire des journaux, 1600-1789*, éd. Jean Sgard,

existe cependant; il est suivi à la lettre tel qu'on vient de l'énoncer; et on a compilé, compilé, compilé sur ce droit des nations de très beaux commentaires, qui n'ont jamais fait rendre un écu à ceux qui ont été ruinés par la guerre ou par des édits, ou par les commis des fermes.

Ces compilations ressemblent assez aux cas de conscience de Pontas.[4] Voici un cas de loi à examiner: il est défendu de tuer. Tout meurtrier est puni, à moins qu'il n'ait tué en grande compagnie et au son des trompettes; c'est la règle.

Du temps qu'il y avait encore des anthropophages dans la forêt des Ardennes, un bon villageois rencontra un anthropophage qui emportait un enfant pour le manger. Le villageois ému de pitié, tua le mangeur d'enfants, et délivra le petit garçon qui s'enfuit aussitôt. Deux passants voient de loin le bonhomme, et l'accusent devant le prévôt d'avoir commis un meurtre sur le grand chemin. Le corps du délit était sous les yeux du juge, deux témoins parlaient, on devait payer cent écus au juge pour ses vacations; la loi était précise: le villageois fut pendu sur-le-champ pour avoir fait ce qu'auraient fait à sa place Hercule, Thésée, Roland et Amadis.[5] Fallait-il pendre le prévôt qui avait suivi la loi à la lettre? Et que jugea-t-on à la grande audience? Pour résoudre mille cas de cette espèce on a fait mille volumes.

---

2 vol., Paris, 1991, t.1, p.235). Voltaire possédait une collection dépareillée (1705-1716) de ce périodique (BV791; *CN*, t.2, p.658-67).

[4] Jean Pontas, *Dictionnaire de cas de conscience, ou décisions des plus considérables difficultés touchant la morale et la discipline ecclésiastique* (Paris, 1734, BV2791; *CN*, t.7, p.128-29). Le terme de 'compilations' s'explique par le sous-titre *tirées de l'Ecriture, des conciles des Pères; des décrétales des papes et des plus célèbres théologiens et canonistes*. Voltaire parle de 'cet imbécile de Pontas' (D9879). Des références tout aussi désobligeantes se trouvent dans les articles 'Confession' et 'Testicule' des *QE* (ci-dessus, p.173, et *M*, t.20, p.503) et le *Prix de la justice et de l'humanité* (*OCV*, t.80B, p.101, 146). Voltaire mettait Grotius et Pufendorf dans le même sac des compilateurs (*Les Droits des hommes*, *OCV*, t.67, p.147; *Commentaire sur l'Esprit des lois*, *OCV*, t.80B, p.313, 372).

[5] Cette anecdote illustre l'écart existant entre le droit naturel et le droit public (qui englobe l'administration de la justice criminelle).

Puffendorf établit d'abord des êtres moraux.[6] *Ce sont*, dit-il, (*a*) *certains modes que les êtres intelligents attachent aux choses naturelles, ou aux mouvements physiques, en vue de diriger ou de restreindre la liberté des actions volontaires de l'homme pour mettre quelque ordre, quelque convenance et quelque beauté dans la vie humaine.*[7]

Ensuite pour donner des idées nettes aux Suédois et aux Allemands du juste et de l'injuste, il remarque (*b*) qu'*il y a deux sortes d'espace, l'un à l'égard duquel on dit que les choses sont quelque part, par exemple ici, là; l'autre à l'égard duquel on dit qu'elles existent en un certain temps, par exemple aujourd'hui, hier, demain. Nous concevons aussi deux sortes d'états moraux, l'un qui marque quelque situation morale, et qui a quelque conformité avec le lieu naturel; l'autre qui désigne un certain temps en tant qu'il provient de là quelque effet moral, etc.*[8]

Ce n'est pas tout; (*c*) Puffendorf distingue très curieusement les modes moraux simples et les modes d'estimation, les qualités formelles et les qualités opératives. Les qualités formelles sont de simples attributs; mais les opératives doivent soigneusement se diviser en originales et en dérivées.

Et cependant Barbeirac a commenté ces belles choses, et on les

(*a*) t.1, p.2, traduction de Barbeirac avec commentaires.
(*b*) p.6.
(*c*) p.16.

[6] Le premier ouvrage de Samuel Pufendorf, jurisconsulte allemand, *Elementa jurisprudentiae naturalis methodo mathematica* (1660), ne fut pas traduit en français, mais le second, *De jure naturae et gentium* (1672), fut traduit et annoté par Jean Barbeyrac et parut sous le titre *Le Droit de la nature et des gens, ou système général des principes les plus importants de la morale, de la jurisprudence et de la politique* (Amsterdam [Paris], 1712, BV2827).

[7] Ici Voltaire reproduit littéralement (mais il s'agit du t.1, p.3) ce que Pufendorf écrit sur les *êtres moraux* (il y a placé un papillon; voir *CN*, t.7, p.174 et n.169). On relève une négligence dans sa transcription: on devrait lire 'en vue de diriger *et* de restreindre la liberté'.

[8] Voltaire retranscrit, à peu près fidèlement: notons qu'il change le sens de deux déclarations concernant les deux sortes d'état moral: 'l'un qui marque *la* situation morale [...] l'autre qui désigne un certain *rapport au* temps' (t.1, p.6).

enseigne dans des universités. On y est partagé entre Grotius et Puffendorf sur des questions de cette importance. Croyez-moi, lisez les *Offices* de Cicéron.[9]

Droit public

Seconde section

Rien ne contribuera peut-être plus à rendre un esprit faux, obscur, confus, incertain, que la lecture de Grotius, de Puffendorf et de presque tous les commentaires sur le droit public.

Il ne faut jamais faire un mal dans l'espérance d'un bien, dit la vertu que personne n'écoute. Il est permis de faire la guerre à une puissance qui devient trop prépondérante, dit l'*Esprit des lois*.[10]

Quand les droits doivent-ils être constatés par la prescription? Les publicistes appellent ici à leur secours le droit divin et le droit humain, les théologiens se mettent de la partie. Abraham, disent-ils, et sa semence, avait droit sur le Canaan, car il y avait voyagé, et Dieu le lui avait donné dans une apparition. Mais nos sages maîtres, il y a cinq cent quarante-sept ans, selon la Vulgate, entre Abraham qui acheta un caveau dans le pays et Josué qui en saccagea une

104-104b κ84: Cicéron. / Section 2

[9] *De officiis* est le dernier des écrits philosophiques de Cicéron. Dans l'article 'Droit de la nature' de l'*Encyclopédie*, Boucher d'Argis écrit: 'Le meilleur traité de morale que nous ayons de l'antiquité, est le livre des offices de Cicéron' (t.5, p.132).

[10] Cette phrase est un condensé de ce qu'on lit dans le livre 10, chapitre 2: 'La vie des Etats est comme celle des hommes, ceux-ci ont droit de tuer dans le cas de la défense naturelle; ceux-là ont droit de faire la guerre pour leur propre conservation. Dans le cas de la défense naturelle, j'ai droit de tuer, parce que ma vie est à moi, comme la vie de celui qui m'attaque est à lui: de même un Etat fait la guerre, parce que sa conservation est juste comme toute autre conservation [...] Mais, entre les sociétés, le droit de la défense naturelle entraîne quelquefois la nécessité d'attaquer, lorsqu'un peuple voit qu'une plus longue paix en mettrait un autre en état de le détruire, et que l'attaque est dans ce moment le seul moyen d'empêcher cette destruction' (2 vol., Paris, 1961, t.1, p.145).

petite partie.[11] N'importe, son droit était clair et net. Mais la prescription?... point de prescription. Mais ce qui s'est passé autrefois en Palestine doit-il servir de règle à l'Allemagne et à l'Italie?... Oui; car il l'a dit. Soit, Messieurs, je ne dispute pas contre vous, Dieu m'en préserve.

Les descendants d'Attila s'établissent, à ce qu'on dit, en Hongrie. Dans quel temps les anciens habitants commencèrent-ils à être tenus en conscience d'être serfs des descendants d'Attila?[12]

Nos docteurs qui ont écrit sur la guerre et la paix sont bien profonds; à les en croire tout appartient de droit au souverain pour lequel ils écrivent. Il n'a pu rien aliéner de son domaine. L'empereur doit posséder Rome, l'Italie et la France, (c'était l'opinion de Barthole)[13] premièrement parce que l'empereur s'intitule *roi des Romains*; secondement parce que l'archevêque de Cologne est chancelier d'Italie, et que l'archevêque de Trèves est chancelier des Gaules. De plus, l'empereur d'Allemagne porte un globe doré à son sacre; donc il est maître du globe de la terre.

A Rome il n'y a point de prêtre qui n'ait appris dans son cours de théologie que le pape doit être souverain du monde, attendu qu'il

[11] Sur la terre promise en possession perpétuelle, voir Genèse 12:1-5, 13:12-17, 17:1-8. Sur le 'caveau' qu'Abraham était censé avoir acheté, voir Genèse 23:2-20. Josué, après l'exode d'Egypte, succéda à Moïse (Nombres 27:15-33) et reprit la terre promise (Josué 1-12). Les grandes batailles dévastatrices de Josué dans le sud et le nord du pays de Canaan sont décrites aux chapitres 10-11.

[12] Même déclaration dans les *Annales de l'empire* (*M*, t.13, p.234). Voir la plaisanterie dans l'*Histoire de l'empire de Russie sous Pierre le Grand* (*OCV*, t.46, p.395).

[13] Bartholo de Sassoferrato, ou Barthole, célèbre jurisconsulte et commentateur du *Corpus juris* de Justinien, fut nommé conseiller privé de l'empereur Charles IV. Ce serait lui qui aurait rédigé la *Bulle d'or*, la charte fondamentale de l'ancienne constitution germanique (*Essai sur les mœurs*, t.1, p.680-81; *Annales de l'empire*, *M*, t.13, p.410). Dans l'*Essai sur les mœurs* Voltaire le traite d'un 'de ces compilateurs d'opinion qui tiennent encore lieu de lois' (t.1, p.680); il est également en mauvaise posture dans *L'Enfant prodigue* (*OCV*, t.14, p.142), et plus tard dans le *Discours du conseiller Anne Dubourg* où on lit: 'N'est-ce pas assez des absurdités de Cujas et de Barthole?' (*M*, t.28, p.471).

est écrit que Simon fils de Jone en Galilée, ayant surnom Pierre, on lui dit, *Tu es Pierre et sur cette pierre je bâtirai mon assemblée.*[14] On avait beau dire à Grégoire VII, Il ne s'agit que des âmes, il n'est question que du royaume céleste. Maudit damné, répondait-il, il s'agit du terrestre; et il vous damnait! et il vous faisait pendre, s'il pouvait.[15]

Des esprits encore plus profonds fortifient cette raison par un argument sans réplique. Celui dont l'évêque de Rome se dit vicaire, a déclaré que son royaume n'est point de ce monde;[16] donc ce monde doit appartenir au vicaire quand le maître y a renoncé. Qui doit l'emporter du genre humain ou des décrétales? Les décrétales sans difficulté.

On demande ensuite, s'il y a eu quelque justice à massacrer en Amérique dix ou douze millions d'hommes désarmés? On répond qu'il n'y a rien de plus juste et de plus saint, puisqu'ils n'étaient pas catholiques, apostoliques et romains.

Il n'y a pas un siècle qu'il était toujours ordonné dans toutes les déclarations de guerre des princes chrétiens, de *courre sus* à tous les sujets du prince à qui la guerre était signifiée par un héraut à cotte de mailles et à manches pendantes.[17] Ainsi la signification une fois

142-44 70, 71N, 71A: damnait! ¶Des

[14] Matthieu 16:18.

[15] Allusion à la politique de Grégoire VII qui avait pour but de libérer l'Eglise du pouvoir temporel, essentiellement de celui de l'empereur germanique. Elle donna lieu à la querelle des Investitures (1074-1075). Depuis le neuvième siècle l'investiture des abbés et des évêques était conférée par le prince laïque, et s'accompagnait d'un bénéfice ou fief dont le titulaire était soumis aux liens de vassalité. C'est cette politique qui donna lieu à l'humiliation de l'empereur Henri IV à Canossa (1077), sans parler des nombreuses excommunications et dépositions de souverains que Grégoire VII fulmina. Sur lui et son rôle politique, voir surtout l'*Essai sur les mœurs*, ch.46, et l'article 'Grégoire VII' des *QE*.

[16] Jean 18:36.

[17] *Courre sus* (terme féodal) signifiait poursuivre. En 1770 la formule est assurément vieille mais n'est pas, comme Voltaire le laisse entendre, vieillie ou surannée. La formule sera toujours employée au début du dix-neuvième siècle; voir

faite, si un Auvergnat rencontrait une Allemande il était tenu de la tuer, sauf à la violer avant ou après.

Voici une question fort épineuse dans les écoles: le ban et l'arrière-ban étant commandés pour aller tuer et se faire tuer sur la frontière, les Suabes étant persuadés que la guerre ordonnée était de la plus horrible injustice, devaient-ils marcher?[18] quelques docteurs disaient oui; quelques justes disaient non; que disaient les politiques?

Quand on eut bien disputé sur ces grandes questions préliminaires, dont jamais aucun souverain ne s'est embarrassé ni ne s'embarrassera, il fallut discuter les droits respectifs de cinquante ou soixante familles, sur le comté d'Alost, sur la ville d'Orchies, sur le duché de Berg et de Juliers, sur le comté de Tournay, sur celui de Nice, sur toutes les frontières de toutes les provinces;[19] et le plus faible perdit toujours sa cause.

On agita pendant cent ans si les ducs d'Orléans, Louis XII, François Ier, avaient droit au duché de Milan, en vertu du contrat de mariage de Valentine de Milan, petite-fille du bâtard d'un brave paysan nommé Jacob Muzio. Le procès fut jugé par la bataille de Pavie.[20]

---

par exemple l'*Arrêté qui prescrit aux vaisseaux de la République de courre sus à ceux du roi d'Angleterre*, en date du 2 prairial, an XI (22 mai 1803).

[18] A l'époque féodale le terme 'ban et arrière-ban' signifiait le service militaire obligatoire que les fiefs (ou les vassaux du roi) et les arrières-fiefs (les vassaux de ces derniers) devaient à la couronne. Cette contrainte survécut au Moyen Age. *Le Siècle de Louis XIV* nous apprend que la dernière fois qu'on fit 'marcher le ban et l'arrière-ban' fut en août 1675: 'Tous montés et armés inégalement, sans expérience et sans exercice, ne pouvant ni ne voulant faire un service régulier, ils ne causèrent que de l'embarras, et on fut dégoûté d'eux pour jamais' (*OH*, p.736-37).

[19] Grâce à ces divers exemples Voltaire entend souligner les inconvénients de la féodalité qui voulait que le suzerain d'un fief (parfois contesté par un autre suzerain; voir les *Annales de l'empire*, *M*, t.13, p.504) pût donner et retirer celui-ci à qui bon lui semblait. Ces investitures pouvaient donner lieu à des contestations interminables. Voltaire se réfère à son expérience personnelle: il cite le comté de Tournay et fait allusion au procès Hoensbroeck de Mme Du Châtelet à propos de terres dans le pays de Juliers (voir *VST*, t.1, p.373).

[20] Dès 1498 les rois de France revendiquèrent le Milanais, arguant du fait que la

Les ducs de Savoie, de Lorraine, de Toscane, prétendirent aussi au Milanais; mais on a cru qu'il y avait dans le Frioul une famille de pauvres gentilshommes issue en droite ligne d'Albouin roi des Lombards, qui avait un droit bien antérieur.

Les publicistes ont fait de gros livres sur les droits au royaume de Jérusalem.[21] Les Turcs n'en ont point fait; mais Jérusalem leur appartient, du moins jusqu'à présent dans l'année 1770; et Jérusalem n'est point un royaume.

---

grand-mère de Louis XII était née Valentine Visconti (voir les *Annales de l'empire*, *M*, t.13, p.467, et l'*Essai sur les mœurs*, t.1, p.683, 707, 741), petite-fille de Francesco Ier Sforza, fils naturel de Jacopo Muzio ou Giacomuzzo Attendolo, dit Sforza. Milan fut pris par Louis XII en 1499, reconquis par Ludovic Sforza en 1500, puis par Louis XII la même année. François Ier revendiqua également le Milanais, jusqu'à ces jugements sans appel que furent la bataille de Pavie (1525) et le Traité de Madrid (1526).

[21] Le royaume latin de Jérusalem fut fondé par Godefroy de Bouillon après la prise de la cité le 5 juillet 1099. Très tôt les pontifes de Rome considéraient Jérusalem un bien féodal de leur ressort (voir l'*Essai sur les mœurs*, t.1, p.567 et 588-89, et la deuxième des 'Remarques pour servir de supplément à l'*Essai sur les mœurs*', t.2, p.905). Bien que Saladin reprît Jérusalem en 1187, et que le royaume fût définitivement perdu à la chrétienté en 1244, Jean de Brienne, qui devint roi de Jérusalem par son mariage avec Marie, fille de Conrad de Montferrat (1209), donna à l'empereur Frédéric II sa fille Jolanda et les droits au royaume de Jérusalem pour dot (*Annales de l'empire*, *M*, t.13, p.346). Deux siècles plus tard, Jeanne II, reine de Naples, adopta tout d'abord Alphonse V d'Aragon (1421) puis – ayant déshérité ce dernier – elle mit à sa place René d'Anjou qui se proclama roi de Jérusalem (*Essai sur les mœurs*, t.1, p.706-708). De tels événements expliquent pourquoi Voltaire écrivit dans les *Annales de l'empire*: 'Emeri de Lusignan, roi de Chypre, épouse Isabelle, fille du dernier roi de Jérusalem; et de là vient le vain titre de roi de Chypre et de Jérusalem, que plusieurs souverains se sont disputé en Europe' (*M*, t.13, p.337). Les trois derniers paragraphes ne servent donc qu'à ridiculiser les vains titres qui donnaient lieu à des prétentions oiseuses et à d'interminables disputes. Sur les publicistes Voltaire est caustique (voir l'*Essai sur les mœurs*, t.1, p.722, et les *Annales de l'empire*, *M*, t.13, p.421).

DROIT CANONIQUE

Idée générale du droit canonique, par M. Bertrand ci-devant premier pasteur de l'Eglise de Berne[1]

Nous ne prétendons, ni adopter, ni contredire ses principes; c'est au public d'en juger.

a-1 71N: M. B. ¶*Nous*
1 70, w68: [*avec manchette*: Fausse idée du droit canon.]
2-3 70: juger. Le *droit canonique*[2]

* Le 18 mars 1770 Voltaire écrit à Elie Bertrand: 'que ne vous dois-je point pour l'article "Droit canonique"? Je ne sais rien de mieux pensé, de plus méthodique, de plus vrai. Vous avez été prêtre, et vous immolez la prêtraille à la vérité, et à l'intérêt public. Votre courage est aussi respectable que votre écrit est bien fait. Il y aura peut-être quelques endroits qu'on vous demandera la permission d'élaguer, parce qu'ils sont déjà traités dans quelques autres articles' (D16242). A la différence du cas de Polier de Bottens et des articles 'Messie' de l'*Encyclopédie* et du *DP*, on n'a jamais retrouvé le texte original de Bertrand, qui a très certainement été retouché par Voltaire. L'influence et les préoccupations de Voltaire semblent omniprésentes dans 'Droit canonique', mais il est possible de déceler dans certains passages une optique protestante ou peut-être l'écho du texte primitif de Bertrand. Certaines variantes de 71N semblent même plus 'protestantes' que la version originale. Voltaire aurait-il décidé d'incorporer des aspects additionnels du texte de Bertrand pour renforcer l'idée que le pasteur était l'auteur de 'Droit canonique'? Quoi qu'il en soit, l'article aborde un thème traité par Voltaire dès 1749, dans *La Voix du sage et du peuple*, et ressassé par la suite, à savoir la suprématie que doit avoir l'autorité civile sur le clergé, notamment dans le domaine financier. Voltaire réfléchit déjà au thème de 'Droit canonique' en janvier 1770 (D16079) et il y travaille toujours fin décembre 1770 (D16871). L'article paraît en avril/mai 1771 (70, t.5).

[1] Elie Bertrand, ancien pasteur de l'Eglise réformée française de Berne, n'a pas peur de défendre ses croyances contre Voltaire, qui semble ressentir une vraie estime pour lui (voir G. Gargett, *Voltaire and Protestantism*, *SVEC* 188, 1980, p.184-89, et H. T. Mason, 'Voltaire and Elie Bertrand', *De l'humanisme aux Lumières, Bayle et le protestantisme: mélanges en l'honneur d'Elisabeth Labrousse*, éd. M. Magdelaine, M.-C. Pitassi, R. Whelan et A. McKenna, Oxford, 1996, p.715-26).

[2] Voltaire attira l'attention de Cramer sur cette 'terrible faute incorrigible': 'Les

Le *droit canonique* ou *canon* est suivant les idées vulgaires, la jurisprudence ecclésiastique. C'est le recueil des canons, des règles des conciles, des décrets des papes, et des maximes des Pères.

Selon la raison, selon les droits des rois et des peuples, la jurisprudence ecclésiastique n'est et ne peut être que l'exposé des privilèges accordés aux ecclésiastiques par les souverains représentant la nation.

S'il est deux autorités suprêmes, deux administrations qui aient leurs droits séparés, l'une fera sans cesse effort contre l'autre. Il en résultera nécessairement des chocs perpétuels, des guerres civiles, l'anarchie, la tyrannie, malheurs dont l'histoire nous présente l'affreux tableau.

Si un prêtre s'est fait souverain, si le dairi du Japon a été roi jusqu'à notre seizième siècle, si le dalaï-lama est souverain au Thibet, si Numa fut roi et pontife, si les califes furent les chefs de l'Etat et de la religion, si les papes règnent dans Rome, ce sont autant de preuves de ce que nous avançons; alors l'autorité n'est point divisée, il n'y a qu'une puissance. Les souverains de Russie et d'Angleterre président à la religion; l'unité essentielle de puissance est conservée.

Toute religion est dans l'Etat, tout prêtre est dans la société civile; et tous les ecclésiastiques sont au nombre des sujets du souverain chez lequel ils exercent leur ministère. S'il était une

5-6 71N: Pères. S'il existe un droit canonique dans l'Eglise chrétienne, c'est dans l'Ecriture sainte seule, qu'il aurait dû être puisé, et toute autre source est fausse ou suspecte. ¶Selon[3]

6 70, W68: [*avec manchette*: Véritable idée du droit canon.]

10 70, W68: [*avec manchette*: Source du véritable droit canon.]
71N: suprêmes, deux puissances, deux

19 71N: avançons; cela peut être dans l'ordre civil établi; mais alors

23 70, W68: [*avec manchette*: La vraie religion ne peut établir l'indépendance du clergé.]

---

trois premières lignes devaient être imprimées d'un caractère différent du corps du chapitre, et ce chapitre devait commencer par ces mots Le *droit canonique*' (D17153).

[3] Cette addition exprime une idée protestante classique et pourrait bien représenter le texte original de Bertrand.

religion qui établît quelque indépendance en faveur des ecclésiastiques, en les soustrayant à l'autorité souveraine et légitime, cette religion ne saurait venir de Dieu auteur de la société.

Il est par là même de toute évidence que dans une religion, dont Dieu est représenté comme l'auteur, les fonctions des ministres, leurs personnes, leurs biens, leurs prétentions, la manière d'enseigner la morale, de prêcher le dogme, de célébrer les cérémonies, les peines spirituelles, que tout en un mot ce qui intéresse l'ordre civil doit être soumis à l'autorité du prince et à l'inspection des magistrats.[4]

28-29 70, 71A: société, de Dieu par qui les rois règnent. ¶Il

71N: société, de Dieu par qui les rois règnent; de Dieu, source éternelle de l'ordre. ¶C'est une des grandes preuves intérieures en faveur de la religion chrétienne, que son accord, si elle est bien entendue, avec l'ordre civil, le bonheur des peuples, la tranquillité publique, la nécessité de la subordination, les devoirs et les droits réciproques des souverains et des sujets. ¶Il[5]

29 70, W68: [*avec manchette*: Tout ce qui regarde la religion et le clergé est soumis à l'autorité souveraine.]

35-36 70, 71N, 71A: magistrats. De là résultent toutes les règles du véritable droit canonique; et ce sont ces règles que nous développerons dans les sections de cet essai. ¶Si

[4] L'idée de la suprématie que doivent avoir les autorités civiles sur les autorités religieuses fut enseignée par Erastus (Thomas Luber) à l'époque de la Réforme et fut toujours fortement approuvée par Voltaire (voir G. Gargett, *Voltaire and Protestantism*, p.91-95). Elle explique l'enthousiasme croissant de Voltaire pour l'Eglise anglicane, et son désir de l'imiter jusqu'à un certain point avec l'instauration d'un patriarche catholique français, aboutissement logique pour lui du gallicanisme (*Voltaire and Protestantism*, p.442-43, et *Le Siècle de Louis XIV*, *OH*, p.1037-38). Pour l'opinion de Voltaire à l'égard de la situation russe, voir les articles 'Puissance, les deux puissances': 'L'impératrice de Russie est [...] maîtresse absolue de son clergé dans l'empire le plus vaste qui soit sur la terre' (*M*, t.20, p.301), et 'Lois': 'La Thesmophore du Nord assembla, en 1767, des députés de toutes les provinces [...] On convint unanimement qu'il n'y a qu'une puissance, qu'il faut dire toujours puissance civile, et discipline ecclésiastique, et que l'allégorie des deux glaives est le dogme de la discorde' (*M*, t.19, p.616). Le thème des deux puissances est récurrent chez Voltaire.

[5] A nouveau, il semble possible que cette addition doive son origine au texte de Bertrand.

Si cette jurisprudence fait une science, on en trouvera ici les éléments.

C'est aux magistrats seuls d'autoriser les livres admissibles dans les écoles, selon la nature et la forme du gouvernement. C'est ainsi que M. Paul-Joseph Rieger, conseiller de cour, enseigne judicieusement le droit canonique dans l'université de Vienne.[6] Ainsi nous voyons la république de Venise examiner et réformer toutes les règles établies dans ses Etats, qui ne lui conviennent plus.[7] Il est à désirer que des exemples aussi sages soient enfin suivis dans toute la terre.

Section première

Du ministère ecclésiastique

La religion n'est instituée que pour maintenir les hommes dans l'ordre, et leur faire mériter les bontés de Dieu par la vertu.[8] Tout

37-38 71N: éléments simples et faciles à saisir. Il en est du système des vérités comme des machines, qui sont d'autant plus utiles, qu'elles sont plus simples. ¶C'est

38 70, W68: [*avec manchette*: L'enseignement du droit canon soumis à l'inspection publique.]

39 71N: écoles sur cette matière, selon

41 K84, K12: canonique de l'université

45-45a 71N: terre: ce sera une occasion de moins d'y causer des troubles. / Section I

46 70, W68: [*avec manchette*: Idée de la religion.]

47 71N: et pour leur faire obtenir les

[6] Paul Joseph Riegger, conseiller de l'impératrice Marie-Thérèse, prépara le terrain pour les réformes introduites par Joseph II. Voir Eckhart Seifert, *Paul Joseph Riegger (1705-1775): ein Beitrag zur theoretischen Grundlegung des josephinischen Staatskirchenrechts* (Berlin, 1973).

[7] Les réformes anticléricales qui eurent lieu à Venise pendant les années 1760 semblent avoir divisé la République mais allaient aboutir en 1772 à la suppression de vingt-six monastères (voir Jean Georgelin, *Venise au siècle des Lumières*, Paris, 1978, p.742). Voir ausi D14752, D15884 et D16080: 'Il est très vrai qu'on commence à parler bien haut en Italie, et surtout à Venise' (à La Tourette, 6 janvier 1770).

[8] Cette idée n'a que peu à voir avec le calvinisme traditionnel, où le salut

ce qui dans une religion ne tend pas à ce but, doit être regardé comme étranger, ou dangereux.

L'instruction, les exhortations, les menaces des peines à venir, les promesses d'une béatitude immortelle, les prières, les conseils, les secours spirituels sont les seuls moyens que les ecclésiastiques puissent mettre en usage pour essayer de rendre les hommes vertueux ici-bas et heureux pour l'éternité.

Tout autre moyen répugne à la liberté de la raison, à la nature de l'âme, aux droits inaltérables de la conscience, à l'essence de la religion, à celle du ministère ecclésiastique, à tous les droits du souverain.

La vertu suppose la liberté comme le transport d'un fardeau suppose la force active. Dans la contrainte point de vertu, et sans vertu point de religion. Rends-moi esclave, je n'en serai pas meilleur.

Le souverain même n'a aucun droit d'employer la contrainte pour amener les hommes à la religion qui suppose essentiellement choix et liberté. Ma pensée n'est pas plus soumise à l'autorité que la maladie ou la santé.

Afin de démêler toutes les contradictions dont on a rempli les

49 70, 71A: comme peu essentiel, ou étranger
71N: comme moins essentiel, ou étranger
50 70, w68: [*avec manchette*: Moyens qu'ils doivent employer.]
55 70, w68: [*avec manchette*: La religion exclut toute contrainte.]
56 70, w68: de sa conscience

---

dépendait uniquement du sacrifice de Jésus-Christ. Elle représente beaucoup mieux l'attitude de l'Eglise catholique, et surtout des jésuites, pour qui la chute de l'homme n'avait pas complètement détruit la capacité de l'être humain de mériter par ses œuvres la bienveillance de Dieu. Un tel passage ne signifie pas pour autant que Voltaire l'ait rédigé lui-même, car au dix-huitième siècle un protestant 'éclairé' comme Bertrand était tout à fait capable de partager de telles idées. Quoi qu'il en soit, cette définition de la religion est certainement très caractéristique de Voltaire, et d'autres philosophes comme Montesquieu: cf. les *Lettres persanes*: 'dans quelque religion qu'on vive, l'observation des lois, l'amour pour les hommes, la piété envers les parents, sont toujours les premiers actes de religion' (lettre 46).

livres sur le droit canonique,[9] et de fixer nos idées sur le ministère ecclésiastique, recherchons au milieu de mille équivoques ce que c'est que l'Eglise.

L'Eglise est l'assemblée de tous les fidèles appelés certains jours à prier en commun, et à faire en tout temps de bonnes actions.[10]

Les prêtres sont des personnes établies sous l'autorité du souverain pour diriger ces prières et tout le culte religieux.

Une Eglise nombreuse ne saurait être sans ecclésiastiques; mais ces ecclésiastiques ne sont pas l'Eglise.

Il n'est pas moins évident que si les ecclésiastiques qui sont dans la société civile avaient acquis des droits qui allassent à troubler ou à détruire la société, ces droits doivent être supprimés.

Il est encore de la plus grande évidence que si Dieu a attaché à l'Eglise des prérogatives ou des droits, ces droits ni ces prérogatives ne sauraient appartenir privativement ni au chef de l'Eglise, ni aux ecclésiastiques, parce qu'ils ne sont pas l'Eglise, comme les magistrats ne sont le souverain ni dans un Etat démocratique, ni dans une monarchie.[11]

71 70, w68: [*avec manchette*: Ce que c'est que l'Eglise.]

73 70, w68: [*avec manchette*: Ce que c'est qu'un ecclésiastique.]

75 70, w68: [*avec manchette*: 1re conséquence.]

76-77 71N: l'Eglise: ils n'en sont que les ministres, ou des magistrats pour ce qui regarde directement la religion. ¶Il

77 70, w68: [*avec manchette*: 2de conséquence.]

78 71N: acquis dans des temps de trouble, ou d'ignorance, des

80 70, w68: [*avec manchette*: 3e conséquence.]

[9] En France, 'de bonne heure, les principes du droit canonique se firent recevoir par les juridictions séculières, en ce qui concerne certaines institutions que l'Eglise avait prises sous sa protection particulière, ou certains intérêts qui, disait-on, mettaient en jeu le salut des âmes'. Mais 'si, sur tel ou tel point, le droit canonique n'avait pas été admis en France, conformément aux libertés de l'Eglise gallicane, ou s'il avait été modifié par une ordonnance royale, le juge d'Eglise devait respecter ces réserves ou modifications' (E. Esmein, *Cours élémentaire d'histoire du droit français*, quinzième éd., Paris, 1925 [1930], p.749).

[10] L'absence de référence à la messe, point central du culte pour l'Eglise catholique, est peut-être un indice que ce passage vient du texte original de Bertrand.

[11] Cette idée du 'sacerdoce universel' des croyants est un élément essentiel du

Enfin, il est très évident que ce sont nos âmes qui sont soumises aux soins du clergé, uniquement pour les choses spirituelles.

Notre âme agit intérieurement, les actes sont la pensée, les volontés, les inclinations, l'acquiescement à certaines vérités. Tous ces actes sont au-dessus de toute contrainte, et ne sont du ressort du ministère ecclésiastique qu'autant qu'il doit instruire et jamais commander.

Cette âme agit aussi extérieurement. Les actions extérieures sont soumises à la loi civile. Ici la contrainte peut avoir lieu; les peines temporelles ou corporelles maintiennent la loi en punissant les violateurs.

La docilité à l'ordre ecclésiastique doit par conséquent toujours être libre et volontaire; il ne saurait y en avoir d'autre. La soumission au contraire à l'ordre civil peut être contrainte et forcée.

Par la même raison, les peines ecclésiastiques toujours spirituelles, n'atteignent ici-bas que celui qui est intérieurement convaincu de sa faute. Les peines civiles au contraire accompagnées d'un mal physique ont leurs effets physiques, soit que le coupable en reconnaisse la justice ou non.

De là il résulte manifestement que l'autorité du clergé n'est et ne peut être que spirituelle; qu'il ne saurait avoir aucun pouvoir

86 70, W68: [*avec manchette*: 4e conséquence.]
88 71N, W68: intérieurement, ses actes
92-93 71N: commander. Il serait aussi absurde de vouloir forcer les inclinations ou les opinions de l'âme par la violence, que de prétendre assiéger des places par des syllogismes. ¶Cette
93 70, W68: [*avec manchette*: 5e conséquence.]
101 70, W68: [*avec manchette*: 6e conséquence.]
104 70, 71N, 71A: physique et civil ont les mêmes effets civils, soit

calvinisme, et se traduit par la division des tâches au sein des Eglises 'presbytériennes': pasteurs, diacres, docteurs, anciens. Depuis le concile Vatican II, elle a été réadoptée par l'Eglise catholique.

temporel; qu'aucune force coactive ne convient à son ministère qui en serait détruit.

Il suit encore de là que le souverain attentif à ne souffrir aucun partage de son autorité, ne doit permettre aucune entreprise qui mette les membres de la société dans une dépendance extérieure et civile d'un corps ecclésiastique.

Tels sont les principes incontestables du véritable droit canonique, dont les règles et les décisions doivent en tout temps être jugées d'après ces vérités éternelles et immuables, fondées sur le droit naturel et l'ordre nécessaire de la société.

Section seconde

Des possessions des ecclésiastiques

Remontons toujours aux principes de la société, qui dans l'ordre civil comme dans l'ordre religieux, sont les fondements de tous droits.

La société en général est propriétaire du territoire d'un pays, source de la richesse nationale. Une portion de ce revenu national est attribuée au souverain pour soutenir les dépenses de l'administration. Chaque particulier est possesseur de la partie du territoire et du revenu que les lois lui assurent; et aucune possession, ni aucune jouissance ne peut en aucun temps être soustraite à l'autorité de la loi.

Dans l'état de société nous ne tenons aucun bien, aucune possession de la seule nature, puisque nous avons renoncé aux

109-10 71N: détruit, ou dénaturé. ¶Il

110 70, w68: [*avec manchette*: 7e conséquence.]

117-17a 71N: société, et par conséquent sur la volonté même de Dieu, auteur de la religion et de la société. Jamais la religion n'a contredit ces principes incontestables. / Section 2

121 70, w68: [*avec manchette*: Principe sur la propriété.]

128 70, w68: [*avec manchette*: Nous ne possédons pas par le droit de la nature.]

droits naturels pour nous soumettre à l'ordre civil qui nous garantit et nous protège; c'est de la loi que nous tenons toutes nos possessions.[12]

Personne non plus ne peut rien tenir sur la terre de la religion; ni domaine, ni possessions, puisque ses biens sont tous spirituels. Les possessions du fidèle comme véritable membre de l'Eglise, sont dans le ciel; là est son trésor. Le royaume de Jésus-Christ qu'il annonça toujours comme prochain, n'était et ne pouvait être de ce monde.[13] Aucune possession ne peut donc être de droit divin.

Les lévites sous la loi hébraïque, avaient, il est vrai, la dîme par une loi positive de Dieu;[14] mais c'était une théocratie qui n'existe plus; et Dieu agissait comme le souverain de la terre. Toutes ces lois ont cessé, et ne sauraient être aujourd'hui un titre de possession.

Si quelque corps aujourd'hui, comme celui des ecclésiastiques, prétend posséder la dîme ou tout autre bien, de droit divin positif, il faut qu'il produise un titre enregistré dans une révélation divine, expresse et incontestable. Ce titre miraculeux ferait, j'en conviens, exception à la loi civile, autorisée de Dieu, qui dit, *que toute personne*

133 70, w68: [*avec manchette*: Ni par la religion.]

139 70, w68: [*avec manchette*: Sous la loi de Moïse.]
71A: hébraïque [*avec note*: Sous la loi de Moïse.], avaient

141 71N: terre. Les lévites, d'ailleurs, étaient une tribu distincte. La dîme formait leur portion, dans le partage du pays promis. Toutes

144 70, w68: [*avec manchette*: Aucune possession n'est de droit divin.]

[12] En dépit de l'hostilité de Voltaire envers les idées de Rousseau, on est frappé par la ressemblance entre ce passage et une notion fondamentale du *Contrat social*: 'Ce que l'homme perd par le contrat social, c'est sa liberté naturelle et un droit illimité à tout ce qui le tente et qu'il peut atteindre; ce qu'il gagne, c'est la liberté civile et la propriété de tout ce qu'il possède' (J.-J. Rousseau, *Œuvres complètes*, éd. Bernard Gagnebin et Marcel Raymond, t.3, *Du contrat social: écrits politiques*, Paris, 1964, p.364).

[13] Cf. Matthieu 10:7: 'Et dans les lieux où vous irez, prêchez en disant: Le royaume des cieux est proche'.

[14] C'est le chapitre 27 du Lévitique qui énonce les lois touchant les vœux et les dîmes.

doit être soumise aux puissances supérieures, parce qu'elles sont ordonnées de Dieu, et établies en son nom.[15]

Au défaut d'un titre pareil, un corps ecclésiastique quelconque ne peut donc jouir sur la terre que du consentement du souverain, et sous l'autorité des lois civiles: ce sera là le seul titre de ses possessions. Si le clergé renonçait imprudemment à ce titre, il n'en aurait plus aucun; et il pourrait être dépouillé par quiconque aurait assez de puissance pour l'entreprendre.[16] Son intérêt essentiel est donc de dépendre de la société civile qui seule lui donne du pain.

Par la même raison, puisque tous les biens du territoire d'une nation sont soumis sans exception aux charges publiques pour les dépenses du souverain et de la nation, aucune possession ne peut être exemptée que par la loi;[17] et cette loi même est toujours révocable lorsque les circonstances viennent à changer. Pierre ne peut être exempté que la charge de Jean ne soit augmentée. Ainsi l'équité réclamant sans cesse pour la proportion contre toute surcharge, le souverain est à chaque instant en droit d'examiner les exemptions, et de remettre les choses dans l'ordre naturel et

151 70, w68: [*avec manchette*: Mais par la loi civile.]
152 71N: jouir d'aucun bien sur
157 71N: dépendre sans cesse de
158 70, w68: [*avec manchette*: Tous les biens soumis aux charges publiques.]

[15] 'Que tout le monde soit soumis aux puissances supérieures; car il n'y a point de puissance qui ne vienne de Dieu, et c'est lui qui a établi toutes celles qui sont sur la terre' (Romains 13:1).

[16] Référence peut-être aux actions contemporaines des puissances catholiques. Les jésuites avaient été expulsés des états du roi d'Espagne en avril 1767. Le 10 décembre 1768, la France, l'Espagne et les Deux-Siciles avaient réclamé l'abolition de la Société de Jésus. Devant la pression des Etats catholiques, y compris l'Autriche de Joseph II, le pape Clément XIV allait se voir obligé d'y accéder le 21 juillet 1773, avec la bulle *Dominus ac Redemptor*.

[17] 'En France, où la raison se perfectionne tous les jours, cette raison nous apprend que l'Eglise doit contribuer aux charges de l'Etat, à proportion de ses revenus' (*La Voix du sage et du peuple*, *OCV*, t.32A, p.240).

proportionnel, en abolissant les immunités accordées, souffertes ou extorquées.[18]

Toute loi qui ordonnerait que le souverain fît tout aux frais du public pour la sûreté et la conservation des biens d'un particulier ou d'un corps, sans que ce corps ou ce particulier contribuât aux charges communes, serait une subversion des lois.

Je dis plus, la quotité quelconque de la contribution d'un particulier, ou d'un corps quelconque, doit être réglée proportionnellement, non par lui, mais par le souverain ou les magistrats, selon la loi et la forme générale.[19] Ainsi le souverain doit connaître, et peut demander un état des biens et des possessions de tout corps, comme de tout particulier.[20]

C'est donc encore dans ces principes immuables que doivent être puisées les règles du droit canonique, par rapport aux possessions et aux revenus du clergé.

Les ecclésiastiques doivent sans doute avoir de quoi vivre

169 70, W68: [*avec manchette*: Loi injuste.]

172-73 71N: lois de l'équité. ¶Je

173 70, W68: [*avec manchette*: Le magistrat doit avoir un état des biens ecclésiastiques.]

177 71N: demander dans le besoin un

182 70, W68: [*avec manchette*: L'Eglise n'a point de biens temporels.]

[18] 'La raison nous montre que, quand le prince voudra extirper un abus préjudiciable, les peuples doivent y concourir, et y concourront, l'abus eût-il quatre mille ans d'ancienneté [...] Cette raison nous enseigne que le prince doit être maître absolu de toute police ecclésiastique, sans aucune restriction, puisque cette police ecclésiastique est une partie du gouvernement' (*La Voix du sage et du peuple*, *OCV*, t.32A, p.241).

[19] Référence à l'habitude du clergé français de voter un 'don gratuit' à chaque assemblée du clergé, tenue en général tous les cinq ans. Cf. *Le Siècle de Louis XIV*: 'Ce mot et ce privilège de *don gratuit* se sont conservés comme une trace de l'ancien usage où étaient tous les seigneurs de fiefs d'accorder des dons gratuits aux rois dans les besoins de l'Etat' (*OH*, p.1029).

[20] C'est ce que le contrôleur général Machault avait essayé de faire, en 1748, à la fin de la Guerre de la Succession d'Autriche, encourant l'ire et l'opposition du clergé, à tel point que le gouvernement dut finir par renoncer à son intention de taxer celui-ci en fonction de ses biens.

honorablement; mais ce n'est ni comme membres, ni comme représentants de l'Eglise; car l'Eglise par elle-même n'a ni règne ni possession sur cette terre.[21]

Mais s'il est de la justice que les ministres de l'autel vivent de l'autel, il est naturel qu'ils soient entretenus par la société, tout comme les magistrats et les soldats le sont. C'est donc à la loi civile à faire la pension proportionnelle du corps ecclésiastique.

Lors même que les possessions des ecclésiastiques leur ont été données par testament, ou de quelque autre manière, les donateurs n'ont pu dénaturer les biens en les soustrayant aux charges publiques, ou à l'autorité des lois. C'est toujours sous la garantie des lois, sans lesquelles il ne saurait y avoir possession assurée et légitime, qu'ils en jouiront.

C'est donc encore au souverain ou aux magistrats en son nom, à examiner en tout temps si les revenus ecclésiastiques sont suffisants; s'ils ne l'étaient pas, ils doivent y pourvoir par des augmentations de pensions; mais s'ils étaient manifestement excessifs, c'est à eux à disposer du superflu pour le bien commun de la société.

Mais, selon les principes du droit vulgairement appelé *canonique*, qui a cherché à faire un Etat dans l'Etat, un empire dans l'empire, les biens ecclésiastiques sont sacrés et intangibles, parce qu'ils appartiennent à la religion et à l'Eglise; ils viennent de Dieu et non des hommes.

D'abord, ils ne sauraient appartenir, ces biens terrestres, à la religion qui n'a rien de temporel. Ils ne sont pas à l'Eglise qui est le corps universel de tous les fidèles, à l'Eglise qui renferme les rois, les magistrats, les soldats, tous les sujets; car nous ne devons jamais

190 70, w68: [*avec manchette*: Biens donnés au clergé.]
198 71N: pourvoir suffisamment par
201 70, w68: [*avec manchette*: Les biens ecclésiastiques sont-ils sacrés?]
203-204 71N: l'empire, deux autorités indépendantes, à plusieurs égards, les
205 71N: Dieu, dit-on, et

[21] 'Mon royaume n'est pas de ce monde' (Jean 18:36).

oublier que les ecclésiastiques ne sont pas plus l'Eglise que les magistrats ne sont l'Etat.

Enfin, ces biens ne viennent de Dieu, que comme tous les autres biens en dérivent, parce que tout est soumis à sa Providence.

Ainsi, tout ecclésiastique possesseur d'un bien ou d'une rente, en jouit comme sujet et citoyen de l'Etat, sous la protection unique de la loi civile.

Un bien qui est quelque chose de matériel et de temporel, ne saurait être sacré ni saint, dans aucun sens, ni au propre, ni au figuré. Si l'on dit qu'une personne, un édifice sont sacrés, cela signifie qu'ils sont consacrés, employés à des usages spirituels.

Abuser d'une métaphore pour autoriser des droits et des prétentions destructives de toute société, c'est une entreprise dont l'histoire de la religion fournit plus d'un exemple, et même des exemples bien singuliers qui ne sont pas ici de mon ressort. [22]

Section troisième

Des assemblées ecclésiastiques ou religieuses

Il est certain qu'aucun corps ne peut former dans l'Etat aucune assemblée publique et régulière, que du consentement du souverain. [23]

Les assemblées religieuses pour le culte doivent être autorisées par le souverain dans l'ordre civil, afin qu'elles soient légitimes.

212 71N: magistrats particuliers ne

214-15 71N: Providence universelle. ¶Ainsi

226 70, W68: [*avec manchette*: Ce qui fait la légitimité des assemblées.]

229 71N: culte divin doivent

[22] Si Bertrand a rédigé ce paragraphe, il se peut qu'il ait en vue les interprétations divergentes des protestants et des catholiques du *hoc est corpus meum* et les querelles sur la présence réelle ou non du Christ dans l'eucharistie.

[23] Cette déclaration a de quoi surprendre, qu'elle vienne de la plume de Voltaire ou de celle d'Elie Bertrand, car elle pouvait conforter les autorités françaises, qui interdisaient la tenue d'assemblées protestantes 'au désert'.

En Hollande, où le souverain accorde à cet égard la plus grande liberté, de même à peu près qu'en Russie, en Angleterre, en Prusse, ceux qui veulent former une Eglise doivent en obtenir la permission: dès lors cette Eglise est dans l'Etat, quoiqu'elle ne soit pas la religion de l'Etat. En général, dès qu'il y a un nombre suffisant de personnes ou de familles qui veulent avoir un certain culte et des assemblées, elles peuvent sans doute en demander la permission au magistrat souverain; et c'est à ce magistrat à en juger.[24] Ce culte une fois autorisé, on ne peut le troubler sans pécher contre l'ordre public. La facilité que le souverain a eue en Hollande d'accorder ces permissions, n'entraîne aucun désordre; et il en serait ainsi partout, si le magistrat seul examinait, jugeait et protégeait.

Le souverain a le droit en tout temps de savoir ce qui se passe dans les assemblées, de les diriger selon l'ordre public, d'en réformer les abus, et d'abroger les assemblées s'il en naissait des désordres. Cette inspection perpétuelle est une portion essentielle de l'administration souveraine que toute religion doit reconnaître.

S'il y a dans le culte des formulaires de prières, des cantiques, des cérémonies, tout doit être soumis de même à l'inspection du magistrat. Les ecclésiastiques peuvent composer ces formulaires; mais c'est au souverain à les examiner, à les approuver, à les réformer au besoin. On a vu des guerres sanglantes pour des

231 70, w68: [*avec manchette*: Exemple de la Hollande.]

235 71N: l'Etat. ¶En

240 71N: public. Si le souverain, séduit par quelques ecclésiastiques, vient à révoquer une permission accordée, sans avoir une raison suffisante pour cette révocation, il pèche contre l'ordre les lois d'une sage politique, et contre les règles de l'équité. La

243 70, w68: [*avec manchette*: Inspection sur ces assemblées.]

246 71N: désordres manifestes. Cette

248 70, w68: [*avec manchette*: Sur les formulaires.]

[24] Cette assertion ne prend pas en compte la situation très difficile des catholiques en Irlande. Si le gouvernement tolérait plus ou moins leur existence, surtout après 1760, toute une série de lois les désavantageait très fortement, et leur clergé courait toujours de grands risques: Nicholas Sheehy, un prêtre, fut exécuté en 1766.

formulaires, et elles n'auraient pas eu lieu si les souverains avaient mieux connu leurs droits.[25]

Les jours de fêtes ne peuvent pas non plus être établis sans le concours et le consentement du souverain, qui en tout temps peut les réformer, les abolir, les réunir, en régler la célébration selon que le bien public le demande. La multiplication de ces jours de fêtes fera toujours la dépravation des mœurs, et l'appauvrissement d'une nation.[26]

L'inspection sur l'instruction publique de vive voix, ou par des livres de dévotion, appartient de droit au souverain. Ce n'est pas lui qui enseigne, mais c'est à lui à voir comment sont enseignés ses sujets. Il doit faire enseigner surtout la morale, qui est aussi nécessaire que les disputes sur le dogme ont été souvent dangereuses.[27]

S'il y a quelque dispute entre les ecclésiastiques sur la manière

254-55 71N: droits, et su les faire valoir. ¶Les
255 70, W68: [*avec manchette*: Sur les fêtes.]
258 W68: le public
260-61 71N: nation. Dans tout pays, le revenu national fut toujours, toutes choses d'ailleurs égales, en raison inverse du nombre des fêtes chômées, puisque ce revenu est en raison directe du travail des sujets de l'Etat. ¶L'inspection
261 70, W68: [*avec manchette*: Sur l'instruction publique.]
267 70, W68: [*avec manchette*: Sur les disputes.]

[25] Référence sans doute aux disputes sur la trinité et à la nature (ou aux natures) du Christ, disputes datant des tout premiers siècles de la chrétienté. Voltaire ne se lasse pas non plus d'évoquer le schisme entre l'Occident et l'Orient chrétiens 'pour une syllabe' (*que* dans *filioque*).

[26] Leitmotiv voltairien. Voltaire critique souvent le nombre (pour lui) déraisonnable de fêtes dans les pays catholiques et leurs nombreux désavantages: 'le roi devrait, je ne dis pas permettre les travaux champêtres ces jours là, mais les ordonner. C'est un reste de notre ancienne barbarie, de laisser cette grande partie de l'économie de l'Etat, entre les mains des prêtres' (D9837). Des remarques similaires se trouvent dans l'*Encyclopédie*: voir, par exemple, l'article 'Fêtes des chrétiens'.

[27] Remarque si typiquement voltairienne qu'il est difficile de s'empêcher de croire que cet alinéa, du moins, vient tout droit de la plume de Voltaire.

d'enseigner, ou sur certains points de doctrine, le souverain peut imposer silence aux deux partis, et punir ceux qui désobéissent.

Comme les assemblées religieuses ne sont point établies sous l'autorité souveraine pour y traiter des matières politiques, les magistrats doivent réprimer les prédicateurs séditieux qui échauffent la multitude par des déclamations punissables; ils sont la peste des Etats.

Tout culte suppose une discipline pour y conserver l'ordre, l'uniformité et la décence. C'est au magistrat à maintenir cette discipline, et à y apporter les changements que le temps et les circonstances peuvent exiger.

Pendant près de huit siècles, les empereurs d'Orient assemblèrent des conciles pour apaiser des troubles qui ne firent qu'augmenter, par la trop grande attention qu'on y apporta.[28] Le mépris aurait plus sûrement fait tomber des vaines disputes que les passions avaient allumées. Depuis le partage des Etats d'Occident en divers royaumes, les princes ont laissé aux papes la convocation de ces assemblées. Les droits du pontife de Rome ne sont à cet égard que conventionnels, et tous les souverains réunis peuvent en tout temps en décider autrement. Aucun d'eux en particulier n'est obligé de soumettre ses Etats à aucun canon, sans l'avoir examiné et approuvé.[29] Mais comme le concile de Trente sera apparemment le

269-70 71N: désobéissent. Moins le souverain donnera d'attention à ces disputes, plus vite elles finiront. S'il n'y a plus de spectateurs, on ne verra plus de gladiateurs. ¶Comme

270 70, W68: [*avec manchette*: Sur les prédications.]

275 70, W68: [*avec manchette*: Sur la discipline.]

279 70, W68: [*avec manchette*: Sur les conciles.]

282 71N, K84, K12: tomber de vaines

289 71N: approuvé, pour y mettre son attache. Mais

[28] Pour l'opinion de Voltaire sur les conciles des premiers siècles, voir les articles 'Conciles' du *DP* et 'Concile' des *QE*.

[29] 'Les princes catholiques le reçurent [le concile de Trente] quant au dogme, et deux ou trois quant à la discipline' (article 'Concile' des *QE*, ci-dessus, p.161). L'article 'Conciles' du *DP* est bien plus sarcastique (*OCV*, t.35, p.630-31).

dernier, il est très inutile d'agiter toutes les questions qui pourraient regarder un concile futur et général.[30]

Quant aux assemblées, ou synodes, ou conciles nationaux,[31] ils ne peuvent sans contredit être convoqués que quand le souverain les juge nécessaires; ses commissaires doivent y présider, et en diriger toutes les délibérations, et c'est à lui à donner la sanction aux décrets.

Il peut y avoir des assemblées périodiques du clergé pour le maintien de l'ordre et sous l'autorité du souverain; mais la puissance civile doit toujours en déterminer les vues, en diriger les délibérations, et en faire exécuter les décisions. L'assemblée périodique du clergé de France, n'est autre chose qu'une assemblée de commissaires économiques pour tout le clergé du royaume.[32]

Les vœux par lesquels s'obligent quelques ecclésiastiques de vivre en corps selon une certaine règle, sous le nom de *moines* ou de *religieux*, si prodigieusement multipliés dans l'Europe; ces vœux doivent aussi être toujours soumis à l'examen et à l'inspection des magistrats souverains. Ces couvents qui renferment tant de gens inutiles à la société, et tant de victimes qui regrettent la liberté qu'ils ont perdue,[33] ces ordres qui portent tant de noms si

292 70, w68: [*avec manchette*: Sur les synodes.]
297 70, w68: [*avec manchette*: Sur les assemblées périodiques.]
297 71N: peut sans doute y avoir aussi des
303 70, w68: [*avec manchette*: Sur les vœux.]
305-306 71N: vœux, dis-je, doivent
307 71N: magistrats, ou du souverain. Ces
309 71N: ont imprudemment perdue

[30] Remarque similaire dans 'Concile' (voir ci-dessus, p.161, lignes 199-200).

[31] Les protestants français avaient réorganisé leurs églises après 1715 en synodes régionaux sous un synode national se réunissant une fois tous les cinq ans; la dernière réunion de celui-ci fut pourtant en 1760 (G. Gargett, *Voltaire and Protestantism*, p.259-71).

[32] Drôle d'idée qui semble réduire l'assemblée du clergé à une sorte de réunion à but uniquement économique.

[33] Cette attaque contre les monastères et couvents est typique des philosophes, de Montesquieu à Diderot. Pour une remarque similaire sous la plume de Voltaire, voir par exemple l'*Essai sur les mœurs*, t.2, ch.134, p.249.

bizarres,[34] ne peuvent être établis valables, ou obligatoires, que quand ils ont été examinés et approuvés au nom du souverain.

En tout temps le prince est donc en droit de prendre connaissance des règles de ces maisons religieuses, de leur conduite: il peut réformer ces maisons et les abolir s'il les juge incompatibles avec les circonstances présentes, et le bien actuel de la société.[35]

Les biens et les acquisitions de ces corps religieux sont de même soumis à l'inspection des magistrats pour en connaître la valeur et l'emploi. Si la masse de ces richesses qui ne circulent plus était trop forte, si les revenus excédaient trop les besoins raisonnables de ces réguliers, si l'emploi de ces rentes était contraire au bien général, si cette accumulation appauvrissait les autres citoyens, dans tous ces cas il serait du devoir des magistrats, pères communs de la patrie, de diminuer ces richesses, de les partager, de les faire rentrer dans la circulation qui fait la vie d'un Etat, de les employer même à d'autres usages pour le bien de la société.

Par les mêmes principes le souverain doit expressément défendre qu'aucun ordre religieux ait un supérieur dans le pays étranger,[36] c'est presque un crime de lèse-majesté.

Le souverain peut prescrire les règles pour entrer dans ces

310 70, 71N, 71A, W68: établis dans un pays, et tous leurs vœux ne peuvent être valables

312 70, W68: [*avec manchette*: Sur les couvents.]

316 70, W68: [*avec manchette*: Sur les biens des moines.]

325 71N: le plus grand bien

326 70, W68: [*avec manchette*: Sur leurs règles spirituelles.]

328-29 71N: lèse-majesté. Un serment prêté à ce supérieur est contraire au serment naturel de tout sujet de l'Etat. ¶Le

329 70, W68: [*avec manchette*: Sur l'admission dans les ordres.]

[34] Les noms des institutions et ordres catholiques sont souvent 'bizarres' surtout pour des protestants. On se demande donc si ce passage doit son origine à un texte primitif de Bertrand.

[35] Ce passage semble se référer à l'abolition récente de la Compagnie de Jésus dans plusieurs pays catholiques. Voir ci-dessus, p.547, n.16.

[36] Référence aux jésuites, dont le général à Rome était, par définition, dans cette situation.

ordres; il peut, selon les anciens usages, fixer un âge, et empêcher que l'on ne fasse des vœux que du consentement exprès des magistrats. Chaque citoyen naît sujet de l'Etat, et il n'a pas le droit de rompre des engagements naturels envers la société sans l'aveu de ceux qui la gouvernent.

Si le souverain abolit un ordre religieux, ces vœux cessent d'être obligatoires. Le premier vœu est d'être citoyen; c'est un serment primordial et tacite, autorisé de Dieu, un vœu dans l'ordre de la Providence, un vœu inaltérable et imprescriptible qui unit l'homme en société avec la patrie et avec le souverain. Si nous avons pris un engagement postérieur, le vœu primitif a été réservé; rien n'a pu énerver ni suspendre la force de ce serment primitif. Si donc le souverain déclare ce dernier vœu, qui n'a pu être que conditionnel et dépendant du premier, incompatible avec le serment naturel; s'il trouve ce dernier vœu dangereux dans la société, et contraire au bien public qui est la suprême loi, tous sont dès lors déliés en conscience de ce vœu; pourquoi? parce que la conscience les attachait primitivement au serment naturel, et au souverain. Le souverain dans ce cas ne dissout point un vœu; il le déclare nul, il remet l'homme dans l'état naturel.

En voilà assez pour dissiper tous les sophismes par lesquels les canonistes ont cherché à embarrasser cette question si simple pour quiconque ne veut écouter que la raison.[37]

Section quatrième

Des peines ecclésiastiques

Puisque ni l'Eglise qui est l'assemblée de tous les fidèles, ni les

335 70, w68: [*avec manchette*: De la dissolution d'un ordre.]
346 71N: en conséquence de
351 71N: embarrasser ces questions si simples pour
353 70, w68: [*avec manchette*: Peines spirituelles.]

[37] Sur Voltaire et les canonistes, voir ci-dessous, p.557, n.39.

ecclésiastiques qui sont ministres dans cette Eglise au nom du souverain et sous son autorité, n'ont aucune force coactive, aucune puissance exécutrice, aucun pouvoir terrestre, il est évident que ces ministres de la religion ne peuvent infliger que des peines uniquement spirituelles. Menacer les pécheurs de la colère du ciel, c'est la seule peine dont un pasteur peut faire usage. [38] Si l'on ne veut pas donner le nom de *peines* à ces censures, ou à ces déclamations, les ministres de la religion n'auront aucune peine à infliger.

L'Eglise peut-elle bannir de son sein ceux qui la déshonorent ou la troublent? Grande question sur laquelle les canonistes n'ont point hésité de prendre l'affirmative. [39] Observons d'abord que les ecclésiastiques ne sont pas l'Eglise. L'Eglise assemblée dans laquelle sont les magistrats souverains, pourrait sans doute de

358 71N: pécheurs ou les hérétiques de

363 70, w68: [*avec manchette*: De l'excommunication.]

[38] Le terme 'pasteur', bien qu'utilisé par l'Eglise catholique, est plus caractéristique des Eglises calvinistes et fait penser qu'ici encore nous entrevoyons peut-être un extrait du texte 'primitif' de Bertrand.

[39] Voltaire possédait le *Corpus juris canonici*, 2 vol. (Bâle, 1757, BV871; *CN*, t.2, p.756-58). Il a pu se renseigner sur le droit canon et l'excommunication dans la section 'Excommunicatio' du *Glossarium* (BV1115) de Charles Du Cange, où on trouve trois papillons (*CN*, t.3, p.224 et n.205). La remarque 'papes déposent rois' (*CN*, t.3, p.299) est ajoutée en marge de la *Nouveauté du papisme*, *opposée à l'antiquité du vrai christianisme* de Pierre Du Moulin (Genève, 1633, BV1148) à côté d'un passage qui mentionne 'tant de livres publiés par Mariana Jésuite, par François de Vérone, par Bellarmin, Ribadenera, Becanus, Gretser, Emanuel Sa, Eudaemonoiohannes Jésuites', où 'des maximes fatales à la vie des rois' sont enseignées (livre 7, ch.6, p.659). De plus, un passage sur 'la bulle de *Cena Domini*' (ch.5, p.696) vaut la remarque: 'parlements excommuniés dans la bulle in coena domini' (*CN*, t.3, p.300). Sur le passage de l'*Histoire ecclésiastique* (Paris, 1720-1730, BV1350) de Fleury évoquant le recueil de canons de Gratien (commentateur du droit canonique le plus célèbre du Moyen Age), Voltaire a collé un papillon (*CN*, t.3, p.535). Les *Carnets* contiennent une référence à Francisco de Toledo: 'Tollet 158: Dès qu'un roi a été excommunié les sujets ne sont pas dégagés d'obéissance, mais ils le sont, quand l'excommunication a été dénoncée' (*OCV*, t.81, p.158).

droit, exclure de ses congrégations un pécheur scandaleux, après des avertissements charitables, réitérés et suffisants. Cette exclusion ne peut dans ce cas même emporter aucune peine civile, aucun mal corporel, ni la privation d'aucun avantage terrestre. Mais ce que peut l'Eglise de droit, les ecclésiastiques qui sont dans l'Eglise ne le peuvent qu'autant que le souverain les y autorise et le leur permet.

C'est donc encore même dans ce cas au souverain à veiller sur la manière dont ce droit sera exercé; vigilance d'autant plus nécessaire qu'il est plus aisé d'abuser de cette discipline. C'est par conséquent à lui, en consultant les règles du support et de la charité, à prescrire les formes et les restrictions convenables: sans cela, toute déclaration du clergé, toute excommunication serait nulle et sans effet, même dans l'ordre spirituel. C'est confondre des cas entièrement différents que de conclure de la pratique des apôtres la manière de procéder aujourd'hui. Le souverain n'était pas de la religion des apôtres, l'Eglise n'était pas encore dans l'Etat; les ministres du culte ne pouvaient pas recourir au magistrat. D'ailleurs, les apôtres étaient des ministres extraordinaires tels qu'on n'en voit plus. Si l'on me cite d'autres exemples d'excommunications lancées sans l'autorité du souverain, que dis-je, si l'on rappelle ce que l'on ne peut entendre sans frémir d'horreur, des exemples mêmes d'excommunications fulminées insolemment contre des souverains et des magistrats, je répondrai hardiment que ces attentats sont une rébellion manifeste, une violation ouverte des devoirs les plus sacrés de la religion, de la charité, et du droit naturel.

On voit donc évidemment que c'est au nom de toute l'Eglise que l'excommunication doit être prononcée contre les pécheurs publics, puisqu'il s'agit seulement de l'exclusion de ce corps; ainsi elle

386 71N: extraordinaires inspirés de Dieu, et infaillibles, tels

395 70, W68: [*avec manchette*: L'excommunication appartient privativement à l'Eglise.]

397 K84, K12: de ces corps

doit être prononcée par les ecclésiastiques sous l'autorité des magistrats et au nom de l'Eglise, pour les seuls cas dans lesquels on peut présumer que l'Eglise entière bien instruite la prononcerait, si elle pouvait avoir en corps cette discipline qui lui appartient privativement.

Ajoutons encore pour donner une idée complète de l'excommunication, et des vraies règles du droit canonique à cet égard, que cette excommunication légitimement prononcée par ceux à qui le souverain au nom de l'Eglise en a expressément laissé l'exercice, ne renferme que la privation des biens spirituels sur la terre. Elle ne saurait s'étendre à autre chose. Tout ce qui serait au-delà serait abusif, et plus ou moins tyrannique. Les ministres de l'Eglise ne font que déclarer qu'un tel homme n'est plus membre de l'Eglise. Il peut donc jouir malgré l'excommunication de tous les droits naturels, de tous les droits civils, de tous les biens temporels comme homme, ou comme citoyen. Si le magistrat intervient et prive outre cela un tel homme d'une charge ou d'un emploi dans la société, c'est alors une peine civile ajoutée pour quelque faute contre l'ordre civil.

Supposons encore que les ecclésiastiques qui ont prononcé l'excommunication, aient été séduits par quelque erreur ou quelque passion, (ce qui peut toujours arriver puisqu'ils sont hommes) celui qui a été ainsi exposé à une excommunication précipitée est justifié par sa conscience devant Dieu. La déclaration faite contre lui n'est et ne peut être d'aucun effet pour la vie à venir. Privé de la communion extérieure avec les vrais fidèles, il peut encore jouir ici-bas de toutes les consolations de la

403 70, w68: [*avec manchette*: Ce n'est que la privation des biens spirituels sur la terre.]

410 71N: l'Eglise, ou de la société spirituelle du pays. Il

413 71N: intervient cependant, et

417 70, w68: [*avec manchette*: L'excommunication peut être déclarée nulle par la conscience.]

423 71N: les fidèles

communion intérieure. Justifié par sa conscience,[40] il n'a rien à redouter dans la vie à venir du jugement de Dieu qui est son véritable juge.

C'est encore une grande question dans le droit canonique, si le clergé, si son chef, si un corps ecclésiastique quelconque, peut excommunier les magistrats ou le souverain, sous prétexte, ou pour raison de l'abus de leur pouvoir. Cette question seule est scandaleuse, et le simple doute une rébellion manifeste. En effet, le premier devoir de l'homme en société est de respecter et de faire respecter le magistrat; et vous prétendriez avoir le droit de le diffamer et de l'avilir! qui vous aurait donné ce droit aussi absurde qu'exécrable? serait-ce Dieu qui gouverne le monde politique par les souverains, qui veut que la société subsiste par la subordination?

Les premiers ecclésiastiques, à la naissance du christianisme, se sont-ils crus autorisés à excommunier les Tibères, les Nérons, les Claudes, et ensuite les Constances qui étaient hérétiques? Comment donc a-t-on pu souffrir si longtemps des prétentions aussi monstrueuses, des idées aussi atroces, et les attentats affreux qui en ont été la suite; attentats également réprouvés par la raison, le droit naturel et la religion? S'il était une religion qui enseignât de pareilles horreurs, elle devrait être proscrite de la société comme directement opposée au repos du genre humain. Le cri des nations s'est déjà fait entendre contre ces prétendues lois canoniques,

425 71N: intérieure avec Jésus-Christ. Justifié[41]

428 70, W68: [*avec manchette*: Si le magistrat ou le souverain peut être excommunié.]

431 71N: pouvoir, ou de quelque hérésie. Cette

445 71N: religion chrétienne? S'il

447 71N: humain: mais le christianisme est bien éloigné d'autoriser de pareilles entreprises. Le

[40] Cette tournure a une résonance très protestante: nouvel indice de l'influence de Bertrand?

[41] Echo du texte de Bertrand?

dictées par l'ambition et le fanatisme.[42] Il faut espérer que les souverains mieux instruits de leurs droits, soutenus par la fidélité des peuples, mettront enfin un terme à des abus si énormes, et qui ont causé tant de malheurs. Le philosophe inimitable qui nous a donné l'*Essai sur l'histoire générale et les mœurs des nations*,[43] a été le premier qui a relevé avec force l'atrocité des entreprises de cette nature.[44]

Section cinquième

De l'inspection sur le dogme

Le souverain n'est point le juge de la vérité du dogme; il peut juger pour lui-même comme tout autre homme; mais il doit prendre connaissance du dogme dans tout ce qui intéresse l'ordre civil, soit quant à la nature de la doctrine si elle avait quelque chose de contraire au bien public, soit quant à la manière de la proposer.

Règle générale dont les magistrats souverains n'auraient jamais dû se départir. Rien dans le dogme ne mérite l'attention de la police que ce qui peut intéresser l'ordre public; c'est l'influence de la doctrine sur les mœurs qui décide de son importance. Toute doctrine qui n'a qu'un rapport éloigné avec la vertu, ne saurait être fondamentale. Les vérités qui sont propres à rendre les hommes

452-53 K12: malheurs. L'auteur de l'*Essai*
453 K84, K12: *sur les mœurs et l'esprit des*
456 70, W68: [*avec manchette*: Attention du souverain sur le dogme.]
460-61 71N: proposer. ¶Règles générales, dont

[42] Référence presque certaine à la réaction à la bulle *In coena Domini*.

[43] Même si cette louange est due à Bertrand, le fait que Voltaire l'ait maintenue dans son texte définitif met en exergue le caractère fort peu modeste de la remarque, indice peut-être de la passion ressentie par Voltaire à l'égard du 'scandale' du droit canon et de son influence.

[44] Un bon exemple se trouve au chapitre 39 de l'*Essai sur les mœurs*, à propos de l'excommunication du roi Robert. Expliquant que le 'pape interdit tous les évêques' qui avaient assisté au mariage du roi avec Berthe, 'sa cousine au quatrième degré', Voltaire remarque: 'Tant d'insolence paraît incroyable' (t.1, p.448).

doux, humains, soumis aux lois, obéissants au souverain, intéressent l'Etat, et viennent évidemment de Dieu.

Section sixième

Inspection des magistrats sur l'administration des sacrements

L'administration des sacrements doit être aussi soumise à l'inspection assidue du magistrat en tout ce qui intéresse l'ordre public.

On convient d'abord que le magistrat doit veiller sur la forme des registres publics des mariages, des baptêmes, des morts, sans aucun égard à la croyance des divers citoyens de l'Etat.[45]

Les mêmes raisons de police et d'ordre n'exigeraient-elles pas qu'il y eût des registres exacts entre les mains du magistrat, de tous

468 71N: Dieu. Il faut instruire celui qui est dans l'erreur, jamais le persécuter: s'il s'obstine, on doit prier pour lui: la violence ne peut faire que des hypocrites.[46] / Section 6

469 70, W68: [*avec manchette*: Inspection nécessaire.]

471 70, W68: [*avec manchette*: Sur les registres.]

[45] Ce passage pourrait se référer aux tentatives récentes du gouvernement français de restaurer quelques droits civils aux protestants français. Toujours assez nombreux, surtout dans des régions comme le Languedoc ou le Dauphiné, ces 'nouveaux convertis', avaient depuis quelques décennies réorganisé leurs églises. Ils se mariaient et faisaient baptiser leurs enfants 'au désert', mais ceux-ci étaient considérés comme illégitimes et ne pouvaient théoriquement pas hériter de leurs parents. Le conseiller Gilbert de Voisins avait rédigé deux rapports, préconisant: soit que le clergé catholique accepte sans trop de formalités de célébrer des mariages protestants, soit que des magistrats civils soient chargés d'accomplir une cérémonie 'civile'. Le nouvel édit proposé par Gilbert ne fut pas adopté, vu l'opposition du clergé catholique. Mais l'idée d'une telle réforme était toujours dans l'air et elle finit par être adoptée en 1787 (le prétendu 'Edit de tolérance'). Voir Joseph Dedieu, *Histoire politique des protestants français (1715-1794)*, 2 vol. (Paris, 1925), t.2, p.62-72; G. Gargett, *Voltaire and Protestantism*, p.333-52; et ci-dessous, p.564-65, n.50-51. Si Voltaire était mal renseigné sur cette tentative 'secrète', il n'en savait pas moins qu'elle avait été 'quatre fois sur le tapis [du Conseil du roi] mais enfin [qu'elle n'avait] point passé à cause des conséquences' (D14591).

[46] L'idée qu'il faut 'prier' vient peut-être de Bertrand plutôt que de Voltaire.

ceux qui font des vœux pour entrer dans les cloîtres, dans les pays où les cloîtres sont admis.[47]

Dans le sacrement de la pénitence, le ministre qui refuse ou accorde l'absolution, n'est comptable de ses jugements qu'à Dieu; de même aussi le pénitent n'est comptable qu'à Dieu s'il communie ou non, et s'il communie bien ou mal.

Aucun pasteur pécheur ne peut avoir le droit de refuser publiquement et de son autorité privée, l'eucharistie à un autre pécheur. Jésus-Christ impeccable ne refusa pas la communion à Judas.

L'extrême-onction et le viatique demandés par les malades sont soumis aux mêmes règles. Le seul droit du ministre est de faire des exhortations au malade, et le devoir du magistrat est d'avoir soin que le pasteur n'abuse pas de ces circonstances pour persécuter les malades.[48]

Autrefois c'était l'Eglise en corps qui appelait ses pasteurs, et leur conférait le droit d'instruire et de gouverner le troupeau. Ce sont aujourd'hui des ecclésiastiques qui en consacrent d'autres, mais la police publique doit y veiller.

C'est sans doute un grand abus introduit depuis longtemps, que

477-78 71N: admis? ¶Supposant que la pénitence est un sacrement, le ministre
478-79 71N: refuse et accorde
480 71N: pénitent ne devrait être comptable
483 71N: publiquement de
486-87 71N: malades, doivent être soumis
490-91 71N: malades, et les mourants. ¶Autrefois
494-95 71N: veiller. Jamais elle n'a dû se départir de son droit. ¶C'est

[47] On ne trouve aucune proposition de ce genre dans les articles qui ont trait aux monastères dans l'*Encyclopédie* ('Monastère', 'Ordre religieux', 'Novices', 'Religieux', 'Religieuse', 'Moines', 'Sécularisation'), bien que la constatation de Jaucourt, dans 'Ordre religieux', que la France 'nourrit plus de cent mille [religieux] dans des monastères ou couvents' (t.11, p.601-602) ait pu inspirer une telle pensée.

[48] Le chapitre 36 du *Précis du siècle de Louis XV* décrit l'affaire des 'billets de confession' (*OH*, p.1514 et suivantes).

de conférer les ordres sans fonction; c'est enlever des membres à l'Etat sans en donner à l'Eglise. Le magistrat est en droit de réformer cet abus.

Le mariage, dans l'ordre civil, est une union légitime de l'homme et de la femme pour avoir des enfants, pour les élever, et pour leur assurer les droits des propriétés sous l'autorité de la loi. Afin de constater cette union, elle est accompagnée d'une cérémonie religieuse, regardée par les uns comme un sacrement, par les autres comme une pratique du culte public;[49] vraie logomachie qui ne change rien à la chose. Il faut donc distinguer deux parties dans le mariage, le contrat civil ou l'engagement naturel, et le sacrement ou la cérémonie sacrée. Le mariage peut donc subsister avec tous ses effets naturels et civils, indépendamment de la cérémonie religieuse.[50] Les cérémonies mêmes de l'Eglise ne sont devenues nécessaires dans l'ordre civil que parce que le magistrat les a adoptées.[51] Il s'est même écoulé un long

496 71N: conférer des ordres sans fonctions; c'est
499 70, W68: [*avec manchette*: De la nature du mariage.]
504-505 71N: public; dispute qui tient beaucoup de la logomachie, mais qui
507-508 71N: peut par conséquent subsister

[49] Pour l'Eglise catholique, le mariage est un des sept sacrements, alors que pour les protestants, il n'y en a que deux (le baptême et la communion ou eucharistie).

[50] En Alsace, seule province française où le protestantisme avait gardé une existence légale (grâce au Traité de Westphalie de 1648), le gouvernement envisageait justement, depuis le début des années 1760, l'approbation de mariages, non seulement entre luthériens, mais entre luthériens et catholiques, les considérant comme des contrats civils, mais la déclaration 'adoptée par Louis XV au Conseil des Dépêches en 1763 [...] fut momentanément enterrée [...] et fut publiée par Louis XVI le 15 mars 1778' (Michel Antoine, *Le Conseil du roi sous le règne de Louis XV*, Paris et Genève, 1970, p.448-49).

[51] Voir *Mémoires sur les moyens de donner aux protestants un état civil en France. Composé de l'ordre du roi Louis XV* (s.l., 1787), les deux rapports de Gilbert de Voisins publiés par son petit-fils au moment du débat autour de l''Edit de tolérance': quand le curé se trouve dans la nécessité de refuser la bénédiction nuptiale aux protestants, 'notre procureur général [...] recevra leur déclaration qu'ils se donnent la foi de mariage, et se prennent pour mari et femme; le tout en présence dudit substitut de

temps sans que les ministres de la religion aient eu aucune part à la célébration des mariages. Du temps de Justinien le consentement des parties en présence de témoins, sans aucune cérémonie de l'Eglise, légitimait encore le mariage parmi les chrétiens. C'est cet empereur qui fit vers le milieu du sixième siècle, les premières lois pour que les prêtres intervinssent comme simples témoins, sans ordonner encore de bénédiction nuptiale. L'empereur Léon qui mourut sur le trône en 886, semble être le premier qui ait mis la cérémonie religieuse au rang des conditions nécessaires. La loi même qu'il fit atteste que c'était un nouvel établissement.[52]

De l'idée juste que nous nous formons ainsi du mariage, il résulte d'abord que le bon ordre et la piété même rendent aujourd'hui nécessaires les formalités religieuses, adoptées dans toutes les communions chrétiennes. Mais l'essence du mariage ne peut en être dénaturée; et cet engagement qui est le principal dans la société est, et doit demeurer toujours soumis dans l'ordre politique à l'autorité du magistrat.

Il suit de là encore que deux époux élevés dans le culte même des infidèles et des hérétiques, ne sont point obligés de se remarier s'ils l'ont été selon la loi de leur patrie; c'est au magistrat dans tous les cas d'examiner la chose.[53]

524 71N: religieuses, sagement adoptées
530 K84, K12: se marier s'ils

notre procureur général, et du nombre de témoins requis par les ordonnances pour les actes de mariage, lesquels signeront avec les parties, ledit substitut, le juge et son greffier, au procès-verbal qui en sera dressé' (*Projet d'édit*, article 6, p.137-38).

[52] La source de Voltaire sur le mariage au temps de Justinien et de l'empereur de Constantinople Léon VI, dit le Philosophe, est peut-être le *Corpus juris civilis romani*, 2 vol. (Bâle, 1756, BV872). Les signets qu'il a placés dans ce livre indiquent qu'il s'est documenté sur la législation du mariage à cette époque (*CN*, t.2, p.758-64). Léon ne mourut pas en 886, date de son accession au trône impérial, mais en 912.

[53] D'après l'article 'Mariage' des *QE*, Voltaire prétend que 'notre jurisprudence se trouve en contradiction avec les décisions de l'Eglise, et avec elle-même' puisqu'une 'déclaration papale' de Benoît XIV 'décide que les mariages des protestants, contractés suivant leurs rites, ne sont pas moins valables que s'ils avaient été faits

Le prêtre est aujourd'hui le magistrat que la loi a désigné librement en certains pays pour recevoir la foi de mariage. Il est très évident que la loi peut modifier ou changer, comme il lui plaît, l'étendue de cette autorité ecclésiastique.

Les testaments et les enterrements sont incontestablement du ressort de la loi civile et de celui de la police. Jamais ils n'auraient dû souffrir que le clergé usurpât l'autorité de la loi à aucun de ces égards. On peut voir encore dans le *Siècle de Louis XIV* et dans celui de *Louis XV*, des exemples frappants des entreprises de certains ecclésiastiques fanatiques sur la police des enterrements.[54] On a vu des refus de sacrements, d'inhumation, sous prétexte d'hérésie; barbarie dont les païens mêmes auraient eu horreur.

Section septième

Juridiction des ecclésiastiques

Le souverain peut sans doute abandonner à un corps ecclésiastique ou à un seul prêtre une juridiction sur certains objets et sur certaines personnes, avec une compétence convenable à l'autorité

536-37 71N: ecclésiastique, ou son exercice. ¶Les
537 70, W68: [*avec manchette*: Des testaments et enterrements.]
538 71N: Jamais les souverains n'auraient
K12: Jamais les magistrats n'auraient

suivant les formes établies par le concile de Trente'. Il raconte en détail le cas de 'Barac Levy, juif de naissance', qui essaya de répudier sa femme juive et de se remarier, celle-ci ne s'étant pas convertie au catholicisme. Par deux fois, en 1756 ('l'official de Soissons') et en 1758 (le parlement de Paris), 'il fut défendu [...] à Levy de contracter aucun mariage pendant la vie' de sa première femme (*M*, t.20, p.29).

[54] Voir, par exemple, le chapitre 36, 'Du calvinisme au temps de Louis XIV', du *Siècle de Louis XIV*: 'Le conseil du roi était occupé à rendre des arrêts pour un cimetière que les deux religions se disputaient dans un village [...] pour des enterrements, pour des cloches' (*OH*, p.1048) et 'Les corps de ceux qui ne voulaient pas recevoir les sacrements à la mort étaient traînés sur la claie et jetés à la voirie' (p.1056-57). Voir également le chapitre 36 du *Précis du siècle de Louis XV*.

confiée. Je n'examine point s'il a été prudent de remettre ainsi une portion de l'autorité civile entre les mains d'un corps ou d'une personne, qui avait déjà une autorité sur les choses spirituelles. Livrer à ceux qui devaient seulement conduire les hommes au ciel, une autorité sur la terre, c'était réunir deux pouvoirs dont l'abus était trop facile: mais il est certain du moins qu'aucun homme en tant qu'ecclésiastique, ne peut avoir aucune sorte de juridiction. S'il la possède, elle est ou concédée par le souverain, ou usurpée; il n'y a point de milieu. Le royaume de Jésus-Christ n'est point de ce monde; il a refusé d'être juge sur la terre, il a ordonné de rendre à César ce qui appartient à César;[55] il a interdit à ses apôtres toute domination; il n'a prêché que l'humilité, la douceur et la dépendance. Les ecclésiastiques ne peuvent tenir de lui ni  puissance, ni autorité, ni domination, ni juridiction dans le monde. Ils ne peuvent donc posséder légitimement aucune autorité que par une concession du souverain, de qui tout pouvoir doit dériver dans la société.

Puisque c'est du souverain seul que les ecclésiastiques tiennent quelque juridiction sur la terre, il suit de là que le souverain et ses magistrats doivent veiller sur l'usage que le clergé fait de son autorité, comme nous l'avons prouvé.

Il fut un temps, dans l'époque malheureuse du gouvernement féodal, où les ecclésiastiques s'étaient emparés en divers lieux des principales fonctions de la magistrature.[56] On a borné dès lors

571 71N: magistrature, parce qu'ils étaient presque les seuls, qui sussent lire et écrire. On

[55] Jean 18:36; Jean 8:1-11; Matthieu 22:21.

[56] Voltaire est scandalisé surtout par les princes-évêques allemands. Voir l'article 'Puissance, les deux puissances' des *QE*: 'Trois électeurs allemands sont plus puissants qu'Anius [dont parle Virgile au troisième chant de l'*Enéide*], et ont comme lui le droit de mitre et de couronne, quoique subordonnés, du moins en apparence, à l'empereur romain qui n'est que l'empereur d'Allemagne' (*M*, t.20, p.301). La situation en France est meilleure, car 'il n'y a point d'évêque qui se soit emparé, comme celui de Rome, d'une grande souveraineté' (*Le Siècle de Louis XIV*, *OH*, p.1030).

l'autorité des seigneurs de fiefs laïques, si redoutable au souverain, et si dure pour les peuples. Mais une partie de l'indépendance des juridictions ecclésiastiques a subsisté. Quand donc est-ce que les souverains seront assez instruits, ou assez courageux pour reprendre à eux toute autorité usurpée, et tant de droits dont on a si souvent abusé pour vexer les sujets qu'ils doivent protéger?

C'est de cette inadvertance des souverains que sont venues les entreprises audacieuses de quelques ecclésiastiques contre le souverain même.[57] L'histoire scandaleuse de ces attentats énormes est consignée dans des monuments qui ne peuvent être contestés, et il est à présumer que les souverains éclairés aujourd'hui par les écrits des sages, ne permettront plus des tentatives qui ont si souvent été accompagnées ou suivies de tant d'horreurs.

La bulle *in Coena Domini* est encore en particulier une preuve subsistante des entreprises continuelles du clergé contre l'autorité souveraine et civile, etc. (Voyez 'Bulle'.) Voyez surtout l'article des 'Deux puissances'.

Extrait du tarif des droits

qu'on paie en France à la cour de Rome pour les bulles, dispenses, absolutions etc., lequel tarif fut arrêté au conseil du roi le 4 septembre 1691, et qui est rapporté tout entier dans l'Instruction de Jacques Le Pelletier, imprimée à Lyon en 1699, avec approbation et privilège du roi; à Lyon chez Antoine Boudet, huitième édition[58]

On en a retiré les exemplaires, et les taxes subsistent.

587-88a K84, K12: etc. [*avec note*: Voyez 'Bulle', et surtout l'article des 'Deux puissances'.] / *Extrait*

588-88a 71N: 'Deux puissances'. / *Droits (tarif des)* / *Extrait*

588f 70, 71N, 71A: *édition. On en a retiré les exemplaires, et les taxes subsistent.*

[57] Voir le chapitre 37, 'Attentat contre la personne du roi', et surtout le chapitre 38, 'Assassinat du roi du Portugal', du *Précis du siècle de Louis XV* (*OH*, p.1526-37).

[58] En remerciant Christin en décembre 1770 de la *Taxe de la chancellerie romaine,*

1°. Pour absolution du crime d'apostasie, on paiera au pape quatre-vingts livres.

2°. Un bâtard qui voudra prendre les ordres, paiera pour la dispense vingt-cinq livres; s'il veut posséder un bénéfice simple, il paiera de plus cent quatre-vingts livres. S'il veut que dans la dispense on ne fasse pas mention de son illégitimité, il paiera mille cinquante livres.

3°. Pour dispense et absolution de bigamie, mille cinquante livres.

4°. Pour dispense à l'effet de juger criminellement, ou d'exercer la médecine, quatre-vingt-dix livres.

5°. Absolution d'hérésie, quatre-vingts livres.

6°. Bref de quarante heures pour sept ans, douze livres.

7°. Absolution pour avoir commis un homicide à son corps défendant ou sans mauvais dessein, quatre-vingt-quinze livres. Ceux qui étaient dans la compagnie du meurtrier doivent aussi se faire absoudre et payer pour cela quatre-vingt-cinq livres.

8°. Indulgences pour sept années, douze livres.

9°. Indulgences perpétuelles pour une confrérie, quarante livres.

10°. Dispense d'irrégularité ou d'inhabilité, vingt-cinq livres; si l'irrégularité est grande, cinquante livres.

11°. Permission de lire les livres défendus, vingt-cinq livres.

12°. Dispense de simonie, quarante livres; sauf à augmenter suivant les circonstances.

13°. Bref pour manger les viandes défendues, soixante-cinq livres.

---

ou la banque du pape dans laquelle l'absolution des crimes les plus énormes se donne pour de l'argent, trad. et notes A. Du Pinet de Noroy (BV3252), Voltaire demande à emprunter également l'*Instruction très facile et nécessaire pour ceux qui veulent obtenir de cour de Rome toutes sortes d'expéditions* (D16871). Nous n'avons pu comparer cet extrait à la huitième édition, très rare, que Voltaire a consultée. D'après la quatrième édition (1682), on constate que Voltaire suit de près l'*Instruction*, qu'il reste fidèle à l'esprit de cet ouvrage, même si les prix varient d'une édition à l'autre, par exemple dans les éditions de 1677 et de 1682.

14°. Dispense de vœux simples de chasteté ou de religion, quinze livres. Bref déclaratoire de la nullité de la profession d'un religieux ou d'une religieuse, cent livres: si on demande ce bref dix ans après la profession, on paie le double.

Dispenses de mariage

Dispense du quatrième degré de parenté avec cause, soixante-cinq livres; sans cause quatre-vingt-dix livres; avec absolution des familiarités que les futurs ont eues ensemble, cent quatre-vingts livres.

Pour les parents du troisième au quatrième degré, tant du côté du père que de celui de la mère, la dispense sans cause est de huit cent quatre-vingts livres; avec cause cent quarante-cinq livres.

Pour les parents au second degré d'un côté, et au quatrième de l'autre, les nobles paieront mille quatre cent trente livres; pour les roturiers mille cent cinquante-cinq livres.

Celui qui voudra épouser la sœur de la fille avec laquelle il a été fiancé, paiera pour la dispense mille quatre cent trente livres.

Ceux qui sont parents au troisième degré, s'ils sont nobles, ou s'ils vivent honnêtement, paieront mille quatre cent trente livres; si la parenté est tant du côté du père que de celui de la mère, deux mille quatre cent trente livres.

Parents au second degré paieront quatre mille cinq cent trente livres; si la future a accordé des faveurs au futur, ils paieront de plus pour l'absolution deux mille trente livres.

Ceux qui ont tenu sur les fonts de baptême l'enfant de l'un ou de l'autre, la dispense est de deux mille sept cent trente livres. Si l'on veut se faire absoudre d'avoir pris des plaisirs prématurés, on paiera de plus mille trois cent trente livres.

Celui qui a joui des faveurs d'une veuve pendant la vie du premier mari, paiera pour l'épouser légitimement cent quatre-vingt-dix livres.

En Espagne et en Portugal, les dispenses de mariage sont

beaucoup plus chères. Les cousins germains ne les obtiennent pas à moins de deux mille écus de dix jules de Componade.[59]

Les pauvres ne pouvant pas payer des taxes aussi fortes, on leur fait des remises. Il vaut bien mieux tirer la moitié du droit que de ne rien avoir du tout en refusant la dispense.

On ne rapporte pas ici les sommes que l'on paie pour les bulles des évêques, des abbés, des prieurs, des curés etc.; on les trouve dans les almanachs; mais on ne voit pas de quelle autorité il impose des taxes sur les laïcs qui épousent leurs cousines.

652 K12: paie au pape pour

653 K84, K12: abbés, etc. on

653-54 70, 71N, 71A: etc.; à la bonne heure que le pape perçoive quelques droits sur les gens d'Eglise; mais

654 K12: autorité la cour de Rome impose

[59] D'après le *Dictionnaire de l'Académie* (1762), 'jule' est 'le nom d'une monnaie en usage en Italie, et surtout à Rome. Le jule vaut environ six sous, et tire son nom du pape Jules II' (p.977); 'componende' est définie comme 'la composition qui se fait sur les droits dûs à la cour de Rome, quand on veut obtenir quelque dispense, ou les provisions de quelque bénéfice' (p.351).

DU DROIT DE LA GUERRE

Dialogue entre un Anglais et un Allemand

L'ALLEMAND

Qu'entendez-vous par le droit de la guerre?

L'ANGLAIS

Votre Grotius en a fait un ample traité,[1] dans lequel il cite plus de deux cents auteurs grecs ou latins, et même des auteurs juifs.

a-238 K84, K12: [*absent*]

* Dans l'*Encyclopédie*, il existe un article 'Droit des gens', rédigé par Antoine Gaspard Boucher d'Argis, un article 'Droit de la nature, ou droit naturel', par le même, où il est largement question de Grotius et de son *De jure belli ac pacis*, de Thomas Hobbes et de son *De cive* (1642), outre Spinoza et Pufendorf. Voir l'article 'Guerre (Art milit. et hist.)' par Guillaume Le Blond et 'Guerre (Droit naturel et politique)' par le chevalier Louis de Jaucourt sur les guerres 'justes' et 'injustes'. Voltaire a réutilisé pour son article le onzième entretien, 'Du droit de la guerre', de *L'A.B.C.* (*M*, t.27, p.368-75), déjà réédité en 1769, avec des compléments, dans la seconde partie de *La Raison par alphabet*. Pour les *QE*, Voltaire a réduit à deux – l'Allemand et l'Anglais (A et B) – les trois interlocuteurs des versions précédentes, en supprimant l'interlocuteur C dont les répliques ont été confiées à B (l'Anglais). On notera que l'Angleterre et la Prusse avaient été les ennemis de la France lors de la Guerre de Sept Ans (1756-1763). Voir aussi l'article 'Guerre' du *DP* (*OCV*, t.36, p.185-94) et son homonyme des *QE*. Le présent article paraît en avril/mai 1771 (70, t.5).

[1] Rédigé par le juriste hollandais Hugo Grotius, le *De jure belli ac pacis libri tres in quibus jus naturae et gentium: item juris publici praecipua explicantur* (Paris, 1625), ouvrage fondamental dédié à Louis XIII et maintes fois réédité, précisait des notions aussi essentielles à l'Etat moderne que le droit naturel, le droit des gens et les principes du droit public. Il y définissait le droit souverain des Etats de mener des guerres justes et des guerres d'ingérence pour remettre dans le droit les Etats qui ne le respectaient pas. Grotius avait déjà publié *Mare liberum* (Leyde, 1609) sur la liberté de navigation et le droit international maritime. Voltaire possédait le *De jure belli ac pacis* dans une édition de la traduction de Jean Barbeyrac, *Le Droit de la guerre et de la paix*, 2 vol. (Bâle, 1746, BV1554; *CN*, t.4, p.195-96). L'article 'Droit de la nature' de

L'ALLEMAND

Croyez-vous que le prince Eugène, et le duc de Marlborough l'eussent étudié quand ils vinrent humilier la fierté de Louis XIV?[2] Le droit de la paix je le connais assez; c'est de tenir sa parole, et de laisser tous les hommes jouir des droits de la nature; mais pour le droit de la guerre, je ne sais ce que c'est. Le code du meurtre me semble une étrange imagination. J'espère que bientôt on nous donnera la jurisprudence des voleurs de grand chemin.

L'ANGLAIS

Comment accorderons-nous donc cette horreur si ancienne, si universelle de la guerre, avec des idées du juste et de l'injuste? avec cette bienveillance pour nos semblables que nous prétendons être née avec nous? avec le *to kalon*, le beau et l'honnête?[3]

L'ALLEMAND

N'allons pas si vite. Ce crime qui consiste à commettre un si grand nombre de crimes en front de bandière,[4] n'est pas tout à fait si universel qu'on le croit. Les brames et les primitifs nommés *quakers*, n'ont jamais été coupables de cette abomination. Les

---

l'*Encyclopédie* remarquait: 'Le titre de l'ouvrage n'annonce qu'une matière du droit des gens; et en effet la plus grande partie de l'ouvrage roule sur le droit de la guerre' (t.5, p.132).

[2] Protagonistes de la Guerre de Succession d'Espagne (1701-1714) souvent cités par Voltaire: outre Louis XIV, le chef des armées anglaises, John Churchill, duc de Marlborough, qui conquit Lille (1708), et le généralissime des armées impériales, le prince Eugène de Savoie qui, en 1709, envahit le nord de la France et menaça même Paris et Versailles, où, d'ailleurs, il avait été élevé. Voir les chapitres 17-22 du *Siècle de Louis XIV*. Une partie du chapitre 20 est consacrée aux 'humiliations, constance et ressources de Louis XIV' dans les années 1707-1709.

[3] Dans l'article 'Beau, beauté' du *DP* (*OCV*, t.35, p.407), Voltaire discute cette notion de 'to kalon' définie par Platon (*Banquet*, 210a-211d; *Phédon*, 78d).

[4] 'Terme de mer [...] ce mot est synonyme avec bannière. On dit aussi d'une armée, qu'elle est rangée en front de bandière, lorsqu'elle est assemblée et rangée en campagne avec les étendards et les drapeaux à la tête du corps', *Dictionnaire universel français et latin*, 8 vol. (Paris, 1771), t.2, p.736.

nations qui sont au-delà du Gange versent très rarement le sang; et je n'ai point lu que la république de San Marino ait jamais fait la guerre, quoiqu'elle ait à peu près autant de terrain qu'en avait Romulus. Les Lappons, les Samoyèdes, les peuples du Kamshatka n'ont jamais attaqué leurs voisins. Les peuples de l'Indus et de l'Hidaspe furent bien surpris de voir les premiers voleurs armés qui vinrent s'emparer de leur beau pays. Plusieurs peuples de l'Amérique n'avaient jamais entendu parler de ce péché horrible, quand les Espagnols vinrent les exterminer l'Evangile à la main. [5]

Il n'est point dit que les Cananéens eussent jamais fait la guerre à personne, lorsqu'une horde de Juifs parut tout d'un coup, mit les bourgades en cendres, égorgea les femmes sur les corps de leurs maris, et les enfants sur le ventre de leurs mères. [6] Comment expliquerons-nous cette fureur dans nos principes?

L'ANGLAIS

Comme les médecins rendent raison de la peste, des deux véroles [7] et de la rage. Ce sont des maladies attachées à la constitution de nos organes. On n'est pas toujours attaqué de la rage et de la peste; il suffit souvent qu'un prétendu politique enragé ait mordu un autre ministre pour que la rage se communique dans trois mois à quatre ou cinq cent mille hommes.

Mais quand on a ces maladies, il y a quelques remèdes. En connaissez-vous pour la guerre?

29 71N: tout à coup

[5] Résumé de divers chapitres de l'*Essai sur les mœurs* que Voltaire a souvent recyclés dans les années 1760-1770.

[6] Voir le chapitre 41 de l'*Essai sur les mœurs*, sur Josué et les Cananéens. 'Je n'examine point de quel droit Josué venait détruire des villages qui n'avaient jamais entendu parler de lui. Les Juifs disaient: "Nous descendons d'Abraham; Abraham voyagea chez vous il y a quatre cent quarante années: donc votre pays nous appartient; et nous devons égorger vos mères, vos femmes et vos enfants" ' (t.1, p.144). Cf. Josué 6:21.

[7] La petite vérole ou variole; la grande vérole ou syphilis dont il sera question plus loin.

L'ALLEMAND

Je n'en connais que deux dont la tragédie s'est emparée. La crainte et la pitié.[8] La crainte nous oblige souvent à faire la paix: et la pitié que la nature a mise dans nos cœurs comme un contrepoison contre l'héroïsme carnassier, fait qu'on ne traite pas toujours les vaincus à toute rigueur. Notre intérêt même est d'user envers eux de miséricorde, afin qu'ils servent sans trop de répugnance leurs nouveaux maîtres: je sais bien qu'il y a eu des brutaux qui ont fait sentir rudement le poids de leurs chaînes aux nations subjuguées. A cela je n'ai autre chose à répondre que ce vers d'une tragédie intitulée *Spartacus*, composée par un Français qui pense profondément.

La loi de l'univers est malheur aux vaincus.[9]

J'ai dompté un cheval: si je suis sage je le nourris bien, je le caresse, et je le monte; si je suis un fou furieux, je l'égorge.

L'ALLEMAND

Cela n'est pas consolant: car nous avons presque tous été subjugués. Vous autres Anglais vous l'avez été par les Romains,

54a 70, 71N, 71A, W68, W75G, β: [*erreur*]

[8] Formule de la *Poétique*, ch.13, 2-5, d'Aristote, source de l'esthétique tragique classique et de la 'catharsis', qui en est la conséquence morale. Voir *Olympie*, 'Remarques à l'occasion de cette pièce': 'la terreur et la pitié, qui sont le seul but, la seule constitution de la tragédie' (*M*, t.6, p.107).

[9] Joseph Saurin, *Spartacus*, III.4, tragédie représentée en février 1760 à la Comédie-Française. Sur le débat autour de la pièce, voir François Moureau, 'En marge de la représentation des *Philosophes*, la critique dramatique dans la *Correspondance littéraire* et le *Mercure* en 1760', *La 'Correspondance littéraire' de Grimm et de Meister (1754-1813)*, éd. B. Bray, J. Schlobach et J. Varloot (Paris, 1976), p.175-77. Diderot écrivait sévèrement à la suite de la représentation: 'Dans le genre de Corneille, il faut être Corneille et point au-dessous' (*Correspondance littéraire*, t.4, p.229). Le vers tiré de la même scène de la pièce: 'Spartacus ne fait point de la guerre un commerce' semblait d'une bien mince timidité à Grimm (t.4, p.194). La phrase: 'Malheur aux vaincus' (*Vae victis*) est attribuée par Tite-Live à Brennus, lors de la conquête de Rome par les Gaulois (*Histoire romaine*, livre 5, ch.48).

par les Saxons et les Danois; et ensuite par un bâtard de Normandie. Le berceau de notre religion est entre les mains des Turcs: une poignée de Francs a soumis la Gaule. Les Tyriens, les Carthaginois, les Romains, les Goths, les Arabes ont tour à tour subjugué l'Espagne; des Latins vinrent des bords du Tibre voler les bestiaux des bords du Rhin et du Danube; ils firent les cultivateurs esclaves.[10] Enfin, de la Chine à Cadix, presque tout l'univers a toujours appartenu au plus fort. Je ne connais aucun conquérant qui soit venu l'épée dans une main et un code dans l'autre; ils n'ont fait des lois qu'après la victoire, c'est-à-dire, après la rapine; et ces lois, ils les ont faites précisément pour soutenir leur tyrannie. Que diriez-vous, si quelque bâtard de Normandie venait s'emparer de votre Angleterre pour venir vous donner ses lois?

L'ANGLAIS

Je ne dirais rien; je tâcherais de le tuer à sa descente dans ma patrie; s'il me tuait je n'aurais rien à répliquer: s'il me subjuguait, je n'aurais que deux partis à prendre, celui de me tuer moi-même, ou celui de le bien servir.

L'ALLEMAND

Voilà de tristes alternatives. Quoi! point de loi de la guerre, point de droit des gens?[11]

L'ANGLAIS

J'en suis fâché mais il n'y en a point d'autres que de se tenir continuellement sur ses gardes. Tous les rois, tous les ministres

[10] Nouveaux renvois possibles à l'*Essai sur les mœurs*, qui développait ces pans de l'histoire des premiers siècles: sur les invasions de l'Angleterre, de César à Guillaume le Conquérant, Avant-propos et les chapitres 25-26; sur la Terre sainte aux mains des Turcs, chapitre 56; sur les Francs conquérants de la Gaule, chapitre 11; sur les invasions de l'Espagne, Avant-propos; sur les conquêtes romaines en Germanie et en Pannonie, Avant-propos.

[11] Voir l'article 'Droit des gens' de l'*Encyclopédie*: 'une jurisprudence que la loi naturelle a établie sur certaines matières entre tous les hommes, et qui est observée chez toutes les nations' (t.5, p.126).

pensent comme moi; et c'est pourquoi, douze cent mille mercenaires en Europe font aujourd'hui la parade tous les jours en temps de paix.

Qu'un prince licencie ses troupes dans votre continent, qu'il laisse tomber ses fortifications en ruines, et qu'il passe son temps à lire Grotius, vous verrez si dans un an ou deux il n'aura pas perdu son royaume.

L'ALLEMAND

Quoi! votre Angleterre serait perdue si vous n'aviez pas *a standing army*, une armée sur pied? [12]

L'ANGLAIS

Oh! nous sommes dans un cas différent; c'est une *standing army* qui peut nous perdre; il ne nous faut que des flottes. Mais de façon ou d'autre, il faut se mettre en état d'être aussi injuste que ses voisins. Alors l'ambition est contenue par l'ambition, alors les chiens d'égale force montrent les dents, et ne se déchirent que lorsqu'ils ont à disputer une proie.

L'ALLEMAND

Mais les Romains, les Romains ces grands législateurs!

L'ANGLAIS

Ils faisaient des lois, comme les Algériens assujettissent leurs esclaves à la règle;[13] mais quand ils combattaient pour réduire

[12] Armée professionnelle ('troupes réglées' en français) créée par Cromwell et réinstallée par Jacques II, dont la légitimité était parfois contestée par les Britanniques eux-mêmes, voir le discours de William Pitt, Lord Chatham, aux Communes, le 4 février 1738, *The History and proceedings of the House of Commons*, 14 vol. (Londres, 1742), t.10, p.59-85. Quelques années après la publication des *QE*, Adam Smith traitera de ce type d'armée dans *An inquiry into the nature and causes of the wealth of nations* (1776), livre 5, ch.1, section 1 (trad. Germain Garnier, *Recherches sur la nature et les causes de la richesse des nations*, Paris, 1843, t.2, p.359).

[13] Les régences barbaresques et, en particulier, celle d'Alger, pratiquaient la course pour faire commerce des captifs chrétiens, dont certains étaient enfermés dans

les nations en esclavage, leur loi était leur épée. Voyez le grand César, le mari de tant de femmes, et la femme de tant d'hommes, il fait mettre en croix deux mille citoyens du pays de Vannes, afin que le reste apprenne à être plus souple;[14] ensuite quand toute la nation est bien apprivoisée, viennent les lois et les beaux règlements. On bâtit des cirques, des amphithéâtres; on élève des aqueducs, on construit des bains publics; et les peuples subjugués dansent avec leurs chaînes.

L'ALLEMAND

On dit pourtant que dans la guerre il y a des lois qu'on observe. Par exemple, on fait une trêve de quelques jours pour enterrer ses morts. On stipule qu'on ne se battra pas dans un certain endroit. On accorde une capitulation à une ville assiégée; on lui permet de racheter ses cloches. On n'éventre point les femmes grosses quand on prend possession d'une place qui s'est rendue. Vous faites des politesses à un officier blessé qui est tombé entre vos mains; et s'il meurt vous le faites enterrer.

L'ANGLAIS

Ne voyez-vous pas que ce sont là les lois de la paix, les lois de la nature,[15] les lois primitives qu'on exécute réciproquement? La guerre ne les a pas dictées; elles se font entendre malgré la guerre; et sans cela les trois quarts du globe ne seraient qu'un désert couvert d'ossements.

Si deux plaideurs acharnés et près d'être ruinés par leurs procureurs, font entre eux un accord qui leur laisse à chacun un peu de pain, appellerez-vous cet accord une *loi du barreau*? Si une horde de théologiens allant faire brûler en cérémonie quelques

---

les bains turcs de la ville (le bagne); voir François Moureau, *Captifs en Méditerranée (XVIe-XVIIIe siècles). Histoires, récits et légendes* (Paris, 2008). L'un des châtiments habituels était 'une règle ou une baguette' que l'on utilisait pour frapper (Jacques Philippe Laugier de Tassy, *Histoire du royaume d'Alger*, Amsterdam, 1725, p.120).

[14] Voir l'article 'César' des *QE* ci-dessus, p.2-3, qui développe ce récit.

[15] Cf. l'article 'Droit de la nature, ou droit naturel' de l'*Encyclopédie* cité plus haut.

raisonneurs qu'ils appellent *hérétiques*, apprend que le lendemain le parti hérétique les fera brûler à son tour; s'ils font grâce afin qu'on la leur fasse, direz-vous que c'est là une loi théologique? Vous avouerez qu'ils ont écouté la nature et l'intérêt malgré la théologie. Il en est de même dans la guerre. Le mal qu'elle ne fait pas, c'est le besoin et l'intérêt qui l'arrête. La guerre, vous dis-je, est une maladie affreuse qui saisit les nations l'une après l'autre, et que la nature guérit à la longue.

L'ALLEMAND

Quoi! vous n'admettez donc point de guerre juste?

L'ANGLAIS

Je n'en ai jamais connu de cette espèce; cela me paraît contradictoire et impossible.

L'ALLEMAND

Quoi! lorsque le pape Alexandre VI et son infâme fils Borgia pillaient la Romagne, égorgeaient, empoisonnaient tous les seigneurs de ce pays, en leur accordant des indulgences, il n'était pas permis de s'armer contre ces monstres? [16]

L'ANGLAIS

Ne voyez-vous pas que c'étaient ces monstres qui faisaient la guerre? Ceux qui se défendaient, la soutenaient. Il n'y a certainement dans ce monde que des guerres offensives, la défensive n'est autre chose que la résistance à des voleurs armés.

L'ALLEMAND

Vous vous moquez de nous. Deux princes se disputent un héritage, leur droit est litigieux, leurs raisons sont également plausibles; il

[16] Il est déjà question d'Alexandre VI Borgia et de son fils César dans l'*Essai sur les mœurs* (t.2, ch.111, p.96-99) et dans l'article 'Foi' du *DP* (*OCV*, t.36, p.121 et n.3 pour les sources de Voltaire).

faut bien que la guerre en décide: alors cette guerre est juste des deux côtés.

L'ANGLAIS

C'est vous qui vous moquez. Il est impossible physiquement, que l'un des deux n'ait pas tort; et il est absurde et barbare que des nations périssent parce que l'un de ces deux princes a mal raisonné. Qu'ils se battent en champ clos s'ils veulent; mais qu'un peuple entier soit immolé à leurs intérêts, voilà où est l'horreur. Par exemple, l'archiduc Charles dispute le trône d'Espagne au duc d'Anjou, et avant que le procès soit jugé, il en coûte la vie à plus de cinq cent mille hommes.[17] Je vous demande si la chose est juste?

L'ALLEMAND

J'avoue que non. Il fallait trouver quelque autre biais pour accommoder le différend.

L'ANGLAIS

Le temps seul amène la guérison de cette horrible épidémie; la nation et ceux qui entrent dans la querelle sont malades de la rage. Ses horribles symptômes durent douze ans jusqu'à ce que les enragés épuisés n'en pouvant plus, soient forcés de s'accorder. Le hasard, le mélange de bons et de mauvais succès, les intrigues, la lassitude ont éteint cet incendie, que d'autres hasards, d'autres intrigues, la cupidité, la jalousie, l'espérance avaient allumé. La guerre est comme le mont Vésuve; ses éruptions engloutissent des villes, et ses embrasements s'arrêtent. Il y a des temps où les bêtes féroces descendues des montagnes dévorent une partie de vos travaux, ensuite elles se retirent dans leurs cavernes.

L'ALLEMAND

Quelle funeste condition que celle des hommes!

[17] Guerre de Succession d'Espagne, dont Voltaire traite dans *Le Siècle de Louis XIV*, ch.17-22. Voir ci-dessus, p.573, n.2.

L'ANGLAIS

Celle des perdrix est pire; les renards, les oiseaux de proie les dévorent, les chasseurs les tuent, les cuisiniers les rôtissent; et cependant il y en a toujours. La nature conserve les espèces,[18] et se soucie très peu des individus.

L'ALLEMAND

Vous êtes dur, et la morale ne s'accommode pas de ces maximes.

L'ANGLAIS

Ce n'est pas moi qui suis dur; c'est la destinée. Vos moralistes font très bien de crier toujours, 'Misérables mortels, soyez justes et bienfaisants, cultivez la terre et ne l'ensanglantez pas. Princes, n'allez pas dévaster l'héritage d'autrui, de peur qu'on ne vous tue dans le vôtre; restez chez vous, pauvres gentillâtres, rétablissez votre masure; tirez de vos fonds le double de ce que vous en tiriez; entourez vos champs de haies vives; plantez des mûriers; que vos sœurs vous fassent des bas de soie; améliorez vos vignes; et si des peuples voisins veulent venir boire votre vin malgré vous, défendez-vous avec courage; mais n'allez pas vendre votre sang à des princes qui ne vous connaissent pas, qui ne jetteront jamais sur vous un coup d'œil, et qui vous traitent comme des chiens de chasse qu'on mène contre le sanglier, et qu'on laisse ensuite mourir dans un chenil.'

Ces discours feront peut-être impression sur trois ou quatre têtes bien organisées, tandis que cent mille autres ne les entendront seulement pas, et brigueront l'honneur d'être lieutenants de hussards.

Pour les autres moralistes à gages que l'on nomme *prédicateurs*, ils n'ont jamais seulement osé prêcher contre la guerre. Ils déclament contre les appétits sensuels après avoir pris leur

[18] Cf. l'article 'Espèce (Mét.)' de l'*Encyclopédie*, par Jean Henri Samuel Formey: 'Notion universelle qui se forme par l'abstraction des qualités qui sont les mêmes dans les individus' (t.5, p.955).

chocolat. Ils anathématisent l'amour, et au sortir de la chaire où ils ont crié, gesticulé et sué, ils se font essuyer par leurs dévotes. Ils s'époumonent à prouver des mystères dont ils n'ont pas la plus légère idée. Mais ils se gardent bien de décrier la guerre, qui réunit tout ce que la perfidie a de plus lâche dans les manifestes, tout ce que l'infâme friponnerie a de plus bas dans les fournitures des armées, tout ce que le brigandage a d'affreux dans le pillage, le viol, le larcin, l'homicide, la dévastation, la destruction. Au contraire, ces bons prêtres bénissent en cérémonie les étendards du meurtre: et leurs confrères chantent pour de l'argent des chansons juives,[19] quand la terre a été inondée de sang.

Les Français nos voisins sont de grands comédiens en chaire; mais je ne me souviens point en effet d'avoir lu dans leur prolixe et argumentant Bourdalouë, le premier qui ait mis les apparences de la raison dans ses sermons, je ne me souviens point, dis-je, d'avoir lu une seule page contre la guerre.[20]

Leur élégant et compassé Massillon,[21] en bénissant les drapeaux du régiment de Catinat, fait à la vérité quelques vœux pour la paix; mais il permet l'ambition. 'Ce désir, dit-il, de voir vos services récompensés, s'il est modéré, s'il ne vous porte pas à vous frayer

[19] Les Psaumes de David. Voir ci-dessous, p.583, n.23.

[20] Voltaire faisait la même remarque dans l'article 'Guerre' du *DP* (*OCV*, t.36, p.193 et n.25-26). Dans *Le Siècle de Louis XIV*, ch.32, Voltaire consacre une notice à Louis Bourdaloue, brillant prédicateur jésuite à la Cour et à la Ville.

[21] Déjà égratigné dans l'article 'Guerre' du *DP* (*OCV*, t.36, p.192), l'oratorien Jean-Baptiste Massillon a une nouvelle actualité pour Voltaire qui se le fait lire à table au moment de la rédaction des *QE* (7 juillet 1769, D15737). Il possédait six volumes des *Sermons de M. Massillon, évêque de Clermont* (Paris, 1745, BV2347). D'Alembert prononça en août 1774 un éloge académique de Massillon, où il évoque, de façon un peu forcée, ces lectures de Voltaire: 'le plus célèbre ecrivain de notre nation et de notre siècle fait des sermons de ce grand orateur une de ses lectures les plus assidues; [...] Massillon est pour lui le modèle des prosateurs, comme Racine est celui des poètes; et [...] il a toujours sur la même table le *Petit Carême* à côté d'*Athalie*' (*Eloges lus dans les séances publiques de l'Académie française*, Paris, 1779, p.1-36, ici p.30). Voir Patrick Lee, 'Voltaire and Massillon: affinities of the heart', *Philosophie des Lumières et valeurs chrétiennes: hommage à Marie-Hélène Cotoni*, éd. C. Mervaud et J. M. Seillan (Paris, 2008), p.301-309.

des routes d'iniquité pour parvenir à vos fins, n'a rien dont la morale chrétienne puisse être blessée.' Enfin il prie Dieu d'envoyer l'ange exterminateur au-devant du régiment de Catinat. 'O mon Dieu, faites-le précéder toujours de la victoire et de la mort; répandez sur ses ennemis les esprits de terreur et de vertige.' [22]

J'ignore si la victoire peut précéder un régiment et si Dieu répand des esprits de vertige; mais je sais que les prédicateurs autrichiens en disaient autant aux cuirassiers de l'empereur, et que l'ange exterminateur ne savait auquel entendre.

Les prédicateurs juifs allèrent encore plus loin. On voit avec édification les prières humaines dont leurs psaumes sont remplis. Il n'est question que de mettre l'épée divine sur sa cuisse, d'éventrer les femmes, d'écraser les enfants à la mamelle contre la muraille. [23] L'ange exterminateur ne fut pas heureux dans ses campagnes; il devint l'ange exterminé; et les Juifs pour prix de leurs psaumes furent toujours vaincus et esclaves. Ils ne réparèrent que par l'usure le mal que leur avait fait la guerre.

De quelque côté que vous vous tourniez, vous verrez que les prêtres ont toujours prêché le carnage, depuis un Aaron que Toland prétend avoir été pontife d'une horde d'Arabes, [24] jusqu'au

[22] Le 'Discours prononcé à une bénédiction des drapeaux du régiment de Catinat' fut seulement publié au premier tome des *Sermons de M. Massillon*, *Petit Carême*, p.328-58, où il accompagnait *Le Petit Carême* prêché aux Tuileries devant le jeune Louis XV en 1718. Comme à l'accoutumée, Voltaire ne s'astreint pas à l'exactitude de la citation (p.341-42, 357). Le régiment de Catinat portait le nom du maréchal de France décédé en 1712. Voir Louis de Blanchefort de Créquy, *Mémoires pour servir à la vie de Nicolas de Catinat* (Paris, 1775). La même année, Jean-François de La Harpe en fit l'*Eloge* pour le prix de l'Académie française, dont Fréron donna un compte rendu dans *L'Année littéraire*, t.5, lettre 1, 15 septembre 1775, p.3-22, où il accuse La Harpe d'avoir fait de Catinat une espèce de précurseur des philosophes modernes.

[23] Citations des Psaumes: 'O fort invincible! Mettez sur votre cuisse votre épée, comme votre gloire et votre ornement' (Psaume 44, 'Eructavit cor meum', *Psaumes de David traduits en français selon l'hébreu*, Trévoux, 1689, p.105); 'Qu'il se fondent comme la cire, qu'ils ne voient point le soleil: comme un enfant mort dès le ventre de sa mère' (Psaume 56, 'Miserere mei Deus', p.134-35); 'Heureux celui qui prendra tes enfants et les brisera contre la pierre' (Psaume 136, 'Super flumina Babylonis', p.336).

[24] La référence à Aaron, grand prêtre et frère de Moïse (Exode, Lévitique,

prédicant Jurieu prophète d'Amsterdam.[25] Les négociants de cette ville aussi sensés que ce pauvre garçon était fou, le laissaient dire, et vendaient leur girofle et leur cannelle.[26]

L'ALLEMAND

Eh bien, n'allons point à la guerre; ne nous faisons point tuer au hasard pour avoir de quoi vivre. Contentons-nous de nous bien défendre contre les voleurs appelés *conquérants*.

L'ANGLAIS

C'est bien dit. Mais c'est cela qui est difficile.

237 70, 71N, 71A, w68: *conquérants.* //

Nombres) reste obscure. Voltaire a longuement parlé d'Aaron dans *La Bible enfin expliquée* (1776), où il évoque Toland à propos du grand prêtre (*M*, t.30, p.102). A Ferney, il possédait divers ouvrages de John Toland, *The Miscellaneous works* (London, 1747, BV3314), t.2, et deux traductions: les *Lettres philosophiques sur l'origine des préjugés, du dogme de l'immortalité de l'âme, de l'idolâtrie et de la superstition* (Londres [Amsterdam], 1768, BV3315), d'après les *Letters to Serena* (London, 1704), et *Le Nazaréen ou le christianisme des Juifs, des gentils et des mahométans* (Londres [Amsterdam], 1777, BV3316), qu'il acquit après la rédaction des *QE*.

[25] De Pierre Jurieu, 'pasteur et professeur en théologie à Rotterdam' (signant S. P. J. P. E. P. E. Th. A. R.), Voltaire possédait *L'Accomplissement des prophéties ou la délivrance prochaine de l'Eglise. Ouvrage dans lequel il est prouvé, que le papisme est l'empire anti-chrétien, que cet empire n'est pas éloigné de sa ruine; que cette ruine doit commencer dans peu de temps; que la persécution présente peut finir dans trois ans et demi. Après quoi commencera la destruction de l'Antéchrist, laquelle se continuera dans le reste de ce siècle et s'achèvera dans le commencement du siècle prochain: et enfin le règne de Jesus-Christ viendra sur la terre*, 2 vol. (Rotterdam, 1689-1690, BV1763; édition originale 1686), et sa *Suite* (Rotterdam, 1687, BV1764). Le titre dit tout et explique le jugement de Voltaire sur ce représentant très contesté par ses contemporains du Refuge huguenot en Hollande, vivant à Rotterdam et non à Amsterdam comme le prétend Voltaire. Voir la notice n° 425 du *Dictionnaire des journalistes 1600-1789*, 2 vol., éd. Jean Sgard (Oxford, 1999), t.1, p.535-38, qui tente de rétablir un équilibre critique.

[26] Amsterdam était le siège de la Compagnie hollandaise des Indes (Vereenigde Oost-Indische Compagnie ou VOC), qui fournissait l'Europe en épices venues d'Asie du Sud-Est (C. R. Boxer, *The Dutch seaborne empire: 1600-1800*, Londres, 1965).

DRUIDES

(*La scène est dans le Tartare.*)

LES FURIES[1] *entourées de serpents et le fouet à la main.*

Allons, Barbaroquincorix, druide celte, et toi détestable Calchas, hiérophante grec, voici les moments où vos justes supplices se renouvellent; l'heure des vengeances a sonné.

LE DRUIDE ET CALCHAS

Ah! La tête! les flancs, les yeux, les oreilles, les fesses; pardon, Mesdames, pardon!

CALCHAS

Voici deux vipères qui m'arrachent les yeux.

LE DRUIDE

Un serpent m'entre dans les entrailles par le fondement; je suis dévoré.

4 K12: Aïe! la tête

* Dialogue des morts parodique sous forme d'intermède avec ballet et musique, ce texte entretient peu de rapport avec l'article 'Druide' de l'*Encyclopédie*, signé par Jaucourt, qui traitait le sujet d'un point de vue historique et descriptif. En exposant le pouvoir politique des druides et la honteuse 'espèce d'excommunication qu'ils lançaient', il les identifiait cependant de manière implicite aux prêtres catholiques (t.5, p.149-50). L'article 'Druides' de Voltaire s'inscrit dans cette perspective. Il met en scène le châtiment du prêtre Calchas, ordonnateur du sacrifice d'Iphigénie, et d'un druide au nom évocateur, Barbaroquincorix, juste rétribution de leurs barbares sacrifices. Le portrait des deux prêtres fanatiques est contrebalancé par celui du prêtre vertueux, Orphée, qui 'adoucit le cœur des hommes'. Annoncé dans l'article 'Celtes' (*OCV*, t.39, p.554), 'Druides' parut en février/mars 1772 (70, t.9, 'Supplément').

[1] Alecton et Tisiphone sont nommées par la suite. La troisième Furie est Mégère.

CALCHAS

Je suis déchiré; faut-il que mes yeux reviennent tous les jours pour m'être arrachés!

LE DRUIDE

Faut-il que ma peau renaisse pour tomber en lambeaux! aïe! ouf!

TISIPHONE

Cela t'apprendra, vilain druide, à donner une autre fois la misérable plante parasite nommée le gui de chêne pour un remède universel. Eh bien, immoleras-tu encore à ton dieu Theutatès des petites filles et des petits garçons? les brûleras-tu encore dans des paniers d'osier au son du tambour? [2]

LE DRUIDE

Jamais, jamais, Madame, un peu de charité.

TISIPHONE

Tu n'en as jamais eu. Courage, mes serpents; encore un coup de fouet à ce sacré coquin.

ALECTON

Qu'on m'étrille vigoureusement ce Calchas,

Qui vers nous s'est avancé
L'œil farouche, l'air sombre, et le poil hérissé. [3] (*a*)

(*a*) *Iphigénie* de Racine.

[2] Selon les *Commentaires* de César sur la Guerre des Gaules (livre 6, ch.16, BV605; *CN*, t.2, p.19-21), certaines tribus gauloises plaçaient dans des mannequins d'osier les victimes qu'elles immolaient. Voltaire mentionne ces 'paniers' ou 'mannes' dans le *Discours aux Welches* (*M*, t.25, p.230) ou *La Philosophie de l'histoire* (*OCV*, t.59, p.155). Il fait preuve de plus de précision dans l'*Essai sur les mœurs* (t.1, p.69 et 199), un autre passage de *La Philosophie de l'histoire* (*OCV*, t.59, p.212) et une note de l'acte 1 des *Lois de Minos* où il évoque des 'figures' ou 'statues d'osier' (*OCV*, t.73, p.174, n.*g*).

[3] Voltaire cite, en adaptant le premier vers, Ulysse rapportant à Clytemnestre l'intervention de Calchas (Racine, *Iphigénie*, acte 5, scène 6).

CALCHAS

On m'arrache le poil, on me brûle, on me berne, on m'écorche, on m'empale.

ALECTON

Scélérat! égorgeras-tu encore une jeune fille au lieu de la marier, et le tout pour avoir du vent?

CALCHAS ET LE DRUIDE

Ah! quels tourments! que de peines, et point mourir!

ALECTON ET TISIPHONE

Ah! ah! j'entends de la musique, Dieu me pardonne; c'est Orphée; nos serpents sont devenus doux comme des moutons.

CALCHAS

Je ne souffre plus du tout; voilà qui est bien étrange!

LE DRUIDE

Je suis tout ragaillardi. O la grande puissance de la bonne musique! et qui es-tu, divin homme, qui guéris les blessures, et qui réjouis l'enfer?

ORPHÉE

Mes camarades, je suis prêtre comme vous;[4] mais je n'ai jamais

32 K84: es-tu, homme divin, qui

[4] Contre le *De natura deorum* de Cicéron (livre 2, ch.38), Voltaire affirme l'historicité d'Orphée, qui aurait vécu bien avant Homère (voir *La Philosophie de l'histoire*, *OCV*, t.59, p.177). Orphée trouve grâce aux yeux de Voltaire en vertu de son affirmation de l'unicité de Dieu et de son fameux hymne, que 'tout le monde devrait savoir par cœur' (*Un chrétien contre six Juifs*, *M*, t.29, p.547) et qui offre au déisme voltairien une sorte de profession de foi (voir notamment *La Philosophie de l'histoire*, *OCV*, t.59, p.217). Orphée fut 'un des grands précepteurs du genre humain' (*Dialogues d'Evhémère*, *OCV*, t.80C, p.149), que l'article 'Emblèmes' des *QE*

trompé personne, et je n'ai égorgé ni garçon ni fille. Lorsque j'étais sur la terre, au lieu de faire abhorrer les dieux, je les ai fait aimer; j'ai adouci les mœurs des hommes que vous rendiez féroces. Je fais le même métier dans les enfers. J'ai rencontré là-bas deux barbares prêtres qu'on fessait à toute outrance; l'un avait autrefois haché un roi en morceaux, l'autre avait fait couper la tête à sa propre reine à la porte-aux-chevaux.[5] J'ai fini leur pénitence, je leur ai joué du violon; ils m'ont promis que quand ils reviendraient au monde ils vivraient en honnêtes gens.

LE DRUIDE ET CALCHAS

Nous vous en promettons autant, foi de prêtres.

ORPHÉE

Oui, mais *passato il pericolo gabbato il santo.*[6]

(*La scène finit par une danse figurée d'Orphée, des damnés et des furies, et par une symphonie très agréable.*)

---

présente comme le 'premier théologien des Grecs' (*M*, t.18, p.521). Ce texte est apparemment le seul où Voltaire l'assimile à un prêtre.

[5] Samuel, qui 'coupe en morceaux' le roi Agag (1 Rois 15:32-33), et le pontife Joïada ou Joad, qui a fait exécuter Athalie (4 Rois 11:11-16), exemples souvent associés par Voltaire depuis *La Pucelle* (chant 16, vers 130-35, *OCV*, t.16, p.510).

[6] 'Une fois que le danger est passé, le saint est oublié' – proverbe italien cité par Rabelais (*Le Quart livre*, ch.24).

ÉCONOMIE

Ce mot ne signifie dans l'acception ordinaire que la manière d'administrer son bien; elle est commune à un père de famille et à un surintendant des finances d'un royaume. Les différentes sortes de gouvernement, les tracasseries de famille et de cour, les guerres injustes et mal conduites, l'épée de Thémis mise dans les mains des bourreaux pour faire périr l'innocent, les discordes intestines, sont des objet étrangers à l'économie.

Il ne s'agit pas ici des déclamations de ces politiques qui gouvernent un Etat du fond de leur cabinet par des brochures.[1]

* Sans être une réponse directe et pointue à l'article 'Economie' de l'*Encyclopédie*, signé Jean-Jacques Rousseau, il est évident que la position délibérément contradictoire qu'adopte Voltaire dès son entrée en matière équivaut à une condamnation. Car Rousseau n'avait-il pas prétendu, au seuil de sa propre étude, qu'il fallait distinguer l'économie publique de l'économie domestique, étant donné que les deux n'avaient rien de commun? Mais si, au cours de sa réflexion, Voltaire ne s'en prend pas directement à Rousseau, il est non moins vrai qu'il entendait s'y différencier de tous ceux qui – comme Le Mercier de La Rivière – ne peignaient pas les choses comme elles sont, mais comme leurs pauvres cerveaux surchauffés leur disaient qu'elles devraient être. C'est le citoyen rompu depuis les années 1730 aux problèmes économiques de l'Etat (*Observations sur Messieurs John Law, Melon et Dutot*), c'est l'ennemi de tout esprit de système (*L'Homme aux quarante écus*), c'est le propriétaire terrien pragmatique, qui a déjà consigné le meilleur de son expérience dans les volumes précédents des *QE* ('Agriculture', 'Argent', 'Banque', 'Banqueroute', 'Blé', 'Confiscation'), qui se livre ici, encore une fois, à cette réflexion équitable qui a pour but de s'interroger sur le bonheur du monde. Voltaire envoie cet article à Cramer vers la fin du mois de janvier 1771 (D16996); il paraît en avril/mai 1771 (70, t.5).

[1] Voltaire vise ici certains des physiocrates (Quesnay, le marquis de Mirabeau, et surtout Le Mercier de La Rivière) dont les ouvrages dogmatiques et pompeux étaient surtout entachés d'un détestable esprit de système (voir *L'Homme aux quarante écus*, *OCV*, t.66, p.213-35, 294). Mais il n'est pas exclu que Voltaire englobe dans la condamnation Jean-Jacques Rousseau, auteur en 1755 de l'article 'Economie' de l'*Encyclopédie*, devenu en 1758 le *Discours sur l'économie politique*.

Economie domestique

La première économie, celle par qui subsistent toutes les autres, est celle de la campagne.[2] C'est elle qui fournit les trois seules choses dont les hommes ont un vrai besoin, le vivre, le vêtir et le couvert; il n'y en a pas une quatrième, à moins que ce ne soit le chauffage dans les pays froids. Toutes les trois bien entendues donnent la santé, sans laquelle il n'y a rien.

On appelle quelquefois le séjour de la campagne la *vie patriarcale*; mais dans nos climats cette vie patriarcale serait impraticable et nous ferait mourir de froid, de faim et de misère.

Abraham va de la Caldée au pays de Sichem; de là il faut qu'il fasse un long voyage par des déserts arides jusqu'à Memphis pour aller acheter du blé.[3] J'écarte toujours respectueusement, comme je le dois, tout ce qui est divin dans l'histoire d'Abraham et de ses enfants; je ne considère ici que son économie rurale.

Je ne lui vois pas une seule maison: il quitte la plus fertile contrée de l'univers et des villes où il y avait des maisons commodes, pour aller errer dans des pays dont il ne pouvait entendre la langue.

Il va de Sodome dans le désert de Gérar, sans avoir le moindre établissement. Lorsqu'il renvoie Agar et l'enfant qu'il a eu d'elle, c'est encore dans un désert; et il ne leur donne pour tout viatique qu'un morceau de pain et une cruche d'eau. Lorsqu'il va sacrifier son fils au Seigneur, c'est encore dans un désert. Il va couper le bois lui-même pour brûler la victime, et le charge sur le dos de son fils qu'il doit immoler.[4]

Sa femme meurt dans un lieu nommé Arbé ou Hébron; il n'a pas

26 71A: aller dans

[2] Voltaire est depuis de longues années déjà le champion de l'agriculture comme moteur principal – mais non pas unique – de l'activité économique de la France. Voir ci-dessous, p.599, n.25.

[3] Genèse 11:31, 12:1-6, 10.

[4] Sodome-Gérar: Genèse 13:10-12, 22:1; Agar: 16:3-4, 15-16; 21:9-14; sacrifice d'Isaac: 22:2-3, 6.

seulement six pieds de terre à lui pour l'ensevelir: il est obligé d'acheter une caverne pour y mettre sa femme.[5] C'est le seul morceau de terre qu'il ait jamais possédé.

Cependant il eut beaucoup d'enfants; car sans compter Isaac et sa postérité, il eut de son autre femme Céthura à l'âge de cent quarante ans selon le calcul ordinaire, cinq enfants mâles qui s'en allèrent vers l'Arabie.[6]

Il n'est point dit qu'Isaac eût un seul quartier de terre dans le pays où mourut son père; au contraire, il s'en va dans le désert de Gérar avec sa femme Rebecca, chez ce même Abimélec roi de Gérar qui avait été amoureux de sa mère.[7]

Ce roi du désert devient aussi amoureux de sa femme Rebecca que son mari fait passer pour sa sœur, comme Abraham avait donné sa femme Sara pour sa sœur à ce même roi Abimélec quarante ans auparavant.[8] Il est un peu étonnant que dans cette famille on fasse toujours passer sa femme pour sa sœur afin d'y gagner quelque chose; mais puisque ces faits sont consacrés, c'est à nous de garder un silence respectueux.

L'Ecriture dit, qu'il s'enrichissait dans cette terre horrible devenue fertile pour lui, et qu'il devint extrêmement puissant. Mais il est dit aussi qu'il n'avait pas de l'eau à boire, qu'il eut une grande querelle avec les pasteurs du roitelet de Gérar pour un puits; et on ne voit pas qu'il eût une maison en propre.[9]

Ses enfants, Esaü et Jacob, n'ont pas plus d'établissement que leur père. Jacob est obligé d'aller chercher à vivre dans la Mésopotamie dont Abraham était sorti: il sert sept années pour

[5] Genèse 23:2-20.

[6] Genèse 25:1-4; 1 Chroniques 1:32-33. Ces deux sources dénombrent toutefois six enfants mâles: Zimran, Jokschan, Medan, Madian, Jiscbak et Schuach.

[7] Genèse 26:1-6, 8-17.

[8] Genèse 26:8-11. Souvenirs défaillants: il n'y est pas dit qu'Abimélec tomba amoureux de Rebecca. Se rappelant sans doute son aventure avec Sara, prétendue sœur d'Abraham (Genèse 20:1-14), Abimélec défendit à son peuple de toucher à Rebecca sous peine de mort.

[9] Genèse 26:12-21. Souvenirs défaillants: il s'agit de deux puits, ceux d'Esek et de Sitna.

avoir une des filles de Laban, et sept autres années pour obtenir la seconde fille. Il s'enfuit avec Rachel et les troupeaux de son beau-père qui court après lui. Ce n'est pas là une fortune bien assurée.[10]

Esaü est représenté aussi errant que Jacob. Aucun des douze patriarches, enfants de Jacob, n'a de demeure fixe, ni un champ dont il soit propriétaire. Ils ne reposent que sous des tentes, comme les Arabes bédouins.[11]

Il est clair que cette vie patriarcale ne convient nullement à la température de notre air. Il faut à un bon cultivateur tel que les Pignoux d'Auvergne,[12] une maison saine tournée à l'orient, de vastes granges, de non moins vastes écuries, des étables proprement tenues; et le tout peut aller à cinquante mille francs au moins de notre monnaie d'aujourd'hui. Il doit semer tous les ans cent arpents en blé, en mettre autant en bons pâturages, posséder quelques arpents de vignes, et environ cinquante arpents pour les menus grains et les légumes; une trentaine d'arpents de bois, une plantation de mûriers, des vers à soie, des ruches. Avec tous ces avantages bien économisés, il entretiendra une nombreuse famille

[10] Ayant volé le droit d'aînesse de son frère Esaü (Genèse 27:6-46) et ayant encouru sa haine meurtrière, Jacob – suivant l'ordre de son père – alla prendre une femme d'entre les filles de Laban, son oncle (28:1-8). Pour gagner Rachel, il consentit à travailler sept ans (29:18-21); mais au terme de ces sept années, Laban mit à sa place Léa, l'aînée (29:23-27). Jacob promit de travailler sept nouvelles années pour avoir Rachel (29:27-30). Par la suite, voulant travailler 'pour sa [propre] maison', Jacob dupa Laban (30:31-43). Celui-ci, l'ayant su, n'était 'plus envers lui comme auparavant' (31:1-2). A l'instigation de l'Eternel, Jacob prit donc la fuite (31:3-21), mais Laban le poursuivit (31:22-23).

[11] Souvenirs défaillants. D'après la Genèse (32:3, 33:16), Esaü alla s'établir à Seïr, aux dépens des Horiens. La vie des douze patriarches, enfants de Jacob (identifiés dans la Genèse 49:3-27), fut essentiellement une vie moitié nomade, moitié sédentarisée.

[12] Dans le tome 15 du *Journal économique* de décembre 1755 (BV1751), Voltaire écrit en marge d'une 'Lettre de l'éditeur' sur 'une association de paysans (les Pignou) à Thiers en Auvergne': 'les Pignou' (*CN*, t.4, p.612). Cette lettre est composée de deux mémoires sur le mode de vie de cette communauté dans la baronnie de Saudon (p.94-106). Tandis que Voltaire rêve sur cette vie patriarcale, J. Faiguet, dans l'article 'Moraves ou frères unis' de l'*Encyclopédie* évoque les Pignou et élabore un règlement pour des communautés laïques (t.10, p.704-706).

dans l'abondance de tout. Sa terre s'améliorera de jour en jour; il supportera sans rien craindre les dérangements des saisons et le fardeau des impôts; parce qu'une bonne année répare les dommages de deux mauvaises. Il jouira dans son domaine d'une souveraineté réelle qui ne sera soumise qu'aux lois. C'est l'état le plus naturel de l'homme, le plus tranquille, le plus heureux, et malheureusement le plus rare.[13]

Le fils de ce vénérable patriarche se voyant riche, se dégoûte bientôt de payer la taxe humiliante de la taille; il a malheureusement appris quelque latin; il court à la ville, achète une charge qui l'exempte de cette taxe et qui donnera la noblesse à son fils au bout de vingt ans. Il vend son domaine pour payer sa vanité. Une fille élevée dans le luxe, l'épouse, le déshonore et le ruine; il meurt dans la mendicité; et son fils porte la livrée dans Paris.[14]

Telle est la différence entre l'économie de la campagne et les illusions des villes.

L'économie à la ville est toute différente. Vivez-vous dans votre terre, vous n'achetez presque rien; le sol vous produit tout, vous pouvez nourrir soixante personnes sans presque vous en apercevoir.[15] Portez à la ville le même revenu, vous achetez tout chèrement, et vous pouvez nourrir à peine cinq ou six domestiques. Un père de famille qui vit dans sa terre avec douze mille livres de rente, aura besoin d'une grande attention pour vivre à Paris dans la même abondance avec quarante mille. Cette proportion a toujours subsisté entre l'économie rurale et celle de la capitale. Il en faut toujours revenir à la singulière lettre de Mme de Maintenon à sa

[13] Ce paragraphe se lit comme un résumé de la vie, des occupations et des activités, comme aussi des intenses satisfactions de Voltaire gentilhomme terrien. Voir Ferdinand Caussy, *Voltaire seigneur de village* (Paris, 1912), p.42-53, 130-39 et D15679.

[14] La moralité de cette historiette rejoint parfaitement celle de *Jeannot et Colin* (1764) où l'on trouve des péripéties analogues.

[15] C'est l'expérience qui parle. Voltaire lui-même disposait d'un personnel qui approchait de cinquante. Sur ses dépenses à Ferney, voir *Voltaire's household accounts, 1760-1778*, éd. T. Besterman (Genève, New York, 1968).

belle-sœur Mme d'Aubigné,[16] dont on a tant parlé; on ne peut trop la remettre sous les yeux.

'Vous croirez bien que je connais Paris mieux que vous; dans ce même esprit, voici, ma chère sœur, un projet de dépense, tel que je l'exécuterais si j'étais hors de la cour. Vous êtes douze personnes, monsieur et madame, trois femmes, quatre laquais, deux cochers, un valet de chambre.

'Quinze livres de viande à cinq sous la livre	3 liv. 15 sous.
'Deux pièces de rôti	2 – 10.
'Du pain	1 – 10.
'Le vin	2 – 10.
'Le bois	2.
'Le fruit	1 – 10.
'La bougie	– 10.
'La chandelle	– 8.
	14 liv. 13 sous.

'Je compte quatre sous en vin pour vos quatre laquais et vos deux cochers. C'est ce que Mme de Montespan donne aux siens. Si vous aviez du vin en cave il ne vous coûterait pas trois sous: j'en mets six pour votre valet de chambre, et vingt pour vous deux qui n'en buvez pas pour trois.

'Je mets une livre de chandelle par jour, quoiqu'il n'en faille qu'une demi-livre. Je mets dix sous en bougie; il y en a six à la livre qui coûte une livre dix sous, et qui dure trois jours.

'Je mets deux livres pour le bois; cependant vous n'en brûlerez que trois mois de l'année; et il ne faut que deux feux.

'Je mets une livre dix sous pour le fruit; le sucre ne coûte que onze sous la livre: et il n'en faut qu'un quarteron pour une compote.

[16] Voltaire possédait trois exemplaires des *Lettres de Madame de Maintenon*, publiées par La Beaumelle (Nancy [Francfort], 1752, BV2266-67; Amsterdam [Avignon], 1757, BV2268). Il avait déjà utilisé la lettre, qu'il va citer *in extenso*, dans *L'Homme aux quarante écus* (*OCV*, t.66, p.292, n.*a*) où il donne un résumé des informations essentielles. Voir *CN*, t.5, p.479 (où, en haut d'un signet, placé dans BV2266, qui vise cette lettre, il avait inscrit 'dépense de ménage') et p.482.

'Je mets deux pièces de rôti: on en épargne une quand monsieur ou madame soupe ou dîne en ville; mais aussi j'ai oublié une volaille bouillie pour le potage. Nous entendons le ménage. Vous pouvez fort bien sans passer quinze livres avoir une entrée, tantôt de saucisses, tantôt de langues de mouton ou de fraise de veau, le gigot bourgeois, la pyramide éternelle,[17] et la compote que vous aimez tant. (*a*)

'Cela posé, et ce que j'apprends à la cour, ma chère enfant, votre dépense ne doit pas passer cent livres par semaine: c'est quatre cents livres par mois. Posons cinq cents, afin que les bagatelles que j'oublie ne se plaignent point que je leur fais injustice. Cinq cents livres par mois font,

'Pour votre dépense de bouche	6000	L.
'Pour vos habits	1000.	
'Pour loyer de maison	1000.	
'Pour gages et habits de gens	1000.	
'Pour les habits, l'opéra et les magnificences (*b*) de monsieur	3000.	
	12000	L.

'Tout cela n'est-il pas honnête? etc.'

Le marc de l'argent[18] valait alors à peu près la moitié du

(*a*) Dans ce temps-là, et c'était le plus brillant de Louis XIV, on ne servait d'entremets que dans les grands repas d'appareil.

(*b*) Mme de Maintenon compte deux cochers, et oublie quatre chevaux, qui dans ce temps-là devaient avec l'entretien des voitures coûter environ deux mille francs par année.

134 K84, K12: madame dîne ou soupe en
135 71A: volaille pour
n.*b* 70, 71N, 71A: [*note absente*]

[17] Entassement d'aliments en forme de pyramide à la mode au dix-huitième siècle, par exemple, une pyramide de fruits.

[18] Le marc était une unité de poids, utilisée dans l'exploitation et l'évaluation de

numéraire d'aujourd'hui; tout le nécessaire absolu était de la moitié moins cher: et le luxe ordinaire qui est devenu nécessaire et qui n'est plus luxe, coûtait trois à quatre fois moins que de nos jours. Ainsi le comte d'Aubigné aurait pu pour ses douze mille livres de rente qu'il mangeait à Paris assez obscurément, vivre en prince dans sa terre.

Il y a dans Paris trois ou quatre cents familles municipales qui occupent la magistrature depuis un siècle, et dont le bien est en rentes sur l'Hôtel de Ville.[19] Je suppose qu'elles eussent chacune vingt mille livres de rente, ces vingt mille livres faisaient juste le double de ce qu'elles font aujourd'hui; ainsi elles n'ont réellement que la moitié de leur ancien revenu. De cette moitié on retrancha une moitié dans le temps inconcevable du système de Lass.[20] Ces

---

l'or et de l'argent; il constituait la moitié de la livre, c'est-à-dire huit onces. Dans ce paragraphe, Voltaire aborde de nouveau le problème de l'inflation et de la fluctuation des valeurs, ou carrément de leur dévaluation. Voir ses *Observations sur Messieurs John Law, Melon et Dutot* (*OCV*, t.18A, p.247-55); *Le Siècle de Louis XIV* (*OH*, p.632, 984, 990 et 992); l'article 'Argent' des *QE* (*OCV*, t.38, p.581-87); et l'*Histoire du parlement de Paris* (*OCV*, t.68, p.473-74).

[19] Il se peut qu'il s'agisse de l'initiative que prit Louis XIV qui, par l'édit de juillet 1681, avait détruit l'ancienne constitution des bureaux de villes (consulats, échevinages, etc.), y compris les institutions municipales de la ville de Paris, et avait érigé en offices toutes les charges dont il s'agissait, faisant ainsi de ces officiers électifs des magistrats royaux.

[20] En règle générale, Voltaire réagit de manière fort négative devant le nom de John Law dont le 'fameux' système (1717-1720) avait tant fait pour *bouleverser* la France (le verbe revient dans ses écrits comme une rengaine) tout aussi financièrement que moralement. Depuis son épître *A Monsieur le duc de Sully* de 1720 (*OCV*, t.1B, p.437, 439) jusqu'aux *Systèmes* de 1772 (*M*, t.10, p.168, n.1), il honnit son nom dans de nombreux écrits. Mais comme cela se produit souvent chez Voltaire, l'humeur du moment peut nuancer le jugement. Par exemple, dans ses *Observations sur Messieurs John Law, Melon et Dutot*, il peut écrire sur Law, à qui la France devait la Compagnie des Indes: 'Nous qui avions à peine trois cents gros vaisseaux marchands quand il proposa son système, nous en avons aujourd'hui dix-huit cents. Nous les lui devons, et nous sommes loin de la reconnaissance' (*OCV*, t.18A, p.240). Dans l'*Essai sur les mœurs*, il traite Law d'homme extraordinaire, dont 'plusieurs idées ont été utiles, et d'autres pernicieuses' (t.2, ch.151, p.374).

familles ne jouissent donc réellement que du quart du revenu qu'elles possédaient à l'avènement de Louis XIV au trône; et le luxe étant augmenté des trois quarts, reste à peu près rien pour elles; à moins qu'elles n'aient réparé leur ruine par de riches mariages, ou par des successions, ou par une industrie secrète: et c'est ce qu'elles ont fait.

En tout pays tout simple rentier qui n'augmente pas son bien dans une capitale, le perd à la longue. Les terriens se soutiennent parce que l'argent augmentant numériquement, le revenu de leurs terres augmente en proportion; mais ils sont exposés à un autre malheur; et ce malheur est dans eux-mêmes. Leur luxe et leur inattention non moins dangereuse encore, les conduisent à la ruine. Ils vendent leurs terres à des financiers qui entassent, et dont les enfants dissipent tout à leur tour. C'est une circulation perpétuelle d'élévation et de décadence; le tout faute d'une économie raisonnable qui consiste uniquement à ne pas dépenser plus qu'on ne reçoit.

De l'économie publique

L'économie d'un Etat n'est précisément que celle d'une grande famille. C'est ce qui porta le duc de Sulli à donner le nom d'*économies* à ses mémoires.[21] Toutes les autres branches d'un gouvernement sont plutôt des obstacles que des secours à l'administration des deniers publics. Des traités qu'il faut quelquefois conclure à prix d'or, des guerres malheureuses, ruinent un Etat

167 71A: quart de revenu

[21] Voltaire possédait les *Mémoires des sages et royales économies d'Etat domestiques, politiques et militaires de Henry le Grand* [...] *et des servitudes utiles, obéissances convenables et administrations loyales de Maximilien de Béthune* (Londres, 1745, BV3223) dans une édition qui avait été éditée, remaniée (et passablement mutilée) par Pierre Mathurin de L'Ecluse des Loges. Il possédait aussi la nouvelle édition procurée par l'abbé Nicolas Baudeau, collaborateur intime de Turgot (Amsterdam et Paris, 1775, BV3222).

pour longtemps; les heureuses même l'épuisent. Le commerce intercepté et mal entendu l'appauvrit encore; les impôts excessifs comblent la misère.

Qu'est-ce qu'un Etat riche et bien économisé? c'est celui où tout homme qui travaille est sûr d'une fortune convenable à sa condition, à commencer par le roi et à finir par le manœuvre.

Prenons pour exemple l'Etat où le gouvernement des finances est le plus compliqué; l'Angleterre. Le roi est presque sûr d'avoir toujours un million sterling par an à dépenser pour sa maison, sa table, ses ambassadeurs et ses plaisirs. Ce million revient tout entier au peuple par la consommation: car si les ambassadeurs dépensent leurs appointements ailleurs, les ministres étrangers consument leur argent à Londres.[22] Tout possesseur de terres est certain de jouir de son revenu aux taxes près imposées par ses représentants en parlement, c'est-à-dire, par lui-même.

Le commerçant joue un jeu de hasard et d'industrie contre presque tout l'univers; et il est longtemps incertain s'il mariera sa fille à un pair du royaume, ou s'il mourra à l'hôpital.

Ceux qui sans être négociants placent leur fortune précaire dans les grandes compagnies de commerce,[23] ressemblent parfaitement

[22] Voltaire s'intéresse sérieusement au problème du luxe (voir *OCV*, t.16, p.273-313) depuis l'époque du *Mondain* (1736) et de la *Défense du Mondain* (1737). Mais son enthousiasme initial, toujours visible dans son *Dialogue entre un philosophe et un contrôleur-général des finances* de 1751 (*OCV*, t.32A, p.59-95), ne manquera pas de se nuancer sous la pression, soit d'événements ponctuels, soit de sa propre expérience, comme par exemple dans l'article 'Luxe' du *DP* (*OCV*, t.36, p.324-29) et dans *L'Homme aux quarante écus* (*OCV*, t.66, p.404).

[23] Autant les compagnies de commerce réussirent en Angleterre et en Hollande, autant l'histoire de celles qui furent fondées en France est celle d'amères déceptions. Citons-en les plus importantes: Compagnie des Indes Occidentales (1664); Compagnie du Levant (1670); Compagnie du Sénégal (1673 et 1681); Compagnie de Guinée (1685); Compagnie de la Chine (1700). Mais Voltaire pense ici à la Compagnie des Indes dont il déplore surtout l'improductivité. Voir ses *Observations sur Messieurs John Law, Melon et Dutot* (*OCV*, t.18A, p.239); 'Remarques pour servir de supplément' (*Essai sur les mœurs*, t.2, dix-huitième remarque, p.940); *Précis du siècle de Louis XV* (*OH*, p.1307); et l'*Histoire du parlement de Paris* (*OCV*, t.68, p.482).

aux oisifs de la France qui achètent des effets royaux,[24] et dont le sort dépend de la bonne ou mauvaise fortune du gouvernement.

Ceux dont l'unique profession est de vendre et d'acheter des billets publics, sur les nouvelles heureuses ou malheureuses qu'on débite, et de trafiquer la crainte et l'espérance, sont en sous-ordre dans le même cas que les actionnaires; et tous sont des joueurs, hors le cultivateur qui fournit de quoi jouer.[25]

Une guerre survient; il faut que le gouvernement emprunte de l'argent comptant, car on ne paie pas des flottes et des armées avec des promesses. La chambre des communes imagine une taxe sur la bière, sur le charbon, sur les cheminées, sur les fenêtres, sur les acres de blé et de pâturage, sur l'importation, etc.

On calcule ce que cet impôt pourra produire à peu près; toute la nation en est instruite; un acte du parlement dit aux citoyens, Ceux qui voudront prêter à la patrie recevront quatre pour cent de leur argent pendant dix ans, au bout desquels ils seront remboursés.

Ce même gouvernement fait un fonds d'amortissement[26] du surplus de ce que produisent les taxes. Ce fonds doit servir à rembourser les créanciers. Le temps du remboursement venu, on

[24] On appelait 'effets royaux' toutes les obligations financières de l'Etat, comprenant par exemple les bons d'épargne, les billets de loterie, et toutes les rentes sur l'Etat, de quelque ordre qu'elles fussent.

[25] Ici Voltaire semble être pleinement d'accord avec les physiocrates (comme le ferait croire aussi sa longue et très révélatrice lettre D15679, du 17 juin 1769, à Dupont de Nemours). Mais la plupart du temps il refusait de faire de l'agriculture la seule et unique source de la richesse des nations (voir, à la fin de sa vie, sa *Diatribe à l'auteur des Ephémérides*, *M*, t.29, p.359-70). Il estimait depuis longtemps que la meilleure maxime d'économie politique était celle qui englobait l'agriculture *et* les manufactures. Par exemple, dans l'*Essai sur les mœurs*, il écrit: 'les autres, comptant sur l'or et les diamants, ont cessé de cultiver les véritables mines, qui sont l'agriculture et les manufactures' (t.2, ch.150, p.367; voir aussi t.2, ch.182, p.696, ch.188, p.738, et le *Précis du siècle de Louis XV*, *OH*, p.1567).

[26] Certains attribuent l'invention de l'amortissement aux Génois au seizième siècle, d'autres aux frères Pâris et au contrôleur général Machault. Un fonds d'amortissement était une caisse établie pour l'extinction graduelle de la dette publique (voir *Des embellissements de Paris*, *OCV*, t.31B, p.227 et n.46).

leur dit, Voulez-vous votre fonds, ou voulez-vous nous le laisser à trois pour cent? Les créanciers qui croient leur dette assurée, laissent pour la plupart leur argent entre les mains du gouvernement.

Nouvelle guerre, nouveaux emprunts, nouvelles dettes; le fonds d'amortissement est vide, on ne rembourse rien.

Enfin, ce monceau de papiers représentatifs d'un argent qui n'existe pas, a été porté jusqu'à cent trente millions de livres sterling, qui font cent millions et demi de guinées en l'an 1770 de notre ère vulgaire.

Disons en passant que la France est à peu près dans ce cas; elle doit de fonds environ cent vingt-sept millions de louis d'or; or ces deux sommes montant à deux cent cinquante-quatre millions de louis d'or, n'existent pas dans l'Europe. Comment payer? Examinons d'abord l'Angleterre.[27]

Si chacun redemande son fonds, la chose est visiblement impossible à moins de la pierre philosophale, ou de quelque multiplication pareille. Que faire? Une partie de la nation a prêté à toute la nation. L'Angleterre doit à l'Angleterre cent trente millions sterling à trois pour cent d'intérêt: elle paie donc de ce seul article très modique trois millions neuf cent mille livres sterling d'or chaque année. (*c*) Les impôts sont d'environ sept millions; il reste donc pour satisfaire aux charges de l'Etat, trois millions et cent mille livres sterling, sur quoi l'on peut en économisant éteindre peu à peu une partie des dettes publiques.

La banque de l'Etat en produisant des avantages immenses aux directeurs, est utile à la nation; parce qu'elle augmente le crédit,

(*c*) Ceci était écrit en 1770.

229 K84, K12: voulez-vous le
237 K84, K12: cent vingt-sept millions de

[27] Si Voltaire prend pour exemple l'Angleterre, c'est qu'il a lu l'ouvrage de Plumard de Dangeul, déjà utilisé dans les articles 'Agriculture' et 'Blé' des *QE* (*OCV*, t.38, p.139 et t.39, p.415-17). Voir ci-dessous, p.604, n.34.

que ses opérations sont connues, et qu'elle ne pourrait faire plus de billets qu'il n'en faut sans perdre ce crédit et sans se ruiner elle-même. C'est là le grand avantage d'un pays commerçant, où tout se fait en vertu d'une loi positive, où nulle opération n'est cachée, où la confiance est établie sur des calculs faits par les représentants de l'Etat, examinés par tous les citoyens. L'Angleterre, quoi qu'on dise, voit donc son opulence assurée, tant qu'elle aura des terres fertiles, des troupeaux abondants, et un commerce avantageux.

Si les autres pays parviennent à n'avoir pas besoin de ses blés et à tourner contre elle la balance du commerce, il peut arriver alors un très grand bouleversement dans les fortunes des particuliers; mais la terre reste, l'industrie reste; et l'Angleterre alors moins riche en argent l'est toujours en valeurs renaissantes que le sol produit, elle revient au même état où elle était au seizième siècle.

263-64 K84, K12: avantageux. [*avec note*: La dette immense de l'Angleterre et de la France prépare à ces deux nations, non une ruine totale ou une décadence durable, mais de longs malheurs et peut-être de grands bouleversements. Cependant en supposant ces dettes égales, (et celle de l'Angleterre est plus forte) la France aurait encore de grands avantages. 1°. Quoique la supériorité de sa richesse réelle ne soit point proportionnelle à celle de l'étendue de son territoire et du nombre de ses habitants, cette supériorité est très grande. 2°. L'agriculture, l'industrie et le commerce n'y étant pas aussi près qu'en Angleterre du degré de perfection et d'activité qu'on peut atteindre, leurs progrès peuvent procurer de plus grandes ressources. La suppression de corvées, celle des jurandes pour les métiers, comme pour le commerce, la liberté du commerce des blés, des vins, des bestiaux, en un mot les lois faites en 1776, et celles qu'on préparait alors, auraient changé en peu d'années la face de la France. 3°. La dette foncière en France étant en très grande partie à cinq pour cent et au-delà, tout ministre éclairé et vertueux que l'on croira établi dans sa place, trouvant à emprunter à quatre pour cent, lorsqu'il n'empruntera que pour rembourser, pourra diminuer l'intérêt de cette partie de la dette d'un cinquième et au-delà, et former de cela seul un fonds d'amortissement. 4°. La vente des domaines, et celle des biens du clergé qui appartiennent à l'Etat, est une ressource immense qui manque encore à l'Angleterre. La publicité des opérations peut aussi avoir lieu en France; et si la confiance doit être plus grande en Angleterre, parce que les membres du parlement sont eux-mêmes intéressés à ce que la nation soit fidèle à ses engagements, d'un autre côté, ces mêmes membres du parlement ont beaucoup plus d'intérêt à ce que les finances soient mal administrées que n'en peuvent avoir les ministres du roi de France.] ¶Si

Il en est absolument de tout un royaume comme d'une terre d'un particulier; si le fonds de la terre est bon, elle ne sera jamais ruinée; la famille qui la faisait valoir peut être réduite à l'aumône; mais le sol prospérera sous une autre famille.

Il y a d'autres royaumes qui ne seront jamais riches, quelque effort qu'ils fassent: ce sont ceux qui situés sous un ciel rigoureux, ne peuvent avoir tout au plus que l'exact nécessaire. Les citoyens n'y peuvent jouir des commodités de la vie qu'en les faisant venir de l'étranger à un prix qui est excessif pour eux. Donnez à la Sibérie et au Kamshatka réunis, qui font quatre fois l'étendue de l'Allemagne, un Cyrus pour souverain, un Solon pour législateur, un duc de Sulli, un Colbert pour surintendant des finances, un duc de Choiseul pour ministre de la guerre et de la paix,[28] un Anson pour amiral; ils y mourront de faim avec tout leur génie.[29]

Au contraire, faites gouverner la France par un fou sérieux tel que Lass, par un fou plaisant tel que le cardinal Dubois, par des ministres tels que nous en avons vu quelquefois,[30] on pourra dire

[28] On note cette flatterie de Voltaire.

[29] Catherine II de Russie ne devait pas apprécier la généralisation dédaigneuse. Dans une lettre à Voltaire du 6/17 octobre 1771, elle cite cette dernière observation et enchaîne: 'je vous abandonne tout le pays de la Sibérie et du Kamshatka qui est situé au delà du 63e degré, en revanche je plaide chez vous la cause de tout le terrain qui se trouve outre le 63e et 45e degrés' (D17407). Et de détailler les richesses qui s'y trouvaient: vins, blé, animaux domestiques, gibier, poissons, cèdres, arbres fruitiers sauvages. Dénombrement qui lui permet de dire: 'Généralement les productions de la nature en Sibérie sont d'une richesse extraordinaire'.

[30] Voltaire a déjà indiqué le peu d'estime qu'il avait normalement pour Law. Quant à Dubois, celui-là même qu'il avait ridiculement encensé dans l'*Epître au Cardinal Dubois* de 1721 (*M*, t.10, p.253), il désapprouvait son athéisme (*Défense de Milord Bolingbroke*, *OCV*, t.32B, p.243; *L'Examen important de Milord Bolingbroke*, *OCV*, t.62, p.189) et son ambition (*Les Chevaux et les ânes*, vers 35-38, *M*, t.10, p.132-36). Mais c'est dans l'*Histoire du parlement de Paris* (*OCV*, t.68, p.484-86, 488) que – sans complaisance aucune – il juge son ministère. Dans une lettre à Mme Du Deffand, il était même allé jusqu'à le comparer à Séjan (D12968, vers le 6 novembre 1765). Quant aux ministres que Voltaire juge défaillants, il faut sans doute donner la palme à Louis Henri de Bourbon, duc de Bourbon-Condé, qui fut un premier ministre lamentable de 1723 à 1726. Quand Voltaire le mentionne nommément, c'est qu'il ne peut faire autrement (voir par exemple le *Précis du siècle de Louis XV*, *OH*, p.1317-19).

d'eux ce qu'un sénateur de Venise disait de ses confrères au roi Louis XII, à ce que prétendent les raconteurs d'anecdotes. Louis XII en colère menaçait de ruiner la république; Je vous en défie, dit le sénateur, la chose me paraît impossible; il y a vingt ans que mes confrères font tous les efforts imaginables pour la détruire, et ils n'en ont pu venir à bout.[31]

Il n'y eut jamais rien de plus extravagant sans doute que de créer une compagnie imaginaire du Mississipi qui devait rendre au moins cent pour un à tout intéressé;[32] de tripler tout d'un coup la valeur numéraire des espèces, de rembourser en papier chimérique les dettes et les charges de l'Etat, et de finir enfin par la défense aussi folle que tyrannique à tout citoyen de garder chez soi plus de cinq cents francs en or ou en argent.[33] Ce comble d'extravagances était inouï: le bouleversement général fut aussi grand qu'il devait l'être: chacun criait que c'en était fait de la France pour jamais. Au bout de dix ans il n'y paraissait pas.

Un bon pays se rétablit toujours par lui-même, pour peu qu'il soit tolérablement régi: un mauvais ne peut s'enrichir que par une industrie extrême et heureuse.

La proportion sera toujours la même entre l'Espagne, la France,

299-300 K84, K12: d'extravagances étant inouï

[31] Dans sa première incursion en Italie (1499-1500), Louis XII avait les Vénitiens pour alliés. Plus tard, toutefois, il fit cause commune avec Jules II, l'empereur Maximilien Ier et Ferdinand V d'Aragon contre la république de Venise dans la Ligue de Cambrai (1508).

[32] C'est en août 1717 que John Law acquit le contrôle de la Compagnie du Mississipi d'Antoine Crozat, qui périclitait. En 1719, il acquit de surcroît la Compagnie des Indes Orientales et la Compagnie de Chine, conglomérat qu'il rebaptisa la Compagnie des Indes.

[33] C'est par un arrêt du conseil, rendu le 27 février 1720, que Law – confronté au désordre croissant occasionné par son système – fit défendre de garder chez soi une somme supérieure à cinq cents livres en espèces. Voir l'*Histoire du parlement de Paris* (*OCV*, t.68, p.481).

l'Angleterre proprement dite, et la Suède. On compte communément vingt millions d'habitants en France, c'est peut-être trop. Ustaris n'en admet que sept en Espagne, Nicols en donne huit à l'Angleterre,[34] on n'en attribue pas cinq à la Suède. L'Espagnol (l'un portant l'autre) a la valeur de quatre-vingts de nos livres à dépenser par an. Le Français meilleur cultivateur a cent livres,[35] l'Anglais cent quatre-vingts, le Suédois cinquante. Si nous voulions parler du Hollandais, nous trouverions qu'il n'a que ce qu'il gagne, parce que ce n'est pas son territoire qui le nourrit et qui l'habille. La Hollande est une foire continuelle, où personne n'est riche que de sa propre industrie ou de celle de son père.

Quelle énorme disproportion entre les fortunes! un Anglais qui a sept mille guinées de revenu absorbe la subsistance de mille

307 K84, K12: Suède. [*avec note*: C'est-à-dire si la législation ou l'administration ne changent point. Car la France, moins peuplée à proportion que l'Angleterre, peut acquérir une population égale, l'Espagne, la Suède peuvent en très peu de temps doubler leur population.] On

312 K84, K12: cent vingt livres

[34] Dès 1735 Voltaire trahit un intérêt pour la démographie qui ira en s'accentuant (D879, D880). Dans la dix-neuvième des 'Remarques pour servir de supplément à l'*Essai sur les mœurs*' (t.2, p.942-43), il fera siens les chiffres donnés par Vauban dans son *Projet d'une dîme royale* (s.l., 1707, BV3405). Il y reviendra dans *L'Homme aux quarante écus* (*OCV*, t.66, p.301, 305, 313). Ici Voltaire répète à peu près ce qu'il avait écrit sur l'Espagne, la France et l'Angleterre dans l'article 'Dénombrement' des *QE* (voir ci-dessus, p.398-99). Jerónimo de Uztáriz est l'auteur de la *Théorie et pratique du commerce et de la marine* (1724; BV3382: trad. par Véron de Forbonnais en 1753). Quant à Nichols, il s'agit d'une supercherie: l'auteur des *Remarques sur les avantages et les désavantages de la France et de la Grande-Bretagne, par rapport au commerce, et aux autres sources de la puissance des Etats* (2e éd., Leyde [Paris], 1754, BV2767) est en réalité Louis Joseph Plumard de Dangeul, économiste, maître en la chambre des comptes, et cousin de Véron de Forbonnais.

[35] Ce calcul concernant la France remonte au *Financier citoyen* de Jean-Baptiste Naveau (2 vol., [Paris,] 1757, t.2, p.76, BV2556) que Voltaire cite dans *L'Homme aux quarante écus*: 'par malheur je viens de lire le *Financier citoyen* [...] Ce citoyen [...] n'accorde que cent francs à chaque individu sur la totalité des habitants' (*OCV*, t.66, p.334). Kehl 'rectifie' le chiffre (voir variante) peut-être pour éviter l'apparente contradiction avec la leçon de *L'Homme aux quarante écus*.

personnes. Ce calcul effraie au premier coup d'œil; mais au bout de l'année il a réparti ses sept mille guinées dans l'Etat; et chacun a eu à peu près son contingent.

En général l'homme coûte très peu à la nature. Dans l'Inde où les rajas et les nababs entassent tant de trésors, le commun peuple vit pour deux sous par jour tout au plus.

Ceux des Américains qui ne sont sous aucune domination, n'ayant que leurs bras, ne dépensent rien; la moitié de l'Afrique a toujours vécu de même; et nous ne sommes supérieurs à tous ces hommes-là que d'environ quarante écus par an.[36] Mais ces quarante écus font une prodigieuse différence; c'est elle qui couvre la terre de belles villes, et la mer de vaisseaux.

C'est avec nos quarante écus que Louis XIV eut deux cents vaisseaux, et bâtit Versailles. Et tant que chaque individu, l'un portant l'autre, pourra être censé jouir de quarante écus de rente, l'Etat pourra être florissant.

Il est évident que plus il y a d'hommes et de richesses dans un Etat, plus on y voit d'abus. Les frottements sont si considérables dans les grandes machines, qu'elles sont presque toujours détraquées. Ces dérangements font une telle impression sur les esprits, qu'en Angleterre, où il est permis à tout citoyen de dire ce qu'il pense, il se trouve tous les mois quelque calculateur qui avertit charitablement ses compatriotes que tout est perdu, et que la nation est ruinée sans ressource. La permission de penser étant moins grande en France, on s'y plaint en contrebande; on imprime furtivement, mais fort souvent, que jamais sous les enfants de Clotaire, ni du temps du roi Jean, de Charles VI, de la bataille de Pavie, des guerres civiles et de la Saint-Barthélemi, le peuple ne fut si misérable qu'aujourd'hui.

Si on répond à ces lamentations par une lettre de cachet[37] qui ne

[36] Voltaire doit ce calcul à Charles Dutot (*Réflexions politiques sur les finances*, 2 vol., La Haye, 1738, BV1195). C'est le leitmotiv de *L'Homme aux quarante écus* (*OCV*, t.66, p.305 et n.15, p.306, 308, 309).

[37] Allusion à la réaction déterminée de la part du gouvernement, à la fin de 1763, devant l'effervescence généralisée (voir les *Mémoires secrets*, t.1, p.224-25, 230, 234,

passe pas pour une raison bien légitime, mais qui est très péremptoire, le plaignant s'enfuit en criant aux alguazils qu'ils n'en ont pas pour six semaines, et que Dieu merci ils mourront de faim avant ce temps-là comme les autres.

Bois-Guilbert qui attribua si impudemment son insensée Dîme royale au maréchal de Vauban, prétendait dans son *Détail de la France*, que le grand ministre Colbert avait déjà appauvri l'Etat de quinze cents millions, en attendant pis.[38]

Un calculateur de notre temps qui paraît avoir les meilleures intentions du monde, quoiqu'il veuille absolument qu'on s'enivre après la messe, prétend que les valeurs renaissantes de la France qui forment le revenu de la nation ne se montent qu'à environ quatre cents millions; en quoi il paraît qu'il ne se trompe que d'environ seize cents millions de livres à vingt sous la pièce, le marc d'argent monnayé étant à quarante-neuf livres dix. Et il assure que l'impôt pour payer les charges de l'Etat ne peut être que de soixante et quinze millions, dans le temps qu'il l'est de trois cents, lesquels ne suffisent pas à beaucoup près pour acquitter les dettes annuelles.

Une seule erreur dans toutes ces spéculations, dont le nombre est très considérable, ressemble aux erreurs commises dans les

---

241, 243, 267, 272-73, 276) qui avait été occasionnée par la querelle de Louis XV et des parlements suite au lit de justice du 31 mai 1763 pour l'enregistrement de divers édits fiscaux. Une politique de répression fut de nouveau déclenchée, au début du mois de décembre, après la publication de *L'Anti-financier* de Darigrand (BV941): voir *Mémoires secrets*, t.1, p.308-309, et *CN*, t.3, p.45-59.

[38] Voltaire était inébranlable dans sa conviction que Pierre Le Pesant de Boisguilbert était l'auteur du *Projet d'une dîme royale* (BV3405): voir par exemple le 'Catalogue des écrivains' du *Siècle de Louis XIV* (*OH*, p.1212), l'article 'Etats, gouvernement' du *DP* (*OCV*, t.36, p.70 et n.20), *L'Homme aux quarante écus* (*OCV*, t.66, p.335) et l'article 'Agriculture' des *QE* (*OCV*, t.38, p.135-36). Il récidivera dans l'article 'Histoire' des *QE* (*M*, t.19, p.364). Voltaire possédait *Le Détail de la France* dans la seconde édition de 1707 (BV448). Toute attaque contre 'le grand' Colbert était faite pour déplaire à Voltaire, comme en témoignent de nombreuses publications à partir de *La Henriade* (*OCV*, t.2, p.528-29, 540) et du *Siècle de Louis XIV* (*OH*, p.966-67, 983-88).

mesures astronomiques prises sur la terre. Deux lignes répondent à des espaces immenses dans le ciel.

C'est en France et en Angleterre que l'économie publique est le plus compliquée. On n'a pas d'idée d'une telle administration dans le reste du globe depuis le mont Atlas jusqu'au Japon. Il n'y a guère que cent trente ans que commença cet art de rendre la moitié d'une nation débitrice de l'autre; de faire passer avec du papier les fortunes de main en main, de rendre l'Etat créancier de l'Etat, de faire un chaos de ce qui devrait être soumis à une règle uniforme. Cette méthode s'est étendue en Allemagne et en Hollande. On a poussé ce raffinement et cet excès jusqu'à établir un jeu entre le souverain et les sujets; et ce jeu est appelé *loterie*.[39] Votre enjeu est de l'argent comptant; si vous gagnez vous obtenez des espèces ou des rentes; qui perd ne souffre pas un grand dommage. Le gouvernement prend d'ordinaire dix pour cent pour sa peine. On fait ces loteries les plus compliquées que l'on peut pour étourdir et pour amorcer le public. Toutes ces méthodes ont été adoptées en Allemagne et en Hollande; presque tout Etat a été obéré tour à tour. Cela n'est pas trop sage; mais qui l'est? les petits qui n'ont pas le pouvoir de se ruiner.

[39] La première loterie (sans lendemain) fut autorisée par François Ier en 1539, mais depuis lors jusqu'à la fin du dix-septième siècle les loteries restent interdites ou simplement tolérées (comme celles établies par des communautés religieuses dans un but de bienfaisance ou d'autofinancement). Elles font leur apparition, comme palliatif budgétaire, avec la Loterie de l'Hôtel de Ville à Paris. Peu après (11 mai 1700), Louis XIV fit organiser une Grande Loterie. Sous Louis XV, elles décuplent et, comme la Grande Loterie française (22 janvier 1741), ne sont que des emprunts déguisés. La Loterie nationale, constituée par arrêt du conseil le 31 août 1762 pour pallier à une grave crise financière, donna lieu aux malédictions des philosophes et des moralistes. Dès 1749 Voltaire était toutefois favorable à la création d'une loterie pour financer les grands travaux publics. Voir *Des embellissements de Paris* (*OCV*, t.31B, p.227).

ÉCONOMIE DE PAROLES

Parler par économie

C'est une expression consacrée aux Pères de l'Eglise et même aux premiers instituteurs de notre sainte religion; elle signifie *parler selon les temps et selon les lieux*.

Par exemple, (*a*) saint Paul étant chrétien vient dans le temple des Juifs s'acquitter des rites judaïques, pour faire voir qu'il ne s'écarte point de la loi mosaïque; il est reconnu au bout de sept jours, et accusé d'avoir profané le temple. Aussitôt on le charge de coups, on le traîne en tumulte; le tribun de la cohorte, *tribunus*

(*a*) Actes des apôtres, ch.21.

* Relevant du vocabulaire théologique, les syntagmes 'économie de paroles' et 'parler par économie' n'apparaissent pas plus dans le *Dictionnaire de Trévoux* et le *Dictionnaire de l'Académie* que dans l'*Encyclopédie*. Ils permettent à Voltaire de remettre en cause, non sans ironie, la moralité, la vérité, et jusqu'à la sincérité, des écrits fondateurs des premiers siècles du christianisme. La source du présent article (qui puise aussi dans le *Traité de la morale des Pères de l'Eglise* de Jean Barbeyrac) est le *Discours historique sur l'Apocalypse* (Londres, 1770; édité également dans BV4-5) de Firmin Abauzit, dans lequel le fait de 'parler par économie' est clairement opposé à celui de 'parler par vérité' (p.17). Abauzit attribuait à saint Jérôme la légitimation théologique de cette méthode rhétorique. La lecture de son manuscrit (voir *OCV*, t.35, p.34, n.56, et p.73) inspira à Voltaire dès 1764 un passage de *La Philosophie de l'histoire*: 'C'est ce que saint Jérôme appelle parler par économie' (*OCV*, t.59, p.251). Quelques indices de datation de la rédaction de l'article sont fournis par la correspondance: en juin 1770, Voltaire demande à Moultou la référence précise à saint Jérôme (voir ci-dessous, p.611, n.6), celle donnée par Abauzit étant vague; le 2 février 1771, il emploie l'expression 'parler par économie' dans une lettre à D'Alembert (D16998). Besterman se trompe sans doute en datant de juin 1769 le billet qui accompagne l'envoi de l'article à Gabriel Cramer (D15691). L'article paraît en avril/mai 1771 (70, t.5).

cohortis (*b*) arrive et le fait lier de deux chaînes. (*c*) Le lendemain, ce tribun fait assembler le sanhédrin, et amène Paul devant ce tribunal; le grand-prêtre Annaniah commence par lui faire donner un soufflet, (*d*) et Paul l'appelle *muraille blanchie.*[1] (*e*)

Il me donna un soufflet; mais je lui dis bien son fait.[2]

(*f*) *Or Paul sachant qu'une partie des juges était composée de saducéens, et l'autre de pharisiens, il s'écria, Je suis pharisien et fils de pharisien, on ne veut me condamner qu'à cause de l'espérance et de la résurrection des morts. Paul ayant ainsi parlé il s'éleva une dispute entre les pharisiens et les saducéens, et l'assemblée fut rompue; car les saducéens disent qu'il n'y a ni résurrection, ni ange, ni esprits; et les pharisiens confessent le contraire.*[3]

Il est bien évident par le texte que Paul n'était point pharisien puisqu'il était chrétien, et qu'il n'avait point du tout été question dans cette affaire ni de résurrection, ni d'espérance, ni d'ange, ni d'esprit.

(*b*) Il n'y avait pas à la vérité dans la milice romaine de tribun de cohorte. C'est comme si on disait parmi nous colonel d'une compagnie. Les centurions étaient à la tête des cohortes, et les tribuns à la tête des légions. Il y avait trois tribuns souvent dans une légion. Ils commandaient alors tour à tour, et étaient subordonnés les uns aux autres. L'auteur des Actes a probablement entendu que le tribun fit marcher une cohorte.

(*c*) Ch.22.

(*d*) Un soufflet chez les peuples asiatiques était une punition légale. Encore aujourd'hui à la Chine et dans les pays au-delà du Gange, on condamne un homme à une douzaine de soufflets.

(*e*) Ch.23.

(*f*) Ch.23.

13-14 K84, K12: fait. [*avec note*: Pourceaugnac]. ¶*Or*

[1] Résumé d'Actes 21:26-33, 22:30 et 23:1-3, dans les termes mêmes de la traduction de Lemaître de Sacy.

[2] Molière, *Monsieur de Pourceaugnac*, acte 1, scène 4.

[3] Citation précise d'Actes 23:6-8 dans la traduction de Lemaître de Sacy.

Le texte fait voir que saint Paul ne parlait ainsi que pour compromettre ensemble les pharisiens et les saducéens. C'était parler par *économie*, par prudence; c'était un artifice pieux qui n'eût pas été peut-être permis à tout autre qu'à un apôtre.[4]

C'est ainsi que presque tous les Pères de l'Eglise ont parlé par *économie*. Saint Jérôme développe admirablement cette méthode dans sa lettre cinquante-quatrième à Pammaque. Pesez ses paroles.

Après avoir dit qu'il est des occasions où il faut présenter un pain et jeter une pierre,[5] voici comme il continue:

'Lisez, je vous prie, Démosthène, lisez Cicéron; et si les rhétoriciens vous déplaisent parce que leur art est de dire le vraisemblable plutôt que le vrai, lisez Platon, Théophraste, Xénophon, Aristote, et tous ceux qui ayant puisé dans la fontaine de Socrate en ont tiré divers ruisseaux. Y a-t-il chez eux quelque candeur, quelque simplicité? quels termes chez eux n'ont pas deux sens? et quels sens ne présentent-ils pas pour remporter la victoire? Origène, Méthodius, Eusèbe, Apollinaire ont écrit des milliers de versets contre Celse et Porphire. Considérez avec quel artifice, avec quelle subtilité problématique ils combattent l'esprit du diable. Ils disent, non ce qu'ils pensent, mais ce qui est nécessaire. *Non quod sentiunt, sed quod necesse est dicunt.*

'Je ne parle point des auteurs latins Tertullien, Cyprien, Minucius, Victorin, Lactance, Hilaire; je ne veux point les citer

[4] Barbeyrac rappelle que saint Jérôme attribuait l'origine chrétienne de la méthode de 'l'économie de paroles' à saint Paul: 'Lisez ses *Epîtres*, et surtout celle aux Romains, celle aux Galates, et celle aux Ephésiens, où il dispute continuellement: vous verrez, dans les témoignages qu'il emprunte du Vieux Testament, avec quelle adresse, quelle prudence, et quelle dissimulation, il manie son sujet' (*Traité de la morale des Pères de l'Eglise*, Amsterdam, P. de Coup, 1728, ch.15, §35, p.274, BV262; *CN*, t.1, p.211-12).

[5] Avant Abauzit, Barbeyrac cite le passage résumé, non sans malveillance, par Voltaire: 'pour répondre à son adversaire, on dit tantôt une chose, et tantôt une autre; on argumente, comme on veut: on parle d'une façon et l'on pense d'une autre; *on tient une pierre, et l'on montre du pain*, selon ce que dit le proverbe' (*Traité de la morale des Pères de l'Eglise*, ch.15, §35, p.273).

ici; je ne veux que me défendre; je me contenterai de vous rapporter l'exemple de l'apôtre saint Paul, etc.'[6]

Saint Augustin écrit souvent par *économie*. Il se proportionne tellement aux temps et aux lieux, que dans une de ses épîtres il avoue qu'il n'a expliqué la Trinité que *parce qu'il fallait bien dire quelque chose.*[7]

Ce n'est pas assurément qu'il doutât de la sainte Trinité; mais il sentait combien ce mystère est ineffable, et il avait voulu contenter la curiosité du peuple.

Cette méthode fut toujours reçue en théologie. On emploie contre les encratiques[8] un argument qui donnerait gain de cause

[6] Voltaire ne cite pas le texte de la traduction qu'il possède de la lettre 54 de saint Jérôme intitulée 'Apologie des Livres contre Jovinien à Pammaque' (*Lettres de saint Jerosme*, trad. Guillaume Roussel, 4 vol., Paris, Bordelet, 1743, t.2, p.450-51, BV1636; passage sur lequel figure un signet 'exhortation à écrire contre sa pensée': *CN*, t.4, p.393), soit qu'il la réécrive, soit qu'il retraduise le texte à partir du latin (*Sancti Hieronymi Stridonensis opera omnia*, 12 vol., Frankfurt-am-Main et Leipzig, 1684, t.2, p.15 et suivantes, BV1635; *CN*, t.4, p.389, 60 papillons sur ces pages). Les lettres D16452, D16460 et D16461 à Moultou éclairent le cheminement qui aboutit à cette citation. Voltaire relève dans le *Discours historique sur l'Apocalypse* de Firmin Abauzit une allusion à un passage de l'*Histoire critique du Nouveau Testament* de Richard Simon: 'les premiers Pères, dit M. Simon, suivent quelquefois la méthode des rhéteurs qui emploient souvent des raisons purement apparentes, et des actes douteux sur lesquels il ne faut pas toujours se régler. C'est de quoi les loue saint Jérôme bien loin de leur en faire un crime' (*Œuvres diverses de Monsieur Abauzit, contenant ses écrits d'histoire, de critique et de théologie*, Londres, 1770, p.260, BV5). Le 30 juin 1770, Voltaire suppliait Moultou de lui 'envoyer le texte latin' (D16460). Le 12 novembre, il écrit à F. L. Allamand: 'Vous savez que Jérôme dans sa lettre à Pammaque avoue qu'il écrit souvent d'une façon et qu'il pense d'une autre' (D16756).

[7] La formule de Voltaire renvoie le plus vraisemblablement à la lettre 142 d'Augustin à Elpide: 'que ne dit-on point de l'ineffabilité de la très sainte Trinité? C'est même à quoi se réduit tout ce qu'on peut dire de ce mystère. Car si ce qu'on peut dire allait à le faire entendre, il ne serait pas ineffable; cela ne va donc qu'à faire qu'on ne saurait le faire entendre' (*Les Lettres de saint Augustin traduites en français*, Paris, Pralard, 1687, t.6, p.467-68).

[8] Ou 'encratites', c'est-à-dire *continents* ou *abstinents*, que Voltaire évoque dans sa *Collection d'anciens évangiles* (*OCV*, t.69, p.86-87). Ces sectaires du deuxième siècle condamnaient l'union sexuelle, la nourriture d'origine animale et la consommation de vin, auquel ils substituaient l'eau dans le sacrement de l'eucharistie.

aux carpocratiens:[9] et quand on dispute ensuite contre les carpocratiens, on change ses armes.

Tantôt on dit que Jésus n'est mort que pour *plusieurs*, quand on étale le grand nombre des réprouvés; tantôt on affirme qu'il est mort pour *tous*, lorsqu'on veut manifester sa bonté universelle. Là vous prenez le sens propre pour le sens figuré; ici vous prenez le sens figuré pour le sens propre, selon que la prudence l'exige.

Un tel usage n'est pas admis en justice. On punirait un témoin qui dirait le pour et le contre dans une affaire capitale. Mais il y a une différence infinie entre les vils intérêts humains qui exigent la plus grande clarté, et les intérêts divins qui sont cachés dans un abîme impénétrable. Les mêmes juges qui veulent à l'audience des preuves indubitables approchantes de la démonstration, se contenteront au sermon de preuves morales et même de déclamations sans preuves.

Saint Augustin parle par *économie* quand il dit, *Je crois parce que cela est absurde. Je crois parce que cela est impossible.*[10] Ces paroles qui seraient extravagantes dans toute affaire mondaine, sont très respectables en théologie. Elles signifient, ce qui est absurde et impossible aux yeux mortels, ne l'est point aux yeux de Dieu: or Dieu m'a révélé ces prétendues absurdités, ces impossibilités apparentes; donc je dois les croire.

Un avocat ne serait pas reçu à parler ainsi au barreau. On enfermerait à l'hôpital des fous des témoins qui diraient, Nous affirmons qu'un accusé étant au berceau à la Martinique, a tué un homme à Paris; et nous sommes d'autant plus certains de cet homicide qu'il est absurde et impossible. Mais la révélation, les

63 K84, K12: *tous*, quand on

[9] Secte évoquée dans l'article 'Tolérance' du *DP* (*OCV*, t.36, p.562) et dans l'*Extrait des sentiments de Jean Meslier* (*OCV*, t.56A, p.105), où Voltaire rappelle qu'ils niaient la divinité du Christ.

[10] Citation de Tertullien souvent utilisée par Voltaire (voir par exemple *Le Dîner du comte de Boulainvilliers*, *OCV*, t.63A, p.377 et n.55).

miracles, la foi fondée sur des motifs de crédibilité, sont un ordre de choses tout différent.

Le même saint Augustin dit dans sa lettre cent cinquante-troisième: *Il est écrit* (*g*) *que le monde entier appartient aux fidèles; et les infidèles n'ont pas une obole qu'ils possèdent légitimement.*[11]

Si sur ce principe deux dépositaires viennent m'assurer qu'ils sont fidèles, et si en cette qualité ils me font banqueroute à moi misérable mondain, il est certain qu'ils seront condamnés par le Châtelet et par le parlement, malgré toute l'économie avec laquelle saint Augustin a parlé.

Saint Irénée prétend (*h*) qu'il ne faut condamner ni l'inceste des deux filles de Loth avec leur père, ni celui de Thamar avec son beau-père,[12] par la raison que la sainte Ecriture ne dit pas expressément que cette action soit criminelle. Cette économie n'empêchera pas que l'inceste parmi nous ne soit puni par les lois. Il est vrai que si Dieu ordonnait expressément à des filles d'engendrer des enfants avec leur père, non seulement elles seraient innocentes; mais elles deviendraient très coupables en n'obéissant pas. C'est là où est l'économie d'Irénée; son but très louable est de faire respecter tout ce qui est dans les saintes Ecritures hébraïques: mais comme Dieu qui les a dictées n'a donné nul éloge aux filles de Loth et à la bru de Juda, il est permis de les condamner.[13]

Tous les premiers chrétiens sans exception pensaient sur la guerre comme les esséniens et les thérapeutes,[14] comme pensent et

(*g*) Cela est écrit dans les Proverbes chapitre 17; mais ce n'est que dans la traduction des Septante, à laquelle toute l'Eglise s'en tenait alors.

(*h*) Livre 4, ch.25.

[11] Lettre 153 à Macedonius, *Les Lettres de saint Augustin*, t.4, p.328. La référence biblique s'y trouve en note.

[12] Genèse 19 et 38.

[13] L'exemple est tiré, y compris les citations et les références en note, du *Traité de la morale des Pères de l'Eglise* de Jean Barbeyrac, ch.3, §7, p.22.

[14] Sectes ascétiques juives. Affirmant l'immortalité de l'âme, les Esséniens sont essentiellement connus par Flavius Josèphe, *Histoire de la guerre des Juifs contre les*

agissent aujourd'hui les primitifs appelés *quakers*, et les autres primitifs appelés *dunkars*,[15] comme ont toujours pensé et agi les brahmanes. Tertullien est celui qui s'explique le plus fortement sur ces homicides légaux que notre abominable nature a rendus nécessaires; (*i*) *Il n'y a point de règle, point d'usage qui puisse rendre légitime cet acte criminel.*[16]

Cependant après avoir assuré qu'il n'est aucun chrétien qui puisse porter les armes,[17] il dit par économie dans le même livre, pour intimider l'empire romain, (*j*) *Nous sommes d'hier, et nous remplissons vos villes et vos armées.*[18]

Cela n'était pas vrai, et ne fut vrai que sous Constance-Clore; mais l'économie exigeait que Tertullien exagérât dans la vue de rendre son parti redoutable.

C'est dans le même esprit qu'il dit (*k*) que Pilate était chrétien dans le cœur. Tout son Apologétique est plein de pareilles assertions qui redoublaient le zèle des néophytes.[19]

Terminons tous ces exemples du style économique qui sont

(*i*) De l'idolâtrie, ch.19.
(*j*) Ch.42.
(*k*) Apologét., ch.21.

---

romains, livre 2, ch.12, et les *Antiquités judaïques*, livre 18, ch.1 (BV1743; *CN*, t.4, p.596, note marginale 'Esséniens'). L'article 'Christianisme' du *DP* compare les thérapeutes aux 'gymnosophistes des Indes' (*OCV*, t.35, p.552). Cette secte est connue par Philon, *De la vie contemplative* (BV2717; *CN*, t.6, p.324).

[15] Appelés aussi 'dunkers': baptistes originaires d'Allemagne qui s'installèrent aux Etats-Unis dans la première moitié du dix-huitième siècle.

[16] Tertullien, *De l'idolâtrie*, ch.19, que Barbeyrac traduit: 'il n'est pour nous de règle qui rende licite cet acte entièrement illicite' (*Traité de la morale*, ch.6, §7, p.75).

[17] Barbeyrac, *Traité de la morale*, ch.6, §6, p.74: 'Tertullien regarde la vie militaire comme absolument incompatible avec les règles de l'Evangile'.

[18] Barbeyrac cite l'*Apologie* de Tertullien, ch.38 (*Traité de la morale*, ch.6, §7, p.75, n.4). Contrairement à ce qu'écrit Voltaire, il ne s'agit donc pas du 'même livre' de Tertullien.

[19] Barbeyrac, *Traité de la morale*, ch.5, §18, p.87-88, renvoyant à l'*Apologie* de Tertullien, ch.21.

innombrables, par ce passage de saint Jérôme dans sa dispute contre Jovinien sur les secondes noces. (*l*) 'Si les organes de la génération dans les hommes, l'ouverture de la femme, le fond de sa vulve, et la différence des deux sexes faits l'un pour l'autre, montrent évidemment qu'ils sont destinés pour former des enfants, voici ce que je réponds. Il s'ensuivrait que nous ne devons jamais cesser de faire l'amour, de peur de porter en vain des membres destinés pour lui. Pourquoi un mari s'abstiendrait-il de sa femme? pourquoi une veuve persévérerait-elle dans le veuvage si nous sommes nés pour cette action comme les autres animaux? en quoi me nuira un homme qui couchera avec ma femme? Certainement si les dents sont faites pour manger, et pour faire passer dans l'estomac ce qu'elles ont broyé; s'il n'y a nul mal qu'un homme donne du pain à ma femme, il n'y en a pas davantage si étant plus vigoureux que moi, il apaise sa faim d'une autre manière, et qu'il me soulage de mes fatigues, puisque les génitoires sont faits pour jouir toujours de leur destinée.'

Quoniam ipsa organa, et genitalium fabrica et nostra feminarumque discretio, et receptacula vulvae, ad suscipiendos et coalendos foetus condita, sexus differentiam praedicant, hoc breviter respondebo. Nunquam ergo cessemus a libidine, ne frustra hujuscemodi membra portemus. Cur enim maritus se abstineat ab uxore? Cur casta vidua perseveret, si ad hoc tantum nati sumus, ut pecudum more vivamus? Aut quid mihi nocebit si cum uxore mea alius concubuerit? Quomodo enim dentium officium est mandere, et in alvum ea, quae sunt mansa, transmittere, et non habet crimen, qui conjugi meae panem dederit: ita si genitalium hoc est officium ut semper fruantur natura sua, meam lassitudinem alterius vires superent: et uxoris, ut ita dixerim, ardentissimam gulam, fortuita libido restinguat.[20]

(*l*) Livre I.

[20] Citation du *Sancti Eusebii Hieronymi Stridonensis presbyteri adversus Jovinianum libri duo*, *Patrologia Latina*, t.23, p.206b. Le passage est ironique: Jérôme plaide pour la virginité et la chasteté. Barbeyrac donne une traduction abrégée du même passage

Après un tel passage il est inutile d'en citer d'autres. Remarquons seulement que ce style économique qui tient de si près au polémique, doit être manié avec la plus grande circonspection, et qu'il n'appartient point aux profanes d'imiter dans leurs disputes ce que les saints ont hasardé, soit dans la chaleur de leur zèle, soit dans la naïveté de leur style.

de l'*Adversus Jovinianum*, suivie de 'l'original, qui est plus fort que ma traduction' (*Traité de la morale*, ch.8, §13, p.112-13, n.1). L'exemplaire de Voltaire porte un signet intitulé 'cocu' (*CN*, t.1, p.212).

ÉCROUELLES

Ecrouelles, scrofules, appelées *humeurs froides*, quoiqu'elles soient très caustiques; l'une de ces maladies presque incurables qui défigurent la nature humaine, et qui mènent à une mort prématurée par les douleurs et par l'infection.[1]

On prétend que cette maladie fut traitée de divine, parce qu'il n'était pas au pouvoir humain de la guérir.[2]

Peut-être quelques moines imaginèrent que des rois en qualité d'images de la Divinité, pouvaient avoir le droit d'opérer la cure des scrofuleux, en les touchant de leurs mains qui avaient été ointes. Mais pourquoi ne pas attribuer à plus forte raison ce privilège aux empereurs qui avaient une dignité si supérieure à celle des rois? pourquoi ne le pas donner aux papes qui se disaient les maîtres des empereurs, et qui étaient bien autre chose que de simples images de Dieu, puisqu'ils en étaient les vicaires. Il y a

* Voltaire ne retient presque rien des deux articles 'Ecrouelles' de l'*Encyclopédie*, l'un traitant de 'chirurgie', par Antoine Louis, secrétaire perpétuel de l'Académie de chirurgie, qui est également l'auteur d'un article 'Tact' ('de la guérison des maladies par le tact'), l'autre traitant d''histoire', par Jaucourt. Dans le présent article, l'enquête historique, fondée sur la recherche des origines et nourrie d'anecdotes diverses, concourt à mettre en perspective et à distance cette pratique de guérison des écrouelles, dites également 'mal du roi', en accord avec la remarque suivante, consignée dans les *Carnets*: 'Il faut qu'un roi guérisse des écrouelles dans un temps d'ignorance, inutilité aujourd'hui' (*OCV*, t.81, p.216). L'article paraît en avril/mai 1771 (70, t.5).

[1] Dans l'article 'Ecrouelles' de l'*Encyclopédie*, Louis écrit au contraire que 'les écrouelles ne sont [...] point incurables' et indique comment s'effectue la cure, laquelle peut cependant être très longue (t.5, p.375).

[2] Dans l'article 'Tact' de l'*Encyclopédie*, Louis rend compte du 'traité de la vertu admirable de guérir les écrouelles par le seul attouchement, accordée divinement aux seuls rois de France très chrétiens' (t.15, p.823), composé par André Du Laurens, premier médecin du roi Henri IV. Ce dernier range le 'mal du roi' ('*regis morbus*') parmi les maladies communément appelées divines ('*solet vulgus dicare divis*'): voir *De mirabili strumas sanandi vi solis Galliae regibus christianissimis divinitus concessa* (Paris, 1609), p.217-18.

quelque apparence que quelque songe-creux de Normandie, pour rendre l'usurpation de Guillaume le Bâtard[3] plus respectable, lui concéda de la part de Dieu la faculté de guérir les écrouelles avec le bout du doigt.

C'est quelque temps après Guillaume qu'on trouve cet usage tout établi.[4] On ne pouvait gratifier les rois d'Angleterre de ce don miraculeux, et le refuser aux rois de France leurs suzerains. C'eût été blesser le respect dû aux lois féodales. Enfin, on fit remonter ce droit à saint Edouard en Angleterre, et à Clovis en France.[5]

Le seul témoignage un peu croyable que nous ayons de l'antiquité de cet usage, (*a*) se trouve dans les écrits en faveur de la maison de Lancaster, composés par le chevalier Jean Fortescue[6] sous le roi Henri VI, reconnu roi de France à Paris dans son berceau et ensuite roi d'Angleterre, et qui perdit ses deux royaumes. Jean Fortescue grand chancelier d'Angleterre, dit que de temps immémorial les rois d'Angleterre étaient en possession de toucher les gens du peuple malades des écrouelles. On ne voit pourtant pas que cette prérogative rendît leurs personnes plus sacrées dans les guerres de la Rose rouge et de la Rose blanche.[7]

(*a*) Appendix n° 6.

[3] Sur Guillaume le Conquérant, voir, entre autres, l'article 'Bala, bâtards' des *QE* (*OCV*, t.39, p.297 et n.3).

[4] Voir l'*Essai sur les mœurs*, ch.42 (t.1, p.466).

[5] Idée exprimée notamment par Paul de Rapin-Thoyras, *Histoire d'Angleterre*, 16 vol. (La Haye, 1749, BV2871), t.1, p.461. Voir aussi *Encyclopédie*, article 'Ecrouelles (Histoire)', t.5, p.376.

[6] Le jurisconsulte Sir John Fortescue était, comme Voltaire le dit, chancelier et grand juge du banc du roi sous le règne de Henri VI. Fortescue parle de la cérémonie du toucher royal dans son *De titulo Edwardi Comitis Marchiae* (voir *The Works of Sir John Fortescue, Knight, Chief Justice of England and Lord Chancellor to King Henry the Sixth now first collected and arranged by Thomas Lord Clermont*, 2 vol., Londres, 1869, t.1, p.70, p.85).

[7] Par métonymie, ces emblèmes figurant sur leurs écus respectifs, allusion à la guerre civile (1455) qui oppose, en Angleterre, le roi Henri VI, de la branche des Lancastre, et le duc d'York: dans l'*Essai sur les mœurs* (ch.115), Voltaire évoque la 'faiblesse d'esprit' de Henri VI.

Les reines qui n'étaient que femmes de rois ne guérissaient pas les écrouelles, parce qu'elles n'étaient pas ointes aux mains comme les rois; mais Elizabeth reine de son chef et ointe les guérissait sans difficulté.[8]

Il arriva une chose assez triste à Martorillo le Calabrais, que nous nommons saint François de Paule; le roi Louis XI le fit venir au Plessis-les-Tours pour le guérir des suites de son apoplexie: le saint arriva avec les écrouelles: (*b*) *Ipse fuit detentus gravi inflatura quam in parte inferiori genae suae dextrae circa guttur patiebatur chirurgi dicebant morbum esse scropharum.*[9]

Le saint ne guérit point le roi, et le roi ne guérit point le saint.

Quand le roi d'Angleterre Jacques II fut reconduit de Rochester à Wittehall, on proposa de lui laisser faire quelque acte de royauté, comme de toucher les écrouelles; il ne se présenta personne. Il alla exercer sa prérogative en France, à Saint-Germain, où il toucha quelques Irlandaises.[10] Sa fille Marie, le roi Guillaume, la reine Anne, les rois de la maison de Brunswick ne guérirent personne.[11] Cette mode sacrée passa, quand le raisonnement arriva.

(*b*) *Acta St Francisci Pauli*, p.155.

[8] Sur Elisabeth Ire, reine d'Angleterre, voir l'*Essai sur les mœurs*, ch.168: il n'est toutefois pas question de la guérison des écrouelles.

[9] Référence donnée par Du Cange, *Glossarium* (BV1115), article 'Scroellae' (t.6, colonne 268). Traduction: 'lui-même souffrait d'un gonflement fort gênant dont il était affecté dans la partie inférieure de sa joue droite, dans la région de la gorge; les médecins disaient qu'il s'agissait des écrouelles'. Dans l'*Essai sur les mœurs* (ch.94), Voltaire relate l'épisode sans toutefois mentionner les écrouelles ni donner cette citation (t.2, p.8).

[10] Cf. *Le Siècle de Louis XIV*, ch.15 (*OH*, p.764).

[11] Même affirmation dans les *Réflexions pour les sots* (*M*, t.24, p.121).

ÉDUCATION

Dialogue entre un conseiller et un ex-jésuite

L'EX-JÉSUITE

Monsieur, vous voyez le triste état où la banqueroute de deux marchands missionnaires m'a réduit. Je n'avais assurément aucune correspondance avec frère La Valette et frère Saci;[1] j'étais un pauvre prêtre du collège de Clermont dit Louis-le-Grand;[2] je savais un peu de latin et de catéchisme que je vous ai enseignés pendant six ans, sans aucun salaire: à peine sorti du collège, à peine ayant fait semblant d'étudier en droit avez-vous acheté une charge

* L'éducation était une question d'actualité en France lorsque parut cet article en 1771. La fermeture des collèges de jésuites le 1er avril 1761 avait entraîné une 'décadence de l'enseignement' (R. Mortier, 'Les "philosophes" français et l'éducation publique', *Clartés et ombres du siècle des Lumières*, Genève, 1969, p.107), à laquelle nombre d'essayistes prétendirent remédier (R. Granderoute, 'La fortune de l'article *Collège* dans le discours pédagogique (1753-1789)', *Recherches sur Diderot et sur l'Encyclopédie* 5, 1988, p.56). Voltaire appelle à une réforme de l'enseignement: 'si nous sommes encore sots et barbares, c'est aux instructeurs qu'on doit s'en prendre' (D12550). Revêtant la forme d'un dialogue entre un ex-régent réduit à la besace par la dissolution de l'ordre des jésuites et son ancien élève, devenu un conseiller influent, l'article stigmatise l'inadaptation de l'éducation secondaire et supérieure aux exigences de la modernité. Voltaire s'inscrit dans le prolongement de l'article 'Collège' de l'*Encyclopédie* signé par D'Alembert sans pour autant entrer dans le détail des réformes possibles. Mais Voltaire entend indiquer qu'il ne se désintéresse pas d'un domaine où se sont multipliés des traités d'envergure, l'*Emile* (1762) de Jean-Jacques Rousseau auquel il a vivement réagi, et l'*Essai sur l'éducation nationale* (1763) de René Louis de Caradeuc de La Chalotais. Cet article paraît en avril/mai 1771 (70, t.5).

[1] Allusion aux circonstances ayant conduit à 'l'abolissement des jésuites' (*Histoire du parlement de Paris*, *OCV*, t.68, p.547-54) en 1764, suite à la banqueroute du père Antoine de La Valette et au choix malencontreux du père Sacy de faire appel de cette condamnation devant le parlement de Paris contrôlé par les jansénistes.

[2] Entré en octobre 1704 au collège Louis-le-Grand, Voltaire en sortit en août 1711. L'article 'François Xavier' des *QE* évoque un souvenir de sa scolarité.

de conseiller au parlement, que vous avez donné votre voix pour me faire mendier mon pain hors de ma patrie, ou pour me réduire à y vivre bafoué avec seize louis et seize francs par an, qui ne suffisent pas pour me vêtir et me nourrir, moi et ma sœur la couturière devenue impotente. Tout le monde m'a dit que ce désastre était advenu aux frères jésuites non seulement par la banqueroute de La Valette et Saci missionnaires; mais parce que frère La Chaise confesseur avait été un trigaud,[3] et frère Le Tellier confesseur un persécuteur impudent:[4] mais je n'ai jamais connu ni l'un ni l'autre; ils étaient morts avant que je fusse né.

On prétend encore que des disputes de jansénistes et de molinistes sur la grâce versatile et sur la science moyenne,[5] ont fort contribué à nous chasser de nos maisons: mais je n'ai jamais su ce que c'était que la grâce. Je vous ai fait lire autrefois Despautère et Cicéron, les vers de Commire et de Virgile; le Pédagogue chrétien et Sénèque;[6] les Psaumes de David en latin de cuisine, et

[3] Selon le *Dictionnaire de l'Académie* (1762), *trigaud* qualifie celui qui 'n'agit pas franchement, mais qui se sert de détours, de mauvaises finesses' (p.878). Le père La Chaise est une tête de Turc de Voltaire qui l'a mis en scène dans *L'Ingénu.*

[4] Confesseur de Louis XIV, Michel Le Tellier avait été recteur de Louis-le-Grand quand Voltaire y était élève. Instigateur de la constitution *Unigenitus* (*Le Siècle de Louis XIV*, *OH*, p.1081), il harcela les jansénistes. Sa persécution de Port-Royal aurait 'rendu les jésuites exécrables à la France' et 'produit, au bout de soixante ans', la dissolution de leur ordre (*Précis du siècle de Louis XV*, *OH*, p.1536; voir aussi les *Carnets*, *OCV*, t.81, p.155).

[5] Sur la grâce versatile que la volonté humaine rend efficace ou non, voir *DP*, article 'Grâce' (*OCV*, t.36, p.180, n.9). Voltaire, dans *Le Siècle de Louis XIV*, accuse Molina d'être l'inventeur de la science moyenne et du congruisme (*OH*, p.1065).

[6] Ces couples mal assortis associent un auteur renommé à un écrivaillon dont les collèges des jésuites faisaient grand cas. Ils symbolisent le paradoxe d'un enseignement mariant le meilleur au pire. Voltaire réprouvait les 'vers techniques' (*OCV*, t.33, p.289) de Jean Van Pauteren (vers 1460-1520), dit Despautère, auteur des *Commentarii grammatici* (Paris, 1537). *Le Siècle de Louis XIV* (*OH*, p.1150) ridiculise le jésuite Jean Commire (1625-1702), dont Voltaire possédait un livre (BV831). Autre jésuite, Philippe d'Outreman (1585-1652) est l'auteur du *Pédagogue chrétien* (1629; BV2627 pour une réédition de 1686; *CN*, t.6, p.203), 'excellent livre pour les sots' selon l'article 'Enfer' (*M*, t.18, p.548).

les odes d'Horace à la brune Lalagé et au blond Ligurinus, *flavam religantis comam*, renouant sa blonde chevelure.[7] En un mot, j'ai fait ce que j'ai pu pour vous bien élever; et voilà ma récompense.

LE CONSEILLER

Vraiment vous m'avez donné là une plaisante éducation; il est vrai que je m'accommodais fort du blond Ligurinus.[8] Mais lorsque j'entrai dans le monde, je voulus m'aviser de parler et on se moqua de moi; j'avais beau citer les odes à Ligurinus et le Pédagogue chrétien: je ne savais ni si François Ier avait été fait prisonnier à Pavie, ni où est Pavie; le pays même où je suis né était ignoré de moi; je ne connaissais ni les lois principales, ni les intérêts de ma patrie: pas un mot de mathématiques, pas un mot de saine philosophie; je savais du latin et des sottises.[9]

L'EX-JÉSUITE

Je ne pouvais vous apprendre que ce qu'on m'avait enseigné. J'avais étudié au même collège jusqu'à quinze ans; à cet âge un jésuite m'enquinauda;[10] je fus novice, on m'abêtit pendant deux

[7] Ce quatrième couple est plus mystérieux. Voltaire dispose de la Vulgate et d'une traduction d'Ellies Du Pin (BV396 et BV398). Horace célèbre Lalagé dans l'Ode 22 du livre 1 et l'Ode 5 du livre 2, et Ligurinus dans l'Ode 10 du livre 4. Si l'on ne trouve pas dans Horace les vers que Voltaire cite de mémoire, Beuchot note qu'on lit dans '*Odes*, I, v: *Cui flavam religas comam*; et épode xi: *Longam renodantis comam*'.

[8] L'exaltation de Ligurinus semble incriminer l'homosexualité de certains pères: 'Jésuite, prononcez comme Sodomite, et non pas jésuiste', trouve-t-on dans les *Carnets* (*OCV*, t.82, p.602). Voltaire confia à la mère d'Alexander Pope avoir été victime d'abus sexuels de la part de ses maîtres: A. M. Rousseau, 'L'Angleterre et Voltaire', *SVEC* 145 (1976), p.113.

[9] 'De mon temps on n'apprenait que des sottises au collège dit de Louis-le-Grand' (D10420). Ces 'sottises' désignent les édifiants miracles qu'évoquaient les jésuites dans leur enseignement (*VST*, t.1, p.28). Voir M. Fumaroli, 'L'Anti-Emile: Voltaire et ses éducateurs jésuites', *Revue Voltaire* 3 (2003), p.217-32.

[10] Selon le *Dictionnaire de l'Académie* (1762), *quinaud* signifie 'confus, honteux d'avoir été surmonté en quelque contestation' (p.515). Donnant pour attestation la lettre D12914, n.3, Littré admet *enquinauder*: 'rendre quinaud, enjôler'.

ans, et ensuite on me fit régenter. Ne voudriez-vous pas que je vous eusse donné l'éducation qu'on reçoit dans l'Ecole militaire?[11]

LE CONSEILLER

Non, il faut que chacun apprenne de bonne heure tout ce qui peut le faire réussir dans la profession à laquelle il est destiné. Clairaut était le fils d'un maître de mathématiques; dès qu'il sut lire et écrire, son père lui montra son art: il devint très bon géomètre à douze ans;[12] il apprit ensuite le latin, qui ne lui servit jamais à rien. La célèbre marquise du Châtelet apprit le latin en un an, et le savait très bien;[13] tandis qu'on nous tenait sept années au collège pour nous faire balbutier cette langue,[14] sans jamais parler à notre raison.

Quant à l'étude des lois dans laquelle nous entrions en sortant de chez vous, c'était encore pis. Je suis de Paris, et on m'a fait étudier pendant trois ans les lois oubliées de l'ancienne Rome; ma coutume me suffirait s'il n'y avait pas dans notre pays cent quarante-quatre coutumes différentes.[15]

J'entendis d'abord mon professeur qui commence par distinguer la jurisprudence en droit naturel et droit des gens: le droit naturel est commun, selon lui, aux hommes et aux bêtes; et le droit des gens, commun à toutes les nations, dont aucune n'est d'accord avec ses voisin.

Ensuite on me parla de la loi des douze Tables[16] abrogée bien vite chez ceux qui l'avaient faite, de l'édit du préteur quand nous

[11] Les articles 'Ecole militaire' et 'Etudes militaires' de l'*Encyclopédie* érigeaient ce type d'enseignement en modèle: L. Perol, 'Plan d'éducation et modèle politique dans l'*Encyclopédie*', *Dix-huitième siècle* 17 (1985), p.337-50.

[12] Alexis Claude Clairaut, mathématicien prodige, soutint à l'âge de douze ans un mémoire devant l'Académie des sciences: voir l''Histoire de l'infini', *M*, t.19, p.460-61. Clairaut a revu les *Principes mathématiques* de Mme Du Châtelet (*M*, t.1, p.8). Voltaire célébra l'expédition scientifique de Clairaut et Maupertuis en Laponie (*OCV*, t.17, p.495).

[13] Voir les *Mémoires* (*M*, t.1, p.7).

[14] Les jésuites exerçaient 'les collégiens à la pratique de la langue de Cicéron, comme s'ils étaient destinés à l'employer couramment dans la vie' (*VST*, t.1, p.28).

[15] Voir ci-dessus l'article 'Coutume', p.282 et n.1.

[16] Code de lois de l'ancienne Rome.

n'avons point de préteur, de tout ce qui concerne les esclaves quand nous n'avons point d'esclaves domestiques,[17] (au moins dans l'Europe chrétienne) du divorce quand le divorce n'est pas encore reçu chez nous, etc. etc. etc.

Je m'aperçus bientôt qu'on me plongeait dans un abîme dont je ne pourrais jamais me tirer. Je vis qu'on m'avait donné une éducation très inutile pour me conduire dans le monde.

J'avoue que ma confusion a redoublé quand j'ai lu nos ordonnances; il y en a la valeur de quatre-vingts volumes,[18] qui presque toutes se contredisent:[19] je suis obligé quand je juge de m'en rapporter au peu de bon sens et d'équité que la nature m'a donné; et avec ces deux secours je me trompe à presque toutes les audiences.

J'ai un frère qui étudie en théologie pour être grand-vicaire; il se plaint bien davantage de son éducation: il faut qu'il consume six années à bien statuer s'il y a neuf chœurs d'anges, et quelle est la différence précise entre un trône et une domination; si le Phison dans le paradis terrestre était à droite ou à gauche du Géon; si la langue dans laquelle le serpent eut des conversations avec Eve était la même que celle dont l'ânesse se servit avec Balaam: comment Melchisédec était né sans père et sans mère; en quel endroit demeure Enoch qui n'est point mort: où sont les chevaux qui transportèrent Elie dans un char de feu après qu'il eut séparé les eaux du Jourdain avec son manteau, et dans quel temps il doit revenir pour annoncer la fin du monde?[20] Mon frère dit que toutes

[17] Cette formule n'est pas une hyperbole. Voir l'article 'Ordonnance' de l'*Encyclopédie*.

[18] Dans une lettre du 23 février 1764, Voltaire écrivait: 'Il faut espérer que les Français feront enfin de bonnes études, et qu'on y connaîtra même le droit public qui n'a jamais été enseigné' (D11721).

[19] Même critique dans l'article 'Conseiller ou juge' (ci-dessus, p.200).

[20] Phison et Géon: Genèse 2:11-13. Conversation d'Eve avec le serpent et de l'ânesse avec Balaam: Genèse 3:1-5 et Nombres 22:28-30. Melchisédec apparaît en Genèse 14:18. Il serait 'né sans père ni mère' dans la mesure où il n'est pas mentionné dans la descendance d'Adam. Dieu a 'enlevé' Enoch au ciel: Genèse 5:24. Sur la séparation des eaux du Jourdain et l'ascension d'Elie, voir 2 Rois 2:7 et 11. Voltaire tourne fréquemment en dérision ces lieux bibliques.

ces questions l'embarrassent beaucoup, et ne lui ont encore pu procurer un canonicat de Notre-Dame, sur lequel nous comptions.

Vous voyez entre nous que la plupart de nos éducations sont ridicules, et que celles qu'on reçoit dans les arts et métiers sont infiniment meilleures.[21]

L'EX-JÉSUITE

D'accord; mais je n'ai pas de quoi vivre avec mes quatre cents francs, qui font vingt-deux sous deux deniers par jour; tandis que tel homme, dont le père allait derrière un carrosse, a trente-six chevaux dans son écurie, quatre cuisiniers et point d'aumônier.

LE CONSEILLER

Eh bien, je vous donne quatre cents autres francs de ma poche; c'est ce que Jean Despautère ne m'avait point enseigné dans mon éducation.

[21] Dans une lettre à Linguet vers le 15 mars 1767, Voltaire soulignait la qualité de l'éducation des artisans qualifiés en 'Suisse', 'et surtout dans Genève' (D14039n).

ÉGALITÉ

Section première

Il est clair que les hommes jouissant des facultés attachées à leur nature, sont égaux; ils le sont quand ils s'acquittent des fonctions animales, et quand ils exercent leur entendement.[1] Le roi de la

1 70, 71N, 71A: que tous les

* Voltaire reprend l'article 'Egalité' du *DP*, paru en 1764, en le divisant en deux sections. Dans la première, il remplace le premier paragraphe du texte du *DP* par une définition de l'égalité naturelle et insère un poème dénonçant la subordination dans les sociétés humaines. Puis il reproduit une partie du texte du *DP* auquel il ajoute une petite fiction illustrant son refus de la revendication égalitaire. La réécriture consiste dans l'insertion d'apologues, l'un sous forme poétique et mettant en scène des animaux, l'autre en prose. La réflexion s'exprime à travers ces formes imagées. Pour Voltaire, il existe une égalité naturelle, liée à une commune nature humaine, mais il ne revient point sur son refus d'une égalité économique et sociale. Partant des mêmes prémisses sur l'égalité naturelle, le chevalier de Jaucourt dans le sous-article 'Egalité naturelle (Droit nat.)' de l'*Encyclopédie* fait preuve d'optimisme en affirmant que si les hommes sont naturellement libres, 'la raison n'a pu les rendre dépendants que pour leur bonheur'. Il invite les supérieurs à traiter avec bonté les inférieurs, rappelle que personne n'a le droit de 'prétendre plus que les autres particuliers' et qu''une chose de droit commun doit être commune'. Mais Jaucourt précise qu'il n'approuve pas 'la chimère de l'égalité absolue', qu'il connaît trop 'la nécessité des conditions différentes, des grades, des honneurs, des distinctions, des prérogatives, des subordinations', ajoutant même que 'l'égalité naturelle ou morale n'y est point opposée' (t.5, p.415). Des notes marginales violentes de Voltaire sur le *Discours sur l'origine et les fondements de l'inégalité parmi les hommes* (voir G. R. Havens, *Voltaire's marginalia on the pages of Rousseau. A comparative study of ideas*, Columbus, Ohio, 1933) à cet article des *QE*, Voltaire n'a jamais varié dans ses convictions: sa vision du corps social reste figée et l'inégalité en est une des composantes maîtresses, même si le désir de liberté conduit au refus de la subordination ou des contraintes de la hiérarchie. Pour l'annotation du texte repris du *DP*, voir *OCV*, t.36, p.42-49. Le présent article paraît en avril/mai 1771 (70, t.5).

[1] Le sous-article 'Egalité naturelle' de l'*Encyclopédie* s'ouvre sur cette définition: 'L'égalité naturelle en morale est donc fondée sur la constitution de la nature humaine commune à tous les hommes, qui naissent, croissent, subsistent et meurent

Chine, le Grand Mogol, le padisha de Turquie,[2] ne peut dire au dernier des hommes, Je te défends de digérer, d'aller à la garde-robe, et de penser. Tous les animaux de chaque espèce sont égaux entre eux.

Un cheval ne dit point au cheval son confrère
Qu'on peigne mes beaux crins, qu'on m'étrille et me ferre;
Toi, cours, et va porter mes ordres souverains
Aux mulets de ces bords, aux ânes mes voisins.
Toi, prépare les grains dont je fais des largesses
A mes fiers favoris, à mes douces maîtresses.
Qu'on châtre les chevaux désignés pour servir
Les coquettes juments dont seul je dois jouir.
Que tout soit dans la crainte et dans la dépendance.
Et si quelqu'un de vous hennit en ma présence,
Pour punir cet impie et ce séditieux,
Qui foule aux pieds les lois des chevaux et des dieux,
Pour venger dignement le ciel et la patrie,
Qu'il soit pendu sur l'heure auprès de l'écurie.[3]

Les animaux ont naturellement au-dessus de nous l'avantage de l'indépendance. Si un taureau qui courtise une génisse est chassé à coups de cornes par un taureau plus fort que lui, il va chercher une autre maîtresse dans un autre pré, et il vit libre. Un coq battu par un coq, se console dans un autre poulailler. Il n'en est pas ainsi de nous. Un petit vizir exile à Lemnos un bostangi;[4] le vizir Azem

5-6 70, 71N, 71A: digérer et

de la même manière' (t.5, p.415). L'égalité naturelle en droit fait largement consensus au dix-huitième siècle. Voltaire s'en tient depuis le premier *Discours en vers*, 'De l'égalité des conditions', à cette égalité des mortels jouissant tous de 'cinq sens imparfaits': 'C'est du même limon que tous ont pris naissance; / Dans la même faiblesse, ils traînent leur enfance. / Et le riche et le pauvre, et le faible et le fort, / Vont tous également des douleurs à la mort' (*OCV*, t.17, p.459).

[2] Titre de grand empereur (voir l'*Encyclopédie*, t.9, p.740-41).

[3] Sur les apologues voltairiens, voir C. Mervaud, 'Bestiaires de Voltaire', *SVEC* 2006:06, p.105-35.

[4] Le bostangi, valet du sérail auquel l'*Encyclopédie* consacre un article (t.1, p.339-40).

exile le petit vizir à Tenedos;[5] le padisha exile le vizir Azem à Rhodes. Les janissaires mettent en prison le padisha, et en élisent un autre qui exilera les bons musulmans à son choix; encore lui sera-t-on bien obligé s'il se borne à ce petit exercice de son autorité sacrée.[6]

Si cette terre était ce qu'elle semble devoir être, si l'homme y trouvait partout une subsistance facile et assurée, et un climat convenable à sa nature, il est clair qu'il eût été impossible à un homme d'en asservir un autre. Que ce globe soit couvert de fruits salutaires, que l'air qui doit contribuer à notre vie, ne nous donne point des maladies et une mort prématurée, que l'homme n'ait besoin d'autre logis et d'autre lit que de celui des daims et des chevreuils, alors les Gengiskan et les Tamerlan n'auront de valets que leurs enfants qui seront assez honnêtes gens pour les aider dans leur vieillesse.

Dans cet état naturel dont jouissent tous les quadrupèdes non domptés, les oiseaux et les reptiles, l'homme serait aussi heureux qu'eux; la domination serait alors une chimère, une absurdité à laquelle personne ne penserait; car pourquoi chercher des serviteurs quand vous n'avez besoin d'aucun service?

S'il passait par l'esprit de quelque individu à tête tyrannique et à bras nerveux, d'asservir son voisin moins fort que lui, la chose serait impossible; l'opprimé serait sur le Danube, avant que l'oppresseur eût pris ses mesures sur le Volga.[7]

Tous les hommes seraient donc nécessairement égaux, s'ils étaient sans besoins; la misère attachée à notre espèce subordonne

39 70: que celui

[5] Le vizir Azem est le grand vizir (voir l'article 'Divan', t.4, p.1067-68, par Mallet et l'article 'Turquie', t.16, p.756, par Jaucourt dans l'*Encyclopédie*).

[6] Fin des paragraphes ajoutés dans *QE*. L'histoire turque illustre toujours pour Voltaire les révolutions de palais et les vicissitudes de la destinée de ceux qui sont soumis à un pouvoir autocratique (voir, par exemple, *Candide*, *OCV*, t.48, p.257).

[7] Dans le *DP*, 's'il passait par l'esprit à quelques individus' et 'l'opprimé serait à cent lieues, avant que l'oppresseur eût pris ses mesures'.

un homme à un autre homme: ce n'est pas l'inégalité qui est un malheur réel, c'est la dépendance. Il importe fort peu que tel homme s'appelle *sa hautesse*, tel autre *sa sainteté*; mais il est dur de servir l'un ou l'autre.

Une famille nombreuse a cultivé un bon terroir; deux petites familles voisines ont des champs ingrats et rebelles; il faut que les deux pauvres familles servent la famille opulente, ou qu'ils l'égorgent; cela va sans difficulté. Une des deux familles indigentes va offrir ses bras à la riche pour avoir du pain; l'autre va l'attaquer et est battue. La famille servante est l'origine des domestiques et des manœuvres; la famille battue est l'origine des esclaves.

Il est impossible dans notre malheureux globe que les hommes vivant en société ne soient pas divisés en deux classes, l'une de riches qui commandent, l'autre de pauvres qui servent; et ces deux se subdivisent en mille, et ces mille ont encore des nuances différentes.[8]

Tu viens quand les lots sont faits nous dire, Je suis homme comme vous, j'ai deux mains et deux pieds, autant d'orgueil et plus que vous, un esprit aussi désordonné pour le moins, aussi inconséquent, aussi contradictoire que le vôtre. Je suis citoyen de Saint-Marin, ou de Raguse, ou de Vaugirard; donnez-moi ma part de la terre. Il y a dans notre hémisphère connu environ cinquante mille millions d'arpents à cultiver, tant passables que stériles. Nous ne sommes qu'environ un milliard d'animaux à deux pieds sans plumes sur ce continent; ce sont cinquante arpents pour chacun, faites-moi justice, donnez-moi mes cinquante arpents.

On lui répond, Va-t'en les prendre chez les Cafres, chez les Hottentots, ou chez les Samoyèdes;[9] arrange-toi avec eux à

60-61 K84, K12: qu'elles l'égorgent

[8] Fin du texte repris du *DP*.

[9] Les Cafres, les Hottentots, les Samoyèdes sont cités par Voltaire à l'appui de sa thèse polygéniste (voir M. Duchet, *Anthropologie et histoire au siècle des Lumières*, Paris, 1971, p.281-321, et J.-M. Moureaux, 'Race et altérité dans l'anthropologie voltairienne', *L'idée de 'race' dans les sciences humaines et la littérature*

l'amiable;[10] ici, toutes les parts sont faites. Si tu veux avoir parmi nous le manger, le vêtir, le loger et le chauffer, travaille pour nous comme faisait ton père; sers-nous, ou amuse-nous, et tu seras payé; sinon tu serais obligé de demander l'aumône; ce qui dégraderait trop la sublimité de ta nature, et t'empêcherait réellement d'être égal aux rois, et même aux vicaires de village, selon les prétentions de ta noble fierté.

Section seconde

Tous les pauvres ne sont pas malheureux.[11] La plupart sont nés dans cet état, et le travail continuel les empêche de trop sentir leur situation; mais quand ils la sentent, alors on voit des guerres, comme celle du parti populaire contre le parti du sénat à Rome; celles des paysans en Allemagne, en Angleterre, en France. Toutes ces guerres finissent tôt ou tard par l'asservissement du peuple, parce que les puissants ont l'argent, et que l'argent est maître de

85 K84, K12: tu seras obligé

(XVIIIe-XIXe siècles), éd. Sarga Moussa, Paris, 2003, p.41-53). Ici, pour Voltaire, ils représentent les 'sauvages' qui ne mettent pas en valeur leurs terres.

[10] Cette colonisation supposerait l'accord des colonisés! Pure utopie selon le jugement commun et force témoignages historiques, mais à laquelle Voltaire a cru avec le mythe de la colonie anglaise des quakers en Pennsylvanie. Dès la quatrième des *Lettres philosophiques*, il rappelait comment William Penn avait établi son gouvernement: 'plusieurs marchands de l'Amérique vinrent peupler cette colonie. Les naturels du pays au lieu de fuir dans les forêts, s'accoutumèrent insensiblement avec les pacifiques quakers' (t.1, p.48). Dans l'*Essai sur les mœurs*, il remarque que ce n'était pas 'une usurpation, comme toutes les invasions que nous avons connues dans l'ancien monde et dans le nouveau. Penn acheta la terre des indigènes, et devint propriétaire légitime' (t.2, p.383). Voltaire, qui ne croit pas à une colonisation réussie sous l'égide de l'Eglise catholique (voir l'épisode du Paraguay dans *Candide*, ch.14-15), a évoqué dans l'*Essai sur les mœurs* les horreurs de la colonisation au Canada, dans l'Amérique espagnole et portugaise, aux Antilles. Voir Simon Davies, 'Reflections on Voltaire and his idea of colonies', *SVEC* 332 (1995), p.61-69.

[11] Dans le *DP*, 'tous les pauvres ne sont pas absolument malheureux'.

tout dans un Etat: je dis dans un Etat, car il n'en est pas de même de nation à nation. La nation qui se servira le mieux du fer, subjuguera toujours celle qui aura plus d'or et moins de courage.

Tout homme naît avec un penchant assez violent pour la domination, la richesse et les plaisirs; et avec beaucoup de goût pour la paresse: par conséquent tout homme voudrait avoir l'argent et les femmes ou les filles des autres, être leur maître, les assujettir à tous ses caprices, et ne rien faire, ou du moins ne faire que des choses très agréables. Vous voyez bien qu'avec ces belles dispositions il est aussi impossible que les hommes soient égaux, qu'il est impossible que deux prédicateurs ou deux professeurs de théologie ne soient pas jaloux l'un de l'autre.

Le genre humain tel qu'il est, ne peut subsister à moins qu'il n'y ait une infinité d'hommes utiles qui ne possèdent rien du tout. Car certainement un homme à son aise ne quittera pas sa terre pour venir labourer la vôtre; et si vous avez besoin d'une paire de souliers, ce ne sera pas un maître des requêtes qui vous la fera. L'égalité est donc à la fois la chose la plus naturelle, et en même temps la plus chimérique.

Comme les hommes sont excessifs en tout quand ils le peuvent, on a outré cette inégalité, on a prétendu dans plusieurs pays qu'il n'était pas permis à un citoyen de sortir de la contrée où le hasard l'a fait naître; le sens de cette loi est visiblement, *Ce pays est si mauvais et si mal gouverné que nous défendons à chaque individu d'en sortir, de peur que tout le monde n'en sorte*. Faites mieux, donnez à tous vos sujets envie de demeurer chez vous, et aux étrangers d'y venir.

Chaque homme dans le fond de son cœur a droit de se croire entièrement égal aux autres hommes: il ne s'ensuit pas de là que le cuisinier d'un cardinal doive ordonner à son maître de lui faire à dîner. Mais le cuisinier peut dire: Je suis homme comme mon maître; je suis né comme lui en pleurant; il mourra comme moi dans les mêmes angoisses et les mêmes cérémonies. Nous faisons tous deux les mêmes fonctions animales. Si les Turcs s'emparent de

112 70, 71A, W68: maître de requêtes

Rome, et si alors je suis cardinal et mon maître cuisinier, je le prendrai à mon service. Tout ce discours est raisonnable et juste; mais en attendant que le Grand Turc s'empare de Rome, le cuisinier doit faire son devoir, ou toute société humaine est pervertie.

A l'égard d'un homme qui n'est ni cuisinier d'un cardinal, ni revêtu d'aucune autre charge dans l'Etat; à l'égard d'un particulier qui ne tient à rien, mais qui est fâché d'être reçu partout avec l'air de la protection ou du mépris, qui voit évidemment que plusieurs *monsignors* n'ont ni plus de science, ni plus d'esprit, ni plus de vertu que lui, et qui s'ennuie d'être quelquefois dans leur antichambre, quel parti doit-il prendre? celui de s'en aller.

OUVRAGES CITÉS

Abauzit, Firmin, *Discours historique sur l'Apocalypse*, dans *Œuvres diverses de Monsieur Abauzit, contenant ses écrits d'histoire, de critique et de théologie* (Londres, 1770, BV5).

Alletz, Pons Augustin, *Dictionnaire portatif des conciles* (Paris, 1758, BV53).

L'Année littéraire (1769, BV77).

Annet, Peter, Archibald Campbell ou John Noorthouck, *The History of the man after God's own heart* (Londres, 1761, BV624), trad. Paul Henri Thiry, baron d'Holbach, *David ou l'histoire de l'homme selon le cœur de Dieu* (Londres [Amsterdam], 1768).

Antoine, Michel, *Le Conseil du roi sous le règne de Louis XV* (Paris et Genève, 1970).

Aubert de La Chesnaye Des Bois, François Alexandre, *Dictionnaire généalogique, héraldique, chronologique et historique*, 7 vol. (Paris, 1757-1765).

Aubery, Jacques, *Histoire de l'exécution de Cabrières et de Mérindol* (Paris, 1645, BV211).

Aubignac, François Hédelin d', *Zénobie tragédie où la vérité de l'histoire est conservée dans l'observation des plus rigoureuses règles du poème dramatique* (Paris, 1647).

Augustin, saint, *Les Lettres de saint Augustin traduites en français* (Paris, Pralard, 1687).

Bailly, Anatole, *Dictionnaire grec-français* (Paris, 1985).

Barbeyrac, Jean, *Traité de la morale des Pères de l'Eglise* (Amsterdam, 1728, BV262).

Barral, Pierre, Eustache Guibaud et Joseph Valla, *Dictionnaire historique, littéraire et critique*, 6 vol. (s.l., 1758-1759, BV269).

Bayle, Pierre, *Dictionnaire historique et critique*, 4 vol. (Rotterdam, 1607); 4 vol. (Rotterdam, 1697, BV292); 4 vol. (Amsterdam et Leyde, 1730).

Bergier, Nicolas, *Histoire des grands chemins de l'empire romain*, 2 vol., (Bruxelles, 1728, BV358).

Bergier, Nicolas Sylvestre, *Apologie de la religion chrétienne*, 2 vol. (Paris, 1770).

– *Dictionnaire de théologie dogmatique*, dans Jacques-Paul Migne, *Encyclopédie théologique, ou série de dictionnaires sur toutes les parties de la science religieuse*, t.33 (Paris, 1850).

Besterman, Theodore, 'Voltaire's notebooks: thirteen new fragments', *SVEC* 148 (1976), p.7-35.

Boileau, Nicolas, *Œuvres* (Paris, 1713).

– *Œuvres complètes*, éd. F. Escal (Paris, 1966).

– *Œuvres de Monsieur Boileau Despréaux*, éd. Claude Brossette, 2 vol. (Genève, 1716, BV440).

Bost, Hubert, *Pierre Bayle* (Paris, 2006).

Brooke, Henry, *The Trial of the Roman catholics of Ireland* (Dublin, 1762; BV545: Londres, 1764).

Bruys, François, *Histoire des papes, depuis saint Pierre jusqu'à Benoît XIII inclusivement*, 5 vol. (La Haye, 1732-1734, BV563).

Buffon, Georges Louis Leclerc, comte de, *Histoire naturelle*, 15 vol. (Paris, 1749-1767); 16 vol. (Paris, 1750-1770, BV572).

Buhler, S. M., 'Counterpoint and controversy: Milton and the critiques of polyphonic music', *Milton studies* 36 (1997), p.18-40.

Calmet, Augustin, *Commentaire littéral sur tous les livres de l'Ancien et du Nouveau Testament*, 25 vol. (Paris, 1707-1716); 25 vol. (Paris, 1709-1734, BV613); 8 vol. en 9 t. (Paris, 1724-1726).

– *Dictionnaire historique, critique, chronologique, géographique et littéral de la Bible*, 4 vol. (Paris, 1730, BV615).

– *Dissertations qui peuvent servir de prolégomènes de l'Ecriture sainte*, 3 vol. (Paris, 1720, BV616).

– *Nouvelles Dissertations sur plusieurs questions importantes et curieuses qui n'ont point été traitées dans le Commentaire littéral sur tous les livres de l'Ancien et du Nouveau Testament* (Paris, 1720, BV617).

Cave, William, *Scriptorum ecclesiasticorum historia literaria* (Genève, 1720, BV676); 2 vol. (Oxford, 1740-1743).

Caveirac, Jean Novi de, *Apologie de Louis XIV, et de son conseil, sur la révocation de l'édit de Nantes* [...] *Avec une dissertation sur la journée de la Saint-Barthélemy* (s.l., 1758, BV2593).

César, Jules, *Commentarii de bello gallico*, trad. Nicolas Perrot d'Ablancourt, *Les Commentaires de César*, 2 vol. (Paris, 1714, BV605).

Chamousset, Claude Humbert Piarron de, *Vues d'un citoyen*, 2 vol. (Paris, 1757, BV2722).

Chardin, Jean, *Voyages de Monsieur le chevalier de Chardin, en Perse et autres lieux de l'Orient*, 10 vol. (Amsterdam, 1711); 3 vol. (Amsterdam, 1711, BV712).

Charron, Pierre, *De la sagesse*, 2 vol. (Paris, 1768, BV719).

Collection des Mémoires relatifs à l'histoire de France, t.53 (Paris, 1826).

Condillac, Etienne Bonnot de, *Traité des sensations*, 2 vol. (Londres et Paris, 1754, BV836).

Déclaration du roi, concernant la religion, donnée à Versailles le 14 mai 1724 (Paris, 1724).

Desfontaines, Pierre François Guyot, *Dictionnaire néologique* (Amsterdam, 1728, BV1006).

– *La Voltairomanie* (s.l., [1738]).

Des Maizeaux, Pierre, *La Vie de Monsieur Bayle* (La Haye, 1732).

Dictionnaire de l'Académie française, 2 vol. (Paris, 1762, BV1028).

Dictionnaire universel français et latin, vulgairement appelé Dictionnaire de Trévoux, 6 vol. (Paris, 1743, BV1029); 7 vol. (Paris, 1752); 8 vol. (Paris, 1771).

Diodore de Sicile, *Histoire universelle*, trad. Jean Terrasson, 7 vol. (Paris, 1758, BV1041).

Diogène Laërce, *Les Vies des plus illustres philosophes de l'antiquité*, trad. J.-G. Chauffepié, 3 vol. (Amsterdam, 1761, BV1042).

Du Bos, Jean-Baptiste, *Réflexions critiques sur la poésie et sur la peinture*, 3 vol. (Paris, 1740, BV1111).

Du Cange, Charles, *Glossarium ad scriptores mediae et infimae latinitatis*, 6 vol. (Paris, 1733-1736, BV1115).

Du Halde, Jean-Baptiste, *Description*

géographique, historique, chronologique, politique et physique de l'empire de la Chine et de la Tartarie chinoise, 4 vol. (La Haye, 1736, BV1132).

Du Laurens, André, *De mirabili strumas sanandi vi solis Galliae regibus christianissimis divinitus concessa* (Paris, 1609).

Du Moulin, Pierre, *Nouveauté du papisme, opposée à l'antiquité du vrai christianisme* (Genève, 1633, BV1148).

L'Ecclésiastique citoyen (Paris, 1787).

Echard, Laurent, *Histoire romaine*, trad. D. de Larroque et P. F. Guyot Desfontaines, 6 vol. (Paris, 1728, BV1200).

Eloges lus dans les séances publiques de l'Académie française (Paris, 1779).

Encyclopédie, ou dictionnaire raisonné des sciences, des arts et des métiers, par une société de gens de lettres, éd. J. Le Rond D'Alembert et D. Diderot, 35 vol. (Paris, 1751-1780, BV1216).

Esmein, E., *Cours élémentaire d'histoire du droit français* (Paris, 1925 [1930]).

Estienne, Henri, *Apologie pour Hérodote, ou traité de la conformité des merveilles anciennes avec les modernes*, 3 vol. (La Haye, 1735, BV1238).

Féraud, Jean-François, *Dictionnaire critique de la langue française*, 3 vol. (Marseille, 1787-1788).

Flavius Josèphe, *Histoire des Juifs écrite par Flavius Joseph sous le titre de Antiquités judaïques*, trad. R. Arnaud d'Andilly, 5 vol. (Paris, 1735-1736, BV1743).

Fléchier, Esprit, *Histoire de Théodose le Grand* (Paris, 1679).

Fleury, Claude, *Histoire ecclésiastique*, 36 vol. (Paris, 1719-1738, BV1350).

Fontenelle, Bernard Le Bovier de, 'Digression sur les Anciens et les Modernes', dans *Œuvres*, 8 vol. (Paris, 1742, BV1362).

– *Histoire de l'Académie royale des sciences*, année 1716 (Paris, 1718); année 1751 (Paris, 1755).

Frédéric II, *Mémoires pour servir à l'histoire de la maison de Brandebourg*, 2 vol. (Berlin et La Haye, 1751, BV1401).

Furetière, Antoine, *Dictionnaire universel contenant généralement tous les mots français tant vieux que modernes de toutes les sciences et des arts*, 3 vol. (La Haye et Rotterdam, 1690).

Gaillard, Gabriel Henri, *Histoire de François Ier, roi de France, dit le Grand Roi et le Père des Lettres*, 7 vol. (Paris, 1766-1769, BV1419).

Galiani, Ferdinando et Louise d'Epinay, *Correspondance*, éd. Georges Dulac et Daniel Maggetti, 5 vol. (Paris, 1992-1997).

Galland, Elie, *L'Affaire Sirven* (Mazamet, 1911).

Giannone, Pietro, *Histoire civile du royaume de Naples*, 4 vol. (La Haye [Genève], 1742, BV1464).

– *Istoria civile del regno di Napoli*, 4 vol. (Genève, 1762-1763, BV1465); 4 vol. (Venise, 1766).

Gilbert de Voisins, Pierre, *Mémoires sur les moyens de donner aux protestants un état civil en France. Composé de l'ordre du roi Louis XV* (s.l., 1787).

Greslon, Adrien, *Histoire de la Chine sous la domination des Tartares* (Paris, 1671).

Grimm, F. M., *Correspondance littéraire, philosophique et critique, par Grimm, Diderot, Raynal, Meister, etc.*, éd.

Maurice Tourneux, 16 vol. (Paris, 1877-1882).

La Guemara, trad. Israël Salzer (Paris, 1974).

Guettée, Wladimir, *Histoire de l'Eglise de France*, 12 vol. (Paris, 1848-1857).

Hérodote, *Histoire d'Hérodote*, trad. Pierre Henri Larcher, 2 vol. (Paris, 1855).

– *Histoires*, trad. P.-E. Legrand (Paris, 1951).

– *Les Histoires d'Hérodote*, trad. Pierre Du Ryer, 3 vol. (Paris, 1713, BV1631).

Holbach, Paul Henri Thiry, baron d', *Les Prêtres démasqués ou des iniquités du clergé* (Londres [Amsterdam], 1768 [1767], BV2809).

– *Système de la nature*, 2 vol. (Londres [Amsterdam], 1770, BV1660).

Homère, *L'Iliade*, trad. P. Mazon (Paris, 1963).

– *L'Iliade d'Homère*, trad. Anne Dacier, 4 vol. (Paris, 1741, BV1670).

Horace, *Odes*, trad. F. Villeneuve (Paris, 1991).

– *Odes et épodes*, trad. F. Villeneuve (Paris, 1927).

Jérôme, saint, *Lettres de saint Jerosme*, trad. Guillaume Roussel, 4 vol. (Paris, 1743, BV1636).

Joinville, Jean de, *L'Histoire et chronique du très chrétien roi saint Louis, IX du nom, et quarantième roi de France* (Poitiers, 1561).

Labat, Jean-Baptiste, *Voyages du père Labat de l'ordre des frères prêcheurs, en Espagne et en Italie*, 8 vol. (Paris, 1730, BV1790).

La Bléterie, Jean Philippe René de, *Le Misopogon de l'empereur Julien*, dans *Histoire de l'empereur Jovien et traductions de quelques ouvrages de l'empereur Julien*, 2 vol. (Paris, 1748, BV1797).

La Fontaine, Jean de, *Fables*, éd. G. Couton (Paris, 1990).

La Lande, Jérôme de, *Voyage d'un Français en Italie, fait dans les années 1765 et 1766*, 8 vol. (Yverdon, 1769-1770, BV1180).

La Mettrie, Julien Offroy de, *Mémoire sur la dysenterie* (Berlin, [1750,] BV1895).

– *Traité de l'âme*, dans *Œuvres philosophiques* (Londres [Berlin], 1751); 2 vol. (Amsterdam, 1753, BV1893).

Larcher, Pierre Henri, *Supplément à la Philosophie de l'histoire de feu M. l'abbé Bazin* (Amsterdam, 1767, BV1923; Amsterdam [France], 1769).

La Rochefoucauld, François, duc de, *Réflexions, sentences et maximes morales*, 1 vol. (Paris, 1725, BV1928).

– *Maximes*, dans *Moralistes du dix-septième siècle*, éd. Jean Lafond (Paris, 1992).

Laugier de Tassy, Jacques Philippe, *Histoire du royaume d'Alger* (Amsterdam, 1725).

Le Beau, Charles, *Histoire du Bas-Empire*, 20 vol. (Paris, 1757-1776, BV1960).

Le Brun, Pierre, *Histoire critique des pratiques superstitieuses* (Rouen et Paris, 1702, BV1968).

Léger, Jean, *Histoire générale des Eglises évangéliques des vallées de Piémont ou vaudoises* (Leyde, 1669, BV2009).

Lenet, Pierre, *Mémoires de Monsieur L***, conseiller d'Etat; contenant l'histoire des guerres civiles des années 1649 et suivantes*, 2 vol. (s.l., 1729, BV2036).

Leti, Gregorio, *La Vie d'Olivier Crom-*

well, 2 vol. (Amsterdam, 1696, BV2066).

Lettres choisies de Messieurs de l'Académie française (Paris, 1708).

Maillet, Benoît de, *Telliamed ou entretiens d'un philosophe indien avec un missionnaire français sur la diminution de la mer, la formation de la terre, l'origine de l'homme* (Paris, 1984).

Maimbourg, Louis, *Histoire des croisades*, 4 vol. (Paris, 1684-1685, BV2262).

– *Les Histoires du sieur Maimbourg*, 12 vol. (Paris, 1686).

Malebranche, Nicolas de, *Œuvres*, éd. G. Rodis-Lewis, 2 vol. (Paris, 1979-1992).

Marc Aurèle, *Réflexions morales de l'empereur Marc-Antonin, avec des remarques de M. et de Mme Dacier*, 2 vol. (Amsterdam, 1691); 1 vol. (Paris, 1691, BV2312).

Massillon, Jean-Baptiste, *Petit Carême*, dans *Sermons*, 9 vol. (Paris, 1745, BV2347).

McManners, J., *Church and society in eighteenth-century France*, 2 vol. (Oxford, 1998).

Mercier, Louis Sébastien, *Tableau de Paris*, éd. Jean-Claude Bonnet, 2 vol. (Paris, 1994).

Mercure de France (juin 1733; septembre 1754).

Mervaud, Christiane, 'Voltaire et le Beccaria de Grenoble: Michel Joseph Antoine Servan', *Voltaire and the 1760s*, éd. N. Cronk, *SVEC* 2008:10, p.171-81.

Meslier, Jean, *Mémoire*, dans *Œuvres complètes*, éd. R. Desné, J. Deprun et A. Soboul, 3 vol. (Paris, 1970-1972).

Montaigne, Michel de, *Essais*, 7 vol. (Londres, 1745, BV2488).

– *Œuvres complètes* (Paris, 1962).

Montesquieu, Charles de Secondat, baron de, *Considérations sur les causes de la grandeur des Romains et de leur décadence* (Lausanne, 1750, BV2495).

– *Essai sur le goût*, dans *Œuvres complètes* (Oxford, 1998-).

– *De l'esprit des lois*, dans *Œuvres complètes*, 2 vol. (Paris, 1951).

Mortier, Roland, 'Les "philosophes" français et l'éducation publique', dans *Clartés et ombres du siècle des Lumières* (Genève, 1969).

Mousnier, Roland, *Les Institutions de la France sous la monarchie absolue*, 2 vol. (Paris, 1974).

Newton, Isaac, *La Chronologie des anciens royaumes* (Paris, 1728, BV2566).

Nonnotte, Claude François, *Les Erreurs de Voltaire*, 2 vol. (Amsterdam [Paris], 1766, BV2579); 3 vol. (Besançon, 1823).

Orléans, Pierre Joseph d', *Histoire des révolutions d'Angleterre* (Paris, 1693-1694); 3 vol. (Paris, 1734, BV2619).

Paillard, Christophe, 'Entre science et métaphysique. Le problème du fatalisme dans la philosophie de Voltaire', *Revue Voltaire* 8 (2008), p.207-23.

Pline l'Ancien, *Traduction*, 1 vol. (Amsterdam, 1772, BV2760); 2 vol. (La Haye, 1773, BV2761).

– *Histoire naturelle*, trad. Emile Littré, 2 vol. (Paris, 1848).

Pluquet, François André Adrien, *Dictionnaire des hérésies*, 2 vol. (Paris, 1764).

Plutarque, *Les Œuvres morales et mêlées de Plutarque*, trad. Jacques Amyot (Paris, 1575, BV2771).

Pomeau, René, René Vaillot, Christiane Mervaud et autres, *Voltaire en son temps*, 2 vol. (Oxford, 1995).

Pontas, Jean, *Dictionnaire de cas de conscience, ou décisions des plus considérables difficultés touchant la morale et la discipline ecclésiastique*, 3 vol. (Paris, 1734, BV2791).

Pougens, Charles de, *Vocabulaire de nouveaux privatifs français imités des langues latine, italienne, espagnole, portugaise, allemande et anglaise* (Paris, 1794).

Prideaux, Humphrey, *Histoire des Juifs et des peuples voisins*, (Amsterdam, 1648-1725); 5 vol. (Paris, 1726, BV2811).

Psaumes de David traduits en français selon l'hébreu (Trévoux, 1689).

Pufendorf, Samuel von, *De jure naturae et gentium*, trad. Jean Barbeyrac, *Le Droit de la nature et des gens, ou système général des principes les plus importants de la morale, de la jurisprudence, et de la politique*, 2 vol. (Amsterdam [Paris], 1712, BV2827).

Ramsay, Andrew Michael, *Les Voyages de Cyrus, avec un discours sur la mythologie*, 2 vol. (Paris, 1763, BV2870).

Rapin-Thoyras, Paul de, *Histoire d'Angleterre*, 16 vol. (La Haye [Paris], 1749, BV2871).

Ribadeneyra, Pedro de, *Les Fleurs des vies des saints et fêtes de toute l'année*, trad. René Gautier, 2 vol. (Paris, 1673-1686, BV2970).

Richard, Jérôme, *Description historique et critique de l'Italie*, 6 vol. (Paris, 1766).

Rigord, François-Xavier, *Connaissance de la mythologie* (Paris, 1739).

Rollin, Charles, *Histoire ancienne des Egyptiens, des Carthaginois, des Assyriens, des Babyloniens, des Mèdes et des Perses*, 13 vol. (Paris, 1731-1738, BV3008).

Ronsard, Pierre de, *Œuvres de P. de Ronsard* ([Paris, 1609,] BV3014).

Rousseau, Jean-Jacques, *Du contrat social*, dans *Œuvres complètes*, éd. Bernard Gagnebin et Marcel Raymond, 5 vol. (Paris, 1959-1995).

– *Emile, ou de l'éducation*, dans *Œuvres complètes*, éd. Bernard Gagnebin et Marcel Raymond, 5 vol. (Paris, 1959-1995).

Rycaut, Paul, *Histoire de l'état présent de l'Eglise grecque, et de l'Eglise arménienne*, trad. J.-B. de Rosemond (Amsterdam, 1696, BV3053).

Scheffer, Johann Gehrard, *Histoire de la Laponie, sa description, l'origine, les mœurs, la manière de vivre de ses habitants, leur religion, leur magie, et les choses rares du pays* (Paris, 1678, BV3113).

Suétone, *Les Douze Césars*, 2 vol. (Paris, 1770, BV3219).

– *Histoire des douze Césars*, 4 vol. (Paris, 1771, BV3221).

– *Vies des douze Césars*, trad. H. Ailloud (Paris, 1981).

Tacite, *Annales*, trad. H. Goelzer (Paris, 1963).

– *Tacite avec des notes politiques et historiques*, trad. Abraham Nicolas Amelot de La Houssaye (Paris, 1690); 2 vol. (La Haye, 1692, BV3237); 2 vol. (Rotterdam, 1709, BV3238).

Thomas d'Aquin, saint, *Somme théologique*, 4 vol. (Paris, 1984-1986).
– *Summa theologica* (Lyon, 1738, BV3292).
Tite-Live, *Histoire romaine*, trad. Raymond Bloch (Paris, 1968).

Virgile, *L'Enéide*, trad. J. Perret (Paris, 1981).
– *Les Géorgiques de Virgile, traduction nouvelle en vers français*, trad. J. Delille (Paris, 1770, BV3420).
Voltaire, *A Monsieur le Président Hénault*, *M*, t.10.
– *Adélaïde Du Guesclin*, *OCV*, t.10.
– *Annales de l'empire*, *M*, t.13.
– *Articles du fonds de Kehl*, *M*, t.17-20.
– *Articles extraits du Journal de politique*, *OCV*, t.80C.
– *Articles pour l'Encyclopédie*, *OCV*, t.33.
– *La Bible enfin expliquée*, *M*, t.30.
– *Carnets* [*Notebooks*], *OCV*, t.81-82.
– *Un chrétien contre six Juifs*, *M*, t.29.
– *Collection d'anciens évangiles*, *OCV*, t.69.
– *Commentaire historique sur les œuvres de l'auteur de la Henriade*, *M*, t.1.
– *Commentaire sur le livre Des délits et des peines*, *M*, t.25.
– *Commentaires sur Corneille*, *OCV*, t.54.
– *Conseils à un journaliste*, *OCV*, t.20A.
– *Corpus des notes marginales de Voltaire* (Berlin et Oxford, 1979-).
– *De Cromwell*, *OCV*, t.30C.
– *La Défense de mon oncle*, *OCV*, t.64.
– *Des singularités de la nature*, *M*, t.27.
– *Dialogue entre Madame de Maintenon et Mademoiselle de Lenclos*, *OCV*, t.32A.
– *Dialogue entre un plaideur et un avocat*, *OCV*, t.32A.
– *Dialogues d'Evhémère*, *OCV*, t.80C.
– *Dictionnaire philosophique*, *OCV*, t.35-36.
– *Dieu, réponse au Système de la nature* (s.l., [1770]).
– *Dieu et les hommes*, *OCV*, t.69.
– *Discours du conseiller Anne Dubourg*, *M*, t.28.
– *Discours en vers sur l'homme*, *OCV*, t.17.
– *Eléments de la philosophie de Newton*, *OCV*, t.15.
– *An essay on the civil wars of France*, *OCV*, t.3B.
– *Essai sur les mœurs et l'esprit des nations et sur les principaux faits de l'histoire depuis Charlemagne jusqu'à Louis XIII*, éd. R. Pomeau, 2 vol. (Paris, 1990).
– *L'Examen important de Milord Bolingbroke*, *OCV*, t.62.
– *Fragment des instructions pour le prince royal de ****, *OCV*, t.63B.
– *Fragment sur l'histoire générale*, *M*, t.29.
– *La Guerre civile de Genève*, *OCV*, t.63A.
– *Histoire de Charles XII*, *OCV*, t.4.
– *Histoire de l'empire de Russie sous Pierre le Grand*, *OCV*, t.46-47.
– *Histoire de l'établissement du christianisme*, *M*, t.31.
– *Histoire de Jenni*, *M*, t.21.
– *Histoire du parlement de Paris*, *OCV*, t.68.
– *Homélies prononcées à Londres*, *OCV*, t.62.
– *L'Homme aux quarante écus*, *OCV*, t.66.
– *Lettres philosophiques*, éd. G. Lanson, rév. André M. Rousseau, 2 vol. (Paris, 1964).
– *Les Lois de Minos*, *OCV*, t.73.
– *Mémoires*, *M*, t.1.

– *Mémoires pour servir à la vie de Monsieur de Voltaire, écrits par lui-même*, éd. Jacqueline Hellegouarch (Paris, 1998).
– *Observations sur Messieurs John Law, Melon et Dutot*, *OCV*, t.18A.
– *Olympie*, *M*, t.6.
– *Les Peuples au parlement*, *OCV*, t.73.
– *Le Philosophe ignorant*, *OCV*, t.62.
– *La Philosophie de l'histoire*, *OCV*, t.59.
– *Poème sur la loi naturelle*, *OCV*, t.32B.
– *Les Pourquoi*, *OCV*, t.28B.
– *Précis du siècle de Louis XV*, dans *Œuvres historiques*, éd. R. Pomeau (Paris, 1957).
– *Le Préservatif*, *M*, t.22.
– *Prix de la justice et de l'humanité*, *OCV*, t.80B.
– *Projet de dictionnaire présenté à l'Académie*, *OCV*, t.80C.
– *La Pucelle*, *OCV*, t.7.
– *Questions sur l'Encyclopédie*, *OCV*, t.38-40, *M*, t.17-20.
– *Le Russe à Paris*, *M*, t.10.
– *Le Siècle de Louis XIV*, dans *Œuvres historiques*, éd. R. Pomeau (Paris, 1957).
– *Le Songe creux*, *M*, t.10.
– *Traité de métaphysique*, *OCV*, t.14.
– *Traité sur la tolérance*, *OCV*, t.56C.
– *La Voix du sage et du peuple*, *OCV*, t.32A.
– *Zadig*, *OCV*, t.30B.
Vossius, Gérard Jean, *De septuaginta interpretibus eorumque translatione et chronoligia dissertationes. Dissertation de aetati mundi* (La Haye, 1661).

INDEX

Aaron, 336-37, 388, 583, 584n
Abauzit, Firmin, *Discours historique sur l'Apocalypse*, 608n, 610n-611n
Abbadie, Jacques, 527; *Traité de la vérité de la religion chrétienne*, 527n
Abimélec, 350, 591
Abiron, 336
Abraham, 92, 334, 339, 533, 574n, 590-91
Abû Bakr, 316
Abû Hafsa ibn al-Khattâb (Omar, 'Umar Ier), 316, 317n
Abu Talib, 318n
Achab, 188-89
Adam, 11, 113, 624n
Adkichomia, Cornélie, 412
Adonis (Adonaï), 412
Adrien Ier, pape, 156n
Adrien II, pape, 511n
Adrichomius, 412
Aeneas Silvius, *voir* Pie II
Agag, 588n
Agapet, saint, pape, 125
Agar, 590
Aguesseau, Henri François, d', 194, 522
'A'isha bint Abî Bakr, 316, 318
Aimon le Moine, 49n
Albergati Capacelli, Francesco, 309n
Albert le Grand, 384
Albouin (Alboin), 537
Alcibiade, 368
Alcmène, 475n
Alemán, Mateo, *Guzman d'Alfarache*, 42
Alembert, Jean Le Rond D', 54n, 57n, 101n, 128n, 142n, 206n, 253n, 277n, 281n, 345n, 354n, 357n, 409, 410n, 438n, 462n, 489n, 582n, 608n, 620n; *Sur la destruction des jésuites*, 144n
Alexandre, fils d'Aristobule II, 428
Alexandre II, oncle d'Alexandre le Grand, 370
Alexandre III, pape, 158, 335n
Alexandre VI (Rodrigo Borgia), pape, 451, 453, 455, 521, 522n, 579
Alexandre Jannée, 428n
Alexandre le Grand, 1n, 2, 88n, 91n, 114, 237, 273n, 357, 370, 394
Alexandros, 83, 84n
Algarotti, Francesco, *Newtonianismo per le dame*, 93n
Ali, 316
Allamand, François Louis, 145n, 400n, 611n
Alletz, Pons Augustin, *Dictionnaire portatif des conciles*, 150n, 155n-156n, 158n, 170n
Alphonse V d'Aragon, 537n
Alphonse VI, roi du Portugal, 418
Amadis, 531
Amazias, 241
Ambroise, saint, 212n, 390
Ambroise de Camaldule, 384n
Amédée VIII de Savoie, *voir* Félix V
Amelot de La Houssaye, Nicolas, 355n
Amiot, Joseph, 59
Amurat II, 312
Amyntas II, 370
Amyot, Jacques, 20n, 44n, 57n, 163n
Anacréon, 132
Ananie, 510
Anastasius Bibliothecarius (Anastase), 511
Anaximandre, 97n, 431
Andovère, 501

André, instigateur d'un massacre, 210
André, saint, 248
Andronicus, 22
Anius, 567n
Anjou, Philippe de France, duc d', *voir* Philippe V
Annales Bertiniani, 49n
Annaniah, 609
Anne, mère de Marie, 243
Anne Stuart, reine d'Angleterre, d'Ecosse et d'Irlande, 10, 619
L'Année littéraire, 312n, 314, 583n
Annet, Peter, 349n
Anquetil-Duperron, Abraham Hyacinthe, 315n
Anson, George, 602
Anthoine, Nicolas, 246, 247n
Antigone Ier Monophtalmos, 370
Antigone II Gonatas, 370, 371n
Antigonus, 28n
Antinoüs, 470, 485
Antipater, 75n
Antius, C., 396n
Antoine, *voir* Marc Antoine
Antoine, Michel, 564n
Antoine, saint, 505
Anubis, 136n
Aphrodite, 429
Apis, 57, 133
Apollinaire de Laodicée, 610
Apollon, 39, 74, 364n, 422, 426
Apollophane, 385n
Appien, 107n, 208
Aratos, *Phénomènes*, 149
Archias, 107
Archimède, 130, 474
Arès, 429
Aretino, Pietro, 309
Argence, François Achard Joumard de Tison d', 223n
Argens, Jean-Baptiste d', 431n
Argenson, Marc Pierre de Voyer d', 310n
Argental, Charles Augustin de Ferriol d', 36n, 42n, 141n, 145n, 367n, 496n
Argental, Jeanne Grâce Bosc du Bouchet d', 36n, 367n
Ariobarzane III, 110
Arioste, Ludovico Ariosto, *dit* l', *Orlando furioso*, 528
Arioviste, 3, 4n
Aristarque de Samos, 103, 309n
Aristide, 368
Aristobule Ier, 428n
Aristobule II, 428
Aristote, 64, 132, 257n, 374, 413, 610; *Métaphysique*, 274n; *Météorologiques*, 17n, 365n; *Physique*, 279n; *Poétique*, 20, 575n
Arius, 151n, 152
Arnaud, François, 315n, 437
Arnauld, Antoine, *dit* le Grand Arnauld, 412n
Arnoud, 37, 38n
Arouet, Armand, 253n
Artabane, 392n
Asfeld, Jacques Vincent Bidal d', 411
Asinius Pollion, 226
Astiage (Astyage), 467
Astolphe, 512
Athalie, 588n
Athanagilde, 502n
Athénagore, 82
Athénée de Naucrate, 113n; *Deipnosophistae* (*Le Banquet des sophistes*), 202n, 274
Atlas, 91n, 92
Atoès, 61
Attila, 534
Aube, François Richer d', 482, 483n
Aubert de La Chesnaye Des Bois, François Alexandre, *Dictionnaire généalogique, héraldique, chronologique et historique*, 124n
Aubery, Jacques, *Histoire de l'exécution*

de Cabrières et de Mérindol, 218n-219n, 220, 221n
Aubignac, François Hédelin d', *La Pratique du théâtre*, 308; *Zénobie*, 308n
Aubigné, Agrippa d', *Les Aventures du baron de Faeneste*, 97
Aubigny, Jacques d', 168-69
Augias, 503
Auguste, 1n, 48, 49n, 52, 73-74, 77, 79, 108, 209, 226, 228, 243-45, 285, 326, 394, 395n, 397, 428n, 509
Augustin, saint, 101n, 145n, 239n, 377n, 390, 424-25, 611-13; *Les Lettres de saint Augustin traduites en français*, 611n, 613n
Aumont, Arnulphe d', 356n-357n, 376n
Aurelius, Peruginus (Perusinus), 152n
Aurengzeb, 375n
Ausone, 377n
Avilius, 82
Avitus (Eparchius Avitus), 124
Avrigny, Hyacinthe Robillard d', *Mémoires chronologiques et dogmatiques*, 170
Aymar-Vernay, Jacques, 257
Azazias, 241

Bacchus, 122, 508
Bachaumont, Louis Petit de, *Mémoires secrets*, 333n, 605n
Bacon, Francis, 407n
Baillet, 166n
Bailly, Anatole, 28n
Balaam, 624
Balzamon, 174
Barbeyrac, Jean, 532, 572n; *Traité de la morale des Pères de l'Eglise*, 608n, 610n, 613n-615n
Baretti, Giuseppe, *Discours sur Shakespeare et sur Monsieur de Voltaire*, 309n; *La Frusta Letteraria di Aristarco Scannabue*, 309n
Baronius, Caesar, 152, 383, 518; *Annales ecclesiastici*, 384n, 511n
Barral, Mgr, 299
Barral, Pierre, *Dictionnaire historique, littéraire et critique*, 409n, 410, 411n-417n
Bartholo de Sassoferrato (Barthole), 534
Basile, saint, 175
Basnage, Jacques, 467n
Baudeau, Nicolas, 597n
Bauval, Jeanne Olivier de, 21
Bayle, Pierre, *Continuation des pensées diverses*, 71n; *Dictionnaire historique et critique*, Achemenes, 112n; Adonis, 412n; Cesalpin, 71n; David, 348-50; Eclaircissement sur les obscénités, 325n; Maldonat, 71n; Pellisson, Paul, 176n; Périclès, 367n, 368, 370-72; Spinoza, 71n, 433n, 434-35, 438n; Usson, 145n; Zénon, 277n, 279n, 280; *Nouvelles de la république des lettres*, 313
Bazin, roi de Thuringe, 500
Bazin, abbé (pseudonyme de Voltaire), 471-72
Bazine, 500
Beaufort, Louis de, *Dissertation sur* [...] *l'histoire romaine*, 90n
Beaumont, Christophe de, 177
Beaupré, Mlle, 21
Becanus, Matinus, 557n
Beccaria, Cesare, 288; *Traité des délits et des peines*, 167n, 185n, 287n, 293n
Beda (Bédier), Noël, 384n
Belando, Nicolás de Jesús, *Historia civil de España*, 172n
Bellarmin, Robert, 513, 557n; *De romano pontifice*, 513n
Belleval, Charles Joseph Dumaisniel, seigneur de Saint-Léger et de, 286n
Bellièvre, Pompone de, 34

Bellone, 429
Belzébuth, 344
Benjamin, ancêtre d'une tribu d'Israël, 389
Benoît XIV, pape, 565n
Bergier, Nicolas, *Histoire des grands chemins de l'empire romain*, 46, 47n, 49n-50n
Bergier, Nicolas Sylvestre, *Apologie de la religion chrétienne*, 163n-164n, 170n-171n; *Certitude des preuves du christianisme*, 377n; *Dictionnaire de théologie dogmatique*, 171n
Berkeley, George, 257n, 278-80, 480n, 489n; *Alciphron or the minute philosopher*, 310, 311n; *Dialogues entre Hilas et Philonoüs*, 277n; *An essay towards a new theory of vision*, 490n, 492n, 494-95, 496n-497n; *Principes de la connaissance humaine*, 277n
Bérose, 17
Berthe, 561n
Berthier, Guillaume François, 313n
Bertrand, Elie, 538n-540n, 542n-543n, 550n, 555n-557n, 560n-562n; *Dictionnaire universel des fossiles*, 262n, 265n; *Mémoire sur la structure intérieure de la terre*, 262n, 265n
Besterman, Theodore, 205n, 231n, 282n, 284n, 293n, 316n, 320n, 374n, 407n, 608n
Bethsabé, 196, 246, 352-53
Beuchot, Adrien Jean Quentin, 26n, 196n, 337n, 370n, 406n, 622n
Bèze, Théodore de, 374
Bible, 18, 62n, 114n, 153, 320n, 360, 390, 398, 613
Ancien Testament, 112n, 381n, 388n, 397, 423n, 455n, 528n, 610n; Cantique des cantiques, 317n; 1 Chroniques, 389n, 591n; 2 Chroniques, 317n; Daniel, 112n, 116, 118, 119n; Deutéronome, 55n, 188, 221, 336n; Ecclésiaste, 480n; Esdras, 390-91; Exode, 55n, 207n, 238n-239n, 336n, 388, 583n; Ezéchiel, 76n, 412n; Genèse, 112n, 265n, 273, 334n, 360n, 365n-366n, 534n, 590n-592n, 613n, 624n; Isaïe, 115-16; Job, 98; Josué, 221, 317n, 334n, 534n; Juges, 207n; Lévitique, 55n, 163n, 336n-337n, 546n, 583n; Nombres, 204n, 207n-208n, 238n, 334n, 336n-337n, 388, 389n, 534n, 584n, 624n; Paralipomènes, 241, 389; Pentateuque, 238; Psaumes, 164, 352n, 373n, 582n-583n, 621; 1 Rois, 221, 239, 350, 588n; 2 Rois, 189n, 239n, 351-52, 353n, 389, 390n, 410n, 624n; Sagesse, 239n; 1 Samuel, 196, 221n, 239n-240n, 456n; 2 Samuel, 115n, 196, 239n, 389n-390n
Evangiles apocryphes, 86
Nouveau Testament, 83, 118, 388n, 397, 407, 524n, 574; Actes des apôtres, 80n, 84n, 149n, 510n, 608, 609n; Ephésiens, 610n; Galates, 610n; Hébreux, 195n; Jean, 236n, 247-48, 460n, 535n, 549n, 567n; Luc, 164n, 236n, 241-44, 247-48, 329n, 385n, 396n, 397; Marc, 164n, 247-48, 385n; Matthieu, 81n, 164n, 175n, 236n, 241-43, 247-48, 289, 385n, 500n, 535n, 546n, 567n; Paul, 120n; Romains, 148n, 547n, 610n; 1 Timothée, 84n, 123; 2 Timothée, 84n; Tite, 123
Septante, 18, 75n, 613
Vulgate, 239n, 302n, 533, 622n
Billard, François Pierre, 179n
Bion de Borysthène, 28
Biord, Jean-Pierre, 162n
Bissy, cardinal, 176n
Bitaubé, Paul Jérémie, 56n
Blondeau, Claude, 189n

Bochart, Samuel, 7; *Geographiae sacrae*, 364
Bodin, Jean, *Methodus* [...] *historiarum cognitionem*, 130; *Six Livres de la République*, 130, 172
Boerhaave, Herman, 357n
Boileau, Jacques, 71n
Boileau, Nicolas, *dit* Boileau-Despréaux, 459n, 479n, 481n; *Epîtres*, 419, 460; *Satires*, 406-407, 416, 476n, 479
Boindin, Nicolas, 412-14, 417n; *Le Port de mer*, 413n
Boisguilbert, Pierre Le Pesant de, 606
Bolingbroke, Henry Saint-John, 10, 240, 427n
Bonaventure, saint, 60
Boniface de Mayence, saint, 512
Boniface Ier, saint, pape, 125
Bonnet, Charles, *Considérations sur les corps organisés*, 147n
Borac, 505
Borgia, César, 579
Bornier, Philippe, *Conférences des ordonnances de Louis XIV*, 296n-298n
Bossuet, Jacques Bénigne, 131n, 314, 434n, 437, 460n-461n, 463n, 473; *Oraisons funèbres*, 458
Bouchaud, Mathieu Antoine, 150n-151n, 158n
Boucher d'Argis, Antoine Gaspard, 120n, 185n-186n, 284n, 293n, 326n, 331n, 335n, 388n, 500n-501n, 502n, 528n, 533n, 572n
Bouddha, 203n
Boufflers, Joseph Marie de, 167n
Bougainville, Louis Antoine de, 98
Bouillon, Emmanuel Théodose de La Tour d'Auvergne de, 462
Boulainvilliers, Henri de, 133n; *Réfutation des erreurs de Benoît de Spinoza* (attr.), 430n, 458n
Boulanger, Nicolas Antoine, 363n, 365; *L'Antiquité dévoilée par les usages*, 363n; *Recherches sur l'origine du despotisme oriental*, 363n
Bourbon-Condé, Louis Henri de Bourbon de, 602n
Bourdaloue, Louis, 582
Boursier, Laurent François, 411
Bouvet, Joachim, 67n
Bradwardine, Thomas, 40n
Brantôme, Pierre de Bourdeille de, 43
Brennus, 575n
Briarée, 363
Brice, Germain, *Nouvelle Description de la ville de Paris*, 34
Brinvilliers, Marie-Madeleine d'Aubray de, 167
Brooke, Henry, *The Trial of the Roman catholics of Ireland*, 223, 224n
Brosses, Charles de, 463n
Brossette, Claude, 406n, 479
Brown, Andrew, 496n
Bruant, Libéral, 31n
Brunehaut (Brunhild), reine d'Austrasie, 49, 502n
Brunhild, fille de Wotan (Odin), 49n
Brutus (Marcus Junius Brutus), 26n, 284
Bruys, François, *Histoire des papes*, 125n
Bruzen de La Martinière, Antoine Augustin, *Le Grand Dictionnaire géographique et critique*, 27n, 29n, 257n, 362n
Buchanan, George, *Rerum scoticarum historia*, 327n
Buffon, Georges Louis Leclerc de, 15n, 41n, 144n, 252n, 256n; *Histoire naturelle*, 54n-55n, 271, 275n, 495n; *Histoire de la terre*, 266n; *Preuves de la Théorie de la terre*, 14n, 257n-258n, 268n, 272n, 363n; *Théorie de la terre*, 13n, 257n, 259n-261n, 268n, 486
Buhler, S. M., 352n
Burgundofare, sainte, 174

Burnet, Thomas, 13n; *Telluris theoria sacra*, 362n

Cahusac, Louis de, 19n, 101n
Çâkyamuni, 203n
Calas, Jean, 292n, 300, 345
Caligula, 209, 453n
Calixte II, pape, 157
Callixène, 369n, 371
Callot, Jacques, 195
Calmet, Augustin, 281n; *Commentaire littéral*, 116n, 122n, 236n, 238n-239n, 240, 242n, 243, 244n, 334n, 352n-353n, 365-66, 388n-390n, 391, 396n, 510n; *Dictionnaire de la Bible*, 73n-78n, 80n, 82n, 84n, 112n-115n, 117n, 119n, 164n, 238n, 353; *Dissertation sur les ténèbres arrivées à la mort de Jésus-Christ*, 381n, 385n-387n; *Nouvelles Dissertations*, 75n, 101n
Calvin, Jean Cauvin, *dit*, 373-74, 506-507
Calypso, 459n
Cambyse II, 57, 133
Campbell, Archibald, 349n
Canaye, 172
Candale (Candaule), 466
Canillac, Mlle de, 188-89
Capitoneis, Albertus de, 225
Carbeas, 212n
Cardonne, Denis Dominique, *Histoire de l'Afrique*, 115n
Caribert, 500
Carozzi, Marguerite, 272n
Carré, Jérôme (pseudonyme de Voltaire), 323n
Carterius, 124
Cartouche, Louis Dominique Bourguignon, *dit*, 451
Cassandre, 122
Cassen, Pierre, 288
Cassiodore, 123
Castel, Louis Bertrand, 493n
Castel de Saint-Pierre, Charles Irénée, 120n
Catherine II, impératrice de Russie, 9n, 11, 12n, 136n, 319, 407n, 468, 483n, 540n, 602n
Catilina, 105n, 106-108, 109n, 354
Catinat, Nicolas de, 583n
Caton l'Ancien *ou* le Censeur, 1, 109n, 110, 132, 354, 399, 427, 477
Catulle, femme parisienne, 383n
Cavalier, Jean, 455n
Cave, William, *Scriptorum ecclesiasticorum historia literaria*, 381n, 384n, 385
Caylus, Charles Gabriel de, 314n
Caÿstros, 274n
Celse, 240, 610
Cerbère, 57
Cérès, 83n, 85, 162, 163n, 164, 177, 412, 429
Cervantès, *Histoire de l'admirable Don Quichotte de La Manche*, 200n
César, Jules, 1-5, 44-45, 48, 74, 107, 109n, 132, 187, 237, 327n, 332n, 509, 576n, 578; *Commentarii de bello gallico*, 2n-3n, 586n;
Césarius, 124
Céthura, 591
Chamberlayne, Edward, *L'Etat présent de la Grande-Bretagne*, 121n, 127n
Chambers, Ephraïm, *Cyclopaedia*, 354n
Champmeslé, Marie Desmares, *dite* la 21
Chanseaume, Jean Gaspard, 70n
Chappuys, Gabriel, 42n
Chardin, Jean, 26n; *Voyages*, 130
Charlemagne, 49n, 156, 224, 232n, 333, 501, 513, 514n-515n, 521
Charles, cardinal de Lorraine, 506-507
Charles de Habsbourg, *voir* Charles VI
Charles Edouard Stuart, 118n, 285
Charles Ier, roi d'Angleterre, d'Ecosse et d'Irlande, 223, 234, 352n, 403

Charles I[er] d'Anjou, roi de Naples et de Sicile, 214
Charles II, roi d'Angleterre, d'Ecosse et d'Irlande, 40, 322n
Charles IV, empereur germanique, 231n, 534n
Charles V (Charles Quint), empereur germanique, 216, 218
Charles VI, empereur germanique, 580, 605
Charles VII, roi de France, 282, 283n
Charles VIII, roi de France, 283
Charles IX, roi de France, 43-45, 477n
Charles XII, roi de Suède, 251
Charron, Pierre, 506; *Traité de la sagesse*, 494n, 506n
Chassanion, Jean, *Histoire des Albigeois*, 214n
Châteauneuf, François de Castagnère de, 416
Châtel, Jean, 167, 455
Châtillard de Montillet-Grenaud, Jean-François de, *Instruction pastorale*, 140n
Chaudon, Louis Mayeul, *Dictionnaire anti-philosophique*, 141n, 386n; *Nouveau Dictionnaire historique-portatif*, 41
Chaufepié, Jacques Georges de, 28n, 315
Chaumeix, Abraham, 141; *Préjugés légitimes contre l'Encyclopédie*, 141n
Cheselden (Chiselden), William, 494-95
Chevreau, Urbain, *Chevraena*, 325n; *Histoire du monde*, 112n
Chilpéric Ier, roi de Neustrie, 501
Chilpéric II, roi de Neustrie, 500, 502
Chiniac de La Bastide Duclaux, Pierre de, 141, 314; *Nouveau Commentaire sur le Discours de Monsieur l'abbé Fleury*, 141n, 314n
Chiron, 455
Chishull, Edmund, 527n
Choiseul, Etienne François de, 602
Chouvalov, André, 9n
Chrisante, évêque, 152
Christin, Charles Gabriel Frédéric, 185n-186n, 189n, 379n, 568n
Chrysis, 122
Cicéri, Paul César de, 42n
Cicéron, 26, 41, 45, 105-110, 132, 188, 194, 226, 294, 314, 326, 332n, 372, 424, 425n, 427-28, 446, 610, 621, 623n; *De divinatio*, 39n; *De natura deorum*, 587n; *Des offices*, 111, 192, 533; *Du destin*, 404n; 'Epistolarum ad Quintum fratrem', 132n; *In Pisonen*, 109n; *Lettres à Atticus*, 110n, 226; *Nature des dieux*, 111; *Pro L. Flacco oratio*, 429n; *Tusculanes*, 111
Cideville, Pierre Robert Le Cornier de, 483n
Cimon, 368
Cirénius, *voir* Quirinius
Clairaut, Alexis Claude, 623
Clara Eugenia, fille de Philippe II d'Espagne, 521
Clarence, George, duc de, 234n
Clarendon, Lord, 223
Claude, empereur romain, 84, 560
Claude, Jean, 437
Claustre, André de, *Dictionnaire portatif de mythologie*, 365n
La Clef du cabinet des princes, 530
Clément, Jacques, 167
Clément I, saint, pape, 382
Clément V, pape, 159
Clément VIII, pape, 170, 521
Clément XI, pape, 71n, 513n
Clément XIV, pape, 547n
Clément d'Alexandrie, saint, 83, 86n, 134n
Cléopâtre, femme de Ptolémée Philométor, 78
Cléopâtre, seconde femme de Philippe II, 370

Cléopâtre VII, reine d'Egypte, 80, 509
Cléophas, 242
Clitus, 237
Clodius (Publius Clodius Pulcher), 108, 294, 332
Clotaire Ier, roi de Neustrie, 605
Clovis Ier, roi des Francs, 384n, 501
Clyméné, 14n
Coelum, 429
Coëtquen, Renée Charlotte Marie de Rohan-Chabot, *dite* Mme de, 478
Colbert, évêque, 411
Colbert, Jean-Baptiste, 52, 304, 410, 602, 606
Coligny, Gaspard de Châtillon de, 222n
Collection des Mémoires relatifs à l'histoire de France, 166n
Collin de Plancy, Jacques Auguste Simon
Collins, Anthony, 240
Colonia, Dominique de, *Dictionnaire des livres jansénistes*, 411n
Commire, Jean, 621n
Concini, Concino, 476n
Concini, Eleonora Dori (Galigaï), 369, 413
Condé, Louis Ier de Bourbon, prince de, *Mémoires*, 168n
Condé, Louis II de Bourbon, quatrième prince de, *dit* le Grand Condé, 5, 166
Condillac, Etienne Bonnot de, *Essai sur l'origine des connaissances humaines*, 495n; *Traité des sensations*, 489n; *Traité des systèmes*, 91
Condorcet, Marie Jean Antoine Nicolas de Caritat de, 105n, 447n
Confucius, 62-63, 70n, 75, 76n, 506
Conradin, 214
Constance Ier Clore, empereur romain, 614
Constance II, empereur romain, 152, 560
Constantin Ier le Grand, empereur romain, 85n, 138, 151, 165, 510, 511n
Constantin IV Pogonate, empereur byzantin, 155
Constantin VI, empereur byzantin, 156
Constitutum donatio Constantini, 510n
Copernic, Nicolas, 95n, 103
Coran, 39n, 316-17, 318n, 319, 328, 509
Coré, 336, 429
Corneille, Pierre, 21, 308, 309n, 575n; *Cinna*, 21, 23n, 367; *Médée*, 117n
Correspondance littéraire, 346n, 469n, 575n
Coste, Pierre, 190n
Cotelier, Jean-Baptiste, *SS Patrum* (*Constitutions apostoliques*), 82, 86, 87n
Cotin, Charles, 459
Coton, Pierre, 171
Couplet, Philippe, *Confucius sinarum philosophus*, 62n, 71n
Cousin, Louis, 73n; et Jean de La Brune, *La Morale de Confucius*, 62n
Cramer, Gabriel, 205n, 282n, 284n, 293n, 316n, 320n, 329n, 354n, 367n, 388n, 400n, 409n, 507n, 524n, 538n, 589n, 608n
Crassus, 428
Crébillon, Prosper Jolyot de, 419n
Créquy, Louis de Blanchefort de, *Mémoires pour servir à la vie de Nicolas de Catinat*, 583n
Crésus, 466
Cromwell, Oliver, 39, 40n, 237, 320-22, 403, 577n
Cromwell, Richard, 40n, 320-22
Cronos, 17n, 423n, 429
Crozat, Antoine, 603n
Ctésias, 113
Cujas, Jacques, 201, 534n
Cybèle, 122
Cyprien, saint, 610

Cyrille de Jérusalem, saint, 153
Cyrus II le Grand, 113-17, 119, 467, 602

Dacier, André, 20n, 470
Dacier, Anne Lefèbre, 56n; *L'Iliade d'Homère*, 401
Dagen, Jean, 8n
Damilaville, Etienne Noël, 472n
Danchet, Antoine, 113n, 117
Daniel, Gabriel, *Histoire de France*, 45n, 501n-502n
Dante, Durante Alighieri, *dit*, 116
Daphnis, 102-103
Darget, Claude Etienne, 32n
Darigrand, Jean-Baptiste, *L'Anti-financier*, 606n
Darius III Codoman, 237
Dathan, 336
Daubenton, Louis Jean Marie, 54n, 172
David, roi d'Israël, 188-89, 195, 241-42, 246, 348-53, 389-90
Daviel, Jacques, 496n
Davis, John, 407n
Dèce, 378n, 526
Déclaration du roi, concernant la religion, donnée à Versailles le 14 mai 1724, 186n
Decretum Gratiani, 511n, 557n
Decroix, Jacques Joseph Marie, 370n
De Curtis, Camillo, 201
Déjotare, 107
Del Rio, Martin Antonio, *Les Controverses et recherches magiques*, 379n
Delille, Jacques, *Les Géorgiques de Virgile*, 128-29
Déméter, 429
Démétrios Ier Poliorcète, 370n, 371
Démocrite, 15, 97n, 278, 431
Démosthène, 20, 374, 610
Denis, évêque d'Alexandrie, 385n
Denis, Marie-Louise, 145n
Denis, saint, évêque de Paris, 381n-382n
Dennis, John, 309
Denys l'Aréopagite, saint, 381-87
Denys le Chartreux, 384n
Deo, 429
Deodati de Tovazzi, G. L., *Dissertation sur l'excellence de la langue italienne*, 419n
Dercéto (Dercétis), 273, 274n
Des Œuillets, Mlle, 21
Desborough, John, 322n
Descartes, René, 40n, 257n, 275n, 431, 433-34, 435n; *La Dioptrique*, 491n; *Méditations*, 489n, 492n; *Principes de la philosophie*, 499n
Desfontaines, Pierre François Guyot, 310, 311n, 313; *Dictionnaire néologique*, 418n; *Observations sur les écrits modernes*, 310n-311n; *La Voltairomanie*, 310n-311n
Deshoulières, Antoinette du Ligier de La Garde, 416
Des Maizeaux, Pierre, *La Vie de Monsieur Bayle*, 349n
Deucalion, 17, 365
Diagoras, 431
Diane, 122, 378
Dictionnaire de l'Académie, 54n, 58n, 133n, 164n, 206n, 219n, 227n, 275n, 333n, 394n, 406n, 409n, 417, 418n, 570n, 608n, 621n-622n
Dictionnaire de Trévoux (*Dictionnaire universel français et latin*), 418n, 573n, 608n
Diderot, Denis, 26n, 46n-47n, 54n, 59n, 88n, 137n, 150n, 179n, 316n, 381n, 409, 489n, 554n, 575n; *Lettre sur les aveugles*, 489n, 496n
Dillon, 444
Dinouart, Joseph Antoine Toussaint, 530n
Dioclétien, 85n, 87
Diodore de Sicile, 113, 117n, 273n, 422n, 465, 469, 473; *Bibliothèque historique*, 18n, 97n, 274n; *Histoire uni-*

verselle, 16n, 130, 463n, 470n, 471, 474, 475n
Diogène Laërce, 27, 55n; *Les Vies des plus illustres philosophes de l'antiquité*, 368n, 371n; *Vies, doctrines et sentences des philosophes illustres*, 524n
Dion Cassius, 210, 397; *Histoire romaine*, 326, 394, 395n, 396
Dioscore, 154
Divi Epiphanii, episcopi Constantiae Cypri, contra octoginta haereses opus, 243n
Domitien, 384n
Donat, saint, 174
D'Oppède, président, 219-20
Doucin, Louis, 439
Dubois, Guillaume, 176, 602
Dubois de Rochefort, Guillaume, 56n
Dubois-Goibaud, Philippe, 425n, 426
Du Bos, Jean-Baptiste, *Réflexions critiques sur la poésie et sur la peinture*, 19n-21n, 22-24, 130
Du Bourg, Anne, 413
Du Cange Charles Du Fresne, *Glossarium*, 120, 150n, 326n, 328n, 557n, 619n
Du Châtelet, Emilie Le Tonnelier de Breteuil, 238n, 536n, 623
Duclos, Charles Pinot, 418n
Duclos, Marie Anne de Châteauneuf, 21, 22n
Du Deffand, Marie de Vichy de Chamrond, 22n, 145n, 356n, 359n, 431n, 602n
Du Halde, Jean-Baptiste, *Description géographique* [...] *de la Chine*, 59n, 62n-64n, 71n, 89n, 203n
Duhamel, Robert Joseph Alexandre, *L'Auteur malgré lui, à l'auteur volontaire*, 314n
Du Laurens, André, 617n
Du Marsais, César Chesneau, *Analyse de la religion chrétienne*, 241n, 243, 244n
Dumoulin, Charles, 36, 194
Dumoulin (Molin), Jacques, 36
Du Moulin, Pierre, *Nouveauté du papisme*, 120n, 123n-124, 125n, 154n, 511n, 557n
Duns Scot, John, 40n, 72, 384
Du Perron, Jacques Davy, 169n
Du Pin, Louis Ellies, 622n
Du Pinet de Noroy, A., 569n
Dupont de Nemours, Pierre Samuel, 599n
Dupuy, Pierre, *Histoire de la condamnation des templiers*, 215n-216n
Du Ryer, Pierre, 466n
Dutot, Charles, *Réflexions politiques sur les finances*, 605n

L'Ecclésiastique citoyen, 331n-332n
Echard, Laurence, *Histoire romaine*, 210n, 212n, 394n, 395
Edith, femme de Loth, 265n
Edouard le Confesseur, saint, roi d'Angleterre, 618
Edouard II, roi d'Angleterre, 232, 233n
Edouard III, roi d'Angleterre, 233
Edouard IV, roi d'Angleterre, 234, 293
Egérie, 38, 39n
Eginhard, *Vita Karoli magni imperatoris*, 513n
Eleuthère, saint, 383
Elie, prophète, 505, 624
Elie de Beaumont, Jean Baptiste Jacques, 289n; *Mémoire*, 291n
Elien de Préneste, *Histoires variées*, 202n
Elisabeth Ire, reine d'Angleterre, 40, 619
Elisabeth Petrovna, impératrice de Russie, 11n, 72
Eloges lus dans les séances publiques de l'Académie française, 582n
Elpide, 611n
Emeri de Lusignan, 537n

Emile (Paul-Emile), consul romain, 427
Encélade, 364
Encyclopédie, 43, 120, 140, 150, 185n, 253n, 277n, 281n, 409, 423n, 608n; Accul, 323n-324n; Adonies, ou fêtes adoniennes, 412n; Ame des bêtes, 149n; Amour, 458n; Androïde, 357n; Anguille, 144n; Apocryphe, 381; Automate, 357n; Aveugle, 489n; Bacchantes, 122n; Bonheur, 202n; Bostangi, 627n; Bouton-à-cul-de-dé, 323n; Canal artificiel, 53n; Canon, 381n; Canoniques (Livres), 381n; Célibat, 120n; Chant, 19n; Charité (Ecoles de), 26n, 30n; Charlatan, 36; Charlatanerie, 36n; Chemin, route, voie, 46n-47n, 49n; Chemin royal, 50n; Chien, 54n, 57n; Chien (Le grand), 57n; Chien (Le petit), 57n; Chine, 59; Chinois (Philosophie des), 59n; Christianisme, 73n; Chronologie sacrée, 88n, 91n; Ciel (Décor. théât.), 101n; Ciel (Physiq.), 101n; Ciel (Théolog.), 101n; Ciel de l'astronomie ancienne, 101n; Clerc, 120n, 126n; Climat, 128n; Clou (Art méch.), 137n; Clou (Méd.), 137n; Cohésion, 142n-143; Collège, 620n; Concile (Hist. anc.), 150n; Concile (Hist. ecclés.), 151n, 158n; Confession, 162n; Confiance, 179n; Confiscation, 185, 186n-188n; Conscience, 190n; Conseiller, 199n; Conséquence, 202n; Conséquent, 202n; Conspiration, conjuration, 206n; Contradiction, 231n; Contraste, 251n; Convulsionnaires, 253n; Coquilles, 263n; Corps, 277n; Coutume (Jurisprud), 282n-283n; Crime (Droit nat.), 284n; Crime (Jurispr.), 284n; Criminel (Jurisprud.), 293n; Critique, 304n; Croire, 316n; Cul, 323n; Culage, cullage ou culiage (Jur.), 326n-328n, 354n; Curé, 331n, 333n; Curiosité, 342n; Défloraison (Hist. mod.), 326n-328n, 354; Déjection, 356n; Déluge, 360n, 363, 365; Démocratie, 367n; Démoniaque, 376n; Dénombrement (Jurisp.), 388n; Destin, 400n; Dévotion, 406n; Dictionnaire, 409; Dieu, 60n, 421n; Digesteur, 357n; Digestion, 357n; Directeur, 476n; Dispute, 480n; Distance apparente des objets, 489n; Divan, 628n; Divorce, 500, 501n, 502; Dogme, 505n; Donations, 509n, 523n; Droit des gens, 199n, 528n, 572n, 576n; Droit naturel, 199n; Droit de la nature, ou droit naturel, 528n, 533n, 572n, 578n; Droit public, 528n; Druide, 585n; Ecclésiastique, 410n; Ecole militaire, 623n; Economie, 589n; Ecrouelles, 617n; Ecrouelles (Histoire), 617n-618n; Egalité naturelle (Droit nat.), 626n; Egyptiens (Philosophie des), 131n; Enfer, 354n; Enumération (Hist. anc.), 388n; Epilepsie, 376n; Espèce (Mét.), 581n; Etudes militaires, 623n; Existence, 280; Exorcisme, 376n; Falunières, 266n; Fêtes des chrétiens, 552n; Fétu-en-cul, 323n; Fisc, 185n; Fisc, trésor public, 185n; Formalistes, 193n; Fossiles, 265n; Furoncle, clou, anthrax, charbon, 137n; Furoncle, ou clou, 137n; Gesticulation, 19n; Girofle, 137n; Grotte, 264n; Gryphite, 263n; Guerre (Art milit. et hist.), 572n; Guerre (Droit naturel et politique), 572n; Hôpi-

tal, 26n-28n, 30n-31n, 33n-34n; Jagrenate ou Jaganat, 329n; Juge, 199n; Latran, 158n; Limaçon, 144n, 147n-148n; Lorette, 30n; Marattes, 375n; Marchet ou Marcheta (Hist. d'Anglet.), 326n; Matrice (Maladies), 376n; Mélopée, 19n; Messie, 538n; Moines, 563n; Monastère, 563n; Montagnes, 13n; Moraves ou frères unis, 592n; Musique, 19n; Nécessité, 401n; Novices, 563n; Ordonnance, 624n; Ordre religieux, 563n; Ostracites, 263n; Paille-en-cul, 323n; Paris, 399n; Patanes, 375n; Pausilype, 47n; Portion congrue, 335n; Prémisses, 202n; Procédure, 293n; Procédure criminelle, 293n; Procès, 293n; Procès criminel, 293n; Proscription, 206n, 227n; Raisonnement, 202n; Religieuse, 563n; Religieux, 563n; Rome, 29n; Sachet, 38n; Scorbut, 32n; Secrétaire d'Etat, 126n-127n; Sécularisation, 563n; Sensorium, 491n; Siaka (Religion de), 203n; Syllogisme, 202n; Tact (De la guérison des maladies par le tact), 617n; Telline, 263n; Ténèbres de la passion, 381n; Tremblements de terre, 13n-14n, 16n; Turquie, 628n; Vision, 491n; Voie romaine, 47n; Volcans, 13n-14n, 17n

Enio, 429

Enoch, *voir* Hénoch

Ephialtes, 364

Epictète, 246, 424, 451, 506

Epicure, 278, 431, 435n

Epiménide, 524n

Epinay, Louise Tardieu d'Esclavelles, dame de La Live d', 105n, 137n, 342n

Epiphane, saint, 242; *Adversus haereses*, 242n

Era, 429

Erastus (Thomas Luber), 540n

Esaü, 591-92

Esope, 130n

Estha, 242

Estienne, Henri, *Apologie pour Hérodote*, 463n, 464, 468n

Etallonde, *dit* de Morival, Jacques Marie Bertrand d', 285n-286n

Etienne, saint, 139

Etienne, sous-diacre, 125

Etienne II, pape, 512

Eucharis, 459

Euclide, 441

Eudaemon-Joannes, Andreas, 557n

Eugène IV, pape, 125, 160

Eugène de Savoie, prince, 573

Eumène, 370

Euphémie, sainte, 155

Europe, 465

Eurydice, femme de Philippe III, 370n

Eurysthée, 475n

Eusèbe de Césarée, 154n, 210, 385-86; *Chroniques*, 17n; *Histoire de l'Eglise*, 73n

Eustathe, 401n

Eve, 624

Even, roi d'Ecosse, 327n

Ezéchiel, 359, 412

Fabiola, sainte, 26n

Fabricius, 477

Fabricius, Johann Albert, 335, 525n; *Codex apocryphus Novi Testamenti*, 82n-83n

Faiguet de Villeneuve, Joachim, 592n

Falaiseau, 41n

Farinacci, Prospero, 194

Fatime, 316n

Faydit, Pierre Valentin, 314

Félix, prêtre, 125

Félix III, saint, pape, 125

Félix IV, saint, pape, 125n

Félix V, pape, 125
Félix de Nola, saint, 378
Feller, F. X., 530n
Fénelon, François de Salignac de La Mothe, 1n, 314, 432-33, 434n, 460, 461n, 462; *Explication des maximes des saints sur la vie intérieure*, 434n, 459; *Télémaque*, 113n, 118, 433n, 458-59
Féraud, Jean-François, *Dictionnaire critique de la langue française*, 406n
Ferdinand II d'Aragon le Catholique (Ferdinand V roi de Castille), 603n
Feydeau, Anne-Marie, 287n
Filleau, Jean, 411; *Relation juridique* [...] *touchant la nouvelle doctrine des jansénistes*, 411n
Le Financier citoyen, 604n
Flaccus, 428
Flavius Josèphe, 386n, 397; *Antiquités judaïques*, 73n-75n, 78n, 80, 114, 244n, 396, 428n, 614n; *Histoire de la guerre des Juifs*, 77n, 613n
Fléchier, Esprit, *Histoire de Théodose le Grand*, 211n-212n
Fleetwood, Charles, 322n
Fleury, André Hercule de, 186
Fleury, Claude, 141n; *Histoire ecclésiastique*, 41, 150n-151n, 152, 153n-160n, 175, 210n-211n, 212, 213n-214n, 379n, 503n, 512n, 515n, 521n, 557n
Fô (Foe, Fo), 59n, 203
Fohi, 59n, 60
Fontanini, Giusto, 513n
Fontenelle, Bernard Le Bovier de, 312, 467n, 483n; *Digression sur les Anciens et les Modernes*, 129; *Entretiens sur la pluralité des mondes*, 101; *Histoire des oracles*, 414-15; 'Observations de physique générale', 275n, 362n; 'Sur des coquilles fossiles de Touraine', 269n
Formey, Jean Henri Samuel, 231n, 421n, 480n, 489n-490n, 581n
Fortescue, John, 618
Fouquet, Jean-François, 63n
Fox, Georges, 80, 81n
Francesco Ier Sforza, 537n
Francisco de Toledo, 557n
François Ier, roi de France, 44-45, 172, 218, 220, 296, 536, 537n, 607n
François de Paule, saint, 619
François de Sales, saint, 459-61
François de Vérone, 557n
François Xavier, saint, 254
Franconi, 413
Frédégonde, 501n, 502
Frédéric II *ou* Frédéric Ier Roger, empereur germanique, 159, 537n
Frédéric II le Grand, roi de Prusse, 41n, 43n-45n, 144n, 168n, 237n; et Boyer d'Argens, *Extrait du Dictionnaire historique et critique de Bayle*, 348n; *Mémoires pour servir à l'histoire de la maison de Brandebourg*, 50n
Frédéric III, empereur germanique, 521
Frédéric d'Autriche, 214
Frédéric Guillaume, prince héritier de Prusse, 421n, 438n
Fréret, Nicolas, 60n, 240; *Mémoires académiques*, 71n
Fréron, Elie Catherine, 41n, 55n, 312, 314n, 583n
Frîja, 136
Furetière, Antoine, *Dictionnaire universel*, 308n

Gabriel, ange, 39, 316, 318
Gad, 390, 398-99
Gagnier, Jean, *La Vie de Mahomet*, 318n
Gaïa, 363n
Gaillard, Gabriel Henri, *Histoire de François Ier*, 44n-45n

Gaius Scribonius Curio, 1n
Galba, 209
Galiani, Ferdinando, 105n, 137n, 342n
Galien, Claude, 356n
Galilée, 357
Galland, Elie, 299n, 302n
Galsuinthe, 502n
Gamaliel, 80, 82
Garasse, François, 439
Garnier-Deschesnes, Edme Hilaire, *La Coutume de Paris en vers français*, 283n
Gassendi, Pierre, 277n, 278
Gaubil, Antoine, *Traité de l'astronomie chinoise*, 64n
Gaulmin, Gilbert, 335-36
Gautier, René, 525n-526n
Gazette ecclésiastique, 410
Gazette littéraire de l'Europe, 315n
Gé, 429
Gédoyn, Nicolas, 416
Gelase Cisicène (Gelasius Cizicenus), 123
Gengis Khan, 115, 628
Gennes, Julien, 411
Gentilis, 507n
George III, roi de Grande-Bretagne et d'Irlande, 235n, 349
Georges, saint, 505
Gérard, Balthazar, 167
Gerbillon, Jean-François, 72n
Germain, patriarche de Constantinople, 159n
Germain, père, 176n
Germanicus, 232
Gervaise, François Armand, *La Vie de Rufin*, 479n
Ghika, Gregory, 12n
Giannone, Pietro, *Histoire civile du royaume de Naples*, 214n-215n, 514
Gibert, Joseph Balthasar, *Lettre de Monsieur Gilbert à Monsieur* ***, 91n
Gigès, 466
Girard, Antoine, 525n, 526
Gobelin, abbé, 478
Godefroy de Bouillon, 537n
Goethe, Johann Wolfgang von, 24n
Gog, 76
Goguet, A.-Y. et A.-C. Conrad, *De l'origine des lois*, 112n
Goldoni, Carlo, 309n
Goliath, 350
Gomer, 11
Gordien, 125
Gordon, Thomas, 240
Gorgonia, 124
Gozzi, Carlo, 309n
Grabe, Johann Ernst, *Spicilegium SS. Patrum*, 82n
Grandier, Urbain, 369, 413
Gravina, Gian Vincenzo, 20n
Gravius, 394n
Grégoire, évêque de Nazianze, 124
Grégoire de Nazianze, saint, 124, 152
Grégoire de Tours, saint, 49n; *Passio septem dormientium apud Ephesum*, 525
Grégoire Ier le Grand, saint, pape, 125n
Grégoire VII, pape, 125, 453, 514, 515, 535
Grégoire IX, pape, 503
Grégoire XIII, pape, 222-23
Grégoire XIV, pape, 521
Grégoire XV, pape, 170
Gregory, David, 435
Greslon, Adrien, 386-87; *Histoire de la Chine*, 387n
Gretser, Jacobus, 557n
Grillando, Dom Paolo, 194; *Tractatus de hereticis et sortilegiis*, 194n
Grimm, Friedrich Melchior, 469n, 575n
Grisel, Joseph, 179n
Gros, père, 333n-334n

Grotius, Hugo, 528n, 531n, 533, 572, 577; *De jure belli*, 572n; *Mare liberum*, 572n

Guénée, Antoine, *Lettres de quelques Juifs portugais et allemands à Monsieur de Voltaire*, 207n

Guéret, Gabriel, 189n

Guérin, Guillaume, 219-21

Guettard, Jean Etienne, 260n; *Mémoires sur différentes parties des sciences et des arts*, 260n

Guettée, Wladimir, *Histoire de l'Eglise de France*, 169n

Gui de Belin, 174n

Guibaud, Eustache, 410n

Guichardin, François (Guicciardini, Francesco), 465; *La Historia d'Italia*, 465n

Guillaume Ier d'Orange-Nassau, *dit* le Taciturne, stathouder de Hollande, 167, 168n

Guillaume Ier le Conquérant *ou* le Bâtard, duc de Normandie, roi d'Angleterre, 120, 127, 576n, 618-19

Guillaume III d'Orange-Nassau, roi d'Angleterre, d'Ecosse et d'Irlande, 234n-235n

Guiscard, Robert, 518-20

Guise, Louis Joseph de, 425n, 426

Guy, frère du dauphin d'Auvergne, 215n

Guyon, Jeanne Marie Bouvier de La Motte, 434n, 458, 461n

Hadrien, 384n, 386n

Halley, Edmund, 132n, 386, 435; *Cométographie*, 386n

Hannibal, 109, 319n

Hardouin (Harduinus), *voir aussi* Hildouin, 382, 384n

Hardouin-Mansard, Jules, 31n

Harlay de Champvallon, François de, 459n

Harpage, 467-68

Hecquet, Philippe, *De la digestion*, 357n

Hécube, 9

Heinsius, Daniel, 424n

Hélène, personnage mythologique, 9, 500

Hélène, sainte, 138

Héli, 242

Hélios, 14n

Hénault, Charles, 478n

Hénoch, 624

Henri II, roi de France, 220n, 326n

Henri III, roi de France, 373, 521n

Henri III le Noir, empereur germanique, 514, 518

Henri IV, empereur germanique, 535n

Henri IV le Grand, roi de France, 169, 171, 373, 455, 476n, 504

Henri V, empereur germanique, 516

Henri VI, roi d'Angleterre, 233, 618

Henri VIII, roi d'Angleterre, 127, 503

Héphaïstos, 364n

Héra, 364n

Héraclès, 364n

Héraclite, 15n, 431

Herbelot de Melainville, Barthélemy d', *Bibliothèque orientale*, 317n

Herberstein, Sigmund von, *Rerum moscoviticarum commentarii*, 329n

Herbert, Edward, 240

Hercule, 16n, 103, 412, 465, 474, 475n, 503, 526, 531

Herennius, 107n

Hermant, Jean, *Histoire des conciles*, 150n, 155n-156n

Hermaphrodite, 147n, 474

Hermès, 118n

Hermogènes, 83, 84n

Hérode le Grand, 74n, 75, 77n, 80-81, 245, 247, 509

Hérodote, 113, 117n, 463-65, 469, 472, 473n; *Enquête*, 112n; *Histoires*, 391-92, 463n, 465n-466n, 467-68

Hésiode, 421, 422n; *Théogonie*, 274; *Les Travaux et les jours*, 304
Hewett (Hut, Huet, Hutte), 349, 352
Hiérothée, 381
Hilaire, saint, 610
Hildebrand (Childebrand), *voir* Grégoire VII, 514
Hildouin, *Areopagitica sive sancti Dionysii*, 382n, 383
Hilmer, Joseph Frédéric de, 496n
Himeneos (Hyménée), 83, 84n
Hincmar (Hincmare), 383, 384n
Hippocrate, 356n; *Aphorismes*, 144
Histoire de l'Académie royale des sciences, 260n
The History and proceedings of the House of Commons, 577n
The History of the man after God's own heart, 348n, 349, 350n-352n
Hoang ti, 89n
Hobbes, Thomas, 413; *De cive*, 572n
Hodgson, James, 386
Holbach, Paul Henri Thiry d', 13n-15n, 263n, 265n; *David ou l'histoire de l'homme selon le cœur de Dieu* (trad.), 348n, 350n-351n; *L'Esprit du clergé*, 331n; *Imposture sacerdotale*, 331n; *Le Bon Sens*, 450n; *Les Prêtres démasqués* (attr.), 331n, 334n; *Système de la nature*, 400n, 421n, 431n, 438n-443n, 446, 447n-449n, 452n-453n
Holwell, John Zephaniah, 2n; *Interesting historical events*, 134n
Homère, 9, 97, 103, 250, 369, 400, 402, 421, 424, 448, 587n; *Iliade*, 56, 97n, 274, 401, 422n, 456n; *Odyssée*, 422n, 433
Honorius Ier, pape, 156
Honorius III, pape, 503
Horace, 226, 427; *Odes*, 33n, 209n, 229, 622
Hormisdas, saint, pape, 125
Hornoy, Alexandre Marie François de Paule de Dompierre d', 407n
Horus, 57
Houdar de La Motte, Antoine, 56n, 305-306, 308n, 312, 414, 416, 417n
Hugonet, père, 162n, 332n
Hugues Ier Capet, roi de France, 60n, 127
Hume, David, 427n
Hus, Jean, 160
Hyde, Thomas, *Veterum Persarum*, 192n, 468n

Iao (Hiao, Yao), 89
Ibas d'Edesse, 155n
Ignace de Constantinople, saint, 157
Ignace de Loyola, saint, 462n
Inachus (Inachis, Inachos), 17n, 465
Ingoberge, 500
Innocent II, pape, 158
Innocent III, pape, 29n, 158, 170, 174-75, 503, 519
Innocent IV, pape, 159
Innocent VIII, pape, 225-26
Io, 465n
Io Bacché, 364n
Irène, impératrice d'Orient, 156
Irénée, saint, 613
Ireton, Henry, 403
Irminsul, 136
Isaac, 591
Isaïe, 78, 86n
Isboseth, 351
Isis, 57, 83n, 85, 133, 164, 378, 412
Ismaelov (Ismailov), prince, 68

Jacob, fils d'Isaac, 591-92
Jacob, fils de Mathan, 242
Jacob, frère d'Héli, 242
Jacob Panther, 242
Jacques, frère de Jésus, 246
Jacques le Majeur, saint, 84n
Jacques François Stuart, 118n

Jacques II, roi d'Angleterre, d'Ecosse et d'Irlande, 234, 577n, 619
Jaddus, 114
Jamblique, 246
Janus, 77
Jaucourt, Louis de, 29n-30n, 36, 47n, 137n, 185n, 190n, 206n, 227n, 263n, 284n, 326n, 342n, 381n, 388n, 393n, 395n-396n, 399n, 563n, 572n, 585n, 617n, 626n, 628n
Jaureguy (Jaurigny, Joannellus Jaurengius), 167-68
Javan, 112-13
Jean, saint, 82, 164, 382
Jean II, pape, 125
Jean VIII, pape, 157
Jean XXIII (Baldassare Cossa), pape, 160
Jean Chrysostome, saint, 101n, 165
Jean de Brienne, 537n
Jean de Rome, frère, 219
Jean Paléologue, empereur byzantin, 159
Jean sans Terre, roi d'Angleterre, 519, 605
Jeanne d'Arc, sainte, 413
Jephté, 122n, 207-208
Jérémie, 473n
Jérôme, saint, 26, 116, 124, 377n, 402, 412n, 478, 479n, 608n, 610, 615; *Lettres de saint Jérosme*, 611n; *Sancti Hieronymi Stridonensis opera omnia*, 611n
Jérôme de Prague, 160
Jésus-Christ, 65, 81-82, 84, 115, 138, 151, 153-57, 174, 177, 197, 236, 241, 243-44, 246-48, 249n, 254, 318, 329n, 339, 381, 385, 386n-387n, 394n, 397, 426-27, 464n, 500n, 505n, 520, 524n, 542n, 546, 550n, 552n, 560, 563, 567, 612
Joab, 389n
Joachim, 243
Joad (Joïada), 588n
Joannet, Jean-Baptiste, 530n
Joas, 241
Job, 450
Joconde, 124n, 125
Joinville, Jean de, 459; *L'Histoire et chronique du très chrétien roi saint Louis*, 173, 174n
Jolanda, 537n
Jonathan, 241
Jonathas, 189, 239n, 240, 410
Joncourt, Elie de, 310n
Jone, 535
Joseph, époux de Marie, 241-47, 348
Joseph II, empereur germanique, 541n, 547n
Josué, 533, 574n
Journal chrétien, 530
Journal de médecine, 378n
Journal des savants, 387n
Journal du palais, 188-189n
Journal économique, 592n
Journal encyclopédique, 344n, 376n
Jousse, Daniel, *Commentaire sur l'édit du mois d'avril 1695*, 286n
Jouy, L.-F. de, *Principes et usages concernant les dîmes*, 333n
Jovinien, 615
Juda, 389, 613
Judas l'Iscariote, 563
Jules II, pape, 160, 456n, 458n, 521, 570n, 603n
Julien, *dit* Julien l'Apostat, 240, 246, 327; *Misopogon*, 131
Julius Africanus, 241
Junius, 235
Junon, 92, 421-22, 429, 475
Jupiter, 9-10, 38, 57, 92, 134, 364n, 401n, 423-24, 429-30, 470n, 474, 475n
Jurieu, Pierre, 348n, 584
Jussieu, Antoine de, 'Examen des causes des impressions des plantes', 261n; 'Sur les pétrifications', 261n

Justin, 113, 117n
Justinien Ier, empereur romain d'Orient, 155, 187, 502-503, 565; *Corpus juris civilis romani*, 502n, 565n
Juvénal, *Satires*, 71n, 111, 209n, 403n

Kang Hi (Cam-Hi), 65-66
Kegler, Ignatius, 67n
Keill, John, 435
Kersseboom (Kerseboum), William, 472
Kesora, 329n
Ki, 61
Kien Long (Kun-Long), 69, 70n-71n; *Eloge de la ville de Moukden*, 59n
Knef, 423

Laban, 592
Labat, Jean-Baptiste, 137; *Voyages*, 138-40, 324, 393n
Labbe, Philippe, *Sacrosancta concilia*, 151n
La Barre, Antoine Lefebvre de, 287n
La Barre, Jean François Lefebvre de, 106n, 229n, 284n-286n, 292n
La Beaumelle, Laurent Angliviel de, 594n
La Bléterie, Jean Philippe René de, 355n; *Histoire de l'empereur Jovien*, 131n
La Borde, Vivien de, 411
La Chaise, François d'Aix de, 621
La Chalotais, René Louis de Caradeuc de, *Essai sur l'éducation nationale*, 620n
Lacombe, Jacques, 206n, 213n, 219n, 223n
Lacombe de Prezel, Honoré, *Dictionnaire des portraits historiques*, 305n
La Condamine, Charles Marie de, 346n
Lactance, 101n, 610; *Institutions divines*, 98, 100
Ladvocat, Jean-Baptiste, *Dictionnaire historique portatif*, 410n-411n
La Faye, Jean François Lériget, de, 470
La Ferté, 470, 471n
La Fontaine, Jean de, 278, 313, 481n; 'Discours à Madame de La Sablière', 277; 'Discours à Monsieur le duc de La Rochefoucauld', 277; *Fables*, 372n; 'Lettre à Monsieur Simon de Troyes', 313; 'Le roi Candaule et le maître en droit', 466n
La Grange, 342n-343n, 446n
La Harpe, Jean-François de, 583n
Lalagé, 622
La Lande, Jérôme de, *Voyage d'un Français en Italie*, 161n
Lalitavistara, 203n
Lally, Thomas Arthur de Tollendal de, 345n
Lally-Tollendal, Trophime Gérard de, 345n
La Martinière, Pierre Martin de, *Voyage des pays septentrionaux*, 329n
Lambert, Claude François, *Mémoires et aventures d'une dame de qualité*, 42
Lambert, John, 322n
La Mettrie, Julien Offray de, 356n-357n; *Histoire naturelle de l'âme*, 358n; *Mémoire sur la dysenterie*, 358n; *Traité de l'âme*, 492n, 495n
La Motte, Louis François Gabriel d'Orléans de, 286n
Lamy, père, 361n
Landes, Pierre Joseph, 300
Landois, Paul, 251n
Lange, Laurent, 68
Langres, Rupert de, 384n
Langton, Stephen, 519n
Languet de La Villeneuve de Gercy, Jean Joseph, 411; *Vie de la vénérable mère Marguerite-Marie*, 411n
La Peyronie, François de, 176
La Popelinière, Henri Lancelot Voisin de, 222n

Larcher, Pierre Henri, 465n; *Mémoire sur Vénus*, 469n; *Supplément à La Philosophie de l'histoire*, 463n, 467n, 469n, 471n-473n
La Roche, Jacques Fontaine de, 410n
La Rochefoucauld, François de, 277; *Maximes*, 202n
La Sablière, Mme de, 277
La Sauvagère, Félix Le Royer de, *Mémoire sur une pétrification*, 262, 263n, 270
La Sauvagère, Félix François d'Artezet de, *Recueil d'antiquités dans les Gaules*, 2n
Las Casas, Bartholomé de, *Histoire admirable des horribles insolences*, 216-18
La Tourette, Marc Antoine Louis Claret de, 541n
Latranus, *voir* Plautius Lateranus
L'Aubépine, 127
Laugier de Tassy, Jacques Philippe, *Histoire du royaume d'Alger*, 578n
Laurent, saint, 139
Laurière, Eusèbe de, 326n
La Valière, Louise de La Baume Le Blanc de, 478
La Vallette, Antoine de, 620-21
Law (Lass), John, 36, 374, 596, 602, 603n
Léa, 592n
Le Beau, Charles, *Histoire du Bas-Empire*, 211n
Le Blond, Guillaume, 388n, 572n
Le Brun, Pierre, *Histoire critique des pratiques superstitieuses*, 379n
Le Camus, Antoine, *La Médecine de l'esprit*, 356n
Le Cat, Claude Nicolas, *Traité des sens*, 356n
Le Clerc, Jean, 240, 313n
L'Ecluse des Loges, Pierre Mathurin, 597n
Le Comte, Louis, *Nouveaux Mémoires sur l'état présent de la Chine*, 71n, 422n
Le Febvre de Saint-Marc, Charles Hugues, 515n
Léger, Jean, *Histoire générale des Eglises évangéliques*, 225n-226n
Le Gobien, Charles, et autres, *Lettres édifiantes et curieuses*, 59n, 62n, 64n, 67n, 70n, 140n
Legrand, P.-E., 392n
Leibniz, Gottfried Wilhelm, 10, 40n, 257n, 491n; *Codex juri gentium diplomaticus*, 511n
Lekain, Henri Louis Cain, *dit*, 105n
Le Maire, Jacob, 113n
Lemaître de Sacy, Isaac, 115n, 164n, 352n, 480n, 609n
Le Mercier de La Rivière, Pierre Paul François Joachim Henri, 589n
Le Monnier, Pierre Charles, 386n
Le Nain de Tillemont, Sébastien, 314; *Histoire des empereurs*, 244n, 394-95; *Mémoires pour servir à l'histoire ecclésiastique*, 155n
Lenclos, Ninon de, 415n, 416
Lenet, Pierre, *Mémoires de Monsieur L****, 166
Lenglet (Langlet) Du Fresnoy, Nicolas, 43n; *Tablettes chronologiques*, 92
Léon Ier le Grand, saint, pape, 154
Léon III, pape, 501n
Léon IV le Khazar, empereur byzantin, 156
Léon VI le Sage, empereur byzantin, 565
Léon IX, pape, 514, 518
Léon X, pape, 176
Le Pelletier, Jacques, 568
Le Pelletier, Jean, 366; *Dissertation sur l'arche de Noé*, 361, 366n
Lépide, 108, 209
Lerouge (Le Rouge), Catherine, 284n, 289n

Le Royer, Jean, *Histoire de France*, 44n
Lesage, Alain René, 36n; *Histoire de Guzman d'Alfarache*, 42n
Le Tellier, Michel, 439, 453, 462n, 507, 621
Leti, Gregorio, *La Vie d'Olivier Cromwell*, 321n-322n
Leucippe, 97n, 431
Leuvenhoeck, Antoni van, 271
Levassor, Michel, *Histoire de Louis XIII*, 45n
Lévi, 389
L'Hermite, Pierre, 213
L'Hospital, Michel de, 194, 226, 506
Libanios (Libanius), 293n
Ligarius, 107
Ligurinus, 622
Linguet, Simon Nicolas Henri, 106n, 625n; *Canaux navigables*, 52n, 105n, 106; *La Théorie des lois civiles*, 500n
Litvack, Frances Eleanor Palermo, 326n
Locke, John, 278, 489n; *An essay concerning human understanding*, 190, 191n, 494-95
Lokman (Luqmân), 130n
Longchamp, Sébastien, 105n
Lorrain, Claude, 460n
Loth, 339, 613
Louis, Antoine, 137n, 617n
Louis VII le Jeune, roi de France, 282n
Louis IX, saint, roi de France, 214, 282n
Louis XI, roi de France, 167, 619
Louis XII, roi de France, 160, 283, 456n, 521, 536, 537n, 603
Louis XIII le Juste, roi de France, 45, 50, 415, 476, 572n
Louis XIV, roi de France, 1n, 10, 31, 45n-46n, 49n, 50, 52, 129, 296-97, 368n, 372, 433, 434n, 458, 461, 478, 573, 583n, 595, 596n-597n, 605, 607n
Louis XV, roi de France, 564n, 606n-607n
Louis XVI, roi de France, 564n
Louvois, François Michel Le Tellier de, 304
Lowth, Robert, 427n
Luc, saint, 82
Lucien, 23; *Le Coq*, 91n
Lucrèce, 342n, 343, 346, 431n, 436, 445, 455; *De rerum natura*, 342n, 492n
Lucullus, Lucius Licinius, 332, 509
Ludlow, Edmund, 403
Lully, Jean-Baptiste, 21, 460n
Luther, Martin, 81n
Luynes, Charles Albert de, 476n

Macedonius, 613n
Machault d'Arnouville, Jean-Baptiste, 548n
Machiavel, Nicolas, 465n
Macquer, Philippe, 41n
Maffei, Scipione, *Mérope*, 311n
Magellan, Fernand de, 98
Magog, 11-12, 76
Mahomet, 39, 81, 133, 237, 252, 316-19, 505, 509
Mahomet II, sultan ottoman, 115, 312
Maigrot De Grissey, Charles, 68n, 70n-71n
Mailla, Joseph Marie Anne de Moyriac de, 67n-69n
Maillet, Benoît de, 15n, 273, 275n; *Telliamed*, 41n, 256n-258n, 260n-261n, 270n-271n, 274, 445
Maimbourg, Louis, *Histoire des croisades*, 213n
Maine, Louise Bénédicte de Bourbon-Condé du, 253
Maintenon, Françoise d'Aubigné de, 478, 593, 595
Mairet, Jean, *Sophonisbe*, 21
Malcolm, roi d'Ecosse, 327n
Malebranche, Nicolas, 95, 437; *Entretiens sur la métaphysique*, 499n;

Recherche de la vérité, 489n-492n, 499n
Mallet, Edme François, 19n, 26n, 30n, 101n, 131n, 137n, 326n, 354n, 376n, 381n, 388n, 393n, 395n, 406n, 412n, 505n, 628n
Mandane, 467
Mandeville, Bernard de, 310n
Marc, saint, 82
Marc, patriarche d'Alexandrie, 174
Marc Antoine (Antoine), 73, 107-108, 111, 209, 509
Marc-Antonin, *voir* Marc Aurèle
Marc Aurèle, 246, 327, 424, 451, 456; *Réflexions morales de l'empereur Marc-Antonin*, 162, 163n
Marcien, 154
Mariana, Juan, 557n
Marie, fille de Conrad de Montferrat, 537n
Marie, mère de Jésus, 153, 174, 241, 243-45, 247, 382
Marie II Stuart, reine d'Angleterre, d'Ecosse et d'Irlande, 619
Marie-Thérèse, impératrice d'Autriche, 11n, 541n
Maris de Hardachir, 155n
Marius, 209
Marivaux, Pierre Carlet de Chamblain de, *Le Paysan parvenu*, 476n
Marlborough, John Churchill, 56n, 304, 305n, 573
Marlborough, Sarah Jennings, 10
Marmontel, Jean-François, 304, 525n
Mars, 421, 425-26, 429
Martène, Edmond, *De antiquis ecclesiae*, 139, 175
Martial, 111
Martin, saint, 384n
Masham, Abigail, 10
Massillon, Jean-Baptiste, 582; *Le Petit Carême*, 582n-583n
Massinisse, 509
Masson, Jean Papire, 222n
Mathan, 242
Mathat, 242
Mathilde de Toscane, 515-16
Maupeou, René Charles de, 289n, 303
Maupertuis, Pierre Louis Moreau de, 96n, 144n, 330n, 346n, 444n, 623n
Mauvillon, Eléazar de, 55n
Mavrocordato, Nicolas, 12n
Maxime, saint, 384n
Maxime de Madaure, 424-25
Maxime de Tyr, 423, 424n
Maximilien Ier, empereur germanique, 521, 603n
Mâyâ, 203n
Mazarin (Giulio Mazarini), 166
Médée, 465n
Médicis, Catherine de, 477n
Médicis, Laurent de (Laurent le Magnifique), 372
Médicis, Marie de, 476n
Meister, Jakob Heinrich, 56n
Mélanie l'Ancienne, 479n
Melchi, 242
Melchisédec, 334, 624
Mémoires de l'Académie des inscriptions et belles-lettres, 414
Mémoires de littérature, tirés des registres de l'Académie royale des inscriptions et belles-lettres, 122n
Mémoires de Trévoux, 493n
Mémoires pour l'histoire des sciences et des beaux-arts, 313
Ménage, Gilles, *Ménagiana*, 41
Ménandre, 131n
Ménélas, 500
Ménès, 61
Menuret de Chambaud, Jean Joseph, 376n
Mephibocheth, 188-89
Mercier, Louis Sébastien, *Néologie*, 324n; *Tableau de Paris*, 325n
Mercure, 147

Mercure français, 168n
Mercure de France, 260n, 311n, 314, 315n, 496n
Meslier, Jean, 245-47; *Mémoire*, 245n, 247n-249n; *Testament*, 243n
Métaphraste, *voir* Siméon le Métaphraste
Metastasio, Pietro (Métastase), pseudonyme de Pietro Antonio Domenico, 113n
Metellus (Quintus Metellus Nepos), 109, 427
Metellus Scipion, 428n
Méthodius Olympius, saint, 610
Michel de Jérusalem, 384n
Michel III l'Ivrogne, empereur byzantin, 157, 212
Michel VIII Paléologue, empereur byzantin, 159
Middleton, Conyers, *Vie de Cicéron*, 105n, 109n-110n; *Reflections on the variations* [...] *found among the four evangelists*, 243n
Miggrode, J. de, 216n
Milita, 468
Milon, 105n, 108, 294
Mimas, 364
Minerve, 392, 421, 426
Minucius Felix, Marcus, 610
Mirabaud, Jean-Baptiste, 438n
Mirabeau, Victor Riqueti de, 589n
Mirefleur, 500
Mirine, 474
Mischna, 80, 163
Misonius, *voir* Musonius
Misson, François Maximilien, *A cry from the desert*, 140n; *Nouveau Voyage d'Italie*, 29-30, 139-40
Mithridate, 208, 228
Moattel, 318n
Moawiyva, 312n
Moïse, 101n, 159, 238, 388-90, 534n, 546n
Moisnel, Charles François Marcel, 285n-286n
Moland, Louis, 45n
Molay, Jacques de, 215n
Molière, Jean-Baptiste Poquelin, *dit*, 21, 459n, 481n; *Amphitryon*, 141; *L'Avare*, 319; *L'Ecole des maris*, 251n; *Le Misanthrope*, 340; *Monsieur de Pourceaugnac*, 609n; *Tartuffe*, 251, 344, 345n, 476n-477n, 525
Molina, Luis, 621n
Moncrif, François Augustin Paradis de, *Les Chats*, 58n
Monmouth, Charles Mordaunt, comte de Peterborough et de, 304n
Montaigne, Michel Eyquem de, 226, 461n, 506n; *Essais*, 28n
Montespan, Françoise Athénaïs de Rochechouart de Mortemart de, 478n, 594
Montesquieu, Charles Louis de Secondat de, 554n; *De l'esprit des lois*, 67n, 128n, 130, 133n, 134n, 253n, 255, 293, 326, 367n, 374n, 533; *Essai sur le goût*, 344n; *Lettres persanes*, 542n
Montgeron, Louis Basile Carré de, *La Vérité des miracles*, 253n, 254, 417
Morangiés, Jean François Charles de Molette de, 292n
Morellet, André, 185n, 400n
Moreri, Louis, *Le Grand Dictionnaire historique*, 423n
Morin, Simon, 369, 413
Morris (Maurice), Gale, 386
Moultou, Paul Claude, 56n, 431n, 608n, 611n
Münzer, Thomas, 80, 81n
Musonius, 152
Muyart de Vouglans, Pierre François, 292n; *Institutes au droit criminel*, 287n; *Réfutation des principes hasardés dans le Traité des délits et des peines*, 185n

Muzio, Jacopo, 538
Mylinus, 474n

Nabonassar, 90
Naboth, 188-89
Nadal, Augustin, 122n
Nathan, 242
Naveau, Jean-Baptiste, 604n
Necker, Suzanne, 421n
Nectarius, 165
Needham, John Turberville, 144n, 256n, 443-47
Néhémie, 390-91
Neptune, 57, 92, 421, 429
Néron, 84, 158, 209, 234, 453n, 558
Nestorius, 153
Neville, Richard, comte de Warwick, 234n
Newton, Isaac, 6n, 8, 12, 90n, 132n, 149n, 320n, 357, 407n, 431n, 435n, 446, 491n-492n; *La Chronologie des anciens royaumes*, 393; *Traité d'optique*, 142
Niau, 63
Nicéphore Calliste (Nicephorus Callistus Xanthopolous), 123, 152, 155, 525n, 526
Nichols, *voir* Plumard de Dangeul
Nicolas Ier le Grand, saint, pape, 157
Nicolas II, pape, 518
Nicolas de Cusa, cardinal, 510n
Noailles, Gaston Jean Baptiste Louis de, 329n
Noé, 18, 112-13, 360n-361n, 366n
Nonna, 124
Nonnotte, Claude François, 141; *Dictionnaire philosophique de la religion*, 141n; *Erreurs de Voltaire*, 141n, 173n-174n, 175, 398n
Noorthouck, John, 349n
Norwood, Richard, 132n
Nostradamus, César, *Histoire de Provence*, 219, 220n
Nouvelles ecclésiastiques, 131n, 410
Novatien, 165
Novatus, 165
Novi de Caveirac, Jean, *Apologie de Louis XIV*, 221n-223n
Numa Pompilius, 36n, 38-39, 122, 539

Ocellus Lucanus, 431
Odin (Wotan), 49n, 136
Œdipe, 526
Ogygos, 17
Olaus Magnus (Olaf Stor), *Historia de gentibus septentrionalibus*, 329n
Olive, Pierre Jean d', 160n
Olivet, Pierre Joseph Thoulier d', 323n
Olympias, 370
Omar Ibn Al-Dhattâb, 235
Onias (Onias IV), 78
Orcan, 312n, 313
Orceau de Fontette, François Jean, 51, 52n
Origène, 83, 155, 241, 479n, 610
Orion (Arion), 466
Orléans, Philippe d', 172
Orléans, Pierre Joseph d', *Histoire des révolutions d'Angleterre*, 322n
Orphée, 118n, 121, 587n
Orus, *voir* Horus
Orzace (Osaces *ou* Orsaces), 110
Osias, 241
Osiris, 57, 135
Osius, 125
Ossat, Arnaud d', 304, 403
Othon, Marcus Salvius, 209
Othus, 364
Ouranos, 363n, 429
Outreman, Philippe d', *Le Pédagogue chrétien*, 621-22
Ovide, *De Ponto*, 45; *Métamorphoses*, 101n, 266n, 267, 274, 470n

Pagi, Antoine, 113n
Palissy, Bernard, 269-71

Palladia, 124
Pammaque, 26n, 610, 611n
Panckoucke, Charles Joseph, 323n-324n
Pandolphe, 519
Pandore, 450
Panthène, 83
Paparel, 359
Paphnuce (Paphnutius), 123
Papianilla, 124
Pâris, 500
Parménide, 279
Parrenin, Dominique, 61, 63n, 66n-67n, 68-69, 71
Parthamaspate, 509n
Pascal, Blaise, 451, 480n; *Lettres provinciales*, 140n; *Pensées*, 361n
Pasquier, Etienne, 126n
Patouillet, Louis, 140, 439
Patru, Olivier, 34
Paul, saint, 80, 82-83, 84n, 149, 381-82, 507, 609-611
Paul III, pape, 161
Paul IV, pape, 169
Paula, 479n
Paulian, Aimé Henri, 439; *Dictionnaire philosopho-théologique*, 439n
Paulin de Nola, saint, 377n, 378
Pausanias, 524n; *Description de la Grèce*, 370
Pellisson-Fontanier, Paul, *dit* Paul Pellisson, 176
Pélops, 468n, 508
Penn, William, 630n
Pépin le Bref, 156, 232n, 511-12
Péréfixe, Hardouin de Beaumont de, 222
Pereira, Thome, 72n
Pernetti, Jacques, 113n
Perrot d'Ablancourt, Nicolas, 1n, 91n; *Les Commentaires de César* (trad.), 2n-4n, 5
Perse, *Satires*, 75n
Persée, roi de Macédoine, 371
Persée, fils de Zeus et de Danaé, 112
Persès, 112n
Pestre, Jean, 202n
Petau, Denis, 368n
Petit, chevalier, 33n
Petreius, 107
Phaéton, 14
Pharaon, 239
Philippe II, roi de Macédoine, 1n, 20, 370
Philippe II, roi d'Espagne, 127, 216, 373n, 521
Philippe III, *voir* Philippe Arrhidée
Philippe IV le Bel, roi de France, 283
Philippe V, roi de Macédoine, 371
Philippe V, roi d'Espagne, 10, 167, 172, 580
Philippe Arrhidée, 370
Philippe Auguste, roi de France, 49n, 282n
Philon le Juif *ou* Philon d'Alexandrie, 75n, 79n, 80; *De la vie contemplative*, 614n; *De virtutibus*, 84n
Philosophical transactions, 494n
Phinée, 204
Phlégon, 385-87
Phocion, 368, 371
Photius, 113n, 157
Phygelle, 84n
Pianesse, Charles Emanuel Philibert Hyacinthe de Simiane de, 226
Piarron de Chamousset, Claude Humbert, *Vue d'un citoyen*, 31n, 32, 33n, 34-35
Pie II, pape, 125, 126n, 510n
Pie IV, pape, 161, 170
Pierre, saint, 248, 510n, 512, 516, 518-19, 521, 535
Pierre Ier Alekseïevitch, *dit* Pierre le Grand, 252, 411n
Pilate, Ponce, 153, 394n, 614
Pindare, *Olympiques*, 17n
Pitt l'Ancien, William, 577n
Platon, 6n, 8, 79, 118, 258, 374, 424, 610;

Apologie de Socrate, 39n, 368n; *Le Banquet*, 573n; *Criton*, 368n; *Phédon*, 368n; *Timée*, 15n, 16, 17n
Plautius Lateranus, 158
Pline l'Ancien, 45-46, 524n; *Histoire naturelle*, 16
Pluche, Noël Antoine, 101n, 360n; *Histoire du ciel*, 363-65; *Le Spectacle de la nature*, 144n, 147n-148n
Plumard de Dangeul, Louis Joseph, 600n, 604
Pluquet, François André Adrien, *Dictionnaire des hérésies*, 165n; *Examen du fatalisme*, 400n
Plutarque, 48n, 113n, 208, 524n; *Banquet des sept sages*, 274n; *De genio Socrates*, 39n; *De Isis et d'Osiris*, 57; *Dits notables des Lacédémoniens*, 163; *Les Guerres civiles*, 107n; *Propos de table*, 122; *Vies*, 20n, 107n, 109n, 113n, 274n, 332n, 368n, 370n-371n
Pluton, 57
Pococke, Richard, 527n
Polier de Bottens, Antoine Noé de, 538n
Pollion, *voir* Asinius Pollion
Polybe, *Histoire*, 371n
Pomeau, René, 16n
Pomme, Pierre, 376; *Nouveau Recueil*, 377n; *Traité des affections vaporeuses*, 377n, 378
Pompadour, Jeanne Antoinette Poisson Le Normant d'Etioles de, 419n
Pompée, 1, 107, 428, 509
Pons, Jean-François de, 37
Pontas, Jean, *Dictionnaire de cas de conscience*, 170n, 173, 531
Pope, Alexander, 407n, 622n; *The Narrative of Dr Robert Norris*, 309n
Popilius Léna, 107n, 108
Porphyre, 240, 246, 610
Porphyrion, 364
Poséidon, 429
Pougens, Charles de, *Vocabulaire de nouveaux privatifs français*, 143n
Poussin, Nicolas, 249
Prévost, Antoine François, 105n; *Mémoires et aventures d'un homme de qualité*, 42
Priape, 474
Prideaux, Humphrey, *Histoire des Juifs*, 388n, 395n, 396n-397n
Procès du très méchant et détestable parricide frère Ravaillac, 168n
Procida, Jean de (Giovanni da Procida), 214
Procope, 152
Projectus, 125
Prométhée, 17n, 357n
Proserpine, 429
Ptolémée, Claude, *Almageste*, 88n
Ptolémée d'Aloros, 370
Ptolémée Philométor, 78
Public advertiser, 235n
Pufendorf, Samuel von, 528n, 531n, 532-33, 572n
Pulchérie, sainte, 154
Punch, 464n
Pyrrha, 17n, 365n
Pythagore, 76n, 92, 118n, 122, 130, 134n, 267, 431

Quesnay, François, 589n
Quesnel, Pasquier, *Réflexions morales*, 462n
Quinault, Philippe, 306
Quinte-Curce, *Suppléments*, 370n
Quintilien, 313
Quintilius Varus, 244-45, 397
Quintus, 132
Quirinus (Cirénius, Cyrénius), 243-45, 396-97

Rabelais, François, 194, 464n; *Gargantua*, 195; *Le Quart Livre*, 588n
Rabi'a Al-Basri, 459n

Rachel, 592
Racine, Jean, 21, 22n, 582n; *Andromaque*, 344; *Iphigénie*, 586; *Phèdre*, 416n, 419; *Les Plaideurs*, 345n
Racine, Louis, *La Religion*, 147
Ragueau, François, *Glossaire du droit français*, 326n-328n
Raguenet, François, *Histoire d'Olivier Cromwell*, 321n
Rameau, Jean Philippe, 460n
Ramsay, Andrew Michael, *Les Voyages de Cyrus*, 112n, 114, 117, 118n, 119
Raphaël, ange, 39
Rapin-Thoyras, Paul de, *Histoire d'Angleterre*, 41, 232n, 233, 234n-235, 320n, 618n
Ravaillac, François, 168, 169n, 455
Raymond VI, comte de Toulouse, 159
Réaumur, René Antoine Ferchault de, 269; *Mémoire pour servir à l'histoire des insectes*, 271n; 'Remarques sur les coquilles fossiles', 266n, 363n
Rebecca, 591
Reeland, Adrianus, *La Religion des mahométans*, 319n
Régis, Pierre Sylvain, 95
Regnard, Jean-François, *Le Légataire universel*, 344n; *Voyage en Laponie*, 330n
Rembrandt, 195
René d'Anjou, 537n
Rhéa, 423n
Ribadeneyra, Pedro de, 557n; *Les Fleurs des vies des saints*, 381n-383n, 384-85, 525, 526n; *Les Nouvelles Fleurs de la vie des saints*, 525n
Ricci, Mathieu, 62n
Richard, Jérôme, *Description historique et critique de l'Italie*, 29n-30n
Richard Ier d'Aversa, 518
Richard II, roi d'Angleterre, 233
Richard III, roi d'Angleterre, 234, 293
Richard d'York, 618n
Richelet, Pierre, 34n
Richelieu, Armand Jean du Plessis de, 50n, 308n, 483
Riegger, Paul Joseph, 541
Rigord, François-Xavier, *Connaissance de la mythologie*, 401n
Riquet, Pierre Paul de, 52
Riquet de Bonrepos, 300n
Robbi Méir, 80n
Robert II le Pieux, roi de France, 561n
Rochester, John Wilmot, 407n
Roland, 531
Rollin, Charles, 463n; *Histoire ancienne*, 39, 112, 208n, 466n-467n, 471n-472n, 474n
Romulus, 39, 90, 393, 423, 574
Ronsard, Pierre de, 44
Roscinus Amérinus, 294
Rosemond, J.-B. de, 527n
Rothelin, Charles d'Orléans de, 223
Rousseau, Jean-Baptiste, 308n, 414, 417n
Rousseau, Jean-Jacques, 19n, 55n, 331n, 589n; *Discours sur l'économie politique*, 589n; *Discours sur l'origine et les fondements de l'inégalité parmi les hommes*, 626n; *Du contrat social*, 367n, 546n; *Emile*, 190n-192n, 620n
Roussel, Guillaume, 26n, 611n
Rufin d'Aquilée, 116n, 478, 479n
Rulhière, Claude Carloman de, 480n, 482, 483n; *Anecdotes sur la révolution de Russie*, 482n
Rustique, saint, 383
Ruth, 246
Ruysch, Frédéric, 252n
Rycaut, Paul, 527; *Histoire de l'état présent de l'Eglise grecque*, 527n

Sa, Emmanuel, 557n
Sacy, père, 620-21
Sadder, 192n

Safwân, 318n
Saint-Evremond, Charles de Saint Denys de, 241
Saint-Victor, Hugues de, 384
Saladin, 537n
Salathiel, 241
Sale, George, *The Koran* (trad.), 316n-319n; et autres, *An universal history*, 61n
Salluste, *Conjuration de Catilina*, 107n
Salmacis, 147
Salomon, 46, 200n, 242, 317n
Sammonocodom, 505, 508
Samuel, 588n
Santacilia, Jorge Juan y, *Voyage historique de l'Amérique méridionale*, 55n
Saphire, 510
Sara, 92, 246, 591n
Sarpédon, 9-10, 103
Sarpi, Paolo, *Histoire du concile de Trente*, 126n
Saturne, 429
Saül, 189, 239-40, 351-52, 410
Saurin, Bernard Joseph, 179n
Saurin, Joseph, 414n; *Spartacus*, 575
Saxe, Maurice, *dit* le maréchal de, 344n
Scheffer, Johann Gehrard, *Histoire de la Laponie*, 329n-330n
Scheuchzer, Johann Jakob, 265n, 275n, 362n
Schneider, J. H., 28n
Scipion l'Africain, 1, 36n, 38, 109, 354, 427, 477, 509
Scipion l'Asiatique, 1
Scudéry, Georges de, *Observations sur le Cid*, 306
Scudéry, Madeleine de, *Artamène ou le Grand Cyrus*, 42, 114n, 117n; *Clélie*, 114n
Séjan, 354, 355n, 602n
Sénèque, 621; *Médée*, 116
Sepúlveda, Juán Ginés de, 217
Sérapis, 77
Servan, Michel Joseph Antoine, *Discours sur l'administration de la justice criminelle*, 292n
Servet, Michel, 413
Servien, Abel, 471n
Servien, abbé, 470
Servin, Louis, 169
Servius Tullius, 392-94
Sésostris, 131, 471-72, 473n
Sforza, Ludovic, 537n
Shaftesbury, Anthony Ashley-Cooper, 240, 310n
Shakespeare, William, 407n
Sheehy, Nicholas, 551n
Siba, 189
Sidoine Apollinaire, 124
Sigebert Ier, roi d'Austrasie, 49n
Sigebert de Gembloux, 525
Sigismond de Luxembourg, 160
Silvère, saint, pape, 125, 158
Silvestre, pape, *voir* Sylvestre Ier
Siméon le Métaphraste, 383, 384n, 525
Simon, Richard, 240; *Histoire critique du Nouveau Testament*, 611n
Simplicius, 124
Sippora (Séphora), 238n
Sirven, Elizabeth, 299-300
Sirven, Marianne, 301n
Sirven, Pierre Paul, 293n, 299-300
Sixte-Quint, pape, 521
Skenaeus, Joannes, 327n
Smith, Adam, *An inquiry into the nature and causes of the wealth of nations*, 577n
Smith, Robert, *A compleat system of opticks*, 93n-94n, 95
Socrate, 8, 39, 123, 368, 371, 505n, 506, 610; *Histoire ecclésiastique*, 165
Solon, 506, 602
Sorel, Agnès, 44n
Souciet, Etienne, *Observations mathématiques*, 64n

Soumarokov, Aleksandr Petrovitch, 344n
Sourniama, Joseph, 67n
Sourniama, Louis, 67n
Sozomène, 123; *Histoire ecclésiastique*, 165
Spallanzani, Lazzaro, 144n, 445; *Programme ou précis d'un ouvrage sur les reproduction animales*, 145, 146n
Spinoza, Baruch, 413, 430-38, 440, 447, 455, 458n, 572n
Stein, Charlotte von, 24n
Stendhal, Henri Beyle, *dit*, 459
Sterne, Laurence, *The Life and opinions of Tristram Shandy*, 194-95
Strabon, 431n
Strada, Famiano, *De bello belgico*, 168
Straton, 431
Suard, Jean-Baptiste, 315n
Suarez, Francisco, 213-14
Suétone, 243, 394n, 397; *Vie des douze Césars*, 1n, 395; *Vie de Claude*, 84n; *Vie de Térence*, 44n
Suidas, 123
Sully, Maximilien de Béthune de Rosny de, 222, 602; *Mémoires*, 222n, 304, 597
Swammerdam, Ian, 271
Swift, Jonathan, 194n, 407n, 464n; *A tale of a tub*, 521
Sylla, 187, 209, 228, 509
Sylvestre Ier, pape, 510

Tacite, 22, 243, 354-55, 397; *Annales*, 84n, 394n, 395-96; *De origine et situ Germanorum*, 4n
Talmud, 80n, 335-36
Talon, Omer, 188
Tam-quam-siem, 387n
Tamerlan, 115, 628
Tantale, 468n
Taraise (Tarèze), 156
Tarik, 115
Tavernier, Jean-Baptiste, *Suite des Voyages*, 329n
Taylor, Samuel, 204n, 221n
Tellus, 429
Temple, John, 223; *The Irish rebellion*, 223n
Térence, 44
Terrasson, Jean, 16n, 469, 470n-471n
Tertullien, 244, 610, 612n; *Apologie*, 614n; *De l'idolâtrie*, 614
Teutatès, 136
Thalès de Milet, 15, 98n, 274
Thallus, 385, 387n
Thamar, 246, 613
Thaut, *voir* Thot
Thémis, 589
Thémistocle, 368
Théodora, 156, 212
Théodore, patriarche de Jérusalem, 125
Théodore Ier, pape, 125
Théodore de Mopsueste, 155n
Théodore l'Athée, 28n
Théodoret de Cyr, 155n
Théodose Ier le Grand, empereur romain, 152, 165, 211, 426, 526n
Théodose II le Jeune, empereur d'Orient, 153, 426
Théophane, 159
Théophile, 212
Théophraste, 28n, 610
Thésée, 526, 531
Theudegilde, 501
Thiriot, Nicolas Claude, 38
Thomas d'Aquin, saint, 40n, 60, 72, 190n, 201n; *Summa theologica*, 174, 193
Thomiris, 117
Thot, 135
Thou, Jacques Auguste de, 226, 506
Thrasyllos, 202n
Thucydide, 475; *La Guerre du Péloponnèse*, 368n
Tibère, 84, 354-55, 386, 560

Tibulle, 226
Tindal, Matthew, 240
Tite-Live, 132; *Histoire romaine*, 22, 24, 38n, 90, 109n, 392, 393n, 575n
Titus, 81n, 456, 477, 506
Tobie, 339
Toland, John, 240, 583, 584n
Tornaeus, Johan Jonas, 330n
Tournon, Charles Thomas Maillard de, 71n
Trajan, 52, 187, 210, 232, 456, 477, 509
Tribonien, 194
Trinqué, Pierre André, 300n
Trissino, Gian Giorgio, 21
Trogus, 113n
Trublet, Nicolas Charles Joseph, 530n
Truchet, J., 202n
Trussell, William, 233
Turenne, Henri de La Tour d'Auvergne de, 462, 478
Turgot, Anne Robert Jacques, 35, 51-52, 261n, 281n, 597n
Turretin, Francis, 374n
Turretin, Jean Alphonse, 374n
Typhon, 474n

Ulloa, Antoine de, 55
Ulpien, 194
Urie, 196, 352, 353n
'Uthman Ibn 'Affân (Otman, Othman), 317
Uztáriz, Jerónimo de, *Théorie et pratique du commerce et de la marine*, 399, 604

Valère Maxime, 117n
Valla, Joseph, 410n
Valla, Lorenzo, *De falso credita et ementita Constantini magna donatione*, 510n
Van Dale, Anton, 414, 467n
Vane, Henry, 322n
Vanini, Lucilio, 413
Van Pauteren, Jean, *dit* Despautère, 621, 625
Varius, 226
Varron, 427
Vauban, Sébastien Le Prestre de, 604n, 606
Vaucanson, Jacques de, 357n
Vaugelas, Claude Favre de, 34n
Vauquelin, Nicolas, 415
Velly, Paul François, *Histoire de France*, 500, 501n
Venel, Gabriel François, 357n
Vénus, 104, 147, 273, 274n, 412, 426, 429, 468n
Véron de Forbonnais, François, 604n
Verrès, 107
Vespasien, 47
Veyssière de La Croze, Mathurin, *Entretiens sur divers sujets d'histoire*, 413
Victorin, saint, 610
Vidal-Lacombe, Jacques, 300n
Vigile, pape, 155
Vignoles, A. de, *Chronologie de l'histoire sainte*, 91n
Villars (Vyl), 36
Villars, Claude Louis Hector, 37
Villeneuve, F., 33n, 229n
Villeroy, Nicolas de Neufville de, 304
Viperanzi, Jean Antoine, 42n
Viret, Pierre, 42n
Virgile, 41, 45, 149, 226, 357, 427, 621; *Eglogues*, 102; *Enéide*, 149n, 373n, 415n, 423n, 567n; *Géorgiques*, 128, 470
Visconti, Valentine, 536
Vitellius, 209
Vitellius, P., 396n
Vitruve, 422n
Voisins, Gilbert de, 562n, 564n
Voltaire
A Mademoiselle Duclos, 22n
*A Monsieur Du M*** membre de plusieurs académies*, 336n

Voltaire, *suite*
A Monsieur le duc de Sully, 596n
A Monsieur le Président Hénault, 506n
A Sa Majesté le roi de Prusse, 81n
A Warburton, 427n
L'A.B.C., 113n, 332n, 342n, 345n, 349n, 367n, 377n, 455n, 528n, 572n
Adélaïde du Guesclin, 200n
Les Adorateurs, 40n, 450n
André Destouches à Siam, 282n
Anecdotes sur Fréron, 41n, 312n
Annales de l'empire, 214n, 509n, 512n-514n, 516n, 534n, 536n-537n
Articles extraits de la Gazette littéraire de l'Europe, 105n, 393n
Articles extraits du Journal de politique et de littérature, 172n, 194n-195n
Articles pour le Dictionnaire de l'Académie, 251n, 417n-419n
Articles pour l'Encyclopédie, 251n; Français, 131n; Histoire, 88n, 90n, 113n-114n, 466n; Idole, 136n
Articles du fonds de Kehl, Athée, 207n; Conciles, 150n-152n, 154n-155n; Dieu, dieux, 421n; Eclipse, 386n, 387; Généalogie, 242n; Hérésie, 206n, 212n, 224n; Xavier, 216n
Aventure indienne, 130n, 431n
Avis au public sur les parricides imputés aux Calas et aux Sirven, 234n, 293n, 299n-301n
La Bible enfin expliquée, 73n-74n, 77n, 204n, 207n, 336n, 584n
Le Bourbier, 470n
Candide, 253n, 480n, 628n, 630n
Carnets, 16n, 44n, 56n, 60n, 89n, 109n, 116n-117n, 122n, 174n, 191n, 211n, 222n, 231n, 322n, 332n, 334n, 373n, 375n, 417n-418n, 453n, 458n, 468n, 471n, 512n, 528n, 557n, 617n, 621n-622n
Catéchisme de l'honnête homme, 236n

Voltaire, *suite*
Les Chevaux et les ânes, 602n
Les Choses utiles et agréables, 480n
Les Colimaçons du révérend père l'Escarbotier, 144n-145n, 148n-149n
Collection d'anciens évangiles, 82n, 86n, 152n, 241n, 611n
Commentaire historique, 332n
Commentaire sur Corneille, 23n, 117n, 250n, 367n
Commentaire sur l'Esprit des lois, 132n, 135n, 355n, 531n
Commentaire sur le livre Des délits et des peines, 162n, 167n-168n, 171n, 185n, 293n, 295n-297n, 380n
Conclusion et examen de ce tableau historique, 512n
Conseils à un journaliste, 195n, 309n
Conseils raisonnables à Monsieur Bergier, 226n, 377n
De l'Alcoran et de Mahomet, 81n, 318n
De Cromwell, 40n, 237n, 320n-321n
De la liberté de conscience, 190n, 196n-197n
Défense de Milord Bolingbroke, 602n
La Défense de mon oncle, 5n, 54n, 59n-61n, 63n, 88n, 135n-136n, 144n, 259n, 263n, 265n, 275n, 326n, 362n, 423n, 427n, 436n, 445n, 454n, 463n, 468n, 471n-472n, 503n
La Défense du Mondain, 598n
Les Dernières Paroles d'Epictète, 510n
Des conspirations contre les peuples, 206n,
Des embellissements de Paris, 599n, 607n
Des Juifs, 73n-75n, 79n, 428n
Des langues, 323n, 325n
Des mensonges imprimés, 514n
Des possédés, 376n
Des singularités de la nature, 144n, 256n, 276n, 342n, 436n, 443n, 486n
Les Deux Siècles, 530n

Voltaire, *suite*
Dialogue du douteur et de l'adorateur, 82n, 236n
Dialogue entre un philosophe et un contrôleur-général des finances, 598n
Dialogue entre Madame de Maintenon et Mademoiselle de Lenclos, 408n
Dialogue entre un plaideur et un avocat, 282n
Dialogues d'Evhémère, 40n, 275n, 431n, 450n, 486n, 587n
Diatribe à l'auteur des Ephémérides, 1n, 599n
Dictionnaire philosophique, 6n-8n, 315n, 397n, 421n, 439n, 455n; Ame, 76n; Ange, 72n; Anthropophages, 131n; Apis, 63n, 131n, 133n; Aristée, 18n; Arius, 151n; Athée, athéisme, 5n, 413, 423n, 455n, 506n; Baptême, 83n; Beau, beauté, 573n; Bêtes, 149n; Catéchisme chinois, 37n, 62n-63n, 71n-72n, 203n, 273n, 490n; Catéchisme du curé, 126n, 331n, 337n; Chaîne des événements, 9n-10n, 12n; De la Chine, 59n-60n, 63n-64n, 71n-72n, 89n, 422n; Christianisme, 73n, 79n, 82n, 87, 101n, 228n, 386n, 614n; Ciel des anciens, 93n, 97n-98n, 101n, 103n, 104; Circoncision, 101n, 134n, 329n, 466n; Conciles, 150n-152n, 156n-157n, 159n-160n, 161, 553n; Confession, 162n-167n, 171n; Convulsions, 253n, 379n; Corps, 277n-281n; Critique, 304n, 307n; David, 348n, 350n-351n, 353n; Des délits locaux, 171n, 284n; Destin, 400n-404n; Dieu, 421n, 424n, 458; Dogmes, 427n, 439n, 458n, 462n, 505n-506n; Egalité, 626n, 629n; Esprit faux, 205n; Etats, gouvernements, 134n, 606n; Ezéchiel, 356n, 359: Fin, causes finales, 228n, 436n; Foi, 203n, 453n, 579n; Genèse, 360n; Gloire, 356n; Grâce, 621n; Guerre, 572n, 582n; Histoire, 282n; Idole, idolâtre, idolâtrie, 57n, 136n, 285n, 424n-426n, 427, 451n; Infini, 623n; Inondation, 239n, 256n, 360n; Inquisition, 296n; Job, 423n; Judée, 390n; Julien le Philosophe, 235n, 455n; Du juste et de l'injuste, 312n, 443n; Lois, 122n, 283n; Luxe, 598n; Martyr, 218n; Messie, 75n, 115n, 538n; Miracles, 381n, 524n; Moïse, 204n, 207n; Orgueil, 110n; Patrie, 375n; Paul, 82n; Philosophe, 439n; Philosophie, 62n-63n; Pierre, 453n, 510n; Prophètes, 455n; Religion, 356n, 429n, 525n; Sensation, 490n; Théiste, 285n; Tolérance, 77n, 83n, 236n, 612n; Tout est bien, 356n; Torture, 288n, 295, 345n
Dieu et les hommes, 71n, 79n, 82n-83n, 91n, 208n, 212n, 216n, 236n, 244n, 286n, 334n, 422n-423n, 427n, 449n, 510n
Dieu, réponse au Système de la nature, 421n, 443n-444n, 448n, 450n, 454n
Le Dîner du comte de Boulainvilliers, 175n, 285n, 332n, 366n, 612n
Discours du conseiller Anne Dubourg, 534n
Discours de l'empereur Julien, 83n, 122n, 211n
Discours en vers sur l'homme, 357n, 627n
Discours aux Welches, 1n, 323n, 586n
Dissertation sur la mort de Henri IV, 169n
Dissertation sur les changements arrivés dans notre globe, 13n, 16n, 256n, 258n-259n, 267n, 276n, 360n
Don Pèdre, 38n

Voltaire, *suite*
Doutes sur quelques points de l'histoire de l'empire, 513n
Le Droit du seigneur, 326n
Les Droits des hommes, 509n-510n, 515n, 531n
Du divorce, 500n
Eclaircissements historiques à l'occasion d'un libelle calomnieux contre l'Essai sur les mœurs, 162n, 164n-166n, 174n-175n, 512n
L'Ecossaise, 323n
Eléments de la philosophie de Newton, 93n-94n, 96n, 132n, 142n, 149n, 267n, 362n, 386n, 407n, 435n, 489n-494n, 495, 496n-499n
L'Enfant prodigue, 345n, 534n
Entretiens chinois, 67n
Epître au cardinal Dubois, 602n
Epître à Monsieur le duc d'Orléans, 320n
Epître au roi de la Chine, 59n
L'Epître aux Romains, 510n
Essai historique et critique sur les dissensions des Eglises de Pologne, 206n
Essai sur la poésie épique, 311n
Essai sur les mœurs, 1n, 4n, 16n, 40n, 43n-45n, 59n-67n, 70, 71n, 73n, 76n, 85n, 88n-90n, 115n-116n, 120n, 123n, 130n-133n, 135n-136n, 151n, 162n, 167n-168n, 173n-174n, 192n, 203n, 206n, 211n-216n, 224n, 231n-235n, 237n, 252n, 258n, 282n, 285n, 293n, 312n, 317n-318n, 320n-322n, 326n, 328n-329n, 350n, 367n, 372n-375n, 377n, 379n, 384n, 407n, 422n, 426n, 427n-428n, 453n, 456n, 465n, 468n, 476n, 501n, 503n, 505n, 509n, 510, 511n-515n, 519n, 521n-522n, 528n-529n, 534n-535n, 537n, 554n, 561n, 574n, 576n, 579n, 586n, 596n, 599n, 618n-619n, 630n

Voltaire, *suite*
Essay on the civil wars of France, 43n, 222n
An essay on epic poetry, 56n
L'Evangile du jour, 480n
L'Examen important de Milord Bolingbroke, 75n, 82n, 115n-116n, 152n, 212n, 239n, 244n, 377n, 464n, 510n, 524n, 527n, 602n
Extrait des sentiments de Jean Meslier, 524n, 612n
Le Fanatisme, ou Mahomet le prophète, 81n, 317n
*Fragment des instructions pour le prince royal de ****, 30n, 33n, 52n, 186n, 500n
Fragment sur l'histoire générale, 52n, 175n, 206n, 225n, 409n, 463n, 472n
Fragments sur l'Inde, 75n-76n, 345n
La Guerre civile de Genève, 323n
La Henriade, 35n, 43n, 311n, 606n
Histoire de Charles XII, 520n, 528n
Histoire du docteur Akakia, 346n
Histoire de l'empire de Russie sous Pierre le Grand, 7n, 61n, 72, 75n, 114n, 252n, 330n, 398n-399n, 534n
Histoire de l'établissement du christianisme, 73n-75n, 85n-86n, 122n, 244n, 377n, 455n
Histoire de la guerre de 1741, 344n
Histoire de Jenni, 122n, 194n, 210n
Histoire du parlement de Paris, 35n, 43n, 121n, 127n, 169n, 215n, 222n, 288, 411n, 506n, 596n, 598n, 602n-603n, 620n
Homélie sur l'Ancien Testament, 360n
Homélies prononcées à Londres, 244n, 435n, 447n, 450n, 455n
L'Homme aux quarante écus, 20n, 333n-334n, 358n, 523n, 528n, 589n, 594n, 598n, 604n-606n
Les Honnêtetés littéraires, 44n, 55n, 234n, 509n, 511n-513n

Voltaire, *suite*
Idées républicaines, 367n
Il faut prendre un parti, 75n
L'Ingénu, 476n, 621n
Instructions à Antoine Jacques Rustan, 244n, 377n
Jeannot et Colin, 593n
Lettre civile et honnête, 76n
Lettre de Monsieur Formey, 530n
*Lettres à Son Altesse Monseigneur le prince de ****, 168n, 194n, 226n, 369n, 413n, 415n, 528n
Lettres d'Amabed, 456n
Lettres chinoises, indiennes et tartares, 71n, 76n
Lettres de Memmius à Cicéron, 436n
Lettres philosophiques, 39n-40n, 81n, 88n, 243n, 311n, 393n, 407n, 520n-521n, 630n
Les Lois de Minos, 1n, 480n, 586n
Mahomet, 39n, 345n
Memnon, ou la sagesse humaine, 179n
Mémoires pour servir à la vie de Monsieur de Voltaire, 177n-178n, 623n
Le Mondain, 598n
La Mort de César, 1n, 311
Notice sur Maxime de Madaure, 424n
Nouvelles Considérations sur l'histoire, 472n
Observations sur Messieurs John Law, Melon et Dutot, 589n, 596n, 598n
Octave et le jeune Pompée, ou le Triumvirat, 206n
Ode, 229n
Ode sur la guerre des Russes contre les Turcs, 9n
Olympie, 121n, 575n
Les Oreilles du comte de Chesterfield, 356n, 358n
L'Orphelin de la Chine, 422n
Le Pauvre Diable, 530n
Pensées sur le gouvernement, 133n, 528n
Le Père Nicodème et Jeannot, 179n

Voltaire, *suite*
Petit Ecrit sur l'arrêt du conseil, 201n
Les Peuples au parlement, 292n
Le Philosophe ignorant, 191n, 202n, 432n, 435n 443n, 475n
La Philosophie de l'histoire, 4n, 13n, 16n, 59n-60n, 63n, 71n, 76n, 83n, 88n, 90n-91n, 96n, 98n, 112n-113n, 115n, 117n, 122n, 133n, 207n, 210n, 252n, 258n, 269n, 377n, 392n-393n, 422n-423n, 429n, 463n, 467n-468n, 471n-473n, 586n-587n, 608n
Poème sur la loi naturelle, 56n
Poème sur le désastre de Lisbonne, 14n, 448n
Pot-pourri, 235n
Les Pourquoi, 282n, 343n
Précis du siècle de Louis XV, 167n, 172, 177n, 185n, 282n, 293n, 515n-516n, 563n, 566, 568n, 598n-599n, 602n, 621n
Le Préservatif, 310n-311n
La Princesse de Babylone, 67n
Prix de la justice et de l'humanité, 193n, 380n, 531n
La Profession de foi des théistes, 336n
Projet de dictionnaire présenté à l'Académie, 417n-418n
La Pucelle, 323n, 588n
Le Pyrrhonisme de l'histoire, 114n, 215n, 314n, 509n, 511n-513n, 515n
Les Questions de Zapata, 207n, 239n, 244n
Questions sur l'Encyclopédie, 6n-7n, 176n, 179n, 199n, 309n, 367n-368n, 407n, 409n, 417n, 448n, 505n, 577n, 584n; Abbé, abbaye, 79n, 85n-86n; Abraham, 88n, 91n; Adam, 113n; Adultère, 500n, 502n, 504; Age, 472n; Agriculture, 589n, 600n, 606n; Air, 32n; Alcoran, 316n-317n; Alexandre, 2n, 115n; Alexandrie, 77n; Almanach, 37n;

Voltaire, *suite*
Amour de Dieu, 433n; Amour nommé socratique, 1n; Ana, anecdotes, 41n, 171n, 312n, 314n; Ange, 134n, 422; Anguilles, 421n, 443, 444n-445n-446n, 491n; Annates, 36n; Anneau de Saturne, 93n; Anthropophages, 217n; Antiquité, 41n, 445n; Apocryphe, 86n, 381n; Apôtres, 82n-83n, 123n, 236n, 510n; Apropos, 136n; Aranda, 194n, 296n; Argent, 394n, 589n, 596n; Arianisme, 151, 507n; Aristote, 6n; Armes, armées, 228n; Arot et Marot, 12n, 133n, 135n, 316n-317n, 528n; Art dramatique, 479n; Arts, beaux-arts, 44n; Asmodée, 369n, 376n; Athéisme, 1n, 421n, 423n, 430n-431n, 439n, 445n, 447n-449n, 452n, 455n, 458n, 528n; Auguste Octave, 1n; Augustin, 91n; Austérités, mortifications, flagellations, 122n, 253n, 373n; Axe, 273n, 471n; Babel, 468n; Bala, bâtards, 618n; Banque, 589n; Banqueroute, 589n; Beau, 192n; Béker, 369n, 376n, 376n, 380n; Blasphème, 39n, 284n, 287n, 292n; Bled ou blé, 54n, 201n, 589n, 600n; Boire à la santé, 284n-285n; Bouc, 376n, 380n; Brahmanes, brames, 76n, 134n; Bulgares, 212n; Bulle, 453n, 458n, 462n, 514n, 568; Carême, 35n; Causes finales, 228n, 421n, 430n, 435n-437n, 446n-447n; Celtes, 585n; Certain, certitude, 316; César, 578n; Changements arrivés dans le globe, 256n, 360n; Chant, 4n; Charlatan, 237n; Chien, 136n; Chronologie, 393n; Clou, 342n; Cicéron, 192n, 294n; Ciel matériel, 101n; Colimaçons, 256n;

Voltaire, *suite*
Concile, 553n-554n; Confession, 531n; Confiscation, 589n; Conseiller, 624n; Conséquence, 205n; Conspirations contre les peuples, 238n; Contradiction, 207n, 251n, 397n; Convulsions, 376n; Des coquilles, 264n, 360n, 362-63; Corps, 480n; Coutume, 304n, 623n; Crimes, 304n; Criminel, 234n, 304n; Croire, 304n; Cromwell, 40n, 237n, 304n; Cuissage ou culage, 1n, 325n, 354n; Curé de campagne, 126n; Curiosité, 446n; Défloraison, 388n; Déluge universel, 18n, 256n; Dénombrement, 90n, 244n, 604n; Destin, 12n, 388n; Dévôt, 476n-477n; Dictionnaire, 369n; Dieu, dieux, 343n, 392n, 458n; De Diodore de Sicile, 130n, 136n; Directeur, 406n, 408n; Droit, 520n; Droit de la guerre, 191n, 228n; Education, 199n-200n, 282n; Eglise, 75n; Emblèmes, 587n; Enfer, 57n, 621n; Epopée, 250n, 528n; Equivoque, 232n; Esclaves, 407n; Espace, 492n; Esprit, 202n, 205n; Fanatisme, 202n; Femme, 1n, 408n; Figure, 97n; Fin du monde, 81, 192n; Folie, 233n; Force physique, 474n; Franc, 131n; François Xavier, 620n; Génération, 358n; Goût, 250; Grégoire VII, 535n; De l'histoire, 88n, 282n, 606n; Homme, 480n; Ignace de Loyola, 462n; Impuissance, 418n; Initiation, 79n, 83n; Instinct, 236n; Langues, 407n; Liberté de conscience, 196, 201n; Livres, 83n; Lois, 208n, 283n, 528n; Mariage, 565n; Martyrs, 226n; Massacres, 216n, 218n; Miracles, 39n, 247n, 524n; Ona-

Voltaire, *suite*
nisme, 126; Plagiat, 118n; Politique, 367n, 372n; Population, 399; Poste, 37n; Prépuce, 329n; Prophétie, 40n; Puissance, les deux puissances, 5n, 39n, 540n, 567n, 568; Quaker, 407n; Question, torture, 295; Religion, 92n, 192n, 207n, 461n, 505n; Salique, loi salique, 232n; Sammonocodom, 39n; Samothrace, 57n; Scoliaste, 250n; Les sept dormants, 384n; Serpent, 407n; Sophiste, 6n; Système, 96n; Testicule, 531n; Théocratie, 77n; Théodose, 211n; Trinité, 6n; Tyran, 234n; Ventres paresseux, 356n; Vie, 440n; Zoroastre, 192n, 315n
Questions sur les miracles, 7n, 510n, 530n
La Raison par l'alphabet, 572n
Recueil nécessaire, 241n
Réflexions pour les sots, 619n
Réfutation d'un écrit anonyme contre la mémoire de feu Monsieur Joseph Saurin, 414n
Relation du bannissement des jésuites de la Chine, 65n-67n
Relation de la maladie [...] *du jésuite Berthier*, 175n
Relation de la mort du chevalier de La Barre, 229n, 285n-287n, 288
Remarques pour servir de supplément à l'Essai sur les mœurs, 282n, 537n, 598n, 604n
Remarques sur l'histoire, 88n, 467n, 474n
Remerciement sincère à un homme charitable, 410n
Réponse à Monsieur l'abbé de Caveirac, 222n
Réponse aux remontrances de la cour des aides, 282n

Voltaire, *suite*
Rome sauvée, 1n, 38n, 105n, 109n, 332n
Le Russe à Paris, 525n, 530n
Saül, 196n, 349n, 456n
Sémiramis, 23n
Sermon des cinquante, 360n, 455n, 524n
Le Siècle de Louis XIV, 1n, 31n, 34n, 50n, 52n, 59n, 65n-67n, 69n, 70, 71n, 166n-167n, 171n, 225n-226n, 234n-235n, 253n, 282n, 320n, 322n, 373n, 379n, 418n, 434n; 'Catalogue des écrivains', 45n, 114n, 117n-118, 348n, 413n-415n, 417n, 433n-434n, 458n-462n, 470n, 478n, 514n, 528n, 536n, 540n, 548n, 566, 567n, 573n, 580n, 582n, 596n, 606n, 619n, 621n
Le Songe creux, 57n
Sophonisbe, 38n
Sophronime et Adelos, 425n
Sottise des deux parts, 458n, 461n
Les Souvenirs de Madame de Caylus, 478n
Stances à l'impératrice de Russie, Catherine II, 9n
Supplément du Discours aux Welches, 323n
Sur l'âme, 76n
Sur Jean-Jacques Rousseau, 55n
Sur les contradictions de ce monde, 231
Le Système vraisemblable, 431n
Les Systèmes, 596n
Tancrède, 345n-346n
Le Taureau blanc, 119n, 317n, 361n
Terrasson par lignes obliques, 470n
Testament de Jean Meslier, 245n
Traité de métaphysique, 149n, 191n, 236n, 252n
Traité sur la tolérance à l'occasion de la mort de Jean Calas, 4n, 63n, 77n, 84n, 114n, 177n, 228n, 236n, 299n, 329n, 377n, 423n, 425n, 427n, 505n, 521n, 525n

Le Triumvirat, 1n-2n, 105n, 206n
Un chrétien contre six Juifs, 1n, 75n-76n, 118n, 204n, 207n, 377n, 587n
Vers à Monsieur de La Noue, 312n
Vie de Monsieur Jean-Baptiste Rousseau, 308n
La Voix du sage et du peuple, 538n , 547n-548n
Zadig, ou la destinée, 37n-38n, 43n
Zaïre, 23n
Voragine, Jacques de (Iacopo da Varazze), *La Légende dorée*, 524n, 525
Vossius, Isaac, 366n; *De septuaginta interpretibus*, 365; *De vera aetati mundi*, 365

Wagnière, Jean-Louis, 55n, 200n, 253n, 277n, 334n, 394n; *Mémoires sur Voltaire*, 56n
Wallis, John, 95n
Warburton, William, 454; *The Divine legation of Moses*, 427
Webster, William, 427n
Whiston, William, 13n, 386; *The Testimony of Phlegon vindicated*, 386n
Wilkes, John, 454n
Wollaston, William, 240
Woodfall, Henry, 235n
Woodward, John, 13n
Woolston, Thomas, 240
Wotan (Odin), 49n, 136

Xaca, 508
Xénophon, 113, 475n, 610; *Cyropédie*, 113n, 117; *Les Helléniques*, 369n, 371n
Xerxès Ier, 391-92, 469, 475

Yontchin (Yong Tching), 66-69, 70n
Yu, 61
Yvon, Claude, 458n

Zacharie, pape, 512
Zénon d'Elée, 278-79, 431
Zeus, 14n, 17n, 364n-365n, 421, 423, 429-30
Zeuxis, 132
Zoïle, 309n, 312
Zoroastre, 76, 115, 118, 192, 315; *Zend Avesta*, 315n